ANALECTA BIBLICA 190

Renato De Zan

# Il culto che Dio gradisce

## Studio del "Trattato sulle offerte" di Sir<sup>Gr</sup> 34,21–35,20

GREGORIAN & BIBLICAL PRESS

ROMA 2011

*Vidimus et approbamus ad normam Statutorum Pontificii Instituti Biblici de Urbe Romae, die 29 mensis maii anni 2010*
*Prof. Maurice Gilbert*
*Prof. Joseph Sievers*

Progetto grafico di copertina: Serena Aureli

Impaginazione: Lisanti srl - Roma

© 2011 Gregorian & Biblical Press
Piazza della Pilotta, 35 - 00187 Roma, Italy
books@biblicum.com - www.gbpress.net

Prima ristampa 2011

ISBN: 978-88-7653-**190**-3

*ai miei cari,*
*ai miei amici.*

# PRÉFACE

L'ouvrage que j'ai le plaisir de présenter pour avoir été témoin de son élaboration s'inscrit parfaitement dans le cadre de la recherche scientifique actuelle concernant le livre sapientiel du Siracide. Peu étudié jusqu'au milieu du siècle dernier, ce livre se révèle toujours mieux subtil et fascinant. L'original hébreu fut l'œuvre de Ben Sira, maître de sagesse à Jérusalem autour des années 200 avant notre ère. Il a été traduit en grec quelque soixante-dix ans plus tard à Alexandrie.

Pour faire avancer la recherche sur ce livre, les meilleurs travaux actuels se concentrent sur des passages bien délimités. Dans le cas présent, il s'agit d'un texte pas trop long qui donne l'enseignement du maître sur le culte.

Bibliste de formation et déjà muni d'un doctorat en liturgie, don Renato, qui enseigne depuis de nombreuses années à l'Institut Pontifical de Saint-Anselme à Rome, était bien préparé pour éclairer le texte retenu. Jamais celui-ci n'a été analysé avec tant de sérieux et d'acribie et c'est pourquoi cette étude demeurera un point de référence pour tout travail ultérieur sur cette péricope.

On savait depuis la thèse de Josef Haspecker (*Analecta Biblica*, 30), de 1965, que Ben Sira et son traducteur, le Siracide, réunissent en petits traités quelques péricopes que l'on serait tenté de séparer les unes des autres : ce serait atomiser un texte d'une plus grande ampleur. Tel est le cas pour le texte retenu par don Renato, à savoir: 34(31$^{\text{Grec}}$),21–35(32$^{\text{Grec}}$),20, à condition de bien voir que les versets de 35(32$^{\text{Grec}}$),21-26 assurent la transition vers la grande prière du chapitre 36(33$^{\text{Grec}}$), dont Maria Carmela Palmisano a fourni en 2006 une analyse solide (*Analecta Biblica*, 163).

Pour la péricope étudiée dans ce volume, le texte hébreu n'est actuellement connu que par quelques versets : 35,11-26. Don Renato s'en tiendra donc à la version grecque. Il est vrai que la ten-

7

dance actuelle de la recherche est de privilégier le texte hébreu de
Ben Sira, car il a sa propre cohérence que les travaux scientifiques
récents mettent bien en valeur. Mais quand le texte hébreu fait dé-
faut, il faut se contenter des versions anciennes et la traduction
grecque demeure un excellent témoin. À condition de la considérer,
non pas comme un pur décalque de l'hébreu, mais, au contraire,
comme une œuvre littéraire ayant elle aussi sa propre cohérence,
quel qu'ait pu être le texte hébreu lu par le traducteur. En ce do-
maine, les prises de position de Marguerite Harl, en particulier pour
l'édition en fascicules de *La Bible d'Alexandrie* (Paris, Les Éditions du
Cerf), sont fondamentales et don Renato s'inscrit à son tour dans
la même perspective. Bref, le texte du Siracide 34(31$^{\text{Grec}}$),21–
35(32$^{\text{Grec}}$),20 est ici étudié à partir de la seule version grecque, dont
toutes le nuances sont montrées, arguments à l'appui. On peut d'ail-
leurs supposer honnêtement que le traducteur grec avait ses propres
idées sur le sujet et qu'il ne s'est pas contenté simplement de repro-
duire en grec, le plus littéralement possible, la pensée et les nuances
de l'auteur hébreu. Au reste, il travaillait dans un autre milieu et à
une autre époque.

L'étude ici présentée est poussée très loin. Don Renato connaît
bien le dossier sur ce texte, mais, en outre, – fait nouveau dans l'analyse de ce texte ancien, – il recourt avec perspicacité aux théories
récentes de l'analyse littéraire avancées par les meilleurs auteurs. On
verra, par exemple, comment il présente la structure du texte ou
encore comment il explique la métaphore.

Un tel travail débouche tout naturellement sur des conclusions
d'ordre théologique. Le sage d'antan avait son mot à dire sur le
culte vrai et sur la valeur cultuelle de l'agir moral conforme au
dessein de Dieu.

Maurice GILBERT, S.J.

# RINGRAZIAMENTI

Il presente lavoro riproduce, con dei ritocchi marginali, la tesi di dottorato in Scienze bibliche difesa il 26 gennaio 2010 presso il Pontificio Istituto Biblico. Il lavoro è stato diretto dal prof. Maurice Gilbert S.J., a cui va in primo luogo il mio ringraziamento per l'impegno instancabile, la dedizione senza riserve, la guida illuminata e puntuale, l'ampiezza di tempo riservato alle discussioni e ai vari confronti sui problemi presentati dal testo, oggetto della ricerca. Il prof. Joseph Sievers, è stato il secondo relatore della ricerca. A lui il mio grazie per avermi fatto scoprire con fraterno accompagnamento il mondo misterioso e grande dell'ebraismo in Egitto all'epoca tolemaica, presente in filigrana nel testo greco del Siracide, che spesso e con sfumature diverse si allontana dal testo ebraico del nonno Ben Sira. Esprimo i miei sentimenti di riconoscenza anche alla prof. Nuria Calduch-Benages e al prof. Stephen Pisano S.J. per i suggerimenti, preziosi e mirati alla pubblicazione.

Non posso dimenticare nel mio grazie i responsabili e i loro collaboratori delle varie biblioteche (Pontificio Istituto Biblico, Pontificio Istituto Liturgico, abbazia di S. Giustina di Padova, abbazia di Praglia di Teolo, Seminario di Pordenone) che mi hanno accolto con squisita fraternità nel mio pellegrinaggio culturale. Un grazie va anche a singole persone che in diverso modo hanno lasciato la traccia della loro amicale collaborazione alla buona riuscita del lavoro: prof. Elena Callegaro, prof. Ephrem Carr, dott. Ferdinando Cannicci e tanti altri. Un grazie sincero, infine, a miei parenti più stretti, (mia sorella M. Rita, mio cognato Cesare, le mie nipoti Chiara e Lucia) che hanno scelto di sopportarmi e sostenermi in questi anni di lavoro. Un grazie anticipato, infine, a tutti i lettori di questa ricerca che mi aiuteranno con le loro correzioni e suggerimenti.

d. Renato De Zan

# INTRODUZIONE

> *Ogni inizio infatti*
> *è solo un seguito*
> *e il libro degli eventi*
> *è sempre aperto a metà*
> (Wisława Szymborska)

Questi pochi versi della poetessa polacca, premio Nobel 1996 per la letteratura, riassume bene lo spirito della presente ricerca[1]. Questa ricerca è un inizio, è un seguito ed è non esattamente la metà, ma solo una parte dell'evento "comprensione" di Sir[Gr] 34,21–35,20[2]; comprensione che aspira alla complementarietà con altre ulteriori comprensioni.

## ▪ 1. Lo studio di Sir[Gr] 34,21–35,20 e i suoi limiti

Si può definire inizio perché questo è il primo studio di una certa ampiezza dedicato esclusivamente a Sir[Gr] 34,21–35,20. Già in passato ci sono stati i vari commentatori[3] e tre

---

[1] SZYMBORSKA W., *Taccuino d'amore*, Milano 2002, 101. La poetessa si riferiva all'esperienza affettiva dell'uomo, non certo a una ricerca scientifica di tipo biblico.

[2] Per chiarezza e brevità, i testi del Siracide vengono citati in questo modo: Sir[H] (per il testo ebraico), Sir[Gr] (per il testo greco), Sir[Lat] (per il testo latino) e Sir[Syr] (per il testo siriaco). Per le linee del testo greco del prologo si opta per Sir[Prolog], cui segue il numero della linea secondo l'edizione dello ZIEGLER (*Sapientia*, 1980²). Quando le citazioni non sono siglate, si tratta di rimandi degli autori o dei commentatori. Circa la situazione del Siracide nel canone già molti hanno autorevolmente scritto sull'argomento (cfr GILBERT, *The Book*, 81-91; CALDUCH-BENAGES, "Ben Sira y el Canon", 370; MAIER, *Il giudaismo*, 19-36); argomento che non verrà toccato in questa ricerca. Lunga la ricerca, le abbreviazioni dei libri biblici sono fatte secondo la *Bibbia di Gerusalemme*, Bologna 2009.

[3] I commentatori consultati per questa ricerca sono stati circa una cinquantina, come si può vedere dalla bibliografia. Per un suggerimento bibliografico molto più ampio per quest'ultimo secolo e mezzo, si veda la proposta di REITERER (ed.), *Bibliographie,*, 254-265, dove è, in qualche modo, assorbito anche il lavoro CALDUCH-BENA-

studiosi[4] che hanno in qualche modo esplorato il testo: chi per un veloce e semplice commento di poche righe, chi con una attenzione maggiore ai casi più eclatanti di critica testuale, chi, poi, ha studiato il brano a livello contestuale con attenzione al testo Gr[5] (Stadelmann), chi a livello di interesse contestuale con attenzione al testo H superstite (Palmisano) e chi a livello di tematica liturgica e sociale (Reiterer). Data questa situazione, ho ritenuto opportuno analizzare il brano Gr e il frammento H superstite per offrirne una esplorazione basilare secondo una metodologia articolata nei seguenti passaggi: la critica testuale del testo Gr, con la comparazione del testo H (solo per il frammento rimasto: Sir[H] 35,11-20), latino e siriaco della pericope[6]; l'analisi filologica dei singoli vocaboli e delle espressioni[7] con una cura particolare per la traduzione secondo i dettami della traduttologia[8]; l'analisi storica, breve e sobria; la critica letteraria scandita nei suoi momenti più significativi (il contesto, le fonti, la struttura e la stilistica)[9]; un'ana-

---

GES, "…Saggio di bibliografia", 419-433. Questa bibliografia, nonostante l'ampiezza, non è ancora completa. Franz Böhmisch dell'università di Passau ha posto in Internet, al sito *http://www.ktf.unipassau.de/mitarbeiter/boehmisch/BenSira.Bibliographie.html,* una bibliografia più ampia, anche se non sempre affidabile, a causa di dati imprecisi o mancanti. Nella presente ricerca sono stati consultati solo alcuni studi e commenti ritenuti più significativi. Chi legge potrebbe avere una valutazione diversa dallo scrivente.

[4] STADELMANN, *Ben Sira*, 68-138; REITERER, *Gott und Opfer*, 136-179 (le pagine dedicate espressamente a Sir 34,21–35,20 sono 165-171); PALMISANO, *"Salvaci, Dio dell'universo"*, 69-125.

[5] La sigla Gr indica "greco / greca / greci / greche", così H (ebraico / ebraica / ebraici / ebraiche), Lat (latino / latina / latini / latine) e Syr (siriaco / siriaci / siriaca / siriache).

[6] Lo scrivente si duole di conoscere solo l'H, il Gr e il Lat., mentre del Syr possiede le informazioni minime sufficienti per controllare il testo.

[7] Fondamentale è lo studio di DANIEL.

[8] Sono stati consultati (in ordine cronologico): TABER - NIDA , BUZZETTI, ALONSO SCHÖKEL- ZURRO, BASSNETT, DE WAARD - NIDA, LOMBARDO, BASSNETT - LEFEVERE, ARCAINI, ARNTZ, LAPIDE, GENETTE, *Palinsesti*, STEINER, GENTZLER, REGA.

[9] Non è necessaria l'analisi della forma perché già ampiamente riconosciuta dagli studiosi e commentatori: Sir[Gr] 34,21–35,20 è un "Trattato sulle offerte". Si può tuttavia pensare che questo trattato si possa anche definire, per quanto riguarda il testo Gr, il trattato di ciò che, a livello cultico, è e non è oggetto del beneplacito divino (εὐδοκία κυρίου).

lisi essenziale dell'intertestualità[10]. All'interno di questo tipo di lavoro emergono i tratti teologici del brano.

La presente ricerca, proprio mentre si colloca come avvio allo studio specifico del testo Sir$^{Gr}$ 34,21–35,20, cioè un inizio, è anche un seguito perché presuppone due dati: quanto già detto dai commentatori e dagli autori e quanto già proposto dalla scienza esegetica e linguistica in questi ultimi decenni. Il lavoro non può onestamente seguire tutte le strade del metodo storico critico e, in forma più ampia, tutti i percorsi dell'interpretazione della Bibbia nella Chiesa[11]. Chi scrive ha scelto la strada della progressione e della parzialità. La presente ricerca è solo un avvio allo studio del brano che offre a chi verrà dopo un terreno già dissodato. Per questo motivo, mentre da una parte la ricerca si presenta con una sua completezza, dall'altra appare come una semplice apertura a nuove indagini, una specie di ricerca che prepara il terreno ad altre. Il presente lavoro, infatti, vuole raggiungere gli obiettivi elencati sopra e offrire l'identificazione di alcune proposte di soluzioni a più casi presenti nel testo e di non facile comprensione, irrisolti fino ad oggi.

C'è, tuttavia, da segnalare che il testo di Sir$^{Gr}$ 34,21–35,20 resta ancora aperto e bisognoso – e qui si possono vedere i confini e i limiti del presente lavoro – ai nuovi metodi di analisi letteraria (soprattutto all'analisi retorica e semiotica), ai metodi basati sulla Tradizione (in modo particolare all'approccio canonico, a quello mediante il ricorso alle tradizioni interpretative giudaiche e alla storia degli effetti del testo) e ai nuovi approcci attraverso le scienze umane e agli approcci contestuali. Quanto detto può spiegare perché il presente lavoro è un inizio, è un seguito ed è non esattamente la metà, ma solo una parte dell'evento "comprensione" di Sir$^{Gr}$ 34,21–35,20 che aspira alla complementarietà con altre comprensioni che, mi auguro, altri compiranno.

---

[10] Solo a titolo esemplificativo, si vedano SEGRE, 85-90; JODLER, 93-105; MEYNET, *Leggere la Bibbia,* 179-186. Il lavoro più chiaro ed esemplificativo trovato, è quello di HAYS - ALKIER - HUIZENGA, soprattutto 3-32; 191-220.

[11] PONTIFICIA COMMISSIONE BIBLICA, *L'interpretazione della Bibbia nella Chiesa,* Città del Vaticano 1993.

## ■ 2. Il percorso della ricerca

La ricerca inizia con la presentazione di alcune questioni introduttorie. La prima riguarda la problematica posta dalla numerazione dei capitoli e dei versetti[12] di questa sezione del testo Gr, del frammento del testo H, dei testi Lat e Syr. Una sinossi chiarisce le equivalenze. La seconda riguarda la delimitazione della pericope. Dopo aver esaminato la posizione degli autori (Stadelmann [1980][13], Reiterer [2002][14], Palmisano [2006][15]) e dei commentatori più significativi degli ultimi centocinquanta anni[16], viene fatta una valutazione critica delle posizioni e, identificato il confine delimitativo della pericope (= Sir^Gr 34,21–35,20 composta da 52 stichi), si procede al-

---

[12] La soluzione di questo problema mi è stato suggerito dal prof. Gilbert: si sceglie il numero dei capitoli dal testo H (corretto, rispetto alla numerazione del testo Gr, dovuto – come si vedrà – all'inversione di due fascicoli) e il numero dei versetti dal testo Gr II.

[13] Stadelmann offre una struttura del testo greco senza dare nessun fondamento alla configurazione che presenta.

[14] Reiterer cerca una scansione del testo greco, esaminando solo il coefficiente del piano lessicale (ripetizione dei vocaboli).

[15] Palmisano sceglie di strutturare il frammento del testo H di Sir^H 35,14–26 secondo il piano del contenuto, riletto alla luce del * rîb* e senza fare la distinzione tra "tema letterario" e "motivo letterario". La moderna analisi letteraria intende per "tema letterario", compreso sia come argomento (= tema contenutistico) sia come idea ispiratrice (= tema dianoetico), la materia elaborata da un testo. Per "motivo letterario", invece, intende o una unità significativa minima del testo o un elemento germinale o un elemento ricorrente (cfr Beller, 1-38; Segre, 331-359). I risultati di Palmisano divergono notevolmente da quelli ottenuti da Chávez Jiménez (49-53), che pone come base il piano lessicale ebraico.

[16] I più importanti sono: Arnald [riedizione del 1844], Mancini - Martini [1845], Fritzsche [1850], Reuss [1878], Blunt [1879], Lesètre [1880], Churton [1884], Edersheim [1888], Zökler [1891], Ledrain [1891], Fillion [1894], Keel [1896], Lévi [1898], Herkenne [1899], Knabenbauer [1902], Vigouroux [1904], Crampon [1904], Smend [1905], Hart [1909], Peters [1913], Oesterley [1913], Moulton [1919], Eberharter [1925], Luzzi [1930], Girotti [1938], Spicq [1946], Hamp [1951], Schilling [1956], Duesberg-Auvray [1958], Box - Oesterley [1963/65; la prima edizione è del 1913], Duesberg - Fransen [1966], Pérez - Rodríguez [1967], Alonso Schökel [1968], Van Den Born [1968], Lamparter [1972], Snaith [1974], Minissale [1980], Bruguera - Díaz [1982], MacKenzie [1983], Skehan - Di Lella [1987], Pereira [1992], Morla Asensio [1992], Sauer [2000], Mopsik [2003]. Quando viene citato Spicq senza altre specificazioni si intende sempre C. Spicq, *L'Ecclésiastique*, in *La Sainte Bible*, Pirot L. - Clamer A. (ed.), Tome VI, Paris 1946. Lo stesso dicasi per Minissale (Minissale A., *Siracide [Ecclesiastico]*, Roma 1980).

l'analisi della struttura di Sir$^{Gr}$ 34,21–35,20 secondo i criteri offerti dalla linguistica (l'esame dei piani lessicale, morfologico, sintattico e del discorso; a questi va aggiunto anche il piano tematico)[17]. Lo studio fa emergere come la struttura del brano si fondi sul vocabolo εὐδοκία e si articoli in tre strofe irregolari: Sir$^{Gr}$ 34,21-31 (le offerte degli empi e dei senza Legge), Sir$^{Gr}$ 35,1-7 (la fedeltà alla Legge come atto di culto), Sir$^{Gr}$ 35,8-20 (le offerte del giusto e il "caritatevole" come offerta gradita a Dio). Identificati, poi, il contesto precedente (Sir$^{Gr}$ 34,1-20) e quello successivo (Sir$^{Gr}$ 35,21-26), viene dato loro un peso diverso. Mentre per il contesto precedente è sufficiente una breve analisi della struttura dalla quale emerge che non ci sono legami significativi sui diversi piani d'indagine tra Sir$^{Gr}$ 34,1-20 e Sir$^{Gr}$ 34,21–35,20, per il contesto successivo, che manifesta qualche legame, anche se tenue, con il "Trattato sulle offerte", diventa necessario un approfondimento che comprende sia la comparazione tra testo Gr e testo H e una breve analisi del testo.

A questo punto è possibile iniziare l'esame del "Trattato sulle offerte", secondo la metodologia presentata. Ogni singola strofa è articolata in tre momenti, diversamente disposti in ogni singola strofa: presentazione del principio teologico dell'εὐδοκία (Sir$^{Gr}$ 34,21-23; 35,5; 35,16-20), accompagnata da una riflessione di tipo sapienziale (Sir$^{Gr}$ 34,24-27; 35,1-4; 35,8-9) e da una riflessione o da un insegnamento di tipo giuridico-morale (Sir$^{Gr}$ 34,28-31; 35,6-7; 35,10-15). Proprio come studio dedicato e iniziale, si è voluto privilegiare l'analisi filologica sia dei vocaboli sia delle espressioni più importanti secondo il metodo dell'uso. Ciò comporta l'esame del vocabolo o dell'espressione in tutta l'opera del Siracide e, quando è necessario, si presta attenzione all'equivalente ebraico e al suo uso. Ci sono momenti in cui è utile estendere la ricerca anche ai libri dei LXX[18], alla

---

[17] La sequenza proposta da Meynet comprenderebbe il piano lessicale, morfologico, sintattico, del ritmo e del discorso (Meynet, *L'analisi retorica*, 143-151). Ci sono anche altre varianti: cfr Eco, *Semiotica*, 255-302; cfr anche Marconi, Frye, Martinet, Raimondi, Scholes, ecc.

[18] In questo lavoro per libri dei LXX si intendono quelli appartenenti al cosiddetto canone lungo della Chiesa Cattolica.

letteratura greca intertestamentaria[19] e, in alcuni casi, a Filone di Alessandria[20]. La conseguenza più importante dell'esame filologico è l'impegno particolare nella traduzione del testo greco nella lingua di arrivo (italiano). L'analisi letteraria, ampiamente adoperata nell'esame della struttura, è presente anche nell'analisi delle singole strofe. Il problema delle fonti è condotto con una certa attenzione perché non si tratta di analizzare il testo archetipo (testo H), dove la ricerca delle fonti è di più facile gestione (testi della Bibbia ebraica, Qumran, ecc.), ma si tratta di esaminare solo la traduzione Gr. Ciò comporta l'interesse alla fraseologia e all'allusione sia ai testi biblici dei LXX sia ai testi della letteratura intertestamentaria. Non va dimenticato, infatti, che il Siracide non solo traduce, ma elabora il suo testo tanto da produrre un testo ricco di novità, rispetto al testo H di partenza[21]. Una attenzione particolare viene data allo studio dell'intertestualità (per citazione o per allusione[22]), uno dei pochi strumenti esegetici che permette di far emergere il contenuto di un testo di traduzione.

---

[19] Fondamentale per la ricerca è la concordanza di DENIS - JANSSENS.

[20] Uno strumento fondamentale è l'*Index Philoneus* di MAYER. Si è tenuto presente, in qualche momento anche l'opera di Flavio Giuseppe (secondo ECK W., "Flavius Iosephus, nicht Iosephus Flavius", *SCI* 19 [2000] 281-283, bisognerebbe dire Flavio Giuseppe e non Giuseppe Flavio; prima di questo articolo si trovava la dicitura Giuseppe Flavio come, ad esempio, nelle *Antichità Giudaiche* curate da Moraldi [edite nel 1998 e ristampate nel 2006], ma anche Flavio Giuseppe come, ad esempio, nella *Guerra giudaica* curata da G.Vitucci [edita nel 1974 e ristampata nel 1991]; dopo la pubblicazione dell'articolo, anche in italiano sembra si incominci a preferire Flavio Giuseppe come, per esempio, nel *Contro Apione* curato da F. Calabi [edito nel 2007]). Purtroppo i papiri documentari non sono stati di grande aiuto (cfr SCHUBART - KÜHN).

[21] Come ha ben dimostrato Minissale (MINISSALE, *La versione*), la traduzione Gr è un prodotto del nipote che operando viraggi di traduzione attraverso l'attività midrascica e la metodologia targumica dell'epoca, si è allontanato dal testo del nonno per esprimere concetti che gli erano cari.

[22] Nell'esame delle allusioni si procede con estrema cautela. Nel legame tra il testo del Siracide e l'altro testo ci deve essere, oltre al contesto semantico, almeno un vocabolo o una radice che li associa.

## ■ 3. Breve riflessione

È corretto ricordare che il testo di Sir$^{Gr}$ 34,21–35,20 non è stato oggetto solo di studio, ma qualche secolo addietro ha costituito il punto di partenza per la conversione di un uomo che pochi anni fa è stato proclamato santo. Si tratta di Bartolomé de las Casas. Agli inizi del sec. XVI la Spagna aveva instaurato nei territori latino-americani, scoperti di recente, una serie di *encomiendas* e *repartimientos*. Si trattava di istituzioni gestite dagli Spagnoli in modo disumano, dove i nativi venivano praticamente schiavizzati e trattati come se non fossero uomini. Bartolomé era un sacerdote, a metà strada tra il credente e l'avventuriero, che a Cuba predicava poco il vangelo, ma si preoccupava molto di accumulare ricchezze. Colpito, però, dalla predicazione di un domenicano, padre Antonio Montesinos, il sacerdote iniziò un percorso di profondo ripensamento. Nella primavera del 1514, probabilmente in occasione della solennità della Pentecoste, "stavo studiando – annota Bartolomé nel capitolo 79 del 3° libro dell'*Historia*[23] – le prediche che avevo tenuto in occasione delle ultime festività pasquali e mi misi a meditare alcuni passi della Scrittura; se ben ricordo quello che mi colpì per primo e più di tutti fu il capitolo 34 dell'Ecclesiastico: 'Sacrificare qualcosa di mal acquisito, è schernire Dio: le offerte dei malvagi non sono gradite a Dio. L'Altissimo non approva le offerte degli empi [….]. Offrire un sacrificio con le sostanze del povero è come immolare il figlio alla presenza del padre. Poco pane è il nutrimento dei poveri e chi osa privarveli è un sanguinario. Uccide il prossimo chi gli sottrae il cibo'. Cominciavo a considerare la miseria e lo stato di schiavitù in cui era tenuta questa gente..."[24].

Se questo dato può essere ricondotto alla storia degli effetti del testo nel sec. XVI, ci sarebbero altri effetti del testo da esaminare in modo più attento. Il contenuto del testo di Sir$^{Gr}$ 34,21–35,20 non sembra essere assente dalla predicazione di Gesù, o per influsso o per analogia, lì dove il Maestro chiede la correttezza morale dell'offe-

---

[23] DE LAS CASAS B., *Historia de las Indias*, a cura di Juan Pérez de Tutela y Emilio Lopez Oto, voll. 1–2, Madrid 1957.

[24] MAHM-LOT M., *Bartolomeo de las Casas e i diritti degli indiani*, Milano 1989, 33.

rente (cfr Sir^Gr 34,21-31), al punto di chiedere l'azione riconciliativa dell'innocente, nel momento dell'offerta (Mt 5,23-24). Sempre per influsso o analogia, non dovrebbe essere assente neppure nell'incontro con il maestro della Legge (Mc 12,28-34), dove Gesù comunica che il maestro non è lontano dal Regno, quando sente dire da costui che, *ad modum unius*, la fedeltà all'unicità di Dio e l'impegno morale (cfr Sir^Gr 35,1-7), fondato sull'amore di Dio e del prossimo, περισσότερόν ἐστιν πάντων τῶν ὁλοκαυτωμάτων καὶ θυσιῶν[25] (Mc 12,33). Infine non va dimenticato il testo di Sir^Gr 35,8-20, dove la persona di chi si prende cura del prossimo bisognoso è gradito a Dio come un'offerta la cui eco si sente in Rm 12,1: Παρακαλῶ οὖν ὑμᾶς, ἀδελφοί, διὰ τῶν οἰκτιρμῶν τοῦ θεοῦ παραστῆσαι τὰ σώματα ὑμῶν θυσίαν ζῶσαν ἁγίαν εὐάρεστον τῷ θεῷ, τὴν λογικὴν λατρείαν ὑμῶν[26]. Tutto questo, tuttavia, va oltre a quanto la presente ricerca si prefigge.

---

[25] "È meglio di tutti gli olocausti e i sacrifici".

[26] "Vi esorto, fratelli, per le misericordie di Dio, ad offrire i vostri corpi come sacrificio vivente, santo, gradito a Dio, come il vostro culto spirituale".

# CAPITOLO I

## ALCUNE PROBLEMATICHE PRELIMINARI DI SIR^Gr 34,21-35,20

### ■ Premessa

Il testo Gr del Siracide[1], Sir^Gr 31(34),21–32(35),20[2], è stato definito e delimitato dagli studiosi[3] in vari modi: "*De sacrificiis et oratione*" (Sir 34,21–35,26)[4], "Unterweisung über Opfer und Fasten" (Sir 34,21–35,22)[5], "Von Opfer und Fasten" (Sir 34[31],21–35[32],22a)[6], "Le culte agréable à Dieu" (Sir 34,18–35,18)[7], "Religiöse Formen und Sittlichkeit" (Sir 34,21–35,26)[8], "Das Weisen Lehre über Opfer und Gebet (Sir 34,21–35,22a)[9], "Teoria dei sacrifici (Sir 34[31],21[18]–35[32],26[26])[10], "die ausführlichste und

---

[1] Nel presente lavoro il nipote e la sua opera vengono indicati con il nome di Siracide, mentre il nonno e la sua opera vengono indicati con il nome di Ben Sira.

[2] La citazione del testo Gr del Siracide è fatta secondo l'edizione critica di ZIEGLER (1980). La delimitazione della pericope viene discussa nel presente capitolo.

[3] Si tratta di un elenco che comprende i commentari e gli studi ritenuti più significativi.

[4] KNABENBAUER, 351. Le citazioni sono quelle originali degli autori o dei commentatori.

[5] PETERS, 283.

[6] EBERHARTER, 118, n. [e]

[7] SPICQ, 739.

[8] HAMP, 91.

[9] SCHILLING, 143.

[10] DUESBERG – FRANSEN, 248.

wohl auch wichtigste Abhandlung im Sirachbuch über das Thema des Kultus" oppure"Traktat über den Opferkult" (Sir 34,21–35,17)[11], "Culto y justicia (Sir 34,18–35,10)[12], "Paragrafo sui doveri cultuali" (Sir 31[34],21–32[35],20)[13], "Traktat über den Opferkult" (Sir 34,21–35,20)[14], "True Worship of God and His Response (Sir 34,21–36,22)[15], "O verdadeiro culto" (Sir 34,21-35,22a)[16]. I vari titoli dati dagli studiosi al brano e la disparità di opinioni sulla sua delimitazione sono indici di quanto sia difficile classificare letterariamente in modo esatto il brano di Sir[Gr] 31(34),21–32(35),20 che fondamentalmente come genere letterario fonde in un unico testo l'insegnamento[17] e il trattato[18]. La dimensione dell'insegnamento è

---

[11] HASPECKER, 178.

[12] ALONSO SCHÖKEL, 268.

[13] VON RAD, *La sapienza*, 233, n. 26.

[14] STADELMANN, 68-69.

[15] SKEHAN - DI LELLA, 411.

[16] PEREIRA, 166.

[17] Lo schema della riflessione sapienziale (1. Problema, 2. Risposta, 3. Argomentazione), proposto per i brani dove "più esplicito ed ampio si presenta il problema della teodicea" da Prato (PRATO, *Il problema*, 378), non è applicabile a Sir[Gr] 31(34),21-32(35),20 (diversamente PALMISANO, 72-73) perché lo schema scaturisce dal testo H di Ben Sira, mentre il testo del trattato è una traduzione Gr, non sempre fedele, di un testo H e perché dal Gr emerge un tipo di struttura ben chiaro il cui perno, come si vedrà, non è "il problema - la risposta - l'argomentazione". Pur essendo anche Sir[Gr] 31(34),21-32(35),20 un testo dalla struttura tripartita, il brano fonde i due elementi dell'istruzione sapienziale e del trattato.

[18] Diversi studi già nel secolo scorso hanno evidenziato come i generi letterari chiari e precisi individuati da H. Gunkel e dagli studiosi che hanno seguito i suoi suggerimenti (cfr EISSFELDT, vol. I) o li hanno arricchiti e ampliati (cfr FOHRER, 32-102) sono di difficile applicabilità ai testi tardivi e, soprattutto, a quelli di tipo sapienziale tardivo. Esiste, infatti, soprattutto nella letteratura sapienziale tardiva, una deriva delle forme (MUNCH, 112-140) che è presente anche in Ben Sira (BAUMGARTNER, 161-198, specialmente 197) anche se non in modo generalizzato (JONES, 19-50, spec. 45; cfr MORAWE, 323-356). È anche opportuno tener presente che il testo di Sir[Gr] 34,21-35,20 non è il testo originale di Ben Sira, ma è un testo di traduzione compiuta dal nipote, il Siracide, su testo H del nonno. Come si vedrà, il Siracide tradurrà e modificherà il testo del nonno non solo per le tecniche di traduzione adottate e vigenti all'epoca (cfr MINISSALE, *La versione*), ma anche per ragioni teologiche. Tutto ciò porta ad attenersi a quanto è stato suggerito fondamentalmente dagli studiosi: si tratta di un testo didattico sapienziale con la caratteristica del trattato.

evidente nei versetti in cui il destinatore interpella il destinatario attraverso metafore (cfr Sir[Gr] 31[34],24-27), domande retoriche (cfr Sir[Gr] 31[34],28-31) e imperativi di tipo didascalico e giuridico-morale (cfr Sir[Gr] 32[35],10-15). La dimensione del trattato, invece, emerge, dalle caratteristiche che il testo presenta: c'è la chiara intenzione di dimostrare ciò che cultualmente appartiene all'εὐδοκία divina e ciò che non le appartiene[19]. Seguendo Schilling, Stadelmann, Haspecker e von Rad, si può dire che il testo è letterariamente definibile come un trattato sapienziale–didattico sul culto delle offerte[20].

Il trattato sapienziale–didattico sul culto delle offerte di Sir[Gr] 31(34),21–32(35),20 pone alcune questioni preliminari e introduttorie.

La presente ricerca viene compiuta sul testo Gr la cui edizione critica è stata approntata dallo Ziegler nel 1965 e successivamente nel 1980. Prima del 1965 gli autori sono ricorsi a numerazioni non univoche sia per i capitoli sia per i versetti, sebbene dopo il 1935 l'edizione dei libri dei LXX pubblicata dal Rahlfs avesse aiutato a produrre una certa uniformità. C'è da constatare, però, che i commentatori del Siracide neppure dopo il 1965 si sono uniformati allo Ziegler e diversi hanno continuato a rifarsi alla numerazione del Rahlfs. Poiché nella ricerca ci sarà il continuo confronto con

---

[19] Che il testo di Sir[Gr] 34,21–35,20 intenda mostrare ciò che è gradito o meno all'εὐδοκία divina emergerà in modo chiaro dall'analisi della struttura del brano.

[20] SKEHAN - DI LELLA non hanno colto l'unità del testo Sir[Gr] 34,21–35,20 e hanno chiamato Sir[Gr] 34,21-25 "first poem" (416), Sir[Gr] 35,1-5 "next three bicola", Sir[Gr] 35,6-13 "next poem", Sir[Gr] 35,14-22(!) "next poem" (419) e Sir[Gr] 35,22b-26 "next poem". Certamente, dopo le proposte di Schilling, Stadelmann, Haspecker e von Rad, la denominazione letteraria di "poem" per il trattato didattico-sapienziale sul culto delle offerte è alquanto discutibile, sebbene venga usata anche da EISSFELDT (256: "Questi poemi sapienziali…") e da MURPHY (L'albero, 99: "Il Siracide padroneggiò un'ampia gamma di forme letterarie… Abbiamo già avuto modo di notare la sua destrezza nel combinare massime proverbiali con poemi relativamente lunghi. Tra i poemi lunghi, gli inni…".).

le traduzioni Lat [21] e Syr[22] oltre che con il frammento del testo H giunto fino a noi (Sir[H] 35,11-20)[23] e la numerazione di questi testi non coincide con quella del testo critico Gr, diventa necessario uniformare le citazioni e creare una sinossi comparativa (cfr. appendice I).

Un secondo elemento, che merita un'attenzione previa, riguarda ciò che i pochissimi autori che si sono applicati allo studio di Sir[Gr] 31(34),21–32(35),20 più di quanto faccia un commentatore, hanno voluto dire sul testo sapienziale-didattico del "Trattato delle offerte" (*status quaestionis*).

Lo *status quaestionis* porta inevitabilmente al terzo dato costituito dal problema della delimitazione del testo e della sua articolazione che si può ottenere attraverso lo studio della struttura del medesimo.

C'è, infine, un quarto momento che è inerente all'ambiente culturale in cui nasce e viene usata la traduzione del Siracide. Si tratta di delimitare con una elastica prudenza quale poteva essere la letteratura precedente e coeva al Siracide, soprattutto e non

---

[21] Per il Lat in questo studio si segue il testo proposto dai MONACHI ABBATIAE PONTIFICIAE SANCTI HIERONYMI IN URBE ORDINIS SANCTI BENEDICTI, vol. XII (cfr WEBER, *Biblia sacra*). Non è possibile avvalersi dell'edizione critica della *Vetus Latina* di THIELE (vol 11/21.-2) perché fino ad oggi sono state pubblicate solo le introduzioni e circa metà del testo (Sir 1-24), ma non il testo che interessa questa ricerca.

[22] Nella ricerca viene citato il testo siriaco di CALDUCH-BENAGES – FERRER – LIESEN. È chiaro che gli autori che hanno scritto prima del 2003, in genere, si servono per il testo siriaco di LAGARDE, 2-51.

[23] Il testo H è stato scoperto a partire dal 1896 (Genizah del Cairo). Altri frammenti sono stati trovati a Qumran (1956) e a Masada (1964). ELITZUR SHULAMIT (17-28) ha annunciato il ritrovamento di altre piccole nuove testimonianze sul testo H di Ben Sira. Il breve brano di Sir[H] 35,11-20, utile per la presente ricerca, è testimoniato dal manoscritto B del Cairo (cfr SCHECHTER – TAYLOR). In queste pagine si segue il testo H edito da BEENTJES, *The Book* con le correzioni e aggiunte di BEENTJES, *Errata Corrige*, 375-377, e di MÜLLER, 19-21. Per la numerazione dei versetti l'edizione di Beentjes abbandona la scelta fatta da Schechter – Taylor, da Smend e Peters. Questi ultimi avevano adeguato la numerazione dei versetti ebraici a quella del testo greco (cfr Sir[H] 35,14a-15abc per Smend e Peters // Sir[H] 35,14ab-15ab per Beentjes).

esclusivamente quella biblica in lingua greca, canonica e non canonica, che ha costituito il retroterra e l'*humus* teologico e culturale di Sir[Gr] 31(34),21–32(35),20. Senz'altro ha la sua utilità anche la letteratura posteriore al Siracide perché comunque esprime una mentalità culturale a lui vicina. In questo caso, però, l'uso va fatto con più cautela. Strettamente associato a questa problematica è il mondo della diaspora ebraica nell'Egitto tolemaico del sec. II a.C. Quest'ultimo elemento aiuta a collocare il testo greco di Sir[Gr] 31(34),21–32(35),20 nell'ambiente dove il testo era vivo e utile – secondo quanto dice il prologo del traduttore – per conformare "meglio i propri costumi per vivere meglio secondo la Legge" (Sir[Prolog] 34), per "lodare Israele come popolo istruito e sapiente" (Sir[Prolog] 3) e per dialogare con i pagani (cfr Sir[Prolog] 5-6)[24].


■ **1. Capitoli e versetti**

La varietà della numerazione dei capitoli e dei versetti di Sir 30–36, presente nelle edizioni critiche o diplomatiche dei testi H, Gr, Lat e Syr mette alle volte in seria difficoltà la comprensione delle citazioni.

È facile capire come la lettura dei commenti a Sir[Gr] 31(34),21–32(35),20, che liberamente hanno scelto di seguire la numerazione di una o di un'altra tradizione testuale, comporti una certa difficoltà d'identificazione delle citazioni. Il ritrovamento di gran parte del testo H di Ben Sira ha permesso di stabilire con buona sicurezza, sia per motivi di critica testuale sia per motivi di coerenza del contenuto, l'ordine dei capitoli dal 30 al 36[25]. La sequenza corretta dei

---

[24] Gli autori sono concordi nell'indicare questi tre obiettivi principali della traduzione del Siracide: NESTLE, 123-134; HART, 284-285; DE BRUYNE, 257-263; AUVRAY, 281-287; ORLINSKY, 483-490.

[25] La traduzione siriaca e quella latina avevano custodito e testimoniato l'ordine del testo ebraico, presente nei manoscritti ebraici B ed E del Cairo, prima che si introducesse l'inversione dei capitoli nei manoscritti greci (DI LELLA, "Authenticity", 171-200; si veda anche DI LELLA, *The Hebrew Text*, 49-55).

capitoli – ponendo a sinistra la tradizione numerica dei capitoli del testo H, Syr e Lat, mentre a destra l'errata tradizione numerica dei capitoli del testo Gr – si può così riassumere[26]:

| H, Syr, Lat | Gr |
| --- | --- |
| 30,24 | 30,24ab |
| 30,25 | 33,13bc |
| 31 | 34 |
| 32 | 35 |
| 33,1–16a | 36,1–16a |
| 33,16b–32 | 30,25–40 |
| 34 | 31 |
| 35 | 32 |
| 36,1–13a | 33,1–13a |
| 36,13b–31 | 36,16b–31 |

Se questo breve specchietto chiarisce i dati circa la sequenza dei capitoli, resta aperta la questione sulla numerazione dei versetti.

L'edizione critica del testo greco pubblicata da Ziegler, che per il Siracide rende ormai superata l'edizione di Rahlfs, numera il testo di Sir$^{Gr}$ 30–36 nel modo seguente: pone fuori parentesi il numero del capitolo del testo greco e dentro parentesi il numero del capitolo secondo il testo ebraico; per i versetti compie la stessa scelta. Bastano due esempi per comprendere le difficoltà che questa opzione implica. Volendo citare un brano nei quattro testi (H, Gr, Lat, Syr) si ha – ad esempio – : Sir$^{H}$ 32,9; Sir$^{Gr}$ 35(32),9(13); Sir$^{Lat}$ 32,10-11; Sir$^{Syr}$ 32,13. Volendo, poi, citare il testo Gr della preghiera di Sir$^{Gr}$ 36, bisognerebbe scrivere Sir$^{Gr}$ 32(35),21–33(36),13a(13); 36,16b(14)-22(19)[27].

---

[26] Lo schema è preso, con semplificazioni, da GILBERT, *Siracide*, coll. 1393.

[27] SKEHAN - DI LELLA suggeriscono di uniformarsi alla numerazione dell'edizione critica dello Ziegler. I risultati, tuttavia, come dimostra l'esempio riportato, non sarebbero molto incoraggianti.

A questa situazione hanno cercato di porre rimedio gli specialisti, preferendo la numerazione ebraica per i capitoli e la numerazione greca per i versetti[28]. Questa scelta porta alla necessità di comporre una breve sinossi tra H, Gr del Rahlfs, Gr dello Ziegler, Lat e Syr, per semplificare la reperibilità delle citazioni. In qualche modo questa soluzione era già stata praticata in parte da Smend[29], da Vattioni[30] e, più recentemente da Reiterer[31]. In Smend la sinossi è fatta solo con la comparazione di versetti o stichi interi. Le varianti delle unità letterarie minori vengono trattate come oggetto di critica testuale e non di critica della storia della tradizione del testo. Vattioni giustappone le pericopi, ma non ha un interesse sinottico. Reiterer, invece, sembra più interessato alla sinossi della numerazione e non del testo[32]. A una lettura attenta dei quattro testi (H, Gr, Lat, Syr) si possono notare immediatamente alcuni dati. Il testo H non è ben rappresentato né dal Gr, né dal Syr né dal Lat[33]. Anche il testo Gr è distonico rispetto al testo H, al Lat e lontano dal Syr[34]. Il Lat si pre-

---

[28] Gilbert afferma che "la règle pratique serait de préciser à quelle tradition textuelle on se réfère (Hb ou Gr) pour ce qui est des chapitres et de suivre Ziegler pour les versets" (GILBERT, *Siracide*, col. 1398). In un dialogo personale, lo studioso suggeriva allo scrivente di numerare il capitolo secondo la tradizione ebraica e i versetti secondo la tradizione greca. Questa è la scelta fatta nella presente ricerca.

[29] SMEND, IC-CXIII, ripreso da DUESBERG – FRANSEN, 337-341.

[30] VATTIONI, *Ecclesiastico*.

[31] REITERER, *Zählsynopse*.

[32] Secondo la sinossi di Reiterer, infatti, non è possibile accorgersi che Sir[Lat] 34,22 non ha nessun testo corrispondente né in Gr né in Syr. Lo stesso si può dire per Sir[Syr] 35,3 e per Sir[Lat] 35,3. Anche Sir[H] 35,19-20a non è stato ripreso correttamente dalle altre traduzioni, dando vita a un testo "non tradotto". La stessa mancanza di attenzione si trova anche per le testimonianze testuali di Sir[Gr] 35,1-5. Gli esempi si possono moltiplicare.

[33] Sir[H] 35,19.20a non è presente in nessuna traduzione. Sir[H] 35,11bβ.12bβ.13bα. 14α.16a.17b.18.20a non sono presenti nel testo Syr, ma lo sono in Gr e in Lat. Le due glosse ebraiche marginali del manoscritto B di Sir[H] 35,12[gm1] e di Sir[H] 35,12[gm2] sono assenti in Gr e in Lat, ma sono presenti in Syr (Sir[Syr] 35,12c e Sir[Syr] 35,12d).

[34] Sir[Gr] 35,20aα è tipico solo del testo Gr. Il testo Gr ha recepito Sir[H] 35,11-20, eccetto Sir[H] 35,11[gm1.2].19.20a, mentre Sir[Gr] 35,19.20a sono assenti nel testo H. Sir[Gr] 35,3.4.5.19β.20aα non sono stati recepiti dal Lat, mentre Sir[Lat] 34,22.23aβ; 35,2b. 3.19b.20aα non sono stati recepiti dal Gr. Sir[Gr] 34,26β; 35,2α.3.4β.5b.8aβ.10aβ.11bβ. 12bβ.13bα.14α. 16a.17b.18.19.20a non sono stati ripresi dal testo Syr, mentre Sir[Syr] 34,26b.27aβ.27c; 35,2β.34β.5b.8aβ.8b.10aβ.11bβ.12bβ.12c.d13bβ.14α.16a.17b.20a sono assenti dal Gr.

senta vicino al Gr, sebbene abbia delle indipendenze, ed è lontano dal Syr[35]. A sua volta, il testo Syr è leggermente diverso dal testo H e lontano sia dal Gr sia dal Lat[36].

Le differenze vanno spiegate di volta in volta perché potrebbero essere frutto di una cattiva lettura della fonte originaria, potrebbero anche essere spiegate con le tecniche di traduzione allora vigenti o con la libertà del traduttore o ancora con l'intenzione del traduttore di compiere delle riletture teologiche[37].

---

[35] Rispetto al testo H, il Lat manca di Sir$^H$ 35,12$^{gm}$1.2 19.20a, mentre ha in più Sir$^{Lat}$ 35,19b.20a. Rispetto al testo Gr, il Lat ha in più Sir$^{Lat}$ 34,22.23aβ; 35,2b.3.19b.20a. Rispetto al Gr Lat non ha Sir$^{Gr}$ 35,4-5.19β.20aα. Rispetto al Syr, il Lat ha Sir$^{Lat}$ 34,22.23aβ.26α; 35,2aα.2b.3.8aβ.8b.10aβ.11bβ.13bα.14α. 16a.17b.18a.18bα.19aα.19b.20aα, mentre manca di Sir$^{Syr}$ 34,26β.27aβ.27bβ.27c; 35,2β.3.4.5.8aβ.8b. 10aβ. 11bβ.12bβ.12cd.13bβ.14α.16a. 17b.20a.

[36] Rispetto al testo H, il Syr ha dei testi propri: Sir$^{Syr}$ 35,11aβ.12bβ.13bβ.14α.16a. 17b.20a, mentre manca dei testi di Sir$^H$ 35,11bβ.12bβ.12bβ.13bα.14α.16a.17b.18.19.20a. Rispetto al testo Gr, sono propri del Syr Sir$^{Syr}$ 34,26b.27aβ.27c;35,2β.34β.5b.8aβ.8b. 10aβ.11bβ.12bβ.12c.d13bβ.14α.16a.17b.20a. Syr rispetto al Gr, invece, manca di Sir$^{Gr}$ 34,26β; 35,2α.3.4β.5b.8aβ.10aβ.11bβ.12bβ.13bα.14α. 16a.17b.18.19.20a. Syr ha, diversamente dal Lat, Sir$^{Syr}$ 34,26β.27aβ.27bβ.27c;35,2β.3.4.5.8aβ.8b.10aβ.11bβ.12bβ.12cd.13bβ. 14α.16a. 17b.20a. Manca invece, sempre diversamente dal Lat, Sir$^{Lat}$ 34,22.23aβ.26α; 35,2aα.2b.3.8aβ.8b.10aβ. 11bβ.13bα.14α.16a.17b.18a.18bα.19aα.19b.20aα.

[37] Dirksen, 110-115, affronta il problema della valutazione delle varianti-concordanze della Peshitta rispetto ad altri testimoni importanti del testo (LXX, Pentateuco samaritano, targumim, Qumran: 114) per giungere alla ricostruzione di una possibile Vorlage ebraica, diversa dal testo ebraico. Rifacendosi agli studi di Baethgen, di Vogel, di Lund, di Barthélemy, di Gelston e di Joosten, Dirksen è del parere che deve ancora essere messa a punto una metodologia affidabile. Infatti, "da una parte ciascun singolo caso va studiato a sé, dall'altra deve essere messo in relazione a modelli generali" (114). Oggi non c'è ancora uno studio analitico e manca anche lo studio di modelli generali: "il disaccordo tra gli studiosi nell'interpretare gli stessi fenomeni testuali - scrive Dirksen - dimostra che molto lavoro deve ancora essere fatto" (115). Questa situazione degli studi suggerirebbe prudenza e non permetterebbe ancora di poter arrivare con una certa sicurezza, attraverso le convergenze-divergenze tra Syr e Gr, alla ricostruzione ipotetica del testo H mancante di Ben Sira. Per questo motivo in questa ricerca non è stata presa in considerazione la ricostruzione del testo H mancante in Sir$^{Gr}$ 34,21-35,10, sebbene in passato alcuni autori lo abbiano tentato (cfr Segal).
Per gli autori studiati da Dirksen si vedano Baethgen, 405-459.593-667; Vogel, 32-56.198-231.336-363.481-502; Barthélemy, *Critique textuelle, 1*; Barthélemy, *Critique textuelle, 2*; Gelston, *The Peshitta*; Joosten, 226-233.

Queste differenze mettono in luce la necessità di una severa critica del testo. Prima di procedere, però, diventa necessario interrogarsi su cosa sia stato detto su Sir[Gr] 35,21-35,20 da coloro che hanno compiuto studi particolari sul brano

### ■ 2. Lo *status quaestionis* su Sir[Gr] 34,21-35,20

L'euristica non ha dato grandi risultati. Al di là dei commentatori, gli studiosi che hanno esaminato il trattato didattico-sapienziale sul culto delle offerte sono molto pochi. Alcuni hanno dedicato poche pagine a una riflessione teologica e/o pastorale, come Morla Asensio e Kraft[38], mentre altri hanno compiuto dei veri e propri studi, modesti come quello di Tromp[39], di Perdue[40] e Chávez Jiménes[41], o più approfonditi come quelli di Stadelmann, Reiterer e Palmisano[42]. Questi ultimi tre meritano l'attenzione maggiore.

### a. Helge Stadelmann

Stadelmann pubblica nel 1980 la sua tesi dottorale, discussa presso l'Università di Basilea[43]. Il lavoro è suddiviso in quattro capitoli (1. Zur gesellschaftlichen Einordnung Ben Siras und seines Publikums; 2. Ben Siras Stellung zu Priestertum und Kultus; 3. Prophetentum und Schriftgelehrsamkeit bei Ben Sira; 4. Schriftgelehrsamkeit und Weisheitliche Volkserziehung bei Ben Sira). Al trattato sul culto delle offerte viene dedicato il paragrafo quarto del secondo capitolo (§4: Ben Siras Traktat über den Opferkult, 68-138; Stadelmann denomina

---

[38] Morla Asensio, "Sabiduría, culto y piedad", 125-142; Kraft, 307-318.

[39] Tromp, 251-267.

[40] All'interno del suo ampio saggio, Perdue dedica solo pochissime pagine a Sir 34,21–35,20 (Perdue, 196-199).

[41] Chávez Jiménez, 39-153

[42] In ordine cronologico, gli autori sono: Stadelmann, 68-138; Reiterer, *Gott und Opfer*, 136-179 (le pagine dedicate espressamente a Sir 34,21–35,20 sono 165-171) ; Palmisano, 69-125.

[43] Si veda la severa recensione di Prato in *Greg* 63 (1982) 560-565. Per il brano di Sir[Gr] 34,21–35,20 (per Stadelmann Sir 31,21-32,20) si vedano 561-562.563.

il brano come Sir 31,21-32,20). L'analisi del testo è in qualche modo condizionata dalla tesi che l'autore intende dimostrare; la tesi "ob Ben Sira wirklich als priesterlicher Schriftgelehrter angesehen werden kann oder nicht" (69). Stadelmann non si pone il problema se la traduzione greca del nipote sia fedele o meno al testo del nonno (testo che è conosciuto solo in parte). Dal testo Gr tenta di costruire una tesi il cui contenuto viene tranquillamente attribuito a Ben Sira. Il testo di Sir$^{Gr}$ 34,21–35,20 viene così suddiviso ed esaminato:

| | |
|---|---|
| Sir 34,21–35,20[44] | Ben Siras Traktat über den Opferkult der Gottlosen |
| * Sir 34,21-31 | Polemik gegen den Kultmissbrauch |
| - Sir 34,21-23 | Ablehnung makelhafter Heuchelopfer, |
| - Sir 34,24-27 | Soziale Gererchtigkeit und Kultausübung, |
| - Sir 34, 8-31 | Die Unsinnigkeit ungerechter Opfer. |
| * Sir 35,1-13 | Der Gott wohlgefällige Opferdienst |
| - Sir 35,1-7 | Das sittliche Handeln als geistiges Opfer |
| - Sir 35,1-2 | Gesetzesgehorsam zählt als Opfer |
| - Sir 35,3-5 | Beispiele für opferwertigen Gesetzesgehorsam |
| - Sir 35,6-7 | Eine schriftgelehrte Rechtfertigung für die Kultisierung der Sittlichkeit |
| - Sir 35, 8-13 | Das vorbildliche kultische Handeln des Gerechten |
| * Sir 35,14-20 | Mahnung zum Unterlassen ungerechter Opfer |

A quanto già osservato da Prato su Stadelmann, va aggiunta una nuova serie di considerazioni. Nell'analisi compiuta, Stadelmann non giustifica la struttura offerta, non tiene conto dell'ambiente della diaspora ebraica nell'Egitto tolemaico (situazione socio-culturale, economica, giuridica e religiosa degli Ebrei, il loro rapporto con il paganesimo, con il potere dei Tolomei e con il tempio di Leontopoli, ecc.), non distingue nel testo Gr tra traduzione, *midrash* e testo riformulato *ex novo* rispetto al testo H. Salta di piè pari la critica testuale e l'analisi filologica del testo

---

[44] La numerazione non è quella di Stadelmann, ma segue la numerazione della presente ricerca. La sigla Sir non è seguita da nessun esponente (Gr o H) perché così cita Stadelmann. Avviene lo stesso, in questo paragrafo, quando le citazioni sono prese dagli altri autori.

Gr, accettando *in toto* l'edizione critica della prima edizione dello Ziegler (1965). Da ciò deriva una traduzione non sempre pertinente. Infine, la tesi da dimostrare fa perdere a Stadelmann il tema fondamentale del Traktat: dimostrare ciò che cultualmente appartiene all'εὐδοκία divina e ciò che non le appartiene.

## b. Friedrich Vinzenz Reiterer

Reiterer, docente all'università di Salisburgo, dedica un capitolo molto consistente al tema "Gott und Opfer" (136-179). Dopo aver fatto un elenco di termini sacrificali[45], identifica in Sir 7 e in Sir 34-35 i due brani più ricchi di tale terminologia sacrificale e li esamina. Dall'esame di Sir[H] 7,3-35[46] Reiterer deduce che "Sira begründet und argumentiert unter Bezugnahme auf eher unscheinbare Passagen in Ezechiel so, dass die neue Lage der Offenbarung entspricht" (156). Ben Sira vorrebbe giustificare la nuova situazione economica dei sacerdoti che non vivono più secondo le norme del Pentateuco. Dopo aver esaminato le traduzioni Gr e Syr del brano, l'autore ritiene che il nipote traduttore non capisca più il linguaggio tecnico (presente nel testo del Pentateuco dei LXX) e pieghi la sua traduzione per dimostrare che le offerte sacrificali "sind also ein Beitrag zur Erhaltung der Priester und für die individuelle Heiligung da und nicht für Gott" (164). All'esame di Sir 34,21–35,20a[47] Reiterer dedica poche pagine (165-171). Oltre che a offrire una struttura del brano (166), presenta una esegesi parziale (e alle volte discutibile[48]) del testo e giunge a queste conclusioni: non ha più "entscheidende Rolle"

---

[45] L'autore offre alla fine dell'opera collettiva in cui ha scritto il capitolo *Gott und Opfer* l'elenco del vocabolario sacrificale nei testi H, Gr e Syr (REITERER, "Opferterminologie", 371-374).

[46] Nell'analisi della struttura, però, il brano diventa Sir 7,4-31 (Sir 7,4-7.8-10.11-17.18-20.21-28.29-31.32-35). Per una visione più ampia di Sir 7 si veda GRANADOS, 155-169.

[47] Reiterer cita il testo in questo modo: Sir 31/34,21,18a-32/35,22/20a.

[48] Solo due esempi. Reiterer identifica χάρις con "Liebespraxis" e ἐλεημοσύνη con "aktive Wohltat", senza nessuna dimostrazione. Isola il vocabolo σωτήριον dal verbo θυσιάζων, facendolo diventare un concetto teologico (Heil) piuttosto che un tipo di sacrificio. Di queste sfasature di lettura ce ne sono diverse.

il punto di vista delle regole sui sacrifici presenti nel Pentateuco, ma quanto viene proposto nel brano serve perché l'offerente sia "korrekt, anständig und redlich". "Gott will Anstand und Wohltaten, nicht (kultische) Opfer"[49]. Queste conclusioni, purtroppo non tengono conto dell'esegesi di Sir[Gr] 35,7 dove la Legge è nominata in rapporto sia al comportamento cultuale sia al comportamento morale. Lungo l'analisi del brano l'autore costruisce la struttura sul parallelismo dei contenuti, giungendo alla divisione del brano in tre parti (Sir 34,21-31; 35,1-13; 35,14-21)[50]. Pur essendo utile, il parallelismo dei contenuti non è l'unico elemento e, alle volte, neppure il più importante per formulare la struttura di un testo. Tralascia, inoltre, il fatto che il testo di Sir[Gr] 34,21–35,20 è stato tradotto per la diaspora ebraica dell'Egitto tolemaico del sec. II a.C. Reiterer, infatti, pur esaminando il testo Gr continua a rapportare quanto il testo dice con la situazione creata (in Palestina) dai Seleucidi (168). Forse l'attenzione eccessiva al problema del sacerdozio, alla dimensione peccato-remissione e alla dimensione morale dell'ebreo pio ha impedito all'autore di vedere il tema centrale del brano che, pur articolando e componendo le tematiche sopraddette, si orienta piuttosto verso il rapporto tra il culto-comportamento degli ingiusti, il culto-comportamento del giusto e l'εὐδοκία di Dio.

## c. M. Carmela Palmisano

Anche Palmisano, che pubblica la sua tesi nel 2006, discussa presso il Pontificio Istituto Biblico, si occupa di Sir 34,21-35,26. L'autrice, che dedica alla pericope del tratto tutto il secondo capitolo (69-125), come già Reiterer, suddivide il testo in tre parti (74-75), ma applicando uno schema che ritiene idoneo a cogliere le caratteristiche del brano – lo schema della *querela-appello* – e desunto da Bovati[51], che però lo applica ad altri testi: Sir 34,21–

---

[49] REITERER, *Gott und Opfer*, 171.

[50] La numerazione originale è Sir 31/34,21/18a-31/26; 32/35,1-13/10; 35,14/11-21/18a.

[51] BOVATI, 281.303. In queste pagine, tuttavia Bovati non fa mai riferimento a Sir[Gr] 34,21–35,20.

31 ("che contiene la denuncia della violenza subita o minacciata e le domande del sapiente sulla risposta divina"); 35,1-13 (che presenta la *prima risposta* di Dio); 35,14-26 (dove si descrive, in prospettiva la *risposta divina definitiva* al grido d'aiuto)[52]. Lo schema della *querela-appello* è legato in qualche modo al procedimento giudiziario del *rîb* di cui l'autrice trova tracce nel testo del trattato. Palmisano, inoltre, essendo più interessata al testo H che al Gr, presta molta attenzione al frammento di Sir[H] 35,11-26 e afferma che esso è "caratterizzato da un vocabolario tecnico di ambiente forense, più preciso e ricco, rispetto a G" (122). È chiaro che alla studiosa preme di più il frammento ebraico che tutto il trattato. Ciò la porta a non esaminare il testo Gr come una realtà a sé stante, per molti aspetti indipendente dal testo H, con una propria identità. Inoltre, la scelta fatta da Palmisano non le favorisce la possibilità di distinguere tra *tema* e *rema* o, con altro vocabolario, tra *topic* e *comment*[53] nel testo Gr del trattato e così, dal punto di vista del testo Gr – ma forse non dal punto di vista del testo H[54] – attribuisce agli elementi del *rema* un valore preminente. La struttura proposta tiene conto solo del contenuto e della risposta che il testo potrebbe dare ad uno schema esterno al testo (la studiosa non dimostra con nessuna prova che Sir 35,1-13 sia "una prima risposta *di Dio*").

### d. Alcune considerazioni

In sintesi, si può dire, circa il testo, che Stadelmann e Reiterer ne hanno studiato sia il testo greco (Sir[Gr] 34,21–35,20 / Sir[Gr] 34,21–35,22) sia il frammento ebraico (Sir[H] 35,11-26); Palmisano ha prestato particolare attenzione a Sir[H] 35,11-26. Le analisi fatte, invece, sono in qualche modo funzionali a delle tesi da dimostrare. Stadelmann ha voluto dimostrare che Ben Sira era un sapiente che poteva provenire dalla classe sacerdotale. Reiterer ha inteso

---

[52] Le citazioni originali sono Sir 31G,21-31; 32G,1-13; 35G,14-26.

[53] SIMONE, 377-390.

[54] BROOKS - PENN WARREN, "Focus della storia, focus della narrazione, distanza", in MENEGHELLI, 65-78; GENETTE, "Focalizzazioni", in MENEGHELLI, 213-226.

proporre la tesi secondo la quale il Siracide, cioè il nipote che traduce in greco il testo ebraico del nonno, non capiva più la terminologia cultica ebraica adoperata da Ben Sira e modellava la traduzione del brano su due suoi presupposti: le offerte servivano sia per il mantenimento del clero sia per la santificazione personale. Palmisano, infine, ha visto in Sir[H] 35,14-26, esaminato come contesto precedente della preghiera di Sir 36,1-17, una traccia di *querela-appello* con elementi di un *rîb* di accusa e un *rîb* di difesa con il capovolgimento della situazione. Le strutture proposte, tripartite ma diverse nella delimitazione, sono prive di giustificazioni letterarie, l'esegesi è funzionale alle tesi da dimostrare e i problemi posti dalla filologia del testo Gr non vengono trattati.

Il problema che si pone con urgenza è la delimitazione della pericope, su cui i commentatori e gli autori hanno pareri molto divergenti.

## ■ 3. Delimitazione della pericope

Chiunque si sobbarcasse l'onere di leggere i commenti di questi ultimi centocinquanta anni si troverebbe di fronte a una divergenza impressionante di opinioni circa la delimitazione e la suddivisione di Sir[Gr] 34,21–35,20. Tutti fanno incominciare la pericope sul culto sacrificale in Sir[Gr] 34,21. La chiusura della pericope, invece, è variamente definita. Date le vicissitudini del testo di Ben Sira[55], è sembrata cosa corretta suddividere gli autori secondo tre momenti storici[56]: autori che hanno pubblicato prima della pubblicazione

---

[55] La prima scoperta del testo H è del 1896. Successivamente ci sono state altre scoperte. La prima edizione dei manoscritti del testo H conosciuti è del 1897. Per quanto riguarda il Lat, la prima edizione *emendatissima* è del 1965. L'edizione critica del Gr è del 1965[1] e del 1980[2]. L'edizione diplomatica del siriaco risale al 2003 e riproduce fedelmente il testo consonantico del Codice Ambrosiano secondo il facsimile edito dal Ceriani nel 1875.

[56] Tale suddivisione si ispira a quanto ha fatto Mulder per "Sir 50:1-28" (MULDER, *Simon the High Priest*, 3-22).

del testo H (1897)[57], autori che hanno pubblicato tra il 1898 e il 1965 (anno dell'edizione critica del Gr da parte di Ziegler) e autori successivi al 1965. All'interno di questa divisione viene offerto una panoramica riassuntiva delle posizioni degli autori.

## a. Autori precedenti il 1897

Soffermando l'attenzione solo su alcuni commenti più significativi comparsi nella seconda metà del sec. XIX[58], si può notare come diversi autori non si siano interessati della divisione del testo[59]. Altri, invece, hanno cercato di suddividere il testo (dalle tre alle sei unità letterarie), prestando attenzione al contenuto[60] e collocandosi, in questo modo, in buona continuità con le tradizioni greca[61] e latina[62].

---

[57] La scelta dell'anno 1897 è dettata dal fatto che i frammenti del testo H sono stati editi per la prima volta in diverse pubblicazioni tra il 1897 (COWLEY A. - NEUBAUER A., *The Original Hebrew of a Portion of Ecclesiasticus*, Oxford 1897) e il 1900 (LÉVI, "Fragments de deux nouveaux manuscrits hébreux de l'Ecclésiastique", in *REJ* 40[1900] 1-30).

[58] Nella presente ricerca sono stati consultati solo alcuni studi e commenti ritenuti più significativi. Chi legge potrebbe avere una valutazione diversa dallo scrivente. Per questo motivo la presente ricerca è solo un sondaggio ragionato e soppesato, ma non una rassegna completa. Gli autori esaminati per questo periodo sono: Arnald (1844), Mancini - Martini (1845), Fritzsche (1859), Reuss (1878), Blunt (1879), Churton (1884), Edersheim (1888), Ledrain (1891), Zöckler (1891), Keel (1896), Fillion (1894).

[59] Sono i casi, tra gli altri, di Arnald, Mancini, Churton, Zöckler, Keel. Per quanto riguarda Arnald, è bene specificare che l'autore è vissuto nel sec. XVII (1612-1694), ma il suo commento è stato ripubblicato anche nel 1844. Mons. Mancini ha solamente tradotto in forma poetica il testo del Siracide, mentre la traduzione esegetica e il commento sono di A. Martini. Churton pubblicò un commento molto stringato: le sue note sono in margine al testo e, di norma, contengono solo due tipi di notizie: i passi paralleli e alcune osservazioni di comparazione testuale tra testo H, Syr, Lat e, alle volte, il testo arabo. Più povero come ampiezza comparativa rispetto alla varie versioni, ma più preciso, anche se breve, circa il testo greco, è il commento di Zöckler. Molto modesto è, invece, il commento di Keel.

[60] Nessuno degli autori della seconda metà dell'800 offre motivazioni della suddivisione proposta.

[61] Già attorno al sec. XII [o, forse, XIII-XIV], in un manoscritto greco chiamato *Laura* Γ51 (795 per Ziegler) ed esaminato al Monte Athos verso la metà del sec. XIX da M. Richard dell'*Institut de recherche et d'histoire des textes à Paris*, il testo sui sacrifici viene delimitato in Sir 34,20-35,26 (orig. = Sir 34,19-35,24) con la dicitura Περὶ θυσιῶν δικαίων (DUESBERG - FRANSEN, 353).

[62] La *Vulgata* latina è stata arricchita lungo i secoli di titoli che delimitavano le

Un solo autore, Fillion, si è preoccupato di delimitare la macrounità del "Trattato" di Sir$^{Gr}$ 34,21–35,26 e ha diligentemente posto un titolo ("De la vraie piété e du culte qui plaît à Dieu"). Gli altri non hanno colto l'unità della pericope e, di conseguenza, hanno polverizzato il loro commento alle microunità senza porre nessun titolo.

## b. Autori che si collocano tra il 1898 e il 1965

Per l'esegesi biblica occidentale, questo è un periodo tormentato e ricco. È tormentato perché in quest'arco di tempo si collocano le due guerre mondiali (1915-1918 e 1939-1945) che hanno influito negativamente sull'andamento degli studi. È, invece, ricco per il ritrovamento di ampia parte del testo ebraico e per il fervore di studi che hanno preceduto e accompagnato la stagione felice del Concilio Vaticano II (1962-1965). Anche in quest'epoca troviamo lavori che non si preoccupano della suddivisione del testo, come, ad esempio, quelli di Herkenne[63] o di Lévi[64]. Diversi autori non vedono ancora l'unità della pericope e continuano ad evidenziare le sole unità minori o microunità (Nau - Glaire - Vigouroux, Crampon, Smend, Box - Oesterley, Vaccari, Girotti, Duesberg - Auvray, *Vulgata* dei Benedettini di S. Girolamo in Urbe). Altri autori, invece, intravedono il "Trattato" senza preoccuparsi delle microunità (Moulton, Eberharder, Luzzi, Schilling, Sisti). Ci sono, infine, degli autori che prestano attenzione sia al "Trattato" sia alle sue microunità (Knabenbauer, Peters, Spicq), dimostrando di saper cogliere nell'unità della

---

pericopi. Poiché la tradizione testuale mostra che i titoli variavano secondo le linee di copiatura, oggi possediamo diverse serie di titoli raccolti e pubblicati da DE BRUYNE. Questi titoli suddividono normalmente il testo in questo modo: Sir 34,21-31; 35,1-13.14-19.20-26. L'edizione dei monaci di S. Girolamo in Urbe, invece, sceglierà, come si vedrà più avanti, quei titoli che suddividono il testo in Sir 34,21-31; 35,1-13.14-26.

[63] Non si preoccupa della suddivisione del testo perché l'autore propone un commento essenzialmente filologico. Herkenne pubblica il suo commento nel 1899 e non tiene conto della scoperta del testo H del Siracide.

[64] Lévi ha come obiettivo la pubblicazione e il commento del testo ebraico. Poiché l'ebraico custodisce solo il frammento di Sir$^{H}$ 35,11-20, è ovvio che Lévi non può dare la suddivisione di Sir$^{Gr}$ 34,21–35,20.

pericope l'articolazione del pensiero del Siracide. Per quanto riguarda la demarcazione del "Trattato" non c'è unità fra le proposte. Alcuni di coloro che hanno prestato attenzione alle macrounità hanno visto che il testo successivo al "Trattato" e precedente la preghiera di Sir 36,1-22, va considerato con una duplice valenza: come contesto immediatamente successivo al "Trattato" e come contesto precedente la preghiera. Questo brano è variamente delimitato[65]: Peters: Sir 35,22-26; Eberharder: Sir 35,22b-26; Luzzi: Sir 35,21-26; Spicq: Sir 35,23-26; Schilling: Sir 35,22b-26.

## c. Autori posteriori il 1965

Quest'ultima sezione, a differenza delle precedente, contiene i primi studi su Sir$^{Gr}$ 34,21–35,20. Non sono esattamente ricerche mirate al brano, ma esaminano, almeno sommariamente, il brano dentro a un orizzonte di ricerca più ampio[66]. Per questo motivo nella presente sezione viene dato per esteso l'elenco degli autori e, schematicamente, le loro posizioni circa la suddivisione del testo. Gli altri autori presi in esame si suddividono equamente fra chi presta attenzione solo alle microunità, chi alle macrounità e chi ad ambedue. Nell'elenco degli studi non compaiono le opere, alcune brevi e altre anche di ottimo pregio, che non siano commenti o studi che si occupano direttamente dello studio del testo[67].

---

[65] Le citazioni sono riportate come le hanno proposte gli autori.

[66] Il commento di Mopsik non può affrontare la delimitazione di Sir$^{Gr}$ 34,21–35,20 perché commenta il testo H soltanto.

[67] Cfr MURPHY, *L'albero della vita,* 102: Sir 34,12-35,13 con il titolo "sacrificio"; *Bibbia TOB,* 2088-2090: Sir 34,21-35,26 (originale: Sir 34,18[21]-35,24[26]) con il titolo "la vera religione"; MORLA ASENSIO, *Introduzione,* 192: ripete le stesse posizioni assunte nel commentario del 1992; FRAGNELLI, 1639: Sir 34,21-35,13 (originale: Sir 34,[21]18-35,[13]10) con titolo "culto e morale"; il testo successivo, Sir 35,14-26 (originale: Sir 35,[14]11-[26]24) viene titolato "umili e giudizio di Dio"; GILBERT, *Siracide,* col. 1405.1430: Sir 34,21-35,26; CALDUCH-BENAGES, "El servicio cultual", 150: Sir 34,21-35,26 (originale: Sir 31[34H],21-32[35H],26) viene chiamato "normas sobre los sacrificios"; LIESEN, *Full of Praise,* 163 n. 50: Sir 34,21-35,26 (originale: Sir 34 [31G],21-35,[32G],26).

| ANNO | AUTORE | MACROUNITÀ | MICROUNITÀ | TITOLO |
|------|--------|-----------|-----------|--------|
| 1966 | Duesberg Fransen[68] | Sir 34,21-35,26 | | Teoria dei sacrifici |
| 1967 | Haspecker | Sir 34,18-36,17[69] | | Traktat über den Opferkult |
| 1967 | Pérez Rodríguez | | Sir 34,21-31 | Sacrificios no gratos a Dios |
| | | | Sir 35,1-15 | El sacrificio agradable a Dios |
| | | | Sir 35,16-26 | La oración del afligido |
| 1968 | Alonso Schökel | | Sir 34,21-35,13[70] | Culto y justicia |
| | | | Sir 35,14-26[71] | Los gritos del pobre |
| 1968 | Weber | Sir 34,21-35,26[72] | | Il vero culto a Dio |
| 1974 | Snaith | | Sir 34,14-20[73] | True piety and the mercy of God |
| | | | Sir 34,14-20 | On the security of those who fear God |
| | | | Sir 34,21-31 | On sacrifices to God: the wrong kind |
| | | | Sir 35,1-13 | On Sacrifices to God: the right kind |

---

[68] DUESBERG - FRANSEN, *Ecclesiastico*, 249-253. La stessa proposta di delimitazione del testo viene fatta in H. DUESBERG - I. FRANSEN, *Les scribes inspirés*, Maredsous-Tournai 1966, edizione rivista (édition remaniée) rispetto alla prima edizione del 1939.

[69] La numerazione originale della suddivisione di Haspecker è: Sir 34,18-36,17. Stranamente Haspecker conosce l'edizione critica dello Ziegler (HASPECKER, XX) e cita il Gr secondo l'edizione del Rahlfs.

[70] La numerazione originale della suddivisione di Alonso Schökel è: Sir 34,18-35,10. La demarcazione di Sir 34,21-35,13 è condivisa, anche se in forma indiretta, da DUMOULIN, 170-179. L'autore, infatti, tratta la pericope di Sir 35,14-26 (l'autore cita: Sir 35,11-24) come un testo completamente separato dal testo precedente che, ovviamente, si conclude in Sir 35,13.

[71] La numerazione dei versetti fatta da ALONSO SCHÖKEL, *Proverbios y Ecclesiastico*, per Sir 35 è irregolare perché sceglie per uno stesso capitolo la numerazione greca di Rahlfs fino a Sir 35,10. Per i versetti successivi preferisce la numerazione della Vulgata. Per questo motivo da Sir 35,10 passa immediatamente a Sir 35,14.

[72] La numerazione originale della suddivisione di WEBER è: Sir 34,18-35,24.

[73] La numerazione originale della suddivisione di Snaith è: Sir 34,13-17.18-26; 35,1-11.12-20. In Sir 35 Snaith non segue nessuna numerazione classica (H, Gr di Rahlfs, Gr di Ziegler, Syr, Lat) dei versetti.

| ANNO | AUTORE | MACROUNITÀ | MICROUNITÀ | TITOLO |
|---|---|---|---|---|
| | | | Sir 35,14-26 | On God's mercy for the oppressed |
| 1977 | Perdue[74] | | Sir 34,21-27 | Sacrificie and Oppression |
| | | | Sir 34,28-31 | Worship and True Repentance |
| | | | Sir 35,1-5 | Sacrifice Equated with Righteous Living |
| | | | Sir 35,6-7 | Sacrifice and the Fulfillment of Torah |
| | | | Sir 35,8-9 | The Sacrifice of the Righteous |
| | | | Sir 35,10-13 | Worship and the Cheerful Giver |
| | | | Sir 35,14-20[75] | Worship and Oppression |
| 1980 | Stadelmann | Sir 34,21–35,20[76] | | Ben Siras Traktat über den Opferkult der Gottlosen |
| | | | Sir 34,21-31[77] | Polemik gegen den Kultmissbrauch |
| | | | Sir 35,1-13[78] | Der Gott wohlgefällige Opferdienst |
| | | | Sir 32,14-20 | Mahnung zum Unterlassen ungerechter Opfer |

[74] L'anno successivo all'opera di Perdue, 1977, compare il lavoro di VIRGULIN (449) dove l'autore fa un brevissimo cenno a Sir[Gr] 34,21–35,13 (orig. = Sir 34,18–35,10) e lo presenta come brano "dedicato al culto divino". Virgulin segue il testo del Rahlfs e non quello dello Ziegler, pubblicato da tredici anni.

[75] Perdue non si prende cura di esaminare il valore di Sir 35,21-26.

[76] La numerazione originale della delimitazione di Stadelmann è: Sir 31,21-32,20.

[77] Stadelmann suddivide Sir 34,21-31 in tre piccole unità:
- Sir 34, 21-23     Ablehnung makelhafter Heuchelopfer,
- Sir 34, 24-27     Soziale Gererchtigkeit und Kultausübung,
- Sir 34, 8-31     Die Unsinnigkeit ungerechter Opfer.

[78] Stadelmann suddivide Sir 35,1-13 in questo modo:
- Sir 35,1-7     : Das sittliche Handeln als geistiges Opfer
- Sir 35,1-2     : Gesetzesgehorsam zählt als Opfer
- Sir 35,3-5     : Beispiele für opferwertigen Gesetzesgehorsam
- Sir 35,6-7     : Eine schriftgelehrte Rechtfertigung für die Kultisierung der Sittlichkeit)
- Sir 35, 8-13     : Das vorbildliche kultische Handeln des Gerechten

| ANNO | AUTORE | MACROUNITÀ | MICROUNITÀ | TITOLO |
|---|---|---|---|---|
| 1980 | Minissale | | Sir 34,21-31[79] | Sacrifici e giustizia |
| | | | Sir 35,1-13 | I sacrifici accetti |
| | | | Sir 34,14-26 | Pietà di Dio per gli oppressi |
| 1982 | Bruguera - Díaz | | Sir 34,14-36,22[80] | |
| 1987 | Skehan - Di Lella | Sir 34,21-36,22 | | True Worship of God and His Response |
| | | | Sir 34,21-35,22a | |
| | | | Sir 35,22b-26[81] | |
| 1992 | Morla Asensio | | Sir 34,21-31[82] | Sacrificios sin valor |
| | | | Sir 35,1-13 | Verdaderos sacrificios |
| | | | Sir 35,14-26 | Misericordia acia el oprimido |
| 1992 | Pereira | Sir 34,21-35,22a | | O verdadeiro culto |
| | | | Sir 34,21-3 | Culto e justiça |
| | | | Sir 35,1-13 | Os sacrificios aceitos |
| | | | Sir 35,14-22a | Os gritos do pobre |
| | | Sir 35,22b-36,22 | | A resposta de Deus |
| 2000 | Sauer[83] | | Sir 34,21-31 | Die Wichtigkeit des kultischen Handelns |
| | | | Sir 35,1-15 | Die Opfer und ihr Wert |

[79] La numerazione originale della delimitazione di Minissale è: Sir 34,18-26; 35,1-10.11-24. Anche Minissale, che conosce lo Ziegler del 1965 (vedi la bibliografia, 6), usa ancora il Rahlfs.

[80] La numerazione originale della delimitazione di Bruguera - Díaz è: Sir 34,13-36,17. Non sembra che gli autori abbiano idee chiare circa la suddivisione del testo. Essi, infatti, presentano come unità Sir 34,21-31 (originario: Sir 34,18-26) e Sir 36,1-22 (originario: Sir 36,1-17). Sugli altri testi non si pronunciano. Anche Bruguera - Díaz sembrano ignorare l'edizione critica dello Ziegler.

[81] Sir$^{Gr}$ 35,22b-26 viene chiamato da SKEHAN - DI LELLA, 420 "next poem", facendo così di Sir$^{Gr}$ 34,21-35,22a una unità compatta.

[82] La numerazione originale della delimitazione di Morla Asensio è: Sir 34,18-26; 35,1-10.11-24. Le citazioni di Morla Asensio sono fatte sul Rahlfs, nonostante la seconda edizione del testo critico del Gr pubblicato dallo Ziegler nel 1980.

[83] Nello stesso anno in cui Sauer pubblicava il suo commento al Siracide (2000), A. Niccacci pubblicò un breve testo divulgativo di introduzione al Siracide, dove Sir 34,21-35,26 viene chiamato "una riflessione abbastanza ampia sui sacrifici" (NICCACCI, 57).

| ANNO | AUTORE | MACROUNITÀ | MICROUNITÀ | TITOLO |
|---|---|---|---|---|
| | | | Sir 35,16-26 | Da Gebet der Armen und Unterdrückten hört Gott |
| 2001 | Alferi – Lavoie[84] | Sir 34,21-35,26 | | |
| 2002 | Reiterer[85] | Sir 34,21-35,22[86] | | |
| | | | Sir 34,21-31 | |
| | | | Sir 35,1-5 | |
| | | | Sir 35,6-22[87] | |

[84] La delimitazione della pericope è fatta solo attraverso l'impostazione tipografica del testo.

[85] REITERER F.V., *Gott und Opfer*, 136-179.

[86] La numerazione originale della delimitazione di Reiterer è: Sir 31/34,21/18a–32/35,22/20a.

[87] Reiterer scorge dei legami tra le tre strofe e li propone così (con la numerazione adottata nella presente ricerca):

"Opfer                34,21ff; 35,14-15
Soziale Gesichtspunkte    34,24-30 [darin Vv.28-30 bildliche Erläuterung]; 35,16-19
Summe                34,31; 35,21c-22"

L'autore, inoltre, coglie anche delle corrispondenze strutturali, la cui fisionomia è la seguente (sempre con la numerazione adottata dalla presente ricerca):

| "Sir 34,21-31 | | Sir 35,1-13 | | Sir 35,14-21 (*sic!*) | |
|---|---|---|---|---|---|
| 21-23 | Opfer von unrechtem Gut | 1-5 | Opfer-Gesetz-soziales Verhalten | 14-15 | keine aus sich wirkenden Opfer |
| 24-27 | größeres Vergehen: | 6-8 | Ia: Einstellung des | 16-21b | Klage von Waese und Witwe |
| 28-30 | Falsches Sozial-verhalten | | Opfernden | | Klage aller Bedrängten |
| | | 9 | Ib: *Summe*: Rechtschaffenheit führt zu annehmbaren Opfern | | |
| | | 10-12 | IIa: Großzügigkeit und Freudigkeit | | |
| 31 | *Summe*: Keine Erhörung | 13 | IIb: *Summe*: Gott erstattet | 21c-22 | *Summe*: Gott erhört sie, vielfach nicht die Opfer". |

Alla fine di questa breve panoramica sugli autori, è possibile rilevare una serie di dati che meritano alcune considerazioni critiche.

## ■ 4. Alcune considerazioni critiche sulla delimitazione della pericope

Tutti gli studiosi consultati, sia chi scrive prima della prima edizione del testo H, sia chi scrive prima e dopo dell'edizione critica del Gr, concordano, come già detto, nel collocare una cesura subito dopo Sir 34,20, facendo iniziare la nuova unità letteraria, ovvero il "trattato sulle offerte", in Sir 34,21. Gli autori, purtroppo, non manifestano le ragioni per le quali compiono questa scelta, sebbene sia in qualche modo intuibile.

### a. Il contesto precedente a Sir$^{Gr}$ 34,21–35,20

Il contesto precedente il testo di Sir$^{Gr}$ 34,21–35,20 si identifica grosso modo in Sir$^{Gr}$ 34,1-20 e ha come temi i sogni e i viaggi, presentati con forte caratterizzazione autobiografica[88]. Si tratta di elementi, contenutistici e formali, quasi totalmente assenti in Sir$^{Gr}$ 34,21-35,26 e ciò ha influenzato senz'altro gli studiosi. Sicuramente questa breve annotazione non rende giustizia al rapporto contestuale tra Sir$^{Gr}$ 34,1-20, che sarà oggetto di ulteriore indagine, e il testo successivo, Sir$^{Gr}$ 34,21-35,20. La presente osservazione, tuttavia, è sufficiente per capire il valore della cesura tra Sir$^{Gr}$ 34,20 e Sir$^{Gr}$ 34,21.

### b. Il contesto successivo a Sir$^{Gr}$ 34,21–35,20

Circa il contesto successivo a Sir$^{Gr}$ 34,21–35,20 ci sono posizioni molto diversificate[89]. Gli autori consultati seguono tre tipologie diverse di suddivisione.

---

[88] Cfr LIESEN, "First-Person", 24-47; cfr anche LIESEN J., "Strategical Self-References", 63-74.

[89] Alcuni autori scelgono di determinare una maxi-pericope che comprende Sir 34,21-36,22 (Haspecker, Alferi - Lavoie, Skehan - Di Lella). Si tratta di una scelta

– Alcuni si preoccupano di compiere una suddivisione minuziosa ottenendo delle unità minori o microunità, senza preoccuparsi di vedere eventuali macrounità o unità letterarie maggiori[90].

– Altri, e sono la maggioranza, non prestano molta attenzione alle microunità, ma danno gli estremi delle pericopi maggiori[91].

– Altri ancora, e in questo caso sono la minoranza, prestano attenzione sia alle unità minori che alle macrounità[92].

§1. *Chiusura del trattato sulle offerte secondo l'analisi delle microunità*
Tra coloro che analizzano solo delle microunità prevalgono due posizioni. C'è chi chiude la pericope in Sir$^{Gr}$ 35,13[93] e chi in Sir$^{Gr}$ 35,26[94]. Le altre sono posizioni singole: Sir$^{Gr}$ 35,15 (Sauer), Sir$^{Gr}$ 35,19 (Nau – Glaire – Vigouroux), Sir$^{Gr}$ 35,20 (Perdue).

§2. *Chiusura del trattato sulle offerte secondo l'analisi delle macrounità*
Tra coloro, invece, che si occupano solo delle macrounità, si trovano più preferenze: la cesura viene individuata in Sir$^{Gr}$ 35,13[95] o in Sir$^{Gr}$ 35,22a[96] o in Sir$^{Gr}$ 35,22[97] oppure in Sir$^{Gr}$ 35,26[98]. Le altre po-

---

guidata dal criterio contenutistico che ha voluto circoscrivere il materiale letterario sotto la categoria dall'elemento cultico, senza per questo precludere la divisioni in unità identificative minori.

[90] Si vedano, per esempio, Blunt, Box – Oesterley, Duesberg – Auvray, Fritzsche, Ledrain, Minissale, Morla Asensio, Perdue, Reuss, Sauer, Snaith, Vaccari, Nau – Vigouroux, titoli della Vulgata (De Bruyne), Vulgata di S. Girolamo in Urbe, Ziegler.

[91] Si vedano, per esempio, Alferi – Lavoie, Alonso Schökel, Bruguera – Díaz, Calduch-Benages, Crampon, Duesberg – Fransen, Eberharder, Edersheim, Fragnelli, Gilbert (in una conversazione, l'autore mi diceva che da uno studio da lui fatto, la conclusione potrebbe aggirarsi attorno a Sir 35,20), Girotti, Haspecker, Knabenbauer, Laura Γ51, Lesètre, Liesen, Luzzi, Moulton, Murphy, Niccacci, Peters, Schilling, Smend, Sisti, Skehan – Di Lella, TOB, Weber.

[92] Si vedano, per esempio, Fillion, Pérez Rodríguez, Hamp, Pereira, Reiterer, Spicq, Stadelmann.

[93] Fritzsche, Box – Oesterley, Duesberg – Auvray, Ziegler (*Sapientia Jesu*), Minissale.

[94] Blunt, Ledrain, Morla Asensio, Reuss, Sauer, Snaith, titoli della *Vulgata* in de Bruyne, Vaccari, *Vulgata* di S. Girolamo in Urbe.

[95] Alonso Schökel, Crampon, Fragnelli, Murphy, Sisti, Smend.

[96] Eberharder, Schilling, Skehan – Di Lella.

[97] Alferi – Levoie, Haspecker, Peters.

[98] Bruguera – Díaz, Calduch-Benages, Duesberg – Fransen, Gilbert, Knabenbauer, Laura Γ51, Liesen, Niccacci, TOB, Weber.

sizioni sono polverizzate in pareri più o meno individuali: Sir[Gr] 35,15[99]; Sir[Gr] 35,16 oppure Sir[Gr] 35,18[100]; Sir[Lat] 35,19[101]; Sir[Gr] 35,20[102]. C'è da notare che la maggior parte degli studiosi che hanno scelto la cesura in Sir[Gr] 35,26 non hanno trattato in modo particolare lo studio della pericope, ma la toccano accidentalmente. Bisogna, però, riconoscere che comunque Sir[Gr] 35,26 è una cesura importante perché immediatamente dopo inizia una brano ben definito sia come genere letterario sia come stilistica[103]: la preghiera di Sir[Gr] 36,1-22[104].

§3. *Chiusura del trattato sulle offerte secondo l'analisi delle macro- e microunità.*

Coloro, infine, che prestano attenzione sia alle unità maggiori sia alle unità minori, sono generalmente autori recenti che hanno fatto alcune brevissime analisi per determinare la cesura finale della pericope. Purtroppo non c'è un buon accordo tra loro. C'è chi chiude in Sir[Gr] 35,15[105], chi in Sir[Gr] 35,20[106], mentre altri chiudono in Sir[Gr] 35,26[107] o in Sir[Gr] 35,22a[108] oppure in Sir[Gr] 35,22[109]

Nessun tipo di scelta fatta dagli autori (analisi per unità minori, analisi per unità maggiori, analisi per unità minori e maggiori) ha portato ad un orientamento condiviso. Le cesure proposte nelle tre metodologie di analisi sono fondamentalmente[110] nove: Sir[Gr]

---

[99] Lesètre.

[100] Edersheim.

[101] Girotti.

[102] Moulton, Luzzi.

[103] Si tratta, infatti, di una preghiera che nel testo H compare strutturata in quattro strofe regolari quadristiche. Il Gr, invece, contiene una glossa in Sir 36,11, che rende irregolare la seconda strofa la quale passa così da quattro a cinque stichi: Sir 36,1-5.6-12.13a(13)-19(16).20(17)-22(19).

[104] Citazione secondo l'edizione critica di Ziegler: 36(33),1-13a(13);36,16b(14)-22(19).

[105] Pérez Rodríguez.

[106] Stadelmann.

[107] Fillion, Hamp.

[108] Pereira, Spicq.

[109] Reiterer.

[110] Questa classificazione riassuntiva non tiene conto del fatto che diversi autori

35,13[111]; Sir[Gr] 35,15[112]; Sir[Gr] 35,16(o 18)[113]; Sir[Gr] 35,19[114]; Sir[Lat] 35,19b.[115]; Sir[Gr] 35,20[116]; Sir[Gr] 35,22a[117]; Sir[Gr] 35,22[118]; Sir[Gr] 35,26[119].

La cesura in Sir[Gr] 35,26[120] ha senz'altro un suo valore in quanto precede la preghiera di Sir[Gr] 36,1-22, ma bisogna chiedersi se tale cesura corrisponda al confine geografico ultimo del "Trattato sulle offerte" o se tale confine sia da collocarsi prima. Le cesure di Edersheim (Sir[Gr] 35,16 o 18), di Nau – Glaire –Vigouroux (Sir[Gr] 35,19) e di Girotti (Sir[Lat] 35,19b) non sono riprese da nessuno. Le altre cesure sono: Sir[Gr] 35,13; Sir[Gr] 35,15, Sir[Gr] 35,20; Sir[Gr] 35,22a o Sir[Gr] 35,22. Poiché nessun autore presenta le motivazioni di tali cesure, se non in qualche modo Stadelmann (Sir[Gr] 35,20) e Reiterer (Sir[Gr] 35,22), diventa necessario andare direttamente al testo greco ed esaminare quale opzione sia plausibile. Prima, comunque, di qualunque esame è necessario stabilire alcuni criteri di metodo per l'analisi degli elementi di struttura che permetteranno una presa di posizione motivata nei confronti delle scelte accettabili o meno per la delimitazione della pericope.

---

all'interno della cesura più ampia, qualunque essa sia, possono alle volte aver fatto delle cesure intermedie. Queste possono accordarsi con cesure ampie di altri autori.

[111] Alonso Schökel, Box – Oesterley, Crampon, Duesberg – Auvray, Fragnelli, Fritzsche, Minissale, Murphy, Sisti, Smend, Ziegler (*Sapientia Jesu*).

[112] Pérez Rodríguez, Lesètre, Sauer.

[113] Edersheim.

[114] Nau –Vigouroux.

[115] Girotti.

[116] Luzzi, Moulton, Perdue, Stadelmann.

[117] Eberharder, Pereira, Peters, Schilling, Skehan – Di Lella, Spicq.

[118] Haspecker, Reiterer.

[119] Alferi e Lavoie, Blunt, Bruguera e Díaz, Calduch-Benages, Duesberg – Fransen, Fillion, Gilbert, Hamp, Knabenbauer, Ledrain, Liesen, Morla Asensio, Nicacci, Reuss, Snaith, TOB, Vaccari, *Vulgata* (de Bruyne), *Vulgata* di S. Girolamo in Urbe, Weber.

[120] Blunt, Bruguera – Díaz, Calduch-Benages, Duesberg – Fransen, Fillion, Gilbert, Hamp, Knabebauer, Ledrain, Liesen, Morla Asensio, Niccacci, Reuss, Snaith, TOB, Vaccari, Vulgata (de Bruyne), Vulgata di S. Girolamo in Urbe, Weber.

## c. Alcuni criteri di metodo

All'inizio di qualsiasi indagine sul testo di Sir[Gr] 34,21–35,20 andrebbe fatta la critica testuale. Questa verrà attuata nei capitoli dedicati all'analisi delle singole parti del "Trattato" in quanto nell'analisi della struttura non sono coinvolti elementi che presentano problemi di critica testuale.

In questa sede, per l'analisi della struttura di Sir[Gr] 34,21–35,20, si scelgono i piani di analisi indicati dalla moderna linguistica[121]. Per il testo in esame, ritengo che siano utili e sufficienti i seguenti cinque: lessicale, morfologico, sintattico, del discorso e quello tematico[122].

Il *piano lessicale* presta attenzione ai vocaboli identici (significante uguale e significato uguale), omonimi (significante uguale e significato diseguale), paranomastici (significanti simili e significato diseguale) e appartenenti allo stesso campo semantico (significante diseguale e significato uguale o simile[123]). Questo piano di analisi presta attenzione anche alle espressioni e alle sequenze lessematiche[124]. Il *piano morfologico*

---

[121] Per una visione di sintesi questo studio si è avvalso principalmente di Eco, "La famiglia dei codici", in Eco, 255-302; Marconi; Frye; Martinet, *La considerazione*; Meynet, *L'analisi retorica*, ampliata in Meynet, *Trattato*; Raimondi; Scholes; Yule.

[122] Anche Meynet (*L'analisi*, 143-157) adopera per la sua proposta di analisi retorica cinque piani: lessicale, morfologico, sintattico, ritmico e del discorso. Nella presente indagine è stato omesso l'esame sul piano della fonetica e del ritmo. Il primo perché è difficile stabilire con precisione come venisse letto il testo (pronuncia itacista o pronuncia etacista?) e perché ha un valore finemente estetico (e non è questo l'obiettivo della presente ricerca). Il secondo piano, quello riguardante il ritmo, non è stato preso in considerazione perché la dimensione poetica – che comunque c'è, ma è condizionata dalle forme tipiche del testo semitico sottostante più che dalle forme greche – non sembra essere stato il problema più importante del traduttore. Egli ci avverte che il suo vero problema è stata la resa in greco della "forza di certe espressioni" ebraiche (Sir[Prolog] 15-20).

[123] Mates, "Sinonimia", in L. Linsky, 168. (nota 17). Si vedano anche Todorov, "Tipologia dei fatti di senso", in Ducrot - Todorov, 284; Schick, 188-191.

[124] La parola o lessema (in questa ricerca i due vocaboli, pur non identici, si equivalgono) è il singolo vocabolo; l'espressione è la catena di due o più vocaboli in sequenza formale; le sequenze lessematiche, invece, sono la sequenza non formale e non ordinata di più lessemi in uno stesso stico o versetto.

è attento alla componente grammaticale di un sistema linguistico. L'attenzione, dunque, verrà data alla morfologia flessiva che si occupa delle categorie grammaticali funzionali alle unità lessicali "attraverso l'unione dei formativi flessivi….con il tema lessicale"[125]. Non viene presa in considerazione la morfologia derivativa, se non in casi rari e circostanziati. L'esame del piano morfologico è un esame per certi aspetti vicino (non uguali e non equivalenti!) all'esame di quelli elementi linguistici che Nida aveva chiamato "relazioni"[126]. Sul *piano sintattico*, invece, vanno presi in esame il collegamento e le relazioni tra le categorie grammaticali, scoprendo nel testo i paradigmi sintattici o modelli sintagmatici uguali (stessa costruzione sintattica del sintagma o del subsintagma). Nel piano sintattico si può includere anche *la stilistica*. Il *piano del discorso*, invece, bada al cambio (improvviso) di persona e alla dimensione narrativa o discorsiva (discorso diretto o indiretto) del testo. Con il *piano tematico*[127], invece, si intende individuare le tematiche uguali o vicine al di là della variabilità dei significanti presenti nei piani precedenti (lessicale, morfologico, sintattico, del discorso).

### d. La scelta di porre la cesura in Sir[Gr] 35,13

Si tratta della scelta più frequente fatta dagli studiosi. Sicuramente gli autori sono stati colpiti dall'esplicativa ὅτι κύριος ἀνταποδιδούς ἐστιν καὶ ἑπταπλάσια ἀνταποδώσει σοι. Questa frase garantisce quanto affermato in Sir[Gr] 35,12: l'uomo è chiamato a dare generosamente a Dio perché il Signore è colui che ripaga e ripaga in abbondanza (sette volte tanto).

Coloro che hanno fatto questa scelta, però, non hanno tenuto presente che in Sir[Gr] 35,10-15 esiste un gioco particolare di strut-

---

[125] GIANNINI, "Morfologia", in BECCARIA, 493-494.

[126] TABER – NIDA, 35.

[127] Si tratta di un piano estremamente utile per non ridurre l'analisi del testo a puro atto formale. Si tratta, infatti, di "riconoscere le diverse occorrenze di una stessa idea sotto forme diverse" e di "oltrepassare l'apparenza letterale del testo" (DUCROT, "Strutture superficiali e strutture profonde", in DUCROT – TODOROV, 267).

tura che non permette la cesura in Sir^Gr 35,13. Questo è il testo di Sir 35,10-15[128]:

Sir^Gr 35,10 ἐν ἀγαθῷ ὀφθαλμῷ **δόξασον** τὸν **κύριον**
καὶ μὴ σμικρύνῃς ἀπαρχὴν χειρῶν σου
11 ἐν πάσῃ δόσει ἱλάρωσον τὸ πρόσωπόν σου
καὶ ἐν εὐφροσύνῃ ἁγίασον δεκάτην
12 δὸς **ὑψίστῳ** κατὰ τὴν δόσιν αὐτοῦ
καὶ ἐν ἀγαθῷ ὀφθαλμῷ καθ' εὕρεμα χειρός
13 ὅτι κύριος ἀνταποδιδούς ἐστιν
καὶ ἑπταπλάσια ἀνταποδώσει σοι
14 μὴ δωροκόπει οὐ γὰρ προσδέξεται
15 καὶ μὴ ἔπεχε θυσίᾳ ἀδίκῳ
ὅτι **κύριος** κριτής ἐστιν
καὶ οὐκ ἔστιν παρ' αὐτῷ **δόξα** προσώπου

Sir 35,10 Con animo lieto glorifica il Signore[129]
e non essere avaro con la primizia delle tue mani.
11 In ogni dono sia lieto il tuo volto
e con gioia consacra la decima
12 Dona all'Altissimo secondo il suo dono (a te)
e con animo lieto secondo il guadagno della (tua) mano
13 poiché il Signore è colui che retribuisce
e ti retribuirà sette volte tanto.
14 Non corromper(lo) con doni: non accetterà
15 e non fare affidamento su un sacrificio ingiusto
poiché il Signore è giudice
e non c'è presso di lui preferenza di persona.

Lasciando il compito di una analisi più puntuale quando verrà fatta l'esegesi delle pericopi, per il momento è sufficiente notare

---

[128] Per la critica testuale si veda quanto detto in 4c.

[129] Una traduzione più affinata sarà proposta dopo ulteriore analisi esegetica delle pericopi.

che il brano di Sir$^{Gr}$ 35,10-15 è scandito sulla seconda persona singolare, mentre immediatamente prima (Sir$^{Gr}$ 35,8-9) e immediatammente dopo il testo è scandito dalla terza persona singolare/plurale (Sir$^{Gr}$ 35,16-20). Il testo di Sir$^{Gr}$ 35,10-15, inoltre, è incluso da due elementi: dal radicale[130] *δοκ, (Sir$^{Gr}$ 35,10a = δόξασον; Sir$^{Gr}$ 35,15c = δόξα) e dal vocabolo κύριος (Sir$^{Gr}$ 35,10a.15b). All'interno, poi, del testo così delimitato si trovano due segmenti testuali. Se si rispetta il criterio degli stichi (nessun distico va spaccato), si avranno due brevi segmenti testuali regolari. Il primo è incluso dall'espressione ἐν ἀγαθῷ ὀφθαλμῷ (Sir$^{Gr}$ 35,10a-12b), mentre il secondo, dall'espressione ὅτι κύριος... ἐστιν ( Sir$^{Gr}$ 35,13a-15c). Rispettando, invece, i piani lessicale, morfologico, sintattico e tematico - questa è la scelta preferita, pur con perplessità, della presente ricerca - si avranno due strofe non regolari (Sir$^{Gr}$ 35,10a-12a.12b-15c). La prima strofa, Sir$^{Gr}$ 35,10-12a, è marcato dall'inclusione formata dal nome divino (Sir$^{Gr}$ 35,10a: τὸν κύριον; Sir$^{Gr}$ 35,12a: ὑψίστῳ) ed è contrassegnato sul piano sintattico da una sequenza evidente: l'*incipit* dei quattro stichi di Sir$^{Gr}$ 35,10-11 avvicenda la congiunzione καί (Sir$^{Gr}$ 35,10b.11b) con la costruzione ἐν + dativo (Sir$^{Gr}$ 35,10a.11a; si tenga presente che all'ultimo καί segue ancora la stessa costruzione ἐν + dativo). Il secondo segmento, Sir$^{Gr}$ 35,12b-15c, incluso da due vocaboli che indicano il corpo umano[131] (Sir$^{Gr}$ 35,12b = χειρός; Sir$^{Gr}$ 35,15c = προσώπου), è caratterizzato sul piano sintattico da una sequenza ancora più evidente di quella già vista: la sequenza, infatti, è prima presentata in forma positiva, mentre subito dopo si trova in forma negativa:

| Sir$^{Gr}$ 35,12b: | a. | : | καί + affermazione |
| Sir$^{Gr}$ 35,13a: | b. | : | ὅτι κύριος ........ἐστιν |
| Sir$^{Gr}$ 35,13b: | a'. | : | καί + affermazione |

---

[130] Per il concetto di radicale si può vedere GIANNINI, "Radice", in BECCARIA, 600-601.

[131] Sicuramente il primo è usato in senso proprio, mentre il secondo è usato come traslato (metonimia).

| | | | |
|---|---|---|---|
| Sir$^{Gr}$ 35,15a: | d. | : | καὶ + negazione |
| Sir$^{Gr}$ 35,15b: | e. | : | ὅτι κύριος ........ἐστιν |
| Sir$^{Gr}$ 35,15c: | d'. | : | καὶ + negazione |

Questa breve analisi è sufficiente a mostrare come la cesura in Sir$^{Gr}$ 35,13 non possa dirsi plausibile né seguendo la struttura del testo che emerge dal rispetto degli stichi né seguendo la struttura che si fonda sul valore dei piani elencati. Circa il piano del contenuto, poi, è giusto notare come le due esplicative introdotte da ὅτι (Sir$^{Gr}$ 35,13a.15b) siano in qualche modo complementari e non disgiungibili: Dio che ripaga il generoso giusto, non ripaga il generoso ingiusto.

e. La scelta di porre la cesura in Sir$^{Gr}$ 35,15

Se la cesura di Sir$^{Gr}$ 35,13 appare non fondata, potrebbe invece apparire fondata la cesura in Sir$^{Gr}$ 35,15. Tale cesura è reale, ma si tratta di una cesura minore. Esiste, infatti, nel "trattato sulle offerte" un lessema forte, εὐδοκία, che ha un ruolo di estrema rilevanza nella delimitazione della pericope. Il termine, infatti, compare in Sir$^{Gr}$ 34,21–35,20 tre volte, in una posizione particolare: Sir$^{Gr}$ 34,22; 35,5a.20.

In Sir$^{Gr}$ 34,22, all'inizio della pericope sulle offerte, indica il non gradimento da parte di Dio di quei doni che provengono dagli uomini senza rispetto per la Legge. In Sir$^{Gr}$ 35,5a, invece, il vocabolo εὐδοκία indica il gradimento divino nei confronti dell'astensione dalla malvagità. In Sir$^{Gr}$ 35,20a il vocabolo ha un ruolo forte, quasi riassuntivo, di quanto è stato detto in Sir$^{Gr}$ 35,8-20a: il giusto che osserva alcuni atteggiamenti nell'offerta e nel sacrificio viene accolto con benevolenza da Dio e la sua preghiera giungerà fino alle nubi. Questo concetto sembra chiudere il lungo discorso iniziato in Sir$^{Gr}$ 34,21-22, dove si diceva per antitesi che cosa non fosse gradito a Dio (le offerte dei "senza-Legge"). Riassumendo queste considerazioni in un breve schema, si ha la seguente fisionomia del ruolo del lessema εὐδοκία in Sir$^{Gr}$ 34,21–35,20:

- Sir<sup>Gr</sup> 34,21-22 : Θυσιάζων ἐξ ἀδίκου προσφορὰ μεμωμημένη
καὶ οὐκ εἰς **εὐδοκίαν** δωρήματα ἀνόμων

- Sir<sup>Gr</sup> 35,5 : **εὐδοκία** κυρίου ἀποστῆναι ἀπὸ πονηρίας
καὶ ἐξιλασμὸς ἀποστῆναι ἀπὸ ἀδικίας

- Sir<sup>Gr</sup> 35,20 : θεραπεύων ἐν **εὐδοκίᾳ** δεχθήσεται
καὶ ἡ δέησις αὐτοῦ ἕως νεφελῶν συνάψει

- Sir 34,21-22 : Chi sacrifica da (provento) ingiusto, un'offerta
[da burla[132]
e le offerte dei senza-Legge non è per il
[**gradimento** (divino)

- Sir 35,5 : È **gradimento** al Signore gradito l'astenersi
dalla malvagità
ed (è) sacrificio espiatorio astenersi dall'ingiustizia

- Sir 35,20 : Chi serve con **gradimento** (divino) è accolto
e la sua preghiera giungerà fino alle nubi

Di fronte a questi dati, sembra evidente che la cesura in Sir<sup>Gr</sup> 35,15, pur avendo un suo valore perché chiude il brano di Sir<sup>Gr</sup> 35,10-15, non segni il limite geografico ultimo della pericope a causa della collocazione del vocabolo εὐδοκία che prolunga il testo ben più in là di Sir<sup>Gr</sup> 35,15.

f. La scelta di porre la cesura in Sir<sup>Gr</sup> 35,22a o in Sir<sup>Gr</sup> 35,22

È la scelta fatta da studiosi antichi come Peters (Sir<sup>Gr</sup> 35,22a) e recenti come Reiterer (Sir<sup>Gr</sup> 35,22), noti come Skehan-Di Lella (Sir<sup>Gr</sup> 35,22a) e meno noti come Pereira (Sir<sup>Gr</sup> 35,22a). Quale può essere il motivo di questa duplice opzione?

---

[132] Anche in questo caso la traduzione è letterale provvisoria, in attesa di un esame filologico più approfondito.

Coloro che hanno scelto di chiudere il brano in Sir^Gr 35,22a senz'altro hanno colto una articolazione di pensiero che inizia in Sir^Gr 35,21 e si chiude in Sir^Gr 35,22a. Il vocabolo προσευχή fa da soggetto a tutto il materiale letterario di Sir^Gr 35,21a.b.cα : la preghiera dell'umile penetra le nubi e non desiste fino a che non raggiunga il suo obiettivo che è l'intervento dell'Altissimo. Soggetto di Sir^Gr 35,21cβ.22a è ὁ ὕψιστος che interviene, istituisce un processo la cui sentenza è favorevole ai giusti, compiendo così un'azione di salvezza.

| | |
|---|---|
| Sir^Gr 35,21 | προσευχὴ ταπεινοῦ νεφέλας διῆλθεν |
| | καὶ ἕως συνεγγίσῃ οὐ μὴ παρακληθῇ |
| | καὶ οὐ μὴ ἀποστῇ ἕως ἐπισκέψηται ὁ ὕψιστος |
| 22a | καὶ κρινεῖ δικαίοις καὶ ποιήσει κρίσιν |

| | |
|---|---|
| Sir 35,21 | la preghiera dell'umile penetra le nubi[133] |
| | e non si appaga fino a che giunga (a Dio) |
| | e non desiste fino a che non intervenga l'Altissimo |
| 22a | e fa giustizia ai giusti e compie il discernimento |

Questa scelta si fonda probabilmente sul sottile gioco presente in Sir^Gr 35,21bc dove due costruzioni si susseguono in concatenazione chiasmatica, sempre nello stesso stico: ἕως + il congiuntivo e οὐ μὴ + il congiuntivo. Questa è la fisionomia del chiasmo:

καὶ **ἕως** *συνεγγίσῃ*            **οὐ μὴ** *παρακληθῇ*

a ↖   ↗ b

b' ↙   ↘ a'

καὶ **οὐ μὴ** *ἀποστῇ*            **ἕως** *ἐπισκέψηται ὁ ὕψιστος*

Sir^Gr 35,22a è strettamente legato a questo gioco chiasmatico perché il fare giustizia e difendere la causa dei giusti (καὶ κρινεῖ δικαίοις καὶ ποιήσει κρίσιν) è l'esplicitazione dell'intervento dell'Altissimo (ἐπισκέψηται ὁ ὕψιστος).

---

[133] La traduzione è provvisoria e letterale.

Se da una parte è possibile notare l'accuratezza della scelta, dall'altra bisogna sottolineare che tale scelta non tiene conto di alcuni elementi che si collocano sul piano del contenuto, sul piano lessematico e sul piano sintattico.

Sul piano del contenuto, i due stichi di Sir[Gr] 35,22bc continuano attraverso due coordinate negative a esplicitare il pensiero di Sir[Gr] 35,21cβ.22a: l'intervento dell'Altissimo (Sir[Gr] 35, 21cβ) si concretizza facendo giustizia e difendendo la causa dei giusti (Sir[Gr] 35,22a), senza tardare (Sir[Gr] 35,22b) e soprattutto senza essere paziente fuori luogo (Sir[Gr] 35,22c). Passando dal piano del contenuto al piano lessematico, si osserva che l'espressione di Sir[Gr] 35,22 (αὶ κρινεῖ δικαίοις καὶ ποιήσει κρίσιν) associa il verbo κρίνω al nome δίκαιος alla forma plurale e al nome singolare κρίσις. Tale associazione si ritrova in Sir[Gr] 35,25a (ἕως κρίνῃ τὴν κρίσιν τοῦ λαοῦ αὐτοῦ), dove i vocaboli coinvolti sono il verbo κρίνω, il nome singolare κρίσις e al posto del plurale di δίκαιος si trova l'equivalente singolare λαός αὐτοῦ. All'interno di questa inclusione, sul piano sintattico, c'è una costruzione ripetuta quattro volte: ἕως (stico precedente) + καὶ (stico successivo) che contiene la seconda parte dell'inclusione stessa con lo stico successivo, raggruppando il materiale letterario di Sir[Gr] 35,22-25:

<br>

| 21 | προσευχὴ ταπεινοῦ νεφέλας διῆλθεν |
|---|---|
|  | καὶ ἕως συνεγγίσῃ οὐ μὴ παρακληθῇ |
|  | καὶ οὐ μὴ ἀποστῇ ἕως ἐπισκέψηται ὁ ὕψιστος |
| 22 | καὶ **κρινεῖ δικαίοις** καὶ ποιήσει **κρίσιν** |
|  | καὶ ὁ κύριος οὐ μὴ βραδύνῃ |
|  | οὐδὲ μὴ μακροθυμήσῃ ἐπ' αὐτοῖς |
|  | **ἕως** ἂν συντρίψῃ ὀσφὺν ἀνελεημόνων |
| 23 | **καὶ** τοῖς ἔθνεσιν ἀνταποδώσει ἐκδίκησιν |
|  | **ἕως** ἐξάρῃ πλῆθος ὑβριστῶν |
|  | **καὶ** σκῆπτρα ἀδίκων συντρίψει |
| 24 | **ἕως** ἀνταποδῷ ἀνθρώπῳ κατὰ τὰς πράξεις αὐτοῦ |
|  | **καὶ** τὰ ἔργα τῶν ἀνθρώπων κατὰ τὰ ἐνθυμήματα αὐτῶν |
| 25 | **ἕως κρίνῃ** τὴν **κρίσιν** τοῦ **λαοῦ αὐτοῦ** |
|  | **καὶ** εὐφρανεῖ αὐτοὺς ἐν τῷ ἐλέει αὐτοῦ |

26     ὡραῖον ἔλεος ἐν καιρῷ θλίψεως αὐτοῦ
        ὡς νεφέλαι ὑετοῦ ἐν καιρῷ ἀβροχίας

Sir 35,21la preghiera dell'umile penetra le nubi[134]
            e non si appaga fino a che giunga (a Dio)
            e non desiste fino a che non intervenga l'Altissimo
22     **e fa giustizia ai giusti** e compie **il giudizio**
            e il Signore non tarda
            e non è indulgente nei loro confronti
            **fino a che** non abbia spezzato le reni degli spietati
23     **e** alle genti non abbia restituito il contraccambio
            **fino a che** non abbia estirpato la moltitudine dei violenti
            **e** non abbia frantumato lo scetro dell'ingiustizia
24     **fino a che** non abbia retribuito (ogni) uomo secondo le
            sue azioni **e** le opere degli uomini secondo le loro intenzioni
25     **fino a che** non compia il **giudizio** a favore del **suo**
            **popolo e** li abbia rallegrati con la sua misericordia.
26     Bella (è) la misericordia nel tempo della sua afflizione come
            nubi di pioggia in tempo di siccità.

Quanto detto dimostra diverse cose. La cesura in Sir$^{Gr}$ 35,22a è improbabile perché, sebbene Sir$^{Gr}$ 35,21-22a sia un materiale compatto a livello sintattico, il pensiero prosegue oltre e, perciò, sul piano del contenuto necessita di completamento. La cesura di Sir$^{Gr}$ 35,22 non è possibile perché sul piano lessematico, sintattico e contenutistico Sir$^{Gr}$ 35,22 è legato al materiale successivo, almeno fino a Sir$^{Gr}$ 35,25. Di conseguenza Sir$^{Gr}$ 35,21-25 appare come una unità coesa. Ciò permette, allora di considerare il ταπείνος un singolare corporativo nel quale si identificano i δικαίοι di Sir$^{Gr}$ 35,22 e una prolessi di λάος αὐτοῦ di Sir$^{Gr}$ 35,25a.

---

[134] La traduzione è provvisoria e letterale.

## g. La scelta di Sir<sup>Gr</sup> 35,20

Si tratta della scelta più elitaria fatta da pochi studiosi (Luzzi, Moulton, Perdue, Stadelmann). Questa scelta, sebbene non dimostrata e solo affermata dagli autori, sembra avere le caratteristiche per essere la più probabile a causa di una serie di ragioni che verranno esaminate nel paragrafo seguente.

## ■ 5. Delimitazione di Sir<sup>Gr</sup> 34,21–35,20

Pur essendo un testo di traduzione, il testo greco di Sir<sup>Gr</sup> 34,21–35,20 manifesta una buona identità e una compatta unità, fondate su diversi piani di struttura.

## a. L'inclusione di Sir<sup>Gr</sup> 34,21-22 e Sir<sup>Gr</sup> 35,20.

Sia Sir<sup>Gr</sup> 34,21-22 sia Sir<sup>Gr</sup> 35,20 condividono diversi elementi grammaticali, sintattici, stilistici e semantici.

| | | |
|---|---|---|
| Sir<sup>Gr</sup> 34, | 21 | **θυσιάζων** ἐξ ἀδίκου προσφορὰ μεμωμημένη |
| | 22 | καὶ οὐκ εἰς εὐδοκίαν **δωρήματα** ἀνόμων |
| | | |
| Sir<sup>Gr</sup> 35, | 20a | **θεραπεύων** ἐν εὐδοκίᾳ δεχθήσεται |
| | 20b | καὶ ἡ **δέησις** αὐτοῦ ἕως νεφελῶν συνάψει |

Sul piano grammaticale-sintattico esiste una coerenza di costruzioni tra il primo e il secondo stico dei due distici: Sir<sup>Gr</sup> 34,21-22 è costruito con due frasi nominali, mentre Sir<sup>Gr</sup> 35,20 esprime due frasi verbali. I primi stichi (Sir<sup>Gr</sup> 34,21; 35,20a) sono costruiti allo stesso modo: participio presente senza articolo, come soggetto (θυσιάζων / θεραπεύων) seguito da un complemento indiretto (ἐξ ἀδίκου / ἐν εὐδοκίᾳ) e reggente il subsintagma verbale (δεχθήσεται) o la parte nominale del subsintagma verbale (προσφορὰ μεμωμημένη). Nei due distici (Sir<sup>Gr</sup> 34,21-22; 35,20), inoltre, esiste la stessa impostazione stilistica: nel primo stico viene presentato il soggetto agente (θυσιάζων / θεραπεύων), mentre nel secondo compare l'azione cultica del soggetto agente (δωρήματα / ἡ δέησις).

Infine, nei due distici (Sir$^{Gr}$ 34,21-22; 35,20) si trova la stessa tematica, rappresentata dal nome, εὐδοκία, (Sir$^{Gr}$ 34,22; 35,20a): si tratta del compiacimento accogliente di Dio (Sir$^{Gr}$ 34,22; 35,20a). Nel primo caso (Sir$^{Gr}$ 34,22) il compiacimento accogliente viene negato alle offerte degli ingiusti, mentre nel secondo caso (Sir$^{Gr}$ 35,20) viene dato a colui che si prende cura del prossimo bisognoso[135]. Lo stretto legame esistente tra Sir$^{Gr}$ 34,21-22 e Sir$^{Gr}$ 35,20 permette di definire il fenomeno letterario come una inclusione e, di conseguenza, di avere un indizio sull'unità di Sir$^{Gr}$ 34,21–35,20; unità che va verificata con l'esistenza di altri indizi convergenti.

b. L'associazione di προσφορά con il radicale *θυσια nel trattato sulle offerte

Nel testo di Sir$^{Gr}$ 34,21–35,20 c'è una associazione linguistica che non si ripete più in tutto il libro del Siracide Gr. Si tratta dell'associazione del vocabolo προσφορά[136] (campo semantico dell'offerta) con il radicale *θυσια[137] (campo semantico del sacrificio). Compare in forma lessematicamente esatta in Sir$^{Gr}$ 34,21 (θυσιάζων + προσφορά)[138]; 35,1-2 (προσφοράς + θυσιάζων).8a (προσφορά + θυσιαστήριον)[139].

---

[135] Questa lettura di Sir$^{Gr}$ 35,21a viene dimostrata più avanti, quando verrà fatta l'esegesi del testo.

[136] Il lessema προσφορά compare nel Siracide 9x: Sir$^{Gr}$ 14,11; 34,21.23a; 35,1.8a; 38,11; 46,16; 50,13; 50,14.

[137] Il radicale *θυσια in lessemi non prefissati è presente nel Siracide solo 3x. Si tratta di due nomi, θυσία e θυσιαστήριον, e un verbo, θυσιάζω. Il nome θυσία è presente 7x: Sir$^{Gr}$ 7,31; 34,23b.24b; 35,9a.15a; 45,14.21. Il nome θυσιαστήριον è presente 4x: Sir$^{Gr}$ 35,8a; 47,9; 50,11.15. Il verbo θυσιάζω compare solo 3x e unicamente nel brano sui sacrifici: Sir$^{Gr}$ 34,21; 35,2.4.

[138] I due stichi di Sir$^{Gr}$ 34,21-22 formano una unità letteraria inscindibile sia per una ragione grammaticale sia per una ragione stilistica. La ragione grammaticale sta nel valore paratattico della congiunzione καί del v. 22. La ragione stilista, invece, poggia sul fatto che i due stichi sono in parallelismo sinonimico chiasmatico.

Per mostrare la fisionomia stilistica di queste tre ricorrenze, per notare la completezza dei giochi di richiamo con gli stichi successivi e per poter fare successivamente le necessarie osservazioni, viene dato di seguito l'insieme delle tre ricorrenze (Sir[Gr] 34,21-22; 35,1-2.8):

- Sir[Gr] 34,21-22    **Θυσιάζων** ἐξ ἀδίκου **προσφορὰ** μεμωμημένη
καὶ οὐκ εἰς εὐδοκίαν δωρήματα **ἀνόμων**

- Sir[Gr] 35,1-2    ὁ συντηρῶν **νόμον** πλεονάζει **προσφοράς**
**θυσιάζων** σωτηρίου ὁ προσέχων **ἐντολαῖς**

- Sir[Gr] 35,8    **προσφορὰ** δικαίου λιπαίνει **θυσιαστήριον**
καὶ ἡ εὐωδία αὐτῆς ἔναντι ὑψίστου

---

Θυσιάζων ἐξ ἀδίκου                 προσφορὰ μεμωμημένη / μεμωκημένη

a ↘ ↙ b
b' ↙ ↘ a'

καὶ οὐκ εἰς εὐδοκίαν               δωρήματα ἀνόμων

Il primo elemento del primo stico (Sir[Gr] 34,21 = Θυσιάζων ἐξ ἀδίκου = a) è in parallelismo sinonimico con il secondo elemento del secondo stico (Sir[Gr] 34, 22 = δωρήματα ἀνόμων = b'). Un sacrificio dove la giustizia non c'è (ἀδίκου), diventa una offerta dove non c'è l'adempimento della Legge (ἀνόμων). Il secondo elemento, poi, del primo stico (Sir[Gr] 34,21 = προσφορὰ μεμωμημένη / μεμωκημένη = b) corrisponde al primo elemento del secondo (Sir[Gr] 34,22 = οὐκ εἰς εὐδοκίαν = a'). Una offerta impura o da burla non può essere bene accetta da Dio. La discussione di critica testuale sulla scelta della variante μεμωμημένη / μεμωκημένη è irrilevante per l'esame della struttura. Il problema verrà discusso nella successiva analisi esegetica del testo.

[139] Il legame dei due stichi che compongono Sir[Gr] 35,8 è fondato sul valore paratattico della congiunzione καί del v. 8b e sul parallelismo sintetico che intercorre tra i vv. 8a.8b.

προσφορὰ δικαίου λιπαίνει θυσιαστήριον
καὶ ἡ εὐωδία αὐτῆς ἔναντι ὑψίστου

L'offerta del giusto compie due azioni, una esperimentabile nella dimensione storico-terrena (arricchisce l'altare; l'altare senza l'offerta resta spoglio e povero) e una seconda credibile per fede (il suo profumo è davanti all'Altissimo).

- Sir 34,21-22     **Chi sacrifica** da (provento) ingiusto, un'**offerta** da burla[140]
e le offerte **dei senza-Legge** non è per il gradimento (divino)

- Sir 35,1-2     Chi osserva **la Legge** moltiplica le **offerte**
chi **offre sacrifici** di salvezza, adempie
**i comandamenti**

- Sir 35,8     **L'offerta** del giusto arricchisce **l'altare**
il suo profumo (è) davanti all'Altissimo

Esistono tra questi tre brevi testi dei legami particolari. Prima di ogni altra cosa, il fenomeno sintattico dell'asindeto, che è presente in tutti e tre i testi. Esiste, poi, un legame tra Sir^{Gr} 34,21-22 e Sir^{Gr} 35,1-2 come esiste un secondo legame tra Sir^{Gr} 34,21-22 e Sir^{Gr} 35,8.

Sia in Sir^{Gr} 34,21-22 sia in Sir^{Gr} 35,1-2 si può notare come l'associazione προσφορά + *θυσια si accompagni a un vocabolario che appartiene all'area semantica della Legge (Sir^{Gr} 34,22: ἀνόμων; Sir^{Gr} 35,1: νόμον; Sir^{Gr} 35,2: ἐντολαῖς). Sotto il profilo del contenuto Sir^{Gr} 34,21-22 inizia una riflessione su una persona che offre a Dio, come sacrificio, una realtà che proviene dall'ingiustizia. Tale offerta può essere fatta solo da un soggetto che non rispetta la Legge. Diversamente, per antitesi, in Sir^{Gr} 35,1-2 viene presentato colui che offre a Dio un sacrificio, rispettando la Legge insieme con le singole norme di essa (Sir^{Gr} 35,1: ὁ συντηρῶν νόμον; Sir^{Gr} 35,2: ὁ προσέχων ἐντολαῖς).

Anche tra Sir^{Gr} 34,21-22 e Sir^{Gr} 35,8 si può notare come l'associazione προσφορά + *θυσια si leghi a vocaboli appartenenti all'area semantica del sacro. Il sacrificio dei senza-Legge è μεμωμημένη / μεμωκημένη[141], "impuro" – "irridente" (Sir^{Gr} 34,21), mentre il

---

[140] Anche in questo caso la traduzione è letterale e provvisoria, in attesa di un esame filologico più approfondito.

[141] Per la discussione di critica testuale sulla scelta della variante μεμωμημένη / μεμωκημένη si veda n. 138.

sacrificio del giusto λιπαίνει[142] θυσιαστήριον, "arricchisce l'altare" (Sir[Gr] 35,8a).

Dall'esame fin qui fatto risultano chiare alcune cose. In Sir[Gr] 34,21–35,20 esistono tre sintagmi che presentano tematiche identiche e antitetiche[143]. Essi ritmano il testo in tre momenti: Sir[Gr] 34,21-22 (sacrificio di un'offerta impura che proviene da una azione di ingiustizia); Sir[Gr] 35,1-2 (osservanza della Legge e sacrifici); Sir[Gr] 35,8 (offerta sacrificale del giusto, compiuta in modo adeguato).

c. Gli *incipit* di tre strofe irregolari?

Il testo di Sir[Gr] 34,21-22 viene immediatamente seguito da Sir[Gr] 34,23-31 che amplifica e approfondisce il tema dell'offerta impura, non gradita a Dio perché proveniente da persone irrispettose della Legge. Allo stesso modo Sir[Gr] 35,1-2, che annuncia lo stretto legame tra azione cultuale e adempimento obbedienziale della Legge, ha un approfondimento tematico in Sir[Gr] 35,3-7. Lo stesso dato si verifica anche tra Sir[Gr] 35,8, il cui tema presenta l'offerta sacrificale del giusto, e Sir[Gr] 35,9-20 che allarga il tema al modo e atteggiamento corretto con cui compiere l'offerta (in buona antitesi con quanto detto in Sir[Gr] 34,21-31). Alla luce di questi dati si può fondatamente affermare che i tre brevi testi esaminati costituiscono l'*incipit* di tre unità letterarie che compongono Sir[Gr] 34,21–35,20. Uno schema provvisorio, dunque, potrebbe essere il seguente:

---

[142] Il verbo λιπαίνω compare nel Siracide solo due volte, in Sir[Gr] 35,8a; 38,11, ed è sempre legato all'abbondanza dei sacrifici.

[143] La suddivisione di Sir[Gr] 34,21–35,20 in tre unità è suffragata anche dal fenomeno della omoionimia. Esso si trova all'inizio di ognuna delle tre pericopi (prima pericope = προσφορά : Sir[Gr] 34,21; δώρημα : Sir[Gr] 34,22; seconda pericope = νόμος : Sir[Gr] 35,1; ἐντολή: Sir[Gr] 35,2; terza pericope = προσφορά :Sir[Gr] 35,8a; θυσία : Sir[Gr] 35,9a) e si manifesta come marcatore di un *incipit*. Nella terza pericope il fenomeno dell'omoionimia si presenta leggermente distanziato rispetto alle altre due pericopi, perché i due vocaboli non ricorrono in due stichi successivi, ma nel primo e nel terzo.

A  = Sir$^{Gr}$ 34,21-31  : il sacrificio dell'ingiustizia
   B  = Sir$^{Gr}$ 35,1-7  : l'osservanza della Legge e il culto
A'  = Sir$^{Gr}$ 35,8-20  : il sacrificio del giusto

Il problema da affrontare, però, resta Sir$^{Gr}$ 35,8-20. È una unità letteraria oppure no?

## d. Sir$^{Gr}$ 35,8-20: unità letteraria o no?

Riprendendo in mano la suddivisione proposta in tre brani distinti (Sir$^{Gr}$ 34,21-31; 35,1-7; 35,8-20), si può notare che un vocabolo, εὐδοκία, ha una funzione particolare in tutte e tre le pericopi indicate. Come è già stato visto nel paragrafo precedente, in Sir$^{Gr}$ 34,21–35,20 il termine εὐδοκία compare 3x, in una collocazione particolare. In Sir$^{Gr}$ 34,22 si colloca all'inizio del primo brano (Sir$^{Gr}$ 34,21-31) e, sul piano del contenuto si inserisce nel cuore della tematica della prima pericope, anche se nella geografia del testo si trova nell'*incipit* della pericope di Sir$^{Gr}$ 34,21-31: Dio non gradisce i doni offerti dagli uomini non rispettosi della Legge. In Sir$^{Gr}$ 35,5a, invece, il vocabolo εὐδοκία si trova all'interno del secondo brano (Sir$^{Gr}$ 35,1-7): Dio gradisce l'astensione dalla malvagità. A questo dato formale, bisogna aggiungerne un secondo, di tipo stilistico. Sir$^{Gr}$ 35,5 è composto da due stichi,

| | |
|---|---|
| εὐδοκία κυρίου | **ἀποστῆναι ἀπὸ** *πονηρίας* |
| καὶ ἐξιλασμὸς | **ἀποστῆναι ἀπὸ** *ἀδικίας΄* |

| | |
|---|---|
| Gradimento per il Signore (è) | **astenersi da**lla *malvagità* |
| e sacrificio espiatorio (è) | **astenersi da**ll'*ingiustizia* |

dove la seconda parte degli stichi è strutturata sul piano sintattico in modo identico (ἀποστῆναι + ἀπο + nome in genitivo singolare [πονηρίας / ἀδικίας]). Ciò evidenzia ancora di più la sinonimia della prima parte dei due stichi: la cosa gradita a Dio (Sir$^{Gr}$ 35,5a: εὐδοκία κυρίου) equivale al sacrificio espiatorio (Sir$^{Gr}$ 35,5b: ἐξιλασμὸς) e questo, a sua volta, si identifica con l'astensione dall'ingiustizia (Sir$^{Gr}$ 35,5b: ἀποστῆναι ἀπὸ ἀδικίας). Anche in questo caso il termine εὐδοκία si inserisce nel cuore dell'argomentazione di Sir^Gr 35,1-7 e in perfetta sintonia tematica con l'uso di εὐδοκία nella pericope precedente (Sir^Gr 34,21-26). Diversamente, però, da quanto accade nella pericope precedente, εὐδοκία non si colloca nell'*incipit*, ma nel centro geografico di Sir^Gr 35,1-7 e di tutta la pericope (Sir^Gr 34,21–35,20).

Nel terzo brano (Sir^Gr 35,8-20) il lessema si situa in Sir^Gr 35,20a ed ha un duplice ruolo sintetico. Innanzitutto chiude la riflessione di Sir^Gr 35,8-19: il giusto, che compie correttamente l'offerta ed è capace di vivere i precetti della Legge con puntuale obbedienza e longanime correttezza interiore (Sir^Gr 35,8-19), non solo viene accolto da Dio, ma anche la sua preghiera giungerà fino alle nubi, fino al trono divino. Il vocabolo, poi, conclude il lungo discorso incominciato in Sir^Gr 34,21-22: se Dio non gradisce l'offerta dei senza-Legge, gradisce, invece, l'offerta del giusto e gradisce il giusto stesso e le sue preghiere.

e. Considerazioni conclusive

A conclusione di questo percorso e raccogliendo tutti i dati esaminati, il lessema εὐδοκία dovrebbe segnare il punto iniziale della pericope sul sacrificio (Sir^Gr 34,21) e il suo punto finale (Sir^Gr 35,20), cogliendo il punto centrale nel brano di Sir^Gr 35,1-7 (εὐδοκία al v.5a). Semplificando in uno schema riassuntivo i dati appena esaminati, il testo appare con questa fisionomia:

| | | | | | | |
|---|---|---|---|---|---|---|
| A | = | Sir^Gr 34,21-22 | = | *incipit* | = | (v. 22: εὐδοκία) |
| | | Sir^Gr 34,31 | = | *explicit* | | |
| B | = | Sir^Gr 35,1-2 | = | *incipit* | | |
| | | Sir^Gr 35,5 | = | | = | (v. 5a: εὐδοκία) |
| | | Sir 35,7 | = | *explicit* | | |
| A' | = | Sir^Gr 35,8 | = | *incipit* | | |
| | | Sir^Gr 35,20 | = | *explicit* | = | (v. 20a: εὐδοκία) |

§1. *La pericope di Sir^Gr 34,21–35,20 e le sue suddivisioni*
La struttura evidenzia due dati fondamentali. La pericope ri-

guardante il "Trattato sulle offerte" è delimitata in Sir$^{Gr}$ 34,21–35,20 per gli elementi lessematici e stilistici evidenziati. La pericope, inoltre, è suddivisa in tre unità (Sir$^{Gr}$ 34,21-31; 35,1-7.8-20) dove le parti estreme, la prima e la terza, sono sotto il profilo contenutistico in parallelismo antitetico: nella prima (Sir$^{Gr}$ 34,21-31) si affronta il tema del sacrificio ingiusto dei senza-Legge, mentre nella terza (Sir$^{Gr}$ 35,8-20) si affronta principalmente il tema del sacrificio del giusto. Probabilmente la parte centrale (Sir$^{Gr}$ 35,1-7) potrebbe identificarsi come il pensiero del Siracide sulla spiritualizzazione dei sacrifici o cultualizzazione dell'etica. Volendo formalizzare i risultati, si potrebbe raffigurare il testo in questo modo:

| | | |
|---|---|---|
| a | Sir$^{Gr}$ 34,21-31 | : parte negativa |
| b | Sir$^{Gr}$ 35,1-7 | : tesi del Siracide (o di Ben Sira?)[144] |
| a' | Sir$^{Gr}$ 35,8-20 | : parte positiva[145] |

A queste tre unità si possono dare un titolo già in qualche modo presente nell'*incipit* delle rispettive strofe. Sir$^{Gr}$ 34,21 inizia con l'espressione θυσιάζων ἐξ ἀδίκου, mentre Sir$^{Gr}$ 35,8 incomincia con una espressione quasi antitetica, προσφορὰ δικαίου. La strofa centrale invece ha come *incipit* l'affermazione ὁ συντηρῶν νόμον πλεονάζει προσφοράς. Questi elementi suggeriscono di denominare le tre strofe nel modo seguente:

| | | |
|---|---|---|
| a | Sir$^{Gr}$ 34,21-31 | : il sacrificio dell'ingiustizia |
| b | Sir$^{Gr}$ 35,1-7 | : l'osservanza della Legge e il culto |
| a' | Sir$^{Gr}$ 35,8-20 | : il sacrificio del giusto |

---

[144] Mancando l'originale ebraico, non è possibile dire con sicurezza se la tesi sia del nonno o del nipote.

[145] In più punti della sua opera Haspecker evidenzia la costruzione positivo–negativo o viceversa nell'impostazione del pensiero di Ben Sira (cfr, a titolo di esempio, HASPECKER 28-130; 132-133; 170-171; 182-183). Mentre a livello di contenuto condivido tale impostazione di lettura, ritengo più preciso, tuttavia, sotto il profilo puramente formale accostare Sir$^{Gr}$ 34,21–35,20 ai testi tripartiti come Sir$^{H}$ 39,16-34(35) e Sir$^{H}$ 42,15-25 (cfr PRATO, 3-7.209-299.300-331).

## §2. *Conferma della delimitazione della pericope*

La delimitazione della pericope collocata in Sir$^{Gr}$ 34,21–35,20 viene confermata dall'identità della pericope successiva. Il testo di Sir$^{Gr}$ 35,21-25[146], infatti, come è già stato visto poco sopra, parlando della improbabilità se non addirittura della impossibilità della cesura in Sir$^{Gr}$ 35,22a o in Sir$^{Gr}$ 35,22d, costituisce un testo a sé stante e ben differenziato da Sir$^{Gr}$ 34,21–35,20. Le ragioni di questa valutazione sono fondate sia sul legame inseparabile, sui piani sintattico e contenutistico, presente nei versetti di Sir$^{Gr}$ 35,21-22d (contro la cesura in Sir$^{Gr}$ 35,22a) sia sul legame altrettanto inscindibile nei piani lessicale, sintattico e contenutistico presente nei versetti di Sir$^{Gr}$ 35,22-25 (contro la cesura in Sir$^{Gr}$ 35,22d). Accanto a questi è necessario aggiungere qualche altra considerazione come completamento argomentativo.

Una prima considerazione va fatta sul piano del vocabolario. Bisogna, infatti, notare che il termine νεφέλη, che si trova in Sir$^{Gr}$ 35,20b, cioè nell'ultimo stico della pericope sui sacrifici, costituisce il vocabolo gancio per il brano di Sir$^{Gr}$ 35,21-26. Questo brano, a sua volta, è incluso proprio dal termine νεφέλη, che si trova all'inizio (Sir$^{Gr}$ 35,21a) e alla fine del testo (Sir$^{Gr}$ 35,26b).

| | | |
|---|---|---|
| Sir$^{Gr}$ 35,20 | : | θεραπεύων ἐν εὐδοκίᾳ δεχθήσεται |
| | | καὶ ἡ δέησις αὐτοῦ ἕως **νεφελῶν** συνάψει |
| | | |
| Sir$^{Gr}$ 35,21 | : | προσευχὴ ταπεινοῦ **νεφέλας** διῆλθεν |
| | | καὶ ἕως συνεγγίσῃ οὐ μὴ παρακληθῇ |
| | | καὶ οὐ μὴ ἀποστῇ ἕως ἐπισκέψηται ὁ ὕψιστος |
| | | |
| Sir$^{Gr}$ 35,26 | : | ὡραῖον ἔλεος ἐν καιρῷ θλίψεως αὐτοῦ |
| | | ὡς **νεφέλαι** ὑετοῦ ἐν καιρῷ ἀβροχίας |
| | | |
| Sir 35,20 | : | Chi serve con gradimento (divino) è accolto |
| | | e la sua preghiera giungerà fino alle **nubi** |

---

[146] Il valore di Sir$^{Gr}$ 35,26 in rapporto a Sir$^{Gr}$ 35,21-25 sarà esaminato poco più avanti.

Sir 35,21 : La preghiera dell'umile penetra le **nubi**
e non si appaga fino a che giunga (a Dio)
e non desiste fino a che non intervenga l'Altissimo

Sir 35,26 : Bella (è) la misericordia nel tempo della sua afflizione
come **nubi** di pioggia in tempo di siccità

Mentre poco sopra è stata dimostrata l'unità di Sir$^{Gr}$ 35,21-25, con questo argomento si aggiunge a Sir$^{Gr}$ 35,21-25 anche Sir$^{Gr}$ 35,26 perché la delimitazione data dall'inclusione νεφέλας / νεφέλαι, produce una buona cesura iniziale e finale.

Una seconda considerazione va fatta sul piano grammaticale e letterario, oltre che su quello del contenuto. La parte conclusiva del testo sui sacrifici, Sir$^{Gr}$ 35,20, e la parte iniziale del contesto successivo, Sir$^{Gr}$ 35,21, sono molto simili a livello di contenuto. C'è di più: i due stichi contingui Sir$^{Gr}$ 35,20b.21a sono contenutisticamente quasi sinonimi: in ambedue c'è il concetto di preghiera (δέησις / προσευχὴ) e il concetto di movimento verso l'alto (ἕως νεφελῶν συνάψει / νεφέλας διῆλθεν). In Sir$^{Gr}$ 35,20b la preghiera è quella di chi si prende cura della vedova (e dell'orfano), mentre in Sir$^{Gr}$ 35,21a la preghiera è quella dell'umile.

Sir$^{Gr}$ 35, 20a     θεραπεύων ἐν εὐδοκίᾳ δεχθήσεται
20b     **καὶ ἡ δέησις αὐτοῦ ἕως νεφελῶν συνάψει**

Sir$^{Gr}$ 35, 21a     **προσευχὴ ταπεινοῦ νεφέλας διῆλθεν**
21b     καὶ ἕως συνεγγίσῃ οὐ μὴ παρακληθῇ
21c     καὶ οὐ μὴ ἀποστῇ ἕως ἐπισκέψηται ὁ ὕψιστος

Sir 35,20a     Chi serve con gradimento (divino) è accolto[147]
20b     **e la sua preghiera giungerà fino alle nubi**

---

[147] La traduzione è provvisoria e letterale.

Sir 35,21    **La preghiera dell'umile penetra le nubi**
   21b    e non si appaga fino a che (non) giunga (a Dio)
   21c    e non desiste fino a che non intervenga l'Altissimo

Una similarità così accentuata potrebbe indurre all'ipotesi che Sir$^{Gr}$ 35,20b e Sir$^{Gr}$ 35,21a siano strettamente uniti e, quindi, la conclusione del brano sui sacrifici possa essere spostata più in là di Sir$^{Gr}$ 35,20, forse in Sir$^{Gr}$ 35,21. Questa ipotesi non è sostenibile e si vedrà la motivazione.

Sebbene ad una analisi superficiale gli stichi di Sir$^{Gr}$ 35,20b.21a possano sembrare sinonimici, bisogna rilevare sotto il profilo della grammatica una differenza radicale: Sir$^{Gr}$ 35,20 è tutto giocato sull'indicativo futuro dei verbi (δεχθήσεται / συνάψει). Si tratta di un versetto ricco di fede e di speranza con una visione di retribuzione ben precisa: chi si prende cura della vedova (e dell'orfano) verrà accolto da Dio (δεχθήσεται = passivo teologico) e la sua preghiera di domanda (δέησις) arriverà fino a Dio (giungerà fino alle nubi = ἕως νεφελῶν συνάψει). Sir$^{Gr}$ 35,21, invece, è un versetto di tipo proverbiale giocato sull'aoristo, o indicativo (διῆλθεν) o congiuntivo (συνεγγίσῃ / παρακληθῇ / ἀποστῇ / ἐπισκέψηται), con valore gnomico, il cui soggetto non è più la preghiera di chi soccorre (la vedova e l'orfano), bensì tutta la preghiera (προσευχή) dell'umile che muove Dio all'azione contro gli ingiusti (Sir$^{Gr}$ 35,22), tema ben sviluppato in Sir$^{Gr}$ 35,23-26.

Sul piano del contenuto, poi, si può notare come Sir$^{Gr}$ 34,21–35,20 svolga, come tematica di fondo, l'argomento del sacrificio gradito o non gradito a Dio, Sir$^{Gr}$ 35,21-26 introduce un tema diverso.

Nel testo di Sir$^{Gr}$ 34,21–35,20 i protagonisti umani sono due: il giusto che osserva la Legge e l'ingiusto senza-Legge (ma comunque appartenente al popolo di Dio: cfr Sir$^{Gr}$ 34,28-31). Sono personaggi che si collocano dentro al popolo di Dio. Si tratta di un credente giusto e di credenti ingiusti.

Nel testo di Sir<sup>Gr</sup> 35,21-26, invece, si trovano altri due tipi di protagonisti: uno è il popolo di Dio e gli altri sono i pagani. Da una parte, infatti, si trova l'umile e la sua preghiera (Sir<sup>Gr</sup> 35,21a: προσευχὴ ταπεινοῦ). L'umile, poi, lascia la scena non al "giusto" (cfr Sir<sup>Gr</sup> 35,8a), ma ai "giusti" (Sir<sup>Gr</sup> 35,22a) e poi al "popolo di Dio" (Sir<sup>Gr</sup> 35,25a). Si tratta, come già visto, di un vocabolo corporativo e usato in modo prolettico. Dalla parte opposta, per antitesi, si trovano gli "spietati" (Sir<sup>Gr</sup> 35,22d: ἀνελεημόνων) che si identificano con le "genti straniere" (Sir<sup>Gr</sup> 35,23a: τοῖς ἔθνεσιν), definite come "moltitudine di violenti" (Sir<sup>Gr</sup> 35,23b: πλῆθος ὑβριστῶν) e "ingiusti" (Sir<sup>Gr</sup> 35,23c: ἀδίκων).

Queste osservazioni sommarie sul piano lessicale, grammaticale e contenutistico, che comunque verranno approfondite nel prossimo capitolo, sono sufficienti per indicare in Sir<sup>Gr</sup> 35,21-26 un brano compatto, articolato per antitesi (popolo di Dio - altri popoli), ben distinto da Sir<sup>Gr</sup> 34,21–35,20, anch'esso ben compatto e articolato per antitesi (sacrificio degli ingiusti - sacrificio del giusto). Per questo motivo Sir<sup>Gr</sup> 35,20 non è associabile a Sir<sup>Gr</sup> 35,21, sebbene ci siano tematiche comuni.

Mettendo insieme tutte le argomentazioni, si ottiene un quadro molto forte di ragioni. Argomenti di questa forza ed equivalenti per dimostrare una suddivisione diversa non sono stati, per il momento, formulati da nessun autore. Resta, dunque, assodato che la pericope intitolata "Trattato sulle offerte" si circoscrive in Sir<sup>Gr</sup> 34,21–35,20. Passiamo ora all'esame della fisionomia della struttura completa della pericope.

## ■ 6. La struttura di Sir<sup>Gr</sup> 34,21–35,20

Analizzare la struttura di un brano significa cogliere i ritmi che cadenzano un testo, mettere in evidenza i legami di contenuto e di processo logico che lo rendono compatto e argomentativo, rilevare le scelte di campo in ambito culturale e teologico, comprendere dal fenotesto quale possa essere il genotesto[148] che regge il processo significativo di tutto il brano[149]. Si tratta, dunque, di un esame fondamentale per poter, poi, fare l'analisi esegetica successiva della pericope. In Sir[Gr] 34,21–35,20 non tutti i piani della metodologia di analisi, già visti sopra, sono sempre significativi in ogni strofa. Ciò induce ad analizzare il testo, tenendo presente i piani d'indagine, senza tuttavia formalizzarne sempre la distinzione. Le tre strofe irregolari possiedono delle caratteristiche sui vari piani linguistici che permettono di intravedere nel testo Gr un disegno preciso: in ogni strofa irregolare sono presenti tre unità minori. Questo dato potrebbe indicare una volontà di ritmare l'esposizione della materia in forma ternaria con dei livelli di aggancio per ogni unità all'interno della strofa, che l'esame metterà in evidenza[150].

a. Il sacrificio dell'ingiustizia: Sir[Gr] 34,21–31 e la sua tripartizione

La prima strofa, Sir[Gr] 34,21–31, viene presentata dallo Ziegler e con lui la maggioranza dei commentatori, come una unità compatta[151].

| | |
|---|---|
| Sir[Gr] 34, 21 | θυσιάζων ἐξ ἀδίκου προσφορὰ μεμωμημένη |
| 22 | καὶ οὐκ εἰς εὐδοκίαν δωρήματα ἀνόμων. |
| 23 | οὐκ εὐδοκεῖ ὁ ὕψιστος ἐν προσφοραῖς ἀσεβῶν |
| | οὐδὲ ἐν πλήθει θυσιῶν ἐξιλάσκεται ἁμαρτίας. |

---

[148] Nella semiologia per "fenotesto" si intende il testo che una semplice lettura rivela, mentre per "genotesto" si intende la struttura profonda di un testo o enunciato lungo (cfr Dubois J. - Giacomo - Guespin - Marcellesi Ch. e J.B - Mével, *ad locum*).

[149] Alle volte la struttura può rendere più agevole la scoperta delle sfumature di significato dei lessemi, come si vedrà nell'esegesi delle singole parti del "Trattato".

[150] L'unico commento che dedica una certa attenzione ai fenomeni stilistici è quello di Skehan-Di Lella. Si tratta, però, di poche e sporadiche note.

[151] Per la critica testuale, si veda quanto detto in 4c. Tuttavia, va detto che non c'è discrepanza tra la proposta testuale di Rahlfs e quella di Ziegler. L'unica differenza si trova nella scelta dei punti diacritici. Di norma sono divergenze che non comprometttono la lettura del testo. Scelgo l'interpunzione di Ziegler, tranne che per Sir 34,25b, dove Rahlfs pone il punto fermo, mentre Ziegler lascia lo stico aperto.

24 θύων υἱὸν ἔναντι τοῦ πατρὸς αὐτοῦ
ὁ προσάγων θυσίαν ἐκ χρημάτων πενήτων.

25 ἄρτος ἐπιδεομένων ζωὴ πτωχῶν
ὁ ἀποστερῶν αὐτὴν ἄνθρωπος αἱμάτων.

26 φονεύων τὸν πλησίον ὁ ἀφαιρούμενος ἐμβίωσιν

27 καὶ ἐκχέων αἷμα ὁ ἀποστερῶν μισθὸν μισθίου.

28 εἷς οἰκοδομῶν καὶ εἷς καθαιρῶν·
τί ὠφέλησαν πλεῖον ἢ κόπους;

29 εἷς εὐχόμενος καὶ εἷς καταρώμενος·
τίνος φωνῆς εἰσακούσεται ὁ δεσπότης;

30 βαπτιζόμενος ἀπὸ νεκροῦ καὶ πάλιν ἁπτόμενος
αὐτοῦ, τί ὠφέλησεν ἐν τῷ λουτρῷ αὐτοῦ;

31 οὕτως ἄνθρωπος νηστεύων ἐπὶ τῶν ἁμαρτιῶν
[αὐτοῦ
καὶ πάλιν πορευόμενος καὶ τὰ αὐτὰ ποιῶν·
τῆς προσευχῆς αὐτοῦ τίς εἰσακούσεται;
καὶ τί ὠφέλησεν ἐν τῷ ταπεινωθῆναι αὐτόν;


Sir 34,21 Chi sacrifica (cose prese) dall'ingiustizia, un a
[offerta da burla[152]

22 e non sono per il gradimento (divino) i doni
[dei senza-Legge.

23 Non trova gradimento l'Altissimo nelle offerte
[degli empi
né per l'abbondanza dei sacrifici perdona i peccati.

24 Chi uccide il figlio davanti al proprio padre
è colui che offre un sacrificio (con cose prese)
[dagli averi dei poveri.

---

[152] La traduzione in questo stadio dell'analisi è letterale e provvisoria. Solo dopo l'ulteriore esame del testo sarà possibile una traduzione definitiva. Come si può notare, uno dei primi problemi da risolvere sarà Sir[Gr] 34,21. I vocaboli sono ben compresi, ma la costruzione grammaticale e sintattica sono un problema, già individuato, anche se non risolto, dal solo KNABENBAUER, 352, che propone di leggere il testo come un "quasi *nominativus absolutus*".

25 Il pane dei bisognosi è la vita dei poveri
   chi lo sottrae è un uomo di sangue.
26 Uccide il prossimo chi (gli) ruba il cibo
27 e versa sangue chi sottrae il salario del salariato.
28 Uno costruisce e uno distrugge:
   che cosa guadagnano oltre la fatica?
29 Uno prega e uno maledice:
   la voce di chi ascolterà il Signore?
30 Chi si lava da (l contatto di) un morto e di nuovo
              [lo tocca:
   che cosa guadagna nel suo lavacro?
31 Così (è) l'uomo che digiuna per i suoi peccati
   e di nuovo ritorna e fa le stesse cose.
   Chi ascolterà la sua preghiera?
   E che cosa guadagna nel suo umiliarsi?

### §1. *Sir$^{Gr}$ 34,21-23, prima unità della prima strofa*

Il primo testo, Sir$^{Gr}$ 34,21-23, è una unità coesa perché giocata su diversi elementi capaci di compattare un testo. Il primo elemento si trova in una triplice ripetizione. C'è quella del radicale *θυσι (Sir$^{Gr}$ 34,21.23a) che funge da inclusione della breve pericope; quella del radicale *ευδοκ (Sir$^{Gr}$ 34,22.23a), al centro del testo; quella del vocabolo προσφορά (Sir$^{Gr}$ 34,21.23), nel primo e nel terzo stico.

Sir$^{Gr}$ 34,21 **θυσιάζων** ἐξ ἀδίκου **προσφορὰ** μεμωμημένη
   22 καὶ **οὐκ** εἰς **εὐδοκίαν** δωρήματα ἀνόμων
   23 **οὐκ εὐδοκεῖ** ὁ ὕψιστος ἐν **προσφοραῖς** ἀσεβῶν
     οὐδὲ ἐν πλήθει **θυσιῶν** ἐξιλάσκεται ἁμαρτίας

Il radicale *εὐδοκ è presente in Sir$^{Gr}$ 34,22 (εὐδοκίαν).23a (εὐδοκεῖ) e crea una buona saldatura tra i versetti (Sir$^{Gr}$ 34,21-22 e Sir$^{Gr}$ 34,23). Lo stesso valore di aggancio viene esercitato dal vocabolo προσφορά, presente in Sir$^{Gr}$ 34,21 (προσφορά) e in Sir$^{Gr}$ 34,23a (προσφοραῖς). La compattezza di questa unità è ulteriormente evidenziata da altri due elementi: le tre negazioni che si susseguono agli inizi degli stichi Sir$^{Gr}$ 34,22 (καὶ οὐκ).23a (οὐκ).23b (οὐδέ); il fenomeno della ripetizione di quattro vocaboli con α privativo (Sir<sup>Gr</sup> 34,21: ἄδικος; 34,22: ἄνομος; 34,22a: ἀσεβής; 34,22b: ἁμαρτία[153]).

Un ulteriore elemento di coesione dell'unità è il chiasmo che si trova in Sir<sup>Gr</sup> 34,21.22. L'espressione iniziale di Sir<sup>Gr</sup> 34,21, θυσιάζων ἐξ ἀδίκου, ha il suo corrispondente semantico nella seconda parte dello stico di Sir<sup>Gr</sup> 34,22, δωρήματα ἀνόμων. A sua volta la seconda espressione di Sir<sup>Gr</sup> 34,21, προσφορὰ μεμωμημένη/μεμωκημένη, ha il suo corrispondente semantico nella prima parte di Sir<sup>Gr</sup> 34,22, οὐκ εἰς εὐδοκίαν. Lo stretto legame tra θυσιάζων ἐξ ἀδίκου e δωρήματα ἀνόμων pone in evidenza la valenza semantica dell'aggettivo sostantivato ἄδικος, che è in consonanza con il suo parallelo sinonimico ἄνομος.

Sir<sup>Gr</sup> 34,21   θυσιάζων ἐξ ἀδίκου                       προσφορὰ μεμωμημένη

                              a ↖   ↗ b
                              b' ↙   ↘ a'

      22 καὶ οὐκ εἰς εὐδοκίαν                       δωρήματα ἀνόμων

La cosa ingiusta (ἄδικος) è tale perché non è secondo la Legge ed è compiuta, conseguentemente, da colui che non rispetta la Legge (ἄνομος). Lo stesso fenomeno del chiasmo si trova - come si vedrà - negli stichi della prima unità della seconda strofa: Sir<sup>Gr</sup> 35,1.2.

L'analisi di Sir<sup>Gr</sup> 34,21-23 porta a formulare una struttura concentrica, dove il centro geografico è dato dall'espressione δωρήματα ἀνόμων (Sir<sup>Gr</sup> 34,22β per il segmento [d]), mentre gli elementi convergenti sono il radicale *εὐδοκ e la negazione οὐκ (Sir<sup>Gr</sup> 34,22α per [c] e Sir<sup>Gr</sup> 34,23aα per [c']), il nome προσφορά (Sir<sup>Gr</sup> 34,21β per [b] e Sir<sup>Gr</sup> 34,23aβ per [b']) e il radicale *θυσια (Sir<sup>Gr</sup> 34,21α per [a] e Sir<sup>Gr</sup> 34,23b per [a']):

| Sir<sup>Gr</sup> 34,21α : | a | | | : | *θυσια |
|---|---|---|---|---|---|
| 21β : | | b | | : | προσφορά |
| 22α : | | | c | : | οὐκ + *εὐδοκ |
| 22β : | | | | d : | δωρήματα ἀνόμων |

---

[153] Per ἁμαρτία e il possibile α privativo si veda la teoria di F. Sommer, sebbene presenti difficoltà fonetiche, in CHANTRAINE, vol I, 71.

| 23aα | : | | c' | : | οὐκ + *εὐδοκ |
|------|---|------|------|---|---------------|
| 23aβ | : | b' | | : | προσφορά |
| 23b | : | a' | | : | *θυσια |

Sotto il profilo del contenuto Sir$^{Gr}$ 34,21-23 potrebbe essere vicino a ciò che noi oggi chiameremmo un principio teologico che enuncia fondamentalmente il rapporto tra "Dio – l'atto di culto – l'offerente", fondato sulla εὐδοκία divina: Dio non gradisce i sacrifici costituiti da offerte ottenute con l'ingiustizia e compiuti da persone che non osservano la Legge. Sicuramente il Siracide individuava un determinato tipo di persone dietro agli ἄνομοι e gli ἀσεβεῖς, nominati dalla traduzione. L'insegnamento, presente nel testo Gr, illustra un principio (Sir$^{Gr}$ 34,21) e due atteggiamenti divini. Dio non gradisce il sacrificio di coloro che sono empi e non perdona per l'abbondanza delle vittime sacrificali. Sir$^{Gr}$ 34,21-23 può, perciò, essere considerato come un insegnamento di tipo teologico–cultuale. Se questo testo annuncia il principio teologico–cultuale, il testo successivo, Sir$^{Gr}$ 34,24-27, potrebbe apparire come l'argomentazione sapienziale che lo sostiene. Sicuramente il testo presuppone e supera la lunga predicazione profetica contro la incoerenza tra culto e vita, come si vedrà nel prosieguo del'esegesi del brano.

### §2. Sir$^{Gr}$ 34,24-27: seconda unità della prima strofa

Sotto il profilo lessematico Sir$^{Gr}$ 34,24–27 sono caratterizzati dalla presenza, unica in tutto il trattato di Sir$^{Gr}$ 34,21–35,20, del vocabolo αἷμα (Sir$^{Gr}$ 34,25b.27) e del participio ὁ ἀποστερῶν (Sir$^{Gr}$ 34,25b.27b). C'è, inoltre, una certa frequenza lessematica appartenente al campo semantico della povertà: πενήτων (Sir$^{Gr}$ 34,24b), ὁ ἀποστερῶν (Sir$^{Gr}$ 34,25b), ἐπιδεομένων (Sir$^{Gr}$ 34,25a) e πτωχῶν (Sir$^{Gr}$ 34,25a; il vocabolo ricompare in Sir$^{Gr}$ 35,16a). Se questi elementi di vocabolario possono essere un indizio dell'unità di Sir$^{Gr}$ 34,24-27, ci sono altri elementi che ne costituiscono, invece, la prova.

Sir$^{Gr}$ 34,24    θύων υἱὸν ἔναντι τοῦ πατρὸς αὐτοῦ
                ὁ προσάγων θυσίαν ἐκ χρημάτων <u>πενήτων</u>

25    ἄρτος ἐπιδεομένων ζωὴ <u>πτωχῶν</u>
     **ὁ ἀποστερῶν** αὐτὴν ἄνθρωπος **αἱμάτων**

26    φονεύων τὸν πλησίον ὁ ἀφαιρούμενος ἐμβίωσιν

27    καὶ ἐκχέων **αἷμα ὁ ἀποστερῶν** μισθὸν μισθίου

I versetti di Sir[Gr] 34,24-27 realizzano un'unità sul piano sintattico perché sono costruiti secondo un paradigma fondato sul susseguirsi di participi. In Sir[Gr] 34,24.26.27, infatti, si ripete per tre volte la stessa costruzione. Il paradigma è composto da due unità: [a] participio presente + complemento oggetto singolare; [b] articolo maschile singolare + participio presente con funzione di frase principale + complemento oggetto singolare. Sir[Gr] 34,25 contiene solo il segmento [b] del paradigma (Sir[Gr] 34,25b).

|  | [a] participio pres. + compl. ogg. sing. |  | [b] art. masc. sing. + part. pres.+ compl. ogg. sing. |
|---|---|---|---|
| Sir[Gr] 34,24a | θύων υἱὸν | Sir[Gr] 34,24a | ὁ προσάγων θυσίαν |
| Sir[Gr] 34,25a |  | Sir[Gr] 34,25b | ὁ ἀποστερῶν αὐτήν |
| Sir[Gr] 34,26α | φονεύων τὸν πλησίον | Sir[Gr] 34,26β | ὁ ἀφαιρούμενος ἐμβίωσιν |
| Sir[Gr] 34,27α | ἐκχέων αἷμα | Sir[Gr] 34,27β | ὁ ἀποστερῶν μισθὸν μισθίου |

Lo strano isolamento di Sir[Gr] 34,25, però, spinge a una ulteriore osservazione. Il versetto è composto da due stichi con costruzione nominale. Il primo stico, che ha il sapore di un'affermazione proverbiale di principio (ἄρτος ἐπιδεομένων ζωὴ πτωχῶν = "Il pane dei bisognosi [è] la vita dei poveri"), illustra e fonda il valore dimostrativo del secondo, che appare come una valutazione giuridico-morale (ὁ ἀποστερῶν αὐτὴν ἄνθρωπος αἱμάτων = "chi lo sottrae [è] un uomo di sangue"). La singolarità della costruzione sintattica e della formulazione concettuale spinge a considerare Sir$^{Gr}$ 34,25 come l'elemento centrale, racchiuso da due elementi esterni uguali per la costruzione sintattica. Sir$^{Gr}$ 34,24, infatti, possiede la stessa costruzione di Sir$^{Gr}$ 34,26.27. L'analisi suggerisce una struttura concentrica, dove Sir$^{Gr}$ 34,24 avrebbe il ruolo del segmento [a], Sir$^{Gr}$ 34,25 il ruolo di [b] e Sir$^{Gr}$ 34,26.27 avrebbe il ruolo di [a'], dove la costruzione sintattica di [a] si trova ripetuta due volte. Il seguente schema può aiutare a visualizzare meglio quanto appena detto:

Sir$^{Gr}$ 34,24      a      : part. pres.+ compl. ogg. sing. / art. masc. sing.+ part. pres.+ compl. ogg. sing.

Sir$^{Gr}$ 34,25      b      :      / art. masc. sing.+ part. pres.+ compl. ogg. sing.

Sir$^{Gr}$ 34,26-27    a'      : part. pres.+ compl. ogg. sing. / art. masc. sing.+ part. pres.+ compl. ogg. sing.

Sir$^{Gr}$ 34,24-27 si manifesta come un'unità letteraria che cerca di dimostrare, in modo breve, conciso e convincente, il principio enunciato in Sir$^{Gr}$ 34,21-23, rispondendo alla domanda: quali sono i sacrifici che provengono dall'ingiustizia? Tali sacrifici sono costituiti da quelle offerte cultuali ottenute calpestando la Legge e commettendo dei soprusi nei confronti dei miseri, dei bisognosi, dei poveri e degli operai.

Dall'argomentazione sapienziale di Sir$^{Gr}$ 34,24-27 si passa all'argomentazione dove il lettore, provocato da una serie di domande (sono cinque), è chiamato ad esprimere un giudizio che è di valutazione giuridico-morale nei confronti di azioni che si elidono a vicenda.

§3. *Sir$^{Gr}$ 34,28-31: terza unità della prima strofa*
Sir$^{Gr}$ 34,28-31 è un testo compatto sui piani lessicale e sintattico. Sul piano lessicale è di notevole rilevanza il ruolo dell'espressione καὶ πάλιν (Sir$^{Gr}$ 34,30a.31b) e del verbo εἰσακούω (Sir$^{Gr}$

34,29b.31c). Sotto il profilo sintattico, gioca un ruolo importante la costruzione τί + ὠφελέω che si trova nel primo versetto della pericope, nell'ultimo e al centro (Sir[Gr] 34,28b.30b.31d)[154].

| Sir[Gr] 34,28 | εἷς οἰκοδομῶν καὶ εἷς καθαιρῶν |
| | τί ὠφέλησαν πλεῖον ἢ κόπους; |
| 29 | εἷς εὐχόμενος καὶ εἷς καταρώμενος |
| | τίνος φωνῆς εἰσακούσεται ὁ δεσπότης; |
| 30 | βαπτιζόμενος ἀπὸ νεκροῦ καὶ πάλιν ἁπτόμενος αὐτοῦ |
| | τί ὠφέλησεν ἐν τῷ λουτρῷ αὐτοῦ |
| 31 | οὕτως ἄνθρωπος νηστεύων ἐπὶ τῶν ἁμαρτιῶν αὐτοῦ |
| | καὶ πάλιν πορευόμενος καὶ τὰ αὐτὰ ποιῶν |
| | τῆς προσευχῆς αὐτοῦ τίς εἰσακούσεται |
| | καὶ τί ὠφέλησεν ἐν τῷ ταπεινωθῆναι αὐτόν |

Il testo di Sir[Gr] 34,28-31 costituisce una unità letteraria, formata da due subunità, ben contraddistinte sul piano sintattico: Sir[Gr] 34,28-29 e Sir[Gr] 34,30-31.

Il testo di Sir[Gr] 34,28-29 è caratterizzato da una costruzione sintattica ripetuta nei due versetti. Nel primo stico dei due versetti[155] si trova il paradigma " εἷς + verbo + καὶ εἷς + verbo composto (κατα-)":

| Sir[Gr] 34,28a | : εἷς | οἰκοδομῶν | καὶ εἷς | καθαιρῶν |
| Sir[Gr] 34,29a | : εἷς | εὐχόμενος | καὶ εἷς | καταρώμενος |

Il secondo stico dei medesimi versetti (Sir[Gr] 34,28b-29b) è formato da una interrogativa:

---

[154] La prima impressione farebbe ipotizzare una struttura concentrica: [a] Sir[Gr] 34,28a: τί ὠφέλησαν, [b] Sir[Gr] 34,29b.30a: εἰσακούσεται + καὶ πάλιν, [c] Sir[Gr] 34,30b: τί ὠφέλησεν, [b'] Sir[Gr] 34,31b.c: καὶ πάλιν + εἰσακούσεται, [a'] Sir[Gr] 34,31d: τί ὠφέλησεν. Ad un esame più approfondito, la struttura si manifesta più complessa.

[155] SKEHAN-DI LELLA, 417 osservano solo che "the cola in 34:28a and 29a are in parallel", lasciando da parte tutto il resto dell'articolazione sintattica della struttura.

Sir$^{Gr}$ 34,28b      : τί      ὠφέλησαν πλεῖον ἢ κόπους;
Sir$^{Gr}$ 34,29b      : τίνος      φωνῆς εἰσακούσεται ὁ δεσπότης;

A questi elementi va aggiunto un particolare. In Sir$^{Gr}$ 34,29b, a chiusura di questa piccola unità, il pronome interrogativo τίνος, associato al vocabolo φωνῆς, è retto dal verbo εἰσακούσεται che si trova anche a conclusione della piccola unità successiva (Sir$^{Gr}$ 34,31c: τῆς προσευχῆς αὐτοῦ τίς εἰσακούσεται, "chi ascolterà la sua preghiera"). La microstruttura che ne risulta è di tipo parallelistico ed ha la seguente fisionomia:

Sir$^{Gr}$ 34,28a    a      :      εἷς + verbo + καὶ εἷς + verbo
Sir$^{Gr}$ 34,28b      b    :      τί
Sir$^{Gr}$ 34,29a    a'      :      εἷς + verbo + καὶ εἷς + verbo
Sir$^{Gr}$ 34,29b      b'    :      τίνος + {εἰσακούσεται}

Il testo di Sir$^{Gr}$ 34,30-31, invece, ha una costruzione sintattica più elaborata. Ogni versetto inizia con una proposizione principale (Sir$^{Gr}$ 34,30a.31ab) che risponde al seguente paradigma: "azione di purificazione dal peccato + καὶ πάλιν + azione del peccato". Gli stichi di Sir$^{Gr}$ 34,30a.31ab sono anche strettamente congiunti dal paragone espresso da οὕτως in Sir$^{Gr}$ 34,31a.

Sir$^{Gr}$ 34,30a      :      *βαπτιζόμενος ἀπὸ νεκροῦ*
     **καὶ πάλιν**
     *ἁπτόμενος αὐτοῦ*

Sir$^{Gr}$ 34,31aα      :      *οὕτως*

Sir$^{Gr}$ 34,31a.b      :      *ἄνθρωπος νηστεύων ἐπὶ τῶν ἁμαρτιῶν αὐτοῦ*
     **καὶ πάλιν**
     *πορευόμενος καὶ τὰ αὐτὰ ποιῶν*

I due piccoli segmenti letterari (Sir$^{Gr}$ 34,30a.31ab) sono seguiti da una frase che ripete nei due casi (Sir$^{Gr}$ 34,30b.31c) lo stesso paradigma. Si tratta di una interrogativa con questo modello: "(καί) τί ὠφέλησεν ἐν τῷ + azione di purificazione dal peccato".

Sir$^{Gr}$ 34,30b      :      τί ὠφέλησεν ἐν τῷ      <u>λουτρῷ αὐτοῦ</u>
Sir$^{Gr}$ 34,31d      :καὶ    τί ὠφέλησεν ἐν τῷ      <u>ταπεινωθῆναι αὐτόν</u>

In Sir$^{Gr}$ 34,31 lo schema viene alterato dall'introduzione di uno stico (Sir$^{Gr}$ 34,31c: τῆς προσευχῆς αὐτοῦ τίς εἰσακούσεται) che riguarda l'ascolto della preghiera. Questa irregolarità, però, crea unità tra la pericope di Sir$^{Gr}$ 34,28-29 e la successiva, Sir$^{Gr}$ 34,30-31. In Sir$^{Gr}$ 34,31c, infatti, viene ripreso lo stesso verbo (εἰσακούσεται) di Sir$^{Gr}$ 34,29a, dove è esplicitato il soggetto che ascolta: si tratta del Signore (ὁ δεσπότης). Di conseguenza il pronome τίς di Sir$^{Gr}$ 34,31c assume un valore drammatico. Solo il Signore ascolta la preghiera, ma se Egli non la ascolta, nessuno la ascolta.

L'unità della pericope Sir$^{Gr}$ 34,28-31 è ulteriormente consolidata dalla triplice ripetizione dell'espressione "(καί) τί + l'aoristo attivo di ὀφείλεω":

Sir$^{Gr}$ 34,28b      =      τί ὠφέλησαν      πλεῖον ἢ κόπους
Sir$^{Gr}$ 34,30b      =      τί ὠφέλησεν      ἐν τῷ λουτρῷ αὐτοῦ
Sir$^{Gr}$ 34,31d      = καὶ    τί ὠφέλησεν      ἐν τῷ ταπεινωθῆναι αὐτόν

Riassumendo i dati esaminati, si nota che Sir$^{Gr}$ 34,28-31 è composto da due unità minori, Sir$^{Gr}$ 34,28-29 e Sir$^{Gr}$ 34,30-31. Ognuna di queste unità possiede una struttura particolare di tipo parallelistico. Le due subunità non sono però tra loro staccate. Sono perfettamente unite da tre elementi: l'elemento [b; b'] della prima struttura ricompare nella seconda [b"; b'''; b""], il verbo ὀφείλω è presente in ambedue le subunità (Sir$^{Gr}$ 34,28b / Sir$^{Gr}$ 34,30b.31d) come il verbo εἰσακούω (Sir$^{Gr}$ 34,29b / Sir$^{Gr}$ 34,31c). La struttura di Sir$^{Gr}$ 34,28-31 manifesta questa fisionomia:

Sir$^{Gr}$ 34,28a    a         :εἷς + verbo + καὶ εἷς + verbo
Sir$^{Gr}$ 34,28b        b      :τί (ὠφέλησαν)
Sir$^{Gr}$ 34,29a    a'        :εἷς + verbo + καὶ εἷς + verbo
Sir$^{Gr}$ 34,29b        b'     :τίνος                    + {εἰσακούσεται}

Sir^Gr 34,30a    c  :  azione di purificazione dal pecc.+ καὶ πάλιν + azione del peccato
Sir^Gr 34,30b   b"  :  τί (ὠφέλησεν)
Sir^Gr 34,31ab   c'  :  azione di purificazione dal pecc.+ καὶ πάλιν + azione del peccato

Sir^Gr 34,31c   b'''  :  τίς          + {εἰσακούσεται}
Sir^Gr 34,31d   b''''  :  τί (ὠφέλησεν)

L'esame attento di Sir^Gr 34,28-31 ha dimostrato la compattezza del testo e contemporaneamente ha fatto vedere un gioco strano della struttura. In Sir^Gr 34,28-29 c'è una prima struttura parallelistica (a-b-a'-b') e in Sir^Gr 34,30-31 una seconda (c-b"-c'-b'''+b''''), con la ripetizione dell'elemento [b]: τί + ὠφελέω (ὠφέλησαν / ὠφέλησεν), "che giova?", in Sir^Gr 34,28b.30b.31d. Questo elemento può essere considerato la chiave di lettura dell'unità Sir^Gr 34,28-31.

Il gioco della struttura è ottenuto dal traduttore greco fondandosi sulla linea stilistica dell'antitesi e sulla costruzione sintattica della domanda. Sotto il profilo del contenuto, Sir^Gr 34,28-31 sembra perseguire uno scopo: offrire motivazioni razionali che fondino il principio enunciato in Sir^Gr 34,21-23 ed esemplificato in Sir^Gr 34,24-27. Il suo obiettivo sembra voler provocare il lettore a un giudizio giuridico-morale. La riflessione giuridico-morale di Sir^Gr 34,28-31, infatti, è fortemente provocatoria. L'autore con una serie di domande coinvolge il lettore in una argomentazione che si fonda sugli opposti reciprocamente elidentisi in Sir^Gr 34,28-29 (edificare/distruggere; pregare/maledire) o sull'inutilità dell'azione buona seguita da una cattiva, antitetica ed elidente la precedente, in Sir^Gr 34,30-31 (purificarsi/ricontaminarsi; penitenza/peccato). In poche parole il Siracide intende mostrare come a livello giuridico-morale il bene (l'offerta) non può accordarsi con il male (comportamento contrario alla Legge): un'azione che elide un'azione antitetica equivale a faticare per niente. Se, poi, con il peccato uno elide la conversione, la sua preghiera diventa inaccoglibile.

### §4. Sir<sup>Gr</sup> 34,21-31: visione d'insieme

Dall'insieme dell'analisi di Sir<sup>Gr</sup> 34,21-31 si ricava una struttura suddivisa in tre unità, Sir<sup>Gr</sup> 34,21-23.24-27.28-31, all'interno delle quali ci sono altre suddivisioni minori, utili per l'esame esegetico che si farà nei capitoli successivi. Volendo sintetizzare in forma breve la struttura che ne risulta, si avrà questo quadro:

Sir 34,21-23 = il principio teologico-liturgico : Dio non gradisce l'offerta dei "senza-Legge"

Sir 34,24-27 = l'argomentazione sapienziale : uccide il povero chi gli toglie il cibo

Sir 34,28-31 = l'argomentazione giuridico-morale : non serve edificare e poi distruggere

In Sir<sup>Gr</sup> 34,21-31 le tre unità identificate sono legate tra loro in modo diseguale. La prima unità, Sir<sup>Gr</sup> 34,21-23, è legata alla seconda dal radicale *θυσια (Sir<sup>Gr</sup> 34,21: θυσιάζων; Sir<sup>Gr</sup> 34,23b: θυσιῶν; Sir<sup>Gr</sup> 34,24: θυσίαν; cfr l'omoionimo θύων in Sir<sup>Gr</sup> 34,24), mentre è legata alla terza unità, Sir<sup>Gr</sup> 34,28-31, dalla ripetizione del nome di Dio (Sir<sup>Gr</sup> 34,23a: ὁ ὕψιστος; Sir<sup>Gr</sup> 34,29b: ὁ δεσπότης). Mentre esiste, dunque, un certo legame della prima unità (Sir<sup>Gr</sup> 34,21-23) con la seconda (Sir<sup>Gr</sup> 34,24-27) e la terza (Sir<sup>Gr</sup> 34,28-31), purtroppo non esiste un legame tra la seconda unità (Sir<sup>Gr</sup> 34,24-27) e la terza (Sir<sup>Gr</sup> 34,28-31). Ciò sta ad indicare che la terza parte è legata, sotto il profilo logico dello sviluppo del contenuto, alla prima parte del testo, cioè all'enunciazione del principio teologico-liturgico.

### b. L'osservanza della Legge e il culto: Sir<sup>Gr</sup> 35,1-7 e la triplice suddivisione

La seconda strofa, Sir<sup>Gr</sup> 35,1-7[156], costituisce la parte centrale del trattato sui sacrifici e rappresenta - come si vedrà nei capitoli dedicati all'esegesi - la tesi del Siracide[157] sul tema del culto.

---

[156] Per la critica testuale, si veda quanto detto in 4c.

[157] Non essendoci il testo H non è possibile attribuire con sicurezza la tesi a Ben Sira.

Sir<sup>Gr</sup> 35,1    ὁ συντηρῶν νόμον πλεονάζει προσφοράς,

2    θυσιάζων σωτηρίου ὁ προσέχων ἐντολαῖς.

3    ἀνταποδιδοὺς χάριν προσφέρων σεμίδαλιν,

4    καὶ ὁ ποιῶν ἐλεημοσύνην θυσιάζων αἰνέσεως.

5    εὐδοκία κυρίου ἀποστῆναι ἀπὸ πονηρίας,
     καὶ ἐξιλασμὸς ἀποστῆναι ἀπὸ ἀδικίας.

6    μὴ ὀφθῇς ἐν προσώπῳ κυρίου κενός.

7    πάντα γὰρ ταῦτα χάριν ἐντολῆς.


Sir   35,1    Chi osserva la Legge moltiplica le offerte[158];

2    fa sacrifici di salvezza chi adempie i comandamenti

3    Chi dona riconoscenza offre fior di farina

4    e chi pratica l'elemosina fa sacrifici di lode

5    È cosa gradita al Signore astenersi dalla malvagità
     ed (è) sacrificio espiatorio astenersi dall'ingiustizia

6    Non comparire a mani vuote davanti al Signore.

7    Tutto questo (si fa) grazie al comandamento.


Il testo di Sir<sup>Gr</sup> 35,1-7 è caratterizzato dal tema della Legge che si esprime sul piano lessematico in Sir<sup>Gr</sup> 35,1 con il vocabolo νόμος e in Sir<sup>Gr</sup> 35,2.7 con un omoionimo, il vocabolo ἐντολή. Sir<sup>Gr</sup> 35,1-2 è composto da due stichi molto coesi non solo dal parallelismo sinonimico, ma anche dal gioco stilistico del chiasmo[159], come è già stato visto per Sir<sup>Gr</sup> 34,21.22. C'è, infatti, il subsintagma nominale [a], formato dal paradigma "articolo + participio presente + complemento oggetto" (ὁ συντηρῶν νόμον / ὁ προσέχων ἐντολαῖς), associato a un subsintagma verbale [b], formato dal paradigma "verbo + complemento oggetto (πλεονάζει προσφοράς / θυσιάζων σωτηρίου):


Sir<sup>Gr</sup> 35,1    ὁ συντηρῶν νόμον        πλεονάζει προσφοράς,

            [a] ↘     ↗ [b]
            [b] ↙     ↘ [a]

2    θυσιάζων σωτηρίου        ὁ προσέχων ἐντολαῖς.

---

[158] La traduzione in questo stadio dell'analisi è letterale e provvisoria.
[159] Skehan – Di Lella, 418.

Sia sul piano lessematico sia su quello sintattico i due versetti si manifestano molto coesi. Tra questi versetti, Sir[Gr] 35,1-2, e Sir[Gr] 35,7 c'è una buona inclusione data dalla ripetizione del vocabolo ἐντολή: (Sir[Gr] 35,1-2: [νόμον +] ἐντολαῖς; Sir[Gr] 35,7: ἐντολῆς):

Sir[Gr] 35,1    ὁ συντηρῶν **νόμον** πλεονάζει προσφοράς,

2    θυσιάζων σωτηρίου ὁ προσέχων **ἐντολαῖς**.

Sir[Gr] 35,7    πάντα γὰρ ταῦτα χάριν **ἐντολῆς**

Preso atto dell'unità di Sir[Gr] 35,1-7, diventa ora necessario passare all'esame della pericope. All'interno di questa unità si trovano tre brevi unità minori, Sir[Gr] 35,1-4.5.6-7, che in qualche modo ripetono la tripartizione già vista in Sir[Gr] 34,21-31; Sir[Gr] 35,1-4; Sir[Gr] 35,5; Sir[Gr] 35,7-8.

§1. *Sir[Gr] 34,1-4: prima unità della seconda strofa*

I versetti di Sir[Gr] 35,1-4 appaiono immediatamente come un brano molto compatto, sebbene si tratti di un testo breve e con una struttura verbale semplicissima. A differenza di altri brani che compongono Sir[Gr] 34,21–35,20, infatti, in Sir[Gr] 35,1-4 si trova la maggior concentrazione di espressioni che appartengono all'area del culto (v.1β: πλεονάζει προσφοράς / v.2α: θυσιάζων σωτηρίου / v.3β: προσφέρων σεμίδαλιν / v.4β: θυσιάζων αἰνέσεως). Sotto il profilo sintattico il testo ha un andamento piuttosto complesso. È già stato visto, poco sopra, come Sir[Gr] 35,1-2 siano legati da una costruzione sintattica identica, ma in forma chiasmatica. Prescindendo dal piano lessematico e soffermandoci solamente al piano sintattico, si può notare che in Sir[Gr] 35,1-4 esiste una costruzione sia chiasmatica che parallelistica. Il chiasmo si trova in Sir[Gr] 35,1-3, dove il subsintagma nominale [a], composto da un participio seguito da un complemento, si associa al subsintagma verbale [b]. Nei tre stichi di Sir[Gr] 35,1-3 il subsintagma nominale [a][160] e il subsintagma verbale [b] si alternano.

---

[160] Il rapporto chiasmatico tra subsintagma nominale [a] e subsintagma verbale [b] funziona in modo preciso per Sir[Gr] 35,1-2. Diventa leggermente alterato in Sir[Gr] 35,2-3 per l'assenza dell'articolo nella parte nominale di Sir[Gr] 35,3 (ἀνταποδιδοὺς χάριν).

Il parallelismo, invece, si trova in Sir$^{Gr}$ 35,3-4, dove le due frasi nominali hanno lo stesso andamento sintattico: [a] + [b] / [a] +[b].

Sir$^{Gr}$ 35,1     ὁ συντηρῶν νόμον                    πλεονάζει **προσφοράς**

                     [a] ↖ ↗ [b]
                     [b] ↙ ↘ [a]

    2     **θυσιάζων** σωτηρίου               ὁ προσέχων ἐντολαῖς

                     [b] ↖ ↗ [a]
                     [a] ↙ ↘ [b]

    3     ἀνταποδιδοὺς χάριν              **προσφέρων** σεμίδαλιν

                     [a] ↓ ↓ [b]
                     [a] ↓ ↓ [b]

    4     καὶ ὁ ποιῶν ἐλεημοσύνην **θυσιάζων** αἰνέσεως

Se Sir$^{Gr}$ 35,1-4 sono coesi dalle costruzioni sintattiche, bisogna però puntualizzare che sotto il profilo sintagmatico la struttura va precisata. I versetti Sir$^{Gr}$ 35,2.4 sono costruiti sul piano sintattico con l'identico paradigma. Questo è articolato in due parti. La parte [b] è costruita con "θυσιάζων + nome al genitivo singolare", mentre la parte [a], con "articolo al nominativo maschile singolare + participio presente + nome". Nel versetto Sir$^{Gr}$ 35,2 gli elementi si susseguono nell'ordine [b] [a], mentre al versetto Sir$^{Gr}$ 35,4, con l'ordine [a'] [b'], costituendo sul piano stilistico un chiasmo (b + a; a' + b').

Sir$^{Gr}$ 35,2     θυσιάζων σωτηρίου                  ὁ προσέχων ἐντολαῖς

                     [b] ↖ ↗ [a]
                     [a'] ↙ ↘ [b']

    4     καὶ ὁ ποιῶν ἐλεημοσύνην            θυσιάζων αἰνέσεως

Sul piano lessematico gli stichi di Sir$^{Gr}$ 35,1-4 sono legati tra di loro da diversi elementi. Si tratta della presenza del radicale *προσφορ/*προσφερ (Sir$^{Gr}$ 35,1β: προσφοράς; Sir$^{Gr}$ 35,3β: προσφέρων), alternata alla presenza del participio θυσιάζων (Sir$^{Gr}$ 35,2α.4β), e di due vocaboli appartenenti alla stessa area semantica della Legge: il vocabolo νόμος (Sir$^{Gr}$ 35,1α) e il suo omoionimo ἐντολή (Sir$^{Gr}$ 35,2β).

Sotto il profilo lessematico, dunque, Sir^Gr 35,1-4 avrebbe una struttura parallelistica con la seguente fisionomia:

| Sir^Gr 35,1α | a | | : | νόμος |
|---|---|---|---|---|
| Sir^Gr 35,1β | | b | : | *προσφορ |
| Sir^Gr 35,2α | | | c | : | θυσιάζων |
| | | | | | |
| Sir^Gr 35,2β | a' | | : | ἐντολή |
| Sir^Gr 35,3β | | b' | : | *προσφερ |
| Sir^Gr 35,4β | | | c' | : | θυσιάζων |

La sintesi tra la struttura emersa sul piano lessematico e quella derivante dal piano sintattico danno origine ad una nuova struttura dove il radicale *προσφορ/*προσφερ (Sir^Gr 35,1: προσφοράς; Sir^Gr 35,3: προσφέρων) e la struttura sintattica [b][161] + [a][162] diventano elementi portanti di una struttura parallelistica:

| Sir^Gr 35,1 | a | | : | *προσφορ | [a] [b][163] | (νόμος) |
|---|---|---|---|---|---|---|
| Sir^Gr 35,2 | | b | : | θυσιάζων | [b] [a] | (ἐντολή) |
| Sir^Gr 35,3 | a' | | : | *προσφερ | [a] [b] | |
| Sir^Gr 35,4 | | b' | : | θυσιάζων | [a] [b] | |

In questi versetti l'autore si serve di un vocabolario in parte tratto dall'area del culto (προσφορά, θυσιάζω, σωτηρίον, προσφέρω, σεμίδαλις, αἴνεσις, εὐδοκία, ἐξιλασμός) e in parte dall'area della Legge (συντηρέω, νόμος , ἐντολή). Egli riflette sull'equivalenza tra osservanza del precetto cultico e adempimento della Legge divina. Compiere gli atti di culto significa osservare la Legge, ma anche adempiere la Legge nei suoi precetti non liturgici equivale a compiere veri e propri atti di culto. Siamo, forse, di fronte a una forma

---

[161] Per [b] si intende Sir^Gr 35,2α (θυσιάζων σωτηρίου) e per [b'], Sir^Gr 35,4β (θυσιάζων αἰνέσεως).

[162] Per [a] si intende Sir^Gr 35,2β (ὁ προσέχων ἐντολαῖς) e per [a'], Sir^Gr 35,4α (καὶ ὁ ποιῶν ἐλεημοσύνην).

[163] Questi elementi riguardano la struttura sintattica degli stichi, tra loro legati o da chiasmo o da parallelismo.

di spiritualizzazione del culto, di cultualizzazione della vita o di eticizzazione del culto? La risposta spetta all'ulteriore esegesi del brano che verrà compiuta nei capitoli successivi. Certamente sembra che l'autore voglia riflettere sapienzialmente sul rapporto tra Legge e culto e sta preparando la conclusione in cui affermerà che θεραπεύων ἐν εὐδοκίᾳ δεχθήσεται, "chi si prende cura (dei bisognosi [cfr la vedova e l'orfano]) sarà accolto (da Dio) con gradimento"[164] (Sir[Gr] 35,20).

### §2. *Sir[Gr] 35,5: seconda unità della seconda strofa*

Sir[Gr] 35,5 è caratterizzato da una forma epiforica data dall'espressione ἀποστῆναι ἀπό (Sir[Gr] 35,5a) / ἀποστῆναι ἀπό (Sir[Gr] 35,5b).

| Sir[Gr] 35,5 | εὐδοκία κυρίου | **ἀποστῆναι** | **ἀπὸ** | πονηρίας |
| | καὶ ἐξιλασμὸς | **ἀποστῆναι** | **ἀπὸ** | ἀδικίας |

L'inizio dei due stichi, poi, è costituito da due espressioni legate in qualche modo, anche se non esclusivamente, al culto: εὐδοκία κυρίου (Sir[Gr] 35,5a)[165] / καὶ ἐξιλασμὸς (Sir[Gr] 35,5b), mentre la conclusione di ambedue gli stichi è data da due vocaboli legati alla non-osservanza della Legge (ἀπὸ πονηρίας: Sir[Gr] 35,5a / ἀπὸ ἀδικίας: Sir[Gr] 35,5b). Il breve testo di Sir[Gr] 34,5 ha la fisionomia di una struttura parallelistica di tre membri:

| Sir[Gr] 35,5a | a | | εὐδοκία κυρίου |
| | b | | ἀποστῆναι |
| | | c | ἀπὸ πονηρίας |
| 35,5b | a' | | καὶ ἐξιλασμὸς |
| | b' | | ἀποστῆναι |
| | | c' | ἀπὸ ἀδικίας |

---

[164] L'analisi di Sir[Gr] 35,16-20 dimostrerà la correttezza di questa lettura.

[165] Nel Siracide l'εὐδοκία, sia umana sia divina, è legata anche all'osservanza della Legge (cfr Sir[Gr] 1,27 alla luce di Sir[Gr] 1,26; Sir[Gr] 2,16; 15,15; 32,14 alla luce di Sir[Gr] 1,26). L'espressione εὐδοκία κυρίου è condizionata dal valore liturgico dell'espressione εἰς εὐδοκίαν trovata in Sir[Gr] 34,22.

Sul piano del contenuto, il versetto Sir^Gr 35,5 formalizza a livello di principio quanto esemplificato sapienzialmente in Sir^Gr 35,1-4. Mentre in Sir^Gr 35,1-4 il testo esemplifica delle equivalenze tra atto di culto e osservanza della Legge, il testo di Sir^Gr 35,5 sale di tono, portando l'osservanza della Legge in una visione che non illustra degli esempi, ma propone un principio teologico: "astenersi dall'ingiustizia" / "astenersi dalla malvagità" equivale a qualche cosa di gradito a Dio, come un sacrificio espiatorio. Il sacrificio espiatorio, dunque, non è detto che debba identificarsi esattamente con un atto di culto come non si identifica con l'abbondanza delle offerte dei senza fede e degli empi (Sir^Gr 34,21-23) – in quest'ultimo caso, addirittura è inefficace –, ma può identificarsi con una scelta di comportamento morale, fondato sull'osservanza della Legge. Il testo di Sir^Gr 34,5, inoltre, al pari di quanto ha fatto Sir^Gr 34,21-23, enuncia il principio teologico ruotando attorno alla compiacenza divina (εὐδοκία) che costituisce uno degli elementi fondamentali della struttura generale di Sir^Gr 34,21–35,20.

### §3. *Sir^Gr 35,6-7: terza unità della seconda strofa*

I versetti di Sir^Gr 35,6-7 contengono al v. 6 un comandamento in stile apodittico (μὴ ὀφθῇς ἐν προσώπῳ κυρίου κενός) e al v. 7 una breve conclusione riguardante quanto è stato detto in Sir^Gr 35,1-6 (πάντα γὰρ ταῦτα χάριν ἐντολῆς). I versetti di Sir^Gr 35,6-7 hanno caratteristiche di legame e di distacco rispetto ai versetti precedenti. Il distacco è dovuto alla costruzione del versetto Sir^Gr 35,6, modulato sulla seconda persona[166], mentre i versetti precedenti

---

[166] La costruzione in seconda persona è dovuta al fatto che l'autore intende riportare il comandamento della Legge, citando *ad sensum* Es^LXX 23,15; 34,20; Dt^LXX 16,16:

| | | | |
|---|---|---|---|
| – Es^LXX 23,15 | : οὐκ ὀφθήσῃ | ἐνώπιόν μου | κενός |
| – Es^LXX 34,20 | : οὐκ ὀφθήσῃ | ἐνώπιόν μου | κενός |
| – Dt^LXX 16,16 | : οὐκ ὀφθήσῃ | ἐνώπιον κυρίου τοῦ θεοῦ σου | κενός |
| – Sir^Gr 35,4a | : μὴ ὀφθῇς | ἐν προσώπῳ κυρίου | κενός |

Il Gr del Siracide è più vicino alla tradizione deuteronomista piuttosto che alle altre. Non è Dio che parla (come, invece, in Es^LXX 23,15; 34,20) e compare il nome κύριος (ovviamente assente in Es^LXX 23,15; 34,20).

sono tutti alla terza persona. Le caratteristiche unitive, invece, sono due: la costruzione nominale della proposizione che costituisce il versetto Sir$^{Gr}$ 35,7 e che pone in una certa sintonia Sir$^{Gr}$ 35,6-7 con Sir$^{Gr}$ 35,5; la presenza del vocabolo χάριν in Sir$^{Gr}$ 35,7 che riprende l'identico vocabolo di Sir$^{Gr}$ 35,3, sebbene con valore semantico e sintattico diversi.

Sir$^{Gr}$ 35,6     μὴ ὀφθῇς ἐν προσώπῳ κυρίου κενός
7     πάντα γὰρ ταῦτα χάριν ἐντολῆς

La citazione del precetto della Legge e la considerazione finale (Sir$^{Gr}$ 35,6-7) non hanno una struttura identificativa : sono la conclusione della seconda strofa del trattato. In Sir$^{Gr}$ 35,7, però, si trova – come è già stato visto – il lessema ἐντολή che ha valore inclusivo con Sir$^{Gr}$ 35,1-2 e riporta il vocabolo χάριν che lega formalmente questa terza unità della strofa alla prima (cfr Sir$^{Gr}$ 35,1-4 = χάριν in Sir$^{Gr}$ 35,3).

Sul piano del contenuto ci troviamo di fronte a un precetto che invita il credente a non presentarsi davanti a Dio a mani vuote: si tratta di una Legge che va osservata per adempiere l'atto di culto. Sono precetti della Legge del Signore, però, anche quelli che vanno adempiuti fuori dal culto (cfr Sir$^{Gr}$ 35,1-4). L'unico Signore dona l'unica Legge che presiede agli atti di culto e presiede alle azioni compiute nella quotidianità della vita. Non è, dunque, possibile attenersi alle leggi del culto senza attenersi anche alle leggi della quotidianità. Questa conclusione, in qualche modo allusa, porta il testo a un ulteriore passaggio. Si tratta di considerare il rispetto della Legge nella quotidianità della vita come un vero e proprio atto di culto. In questo modo il testo suggerisce l'osmosi tra culto e vita: il culto è già presente nella quotidianità della vita, quando viene rispettata la Legge, e la quotidianità della vita è già presente nel culto, quando il culto viene compiuto secondo la Legge. Questo scambio, dovuto al rispetto delle leggi cultuali e delle altre leggi, è possibile grazie alla Legge stessa: πάντα γὰρ ταῦτα χάριν ἐντολῆς.

§4. *Sir$^{Gr}$ 35,1-7: visione d'insieme*
Il gioco dei distacchi e dei richiami porta Sir$^{Gr}$ 35,5 (il versetto

che annuncia il principio circa ciò che è gradito al Signore: εὐδοκία κυρίου) al centro di uno schema concentrico, dove alle estremità si trova la riflessione sapienziale fondata sulla Legge (Sir$^{Gr}$ 35,1: νόμον) e alla fine la riflessione morale circa il precetto della Legge (Sir$^{Gr}$ 35,7: ἐντολῆς). Sir$^{Gr}$ 35,1-7, pertanto assume la seguente fisionomia:

| | | | |
|---|---|---|---|
| Sir$^{Gr}$ 35,1-4 | a | : νόμον | : riflessione sapienziale |
| Sir$^{Gr}$ 35,5 | b | : εὐδοκία κυρίου | : principio teologico-liturgico |
| Sir$^{Gr}$ 35,6-7 | a' | : ἐντολῆς | : riflessione giuridico-morale |

Se, poi, a questa suddivisione viene applicata la titolatura che emerge dall'analisi fatta, ciò che ne risulta è il seguente dato:

| | | | |
|---|---|---|---|
| Sir$^{Gr}$ 35,1-4 | a | : riflessione sapienziale | : l'osservanza della Legge è intimamente legata all'atto di culto |
| Sir$^{Gr}$ 35,5 | b | : principio teologico-liturgico | : l'astensione dall'ingiustizia come cosa gradita a Dio |
| Sir$^{Gr}$ 35,6-7 | a' | : riflessione giuridico-morale | : davanti a Dio, mai a mani vuote perché l'osmosi culto-vita è prodotto della Legge |

Lo schema con cui è organizzato Sir$^{Gr}$ 35,1-7 è lo stesso con cui è organizzato il brano precedente, Sir$^{Gr}$ 34,21-31, sebbene l'ordine dei singoli elementi abbia una scansione modificata. Si tratta di verificare ora, lungo l'esame complessivo della struttura di Sir$^{Gr}$ 35,8-20, se anche il terzo brano si articola con la stessa cadenza.

c. Il sacrificio del giusto: Sir$^{Gr}$ 35,8-20 e la sua triplice suddivisione

La terza parte del trattato sui sacrifici, Sir$^{Gr}$ 35,8-20, presenta l'atteggiamento cultico dell'uomo giusto in antitesi con l'atteggiamento cultico degli uomini senza-Legge, già visto in Sir<sup>Gr</sup> 34,21-31. Così lo Ziegler presenta il testo di Sir<sup>Gr</sup> 35,8-20[167]:

| | |
|---|---|
| Sir<sup>Gr</sup> 35,8 | προσφορὰ δικαίου λιπαίνει θυσιαστήριον, |
| | καὶ ἡ εὐωδία αὐτῆς ἔναντι ὑψίστου. |
| 9 | θυσία ἀνδρὸς δικαίου δεκτή, |
| | καὶ τὸ μνημόσυνον αὐτῆς οὐκ ἐπιλησθήσεται. |
| 10 | ἐν ἀγαθῷ ὀφθαλμῷ δόξασον τὸν κύριον |
| | καὶ μὴ σμικρύνῃς ἀπαρχὴν χειρῶν σου |
| 11 | ἐν πάσῃ δόσει ἱλάρωσον τὸ πρόσωπόν σου. |
| | καὶ ἐν εὐφροσύνῃ ἁγίασον δεκάτην. |
| 12 | δὸς ὑψίστῳ κατὰ τὴν δόσιν αὐτοῦ |
| | καὶ ἐν ἀγαθῷ ὀφθαλμῷ καθ' εὕρεμα χειρός |
| 13 | ὅτι κύριος ἀνταποδιδούς ἐστιν |
| | καὶ ἑπταπλάσια ἀνταποδώσει σοι. |
| 14 | Μὴ δωροκόπει οὐ γὰρ προσδέξεται, |
| 15 | καὶ μὴ ἔπεχε θυσίᾳ ἀδίκῳ· |
| | ὅτι κύριος κριτής ἐστιν, |
| | καὶ οὐκ ἔστιν παρ' αὐτῷ δόξα προσώπου. |
| 16 | οὐ λήμψεται πρόσωπον ἐπὶ πτωχοῦ |
| | καὶ δέησιν ἠδικημένου εἰσακούσεται· |
| 17 | οὐ μὴ ὑπερίδῃ ἱκετείαν ὀρφανοῦ |
| | καὶ χήραν ἐὰν ἐκχέῃ λαλιάν· |
| 18 | οὐχὶ δάκρυα χήρας ἐπὶ σιαγόνα καταβαίνει |
| 19 | καὶ ἡ καταβόησις ἐπὶ τῷ καταγαγόντι αὐτά; |
| 20 | θεραπεύων ἐν εὐδοκίᾳ δεχθήσεται |
| | καὶ ἡ δέησις αὐτοῦ ἕως νεφελῶν συνάψει· |

---

[167] Per la critica testuale, che comunque non vine implicata negli elementi costitutivi della struttura (si veda quanto detto in 4c), si rimanda all'analisi del brano. Va tuttavia notato che per Sir<sup>Gr</sup> 35,8-20 non c'è nessuna discrepanza tra Ziegler e Rahlfs sulla lezione del testo, fatti salvi due punti diacritici di secondaria importanza. Rahlfs pone una virgola in Sir<sup>Gr</sup> 35,17b (καὶ χήραν, ἐὰν ἐκχέῃ λαλιάν) e una seconda virgola alla fine dello stico di Sir<sup>Gr</sup> 35,20a (θεραπεύων ἐν εὐδοκίᾳ δεχθήσεται,). Preferisco scegliere i punti diacritici di Ziegler che in Sir<sup>Gr</sup> 37,17b pone un punto fermo e in Sir<sup>Gr</sup> 35,20a lascia il testo aperto, senza punti diacritici, dal momento che Sir<sup>Gr</sup> 35,20a e Sir<sup>Gr</sup> 35,20b oltre che essere congiunti da καί esprimono un concetto parallelo.

8    L'offerta del giusto arricchisce l'altare[168]
     e il profumo di essa (sale) davanti all'Altissimo.

9    Il sacrificio dell'uomo giusto è gradito
     e il ricordo di esso non sarà dimenticato.

10   Con occhio limpido glorifica il Signore
     e non lesinare la primizia delle tue mani (del tuo lavoro?).

11   In ogni elargizione (sia) lieto il tuo volto
     e nella gioia offri la tua decima.

12   Dona all'Altissimo secondo il (suo) dono a te
     e con occhio limpido (dona) secondo il guadagno della
                [mano (del tuo lavoro?),

13   perché il Signore è colui che ripaga
     e sette volte ti ripagherà.

14   Non corromper(Lo) con doni perché non accetta

15   e non confidare su un sacrificio ingiusto
     poiché Egli è giudice
     e non c'è presso di lui (non conta per lui) la gloria della persona.

16   Non favorisce (qualche) persona a danno del povero;
     invece ascolta la preghiera dell'oppresso.

17   Non è insensibile alla supplica dell'orfano
     e alla vedova, quando (costei) si sfoga nel lamento.

18   Non scorrono le lacrime della vedova lungo le (sue) guance

19   e (il suo) grido contro chi gliene fa versare?

20   Chi si pone a servizio (dei bisognosi), con gradimento
                [sarà accolto (da Dio)[169]
     e la sua preghiera giungerà fino alle nubi.

Il testo di Sir^Gr 35,8-20, in Ziegler e in Rahlfs, si presenta con una cesura importante in Sir^Gr 35,13. Il dato non è accettabile per tutto quello che è già stato discusso all'inizio di questo capitolo. Il brano, dunque, va letto come un brano che possiede una sua unità.

---

[168] La traduzione, come al solito, in questo stadio dell'analisi non è definitiva.
[169] Questa lettura del testo verrà dimostrata nell'analisi di Sir^Gr 35,16-20.

Per poter individuare la struttura di Sir$^{Gr}$ 35,8-20, data la lunghezza del testo, la sua ricchezza lessematica e la sua articolazione sia sintattica sia di contenuto, è necessario esaminare brevemente il ruolo del vocabolo θυσία in tutto il brano di Sir$^{Gr}$ 34,21–35,20. Il vocabolo θυσία compare in Sir$^{Gr}$ 34,23b.24b;35,9a.15a e marca alcuni passaggi di buona importanza strutturale. In Sir$^{Gr}$ 34,23b(θυσιῶν); 35,9a (θυσία) esso segna la chiusura delle due piccole pericopi che servono all'autore per illustrare sia il principio teologico-liturgico dell'offerta scorretta (Sir$^{Gr}$ 34,21-23), sia la riflessione sapienziale dell'offerta del giusto (Sir$^{Gr}$ 35,8-9). Tutti e due questi testi (Sir$^{Gr}$ 34,21-23; 35,8-9) sono seguiti da un breve brano. In Sir$^{Gr}$ 34,24b il vocabolo θυσία apre il brano della riflessione sapienziale (Sir$^{Gr}$ 34,24-27) che illustra il principio annunciato poco prima, mentre in Sir$^{Gr}$ 35,15a chiude, insieme a una frase esplicativa di tipo proverbiale (v.15bc), il brano della riflessione giuridico-morale, che presenta alcuni comandamenti di tipo apodittico ai quali deve attenersi l'offerta del giusto (Sir$^{Gr}$ 35,10-15). In quest'ultimo caso l'espressione θυσίᾳ ἀδίκῳ (Sir$^{Gr}$ 35,15a) ha anche un valore di legame, per sinonimia, con l'espressione θυσιάζων ἐξ ἀδίκου di Sir$^{Gr}$ 34,21. Chiude la pericope un brano, Sir 35,16-20, dove il vocabolo θυσία non c'è, ma in compenso si trova il vocabolo εὐδοκία, lessema fondamentale per la struttura generale di Sir$^{Gr}$ 34,21–35,20: Dio non gradisce il sacrificio dei senza-Legge (Sir$^{Gr}$ 34,21-23), mentre gradisce il sacrificio di chi adempie la Legge, osservando i comandamenti e astenendosi dall'ingiustizia (Sir$^{Gr}$ 35,1-4.5) e gradisce colui che soccorre l'orfano e la vedova (Sir$^{Gr}$ 35,16-20). Questa breve analisi permette di affermare che il testo di Sir$^{Gr}$ 35,8-20 è, dunque, suddivisibile in tre unità:

| | | |
|---|---|---|
| Sir$^{Gr}$ 35,8-9 | : | l'offerta del giusto |
| Sir$^{Gr}$ 35,10-15 | : | precetti sulle offerte |
| Sir$^{Gr}$ 35,16-20 | : | chi è gradito a Dio |

Già questo breve schema manifesta la fedeltà dello schema tripartito conosciuto (principio teologico-liturgico, argomentazione sapienziale, argomentazione morale), ma con una ulteriore inversione rispetto a Sir$^{Gr}$ 34,21-31 (principio teologico-liturgico, argomentazione sapienziale, argomentazione morale) e a Sir$^{Gr}$ 35,1-7 (argomentazione sapienziale, principio teologico–liturgico, argomentazione morale): la riflessione sapienziale si ritrova nell'*incipit*, segue l'argomentazione morale e chiude il principio teologico–liturgico come conclusione del testo.

| | | | |
|---|---|---|---|
| Sir[Gr] 35,8-9 | : l'offerta del giusto | : | argomentazione sapienziale |
| Sir[Gr] 35,10-15 | : precetti sulle offerte | : | argomentazione morale |
| Sir[Gr] 35,16-20 | : chi è gradito a Dio | : | principio teologico-liturgico |

Una buona convalida alla lettura unitaria di Sir[Gr] 35,8-20 si ha prestando attenzione al radicale *δεχ (Sir[Gr] 35,9: δεκτή ; 35,20: δεχθήσεται). Il radicale si colloca nella prima parte (Sir[Gr] 35,8-9) della terza strofa e nell'ultima (Sir[Gr] 35,16-20). Il ruolo di tale radicale è notevole perché oltre che a creare una specie di inclusione, associa tematicamente il gradimento divino per il sacrificio del giusto (Sir[Gr] 35,9a: θυσία ἀνδρὸς δικαίου δεκτή) e il gradimento divino per la persona di chi si prende cura degli ultimi (Sir[Gr] 35,20a: θεραπεύων ἐν εὐδοκίᾳ δεχθήσεται). Come si vedrà nella conclusione di questa analisi, il legame unitivo presente nella terza strofa ha una importanza fondamentale per cogliere la tesi del traduttore greco di Sir[Gr] 34,21–35,20.

§1. *Sir[Gr] 35,8-9: prima unità della terza strofa*

La breve pericope di Sir[Gr] 35,8-9 costituisce una unità letteraria marcata da tre elementi: il primo elemento è costituito dalla ripetizione del vocabolo δίκαιος, mentre il secondo è dato dalla ripetizione di due nomi cultuali indicanti l'offerta/sacrificio (προσφορά / θυσία) e il terzo, dalla costruzione sintattica dei secondi stichi (Sir[Gr] 35,8b.9b).

| | |
|---|---|
| Sir[Gr] 35,8 | **προσφορὰ δικαίου** λιπαίνει θυσιαστήριον |
| | **καὶ** ἡ εὐωδία **αὐτῆς** ἔναντι ὑψίστου |
| 9 | **θυσία** ἀνδρὸς **δικαίου** δεκτή |
| | **καὶ** τὸ μνημόσυνον **αὐτῆς** οὐκ ἐπιλησθήσεται |

Il vocabolo δίκαιος compare nel primo stico dei due versetti, prima come aggettivo sostantivato (Sir[Gr] 35,8a) e poi come aggettivo di ἀνήρ (Sir[Gr] 35,9a), creando un legame tematico. L'offerta del giusto, che è il sacrificio dell'uomo giusto, ingrassa o arricchisce l'altare: ciò rappresenta il dono dell'uomo. Contemporaneamente il sacrificio dell'uomo giusto, che è l'offerta del giusto, è una realtà che incontra il beneplacito divino. Il secondo stico di tutti e due i versetti è caratterizzato dalla costruzione "καί + nome + αὐτῆς", dove αὐτῆς si riferisce rispettivamente ai due atti cultuali, espressi in Sir[Gr] 35,8a da προσφορά e in Sir[Gr] 35,9a da θυσία. Il testo di Sir[Gr] 35,8-9 rappresenta la riflessione sapienziale sul culto del giusto, che si pone in perfetta antitesi con Sir[Gr] 34,21-23 (il culto delle offerte ingiuste). Il vocabolario appartiene fondamentalmente all'area del culto (προσφορά, λιπαίνω, θυσιαστήριον, εὐωδία, θυσία, δεκτός, μνημόσυνον) e a quella della Legge (δίκαιος). I dati spingono a individuare nel testo la fisionomia di una struttura quadripartita parallelistica:

| Sir[Gr] 35,8 | a |    | : | (προσφορά) δίκαιος |
| Sir[Gr] 35,8 |   | b  | : | καί + nome + αὐτῆς |
| Sir[Gr] 35,9 | a' |   | : | (θυσία) δίκαιος |
| Sir[Gr] 35,9 |   | b' | : | καί + nome + αὐτῆς |

### §2. *Sir[Gr] 35,10-15: seconda unità della terza strofa*

Mentre in Sir[Gr] 35,8-9 il testo viene presentato alla terza persona singolare, in Sir[Gr] 35,10-15 il testo è steso in seconda persona singolare[170]. Basterebbe questo rilievo sul piano morfologico per indicare in Sir[Gr] 35,10-15 una pericope unitaria. Il brano, inoltre, è incluso da due elementi: dal radicale *δοξ (Sir[Gr] 35,10a: δόξασον / 35,15c: δόξα) e dal vocabolo κύριος (Sir[Gr] 35,10a.15b)[171]. L'inclusione è chiasmatica:

---

[170] Si tratta di una sequenza di imperativi.

[171] Il vocabolo κύριος si trova anche in Sir[Gr] 35,13a, ma con valore strutturante minore, come si vedrà più avanti.

Sir<sup>Gr</sup> 35,10          : *δοξ              +          κύριος

                              a ↖   ↗ b
                              b' ↙   ↘ a'

Sir<sup>Gr</sup> 35,15b.c        : κύριος            +          *δοξ

All'interno di Sir<sup>Gr</sup> 35,10-15 ci sono, poi, degli elementi che dividono ancora il testo. A questo punto ci possono essere due strade che possono essere seguite. La prima rispetta la scansione in distici, la seconda rispetta i vari piani (lessicale, morfologico, sintattico e tematico)

i) La struttura nel rispetto dei distici
Sicuramente Ben Sira ha sempre rispettato il distico come elemento stilistico che guida la stesura del suo testo[172]. Se, dunque, si accetta questa premessa, il testo è facilmente suddivisbile in due segmenti regolari, il primo incluso dall'espressione ἐν ἀγαθῷ ὀφθαλμῷ, il secondo, dall'espressione ὅτι κύριος... ἐστιν.

Sir<sup>Gr</sup> 35,10    ἐν ἀγαθῷ ὀφθαλμῷ δόξασον τὸν κύριον
                 καὶ μὴ σμικρύνῃς ἀπαρχὴν χειρῶν σου
          11     ἐν πάσῃ δόσει ἱλάρωσον τὸ πρόσωπόν σου
                 καὶ ἐν εὐφροσύνῃ ἁγίασον δεκάτην
          12     δὸς ὑψίστῳ κατὰ τὴν δόσιν αὐτοῦ
                 καὶ ἐν ἀγαθῷ ὀφθαλμῷ καθ' εὕρεμα χειρός

          13     ὅτι κύριος ἀνταποδιδούς ἐστιν
                 καὶ ἑπταπλάσια ἀνταποδώσει σοι
          14     μὴ δωροκόπει οὐ γὰρ προσδέξεται
          15     καὶ μὴ ἔπεχε θυσίᾳ ἀδίκῳ
                 ὅτι κύριος κριτής ἐστιν
                 καὶ οὐκ ἔστιν παρ' αὐτῷ δόξα προσώπου

---

[172] In una conversazione telematica (21.10.2009), il prof. Gilbert mi faceva notare: "Ben Sira non scrive mai un tristico. Ogni volta che un tristico appare nel greco o anche nel ebraico, c'è un problema di critica testuale. Questo è certo. Il greco di 47,6-7 non corrisponde all'ebraico. Stesso problema per Sir 24,23".

Il primo segmento letterario (Sir^Gr 35,10a-12b) sarebbe ulteriormente rafforzato da altre due inclusioni: la prima, a livello lessicale, è presente in Sir^Gr 35,10b.12b (χειρῶν / χειρός) e la seconda, a livello di contenuto, in Sir^Gr 35,10a.12a (κύριον / ὑψίστῳ). Accanto a questi dati ci sarebbe nello stico centrale il tema della gioia (Sir^Gr 35,11a.b = ἱλάρωσον / εὐφροσύνῃ). Il secondo segmento sarebbe un po' povero: avrebbe infatti nello stico centrale solo la negazione della volontà (Sir^Gr 35,14.15a = μὴ / καὶ μὴ).

ii) La struttura nel rispetto della varietà dei piani.

Il secondo modo di far emergere una struttura, prescindendo dagli stichi, porta a un risultato leggermente diverso. Molto forte come elemento di strutturazione è l'espressione ἐν ἀγαθῷ ὀφθαλμῷ che si ripete in Sir^Gr 35,10.12b, suddividendo il testo in due parti diseguali, rispettivamente di cinque (Sir^Gr 35,10-12a) e di sette stichi (Sir^Gr 35,12b-15c). La fisionomia del testo è la seguente:

| | |
|---|---|
| Sir^Gr 35,10 | **ἐν ἀγαθῷ ὀφθαλμῷ δόξασον** τὸν <u>**κύριον**</u> |
| | καὶ μὴ σμικρύνῃς ἀπαρχὴν χειρῶν σου |
| 11 | ἐν πάσῃ δόσει ἱλάρωσον τὸ πρόσωπόν σου |
| | καὶ ἐν εὐφροσύνῃ ἁγίασον δεκάτην |
| 12 | δὸς <u>ὑψίστῳ</u> κατὰ τὴν δόσιν αὐτοῦ |
| | |
| | **καὶ ἐν ἀγαθῷ ὀφθαλμῷ** καθ' εὕρεμα χειρός |
| 13 | ὅτι κύριος ἀνταποδιδούς ἐστιν |
| | καὶ ἑπταπλάσια ἀνταποδώσει σοι |
| 14 | μὴ δωροκόπει οὐ γὰρ προσδέξεται |
| 15 | καὶ μὴ ἔπεχε θυσίᾳ ἀδίκῳ |
| | ὅτι **κύριος** κριτής ἐστιν |
| | καὶ οὐκ ἔστιν παρ' αὐτῷ **δόξα** προσώπου |

*Sir^Gr 35,10-12a

Nella prima parte, Sir^Gr 35,10-12a, inclusa dal nome divino (Sir^Gr 35,10a: τὸν κύριον; Sir^Gr 35,12a: ὑψίστῳ), ci sono dei reticoli di relazioni sul piano sintattico e su quello lessicale. Sul piano sintattico si trova in Sir^Gr 35,10-11 una sequenza marcata: l'*incipit* dei quattro stichi alterna la congiunzione καί (Sir^Gr 35,10b.11b) con la costruzione ἐν + dativo (Sir^Gr 35,10a.11a; si tenga presente che all'ultimo καί segue ancora la stessa costruzione):

| | | | |
|---|---|---|---|
| Sir^Gr 35,10a | a | | : ἐν + il dativo |
| Sir^Gr 35,10b | | b | : καί |
| Sir^Gr 35,11a | a' | | : ἐν + il dativo |
| Sir^Gr 35,11b | | b' | : καί + (ἐν + il dativo) |

Accanto a questo elemento di legame, ma non di struttura, che coagula i primi quattro stichi, va notato un secondo elemento di legame che unisce il terzo stico (Sir^Gr 35,11a) con l'ultimo (Sir^Gr 35,12a): si tratta della ripetizione del radicale *δοσ, che appartiene all'area del dare/donare (δόσει: Sir^Gr 35,11a; δὸς: Sir^Gr 35,12a; δόσιν: Sir^Gr 35,12a).

Esclusi gli stichi iniziale e finale marcati dai nomi divini (Sir^Gr 35,10a: τὸν κύριον; Sir^Gr 35,12a: ὑψίστῳ), nei tre stichi centrali compare un fenomeno letterario di legame estremamente curioso: gli stichi si legano tra loro attraverso la ripetizione di vocaboli appartenenti alla stessa area semantica: Sir^Gr 35,10b.11a sono legati dalla ripetizione di vocaboli appartenenti all'area semantica del corpo umano (Sir^Gr 34,10b: χειρῶν σου; Sir^Gr 35,11a: πρόσωπόν σου); Sir^Gr 35,11a.11b sono congiunti dalla ripetizione di vocaboli appartenenti al tema della gioia (Sir^Gr 35,11a: ἱλάρωσον; Sir^Gr 35,11b: εὐφροσύνῃ). Questo fenomeno letterario comparirà anche nel brano successivo. C'è, infine da rilevare un certo legame semantico tra le primizie (Sir^Gr 35,10b: ἀπαρχὴν) e le decime (Sir^Gr 35,11b: δεκάτην)[173].

Queste osservazioni sul piano lessematico permettono di intravedere una struttura concentrica di Sir^Gr 35,10a-12a:

---

[173] Sappiamo che nel postesilio la decima e la primizia erano elementi dell'offerta a Dio semanticamente vicini (cfr Ne^LXX 10,26-38).

| Sir$^{Gr}$ 35,10a | a | | : | τὸν κύριον | nome divino come inclusione |
| Sir$^{Gr}$ 35,10b | | c | : | ἀπαρχὴν χειρῶν σου | offerta della primizia |
| Sir$^{Gr}$ 35,11a | | d | : | ἱλάρωσον τὸ πρόσωπόν σου | tema della gioia |
| Sir$^{Gr}$ 35,11b | | d' | : | ἐν εὐφροσύνῃ | tema della gioia |
| Sir$^{Gr}$ 35,11b | | c' | : | δεκάτην | offerta della decima |
| Sir$^{Gr}$ 35,12a | a' | | : | ὑψίστῳ | nome divino come inclusione |

A questa struttura fa seguito la struttura molto più elaborata di Sir$^{Gr}$ 35,12b-15c.

***Sir$^{Gr}$ 35,12b-15c**

Nella seconda parte, Sir$^{Gr}$ 35,12b-15c, si ritrova un elemento lessicale già visto nel segmento precedente, Sir$^{Gr}$ 35,10-12a: il radicale *δοσ (Sir$^{Gr}$ 35,11a.12a e Sir$^{Gr}$ 35,13a.b). La sua funzione sembrerebbe essere quella di legame tra Sir$^{Gr}$ 35,10-12a e Sir$^{Gr}$ 35,12b-15. Ciò che, invece, appare come caratteristica tipica di Sir$^{Gr}$ 35,12a-15 è la sequenza sintattica che si colloca, in forma positiva, negli *incipit* degli stichi di Sir$^{Gr}$ 35,12a.13a.13b, e in forma negativa, negli *incipit* degli stichi di Sir$^{Gr}$ 35,15a.b.c. Colpisce il fatto che nell'elemento centrale della costruzione sintattica, sia di quella positiva sia di quella negativa, si ritrova lo stesso paradigma: "κύριος + denominazione di Dio + ἐστίν".

La struttura che ne deriva, è di chiara marca parallelistica nell'insieme e concentrica nelle singole parti:

| Sir$^{Gr}$ 35,12b: | a | | : | καὶ + affermazione |
| Sir$^{Gr}$ 35,13a: | | b | : | ὅτι κύριος ........ἐστιν |
| Sir$^{Gr}$ 35,13b: | a' | | : | καὶ + affermazione |
| | | | | |
| Sir$^{Gr}$ 35,15a: | c | | : | καὶ + negazione |
| Sir$^{Gr}$ 35,15b: | | b' | : | ὅτι κύριος ........ἐστιν |
| Sir$^{Gr}$ 35,15c: | c' | | : | καὶ + negazione |

Il versetto di Sir$^{Gr}$ 35,14 si colloca esattamente come spartiacque tra le due brevi sequenze. Il quadro riassuntivo che ne deriva ha questa fisionomia:

| Sir$^{Gr}$ 35,12b: | a | | : | καὶ + affermazione |
| Sir$^{Gr}$ 35,13a: | | b | : | ὅτι κύριος ........ἐστιν |
| Sir$^{Gr}$ 35,13b: | a' | | : | καὶ + affermazione |
| | | | | |
| Sir$^{Gr}$ 35,14: | | | c : | μὴ δωροκόπει οὐ γὰρ προσδέξεται |
| | | | | |
| Sir$^{Gr}$ 35,15a: | d | | : | καὶ + negazione |
| Sir$^{Gr}$ 35,15b: | | e | : | ὅτι κύριος ........ἐστιν |
| Sir$^{Gr}$ 35,15c: | d' | | : | καὶ + negazione |

*Sicuramente ognuna delle due strutture ha una propria ricchezza e ognuna rispetta elementi che l'altra tralascia. Di fronte a queste due proposte, onestamente, mi è difficile scegliere con una certa sicurezza. Pur nella titubanza, scelgo la seconda struttura perché – almeno così appare ai miei occhi – raccoglie più elementi significativi della prima. Ma sia ben chiaro che il dubbio rimane.

Questa struttura così ricca è seguita, per antitesi, da un'altra un po' meno elaborata, presente in Sir$^{Gr}$ 35,16-20, quasi un timido richiamo alla semplicità della struttura di Sir$^{Gr}$ 35,8-9.

§3. *Sir$^{Gr}$ 35,16-20: terza unità della terza strofa.*
Il terzo ed ultimo segmento, Sir$^{Gr}$ 35,16-20, non è strutturalmente ben caratterizzato come i due precedenti. Bisogna, infatti, notare come man mano si procede nella lettura del testo, la struttura si fa sempre più friabile e meno brillante, rispetto a quella presente nei testi che precedono.
Il primo e più importante dato da evidenziare in questo testo è l'uso del vocabolo-gancio. Il segmento precedente finisce con il vocabolo (δόξα) προσώπου (Sir$^{Gr}$ 35,15c) e Sir$^{Gr}$ 35,16a riprende il medesimo lessema πρόσωπον (ἐπὶ πτωχοῦ), creando un forte legame sia sul piano lessematico che tematico:

Sir <sup>Gr</sup> 35,15c     :     καὶ οὐκ ἔστιν παρ' αὐτῷ δόξα **προσώπου**

- - - - - - - - - - - - - - - - - - - - - - - - - - - - - - -

Sir <sup>Gr</sup> 35,16a     :     οὐ λήμψεται **πρόσωπον** ἐπὶ πτωχοῦ

In Dio non c'è assolutamente preferenza di persone (Sir<sup>Gr</sup> 35,15c) e non sarà certo qualcuno, forse il ricco[174], ad essere preferito a scapito del povero (Sir<sup>Gr</sup> 35,16a). Questo legame tematico chiude da una parte il tema del sacrificio e apre il tema della preghiera: come Dio non può essere corrotto dal sacrificio ingiusto, così per antitesi presta attenzione alla preghiera dell'oppresso (δέησιν ἠδικημένου: Sir<sup>Gr</sup> 35,16b). Proprio la congiunzione καί e il vocabolo δέησις fungono da inclusione a questa terza subunità (Sir<sup>Gr</sup> 35,16b.20b).

Sir <sup>Gr</sup> 35,16     <u>οὐ</u> λήμψεται πρόσωπον ἐπὶ πτωχοῦ
             <u>καὶ</u> **δέησιν** ἠδικημένου εἰσακούσεται
17     <u>οὐ</u> μὴ ὑπερίδῃ ἱκετείαν ὀρφανοῦ
             <u>καὶ</u> χήραν ἐὰν ἐκχέῃ λαλιάν
18     <u>οὐχὶ</u> δάκρυα χήρας ἐπὶ σιαγόνα καταβαίνει
19     <u>καὶ</u> ἡ καταβόησις ἐπὶ τῷ καταγαγόντι αὐτά
20     θεραπεύων ἐν εὐδοκίᾳ δεχθήσεται
             <u>καὶ</u> ἡ **δέησις** αὐτοῦ ἕως νεφελῶν συνάψει

I versetti Sir<sup>Gr</sup> 35,16-19, poi, sono contrassegnati da una costruzione particolare degli stichi, sia in greco che in ebraico. Il primo stico è aperto da una negazione (Sir<sup>Gr</sup> 35,16a: οὐ; Sir<sup>Gr</sup> 35,17a: οὐ μή; Sir<sup>Gr</sup> 35,18: οὐχί) e il secondo da una congiunzione (Sir<sup>Gr</sup> 35,16b.17b.19: καί). Mentre il versetto Sir<sup>Gr</sup> 35,20a ha una costruzione a sè stante, il versetto Sir<sup>Gr</sup> 35,20b condivide la costruzione degli altri secondi stichi. In modo particolare Sir<sup>Gr</sup> 35,20b è legato a Sir<sup>Gr</sup> 35,19 sul piano sintattico con la costruzione "καί + articolo nominativo femm. sing. + nome nominativo femm. sing." (Sir<sup>Gr</sup> 35,19: καὶ ἡ καταβόησις; Sir<sup>Gr</sup> 35,16b: καὶ ἡ δέησις).

---

[174] Forse si tratta del "ricco". Il Siracide oppone in modo duro il πλούσιος al πτωχός (cfr Sir<sup>Gr</sup> 13,3.19.20. 23).

| | | |
|---|---|---|
| Sir<sup>Gr</sup> 35,16a | : | οὐ |
| Sir<sup>Gr</sup> 35,16b | : | καί |
| Sir<sup>Gr</sup> 35,17a | : | οὐ |
| Sir<sup>Gr</sup> 35,17b | : | καί |
| Sir<sup>Gr</sup> 35,18 | : | οὐχι |
| Sir<sup>Gr</sup> 35,19 | : | καί + ἡ + nome femminile |
| Sir<sup>Gr</sup> 35,20a | : | —— |
| Sir<sup>Gr</sup> 35,20b | : | καί + ἡ + nome femminile |

Questo fenomeno sul piano sintattico è indicativo di un testo coeso e c'è un'ulteriore conferma sul piano lessematico. Gli stichi di Sir<sup>Gr</sup> 35,16-20 sono costruiti con un fenomeno di vocaboli-gancio duplici. Ogni stico possiede due vocaboli: uno è legato a un vocabolo della stessa area semantica presente nel versetto precedente e l'altro è legato a un vocabolo della stessa area semantica presente nel versetto seguente. La prima linea di vocaboli-gancio riguardano le persone ultime e sofferenti della società ebraica (Sir<sup>Gr</sup> 25,16a [πτωχός].16b [ἠδικημένος]. 17a [ὀρφανός].17b [χήρα].18 [χήρα]), mentre la seconda, i vocaboli del dolore - dalla preghiera al grido - (Sir<sup>Gr</sup> 25,16b [δέησις]. 17a [ἱκετεία]. 17b [λαλιά]. 18 [δάκρυον].19 [καταβόησις]). In Sir<sup>Gr</sup> 35,19b, poi, c'è un vocabolo che indica la persona che provoca sofferenza (καταγαγόντι, indicato nella struttura con [d-]), mentre in Sir<sup>Gr</sup> 35,20a c'è il suo opposto, un lessema che indica colui che si prende cura dei bisognosi[175] (θεραπεύων, indicato nella struttura con [d+]). In Sir<sup>Gr</sup> 35,20b, infine, il vocabolo νεφέλη crea l'aggancio con il contesto successivo (Sir<sup>Gr</sup> 35,21).

Sotto il profilo formale lo schema che ne risulta non corrisponde né alla struttura concentrica né a quella parallelistica alle quali l'autore aveva abituato il lettore. Si tratta, invece, di una struttura sbriciolata, anche se con una identità ben definita. Sembra che l'autore voglia concentrare l'attenzione sul mondo dei poveri, sul

---

[175] Quale sia il servizio che θεραπεύων presta a Dio, sarà oggetto di approfondimento nel capitolo dedicato all'analisi di Sir<sup>Gr</sup> 35,16-20.

modo con cui Dio si lega ad essi per poter concludere che colui
che si occupa dei poveri sta compiendo la stessa azione divina ed
è per questo gradito a Dio. Questa è la fisionomia della struttura:

| Sir Gr 35,11 | | | a | : | πρόσωπον |
|---|---|---|---|---|---|
| ............................. | | | | | |
| Sir Gr 35,15c | | | a | : | προσώπου |
| Sir Gr 35,16a | : | a | b | : | πρόσωπον / πτωχου |
| Sir Gr 35,16b | : | c | b | : | *δέησιν* / ἠδικημένου |
| Sir Gr 35,17a | : | c | b | : | ἱκετείαν / ὀρφανοῦ |
| Sir Gr 35,17b | : | b | c | : | χήραν / λαλιάν |
| Sir Gr 35,18 | : | c | b | : | δάκρυα / χήρας |
| Sir Gr 35,19 | : | c | d- | : | καταβόησις / καταγαγόντι |
| Sir Gr 35,20a | : | d+ | | : | θεραπεύων / |
| Sir Gr 35,20b | : | c | e | : | *δέησις* / νεφελῶν |
| Sir Gr 35,21 | : | e | | : | νεφέλας |
| ............................. | | | | | |
| Sir Gr 35,26 | : | e | | : | νεφέλαι |

Non resta che fare alcune valutazioni comparative.

## d. Valutazioni comparative

La lunga indagine ha identificato la struttura di Sir[Gr] 35,21-35,20
con le relative ampie ripartizioni (tre strofe) e i vari giochi di richiamo all'interno delle singole parti (principio teologico-liturgico;
riflessione sapienziale; riflessione morale) e dei singoli segmenti delle
parti stesse. Lungo l'esame è stato visto come l'autore leghi ai testi,
dove è presente il termine εὐδοκία, il suo pensiero circa i principi
teologico-liturgici (Sir[Gr] 34,21-23; 35,5; 35,8-9) che presiedono la
vita cultuale del fedele ebreo. L'annuncio del terzo principio teologico-liturgico funge da conclusione. Il vocabolo εὐδοκία è apparso
come l'elemento essenziale della struttura del brano. La tematica
dell'accoglienza divina è il criterio discriminante che porta l'autore
a giudicare severamente l'offerta dei "senza-Legge" e degli "empi"
e ad approvare incondizionatamente l'offerta cultuale del giusto,
perché profondamente intessuta con l'osservanza della Legge e l'at-

tenzione verso i bisognosi. In questa logica cultuale il lettore viene sorpreso dalla novità del testo: a Dio non è gradita solo l'offerta del giusto, ma è gradito il giusto stesso che si prende cura del prossimo bisognoso (θεραπεύων). Colui che si prende cura del prossimo bisognoso diventa una persona che è giudicata essa stessa - come si vedrà nell'analisi del brano - equivalente ad un atto di culto (θεραπεύων ἐν εὐδοκίᾳ δεχθήσεται).

Il Siracide lega, invece, la sua riflessione morale sia agli interrogativi cui il lettore stesso deve rispondere (Sir$^{Gr}$ 34,28-31) sia ai precetti enunciati in forma apodittica (Sir$^{Gr}$ 35,6-7; Sir$^{Gr}$ 35,10-15). L'altro materiale è dedicato alla riflessione sapienziale. Questa fonda in modo "logico" quanto affermato sia nel principio teologico-liturgico sia nella riflessione morale (Sir$^{Gr}$ 34,24-27; 35,1-4; 35,16-20).Volendo offrire una visione sintetica dell'indagine, il trattato sulle offerte, Sir$^{Gr}$ 34,21–35,20, ha questa fisionomia:

**1° strofa:** Sir$^{Gr}$ 34,21-31: Il sacrificio dell'ingiustizia[176]

- principio teologico-liturgico : Sir$^{Gr}$ 34,21-23 : Dio non gradisce l'offerta dei "senza-Legge"

- riflessione sapienziale : Sir$^{Gr}$ 34,24-27 : uccide il povero chi gli toglie il cibo

- riflessione morale : Sir$^{Gr}$ 34,28-31 : non serve edificare e distruggere

**2° strofa:** Sir$^{Gr}$ 35,1-7: Legami tra l'osservanza della Legge e il culto

- riflessione sapienziale : Sir$^{Gr}$ 35,1-4 : l'osservanza della Legge è intimamente legata al culto

---

[176] Certamente i titoli delle strofe e delle singole parti, scelti in questa ricerca tengono conto il più possibile di tutti gli elementi che sono emersi durante l'esame del testo e rispettano, per quanto è possibile, il contenuto della singola pericope.

– principio teologico-liturgico  : Sir$^{Gr}$ 35,5      : l'astensione dall'ingiustizia
come cosa gradita a Dio

– riflessione morale      : Sir$^{Gr}$ 35,6-7      : davanti a Dio, mai a mani vuote

## 3° strofa: Sir$^{Gr}$ 35,8-20: Il sacrificio del giusto

– riflessione sapienziale      : Sir$^{Gr}$ 35,8-9      : l'offerta del giusto è gradita
a Dio

– riflessione morale      : Sir$^{Gr}$ 35,10-15  : la generosità come regola per
le offerte

– riflessione teologico-liturgica : Sir$^{Gr}$ 35,16-20  : Dio accoglie il grido degli
ultimi e la preghiera di chi li
serve

La struttura appena evidenziata è nuova rispetto a quanto proposto già da Stadelmann[177] e da Reiterer[178]. C'è da dire che la struttura presentata in questa ricerca e quelle proposte dai due studiosi tedeschi hanno qualche cosa in comune e anche parecchio di diverso. In comune con Stadelmann c'è la circoscrizione della pericope (Sir$^{Gr}$ 34,21–35,20). Reiterer, invece, identifica la pericope in Sir$^{Gr}$ 34,21-35,22. Per quanto riguarda la suddivisione delle strofe, tra la presente ricerca e Stadelmann c'è concordanza nella identificazione e nella suddivisione della prima strofa (Sir$^{Gr}$ 34,21-23.24-27.28-31). Tra la presente ricerca e Reiterer c'è concordanza nella delimitazione della prima strofa e nella suddivisione delle prime due parti (Sir$^{Gr}$ 34,21-23.24-27). Tutto il resto diverge. Queste sono le tre proposte:

---

[177] Stadelmann, 68-138.
[178] Reiterer, *Gott und Opfer*, 165-171.

| Stadelmann | Reiterer | Ricerca |
|---|---|---|
| **Sir 34,21-31**<br> - vv. 21-23<br> - vv. 24-27<br> - vv. 28-31 | **Sir 34,21-31**<br> - vv. 21-23<br> - vv. 24-27<br> - vv. 28-30<br> - v. 31 | **Sir$^{Gr}$ 34,21-31**<br> - vv. 21-23<br> - vv. 24-27<br> - vv. 28-31 |
| **Sir 35,1-13**<br> - vv. 1-7<br> - vv. 8-13 | **Sir 35,1-13**<br> - vv. 1-5<br> - vv. 6-8<br> - v. 9<br> - vv. 10-12<br> - v. 13 | **Sir$^{Gr}$ 35,1-7**<br> - vv. 1-4<br> - v. 5<br> - vv. 6-7 |
| **Sir 35,14-20** | **Sir 35,14-22**<br> - vv. 14-15<br> - vv. 16-21b<br> - vv. 21c-22 | **Sir$^{Gr}$ 35,8-20**<br> - vv. 8-9<br> - vv. 10-15<br> - vv. 16-20 |

È difficile comprendere la circoscrizione della seconda strofa in Sir$^{Gr}$ 35,1-13 (Stadelmann e Reiterer). È già stato visto come la cesura in Sir$^{Gr}$ 35,13, praticata da diversi autori del passato, non sia probabile perché non possiede elementi di giustificazione a causa della compattezza sintattica (e lessicale) del testo. Ne consegue che porre l'inizio della terza strofa in Sir$^{Gr}$ 35,14 significa ignorare tutti i legami, che si collocano sui vari piani di Sir$^{Gr}$ 35,10-15. Anche la chiusura del testo in Sir$^{Gr}$ 35,22 è già stata discussa all'inizio di questo capitolo dove si è visto che tale cesura non tiene conto in nessun modo di tutti gli indizi, anche questi collocati su vari piani, che, da una parte, separano Sir$^{Gr}$ 35,20 da Sir$^{Gr}$ 35,21 e, dall'altra, cementano l'unità di Sir$^{Gr}$ 35,21-26, come si vedrà in dettaglio più avanti.

Bisogna, infine, notare come Stadelmann e Reiterer abbiano proposto le loro strutture, fondandosi essenzialmente sul piano del contenuto così come veniva da loro percepito, tralasciando l'esame di tutti gli altri piani[179] (lessicale, morfologico, sintattico, del discorso) e del relativo loro peso nel determinare l'andamento del pensiero presente nel testo. Per quanto riguarda la titolazione delle singole strofe e delle loro parti, la dicitura degli autori e della presente ricerca divergono vistosamente. È difficile comprendere perché il comportamento sociale sbagliato debba essere definito "größeres Vergehen"[180] o perché Sir^Gr 35,16–21b possa essere definito "Klage von Waise und Witwe. Klage aller Bedrängten"[181], quando Sir^Gr 35,20 contiene la terza considerazione dell'autore sulla dinamica dell' εὐδοκία. Non appartengono alla εὐδοκία le offerte dei senza-Legge (Sir^Gr 34,22), mentre appartiene all' εὐδοκία l'astensione dalla malvagità e dall'ingiustizia (Sir^Gr 35,5) perché è equiparabile a un atto di culto (Sir^Gr 35,6-7). Come è gradito (δεκτή) il sacrificio dell'uomo giusto (Sir^Gr 35,9) così rientra nell' εὐδοκία colui che si prende cura dell'orfano e della vedova. Si tratta di un pensiero ardito: la persona che ha cura di chi soffre è essa stessa un atto di culto gradito a Dio. Si può sottacere questo pensiero dietro alla lamentazione dell'orfano e della vedova, come fa Reiterer, o dietro alla esortazione a lasciar da parte le offerte che sono contro la giustizia[182], come fa Stadelmann?

Dopo aver analizzato la fisionomia della struttura di Sir^Gr 34,21–35,20, non resta che "contestualizzare" tale pericope nell'orizzonte letterario (biblico e non) presente nella situazione storica della diaspora ebraica dell'Egitto tolemaico del sec. II a.C.

---

[179] Per correttezza bisogna dire che Reiterer dimostra di avere una certa sensibilità stilistica. Nel contributo "Gott und Opfer" citato, parla di "Zufolge der poetischen Analyse" (168), ma accenna solo a "ein synonymer Parallelismus" (168.169) e niente più.

[180] REITERER, *Gott und Opfer*, 166.

[181] Ibidem.

[182] STADELMANN, 116: "Mahnung zum Unterlassen ungerechter Opfer".

## ■ 7. La situazione storico-letteraria di Sir[Gr] 34,21–35,20

Senza la pretesa dell'esaustività, ma con il desiderio di sintesi e di semplificazione, è corretto vedere, attraverso alcune linee maestre, quale fosse la situazione letteraria e storica in cui il Siracide ha operato in Egitto.

Stando al prologo anteposto alla traduzione dell'opera di Ben Sira, il Siracide sembra conoscere la tripartizione della Bibbia perché è convinto che "molti e profondi insegnamenti ci sono stati dati nella Legge, nei profeti e negli altri scritti successivi" (Sir[Prolog] 1-3). Questa notizia, tuttavia, va vagliata perché non è possibile essere sicuri se questa dicitura intenda riferirsi alla traduzione completa dei libri dei LXX o solo a una sua parte. Tralasciando il delicatissimo problema del canone ebraico che viene fissato solo nel sec. II d.C. e del canone dei LXX, è difficile che il Siracide conoscesse tutti i libri dei LXX perché alcuni semplicemente non erano ancora stati scritti, come il libro della Sapienza, e altri non erano ancora stati tradotti in Gr, come il libro di Ester. Nel colofone di Est[LXX] 10,31[183], infatti, si trovano delle indicazioni sull'epoca della traduzione greca del testo che si colloca nel tempo in cui regnavano Tolomeo e Cleopatra. Si tratta, per Bickerman, probabilmente di Tolomeo XII Aulete e di Cleopatra V (78-77 a.C.), mentre per Goodman – Schürer, di Tolomeo IX Soter II Lathyros (114-113)[184]. Comunque sia, il libro di Ester non era ancora stato tradotto in Gr quando venne tradotto Ben Sira a partire dall'"anno trentottesimo del re Evergete", cioè nell'anno 132 a.C. in cui regnava Tolomeo VIII Evergete II Physcon (= panciuto)[185]. Secondo Caird[186] il Si-

---

[183] BICKERMAN, 339-362; MOORE, 650-652.

[184] La terza possibilità indicherebbe Tolomeo XIII (49-48 a.C.). In questo caso, come nel caso di Tolomeo IX la donna chiamata Cleopatra non era regina, ma reggente.

[185] Poiché nel prologo il Siracide afferma di essere giunto in Egitto nell'"anno trentottesimo del re Evergete" (Sir[Prolog] 27), bisognerebbe ipotizzare la traduzione del Siracide tra il 132 a.C. e il 116 a.C., data della morte di Tolomeo Evergete II Physcon (GOODMAN in SCHÜRER, 3/1, 652; cfr. GILBERT, *Siracide*, col. 1403)

[186] CAIRD, 95-100.

racide poteva contare sulla traduzione Gr del Pentateuco, del primo libro di Samuele, Isaia, Geremia, Ezechiele e i dodici profeti minori e, forse, dei due libri delle Cronache. Non c'erano ancora le traduzioni di Giosuè, del secondo libro di Samuele, dei due libri dei Re e dei Proverbi. Di quest'ultimo libro il Siracide si è avvalso, ma forse traducendo direttamente dal testo H. Per quanto riguarda la traduzione dei Salmi, il discorso è troppo complesso: sembra che abbracci un arco di tempo piuttosto ampio e che, forse, sia incominciata già in Palestina[187]. È chiaro che alcuni libri dei LXX sono stati per il Siracide come delle fonti, mentre altri, essendo stati tradotti dopo, hanno per noi oggi la funzione di testimoniare un mentalità culturale e teologica cui, forse, anche il Siracide partecipava. Ogni intertestualità[188] va ovviamente dimostrata.

Per la letteratura intertestamentaria in lingua greca[189] il discorso si fa ancora più complesso a causa delle possibili glosse cristiane che possono essere state introdotte in testi precedenti (cfr i *Testamenti dei XII Patriarchi*)[190]. In ogni testo, dunque, va tenuto conto della sua originalità e della sua eventuale glossatura successiva. Le opere della letteratura intertestamentaria greca di tipo veterotestamentario possono essere facilmente comparate attraverso le concordanze di Denis – Janssens. Anche in questo caso vale quanto si è detto per le traduzioni dei libri dei LXX, precedenti o successive al Siracide. Se i testi precedenti possono in qualche modo fungere da fonte, gli altri fungono da testimoni di una mentalità (che va sempre verificata). In questo orizzonte letterario si colloca anche la testimonianza di Filone e, per alcuni aspetti, di Flavio Giuseppe.

---

[187] VENETZ, 80–84.194.

[188] Cfr HAYS - ALKIER - HUIZENGA, soprattutto 3–32.191–220; MEYNET R., *Leggere la Bibbia,* 179–196.

[189] GOODMAN - VERMES in SCHÜRER, 3/1, 605–901; GOODMAN - VERMES - MORRIS in SCHÜRER, 3/2, 931–1060. Nella presente ricerca ci sono anche i confronti con la presentazione dei testi Gr in VANDERKAM, 53–173 e in ARANDA PÉREZ - GARCÍA MARTÍNEZ - PÉREZ FERNÁNDEZ, specialmente 209–366.

[190] GOODMAN - VERMES in SCHÜRER, 3/2, 1008–1025.

Oggi ci sono studi sufficienti per la letteratura che forma il retroterra culturale e teologico del brano. Più delicato, invece, è il discorso sulla situazione della diaspora ebraica nell'Egitto tolemaico[191] del sec. II a.C. Le fonti[192] suggeriscono che la diaspora ebraica fosse più numerosa e attiva nel Basso Egitto che non nel Medio Egitto. Era più dimessa nell'Alto Egitto. Le testimonianze delle inscrizioni[193] e dei papiri[194] attestano la presenza di sinagoghe nel delta del Nilo. Si sa che in Egitto l'istituzione sinagogale[195] assolveva a più compiti: religioso, formativo e politico-giuridico. Con compiti prettamente religiosi (ma, forse, anche militari) era sorto verso il 160 a.C. il tempio ebraico di Leontopoli, nel nomo di Eliopoli, per opera di Onia IV su un tempio pagano donato da Tolomeo VI Filometore. Iscrizioni e papiri attestano anche contratti e prestiti sia tra la popolazione ebraica rurale sia tra militari ebrei. Nella diaspora ebraica non c'erano solo contadini, commercianti e militari. Qualcuno era giunto anche a posizioni di responsabilità e di rilievo nella amministrazione egiziana. Ad Alessandria, poi, sembra che un quinto della città fosse occupato da Ebrei che si auto-governavano con leggi proprie[196]. Soprattutto in questa comunità, culturalmente vivace, si difendeva più che mai l'identità ebraica[197] (ma non secondo tutte le

---

[191] MODRZEJEWSKI J.M., *Les Juifs d'Egypte, de Ramses II à Hadrien*, Paris 1991.

[192] MILLAR in SCHÜRER, 3/1, 77-104; BARCLAY, 33-219.

[193] FREY J.-B., *Corpus Inscriptionum Iudaicarum*, vol 1 (aggiornato da Lifshitz B.) New York 1975; *Corpus Inscriptionum Iudaicarum*, vol 2 Roma 1952. In modo particolare si veda HORBURY W., *Jewish Inscriptions and Jewish Literature in Egypt, with Special Reference to Ecclesiasticus*, in VAN HENTEN - VAN DER HORST, 9-43.

[194] TCHERIKOVER V. - FUKS A., *Corpus Papyrorum Judaicarum*, col 1-3, Jerusalem-Cambrigde (Mass.) 1957-1963. per il sec. II a.C.

[195] LEVINE L.I., *La sinagoga antica, (vol 1. Lo sviluppo storico, vol 2. L'istituzione)*, Brescia 2005 (orig, 2000).

[196] Sappiamo che i Giudei di Alessandria costituivano un πολίτευμα, coè un gruppo di abitanti con una serie di diritti che li rendevano distinti dai cittadini alessandrini e dagli stranieri. Per una sintesi del tema si può vedere l'*excursus La condizione giuridica dei Giudei alessandrini* in BARCLAY, 70-81. Si vedano anche KASHER A., *Thw Jews in Hellenistic And Roman Egypt. The Struggle for Equal Rights*, Tübingen 1985; ZUCKERMAN C., 171-185; LÜDERITZ G., *Wath is the Politeuma?*, in VAN HENTEN - VAN DER HORST, 183-225.

[197] FELDMAN, 215-237.

regole di Gerusalemme)[198], rimanendo in dialogo con il mondo pagano circostante.

Pur nella sintesi e nella semplificazione, questo è il mondo in cui il Siracide ha operato la traduzione dell'opera del nonno Ben Sira e dentro a questo orizzonte di vita va compreso e può essere meglio approfondito il trattato sapienziale–didattico sul culto delle offerte di Sir$^{Gr}$ 34,21–35,20[199].

## ■ 8. Alcune considerazioni conclusive

In questo capitolo sono stati chiariti alcuni dati essenziali per il prosieguo del lavoro. Le cose più importanti sono state la chiarificazione del genere letterario, la semplificazione delle citazioni dei vari testi di Sir 34,21–35,20 (testi H, Gr, Lat e Syr), lo *status quaestionis*, la delimitazione della pericope con la sua articolazione di struttura e un sintetico schizzo letterario e storico dell'ambiente in cui il Siracide operava in Egitto.

Ciò che ha occupato più spazio è stata la questione della delimitazione della pericope. Gli apporti dell'analisi retorica e della linguistica hanno favorito la possibilità di dare una risposta abbastanza esaustiva al problema che, nell'analisi delle opinioni degli autori e dei commentatori, sembrava estremamente complessa a causa della varietà insospettata dei pareri emersi.

L'analisi continua con l'esame del contesto precedente (Sir$^{Gr}$ 34,1-20) e di quello successivo (Sir$^{Gr}$ 35,21-26). L'esame del contesto è necessario per cogliere le continuità e le fratture del pensiero

---

[198] Giustamente Barclay ha creato degli schemi di analisi riguardante l'assimilazione, l'acculturazione e l'adattamento (99-104) per non dare giudizi generalizzati e poco rispettosi della varietà degli atteggiamenti degli Ebrei nella diaspora egiziana.

[199] Va ricordato che nel tempio di Eliopoli, fondato da Onia IV, operavano un certo numero di sacerdoti ebrei legittimi. Ci fu un formale culto che, però i saggi palestinesi non ritennero legittimo, anche se venivano considerati validi alcuni sacrifici, ma in forma molto limitata (MILLAR in SCHÜRER, 3/1, 208 e note 34.35).

dell'autore e determinare se il contesto precedente condiziona o meno la comprensione del "Trattato" e se il contesto successivo sia legato al "Trattato" o funga semplicemente da ponte tra il "Trattato" e la preghiera che inizia con Sir^{Gr} 36,1.

# CAPITOLO II

## Il contesto di Sir$^{Gr}$ 34,21–35,20

### ▪ Premessa

Per contesto di Sir$^{Gr}$ 34,21–35,20 si intende sia il contesto precedente sia quello successivo. Mentre il contesto successivo è di facile delimitazione (Sir$^{Gr}$ 35,21-26) perché il "Trattato sulle offerte" finisce con Sir$^{Gr}$ 35,20 e in Sir$^{Gr}$ 36,1 inizia un nuovo e preciso genere letterario, la preghiera di Sir$^{Gr}$ 36,1-22[1], il contesto precedente (Sir$^{Gr}$ 34,1-20) necessita di alcune precisazioni. Se il contesto successivo, infatti, è sufficientemente compatto e ha alcuni legami di continuità con Sir$^{Gr}$ 34,21–35,20, il contesto precedente è composto da più pericopi, che risultano, purtroppo, discontinue rispetto al "Trattato", sia per legami formali sia per legami tematici. Ciò induce ad accostare i due testi (Sir$^{Gr}$ 34,1-20 come contesto precedente e Sir$^{Gr}$ 35,21-26 come contesto successivo) con due attenzioni diverse. Del contesto precedente verrà fatta una semplice esplorazione che presuppone solo l'analisi della struttura, senza particolare attenzione agli esami sia di critica testuale sia di esegesi; eventuali precisazioni critiche sul testo ed eventuali sottolineature esegetiche verranno poste in nota. Del contesto successivo, invece, verrà fatto un breve esame sia di critica testuale sia di ulteriore analisi esegetica.

---

[1] La numerazione dello Ziegler è Sir 33(36),1-13a(13); 36,16b-22(19). Il testo di Sir$^{Gr}$ 36,1-22 costituisce un brano a sé stante. Il testo H della preghiera è stato ultimamente studiato da Palmisano. Si tratta di un testo ben definito a causa di diversi fattori: per l'inziale ב del ms. B del testo H (PALMISANO, 133 n. 4) che segna l'inizio di una nuova pericope, per il genere letterario, per la stilistica e per il contenuto.

### 1. Il contesto precedente il Trattato: Sir^Gr 34,1-20

Il contesto che precede Sir^Gr 34,21–35,20 non è di facile individuazione. Pochi autori hanno prestato attenzione al contesto precedente[2] e possono essere classificati in due posizioni: una massimalista – la più seguita – che individua come contesto precedente il brano di Sir^Gr 34,1-20 (cfr Skehan-Di Lella); una più moderata che determina il contesto precedente in Sir^Gr 34,14-20 (cfr Snaith[3]). Per nessuna delle due vengono date motivazione che convalidino le rispettive scelte.

L'analisi deve rispondere almeno a tre domande. Sir^Gr 34,1-20 è una pericope o raccoglie più pericopi? Se ci fossero più pericopi, quale di queste può essere considerata contesto precedente? Ci sono per davvero elementi che creano continuità tra il contesto precedente e Sir^Gr 34,21–35,20 o prevalgono gli elementi di discontinuità, tanto da poter affermare che non c'è un vero e proprio contesto precedente?

Di Sir^Gr 34,1-20 non c'è, per il momento, l'originale ebraico[4]. L'edizione critica dello Ziegler presenta il testo suddiviso in due parti: Sir^Gr 34,1-8.9-20[5].

---

[2] Cfr SMEND, 304-305; HASPECKER , 270-271; BRUGUERA - DÍAZ, 336; PÉREZ RODRÍGUEZ, 1229; SNAITH, 167; STADELMANN, 69-70; SKEHAN - DI LELLA, 407-410; MORLA ASENSIO, 170-171.

[3] La numerazione originaria dell'autore è Sir 34,13-17.

[4] Il ms E, pubblicato da Marcus (MARCUS, "A Fifth Ms", 223-240; MARCUS, *The Newly Discovered*; l'autore non ha datato il manoscritto) è l'unico manoscritto che riporta un solo versetto del brano in esame (Sir^H 34,1). Il testo è molto danneggiato : ריק תד [.....] תוחלת כזב וחלומות [.........]. Il testo del primo stico è stato ricostruito da Mopsik in questo modo (ריק תדרש תוחלת כזב), mentre nella traduzione ha ipotizzato il secondo stico come fosse uguale al Gr. Questa è la traduzione proposta da Mopsik: "Si tu interroges le vide, l'espérance est trompeuse / et les rêves [donnent de ailes aux fous]". In nota precisa che "on peut traduire aussi «L'espérance du menteur interroge le vide»" (MOPSIK, 202).

[5] Tra la lezione testuale di Sir^Gr 34,1-20 dell'edizione del Rahlfs e quella dell'edizione critica dello Ziegler ci sono poche differenze. A livello di critica testuale ci sono alcuni piccoli particolari riguardanti la concezione grammaticale e lo stile. Solo

Sir<sup>Gr</sup> 34,1  Κεναὶ ἐλπίδες καὶ ψευδεῖς ἀσυνέτῳ ἀνδρί,
καὶ ἐνύπνια ἀναπτεροῦσιν ἄφρονας.

Sir<sup>Gr</sup> 34,19c può presentare una certa difficoltà, ma comunque è di facile soluzione. Andiamo per ordine, incominciando con la diversa concezione grammaticale dei due editori. Bastano pochi esempi. In Sir<sup>Gr</sup> 34,7b, per Rahlfs, ἐξέπεσον è un aoristo secondo, mentre per Ziegler, più correttamente, dato l'uso presente in tutto il testo Gr del Siracide (cfr Sir<sup>Gr</sup> 28,18; 50,17), ἐξέπεσαν è un aoristo primo. In Sir<sup>Gr</sup> 34,12a, per Rahlfs, ἑώρακα è una voce in forma tardiva e secondaria, mentre per Ziegler, più correttamente, dato l'uso del testo greco del Siracide (cfr Sir<sup>Gr</sup> 16,5; 43,31), ἑόρακα va accolta come una voce di forma più comune.

Volendo ora vedere alcuni piccoli esempi di preferenza di stile, si può incominciare con la variante di Sir<sup>Gr</sup> 34,16b. Rahlfs sceglie un aoristo, δειλιάσῃ, testimoniato dal correttore di B e da quasi tutta la recensione lucianea. Ziegler, invece, preferisce un futuro, δειλιάσει, non solo in consonanza con i codici più nobili e antichi, ma anche in conformità, ancora una volta, con lo stile del testo greco del Siracide (cfr Sir<sup>Gr</sup> 22,16). Un secondo esempio si può trovare in Sir<sup>Gr</sup> 34,17. Mentre Rahlfs sceglie la dicitura φοβουμένου τὸν κύριον μακαρία ἡ ψυχή, Ziegler, fondandosi su alcuni minuscoli e sullo stile, preferisce togliere l'articolo davanti al nome κύριος. Il testo del Siracide adopera l'espressione "φοβέω + κύριος" indifferentemente con o senza l'articolo davanti al nome κύριος. C'è, però, da notare che in una sequenza ravvicinata il testo greco del Siracide segue una certa coerenza (cfr una sequenza con l'articolo: Sir<sup>Gr</sup> 1,13.14.16.20; 2,7; cfr una sequenza senza articolo: Sir<sup>Gr</sup> 2,8.9.15.16.17). Poiché nella sequenza di Sir<sup>Gr</sup> 34,14.16 l'espressione è senz'articolo, diventa più prudente scegliere la lezione di Ziegler piuttosto che quella di Rahlfs.

Rimane ancora un problema. In Sir<sup>Gr</sup> 34,19c Rahlfs aveva scelto la dicitura: σκέπη ἀπὸ καύσωνος καὶ σκέπη ἀπὸ μεσημβρίας, lettura ampiamente testimoniata dai manoscritti. Ziegler, invece, ritenendo che gli amanuensi siano stati condizionati dalla prima espressione (σκέπη ἀπὸ καύσωνος) e abbiano, per dittografia, ripreso il vocabolo, preferisce la lettura seguente: σκέπη ἀπὸ καύσωνος καὶ σκία ἀπὸ μεσημβρίας. Si tenga presente che questa lettura proposta da Ziegler è sotto il profilo testuale decisamente minoritaria. Si tratta della lezione dei codici minuscoli 547 (lezione originaria) e 795. C'è, tuttavia, a favore della lezione di Ziegler la testimonianza della veneranda tradizione Lat. Il traduttore latino traduce: *tegimen ardoris et umbraculum meridiani*, scegliendo un *hapax auctoris* quando usa il vocabolo *umbraculum*. Impressiona il fatto che anche il greco σκία sia un *hapax auctoris*. Data l'antichità della testimonianza del Lat è più probabile che sia corretta la lezione di Ziegler in base al principio della testimonianza più antica associata al principio della *lectio difficilior*. Se, poi, si vuole affrontare il criterio dello stile, diventa notevole il fatto che il traduttore greco abbia scelto in questo brano due *hapax auctoris*. Anche il termine σκέπη, presente nella prima parte di Sir<sup>Gr</sup> 34,19c, è un *hapax auctoris*. Il traduttore greco, dunque, qui ha voluto offrire ai suoi lettori un vero e proprio preziosismo lessematico.

 2 ὡς δρασσόμενος σκιᾶς καὶ διώκων ἄνεμον
   οὕτως ὁ ἐπέχων ἐνυπνίοις·
 3 τοῦτο κατὰ τούτου ὅρασις ἐνυπνίων,
   κατέναντι προσώπου ὁμοίωμα προσώπου.
 4 ἀπὸ ἀκαθάρτου τί καθαρισθήσεται;
   καὶ ἀπὸ ψευδοῦς τί ἀληθεύσει;
 5 μαντεῖαι καὶ οἰωνισμοὶ καὶ ἐνύπνια μάταιά ἐστιν,
   καὶ ὡς ὠδινούσης φαντάζεται καρδία·
 6 ἐὰν μὴ παρὰ ὑψίστου ἀποσταλῇ ἐν ἐπισκοπῇ,
   μὴ δῷς εἰς αὐτὰ τὴν καρδίαν σου·
 7 πολλοὺς γὰρ ἐπλάνησεν τὰ ἐνύπνια,
   καὶ ἐξέπεσαν ἐλπίζοντες ἐπ' αὐτοῖς.
 8 ἄνευ ψεύδους συντελεσθήσεται νόμος,
   καὶ σοφία στόματι πιστῷ τελείωσις.

 9 Ἀνὴρ πεπλανημένος ἔγνω πολλά,
   καὶ ὁ πολύπειρος ἐκδιηγήσεται σύνεσιν·
10 ὃς οὐκ ἐπειράθη ὀλίγα οἶδεν,
11 ὁ δὲ πεπλανημένος πληθυνεῖ πανουργίαν.
12 πολλὰ ἑόρακα ἐν τῇ ἀποπλανήσει μου,
   καὶ πλείονα τῶν λόγων μου σύνεσίς μου·
13 πλεονάκις ἕως θανάτου ἐκινδύνευσα
   καὶ διεσώθην τούτων χάριν.
14 πνεῦμα φοβουμένων κύριον ζήσεται·
15 ἡ γὰρ ἐλπὶς αὐτῶν ἐπὶ τὸν σῴζοντα αὐτούς.
16 ὁ φοβούμενος κύριον οὐδὲν εὐλαβηθήσεται
   καὶ οὐ μὴ δειλιάσει ὅτι αὐτὸς ἐλπὶς αὐτοῦ.
17 φοβουμένου κύριον μακαρία ἡ ψυχή·
18 τίνι ἐπέχει καὶ τίς αὐτοῦ στήριγμα;
19 οἱ ὀφθαλμοὶ κυρίου ἐπὶ τοὺς ἀγαπῶντας αὐτόν,
   ὑπερασπισμὸς δυναστείας καὶ στήριγμα ἰσχύος,
   σκέπη ἀπὸ καύσωνος καὶ σκιὰ ἀπὸ μεσημβρίας,
   φυλακὴ ἀπὸ προσκόμματος καὶ βοήθεια ἀπὸ πτώσεως,
20 ἀνυψῶν ψυχὴν καὶ φωτίζων ὀφθαλμούς,
   ἴασιν διδούς ζωὴν καὶ εὐλογίαν.

1   L'uomo insensato (ha ) speranze vuote e ingannevoli[6]
    e i sogni eccitano[7] gli stolti.

2   Come uno che afferra le ombre e insegue il vento,
    così (è) chi si appoggia sui sogni.

3   Il dato rispecchia se stesso[8]: (così) la visione di sogni,
    di fronte a un volto l'immagine di un volto.

4   Dall'impuro che cosa potrà uscire di puro?
    E dal falso che cosa potrà uscire di vero?

5   Oracoli e auspici e sogni sono cose irreali[9],
    come vaneggia il cuore di una donna in doglie.

6   Se non sono inviati dall'Altissimo in una (sua) visita,
    non lasciar andare la tua mente verso di loro.

7   I sogni, infatti, hanno indotto molti in errore,
    e caddero coloro che in essi speravano.

8   Senza inganno va adempiuta la Legge,
    e la sapienza in una bocca affidabile è perfezione.

9   L'uomo che ha viaggiato conosce molte cose,
    e chi ha molta esperienza narra il sapere.

10  Chi non ha avuto delle prove, poco conosce;

11  chi ha viaggiato ha accresciuto la perspicacia.

12  Ho visto molte cose nel mio vagare;
    il mio sapere è più (grande) delle mie parole.

13  Spesso ho corso rischi prossimi alla morte;
    ma sono stato salvato grazie a tutto ciò.

14  Lo spirito di quelli che temono il Signore vivrà,

15  perché la loro speranza (è posta) in colui che li salva.

16  Chi teme il Signore non ha paura di nulla,
    e di certo non si spaventerà perché egli è la sua speranza.

17  Beata l'anima di chi teme il Signore.

---

[6] La traduzione è letterale per quanto lo consente la lingua italiana. Nella versione, infatti, la punteggiatura del greco non sempre è osservabile (cfr Sir<sup>Gr</sup> 34,17) e la resa delle espressioni non sempre ha senso nella lingua italiana.

[7] Il testo originale andrebbe tradotto con "danno le ali a".

[8] Il testo originale andrebbe tradotto con "una cosa di fronte ad un'altra".

[9] Ho scelto "irreali", seguendo SKEHAN - DI LELLA, 408.

18    A chi si appoggia? Chi è il suo sostegno?
19    Gli occhi del Signore sono su quelli che lo amano,
      protezione potente e sostegno vigoroso,
      riparo dal vento infuocato e riparo dal sole meridiano,
      difesa contro gli ostacoli, soccorso nella caduta;
20    solleva l'anima e illumina gli occhi,
      concede guarigione, vita e benedizione.

Un esame sul semplice piano lessicale permette di affermare che tale suddivisione non è precisa. Si tratta, infatti, non di due unità letterarie, bensì di tre, Sir^Gr 34,1-8.9-13.14-20.

a. Vanità e falsità dei sogni: Sir^Gr 34,1-8

Esiste una ripetizione dei vocaboli ψευδής (Sir^Gr 34,1a.4b.8a) e ἐνύπνιον (Sir^Gr 34,1b.2b.3a.5a.7a), ai quali si aggiunge la doppia ripetizione del radicale *ἐλπίδ che esprime il tema della speranza (Sir^Gr 34,1a: ἐλπίδες; Sir^Gr 34,7b: ἐλπίζοντες). La funzionalità di questi elementi è tale da permettere già un abbozzo di struttura. Il radicale *ἐλπίδ (Sir^Gr 34,1a.7b), infatti, si associa all'aggettivo ψευδής (Sir^Gr 34,1a.8a), che esprime il significato della falsità, della menzogna e della non-verità rispetto alla realtà. Questi due elementi lessicali danno origine a una chiara inclusione, dove il ruolo di parte iniziale è presente in Sir^Gr 34,1 e il ruolo di parte finale è concentrata in Sir^Gr 34,7-8 (*ἐλπίδ: Sir^Gr 34,7b; ψευδής: Sir^Gr 34,8a). Se a questi dati si aggiunge il fatto che quasi al centro geografico del brano si trova la ricorrenza del vocabolo ψευδής (Sir^Gr 34,4b), si può gia intravedere una buona struttura di tipo concentrico:

Sir^Gr 34,1    Κεναὶ **ἐλπίδες** καὶ **ψευδεῖς** ἀσυνέτῳ ἀνδρί,
               καὶ **ἐνύπνια** ἀναπτεροῦσιν ἄφρονας.

Sir^Gr 34,4              ἀπὸ ἀκαθάρτου τί καθαρισθήσεται;
                        καὶ ἀπὸ **ψευδοῦς** τί ἀληθεύσει;

Sir^Gr 34,7    πολλοὺς γὰρ ἐπλάνησεν τὰ **ἐνύπνια,**
               καὶ ἐξέπεσον **ἐλπίζοντες** ἐπ' αὐτοῖς.

Sir^{Gr} 34,8     ἄνευ **ψεύδους** συντελεσθήσεται νόμος,
              καὶ σοφία στόματι πιστῷ τελείωσις. .

L'aggettivo ψευδής, a sua volta, è intrecciato con il nome ἐνύπνιον. Tale intreccio è cadenzato in sequenza ordinata: ψευδής (Sir^{Gr} 34,1a), ἐνύπνιον (Sir^{Gr} 34,1b.2b.3a), ψευδής (Sir^{Gr} 34,4b), ἐνύπνιον (Sir^{Gr} 34,5a.7a), ψευδής (Sir^{Gr} 34,8a). Il lessema ψευδής, dunque, ricorre all'inizio, al centro e alla fine delle ricorrenze del nome ἐνύπνιον (Sir^{Gr} 34,1b.2b.3a.5a.7a), vocabolo che indica i sogni. Il quadro sintetico della struttura si può presentare così:

| | | | |
|---|---|---|---|
| Sir^{Gr} 34,1a | a | | *ἐλπίδ + ψευδεῖς |
| Sir^{Gr} 34,1b.2b.3a | b | | ἐνύπνια (3x) |
| Sir^{Gr} 34,4b | | c | ψευδοῦς |
| Sir^{Gr} 34,5a.7a | b' | | ἐνύπνια (2x) |
| Sir^{Gr} 34,7b.8a | a' | | *ἐλπίδ + ψεύδους |

Questa proposta di struttura viene confermata da altri dati minori. Nel segmento [b] si trova, dopo la ricorrenza del terzo ἐνύπνιον (Sir^{Gr} 34,3a), la ripetizione del genitivo προσώπου (Sir^{Gr} 34,3b). Nel segmento [b'] si ha il fenomeno speculare: la ripetizione di un vocabolo (καρδία in Sir^{Gr} 34,5b.6b), immediatamente dopo la prima ricorrenza del nome ἐνύπνιον (Sir^{Gr} 34,5a). Le osservazioni fatte danno vita a una struttura nuova e più completa, la cui sintesi si presenta così:

| | | | | | |
|---|---|---|---|---|---|
| Sir^{Gr} 34,1a | a | | | :ἐλπίδες | + ψευδεῖς |
| Sir^{Gr} 34,1b.2b | | b | | :ἐνύπνια (2x) | |
| Sir^{Gr} 34,3a | | | c | :ἐνύπνια | + ripetizione (προσώπου: v. 3b[2x]) |
| Sir^{Gr} 34,4b | | | | d | :ψευδοῦς |
| Sir^{Gr} 34,5a | | | c' | :ἐνύπνια | + ripetizione (καρδία: v. 5a.6b) |
| Sir^{Gr} 34,7a | | b' | | :ἐνύπνια (1x) | |
| Sir^{Gr} 34,7b.8a | a' | | | :ἐλπίζοντες | + ψεύδους |

Questa compattezza lessicale manifesta anche una compattezza contenutistica. Si tratta, infatti, di un testo che affronta in modo diretto la vanità dei sogni e la inconsistenza della speranza che si fonda su di essi e su realtà ad essi affini[10]. Il giudizio negativo del Siracide è evidente, come è evidente che cosa egli intenda contrapporre. Ai sogni che generano speranze vuote ed eccitano (danno le ali a) gli stolti vengono contrapposte delle realtà precise: i sogni mandati dall'Altissimo[11], l'adempimento della Legge e la sapienza. Mentre il primo elemento è un dono di Dio e da lui dipende, gli altri due dipendono dalla scelta fatta dall'uomo. Di tutt'altro tenore è il testo che segue.

b. L'esperienza derivante dai viaggi[12]: Sir$^{Gr}$ 34,9-13

La pericope di Sir$^{Gr}$ 34,9-20 non è legata a Sir$^{Gr}$ 34,1-8 né sul piano lessicale né su quello tematico. Sembra, invece, un brano autonomo[13] per almeno tre motivi: non riprende nessuna tematica del testo precedente, è meno caratterizzato a livello lessicale e possiede una sua struttura autonoma. In un recente studio[14] è stata proposta una bipartizione di Sir$^{Gr}$ 34,9-20, ma con una suddivisione tale che vede in Sir$^{Gr}$ 34,9-17 una unità circoscritta rispetto al resto

---

[10] Cfr CALDUCH-BENAGES, "Dreams and folly", 241-252.

[11] I sogni provenienti da Dio sono mandati a persone in difficoltà, sono casuali e non provocati, vengono interpretati in modo diretto o indiretto con la guida di Dio e si adempiono: si vedano, ad esempio, i lavori di Cavalletti, Gnuse, Ben Horin, Burnier-Genton, da Silva, Lipton, Flannery-Dailey e Lanckau.

[12] LAVOIE, 37-60.

[13] Tra Sir$^{Gr}$ 34,1-8 e Sir$^{Gr}$ 34,9-13 c'è solo un certo legame di forma perché sul piano del discorso in tutt'e due le pericopi l'autore cambia persona (in Sir$^{Gr}$ 34,1-8 tutto è redatto in terza persona, singolare o plurale, mentre al v. 6 improvvisamente compare la seconda persona singolare; in Sir$^{Gr}$ 34,9-13 tutto è redatto in terza persona singolare, mentre ai vv. 12-13 compare la prima persona singolare). Un legame troppo tenue per poter affermare una certa continuità tra Sir$^{Gr}$ 34,1-8 e Sir$^{Gr}$ 34,9-13.

[14] Lo studio è di Calduch-Benages. Non ha certamente come obiettivo lo studio della struttura del testo, ma intende dimostrare come il "viaggio" sia, nonostante tutto, un elemento che accresce la dignità dell'uomo per ciò che il Signore e la Sapienza operano nel discepolo che viaggia. La studiosa accenna, tra i testi esaminati, anche a Sir$^{Gr}$ 34,9-17 in CALDUCH-BENAGES, "Trial motif", 145-147. Sul tema del viaggio si veda anche CALDUCH-BENAGES, "Elementos de inculturación", 289-298.

del materiale letterario. A sua volta Sir<sup>Gr</sup> 34,9-17 dovrebbe dividersi in quattro unità minori: Sir<sup>Gr</sup> 34,9-10.11-12.13-15.16-17[15]. Senz'altro Sir<sup>Gr</sup> 34,9-20, a un primo esame, si manifesta come testo con struttura bipartita. Il piano lessicale, tuttavia, non sopporta la suddivisione appena vista, ma ne suggerisce una seconda: Sir<sup>Gr</sup> 34,9-13.14-20. In questo paragrafo viene giustificata la scelta di Sir<sup>Gr</sup> 34,9-13, mentre in quello successivo verranno esaminate le ragioni in favore della delimitazione di Sir<sup>Gr</sup> 34,14-20.

9 Ἀνὴρ **πεπλανημένος** <u>ἔγνω</u> **πολλά,**
  καὶ ὁ <u>πολύπειρος</u> ἐκδιηγήσεται **σύνεσιν·**
10 ὃς οὐκ ἐπειράθη **ὀλίγα** <u>οἶδεν</u>,
11 ὁ δὲ **πεπλανημένος** πληθυνεῖ πανουργίαν.
12 **πολλὰ** <u>ἑόρακα</u> ἐν τῇ **ἀποπλανήσει** μου,
  καὶ <u>πλείονα</u> τῶν λόγων μου **σύνεσίς** μου·
13 <u>πλεονάκις</u> ἕως θανάτου ἐκινδύνευσα
  καὶ διεσώθην τούτων χάριν.

Sir<sup>Gr</sup> 34,9-13 è contraddistinta da diversi elementi: la triplice presenza del verbo πλανάω (Sir<sup>Gr</sup> 34,9a: πεπλανημένος; Sir<sup>Gr</sup> 34,11: πεπλανημένος; Sir<sup>Gr</sup> 34,12a: ἀποπλανήσει); la duplice presenza sia dell'aggettivo sostantivato πολλά (Sir<sup>Gr</sup> 34,9a.12a) sia del sostantivo σύνεσις (Sir<sup>Gr</sup> 34,9a.12b); la presenza dell'aggettivo ὀλίγα (Sir<sup>Gr</sup> 34,10) come antitesi di πολλά; la presenza di tre verbi appartenenti allo stesso campo semantico (Sir<sup>Gr</sup> 34,9a: ἔγνω ; Sir<sup>Gr</sup> 34,10: οἶδεν; Sir<sup>Gr</sup> 34,12a: ἑόρακα[16]). Nel testo sembra avere la funzione di collante la ripetizione della radice[17] √πλε(ῖ)ον (v. 9a: πολλά; v. 9b: πολύπειρος; v.

---

[15] Calduch-Benages compie tale scelta, fondandosi sul valore dell'espressione τούτων χάριν (Sir<sup>Gr</sup> 34,13b) e sul ruolo riassuntivo che avrebbe l'espressione rispetto a ciò che precede o a ciò che segue.

[16] Certamente il verbo ὁράω non appartiene per sé all'area semantica della conoscenza come gli altri due verbi. Bisogna, tuttavia, sottolineare l'uso che ne viene fatto nel v. 12 dove il Siracide colloca prima il "vedere" (ἑώρακα) e poi ciò che ne deriva direttamente, il "sapere" (σύνεσις): πολλὰ ἑώρακα ἐν τῇ ἀποπλανήσει μου, καὶ πλείονα τῶν λόγων μου σύνεσίς μου. Il "vedere", dunque, viene presentato nel v. 12 come l'elemento necessario per il "sapere".

[17] Cfr CHANTRAINE, vol II, 913-914.

11: πληθυνεῖ; v. 12a: πολλά; v. 12b: πλείονα; v. 13a: πλεονάκις). Pensando a una struttura concentrica, come suggeriscono gli indizi esaminati sopra, la radice πλε(ῖ)ον compare in modo equilibrato: due volte nel segmento [a], precisamente nei vv. 9a.9b; una volta nel segmento [b], esattamente nel v. 11; tre volte associata al segmento [a'], precisamente nei vv. 12a.12b.13a. La struttura di Sir[Gr] 34,9-13, può essere proposta con la seguente fisionomia:

Sir[Gr] 34,9ab     a     : πεπλανημένος   +   (ἔγνω) πολλά   +   [πολύπειρος]   + σύνεσιν·

Sir[Gr] 34,10.11     b     : ὀλίγα (οἶδεν)   +   πεπλανημένος   +   [πληθυνει]

Sir[Gr] 34,12.13     a'     : πολλὰ (ἑόρακα)   +   ἀποπλανήσει   +   [πλείονα]   + σύνεσις

A questi elementi che già strutturano il testo in modo concentrico, va aggiunta una osservazione. Sul piano del discorso i versetti di Sir[Gr] 34,9-11 sono articolati alla terza persona singolare, mentre i versetti di Sir[Gr] 34,12-13 sono espressi alla prima persona singolare. Ciò costituisce una segno chiaro di unità inscindibile tra i versetti di Sir[Gr] 34,12-13. Tale unità è ulteriormente sottolineata sul piano lessematico dalla ripetizione della radice √πλε(ῖ)ον (comparativo di πολύς) in Sir[Gr] 34,12b (πλείονα) e in Sir[Gr] 34,13a (πλεονάκις[18]). A questi due argomenti (piano lessematico e piano del discorso) va aggiunto anche una considerazione sul piano tematico. Il testo di Sir[Gr] 34,9-13 è diviso tematicamente in due momenti: i versetti di Sir[Gr] 34,9-11, che costituiscono i segmenti [a] e [b] della struttura, propongono il valore del viaggio sotto forma di proverbio; i versetti di Sir[Gr] 34,12-13, che costituiscono il segmento [a'] della struttura, forniscono la testimonianza del Siracide in merito allo stesso tema (come convalida del principio annunciato in [a] e [b] o come vanto personale?). Con questa prospettiva di lettura diventa più

---

[18] Si tratta di un *hapax* del libro del Siracide.

facile attribuire l'espressione τούτων χάριν ("grazie a queste cose")[19] a ciò che precede[20] piuttosto che a ciò che segue [21]. Anche in Sir<sup>Gr</sup> 35,7 dove si trova una costruzione vicina a quella in esame (χάριν + genitivo in associazione all'aggettivo indefinito πᾶς: πάντα γὰρ ταῦτα χάριν ἐντολῆς), χάριν si riferisce a quanto detto prima perché chiude e non apre una riflessione.

Sul piano tematico Sir<sup>Gr</sup> 34,9-13[22] è compatto: il tema del viaggio viene sviluppato con tratti brevi ed incisivi. Il viaggio è prezioso su due piani. Il primo piano riguarda la conoscenza ("chi ha viaggiato conosce molte cose"), mentre il secondo riguarda l'accortezza ("chi ha viaggiato ha accresciuto l'accortezza"). Quest'ultima non è dovuta all'apprendimento che nasce dal visitare un luogo diverso da quello in cui si vive, ma dal solo fatto di viaggiare. Il viaggio, infatti, comporta in sé difficoltà e pericoli. Affrontare queste situazioni accresce l'accortezza. Il Siracide, a conferma di quanto appena detto come principio, porta la propria esperienza in un clima letterario caratterizzato dalla ridondanza della presenza della radice *πλε(ῖ)ον[23]: "Ho visto *molte cose* nel mio vagare; il mio sapere è *più (grande)* delle mie parole" (Sir<sup>Gr</sup> 34,12).

c. Dio salva coloro che lo temono: Sir<sup>Gr</sup> 34,14-20[24]

Il brano di Sir<sup>Gr</sup> 34,14-20 è circoscritto da una chiara inclusione

---

[19] La costruzione οὗτος + χάρις compare qui e in Sir<sup>Gr</sup> 35,7.

[20] Di questa opinione, espressa in modo inequivocabile, è Peters: "Τούτων geht auf die Resultate der Erfahrung des Vorhergehenden, nicht auf das Folgende" (PETERS, 1913, 282). Seguono questa linea interpretativa anche PÉREZ RODRÍGUEZ, 1227, DUESBERG - AUVRAY, 156 nota a, GIROTTI, 488, LUZZI, 448, SKEHAN-DI LELLA, 409-410, SAUER, 241. Nessuno, tuttavia, si è preoccupato di dimostrare quanto affermato.

[21] Diversamente CALDUCH-BENAGES, 146, nota 19, PEREIRA, 164. Ambedue non fanno nessun tipo di esame se non quello del contenuto.

[22] Liesen, trattando le autoreferenze in Ben Sira, cita a pagina 67 Sir<sup>Gr</sup> 34,12-13, ma non lo esamina (LIESEN, "Strategical", 64-74; sullo stesso tema si veda ancora LIESEN, "*First-Person*", 24-47).

[23] In Sir<sup>Gr</sup> 39,4; 51,13a, dove riprende il tema del suo viaggiare, il Siracide non ripete questo gioco tematico (principio convalidato dall'esperienza personale).

ad opera del radicale *ζαο che esprime il significato di vita (Sir[Gr] 34,14a: ζήσεται; Sir[Gr] 34,20b: ζωήν), di due omoionimi, πνεῦμα (Sir[Gr] 34,14) e ψυχή (Sir[Gr] 34,20a)[25] e di due vocaboli, φοβέομαι (Sir[Gr] 34,14.16.17) / ὀφθαλμός (Sir[Gr] 34, 19a.20a), che si ritrovano nel corpo della pericope.

Sir[Gr] 34,14      πνεῦμα φοβουμένων κύριον ζήσεται·

Sir[Gr] 34,20      ἀνυψῶν ψυχὴν καὶ φωτίζων ὀφθαλμούς,
                ἴασιν διδούς ζωὴν καὶ εὐλογίαν.

Sul piano tematico la pericope di Sir[Gr] 34,14-20 è centrata sul timore del Signore che soccorre in diversi modi coloro che lo temono (Sir[Gr] 34,14.16a.17a), sperano in Lui (Sir[Gr] 34,15.16b) e lo amano (Sir[Gr] 34,19a). Nel testo Sir[Gr] 34,14-20, si ritrovano delle ripetizioni sia sul piano lessicale sia su quello sintattico, che operano nel corpo del testo una triplice suddivisione: Sir[Gr] 34,14-17.18.19-20.

§1. *Sir[Gr] 34,14-17: prima parte della pericope Sir[Gr] 34,14-20*

In Sir[Gr] 34,14-17 si trova una triplice ripetizione: il verbo φοβέομαι, associato al nome κύριος in una identica costruzione sul piano sintattico (participio + complemento diretto: φοβέομαι + κύριος), precisamente in Sir[Gr] 34,14 (φοβουμένων κύριον), in Sir[Gr] 34,16a (ὁ φοβούμενος κύριον)[26] e in Sir[Gr] 34,17 (φοβουμένου κύριον). L'associazione φοβέομαι + κύριος funge anche in Sir[Gr] 34,14.17 da inclusione minore, rafforzata dalla presenza di due vocaboli appartenenti allo stesso campo semantico, πνεῦμα (Sir[Gr] 34,14) e ψυχή (Sir[Gr] 34,17), con significanti diseguali, ma con significato simile.

---

[24] Questo testo, Sir[Gr] 34,14-20, era già stato identificato come una unità letteraria da Haspecker con la numerazione di Sir 34,13-17 (HASPECKER, 268-269). Per uno studio su Sir[Gr] 34,19-20 si veda MARGOLIS, 271-72.

[25] Il vocabolo ψυχή ricompare anche in Sir[Gr] 34,17a.

[26] In Sir[Gr] 34,16a l'articolo posto davanti a φοβούμενος rende questo participio leggermente diverso dalle altre due ricorrenze dello stesso participio (Sir[Gr] 34,14.17) dove l'articolo non c'è.

14      πνεῦμα **φοβουμένων κύριον** ζήσεται·
15      ἡ γὰρ **ἐλπὶς** αὐτῶν ἐπὶ τὸν σῴζοντα αὐτούς.
16      ὁ **φοβούμενος κύριον** οὐδὲν εὐλαβηθήσεται
        καὶ οὐ μὴ δειλιάσῃ ὅτι αὐτὸς **ἐλπὶς** αὐτοῦ.
17      **φοβουμένου κύριον** μακαρία ἡ ψυχή·

Inoltre, nella piccola pericope si trova la doppia presenza del vocabolo ἐλπίς (Sir^Gr 34,15.16b) che ne rafforza l'identità letteraria. Sotto il profilo tematico Sir^Gr 34,14-17 è dominato dal tema del timore del Signore. Questo atteggiamento dona al credente vita, salvezza, coraggio e beatitudine perché Dio è la sua speranza. La struttura è concentrica:

Sir^Gr 34,14    a              : πνεῦμα
        14          b          : φοβουμένων κύριον
        15              c      : ἐλπὶς
        16a                 d  : ὁ φοβούμενος κύριον
        16b             c'     : ἐλπὶς
        17          b'         : φοβουμένου κύριον
        17      a'             : ἡ ψυχή·

**§2. *Sir^Gr 34,18: elemento centrale della pericope di Sir^Gr 34,14-20***
Sembra strano che un solo versetto e, per di più, di tipo interrogativo sia il centro della struttura di Sir^Gr 34,14-20. Si può tuttavia notare che il centro geografico della pericope non sempre coincide con il centro del messaggio. Nel caso presente serve a marcare in modo netto il confine tra l'atteggiamento del credente (Sir^Gr 34,14-17) e la pertinente risposta del Signore (Sir^Gr 34,19-20). Le due domande retoriche di Sir 34,18:

Sir^Gr 34,18        τίνι ἐπέχει καὶ τίς αὐτοῦ στήριγμα;

producono nel lettore un impatto emotivo perché la risposta, comunque già conosciuta, è fortemente attesa. Sembra che tale forma stilistica (la domanda al centro) piaccia al Siracide. È già stato visto, infatti, esaminando Sir^Gr 34,28-31 come lo stico di Sir^Gr 34,28b ("che vantaggio se ne ricava oltre la fatica?") e lo stico di Sir<sup>Gr</sup> 34,30b ("quale utilità c'è in simile abluzione?") siano gli elementi centrali di due strutture concentriche[27]. Non c'è, dunque, da stupirsi se un solo stico, Sir<sup>Gr</sup> 34,18 possa essere l'elemento centrale della struttura di Sir<sup>Gr</sup> 34,14-20. In Sir<sup>Gr</sup> 34,18 si legge una ripetizione: si tratta di due elissi, rappresentate dal pronome interrogativo τίς (τίνι ἐπέχει καὶ τίς αὐτοῦ στήριγμα;) e indicanti il Signore. È evidente il ruolo di spartiacque che Sir<sup>Gr</sup> 34,18 manifesta: chiude Sir<sup>Gr</sup> 34,14-17 e apre Sir<sup>Gr</sup> 34,19-20.

§3. *Sir<sup>Gr</sup> 34,19-20: terza parte della pericope di Sir<sup>Gr</sup> 34,14-20.*
Anche la terza parte del brano, Sir<sup>Gr</sup> 34,19-20, è caratterizzata da una ripetizione che assume il valore di inclusione minore. In questo caso si tratta di un vocabolo: ὀφθαλμός (Sir<sup>Gr</sup> 34,19a: ὀφθαλμοί; Sir<sup>Gr</sup> 34,20a: ὀφθαλμούς):

19 οἱ **ὀφθαλμοὶ** κυρίου ἐπὶ τοὺς ἀγαπῶντας αὐτόν,
    ὑπερασπισμὸς δυναστείας καὶ στήριγμα ἰσχύος,
    <u>σκέπη</u> **ἀπὸ** καύσωνος **καὶ** <u>σκιὰ</u> **ἀπὸ** μεσημβρίας,
    <u>φυλακὴ</u> **ἀπὸ** προσκόμματος **καὶ** <u>βοήθεια</u> **ἀπὸ** πτώσεως,
20 ἀνυψῶν <u>ψυχὴν</u> καὶ φωτίζων **ὀφθαλμούς**,
    ἴασιν διδούς ζωὴν καὶ εὐλογίαν.

L'inclusione è rafforzata dalla presenza del vocabolo ψυχή (Sir<sup>Gr</sup> 34,20a), già visto come protagonista della chiusura dell'inclusione nei versetti di Sir<sup>Gr</sup> 34,14-17. Al centro geografico di Sir<sup>Gr</sup> 34,19-20, esattamente in Sir<sup>Gr</sup> 34,19cd, c'è una ripetizione ottenuta, sul piano sintattico, da una costruzione fondata su due copie di sinonimi (Sir<sup>Gr</sup> 34,19c σκέπη / σκιά = riparo /ombra; Sir<sup>Gr</sup> 34,19d φυλακή / βοήθεια = difesa / soccorso) e sull'uso raddoppiato della stessa costruzione (sinonimo + ἀπό + genitivo + καί + sinonimo + ἀπό + genitivo) in Sir<sup>Gr</sup> 34,19c.19d (σκέπη ἀπὸ καύσωνος καὶ σκιὰ ἀπὸ μεσημβρίας / φυλακὴ ἀπὸ προσκόμματος καὶ βοήθεια ἀπὸ πτώσεως).

---

[27] Per sottolineare ancora l'importanza della domanda retorica nel Siracide si veda Sir<sup>Gr</sup> 34,31d, che chiude il brano di Sir<sup>Gr</sup> 34,28-31 e che riprende sul piano sintattico Sir<sup>Gr</sup> 34,30b ("quale utilità c'è nella sua umiliazione?"), elemento centrale della seconda struttura concentrica di Sir<sup>Gr</sup> 34,28-31.

Questi elementi danno vita alla seguente struttura:

Sir^Gr 34,19a    a        : ὀφθαλμοί

Sir^Gr 34,19c       b    : σκέπη   + ἀπό + genitivo + καί + σκιά     + ἀπό + genitivo

Sir^Gr 34,19d       b'   : φυλακή + ἀπό + genitivo + καί + βοήθεια + ἀπό + genitivo

Sir^Gr 34,20a    a'       : ὀφθαλμούς

§4. *Gli elementi di congiunzione tra le tre unità (Sir^Gr 34,14-17.18.19-20)*

Sir^Gr 34,18, elemento centrale, la cui funzione separativa tra la prima (Sir^Gr 34,14-17) e la terza parte (Sir^Gr 34,19-20) della pericope è stilisticamente chiara, possiede tuttavia dei legami sia con la prima sia con la terza parte. Si lega alla parte precedente (Sir^Gr 34,14-17) attraverso la doppia elissi τίς, che indica il κύριος, esplicitato per tre volte nella prima parte (Sir^Gr 34,14.16.17) e sottinteso da un'altra elisse, il pronome αὐτός in Sir^Gr 34,16b. A questi due dati molto forti si può aggiungere un terzo, meno intenso. Si tratta della ripetizione della preposizione ἐπί presente in forma autonoma in Sir^Gr 34,15 e in associazione al verbo ἐπέχει in Sir^Gr 34,18. Sir^Gr 34,18, inoltre, si lega alla seconda parte del testo (Sir^Gr 34,19-20) attraverso la stessa elissi τίς (Sir^Gr 34,19a; si noti anche nella terza parte la presenza dell'elissi di κύριος nel pronome αὐτός in Sir^Gr 34,19a) e il lessema στήριγμα (Sir^Gr 34,18.19b).

Anche tra la prima e la terza parte sussistono dei legami, che sono rappresentati da diversi elementi: si possono registrare la ripetizione di alcuni vocaboli (κύριος: Sir^Gr 34,14.16a.17.19a; ψυχή·: Sir^Gr 34,17.20a), la ripetizione dell'elissi di κύριος (αὐτός: Sir^Gr 34,16b.19a), la ripetizione del radicale *ζαο (Sir^Gr 34,14a: ζήσεται; Sir^Gr 34,20b: ζωήν). Anche la presenza dei credenti nel versetto di apertura della prima e della seconda parte segna un legame: in Sir^Gr 34,14 (prima parte) sono menzionati i credenti come "coloro che temono il Signore" (φοβουμένων κύριον) mentre in Sir^Gr 34,19a sono nominati come "coloro che lo amano" (τοὺς ἀγαπῶντας αὐτόν). Questo modo di chiamare i credenti (φοβούμενοι κύριον oppure ἀγαπῶντες αὐτόν) non è nuovo.

Le due espressioni sono associate in un duplice parallelismo sintetico in Sir[Gr] 2,15-16:

15.   οἱ **φοβούμενοι κύριον** οὐκ ἀπειθήσουσιν ῥημάτων αὐτοῦ
      καὶ οἱ **ἀγαπῶντες αὐτὸν** συντηρήσουσιν τὰς ὁδοὺς αὐτοῦ

16    οἱ **φοβούμενοι κύριον** ζητήσουσιν εὐδοκίαν αὐτοῦ
      καὶ οἱ **ἀγαπῶντες αὐτὸν** ἐμπλησθήσονται τοῦ νόμου

15    **Coloro che temono il Signore** non disobbediscono alle
                              [sue parole
    e **coloro che lo amano** seguono le sue vie
16    **Coloro che temono il Signore** cercano la sua benevolenza
    e **coloro che lo amano** si saziano della sua Legge

Tutto il materiale fin qui rinvenuto permette di individuare la struttura di Sir[Gr] 34,14-20, ben circoscritta da una forte inclusione, che assume la fisionomia di due strofe, a loro volta ben incluse da elementi minori, con un brevissimo intermezzo separativo, formato da due interrogative enfatiche. Non vanno dimenticati gli elementi di legame fra le varie parti (e posti fra parentesi nella presentazione della struttura):

Sir[Gr] 34,14      a                 : πνεῦμα + φοβουμένων + κύριον + ζήσεται

Sir[Gr] 34,14-17    b    1° strofa  : πνεῦμα + φοβουμένων + κύριον
                                     ἐλπὶς
                                        ὁ φοβούμενος + κύριον    (αὐτός)
                                     ἐλπὶς
                                 ψυχή + φοβουμένου + κύριον

Sir[Gr] 34,18      c    intermezzo : τίνι + τίς        {στήριγμα}

Sir[Gr] 34,19-20    b'    2° strofa : οἱ ὀφθαλμοι + κυρίου {στήριγμα} (αὐτόν)
                                    σκέπη  + σκια    + [ἀπὸ + καὶ + ἀπὸ]
                                    φυλακή + βοήθεια + [ἀπὸ + καὶ + ἀπὸ]
                                    ὀφθαλμούς

Sir[Gr] 34,20      a'               : ψυχήν + ὀφθαλμούς + ζωὴν

A conclusione di questa analisi si può dire che la pericope di Sir$^{Gr}$ 34,1-20 è composta da tre pericopi minori, ben delineate sia a livello formale che a livello contenutistico.

Bisogna, tuttavia, aggiungere che il legame tra le tre pericopi che formano Sir$^{Gr}$ 34,1-20 non è molto forte e, quindi, non è possibile vedere Sir$^{Gr}$ 34,1-20 come una pericope omogenea. Ciò significa che il legame contestuale con il "Trattato sui sacrifici", Sir$^{Gr}$ 34,21–35,20, deve essere precisato.

d. Sir$^{Gr}$ 34,1-20 come contesto precedente: quali legami interni?

Dall'esame fatto risultano chiare le identità proprie di ciascuna delle tre pericopi: Sir$^{Gr}$ 34,1-8.9-13.14-20. Meno chiaro risulta il legame tra di esse, sebbene ci siano alcuni elementi che spingerebbero verso una certa visione unitaria.

§1. *Il legame tra le tre pericopi di Sir$^{Gr}$ 34,1-8.9-13.14-20*

Un elemento forte che lega Sir$^{Gr}$ 34,1-8 con Sir$^{Gr}$ 34,14-20 è la duplice ricorrenza del radicale *ἐλπιδ che compare sia nella prima pericope (Sir$^{Gr}$ 34,1a: ἐλπίδες; Sir$^{Gr}$ 34,7b: ἐλπίζοντες) sia nella seconda (Sir$^{Gr}$ 34,15: ἐλπίς; Sir$^{Gr}$ 34,16b: ἐλπίς). Il tema della speranza, presente nel primo e nel terzo brano, viene rafforzato da altri elementi lessematici. Il legame tra la prima e la terza parte è rafforzato dalla presenza del nome di Dio: nella prima in Sir$^{Gr}$ 34,6a (ὑψίστου); nella terza in Sir$^{Gr}$ 34,14 (κύριον).16a (κύριον). 17 (κύριον).19a (κυρίου). Anche il mondo interiore dell'uomo viene nominato solo nella prima (Sir$^{Gr}$ 34,5b: καρδία; Sir$^{Gr}$ 34,6b: καρδίαν) e nella terza pericope (Sir$^{Gr}$ 34,14: πνεῦμα; Sir$^{Gr}$ 34,17: ψυχή; Sir$^{Gr}$ 34,20a: ψυχὴν). Nella seconda pericope, Sir$^{Gr}$ 34, 9-13, non compare né il tema della speranza, né il nome di Dio e sono assenti i vocaboli che indicano l'interiorità dell'uomo.

Nella seconda pericope, Sir^Gr 34,9-13, invece, sono presenti degli elementi che si legano sia alla prima sia alla terza pericope. Il campo semantico della sapienza è espresso nella seconda pericope dal vocabolo σύνεσις (Sir^Gr 34,9a.: σύνεσιν; Sir^Gr 34,12b: σύνεσις) e nella prima da tre vocaboli antitetici alla sapienza: un aggettivo predicato dell'uomo (Sir^Gr 34,1a: ἀσυνέτῳ), un aggettivo predicato dei sogni (Sir^Gr 34,5: μάταια) e un aggettivo sostantivato (Sir^Gr 34,1b: ἄφρονας). Infine, c'è da evidenziare il legame tra la seconda e la terza pericope attraverso il verbo σῴζω e del suo composto διασῴζω (Sir^Gr 34,13b: διεσώθην; Sir^Gr 34,15: σῴζοντα), che svolgono il ruolo di vocabolo-gancio.

Il legame formale tra la seconda e la terza parte, però, non deve trarre in inganno. Non si tratta di due brani che hanno la stessa tematica, bensì di due brani che vengono congiunti dal vocabolo-gancio solo per giustapposizione. Il secondo brano, Sir^Gr 34,9-13, infatti, ruota attorno all'importanza del viaggiare e si conclude indicando nell'esperienza (conoscenza, intelligenza, accortezza), che deriva dai viaggi, la fonte secondaria della salvezza (καὶ διεσώθην τούτων χάριν). La fonte primaria, infatti, è Dio[28]. Il terzo brano, Sir^Gr 34,14-20, costituisce un brano a sé. Ha come tema la risposta salvifica di Dio nei confronti di chi lo teme, qualunque sia la situazione in cui si trova (non necessariamente solo nel viaggio). La salvezza, che in Sir^Gr 34,9-13 proveniva implicitamente da Dio, in Sir^Gr 34,14-20 proviene invece esplicitamente da Dio (Sir^Gr 34,15).

---

[28] Nel sintagma di Sir^Gr 34,13b, καὶ διεσώθην τούτων χάριν, si trova l'uso dell'accusativo avverbiale χάριν costruito con il genitivo. Questa costruzione è presente nel Siracide almeno 8x (Sir^Gr 29,7a.9a; 31,6a.17a; 35,7; 38,14c.17). In una di queste ricorrenze, precisamente in Sir^Gr 38,14c, si nota come tale costruzione indichi la causa seconda della guarigione e del prolungamento della vita del malato. La causa prima, infatti, è il Signore che i medici stessi pregano per essere guidati e capaci di alleviare la malattia e di risanare il malato. Si tenga, inoltre, presente che nella costruzione di Sir^Gr 34,13b si trova anche un passivo senza il complemento d'agente. Questo silenzio, alla luce di quanto appena detto, manifesta nel passivo διεσώθην un passivo teologico.

Quanto fin qui detto permette di affermare un certo legame tra le tre parti, ma permette anche di intravedere delle distanze. Sembra che l'autore ponga i sogni in antitesi con la sapienza e con il timore di Dio.

### §2. *L'antitesi tra le tre pericopi di Sir^Gr 34,1-8.9-13.14-20*

Da una parte i sogni di Sir^Gr 34,1-8 sono in antitesi con la sapienza di Sir^Gr 34,9-13, che, invece, deriva dall'esperienza personale nata dai viaggi (cfr Sir^Gr 34,12b: σύνεσίς μου in rapporto con Sir^Gr 34,13: διεσώθην τούτων χάριν). Dall'altra i sogni sono posti in antitesi con la speranza vera. Questa non va posta nei sogni (Sir^Gr 34,1-8), ma in Dio (Sir^Gr 34,14-20). Infine ci potrebbe essere un'antitesi tra i sogni e i viaggi, se si concepiscono i sogni come un modo onirico di viaggiare opposto al modo reale di compiere un viaggio. I sogni in qualche modo fanno eccitare[29] gli stolti. I viaggi accrescono la perspicacia[30] (Sir^Gr 34,11). L'esperienza dei viaggi offre molte situazioni di prova (Sir^Gr 34,10: ἐπειράθη), dove chi teme il Signore (Sir^Gr 34,16a: ὁ φοβούμενος κύριον) non si lascia prendere dalla paura perché la sua speranza è Dio stesso (Sir^Gr 34,16b: αὐτὸς ἐλπὶς αὐτοῦ). Egli, infatti, si mostra come protezione, sostegno, riparo, difesa e soccorso, donando sanità, vita e benedizione (Sir^Gr 34,19-20).

### §3. *Quadro finale di Sir^Gr 34,1-20*

Da quanto è stato esposto, è possibile cogliere una certa unità di argomentazione tematica dentro alla pericope di Sir^Gr 34,1-20, la cui fisionomia finale può essere sintetizzata in una breve struttura concentrica:

---

[29] Il verbo ἀναπτερόω (Sir^Gr 34,1b : ἀναπτεροῦσιν ) è un *hapax auctoris*. Oltre al caso citato dal Siracide, il vocabolo si trova anche e solo in Pr^LXX 7,11 e Ct^LXX 6,5. In questi due ultimi casi sembra indicare eccitazione o euforia (cfr CHANTRAINE, vol I, 948).

[30] Il vocabolo πανουργία viene usato dal Siracide nel presente brano e in Sir^Gr 19,23.25; 21,12. Mentre in Sir^Gr 19,23.25 assume una connotazione negativa, in Sir^Gr 21,12 il radicale *πανουργ assume sia la sfumatura positiva sia quella negativa.

Sir$^{Gr}$ 34,1-8          a          : vanità e falsità dei sogni
Sir$^{Gr}$ 34,9-13                 b          : l'esperienza derivante dai viaggi
Sir$^{Gr}$ 34,14-20        a'          : Dio salva coloro che lo temono

Alla fine di questo percorso ciò che emerge, se le analisi sono accettate come corrette, è una struttura concentrica che regge all'interno delle tre pericopi altrettante strutture concentriche, ma gestite con varianti stilistiche tali da non risultare noiose. Il quadro generale può essere così presentato:

A. Vanità e falsità dei i sogni: Sir$^{Gr}$ 34,1-8

   Sir$^{Gr}$ 34,1a          a          : ἐλπίδες + ψευδεῖς
   Sir$^{Gr}$ 34,1b                 b          : ἐνύπνια
   Sir$^{Gr}$ 34,2b
   (vv.3b.4a)                 c          : ἐνυπνίοις· + ripetizione
                                           (προσώπου; /καθαρ/)
   Sir$^{Gr}$ 34,4b                        d          : ψευδοῦς
   Sir$^{Gr}$ 34,5a (vv. 5b.6b)  c'          : ἐνύπνια + ripetizione (καρδία)
   Sir$^{Gr}$ 34,7a          b'          : ἐνύπνια
   Sir$^{Gr}$ 34,7b.8a    a'          : ἐλπίζοντες + ψεύδους

B. L'esperienza derivante dai viaggi: Sir$^{Gr}$ 34,9-13

   Sir$^{Gr}$ 34,9ab          e          : πεπλανημένος + πολλά + σύνεσιν·
   Sir$^{Gr}$ 34,11                 f          : πεπλανημένος
   Sir$^{Gr}$ 34,12ab        e'          : πολλὰ + ἀποπλανήσει + σύνεσις

A'. Dio salva coloro che lo temono: Sir$^{Gr}$ 34,14-20

   Sir$^{Gr}$ 34,14          a          : πνεῦμα + φοβουμένων + κύριον
                                                 + ζήσεται
   Sir$^{Gr}$ 34,14-17        b 1° strofa   : πνεῦμα + φοβουμένων + κύριον
                                           ἐλπὶς
                                           ὁ φοβούμενος + κύριον
                                                 (αὐτός)
                                           ἐλπὶς
                                           ψυχή + φοβουμένου + κύριον

Sir^Gr 34,18             c intermezzo  : τίνι + τίς             {στήριγμα}
Sir^Gr 34,19-20   b'  2° strofa        : οἱ ὀφθαλμοι + κυρίου {στήριγμα}
                                         (αὐτόν)
                                         σκέπη + σκια    + [ἀπὸ + καὶ + ἀπὸ]
                                         φυλακή + βοήθεια + [ἀπὸ + καὶ + ἀπὸ]
                                         ὀφθαλμούς
Sir^Gr 34,20      a'                     : ψυχήν + ὀφθαλμούς + ζωὴν

A conclusione di questo esame si può affermare che esiste una discreta unità tra i tre brani che compongono Sir^Gr 34,1-20. Questo dato, però, non necessariamente porta a considerare tutto il testo di Sir^Gr 34,1-20 come vero contesto precedente di Sir^Gr 34,21–35,20.

e. Sir^Gr 34,1-20: quali legami con Sir^Gr 34,21–35,20 e con Sir^Gr 35,21-26?

Chiarito il legame all'interno di Sir^Gr 34,1-20, bisogna ora esaminare che legame può intercorrere tra questo testo e i testi successivi, Sir^Gr 34,21–35,20 e Sir^Gr 35,21-26. L'analisi che ora verrà fatta, terrà in evidenza i piani d'indagine.

§1. *Il piano lessicale*
Gli elementi lessicali significativi che identificano le tre pericopi di Sir^Gr 34,1-20 e i loro reciproci legami non sono presenti nelle due pericopi successive, Sir^Gr 34,21–35,20 e Sir^Gr 35,21-26. Le uniche eccezioni sono rappresentate da due lessemi: il nome di Dio (ὕψιστος in Sir^Gr 34,6a.23a e in Sir^Gr 35,8b.12a.21c; κύριος in Sir^Gr 34,14.16a.17.19a e in Sir^Gr 35,5a.6.10a.13a.15b.22a) e il vocabolo ὀφθαλμός (Sir^Gr 34,19a.20a e Sir^Gr 35,10a.12b[31]). Se si

---

[31] L'espressione ἐν ἀγαθῷ ὀφθαλμῷ, che si ripete in Sir^Gr 35,10a.12b, sembra un idiomatismo con scarsa incidenza semantica nei confronti della pericope. Questa

prendono in esame altri elementi lessicali secondari, si possono trovare dei legami che sono, però, poco rilevanti. Si tratta dei seguenti termini: ἀνήρ (Sir[Gr] 34,9 e Sir[Gr] 35,9a; cfr anche il nome ἄνθρωπος in Sir[Gr] 34,25a.31a e in Sir[Gr] 35,24a.b), νόμος[32] (Sir[Gr] 34,8a e Sir[Gr] 35,1; cfr anche l'aggettivo sostantivato ἄνομων in Sir[Gr] 34,22), ὀφθαλμός (Sir[Gr] 34,19a.20a e Sir[Gr] 35,10a.12b) e πρόσωπον (Sir[Gr] 34,3b e Sir[Gr] 35,6.15c16a). A questi termini si può aggiungere anche il radicale *πληθ (Sir[Gr] 34,11: πληθυνεῖ e Sir[Gr] 34,23b: πλήθει). Già questo primo sondaggio mostra come il piano lessicale indichi uno scarso legame tra Sir[Gr] 34,1-20 e le pericopi di Sir[Gr] 34,21–35,20 e di Sir[Gr] 35,21-26.

Sotto il profilo del piano lessicale sembra che Sir[Gr] 34,1-20 e Sir[Gr] 34,21–35,20 siano due brani semplicemente giustapposti, ma non consequenziali.

### §2. Il piano morfologico

Sul piano morfologico, i tre brani di Sir[Gr] 34,1-20 sono abbastanza ben distinti. In Sir[Gr] 34,1-8, di norma[33], i morfemi che fungono da soggetto dei sintagmi principali sono realtà o persone valutate negativamente. In Sir[Gr] 34,9-13 i soggetti, l'uomo (ἀνήρ) e "io", sono normalmente visti positivamente[34]. Anche in Sir[Gr]

---

costruzione compare, infatti, solo in queste due citazioni. Non ricorre più nei libri dei LXX e nemmeno negli Apocrifi greci dell'AT.

[32] Per quanto riguarda il lessema νόμος (Sir[Gr] 34,8a; 35,1), l'autore ha compiuto due associazioni verbali quasi sinonimiche: in Sir[Gr] 34,8a ha associato il termine al verbo συντελέω, mentre in Sir[Gr] 35,1 al verbo συντηρέω. Il tema espresso è quello dell'osservanza della Legge, ma con due sfumature diverse. Nel primo caso l'osservanza della Legge è legata all'atteggiamento interiore della sincerità totale (ἄνευ ψεύδους = senza menzogna) ed è proprio questo atteggiamento il tema dominante della pericope di Sir[Gr] 34,1-8 (cfr Sir[Gr] 34,1: Κεναὶ ἐλπίδες καὶ ψευδεῖς ἀσυνέτῳ ἀνδρί). Nel secondo caso, invece, l'attenzione del Siracide non è più rivolta all'atteggiamento con cui osservare la Legge, ma all'osservanza in sè. In Sir[Gr] 35,1 l'osservanza della Legge è identificata con l'atto di culto, che è il tema centrale della pericope che inizia in Sir[Gr] 34,21.

[33] L'eccezione è presente solo in tre casi: in Sir[Gr] 34,6, dove l'autore sacro pone una legge casistica; in Sir[Gr] 34,8a, dove si trova una proposizione impersonale; in Sir[Gr] 34,8b, dove per soggetto si trova la sapienza (σοφία).

[34] L'eccezione è presente in Sir[Gr] 34,10, dove il giudizio negativo viene fatto su chi non ha viaggiato.

34,14-20 i soggetti sono visti positivamente. Un tenue legame morfologico si può cogliere tra il primo e il terzo testo lì dove i soggetti sono la mente dell'uomo (Sir<sup>Gr</sup> 34,6b) e il mondo interiore dell'uomo (Sir<sup>Gr</sup> 34, 14.16b.17.20b). Questi soggetti sono coinvolti come elementi determinanti sia per superare la vanità dei sogni e delle cose affini ad essi, sia per superare le difficoltà (nei viaggi o nella vita?). Se i dati evidenziati possono in qualche modo giustificare un qualche legame all'interno di Sir<sup>Gr</sup> 34,1-20, i medesimi non giustificano alcun legame tra Sir<sup>Gr</sup> 34,1-20 e il brano di Sir<sup>Gr</sup> 34,21–35,20. Essi, infatti, sono completamente assenti nella pericope del "Trattato".

### §3. *Il piano sintattico.*

Sul piano sintattico, l'elemento più evidente è la presenza di frasi participiali sia in Sir<sup>Gr</sup> 34,1-8[35] sia in Sir<sup>Gr</sup> 34,21–35,20[36]. Va sottolineato il fatto che il paradigma presente nel sintagma di Sir<sup>Gr</sup> 34,2 è identico al paradigma presente nei sintagmi di Sir<sup>Gr</sup> 34,24.26.27; 35,2.4. Si tratta essenzialmente di una costruzione particolare di due membri, giocata alle volte con altri elementi sintattici e stilistici: "participio (presente) + complemento diretto + articolo (masc. sing.) + participio (presente) + complemento diretto". Questo legame sintattico tra il testo di Sir<sup>Gr</sup> 34,1-20 e la pericope che inizia in Sir<sup>Gr</sup> 34,21 è molto fragile perché, mentre nel "Trattato" la frase participiale è presente con una certa frequenza, nel testo che la precede si trova una sola volta, Sir<sup>Gr</sup> 34,2. Anche su questo piano, il legame tra Sir<sup>Gr</sup> 34,1-20 e Sir<sup>Gr</sup> 34,21–35,20 è troppo tenue per poter stabilire un vero rapporto di continuità contestuale tra la pericope che precede e quella che segue.

### §4. *Il piano del discorso*

Sul piano del discorso, si può notare una buona omogeneità di espressione nella riflessione di Sir<sup>Gr</sup> 34,9-13.14-20, condotta sulla linea della terza persona, singolare o plurale.

---

[35] Si veda Sir<sup>Gr</sup> 34,2.

[36] Le frasi partecipali sono presenti in Sir<sup>Gr</sup> 34,21.24.26.27.28a.29a.30a.31ab; 35,2.3.4.

Nella riflessione di Sir<sup>Gr</sup> 34,1-8, invece, si riscontra una anomalia: la pericope condotta sulla linea della terza persona (singolare o plurale) viene alterata dall'introduzione della seconda persona singolare in Sir<sup>Gr</sup> 34,6 (sembianze letterarie di una legge casistica in seconda persona singolare: ἐὰν μὴ παρὰ ὑψίστου ἀποσταλῇ ἐν ἐπισκοπῇ μὴ δῷς εἰς αὐτὰ τὴν καρδίαν σου). Questa caratteristica si ritrova anche in Sir<sup>Gr</sup> 35,6.10-15. Qui l'andamento del discorso fondato sulla terza persona cambia bruscamente e prosegue in seconda persona (Sir<sup>Gr</sup> 34,6), per passare nuovamente alla terza (Sir<sup>Gr</sup> 35,7-9) e poi ancora alla seconda in Sir<sup>Gr</sup> 35,10-15. Anche nel caso di Sir<sup>Gr</sup> 35,6.10-15 diversi elementi del testo (Sir<sup>Gr</sup> 34,6.10a.10b. 11a.11b.12a.12b.14.15a) sono vicini al genere letterario della legge apodittica[37]. In Sir<sup>Gr</sup> 34,14-20 c'è ancora un cambio di persona: il testo procede con la terza persona singolare, ma in Sir<sup>Gr</sup> 34,12-13 cambia in prima persona singolare. Questo tipo di passaggio non si trova in Sir<sup>Gr</sup> 35,21-35,20.

Le considerazioni fatte portano a pensare che i cambi repentini di persona siano dovuti a stilemi tipici dell'autore e non a elementi determinati per stabilire un legame tra le pericopi[38].

### §5. *Il piano del contenuto*

Sul *piano del contenuto*, bisogna registrare un certo legame tra il contesto precedente, Sir<sup>Gr</sup> 34,1-20, il testo del "Trattato", Sir<sup>Gr</sup> 34,21-35,20, e il contesto successivo, Sir<sup>Gr</sup> 35,21-26. Si tratta, tuttavia, di poche tematiche secondarie.

Nel primo testo, esattamente nella parte finale di Sir<sup>Gr</sup> 34,1-8 e di Sir<sup>Gr</sup> 34,14-20, vengono toccati due tematiche, riprese nel "Trattato sui sacrifici": l'adempimento della Legge e la disponibilità divina all'aiuto di coloro che a lui si affidano. Il tema dell'adempimento della Legge si trova in Sir<sup>Gr</sup> 34,8 e, sebbene poco sostenuto sul piano lessicale, ritorna in Sir<sup>Gr</sup> 35,1 (ὁ συντηρῶν νόμον πλεονάζει προσφοράς θυσιάζων σωτηρίου ὁ προσέχων ἐντολαῖς). Il tema della disponibilità, che Dio ha nel venire in aiuto a coloro che lo amano e nell'essere

---

[37] Come si vedrà in modo più approfondito Sir<sup>Gr</sup> 35,6 è citazione di Es<sup>LXX</sup> 23,15.
[38] Cfr Liesen, "First-Person", 24-47.

"protezione potente e sostegno e forza" nei confronti di coloro che a Lui si appoggiano e in Lui hanno il loro sostegno (Sir$^{Gr}$ 34,14-20), ritorna senza supporto sul piano lessicale in Sir$^{Gr}$ 35,16b-17 e Sir$^{Gr}$ 35,21, dove si legge una riflessione che intende presentare sinteticamente il tema di Dio che si prende cura degli ultimi (l'orfano, la vedova e l'umile).

## f. Breve riflessione finale

Questa panoramica sui vari piani del testo mostra come il legame tra Sir$^{Gr}$ 34,1-20 e Sir$^{Gr}$ 34,21–35,20 sia molto tenue. Non ci sono legami sul piano morfologico. Il piano lessicale suggerisce una semplice giustapposizione tra contesto (Sir$^{Gr}$ 34,1-20) e il "Trattato" (Sir$^{Gr}$ 34,21–35,20). La discontinuità lessicale è evidente. Il piano sintattico mostra un legame troppo tenue per indicare una continuità, mentre sul piano del discorso si trova solo uno stilema comune che denuncia le preferenze stilistiche dell'autore più che una relazione tra contesto e pericope in esame. Il piano del contenuto, infine, evidenzia la presenza di due tematiche che possono attivare un esile legame tra il contesto precedente e il "Trattato": il tema della Legge e quello dell'intervento divino a favore dei deboli. Il tema della Legge, tuttavia, è contrassegnato da una discontinuità lessicale notevole tra contesto e "Trattato", mentre il tema dell'intervento divino che aiuta i deboli, se è principale in Sir$^{Gr}$ 34,14-20, non lo è in Sir$^{Gr}$ 34,21–35,20[39], dove è il tema principale è l'εὐδοκία. Il tema dell'intervento divino, infatti, si circoscrive in Sir$^{Gr}$ 35,16-20, ultima parte del "Trattato", e viene ripreso da Sir$^{Gr}$ 35,21-26, testo di collegamento tra il trattato e la preghiera di Sir$^{Gr}$ 36. A conclusione di questo esame si può dire che gli elementi di discontinuità tra Sir$^{Gr}$ 34,1-20 e Sir$^{Gr}$ 34,21–35,20 sono di grande peso. Sir$^{Gr}$ 34,14-20, dunque, può avere solo un valore esile, se non nullo, di contesto precedente. Di tutt'altro genere, invece, sono i legami tra il contesto successivo, Sir$^{Gr}$ 35,21-26, e il "Trattato sulle offerte".

---

[39] Il tema dell'intervento divino in favore dei deboli è secondario in Sir$^{Gr}$ 35,16-20.

### ■ 2. Il contesto successivo al "Trattato": Sir[Gr] 35,21-26

Di Sir[Gr] 35,21-26 ci è pervenuto anche il testo H, del quale si accetta fondamentalmente lo studio fatto da Palmisano[40], anche se vengono aggiunti degli approfondimenti, delle precisazioni e uno studio nuovo sul testo Gr. Dopo la critica testuale e la traduzione dei testi, viene proposta la struttura con delle osservazioni sul valore contestuale. Alla fine vengono fatte alcune osservazioni sulla traduzione del Gr sul testo H e brevi osservazioni esegetiche. Il nipote, infatti, ha fatto scivolare la traduzione verso un obiettivo che non era quello di ridire il testo del nonno, ma di modellare il testo del nonno verso una nuova visione delle cose.

### a. Critica testuale di Sir[Gr] 35,21-26 e traduzione

La critica testuale viene fatta versetto per versetto[41] sia per il testo H sia per il testo Gr. Attraverso questa analisi è possibile cogliere quanto il nipote abbia fatto virare il significato del testo H nella traduzione greca. Chiude per ogni versetto la traduzione sia del testo H sia del testo Gr.

### §1. *Sir[Gr] 35,21abc (Sir[H] 35,21abc)*

| | | |
|---|---|---|
| שועת דל עבים חלפה | 21a-21a | προσευχὴ ταπεινοῦ νεφέλας διῆλθεν |
| ועד תגיע לא תנוח | 21b-21b | καὶ ἕως συνεγγίσῃ οὐ μὴ παρακληθῇ |
| לא תמוש עד יפקוד אל | 21c-21c | καὶ οὐ μὴ ἀποστῇ ἕως ἐπισκέψηται ὁ ὕψιστος |

Il testo di Sir[H] 35,21a (שועת דל ענן חל עם) viene corretto secondo la variante marginale, mentre ענן viene soppresso più che

---

[40] Cfr PALMISANO, 100-106.

[41] I versetti seguono la numerazione del testo Gr. Il testo H, sebbene abbia la numerazione dei versetti leggermente diversa, viene affiancato al testo Gr.

per dittografia[42] per omoarctia (עָנָן / עֲבִים)[43]. In Sir[H] 35,21b le due note marginali (כי al posto di ו; ועד כי al posto di ועד) vanno lasciate cadere come erronee. Questa lettura è accettata anche da Mopsik[44].

Una traduzione letterale del testo H potrebbe essere:"Il grido di aiuto[45] del povero attraversa[46] le nubi e finché non sia arrivato (a Dio) non si acquieta; non desiste finché Dio non sia intervenuto".

Per Sir[Gr] 35,21 non ci sono problemi testuali particolari. I due indicativi (συνεγγίσει/ ἐπισκέψηται), presenti in pochi minuscoli, sono frutto di una correzione grammaticale, che tralascia la regola dell' "ἕως + il congiuntivo dopo una proposizione principale". La variante del ms minuscolo 46 (ἐπιβλέψηται), che potrebbe essere una reminiscenza di Sir[Gr] 22,12, è stata recepita dalla tradizione latina (*aspiciat*)[47]. Il nome di Dio, ὁ ὕψιστος, è ampiamente testimoniato nei manoscritti. C'è l'eccezione del codice Alessandrino, seguito dalla tradizione testuale etiopica, che riporta κύριος. La traduzione letterale di Sir[Gr] 35,21 è:"La preghiera dell'umile[48] attraversa le nubi,

---

[42] PALMISANO, 101.

[43] Anche MINISSALE, *La versione*, 157, preferisce עבים a עָנָן.

[44] MOPSIK, 204.

[45] Il vocabolo שועה può indicare il grido di coloro che gemono per la loro schiavitù (Es[H] 2,23), dei malati (1Sam[H] 5,12; Sal[H] 102,2), del perseguitato (2Sam[H] 22,7) ecc. Indica sempre una richiesta di aiuto. Una espressione vicina a questa di Ben Sira potrebbe essere Sal[H] 18,7 dove il grido d'aiuto "arrivava" (תבוא) agli orecchi di Dio.

[46] Il verbo חלף indica un passaggio più che una salita (cfr, invece,"scala le nubi": PALMISANO, 105).

[47] Il Lat ha: *Oratio humiliantis se nubes penetrabit / et donec propinquet non conrogabitur / et non discedet donec aspiciat Altissimus*. La traduzione letterale è:"La preghiera di chi si umilia penetra le nubi e finché non si avvicinerà non sarà accolta e non si dà posa finché l'Altissimo non la consideri". Sir[Syr] 35,21 è definito da LÉVI, 165 "traduction fantaisiste". È più vicino ai LXX (dal ms. 46?) che al testo H:

ܨܠܘܬܗܘܢ ܕܡܣܟܢ̈ܐ ܠܥܠ ܡܢ ܥܢ̈ܢܐ ܣܠܩܐ. /
ܘܥܕ ܥܐܠܐ ܩܕܡ ܪܒܘܬܐ ܣܓܝܐܬܐ. /
ܠܐ ܥܒܪܐ ܥܕܡܐ ܕܡܒܩܪ ܠܗ.

La traduzione letterale è: "La preghiera dei poveri sale più in alto delle nubi ed entra alla presenza del Signore di ampia maestà. Non passa fino a che non la esamina".

[48] Il ταπεινός indica chi è povero ed è soggetto alle angherie dei potenti (cfr REHRL, per l'aggettivo sostantivato ταπεινός: 147-154; per il verbo ταπεινόω: 156-164; per la situazione sociale e ταπείνωσις: 165-173).

e finché non sia arrivata[49] (presso Dio) non si dà pace[50]; e non desiste finché l'Altissimo non (la) prenda in esame[51]".

### §2. *Sir*[Gr] *35,22abcd (Sir*[H] *35,21d; Sir*[H] *35,22abc)*

| | | |
|---|---|---|
| ושופט צדק יעשה משפט | 21d-22a | καὶ κρινεῖ δικαίοις καὶ ποιήσει κρίσιν |
| גם אל לא יתמהמה | 22a-22b | καὶ ὁ κύριος οὐ μὴ βραδύνῃ |
| וכגבור לא יתאפק | 22b-22c | οὐδὲ μὴ μακροθυμήσῃ ἐπ' αὐτοῖς, |
| עד ימחץ מתני אכזרי | 22c-22d | ἕως ἂν συντρίψῃ ὀσφὺν ἀνελεημόνων |

In Sir[H] 35,21d lo *yiqtol* (יעשה) viene preferito dagli autori al participio (עושה) della nota marginale. Per Sir[H] 35,22a Smend preferisce la nota marginale אדון, mentre Penar (p. 58), preferisce la lettura אל perché il titolo divino אל גבור, presente in Isaia (Is[H] 9,5; 10,21) qui sarebbe sdoppiato tra il primo (Sir[H] 35,22a: אל) e il secondo stico (Sir[H] 35,22b: גבור). In Sir[H] 35,22b la nota marginale מה farebbe diventare lo stico un'interrogativa retorica e il marginale גבור dovrebbe sostituire וכגבור. Questa lettura di Sir[H] 35,22b, preferita solamente da Smend, è rifiutata dagli altri studiosi. Infine, in Sir[H] 35,22c la glossa marginale ha מפני, "(da) volto di", e vorrebbe correggere il testo מתני, "(da) fianchi di". Premesso che nel testo H superstite il verbo מחץ viene adoperato da Ben Sira solo qui, negli altri libri biblici il verbo compare solo 14x e non si associa mai a פנים, mentre in Dt[H] 33,11 si trova la costruzione מחץ + מתנים, come in Sir[H] 35,22c. Non ci sono ragioni per accogliere la nota marginale. La traduzione di Sir[H] 35,21d.22 si presenta in questo modo:

---

[49] Il verbo συνεγγίζω esprime il concetto di *avvicinamento* e di *arrivo*, concetto simile a quello espresso in Sir[Gr] 51,6 con il verbo ἐγγίζω e la preposizione σύνεγγυς. In quest'ultimo caso il sapiente si è trovato vicino alla morte e all'Ade.

[50] MINISSALE, *La versione*, 184, pone l'oppresso come soggetto di questo verbo.

[51] Gehman colloca Sir[Gr] 35,21c nell'area semantica del *ricordare* o *tener presente nella mente in modo favorevole* (GEHMAN, 199-200). Harl, per Gen[LXX] 21,1; 50,24.25, sceglie il significato di *visitare* (HARL, 187). Ho preferito seguire l'uso classico del vocabolo.

"E Colui che giudica[52] con giustizia[53] non abbia ristabilito il diritto[54]. Dio, infatti, non temporeggia[55] e come un guerriero non si conterrà[56] finché non abbia spezzato i fianchi del crudele[57]".

Il testo Gr non presenta particolari difficoltà. Si può evidenziare in Sir<sup>Gr</sup> 35,22a la variante δικαίους, presente nella recensione lucianea e in alcuni mss minuscoli (46; 311; 755). Questa variante è stata assunta dal Lat[58]. Sempre sullo stesso vocabolo c'è una seconda variante, δικαίως, forse condizionato dal concetto espresso in Sir<sup>Gr</sup> 35,14-15[59]. Presente in due codici, nel B e nel S corretto, e in diversi minuscoli, questa variante risolverebbe brillantemente la difficoltà dell'elissi presente nel pronome ἐπ' αὐτοῖς di Sir<sup>Gr</sup> 35,22c. Per questo si presenta come *lectio facilior*. Il Syr l'ha, invece, rece-

---

[52] Dio giudicherà l'uomo secondo le sue opere (Sir<sup>H</sup> 16,12): a questa giustizia non sfuggirà il peccatore con le sue malefatte e non resterà senza ricompensa la pazienza del pio (Sir<sup>H</sup> 16,13).

[53] Ritengo preferibile rimanere fedele al testo H e non associarmi alla traduzione "giudice giusto" (PALMISANO, 105; CHÁVEZ JIMÉNEZ, 67. 91 n. 111; MINISSALE, *La versione*, 207). Se Ben Sira avesse voluto dire "giudice giusto" avrebbe già avuto il calco in Sal<sup>H</sup> 7,12, dove si trova, in forma chiara ed esplicita, l'espressione "Dio, giudice giusto" (אֱלֹהִים שׁוֹפֵט צַדִּיק). L'espressione שׁפט צדק significa semplicemente *giudicare con giustizia* come in Dt<sup>H</sup> 1,16; Is<sup>H</sup> 1,26; Ger<sup>H</sup> 11,20; ecc.

[54] L'espressione עשה משפט può significare - secondo BOVATI, 168 - "l'atteggiamento etico conforme alla legge" e "in certi contesti…designa l'azione giudiziale". Si veda anche BOOTH, 105-110. L'autore classifica il concetto di משפט in tre aree: costumi, leggi, diritto. In quest'ultimo ambito viene collocato il concetto di Dio che opera משפט a favore del suo popolo contro i suoi nemici.

[55] Il verbo מהה (Sir<sup>H</sup> 12,6; 14,12) non significa *rimanere attonito* (PALMISANO, 105), ma piuttosto *tardare, temporeggiare, andare a rilento,* ecc. (cfr ALONSO SCHÖKEL, מָהָה, coll. 1091-1095).

[56] Cfr MINISSALE, *La versione*, 203.

[57] Il vocabolo אכזרי (Sir<sup>H</sup> 8,15; 13,12; 37,11) indica colui che è senza bontà di cuore (in Pr<sup>H</sup> 11,17 è collocato in antitesi con אִישׁ חֶסֶד), segue i suoi capricci e usa con gli altri maltrattamenti e catene.

[58] Il testo Lat, scambiando gli stichi rispetto ai testi H e Gr (Sir<sup>H/Gr</sup> 35,22a e Sir<sup>H/Gr</sup> 35,22b), dice: *Et Dominus non longiquabit sed iudicabit iustos et faciet iudicium / et Fortissimus non habebit in illis patientiam / ut contribulet dorsum ipsorum,* "Il Signore non tergiverserà ma giudicherà i giusti e farà giustizia / e il Fortissimo non avrà pazienza a loro discapito / tanto da gravare di tribolazioni il loro dorso".

[59] L'espressione κρίνω δικαίως si trova in Dt<sup>LXX</sup> 1,16.

pita[60]. Nel versetto ci sono alcuni codici maiuscoli e minuscoli che preferirebbero l'indicativo sia in μακροθυμήσει sia in συντρίψει piuttosto che il più corretto congiuntivo. Infine, va notato che i mss della recensione lucianea in Sir[Gr] 35,22 riportano il titolo divino ὁ κραταίος in conformità al testo H גבור. Si tratta, probabilmente, di una *contaminatio*. L'espressione ἐπ' αὐτοῖς, infine, può essere tradotta in due modi. Se si traduce "contro di loro / a loro discapito", il testo indicherebbe che Dio non sarà lento a discapito dei giusti (Sir[Gr] 35,22a). Se si traduce "verso di loro / nei loro confronti", il testo farebbe una prolessi dell'aggettivo sostantivato ἀνελεήμονος dello stico successivo (Sir[Gr] 35,22c: ἀνελεημόνων). Ritengo che la seconda ipotesi di traduzione sia meno adatta della prima per il parallelismo sinonimico tra i due stichi, Sir[Gr] 35,22b.c (μὴ βραδύνῃ / μὴ μακροθυμήσῃ), e perché Sir[Gr] 35,22b.c chiarisce il fatto che Dio fa giustizia "subito" ai giusti (Sir[Gr] 35,22a). Una traduzione letterale possibile di Sir[Gr] 35,22 è la seguente: "Ed egli renderà soddisfazione ai giusti e farà un (equo) giudizio[61]. Il Signore certo non tarderà e neppure si mostrerà paziente a loro discapito[62], finché non abbia spezzato la forza[63] degli spietati".

---

[60] Il Syr ha tradotto la prima parte di Sir[H] 35,21d, ma seguendo la lettura di Gr. Salta la seconda parte dello stico. Per gli altri stichi ci si trova davanti a una interpretazione più che a una vera e propria traduzione (cfr l'ottima osservazione di PALMISANO, 102: "La Peshitta si distanzia sia da H sia da G..."; cfr quanto dice anche EDERSHEIM, 174: "The Syriac does not offer any variety of importance in this verse, though it renders none of the six clauses exactly as the Greek"). Questo è il testo:

ܘܕܝܢܐ ܕܩܘܫܬܐ ܐܡܪ / ܘܐܦ ܡܪܝܐ ܠܐ ܢܣܠܐ<br>ܐܠܐ ܢܫܡܥ. ܘܠܐ ܢܛܠܡ / ܥܕܡܐ ܕܢܬܒܥ ܠܓܘܢܚܗܘܢ ܕܪܫܝܥܐ

la cui traduzione è: "E pronuncia un giudizio di verità. Il Signore non disprezzerà affatto né rifiuterà (la sua preghiera / l'orante?) né (la / lo) abbandonerà fino a chiedere ragione della forza dei malvagi".

[61] L'espressione ποιέω κρίσιν è un calco dell'ebraico עשה משפט. Secondo Bovati (BOVATI, 166) l'espressione עָשָׂה מִשְׁפָּט equivale a שָׁפַט. Ritengo che sostanzialmente dicano la stessa cosa, ma l'espressione עשה משפט / ποιέω κρίσιν sottolinea l'equo giudizio. In Gen[H] 18,25, infatti, l'espressione in esame (הֲשֹׁפֵט כָּל־הָאָרֶץ לֹא יַעֲשֶׂה מִשְׁפָּט / ὁ κρίνων πᾶσαν τὴν γῆν οὐ ποιήσεις κρίσιν) assume proprio la sfumatura di fare un giudizio equo: Dio non può assimilare giusti e ingiusti nel castigo di Sodoma. MINISSALE, 207, traduce: "E giudicherà i giusti e farà il giudizio".

[62] MINISSALE, 203 preferisce tradurre: "Non avrà pazienza verso di loro".

[63] Il termine ὀσφύς che significa *fianco* o *fianchi*, viene usato anche metaforicamente per *forza* in Dt[LXX] 33,11; Na[LXX] 2,2; Dn[Th] 5,6.

## §3. *Sir<sup>Gr</sup> 35,23abc (Sir<sup>H</sup> 35,22d; Sir<sup>H</sup> 35,23ab)*

| | | |
|---|---|---|
| ולגוים ישיב נקם | 22d-23a | καὶ τοῖς ἔθνεσιν ἀνταποδώσει ἐκδίκησιν |
| עד יוריש שבט זדון | 23a-23b | ἕως ἐξάρῃ πλῆθος ὑβριστῶν |
| ומטה רשע גדוע יגדע | 23b-23c | καὶ σκῆπτρα ἀδίκων συντρίψει |

La glossa marginale di Sir<sup>H</sup> 35, 23a non va conservata (שבטי per שבט) perché il plurale intenderebbe le tribù (così ha letto il Gr), mentre il parallelismo con מטה , "bastone", di Sir<sup>H</sup> 35,23b porta a scegliere il singolare. Allo stesso modo non va conservata la glossa marginale di Sir<sup>H</sup> 35,23b (רשעים per רשע) per il parallelismo con זדון, "superbo", di (Sir<sup>H</sup> 35,23a). Il parallelismo porta alla scelta del singolare. Una traduzione letterale di Sir<sup>H</sup> 35, 23 può essere la seguente:"E ai popoli[64] abbia retribuito la vendetta[65], fino a quando non abbia espulso[66] lo scettro dell'arroganza[67] ed abbia annientato completamente il bastone di comando dell'empietà[68]". Il Gr non

---

[64] Il termine גוים è usato dal Siracide per indicare i popoli stranieri e anche i popoli ostili (Sir<sup>H</sup> 10,8.16; 16,6.9; 19,21; 36,2; 39,23; 46,6; 49,5; 50,25.26) e solo una volta per indicare Israele (Sir<sup>H</sup> 44,4).

[65] L'espressione ישיב נקם si trova in Sir<sup>H</sup> 12,6 e viene tradotta con ἀποδώσει ἐκδίκησιν. Indica il contraccambio nei confronti degli empi (ἀσεβέις). L'espressione viene dalla teologia deuteronomistica (Dt<sup>H</sup> 32,41.43: וְנָקָם אָשִׁיב יָשִׁיב / נָקָם). Si tratta dell'opera di Mosé contro i suoi nemici e di Dio contro gli avversari del suo popolo.

[66] Il significato di יָרַשׁ all'hifil non può essere *annientare completamente* (PALMISANO, 105) perché il verbo, all'*hifil* con senso avversativo, significa *occupare* o anche *espellere* (cfr LOHFINK, coll. 1-40, specialmente col. 10; già ZORELL, *ad locum*).

[67] Cfr MINISSALE *La versione*, 192. PALMISANO, 105, invece, ha "personalizzato" il nome זָדוֹן, che significa *arroganza, superbia*, ecc., traducendo *superbo*.

[68] Ho preferito, seguendo la legge del parallelismo con Sir<sup>H</sup> 35,23a (זדון, *arroganza*), leggere רשע come רֶשַׁע, *empietà*, piuttosto che come רָשָׁע, *empio*. PALMISANO, 105, invece, coerentemente con la scelta fatta in Sir<sup>H</sup> 35,23a preferisce leggere רָשָׁע e traduce *empio*. L'espressione מטה רשע(ים) si trova in Sal<sup>H</sup> 125,3; Is<sup>H</sup> 14,5; Ez<sup>H</sup> 7,11. La citazione salmica fa cenno all'occupazione del territorio d'Israele da parte dei nemici (cfr KRAUS, *Los Salmos*, vol. II, *ad locum*, dove fa riferimento anche a Sir<sup>H</sup> 35,23), mentre nella satira isaiana per il tiranno abbattuto si trova l'espressione שָׁבַר יְהוָה מַטֵּה רְשָׁעִים שֵׁבֶט מֹשְׁלִים, "Yhwh ha spezzato il bastone di comando degli empi e lo scettro dei dominatori". Giustamente SPICQ, 745 ipotizza che Ben Sira starebbe alludendo ad Antioco III il grande (+ 187 a.C.) o forse ad Antioco IV Epifane (175-164 a.C.). Quest'ultima ipotesi, sostenuta anche

presenta problemi particolari di critica testuale e il testo di Sir[Gr] 35, 23a si può rendere così: "E alle genti non abbia reso la controparte; finché non abbia estirpato la moltitudine degli arroganti[69] e spezzato lo scettro[70] degli ingiusti"[71].

### §4. *Sir[Gr] 35,24ab (Sir[H] 35,24ab)*

| | | |
|---|---|---|
| עד ישיב לאנוש פעלו | 24a–24a | ἕως ἀνταποδῷ ἀνθρώπῳ κατὰ τὰς πράξεις αὐτοῦ |
| וגמול אדם כמזמתו | 24b–24b | καὶ τὰ ἔργα τῶν ἀνθρώπων κατὰ τὰ ἐνθυμήματα αὐτῶν |

In questo versetto il testo H non presenta alcun problema di critica testuale e può essere reso così: "Fino a quando non abbia retribuito all'uomo[72] la sua opera e il compenso[73] a ciascuno se-

---

da PÉREZ RODRÍGUEZ, 1232, sembra meno probabile per la difficoltà della datazione. Si potrebbe pensare anche a Seleuco IV, sotto il cui dominio c'è stata una notevole corruzione tra i responsabili d'Israele (cfr 2 Mac 3,1-23: Simone della famiglia di Bilga ed Eliodoro). Si tenga presente che il tesoro del tempio, che Eliodoro voleva trafugare per Seleuco IV, custodiva, oltre che i beni di Ircano il Tobiade, anche i "depositi delle vedove e degli orfani" (2Mac 3,10). Probabilmente Sir[H] 35,16-20 potrebbe esserne un'allusione. Su questa linea di ipotesi si colloca anche PALMISANO, 305-314.

[69] Cfr MINISSALE *La versione*, 192.

[70] È un *hapax* del Siracide.

[71] Il testo di Sir[Lat] 35,23 inizialmente segue (v. 23a) il testo H e, poi, è vicino al testo Gr: *Et gentibus reddet vindictam donec tollat plenitudinem superborum et sceptra iniquorum contribulet*, "E alle genti retribuirà la vendetta fino a spazzare la moltitudine dei superbi e a schiacciare gli scettri degli iniqui". Il Syr ha:

ܘܠܥܡܡܐ ܢܦܪܘܥ ܦܘܪܥܢܐ /
ܥܕܡܐ ܕܢܒܛܠ ܚܝܠܗܘܢ ܕܚܛܝܐ /
ܘܢܘܒܕ ܥܘܠܐ ܕܫܠܝܛܝܢ ܗܘܘ.

"E ai popoli restituirà la ricompensa fino a distruggere la forza dei peccatori e ad annientare gli ingiusti posti in autorità".

[72] SMEND, 317 per אנוש pensa al significato di *gentili*, SPICQ, 745, suggerisce per אנוש il significato di *pagano*, alla luce di Sal[H] 56,2 (cfr SKEHAN-DI LELLA, 420). Va anche detto che il termine אֱנוֹשׁ è nome collettivo e può indicare anche il *nemico* come in Is[H] 51,7; Sal[H] 56,2; 66,12; 2Cr[H] 14,10 (cfr MAAS, coll. 747-752). PETERS, 293, non pensa che אנוש possa essere reso con *gentili* e neppure che אדם indichi gli altri uomini in contrapposizione con il popolo ebraico.

[73] Negli oracoli profetici (Is[H] 59,18; 66,6; Ger[H] 51,6; Gl[H] 4,4.7; Abd[H] 15) il termine גמול indica il compenso che Dio riserva ai nemici.

condo la propria premeditazione[74]".Anche il testo Gr non presenta particolari difficoltà. Si potrebbe evidenziare nel ms greco 307 la presenza dell'espressione κατά τὰ ἔργα al posto del semplice τὰ ἔργα, espressione passata sia nel Lat[75] (*secundum actus suos*) sia nella tradizione testuale etiopica. Il Syr ha soppresso la preposizione[76]. C'è, tuttavia da notare che il testo di Sir[Gr] 35,24 non corre bene[77]. Se si tiene presente la struttura dei due stichi si avrà questa visione:

| | | | |
|---|---|---|---|
| – ἕως ἀνταποδῷ | (compl. oggetto mancante) | ἀνθρώπῳ | κατὰ τὰς πράξεις αὐτοῦ |
| – καὶ (verbo mancante) | τὰ ἔργα τῶν ἀνθρώπων | (dativo mancante) | κατὰ τὰ ἐνθυμήματα αὐτῶν |

Riprendendo il complemento oggetto di Sir[Gr] 35,23a (ἐκδίκησιν) si può ottenere qualche cosa di meglio[78]: "Finché non abbia retribuito (la controparte) all'uomo secondo il suo modo di agire e (abbia retribuito) le opere degli uomini secondo le loro intenzioni[79]".

---

[74] Il termine מְזִמָּה ha anche un valore peggiorativo (cfr Sal[H] 10,2.4; 21,12; 24,8; 37,7; 139,20; Gb[H] 21,7; Ger[H] 11,15).

[75] Il testo Lat, infatti, dice: *Donec reddat hominibus secundum actus suos et secundum opera Adae et secundum praesumptionem illius*, "Finché renda agli uomini secondo le proprie azioni e secondo l'opera di Adamo e secondo il progetto del medesimo".

[76] Il Syr legge: ܐܘܬܝܬܗ ܕܠܐ ,ܘܬܠܗ / ܐܘܠܥܘ ܕܒܝܫܬܐ ܠܥܘܠܐ ܕܥܒܕ ܒܝܫܬܐ, "Fino a restituire ai malvagi la loro corruzione e i loro pensieri a coloro che fanno il male". Si tratta di una vera e propria interpretazione.

[77] Questo dovrebbe essere stato il pensiero dell'amanuense del ms 307 (κατὰ τὰ ἔργα).

[78] Oltre a quella proposta, una seconda soluzione sarebbe quella di ricorrere alla prolessi: in Sir[Gr] 35,24b si può sottintendere in anticipo il verbo κρίνῃ (Sir[Gr] 35,25a). Il risultato sarebbe: "Finché non abbia reso all'uomo secondo il suo modo di agire e abbia giudicato le opere degli uomini secondo le loro intenzioni".

[79] Il termine greco ἐνθυμήμα viene usato dal Siracide solo 4x (Sir[Gr] 27,6; 32,12; 35,24; 37,3). In Sir[Gr] 27,6 indica il *sentimento / intenzione* dell'uomo manifestato dalla parola ed è moralmente ambivalente (cfr PAX, "Dialog", 250). In Sir[Gr] 32,12 indica i *desideri / intenzioni* che il discepolo può avere per divertirsi, ma non implicano alcun male: non a caso il saggio, dopo averlo incoraggiato a seguire le sue intenzioni, raccomanda di guardarsi dal peccare, parlando arrogantemente. Infine, in Sir[Gr] 37,3 indica qualche cosa di negativo: si tratta del voltafaccia dell'amico nei confronti dell'amico (cfr

## §5. *Sir^Gr 35,25ab (Sir^H 35,25ab)*

| | | |
|---|---|---|
| [עד יריב] ריב עמו | 25a-25a | ἕως κρίνῃ τὴν κρίσιν τοῦ λαοῦ αὐτοῦ |
| ושמחם בישועתו | 25b-25b | καὶ εὐφρανεῖ αὐτοὺς ἐν τῷ ἐλέει αὐτου |

La ricostruzione di Sir^H 35,25a è unanimemente accettata[80]. In Sir^H 35,25b la nota marginale (וישמחם) potrebbe essere dovuta, forse, ad assimilazione con lo *yiqtol* יריב di Sir^H 35,25a. Non va accolta. La traduzione è la seguente: "Finché non abbia difeso la causa[81] del suo popolo e non lo abbia rallegrato con la sua salvezza[82]". Il Gr non ha problemi di rilievo di critica testuale, segue fondamentalmente il testo H[83], ma com'è suo costume quando può, rende il testo al plurale. Si può esprimere in italiano come segue: "Finché non abbia fatto giustizia[84] al suo popolo e li abbia allietati con la sua misericordia[85]".

---

CORLEY, 63–82, specialmente 75-77). In questo caso, però, ἐνθυμήμα da solo non basta ad esprimere le intenzioni cattive. Ha bisogno di essere accompagnato da un aggettivo: πονηρόν. Il termine greco, dunque, non ha la connotazione peggiorativa presente nel vocabolo ebraico מזמה (come giustamente ha sottolineato PALMISANO, 121 n. 184).

[80] Si vedano, ad esempio, LÉVI, 166, SMEND, 30, PETERS, 78; SEGAL 1997, 220, HARTOM, 129; SKEHAN - DI LELLA, 411; MOPSIK, 205.

[81] La costruzione "verbo + sostantivo" (יריב ריב) descrive sempre una azione di difesa come in 1Sam^H 24,16; Sal^H 43,1; 74,22; Pr^H 23,11; Is^H 1,17; Ger^H 50,34.36; Mi^H 7,9 (cfr CHÁVEZ JIMÉNEZ, 109).

[82] Cfr MINISSALE, *La versione*, 191; PALMISANO, 106.

[83] Anche il Lat e il Syr sono vicini al testo H, ma nel secondo stico preferiscono il plurale. Il Lat recita: *Donec iudicet iudicium plebis suae et oblectabit iustos misericordia sua*, "Finché non abbia fatto giustizia al suo popolo e abbia consolato i giusti con la sua misericordia". Il Syr, invece, sempre molto libero, dice così:

ܥܕܡܐ ܢܕܘܢ ܕܝܢܐ ܕܥܡܗ /

ܘܢܚܕܐ ܐܢܘܢ ܒܦܘܪܥܢܗܘܢ.,

"Fino a pronunciare il giudizio del suo popolo e rallegrarli con la sua ricompensa".

[84] In questo caso il Siracide ripete il calco di Ben Sira (עד יריב ריב / ἕως κρίνῃ τὴν κρίσιν).

[85] Cfr MINISSALE, *La versione*, 191; PALMISANO, 103.

## §6. *Sir[Gr] 35,26ab (Sir[H] 35,26ab)*

| Ebraico | | Greco |
|---|---|---|
| מצוקה בזמ]ן ישועה נאה] | 26a-26a | ὡραῖον ἔλεος ἐν καιρῷ θλίψεως |
| כעת חזיזים בעת בצורת | 26b-26b | ὡς νεφέλαι ὑετοῦ ἐν καιρῷ ἀβροχίας. |

Poiché in Sir[Gr] 35,26a si trova il termine ἔλεος che richiama ἐν τῷ ἐλέει di Sir[Gr] 35,25b, si può ipotizzare lo stesso gioco anche per il testo H. Per questo motivo viene ricostruito Sir[H] 35,26a con ישועה (cfr Sir[H] 35,25b: בישועתו). Dovendo, poi, rispettare il ן superstite in Sir[H] 35,26a, non è possibile accettare la nuova ricostruzione di Segal (בעת)[86], ma va preferita la sua ricostruzione precedente (בזמן)[87], adottata anche da Palmisano[88]. La traduzione può essere così proposta: "Bella è la salvezza in tempo[89] di angustia[90], come il momento delle nubi temporalesche[91] nel periodo di siccità"[92]. Per quanto riguarda la tradizione testuale del Gr non ci sono problemi rilevanti, tranne per il singolare νεφέλη presente in diversi mss minuscoli e ripreso dal

---

[86] Segal 1997, 220.

[87] Segal 1953, 56.

[88] Anche Smend, 30 fa una ricostruzione vicina, anche se preferisce צרצונו a ישועה. Lo stesso fanno Box – Oesterley, 440. Peters, 76, invece, sceglie חסד יהוה.

[89] Il nome ricostruito [זמ]ן si trova testimoniato in Sir[H] 43,7 e sempre con il significato di "tempo determinato", "festa": la luna determina i tempi del precetto (o della festa).

[90] Preferisco *angustia* (cfr Sal[H] 25,17; 107,6.13.19) ad *oppressione* (Palmisano, 106).

[91] Ritengo fantasiosa e non accettabile la traduzione proposta da Palmisano, 106: "Come l'arrivo della pioggia…". Il vocabolo עת non significa "arrivo", bensì "tempo", "momento", "periodo", ecc. (cfr Kronholm, coll. 1-23, spec. 22). Allo stesso modo il vocabolo חזיז non significa "pioggia" bensì "nube temporalesca", come suggerito dalla traduzione Gr νεφέλαι ὑετοῦ (cfr Scott, 11-25; Sutcliffe, 99-103). Traducendo "pioggia" si perde il legame con Sir[H] 35,21 (עבים). Mantenere la fedeltà al testo permette di legare questo versetto a Sir[H] 40,13, unico testo in cui ricompare il vocabolo חזיז, dove si afferma che la ricchezza ingiusta sparisce come il ruscello che si gonfia solo momentaneamente e come il tuono che momentanemanete rumoreggia nella nube temporalesca (חזיז).

[92] Il termine בצורת compare solo in questo passo di Ben Sira. Il Lat è fedele al Gr: *Speciosa misericordia Dei in tempore tribulationis quasi nubes pluviae in tempore siccitatis*, "Bella (è) la misericordia di Dio nel tempo della tribolazione come le nubi di pioggia nel tempo della siccità".

Syr[93]. La traduzione del greco potrebbe essere la seguente: "Bella (è) la misericordia nel momento della tribolazione come nubi[94] (apportatrici) di pioggia in tempo di siccità[95]".

In breve, questo è il testo greco di Sir[Gr] 35,21-26 con la sua traduzione:

|  |  |
|---|---|
| Sir[Gr] 35,21 | προσευχὴ ταπεινοῦ νεφέλας διῆλθεν |
| | καὶ ἕως συνεγγίσῃ οὐ μὴ παρακληθῇ |
| | καὶ οὐ μὴ ἀποστῇ ἕως ἐπισκέψηται ὁ ὕψιστος |
| 22 | καὶ κρινεῖ δικαίοις καὶ ποιήσει κρίσιν |
| | καὶ ὁ κύριος οὐ μὴ βραδύνῃ |
| | οὐδὲ μὴ μακροθυμήσῃ ἐπ' αὐτοῖς |
| | ἕως ἂν συντρίψῃ ὀσφὺν ἀνελεημόνων |
| 23 | καὶ τοῖς ἔθνεσιν ἀνταποδώσει ἐκδίκησιν |
| | ἕως ἐξάρῃ πλῆθος ὑβριστῶν |
| | καὶ σκῆπτρα ἀδίκων συντρίψει |
| 24 | ἕως ἀνταποδῷ ἀνθρώπῳ κατὰ τὰς πράξεις αὐτοῦ |
| | καὶ τὰ ἔργα τῶν ἀνθρώπων κατὰ τὰ ἐνθυμήματα αὐτῶν |
| 25 | ἕως κρίνῃ τὴν κρίσιν τοῦ λαοῦ αὐτοῦ |
| | καὶ εὐφρανεῖ αὐτοὺς ἐν τῷ ἐλέει αὐτοῦ |
| 26 | ὡραῖον ἔλεος ἐν καιρῷ θλίψεως αὐτοῦ |
| | ὡς νεφέλαι ὑετοῦ ἐν καιρῷ ἀβροχίας |
| Sir 35,21 | La preghiera dell'umile attraversa le nubi, |
| | e finché non sia arrivata (presso Dio) non si dà pace; |
| | e non desiste finché l'Altissimo non (la) prenda |
| | [in esame. |

---

[93] Il Syr recita: ܡܘܣܒ ܣܥܪܐ ܐܢܬ ܒܥܘ ܕܢܓܪܐ ܒܝܘܡܐ ܕܐܘܠܨܢܐ / ܘܢܒܗܬ ܒܥܠܕܒܒܐ ܒܝܘܡܐ ܕܐܘܠܨܢܐ, "E il nemico si vergognerà nel tempo dell'afflizione come una nube di pioggia nel tempo in cui è cercata". Il paragone non tiene. Forse il Syr non ha saputo leggere la sua Vorlage.

[94] Secondo Mɪɴɪssᴀʟᴇ, *La versione*, 167 il passaggio בעת (*nel tempo di*) in ὡς νεφέλαι (*come nubi*) è dovuto alla lettura בעב (scambio di una lettera ת / ב).

[95] Il termine ἀβροχία è un *hapax* del Siracide.

22    Ed egli renderà soddisfazione ai giusti e farà
            [un (equo) giudizio.
Il Signore certo non tarderà
e neppure si mostrerà paziente a loro discapito,
finché non abbia spezzato la forza degli spietati.

23    E alle genti non abbia reso la controparte;
finché non abbia estirpato la moltitudine
            [degli arroganti
e spezzato lo scettro degli ingiusti.

24    Finché non abbia retribuito (la controparte) all'uomo
secondo il suo modo di agire
e (abbia retribuito) le opere degli uomini secondo
            [le loro intenzioni.

25    Finché non abbia fatto giustizia al suo popolo
e li abbia allietati con la sua misericordia.

26    Bella (è) la misericordia nel momento
            [della tribolazione
come nubi (apportatrici) di pioggia in tempo di siccità.

## b. Analisi della struttura di Sir<sup>Gr</sup> 35,21-26

La breve pericope di Sir<sup>Gr</sup> 35,21-26 appare come un testo in affanno. In sei versetti ritorna per sei volte la particella ἕως (finché: Sir<sup>Gr</sup> 35,21b.c.22d.23b.24a.25a.26b), rendendo il progresso del pensiero piuttosto gravoso. Pur essendo ben incluso dal lessema νεφέλη (Sir<sup>Gr</sup> 35,21.26), l'identificazione della struttura del testo Gr presenta una qualche difficoltà. Sul piano sintattico sono importanti due dati molto evidenti. La prima parte del testo, Sir<sup>Gr</sup> 35,21-22c, è caratterizzata da ciò che potremmo chiamare la sequenza καί, mentre la seconda, Sir <sup>Gr</sup>35,22d-26, è marcata dalla sequenza "ἕως (1° stico) + καί (2° stico)".

Sir<sup>Gr</sup> 35,21    προσευχὴ ταπεινοῦ νεφέλας διῆλθεν
           καὶ ἕως συνεγγίσῃ οὐ μὴ παρακληθῇ
           καὶ οὐ μὴ ἀποστῇ ἕως ἐπισκέψηται ὁ ὕψιστος
     22    καὶ κρινεῖ δικαίοις καὶ ποιήσει κρίσιν

καὶ ὁ κύριος οὐ μὴ βραδύνῃ
οὐδὲ μὴ μακροθυμήσῃ ἐπ' αὐτοῖς,

      ἕως ἂν συντρίψῃ ὀσφὺν ἀνελεημόνων
23    καὶ τοῖς ἔθνεσιν ἀνταποδώσει ἐκδίκησιν
      ἕως ἐξάρῃ πλῆθος ὑβριστῶν
      καὶ σκῆπτρα ἀδίκων συντρίψει
24    ἕως ἀνταποδῷ ἀνθρώπῳ κατὰ τὰς πράξεις αὐτοῦ
      καὶ τὰ ἔργα τῶν ἀνθρώπων κατὰ τὰ
      ἐνθυμήματα αὐτῶν
25    ἕως κρίνῃ τὴν κρίσιν τοῦ λαοῦ αὐτοῦ
      καὶ εὐφρανεῖ αὐτοὺς ἐν τῷ ἐλέει αὐτοῦ
26    ὡραῖον ἔλεος ἐν καιρῷ θλίψεως
      ὡς νεφέλαι ὑετοῦ ἐν καιρῷ ἀβροχίας.

Questa suddivisione ancora grossolana va ulteriormente precisata

§1. *Sir*$^{Gr}$ *35,21-22c: versetto di collegamento e prima strofa del testo*
La prima parte del brano, Sir$^{Gr}$ 35,21–22c, contiene due coppie
di stichi legati fortemente da un chiasmo. Si tratta di Sir$^{Gr}$ 35,21bc
e di Sir$^{Gr}$ 35,22bc.

i) Sir$^{Gr}$ 35,21bc
In Sir$^{Gr}$ 35,21bc il chiasmo è dato dalla ripetizione della
costruzione sintattica [ἕως + οὐ μή] e dalla sua inversione [οὐ μὴ
+ ἕως]:

Sir$^{Gr}$ 35,21b      καὶ **ἕως** συνεγγίσῃ      **οὐ μὴ** παρακληθῇ

                         a ↖   ↗ b
                         b' ↙   ↘ a'

Sir$^{Gr}$ 35,21c      καὶ **οὐ μὴ** ἀποστῇ,      **ἕως** ἐπισκέψηται ὁ ὕψιστος

ii) Sir$^{Gr}$ 35,22bc
In Sir$^{Gr}$ 35,22bc, invece, il chiasmo è dato dalle unità
sintagmatiche dei due stichi. Prima, infatti, si trova un sintagma

[subsintagma nominale + οὐ μὴ e subsintagma verbale] e, poi, la sua inversione [οὐδὲ μὴ e subsintagma verbale + subsintagma nominale]:

Sir<sup>Gr</sup> 35,22b          καὶ ὁ κύριος                              οὐ μὴ βραδύνῃ

Sir<sup>Gr</sup> 35,22b          οὐδὲ μὴ μακροθυμήσῃ                  ἐπ' αὐτοῖς,

Queste due unità di struttura, Sir<sup>Gr</sup> 35,21bc e Sir<sup>Gr</sup> 35,22bc, sono tra loro legate dalla presenza del nome divino: ὁ ὕψιστος alla fine del secondo stico di Sir<sup>Gr</sup> 35,21bc e ὁ κύριος all'inizio del primo stico di Sir<sup>Gr</sup> 35,22bc.

Visti i dati, in Sir<sup>Gr</sup> 35,21-22c restano isolati Sir<sup>Gr</sup> 35,21a e Sir<sup>Gr</sup> 35,22a. Sir<sup>Gr</sup> 35,21a (προσευχὴ ταπεινοῦ νεφέλας διῆλθεν), è strettamente legato a Sir<sup>Gr</sup> 35,20b – com'è già stato visto – a causa del vocabolo gancio νεφέλη (Sir<sup>Gr</sup> 34,21a: νεφέλας e Sir<sup>Gr</sup> 34,26b: νεφέλαι), che funge da inclusione a Sir<sup>Gr</sup> 35,21-26. Inoltre, in Sir<sup>Gr</sup> 35,21a ricorre un secondo vocabolo presente in Sir<sup>Gr</sup> 34,21–35,20: προσευχή (Sir<sup>Gr</sup> 35,21a: προσευχὴ; Sir<sup>Gr</sup> 34,31c: προσευχῆς ). Sir<sup>Gr</sup> 35,21a, dunque, può essere considerato come un versetto con il ruolo sia di legame con il testo precedente (Sir<sup>Gr</sup> 34,21–35,20) sia di reggenza per i primi tre stichi (Sir<sup>Gr</sup> 35,21b–22a) della prima parte di Sir<sup>Gr</sup> 35,21-26.

Il testo di Sir<sup>Gr</sup> 35,22a, invece, contiene la ripetizione del radicale *κριν (anche in Sir<sup>Gr</sup> 35,25a) e la presenza del radicale *δικ (anche in Sir<sup>Gr</sup> 35,23c). Sir<sup>Gr</sup> 35,22a sembra avere il ruolo di elemento centrale di una struttura chiasmatica. In breve, Sir<sup>Gr</sup> 35,21-22c contiene uno stico di collegamento (Sir<sup>Gr</sup> 35,21a) che si lega con il brano precedente (Sir<sup>Gr</sup> 34,21–35,20) e cinque stichi (Sir<sup>Gr</sup> 35,21b-22c) che formano una struttura concentrica:

Sir<sup>Gr</sup> 35,21a-22c          v. 21a                collegamento: – νεφέλας

    1° strofa  v. 21b.c          a                chiasmo + ὕψιστος

v. 22a b ripetizione del radicale * κριν

v. 22b.c a' κύριος + chiasmo

In questa prima parte è da notare come il ταπεινός di Sir[Gr] 35,21a si sia tramutato nei δικαίοι di Sir[Gr] 35, 22a. Tra il Sir[Gr] 35,22a (καὶ κρινεῖ δικαίοις καὶ ποιήσει κρίσιν) e Sir[Gr] 35,25a (ἕως κρίνῃ τὴν κρίσιν τοῦ λαοῦ αὐτοῦ) intercorre un gioco sottile. Si noti, infatti, la doppia ricorrenza del radicale *κριν, prima associata ai giusti (Sir[Gr] 35,22a) e, successivamente, al popolo di Dio. Questo gioco, a livello linguistico, crea una commutazione equivalente fra "giusti" e "popolo di Dio". Il testo, dunque, scivola dall'umile ai giusti e dai giusti al popolo. Ai giusti, cioè al popolo, Dio farà giustizia, ristabilendo l'equità contro gli spietati e i violenti. La supplica insistente (Sir[Gr] 35,21bc) che ben conosce l'attenzione di Dio, smuoverà l'Altissimo, che non tergiverserà e non sarà lento nell'intervenire a favore di chi lo ha supplicato. Questo tema è più vicino alla preghiera di Sir[Gr] 36,1–22 che non al trattato sui sacrifici di Sir[Gr] 34,21–35,20.

### §2. Sir[Gr] 35,22d-25: la seconda parte è composta da due strofe

Il testo di Sir[Gr] 35,22d-26 è segnato, come si diceva poco sopra, dalla sequenza "ἕως (1° stico) + καὶ (2° stico)", che rende compatto il testo di Sir[Gr] 35,22d-25 e isola il distico di Sir[Gr] 35,26. Il testo di Sir[Gr] 35,22d-25, inoltre, è delimitato anche da una inclusione minore ottenuta attraverso la ripetizione della radice √ελε, che esprime il sentimento della pietà e della misericordia, in Sir[Gr] 35,22d (ἀνελεημόνων) e Sir[Gr] 35,25b (ἐν τῷ ἐλέει).

| | | |
|---|---|---|
| Sir[Gr] 35,22 d | ἕως | + ἀνελεημόνων |
| 23 | καὶ | |
| | ἕως | |
| | καὶ | |
| 24 | ἕως | |
| | καὶ | |
| 25 | ἕως | |
| | καὶ | + ἐν τῷ ἐλέει |

All'interno di Sir<sup>Gr</sup> 35,22d-25 si colloca una certa divisione. I primi quattro stichi (Sir<sup>Gr</sup> 35,22d-23) presentano l'azione di Dio contro gli spietati, le genti, i violenti e gli ingiusti (Sir<sup>Gr</sup> 35,22d: ἀνελεημόνων; v. 23a: τοῖς ἔθνεσιν; v. 23b: ὑβριστῶν; v. 23c: ἀδίκων). I secondi quattro stichi (Sir<sup>Gr</sup> 35,24-25) ospitano l'annuncio del principio divino del giudizio (Sir<sup>Gr</sup> 35,24) e la retribuzione per il popolo di Dio (Sir<sup>Gr</sup> 35,25). Questa suddivisione potrebbe trovar conferma nel fatto che Sir<sup>Gr</sup> 35,22d-23 sarebbe incluso dal verbo συντρίβω (Sir<sup>Gr</sup> 35,22d: συντρίψῃ; Sir<sup>Gr</sup> 35,23c: συντρίψει). Il verbo ἀνταποδίδωμι, che si trova in tutti e due i casi nello stico successivo (Sir<sup>Gr</sup> 35,23a: ἀνταποδώσει; Sir<sup>Gr</sup> 35,24a: ἀνταποδῷ) a quello dove ricorre il verbo συντρίβω, dovrebbe, invece, possedere il valore di legame tra Sir<sup>Gr</sup> 35,22d-23 (Sir<sup>Gr</sup> 35,23a: ἀνταποδώσει) e Sir<sup>Gr</sup> 35,24-25 (Sir<sup>Gr</sup> 35,24a: ἀνταποδῷ). Sul piano sintattico, infatti, non è possibile leggere il verbo ἀνταποδίδωμι come elemento legato al verbo συντρίβω (Sir<sup>Gr</sup> 35,22d.23a; Sir<sup>Gr</sup> 35,23c.24a). Ciò sarebbe possibile solo in Sir<sup>Gr</sup> 35,22d-23a. In Sir<sup>Gr</sup> 35,23c-24a i due verbi appartengono a due formulazioni sintattiche diverse. Nel primo caso (Sir<sup>Gr</sup> 35,22d.23a), infatti, la sequenza è congiunta paratatticamente: ἕως ἂν συντρίψῃ...καὶ ...ἀνταποδώσει. Nel secondo caso (Sir<sup>Gr</sup> 35,23c.24a), invece, i due verbi appartengono a due costruzioni separate: il verbo συντρίβω è legato alla costruzione precedente (ἕως + καὶ... συντρίψει), mentre il verbo ἀνταποδίδωμι, a quella seguente (ἕως ἀνταποδῷ + καὶ). Ci si trova, dunque, di fronte a due strofe, innervate dalla stessa costruzione, ma con protagonisti diversi. La fisionomia delle due strofe (seconda e terza) può essere così sintetizzata:

| | | | | |
|---|---|---|---|---|
| Sir<sup>Gr</sup> 35,22d | ἕως | + συντρίψῃ | + ἀνελεημόνων | [ἀνελεημόνων] |
| 23 | καὶ | | [ἀνταποδώσει] | [ἔθνεσιν] |
| | ἕως | | | [ὑβριστῶν] |
| | καὶ | + συντρίψει | | [ἀδίκων] |
| 24 | ἕως | | [ἀνταποδῷ] | |
| | καὶ | | | |
| 25 | ἕως | | | [λαοῦ αὐτοῦ] |
| | καὶ | + ἐν τῷ ἐλέει | | |

### §3. Sir$^{Gr}$ 35,22d-23: seconda strofa

La seconda strofa, già ben delimitata sul piano lessematico e sintattico, è ulteriormente caratterizzata da un andamento stilistico di tipo chiasmatico[96]. Nella costruzione dei sintagmi, infatti, l'autore procede collocando il subsintagma verbale [a] prima di quello nominale [b] o viceversa, secondo questo schema:

Sir$^{Gr}$ 35,   22d   [a] + [b]

23a   [b] + [a]

23b   [a] + [b]

23c   [b] + [a]

### §4. Sir$^{Gr}$ 35,24-25: terza strofa

Il testo di Sir$^{Gr}$ 35,24-25 è contraddistinto da una serie di elementi che lo rendono fortemente unitario. Il primo dato che appare è la costruzione (κατά + accusativo + genitivo del pronome αὐτός) della parte terminale dei due stichi di Sir$^{Gr}$ 35,24, che li lega in modo robusto:

Sir$^{Gr}$ 35,24   κατὰ   τὰς πράξεις   αὐτοῦ
               κατὰ   τὰ ἐνθυμήματα   αὐτῶν

Oltre a questo elemento, le parti iniziali dei due stichi sono tra loro legati da un chiasmo:

Sir$^{Gr}$ 35,24   **ἀνθρώπῳ**       πράξεις…
                      a    b
                      b'    a'
           τὰ <u>ἔργα</u>       τῶν **ἀνθρώπων**…

---

[96] Skehan-Di Lella, 420, sottolineano solo il chiasmo in Sir$^{Gr}$ 35,23bc.

Anche Sir<sup>Gr</sup> 35,25 è letterariamente una unità compatta, resa tale dalla doppia elissi αὐτοῦ, che indica Dio, nella parte terminale dei due stichi:

Sir<sup>Gr</sup> 35,25  ...τοῦ λαοῦ **αὐτοῦ**

...ἐν τῷ ἐλέει **αὐτοῦ**

Una sintesi di quanto detto si può avere nello schema seguente:

| Sir<sup>Gr</sup> 35,24 | ἕως | + | κατὰ τὰς πράξεις αὐτοῦ |
|---|---|---|---|
| | καὶ | + | κατὰ τὰ ἐνθυμήματα αὐτῶν |
| 25 | ἕως | + | τοῦ λαοῦ **αὐτοῦ** |
| | καὶ | + | ἐν τῷ ἐλέει **αὐτοῦ** |

### §5. Sir<sup>Gr</sup> 35,26: la conclusione

Quest'ultimo versetto rappresenta in qualche modo la conclusione delle tre brevi strofe esaminate. Si tratta di un testo coeso dalla costruzione sintattica "ἐν καιρῷ + il genitivo", ripetuta in parallelismo sinonimico come paragone:

| Sir<sup>Gr</sup> 35,26 | ὡραῖον ἔλεος | ἐν καιρῷ | + | θλίψεως |
|---|---|---|---|---|
| | ὡς νεφέλαι ὑετοῦ | ἐν καιρῷ | + | ἀβροχίας. |

### §6. La visione sintetica della struttura di Sir<sup>Gr</sup> 35,21-26

L'analisi compiuta offre per Sir<sup>Gr</sup> 35,21-26 la fisionomia di un brano ai cui estremi si trovano due elementi, uno introduttorio (Sir<sup>Gr</sup> 35,21a) e uno conclusivo (Sir<sup>Gr</sup> 35,26), che contengono l'inclusione del testo. Al centro ci sono tre strofe, la prima (Sir<sup>Gr</sup> 35,21b-22c) ha il compito di reggere le due unità successive (Sir<sup>Gr</sup> 35,22d-23c.24-25).

| Sir<sup>Gr</sup> 35,21a | introduzione | | | inclusione: νεφέλας |
|---|---|---|---|---|
| Sir<sup>Gr</sup> 35,21b-22c | 1° strofa | v. 21b.c | a | chiasmo + ὕψιστος |
| | | v. 22a | b | ripetizione del radicale * κριν |
| | | v. 22b.c | a' | κύριος + chiasmo |

| Sir[Gr] 35,22d-23 | 2° strofa | v. 22d | ἕως + [a][b] + | συντρίψῃ + ἀνελεημόνων |
| | | v. 23a | καὶ + [b][a] | |
| | | v. 23b | ἕως + [a][b] | |
| | | v. 23c | καὶ + [b][a] + | συντρίψει |
| | | | | |
| Sir[Gr] 35,24-25 | 3° strofa | v. 24a | ἕως + κατά | |
| | | v. 24b | καὶ + κατά | |
| | | v. 25a | ἕως + αὐτοῦ | |
| | | v. 25b | καὶ + αὐτοῦ | + ἐν τῷ ἐλέει |
| | | | | |
| Sir[Gr] 35,26 | conclusione: | | | inclusione: νεφέλαι |

Tutti questi elementi depongono in favore di una identità unitaria di Sir[Gr] 35,21-26, all'interno della quale ci sono dei legami molto forti.

Il legame più evidente tra la prima e la seconda strofa, Sir[Gr] 35,21b-22c e Sir[Gr] 35,22d-23c, è dato dalla ripetizione del radicale *δικ (Sir[Gr] 35,22a: δικαίοις; Sir[Gr] 35,23c: ἀδίκων), mentre tra la prima e la terza strofa, Sir[Gr] 35,21b-22c e Sir[Gr] 35,24-25, è dato da tre elementi: dalla ripetizione del nome di Dio e della sua elissi (Sir[Gr] 35,21c: ὁ ὕψιστος; v. 22b: ὁ κύριος; Sir[Gr] 35,25a: αὐτοῦ; v.25b: αὐτοῦ); dalla ripetizione del radicale *κριν (Sir[Gr] 35,22a: κρινεῖ – κρίσιν; Sir[Gr] 35,25a: κρίνῃ – κρίσιν); dalla ripetizione delle costruzioni chiasmatiche (Sir[Gr] 35,21bc.22bc; Sir[Gr] 35,24ab).

Tra la seconda e la terza strofa, Sir[Gr] 35,22d-23 e Sir[Gr] 35,24-25, intercorrono dei legami forti come la ripetizione del verbo ἀνταποδώσει (Sir[Gr] 35,23a: ἀνταποδώσει; Sir[Gr] 35,24a: ἀνταποδῷ) e della radice √ελε (Sir[Gr] 35,22d: ἀνελεημόνων; Sir[Gr] 35,25b: ἐν τῷ ἐλέει), che funge da inclusione.

Per completare l'analisi della struttura c'è, infine, da evidenziare tutta una serie di legami di Sir[Gr] 35,21-26 sia con il trattato sui sacrifici, Sir[Gr] 34,21–35,20, sia con il testo della preghiera di Sir[Gr] 36,1-22.

c. Alcune considerazioni comparative sulla struttura

Dopo aver visto le unità letterarie che lo compongono, è bene evidenziare gli elementi di continuità e discontinuità esistenti tra il brano di Sir<sup>Gr</sup> 35,21-26 e il "Trattato" di Sir<sup>Gr</sup> 34,21–35,20 ed è bene comparare la struttura del testo Gr con la struttura proposta da Palmisano per il testo H residuo.

§1. *Gli elementi di continuità e discontinuità tra Sir<sup>Gr</sup> 35,21-26 e Sir<sup>Gr</sup> 34,21–35,20*

I legami di Sir<sup>Gr</sup> 35,21-26 con la preghiera di Sir<sup>Gr</sup> 36,1-22 sono di gran lunga maggiore di quanto siano i legami con il "Trattato". Non è, tuttavia, compito di questa ricerca approfondire l'indagine dei legami tra Sir<sup>Gr</sup> 35,21-26 e la preghiera successiva[97]. Gli elementi di continuità tra Sir<sup>Gr</sup> 35,21-26 e Sir<sup>Gr</sup> 34,21–35,20 non sono molti, ma hanno una loro consistenza sia sotto il profilo lessematico sia sotto quello stilistico e del contenuto.

I legami lessematici tra Sir<sup>Gr</sup> 35,21-26 e Sir<sup>Gr</sup> 34,21–35,20 non sono numerosi e la maggior parte di essi non appartiene agli

---

[97] Il testo di Sir<sup>Gr</sup> 35,21-26 ha molti legami con il testo della grande preghiera di Sir<sup>Gr</sup> 36,1-22. Senza voler fare un esame esaustivo sui vari piani, basta osservare il piano lessematico e del contenuto per accorgersi del legame forte tra le due pericopi. Già il termine ἔλεος (Sir<sup>Gr</sup> 35,25b.26a) anticipa la doppia ricorrenza del corrispettivo verbo (ἐλέησον) presente in Sir<sup>Gr</sup> 36,1.(14)17. Si trova poi il vocabolo ἔθνος (Sir<sup>Gr</sup> 35,23a / Sir<sup>Gr</sup> 36,2) e il nome di Dio κύριος (Sir<sup>Gr</sup> 35,22b / Sir<sup>Gr</sup> 36,5b.17.22a.22d) e l'importantissimo lessema che indica Israele: λαός (Sir<sup>Gr</sup> 35,25a / Sir<sup>Gr</sup> 36,11b.17a). Per quanto riguarda la presenza del termine λαός in Sir<sup>Gr</sup> 36,19, bisogna dire che i codici e le versioni concordano tanto che Rahlfs non lo pone nemmeno in discussione. Fondandosi sul testo H, Ziegler, invece, lo emenda in ναός dimenticando come il Siracide possa benissimo aver fatto scivolare la traduzione per ragioni teologiche e di ambientazione culturale a favore della comunità per la quale traduceva l'opera del nonno, Ben Sira. Non bisogna, poi, dimenticare la coppia di verbi συντρίβω e ἐξαίρω (Sir<sup>Gr</sup> 35,22d.24a / Sir<sup>Gr</sup> 35,23b) che si ritrova in Sir<sup>Gr</sup> 36,6. È, infine, corretto aggiungere come i contenuti di Sir<sup>Gr</sup>35,21-26 vengano ripresi dalla preghiera successiva di Sir<sup>Gr</sup> 36,1-22, in modo particolare nelle prime tre strofe (Sir<sup>Gr</sup> 36,1-13) dove si prega perché le nazioni straniere vedano la gloria di Dio. Tale gloria si manifesta nei gesti divini che mentre si abbattono contro i nemici e i loro capi, diventano salvezza per il popolo di Dio.

elementi principali della struttura del trattato sulle offerte[98]. Sotto il profilo stilistico il testo di Sir$^{Gr}$ 35,21-26 è suddiviso in strofe (tre strofe irregolari) come la pericope precedente, Sir$^{Gr}$ 34,21–35,20 (tre strofe irregolari), e come quella successiva, Sir$^{Gr}$ 36,1-22 (quattro strofe, regolari per il testo H e irregolari per il Gr). A livello di contenuto Sir$^{Gr}$ 35,21-26 si articola in un percorso di pensiero che parte dalla tematica già affrontata nell'ultima unità della terza strofa del trattato, Sir$^{Gr}$ 35,16-20 (Dio ascolta il povero, l'oppresso, l'orfano e la vedova). Si tenga presente che per Sir$^{Gr}$ 35,16-20 la tematica di Dio che ascolta gli oppressi serve da sfondo per collocare in primo piano il tema principale dell'εὐδοκία divina nei confronti di chi si prende cura di essi (θεραπεύων). Tralasciando, dunque, la tematica principale e cogliendo solo la tematica che fa da sfondo, il testo di Sir$^{Gr}$ 35,21-26 giunge a identificare il popolo d'Israele come destinatario della misericordia di Dio (Sir$^{Gr}$ 35,25b: ἐν τῷ ἐλέει αὐτοῦ; Sir$^{Gr}$ 35,26a: ἔλεος) e i popoli (Sir$^{Gr}$ 35,23a: ἔθνη) che lo opprimono come destinatari della giusta retribuzione di condanna per le loro azioni. Ricompare il tema di Dio giudice che non si attarda nell'intervenire (Sir$^{Gr}$ 35,16-17a // Sir$^{Gr}$ 35,21-22) e della retribuzione. Quest'ultimo tema è nuovo rispetto a Sir$^{Gr}$ 34,21–35,20 perché in Sir$^{Gr}$ 35,13 il tema riguarda la retribuzione come premio, in Sir$^{Gr}$ 35,23-24 la retribuzione appare come castigo.

Di un certo peso sono gli elementi di discontinuità che intercorrono tra il "Trattato" di Sir$^{Gr}$ 34,21–35,20 e Sir$^{Gr}$ 35,21-26, come contesto successivo. Sul piano del contenuto Sir$^{Gr}$ 35,21-26 non ha la robustezza di pensiero che c'è nel "Trattato" e mancano le tematiche fondamentali di esso. L'analisi della struttura ha evidenziato anche una certa ripetitività argomentativa. Il tema

---

[98] Rimanendo solo alle esemplificazioni più importanti, si possono vedere le seguenti osservazioni: προσευχή (Sir$^{Gr}$ 34,31c / Sir$^{Gr}$ 35,21); ταπεινοῦ di Sir$^{Gr}$ 35,21a riprende il ταπεινωθῆναι di Sir$^{Gr}$ 34,31d; i due nomi divini (ὁ ὕψιστος / ὁ κύριος) sono presenti in tutt'e due le pericopi, il primo in Sir$^{Gr}$ 34,23a;35,8b12a / Sir$^{Gr}$ 35,21c e il secondo in Sir$^{Gr}$ 35,5a.6a.10a.15b / Sir$^{Gr}$ 35,22b; il radicale *δικ (Sir$^{Gr}$ 34,21; 35,5b.8a.9a.15a / Sir$^{Gr}$ 35,22a.23c); il vocabolo ἄνθρωπος (Sir$^{Gr}$ 34,25b.31a / Sir$^{Gr}$ 35,24a.b).

cultico è completamente assente, manca il tema della Legge, non c'è attenzione al singolo, sebbene Sir$^{Gr}$ 35,21 abbia ancora il pensiero formulato al singolare. Dalla struttura sappiamo, infatti, che tale formulazione è un aggancio formale con il testo precedente (Sir$^{Gr}$ 35,21 con Sir$^{Gr}$ 35,20b), aggancio che viene immediatamente abbandonato in Sir$^{Gr}$ 35,22-25 perché il singolare si tramuta in un plurale (Sir$^{Gr}$ 35,22a: δίκαιοι) e in un collettivo (Sir$^{Gr}$ 35,25a: λαὸς αὐτοῦ). Nel trattato di Sir$^{Gr}$ 34,21–35,20 l'opposizione tra il giusto, l'orfano e la vedova, da una parte, e gli uomini senza-Legge, empi e chi fa versare lacrime, dall'altra, è una opposizione esclusivamente *ad intra*, dentro al popolo di Dio. In Sir$^{Gr}$ 35,21-26 l'opposizione tra il misero, i giusti, il popolo di Dio, da una parte, e gli spietati, le genti, i violenti, gli ingiusti, dall'altra, è una opposizione principalmente *ad extra*, tra Ebrei e non Ebrei. Si tenga poi presente che il tema dell'εὐδοκία, fondamentale per Sir$^{Gr}$ 34,21–35,20, è totalmente scomparso in Sir$^{Gr}$ 35,21-26, dove, invece, diventa centrale il tema della retribuzione (Sir$^{Gr}$ 35,23a: ἀνταποδώσει; Sir$^{Gr}$ 35,24a: ἀνταποδῷ).

Il testo di Sir$^{Gr}$ 35,21-26, dunque, si presenta come testo di transizione che porta il lettore dal "Trattato sulle offerte" verso la preghiera successiva e sembra più legato alla preghiera che al "Trattato" stesso. Si può dire che per il "Trattato" è un contesto successivo fragile, mentre per la preghiera è un buon contesto precedente.

§2. *La struttura del testo Gr e di quello H*
Palmisano afferma di distanziarsi da Segal e da Skehan - Di Lella[99] nella suddivisione di Sir$^{H}$ 35,14-26, proponendo una suddivisione del testo in quattro parti:

| | |
|---|---|
| - Sir$^{H}$ 35,14-17 | = l'ascolto di Dio |
| - Sir$^{H}$ 35,18-22a | = il giudizio di Dio |
| - Sir$^{H}$ 35,22b-25 | = l'esecuzione del giudizio |
| - Sir$^{H}$ 35,26 | = la conclusione |

---

[99] PALMISANO, 106 n. 22 fa la stessa scelta di Skehan - Di Lella (numerazione greca), riportando una numerazione diversa (numerazione ebraica).

Questa suddivisione, che viene chiamata "struttura"[100], nasce dall'identificazione di due termini ed una espressione, ritenuti vicini al linguaggio forense: ישמע (Sir[H] 35,16b, nella prima parte), עשה משפט (Sir[H] 35,21d, nella seconda parte) e בישועתו (Sir[H] 35,25b, nella terza parte)[101] e considerati come capaci di esprimere in qualche modo lo schema letterario trovato da Bovati in altri testi[102]. Le cose sono probabilmente più complesse. Bovati, a cui Palmisano si rifà, attribuisce all'accusatore l'azione del verbo צָעַק (invocare) e al giudice la triplice azione: שָׁמַע (ascoltare), עָנָה (rispondere giuridicamente), ישע (usato all'hifil: salvare). Ora in Sir[H] 35,17.20 troviamo il nome צעקה che compare, però, dopo il verbo שָׁמַע (Sir[H] 35,16b) che, a sua volta, esprime l'atteggiamento di Dio verso i תחנונים[103] dell'oppresso (cfr anche Sir[H] 51,11, dove Dio ascolta ed esaudisce i תחנונים di Ben Sira). La sequenza di Ben Sira, rispetto allo schema di Bovati, non è consona. In Sir[H] 35,14-26, poi, non compare mai né il verbo עָנָה – seconda fase dell'intervento giuridico del giudice – né il nome corrispondente, mentre in Sir[H] 35,25b (forse anche in Sir[H] 35,26a) si trova il nome ישועה, ultimo elemento dell'attività del giudice. Visti questi pochi elementi, si può dire che la proposta di Palmisano è un tentativo di struttura che, semplificando, estrapola degli elementi presenti nel testo e non tiene presente altri elementi che, forse, potevano rendere più giustizia al testo H. La proposta comunque, nasce dall'analisi di alcuni dati che renderebbero Sir[H] 35,14-26 vicino allo schema letterario "querela, ascolto, risposta giuridica, salvezza" e non proviene dall'analisi vera e propria della struttura letteraria del brano. Per quanto riguarda il testo Gr, c'è da dire che i tre elementi cardine individuati da Palmisano nel testo H non hanno un'esatta corrispondenza nel Gr:

---

[100] PALMISANO, 108.

[101] PALMISANO, 106–108.

[102] BOVATI, 300–301.

[103] In ambito giuridico תחנונים vengono identificate da BOVATI, 109.137, come suppliche per ottenere il perdono. Non sarebbe questo l'esatto significato in Sir[H] 35,16b; 51,11b, dove תחנונים indicherebbero solo preghiere di lamento e di invocazione con un significato molto vicino a רִנָּה (cfr STÄHLI, col. 388–389; NEUBAUER, 132–146; 151–152).

154

- Sir<sup>H</sup> 35,16b: ישמע          - Sir<sup>Gr</sup> 35,16b: εἰσακούσεται
- Sir<sup>H</sup> 35,21d: עשה משפט     - Sir<sup>Gr</sup> 35,22a: ποιήσει κρίσιν
- Sir<sup>H</sup> 35,25b: בישועתו       - Sir<sup>Gr</sup> 35,25b: ἐν τῷ ἐλέει αὐτοῦ

Mentre nei primi due casi il testo H e il Gr si corrispondono, per Sir<sup>H/Gr</sup> 35,25b la corrispondenza non c'è. L'affermazione di Lévi[104] ("Il faut se rappeler que «miséricorde» en G. est équivalent de «salut» en hébreu"), ripresa da Palmisano[105], non ritengo possa essere facilmente seguita sia per motivi di uso di equivalenza[106] sia per motivi semantici[107]. Ciò sta a dire che il traduttore non ha colto (o non ha voluto cogliere) questo probabile aspetto del testo H e, di conseguenza, il testo Gr, assumendo una fisionomia distinta, si presenta sia con una identità letteraria, sia con una struttura e con un significato diversi rispetto al testo H.

---

[104] Lèvi, 167.

[105] Palmisano, 104 n.118.

[106] Per quanto riguarda i motivi di uso di equivalenza, il termine ἔλεος compare nei libri dei LXX poco più di 300 x. Di queste almeno 240x ca. (escluso il Siracide) ha l'equivalente ebraico. Traduce חֵן (3x), חֲנִינָה (1x), תְּהִנָּה (6x), חֶסֶד (ca. 180x), יֵשַׁע (1x), מְעִי (1x), צְדָקָה (2x), רַחַם (ca 7x), רָחַם (2x) e רָצוֹן (2x). Per il problema sollevato è necessario tener presente che ἔλεος traduce חֶסֶד per ca. 180x e יֵשַׁע per 1x soltanto (Is<sup>H</sup> 45,8). Nei libri dei LXX il nome יֵשַׁע ha il suo equivalente non tanto in ἔλεος bensì in σωτηρία (14x) e, in subordine, σωτήρ (12x), σωτήριον (7x) e σώζω (1x). In Ben Sira, poi, il nome ישע compare 2x (Sir<sup>H</sup> 50,1a.10b). In Sir<sup>H</sup> 51,10b non ha l'equivalente Gr. In Sir<sup>Gr</sup> 51,1a non viene tradotto con ἔλεος bensì con βασιλεύς (!). Sempre in Ben Sira, il verbo ישע compare 7x e solo 1x viene tradotto con ἐλεέω (Sir<sup>H</sup> 36,1). Nel Siracide ἔλεος, a sua volta, traduce רַחַם 4x (Sir<sup>Gr</sup> 16,11.12.16; 51,8), חֶסֶד 4x (Sir<sup>Gr</sup> 46,7; 47,22; 50,24; 51,3), יְשׁוּעָה 1x (Sir<sup>Gr</sup> 35,25 e forse Sir<sup>Gr</sup> 35,26) e רָצוֹן 1x (Sir<sup>Gr</sup> 50,22). Nel Siracide appare chiaro, perciò, sia quando si vuol esprimere il concetto di misericordia sia quando si vuole esprimere il concetto di salvezza: in Sir<sup>Gr</sup> 2,11 Dio σώζει ἐν καιρῷ θλίψεως ("salva nel tempo della tribolazione"). Mentre in questo caso il nome θλίψις è associato al verbo σώζω, in Sir<sup>Gr</sup> 35,26a lo stesso termine θλίψις è associato a ἔλεος (e non a σωτηρία o vocaboli derivati).

[107] L'uso che fa il Siracide di ἔλεος (Sir<sup>Gr</sup> 2,7.9.18; 5,6; 16,11.12; 18,5.11.13; 28,4; 29,1; 35,25.26; 36,28; 44,10.27; 46,7; 47,22; 50,4.22.24; 51,3.8.29) è duplice. Come caratteristica umana si traduce in opere caritative verso il prossimo. Come attributo divino si manifesta come affetto, fedeltà e aiuto concreto ed efficace del Signore a favore degli esseri umani (cfr Calduch-Benages, *En el crisol*, 126-142; si veda anche Di Lella, "Fear of the Lord", 1888-2004).

## d. Sir 35,21-26: comparazione tra i testi H e Gr con brevi note di esegesi

Il testo di Sir$^{Gr}$ 35,21-26 assume una fisionomia distinta dal testo H (Sir$^H$ 35,11-26) non solo perché si distanzia dagli elementi che determinano un tipo di genere letterario -esaminato da Palmisano -, ma anche perché ci sono delle derive di traduzione che, spesso, appaiono intenzionali e non fortuite. Ciò obbligherà ad una breve esegesi per il testo Gr.

§1. *Le derive di traduzione in Sir$^{Gr}$ 35,21-26 sul testo H*
Le differenze più importanti del testo Gr sul testo H possono essere così riassunte:

| Sir$^H$ 35,21-26 | | Sir$^{Gr}$ 35,21-26 |
|---|---|---|
| שועת דל עבים חלפה | 21a - 21a | προσευχὴ ταπεινοῦ νεφέλας διῆλθεν |
| ועד תגיע לא תנוח | 21b - 21b | καὶ ἕως συνεγγίσῃ οὐ μὴ παρακληθῇ |
| לא תמוש עד יפקוד **אל** | 21c - 21c | καὶ οὐ μὴ ἀποστῇ ἕως ἐπισκέψηται ὁ ὕψιστος |
| ו**שופט צדק** יעשה משפט | 21d- 22a | καὶ κρινεῖ δικαίοις καὶ ποιήσει κρίσιν |
| גם **אל** לא יתמהמה | 22a - 22b | καὶ ὁ κύριος οὐ μὴ βραδύνῃ |
| ו**כגבור** לא יתאפק | 22b - 22c | οὐδὲ μὴ μακροθυμήσῃ ἐπ' αὐτοῖς, |
| עד ימחץ **מתני אכזרי** | 22c - 22d | ἕως ἂν συντρίψῃ ὀσφὺν ἀνελεημόνων |
| ולגוים ישיב נקם | 22d - 23a | καὶ τοῖς ἔθνεσιν ἀνταποδώσει ἐκδίκησιν |
| עד יוריש **שבט זדון** | 23a - 23b | ἕως ἐξάρῃ πλῆθος ὑβριστῶν |
| ומטה **רשע** גדוע ינדע | 23b - 23c | καὶ σκῆπτρα ἀδίκων συντρίψει |
| עד ישיב לאנוש פעלו] | 24a - 24a | ἕως ἀνταποδῷ ἀνθρώπῳ κατὰ τὰς πράξεις αὐτοῦ |

| | | |
|---|---|---|
| וגמול **אדם** כמזמתו | 24b – 24b | καὶ τὰ ἔργα **τῶν ἀνθρώπων** κατὰ τὰ ἐνθυμήματα αὐτῶν |
| [עד יריב] ריב עמו | 25a – 25a | ἕως κρίνῃ τὴν κρίσιν τοῦ λαοῦ αὐτοῦ |
| ושמחם **בישועתו** | 25b – 25b | καὶ εὐφρανεῖ αὐτοὺς **ἐν τῷ ἐλέει** αὐτοῦ |
| [נאה **ישועה** בזמ]ן מצוקה | 26a – 26a | ὡραῖον **ἔλεος** ἐν καιρῷ θλίψεως |
| **כעת** חזיזים בעת בצורת | 26b – 26b | ὡς νεφέλαι ὑετοῦ ἐν καιρῷ ἀβροχίας. |

Come si può vedere dallo schema le differenze di traduzione sono piuttosto numerose e significative. Le più importanti si possono classificare in tre tipi[108]: cambi di significato, riletture, preferenza per il plurale.

### i) I cambi di significato

Ci sono *cambi di significato* nella resa dei vocaboli. In Sir<sup>H/Gr</sup> 35,21 il "grido d'aiuto" (שועה)[109] si trasforma in "preghiera" (προσευχή), il "povero"[110] (דל; presente anche in Sir<sup>H</sup> 35,16a) - che è tradotto normalmente dal Siracide con πτωχός (cfr Sir<sup>Gr</sup> 10,23a.30a; 13,3b.19b.23c; 35,16a) - si tramuta in "umile" (ταπεινός) e il nome "Dio" (אל) diventa "l'Altissimo" (ὁ ὕψιστος). In Sir<sup>Gr</sup> 35,22b "Signore" (ὁ κύριος)[111] traduce "Dio" (אל) di Sir<sup>H</sup> 35,22a. In Sir<sup>H</sup>

---

[108] Per il divario tra testo H e testo Gr e la classificazione dei vari tipi di divario si veda MINISSALE, *La versione*.

[109] Qui e in Sir<sup>H</sup> 51,9.

[110] Per una visione completa dell'immagine del povero in Ben Sira e le sue traduzioni (greco, siriaco, latino) si veda PALMISANO, 351-354.

[111] Nel testo Gr del Siracide il nome ὁ ὕψιστος è adoperato come nome proprio del Dio d'Israele. Il nome θεός compare nel Siracide diverse volte in testi che hanno delle varianti testuali rispetto al nome divino (Sir<sup>Gr</sup> 16,18; 18,24; 21,6; 23,1; 40,26<sup>2x</sup>; 50,17). Altre volte è associato ad altri nomi divini (Sir<sup>Gr</sup> 2,1; 4,28; 7,9; 23,4; 24,23; 35,8; 36,1.5.22; 41,8; 47,18; 51,1). Da solo e con buona sicurezza testuale per il testo Gr il nome θεός compare in Sir<sup>Gr</sup> 1,4; 41,19; 45,1; 47,13; 50,22. In questi ultimi testi viene presentata una riflessione o una esortazione rivolta ai fedeli ebrei nei confronti del loro Dio e Dio non è mai in contrapposizione né con altri déi né con gli uomini. Quando,

35,22c "i fianchi del crudele" (מתני אכזרי: plurale-singolare), diventano in Sir[Gr] 35,22d "la forza degli spietati" (ὀσφὺν ἀνελεημόνων: singolare-plurale). In Sir[H] 35,23ab Ben Sira gioca sul parallelismo sinonimico fondato sulla doppia omonimia al singolare "scettro / bastone" e "superbo /empio" (שבט / מטה e זדון / גדוע), in Sir[Gr] 35,23bc il Siracide, invece, gioca sul doppio valore semantico di שבט, "scettro, tribù" e sceglie probabilmente la lettura marginale del ms B (שבטי), rendendolo con "moltitudine" (πλῆθος[112]) e rompendo il parallelismo del testo H (מטה / שבט ; πλῆθος / σκῆπτρα). Poi esprime al plurale il secondo parallelismo sinonimico "violenti / ingiusti" (ὑβριστῶν[113] / ἀδίκων.), che nel testo H era al singolare. Infine, in Sir[H/Gr] 35,25b il Gr preferisce tradurre "con la sua misericordia" (ἐν τῷ ἐλέει αὐτοῦ) il testo H che, invece, dice "con la tua salvezza" (בישועתו). Ciò si ripete probabilmente anche nel testo H ricostruito di Sir[H/Gr] 35,26.

ii) Le riletture

Ci sono anche *riletture* del testo H da parte del Gr che potrebbero esprimere delle scelte precise. In Sir[H] 35,21d, il titolo divino "Colui che giudica con giustizia"[114] (שופט צדק) diventa in Sir[Gr] 35,22 una proposizione, "renderà soddisfazione ai giusti" (κρινεῖ δικαίοις). Il caso è ancora più vistoso in Sir[H] 35,22b / Sir[Gr] 35,22c. Mentre il testo H è concentrato su Dio e su come agisce (וכגבור לא יתאפק / "E come un guerriero non si conterrà"), il Gr

---

invece, il Dio d'Israele è in contrapposizione con qualcuno, viene adoperato il nome κύριος oppure ὕψιστος (cfr HAYWARD, "El Elyon", 180-198; per una visione meno attenta a queste dimensioni e diversa si veda FANG CHE YONG, 163-168).

[112] Questa è l'opinione di LÉVI, 166.

[113] Il Siracide è molto elastico di fronte al nome זדון. Su nove ricorrenze adopera ben cinque nomi greci per rendere il vocabolo ebraico: 1x ἀδικία: Sir[Gr] 7,6b; 1x ὑβριστής: Sir[Gr] 35,23b; 2 x ὑπερηφανία: Sir[Gr] 10,13a.18a; 2x ἁμαρτωλός: Sir[Gr] 12,14a; 15,7b; 2x ἀσεβής: Sir[Gr] 13,24b; 16,3c.d (derivato dal testo H del ms B; nel ms A זדון compare solo in Sir[Gr] 16,3c).

[114] L'espressione ebraica שָׁפַט (בְּ)צֶדֶק indica sempre "giudicare con giustizia" (cfr Dt[H] 1,16; Is[H] 11,4; Ger[H] 11,20; Sal[H] 96,13; 98,9; Pr[H] 8,16; 31,19). L'espressione di Ben Sira potrebbe derivare da Ger[H] 11,20, dove Dio ha un titolo guerriero (וַיהוָה צְבָאוֹת שֹׁפֵט צֶדֶק) ripreso con altro vocabolo in Sir[H] 35,22b (גבור).

sopprime l'idea bellicosa presente nel titolo divino e preferisce concentrarsi sulla relazione tra azione divina e destinatari (οὐδὲ μὴ μακροθυμήσῃ ἐπ' αὐτοῖς / "E neppure si mostrerà paziente a loro scapito")[115]. Infine, in Sir[H] 35,26 il tema del tempo (כעת חזיזים / "come il momento delle nubi temporalesche"), assume, dato il contesto, una valenza di tipo provvidenziale e divino[116]. In Sir[Gr] 35,26 il tema viene soppresso (ὡς νεφέλαι ὑετοῦ/ "come nubi apportatrici di pioggia") e il versetto prende un aspetto più profano (ma non meno allusivo), assumendo anche un aspetto stilistico più elegante (ὡραῖον ἔλεος // ὡς νεφέλαι ὑετοῦ; ἐν καιρῷ θλίψεως // ἐν καιρῷ ἀβροχίας) del testo H:

.בעת בצורת // [בזמ]ן מצוקה ; כעת חזיזים // [נאה ישועה]

### iii) Preferenze di numero

Il Gr, inoltre, ha una preferenza per il *plurale* anche lì dove il testo H ha il *singolare*. In Sir[Gr] 35,22a compare la figura dei "giusti" su un testo H che presenta un singolare[117]. In Sir[Gr] 35,22c viene aggiunto un ἐπ'αὐτοῖς ("a loro scapito") assente nel testo H di Sir[H] 35,22b. Il "crudele" (אכזרי) di Sir[H] 35,22c diventa gli "spietati" (ἀνελεημόνες) di Sir[Gr] 35,22d, mentre il "superbo e l'"empio" (רשע זדון) di Sir[H] 35,23ab si trasformano in "arroganti" e "ingiusti" (ὑβρισταί, ἄδικοι) in Sir[Gr] 35,23bc. Lo "scettro" (שבט) di Sir[H] 35,23a si è trasformato nella "moltitudine" (πλῆθος) di Sir[Gr] 35,23b. L'espressione "e la ricompensa a ciascuno" (וגמול אדם) di Sir[H] 35,24b viene resa in Sir[Gr] 35,24b con due plurali, "le azioni degli uomini" (καὶ τὰ ἔργα τῶν ἀνθρώπων). In Sir[Gr] 35,25b compare il pronome plurale "loro"

---

[115] MINISSALE, *La versione*, 203 pensa che la traduzione Gr vuole semplicemente evitare gli antropomorfismi della forza e dell'ira di Dio come in Sir[Gr] 43,16.

[116] Per il valore provvidenziale e divino di עת - con tutte le attenzioni suggerite da BARR, *Biblical Words for Time*, dove riprende i concetti fondamentali espressi in BARR, *The Semantics*, 46-88 - si può vedere WESTERMANN, *Theologie*, 5-10; SCHMIDT, *Alttestamentlicher Glaube*, 9-12.91-95. Per una visione del tempo in Ben Sira si veda WILCH, 138-143. Per una visione più pertinente al libro di Ben Sira si veda GILBERT, "Il concetto di tempo", 69-89.

[117] È stato visto poco sopra come tutta l'espressione sia stata volutamente fraintesa dal Gr.

(εὐφρανεῖ αὐτούς) quando in Sir[H] 35,25b c'è il singolare "lui" (בישועתו), riferito a popolo (Sir[H] 35,25a).

### §2. *Comprensione di alcune varianti*

Queste varianti di traduzione hanno senz'altro una ragione perché il Siracide sembra aver volontariamente posto questi viraggi di significato. È difficile conoscere il motivo di tutte queste varianti. Su alcune si possono, tuttavia, fare delle prudenti considerazioni come su אל / ὁ κύριος (Sir[H] 35,22a / Sir[Gr] 35,22b), su אכזרי / ἀνελεημόνων (Sir[H] 35,22c / Sir[Gr] 35,22d) e su מטה / σκῆπτρα (Sir[H] 35,23b / Sir[Gr] 35,23c).

### i) Il cambio אל / ὁ κύριος

Il cambio אל / ὁ κύριος potrebbe essere spiegato con il fatto che nel Siracide il nome divino κύριος, come ὁ ὕψιστος, è adoperato come nome proprio del Dio d'Israele quando è contrapposto ad altri, mentre quando è presentato come destinatario dell'attenzione o della fede degli Ebrei viene chiamato θεός[118].

### ii) Il cambio אכזרי / ἀνελεημόνων

Il genitivo plurale ἀνελεημόνων che rende il singolare ebraico אכזרי, compare solo in ambito sapienziale (Gb[LXX] 19,12; Pr[LXX] 5,9; 11,17; 12,10; 17,11; 27,4; Sir[Gr] 13,12; 35,20; 37,11; Sap 12,5; 19,1). In Pr[LXX] 12,10 determina le σπλάγχνα degli ἀσεβεῖς ("le viscere degli empi sono spietate"). In Egitto – secondo il libro della Sapienza – gli ἀσεβεῖς sono gli Ebrei apostati o rinnegati (Sap 3,10) e gli Egiziani "atei" (Sap 19,1)[119]. Questi si oppongono a coloro che sono fedeli a Dio, gli ὅσιοι (Sap 3,9; 4,5; 18,1) che in Sir[Gr] 35,22a vengono chiamati δίκαιοι. Dei δίκαιοι, dice Filone, Dio è il difensore[120], così come si mostra nel testo di Sir[Gr] 35,21-26 (dove c'è il concetto anche se non c'è il vocabolo preciso come in Filone o Sapienza o

---

[118] Cfr le analisi di Sir[Gr] 34,23.29; 35,5.6.8.10.12.13.15.

[119] SCARPAT, *Sapienza*, 312.

[120] *De Abramo* 96 (ὑπέρμαχος τῶν ἀδικουμένων, "difensore di coloro che sono trattati ingiustamente"); 232 (ὑπέρμαχος τοῦ δικαίου).

2 Maccabei[121]). È chiaro che dentro a questa logica, caratterizzata dall'intervento difensivo di Dio e meno caricata dell'aspetto tecnicamente giuridico della visione del testo H, si colloca il ταπεινός, l'umile che è stato calpestato (piuttosto che il "povero", דל: cfr Sir^H 35,21a / Sir^Gr 35,21a), con la sua προσευχή, "preghiera" (piuttosto che il "grido di aiuto", שועה: ibidem).

### iii) Il cambio מטה / σκῆπτρα

Nel linguaggio greco adoperato dalla cultura ebraica in Egitto, il termine σκῆπτρον, che al plurale vuol rendere il singolare מטה, è un *hapax* del Siracide. Nel libro della Sapienza, sia al singolare che al plurale[122], indica o il potere regale[123] (Sap 6,21; cfr 7,8) o il potere di alto rango, come poteva essere quello esercitato da Giuseppe in Egitto (Sap 10,14). Ciò farebbe immediatamente pensare non più ad Antioco III come era stato ipotizzato da Spicq per Ben Sira, ma probabilmente, data la nuova collocazione geografico-storica della traduzione, alla situazione degli Ebrei di Alessandria agli inizi del regno di Tolomeo VIII Evergete II, detto Fiscone[124]. In questo periodo ci sono delle significative difficoltà per gli Ebrei di Alessandria sia a livello politico[125], sia a livello so-

---

[121] Il Siracide non conosce il nome ὑπέρμαχος, mentre è conosciuto da 2Mac 8,36; 14,34; Sap 10,20; 16,17.

[122] Il plurale σκῆπτρα ha lo stesso significato del singolare (Scarpat, II, 354).

[123] Scarpat, I, 390-391. Il vocabolo sembra provenire dai classici, Eschilo e Sofocle in particolare (Scarpat, I, 391).

[124] Flavio Giuseppe narra che Tolomeo VIII Evergete II volle vendicarsi contro gli ebrei per la loro opposizione alla sua salita al trono, condannandoli ad essere calpestati da elefanti ubriachi (Flavio Giuseppe, *Contro Apione*, II, 49-56 (Calabi, 170-171). Lo stesso episodio si trova descritto con dovizia di particolari in 3Mac 4-6 (il re non sarebbe Tolomeo VIII Evergete II, ma Tolomeo IV Filometore). Per Millar, date le discrepanze tra le due fonti è quasi "impossibile assumere una posizione sicura in proposito" (Millar in Schürer, III/1, 207 n. 32). Se, però, si tiene presente che 3Mac non è storicamente attendibile (Goodman in Schürer, III/1, 693; cfr Passoni Dell'Acqua, *Terzo libro dei Maccabei*, in Sacchi, *Apocrifi*, IV, 583: "L'autore…non si è curato di far «quadrare» tutti i particolari del racconto perché ciò non era indispensabile ai fini dell'opera") sembrerebbe più attendibile Flavio Giuseppe che scrive come "apologeta".

[125] Il generale ebreo Onia si era opposto militarmente alla salita al trono di Tolomeo VIII Evergete II Fiscone (145-116 a.C.). Barclay afferma che "a lungo termine l'intervento

ciale[126] sia a livello religioso[127]. Questi elementi possono spiegare la volontà del Siracide di pluralizzare[128] coloro dai quali il Signore deve difendere i giusti (Sir^Gr 35,22a), cioè il suo popolo (Sir^Gr 35,25a).

---

di Onia costituì un precedente per un futuro coinvolgimento giudaico negli affari politici, ma avvelenò anche i rapporti tra giudei e non giudei ad Alessandria......I giudei potevano ora essere dipinti malevolmente come elemento estraneo al paese, potenti abbastanza per influenzare i fatti ma sospetti nella loro fedeltà. Fu una reputazione di cui la comunità giudaica in Egitto non sarebbe mai riuscita a disfarsene" (BARCLAY, 50).

[126] L'opposizione egiziana e greca contro gli Ebrei di Alessandria è stata purtroppo diffusa nel tempo. Incominciando da Manetone (sec. III a.C.) fino a Cheremone (sec. I d.C.), si sono susseguiti diversi autori antigiudaici come Mnasea di Patara, Apollonio Molone, Lisimaco, Cheremone (cfr quanto scrive Calabi in FLAVIO GIUSEPPE, *Contro Apione*, 14-15; cfr GOODMAN in SCHÜRER, III/1, 763-780).

[127] Durante il regno di Tolomeo IV Filopatore (221-205) – stando alla testimonianza di 3 Mac 2,31 – venne diffuso dal sovrano il culto a Dioniso, al quale parteciparono alcuni giudei: "Alcuni pertanto, provando solo superficialmente ripugnanza (a considerare) i riti religiosi prezzo della cittadinanza, si arresero facilmente sperando di ricevere qualche grande onore dalla futura relazione col re" (PASSONI DELL'ACQUA, 642; si veda anche la n. 48 per i problemi testuali del brano). Sebbene il valore storico di 3Mac sia abbastanza dubbio, il racconto rispecchia "i compromessi a cui scesero alcuni giudei, il cui avanzamento a corte si trovava facilitato dall'abbandono dell'appartata religione giudaica" (BARCLAY, 110). BARCLAY, 90-117, avvalendosi dei lavori di Hengel e di Feldman, studiando le fonti e costituendo dei modelli sociologici di assimilazione (alta, media e bassa), ritiene di poter valutare come e quanto gli Ebrei di Alessandria potessero essere più o meno integrati con il tessuto sociale in cui vivevano. Nell'Egitto tolemaico c'erano giudei pienamente integrati negli affari politici e religiosi dello stato, arrampicatori sociali, giudei con coniuge pagano che non educavano i figli come giudei, ecc.: erano Ebrei che avevano abbandonato la fede dei padri. Per il problema dei giudei apostati come probabilmente era il caso di Dositeo, figlio di Drimilo (3Mac 1,3; cfr TCHERIKOVER- FUKS, 127), si veda WOLFSON, vol I, 73-86.

[128] Cfr Sir^Gr 35,22d (ὀσφὺν ἀνελεημόνων); Sir^Gr 35,23a (τοῖς ἔθνεσιν); Sir^Gr 35,23b (πλῆθος ὑβριστῶν); Sir^Gr 35,23c (σκῆπτρα ἀδίκων); Sir^Gr 35,24b (τὰ ἔργα τῶν ἀνθρώπων). Per l'espressione πλῆθος ὑβριστῶν c'è da fare una breve considerazione. Il Millar fondatamente ipotizza che i giudei della diaspora costituissero nelle città delle φυλαί urbane, come facevano altre popolazioni residenti (MILLAR in SCHÜRER, III/1, 183 e la n. 2). Nella nota marginale di Sir^H 35,23a viene proposta la lettura שבטי (leggibile come "le tribù") che ha probabilmente influito sulla lettura del Gr. Senza forzare troppo l'associazione, è tuttavia verosimile pensare che il Siracide, che conosce il πλῆθος πόλεως (Sir^Gr 7,7: μὴ ἁμάρτανε εἰς πλῆθος πόλεως καὶ μὴ καταβάλῃς σεαυτὸν ἐν ὄχλῳ , "non peccare contro la moltitudine della città e non degradarti in mezzo al popolo"), abbia visto le "tribù" delle altre etnie maldisposte verso la "tribù" dei giudei alessandrini e abbia chiamato πλῆθος l'insieme delle "tribù" avverse.

*§3. Sir<sup>Gr</sup> 35,21-26, testo di passaggio e introduttorio a Sir<sup>Gr</sup> 36: alcuni rilievi esegetici*

L'esame della struttura ha evidenziato la suddivisione di Sir<sup>Gr</sup> 35,21-26 in tre brevi strofe (Sir<sup>Gr</sup> 35,21b-22c; Sir<sup>Gr</sup> 35,22d-23c; Sir<sup>Gr</sup> 35,24a-25b) più una introduzione (Sir<sup>Gr</sup> 35,21a) e una conclusione (Sir<sup>Gr</sup> 35,26).

i) L'introduzione e la prima strofa

La prima strofa è preceduta da uno stico, che funge da introduzione, Sir<sup>Gr</sup> 35,21a, e che crea la transizione tra la parte finale del "Trattato" (Sir<sup>Gr</sup> 35,16-20) e il testo di passaggio (Sir<sup>Gr</sup> 35,21-26). La strofa potrebbe essere chiamata la strofa della "tenace preghiera dell'umile"

Potrebbe apparire incongrua l'espressione al singolare προσευχὴ ταπεινοῦ, "preghiera dell'umile" (Sir<sup>Gr</sup> 35,21a), in rapporto ai destinatari dell'intervento divino di giustizia, espressi con il dativo plurale δικαίοις, "ai giusti" (Sir<sup>Gr</sup> 35,22a). Si tratta di una incongruenza solo apparente, se si considera ταπεινοῦ come un genitivo di qualità (tipo di preghiera) piuttosto che come un genitivo di origine (preghiera fatta precisamente da un ταπείνος)[129]. La "preghiera dell'umile" non è più, nel testo Gr, la preghiera di Sir<sup>Gr</sup> 35,16.20, dove i protagonisti sono l'ἠδικημένος o il θεραπεύων; è, invece, una preparazione alla preghiera della comunità di Sir<sup>Gr</sup> 36,1-22.

La logica di Sir<sup>Gr</sup> 35,21a.21b-22c si muove in tre tappe. La preghiera arriva a Dio (Sir<sup>Gr</sup> 35,21a.bc). Egli pronuncia il giudizio (Sir<sup>Gr</sup> 35,22a) e non tarda nel compierlo (Sir<sup>Gr</sup> 35,22bc).

* Nella prima tappa (Sir<sup>Gr</sup> 35,21), l'immagine della preghiera che raggiunge e penetra le nubi è tipica del Siracide ed è probabilmente legata a due concetti fondamentali. Da una parte, sembra che il Siracide conoscesse il concetto[130] secondo il quale le nubi

---

[129] BLASS – DEBRUNNER, § 162.165 (232-234.237-338).

[130] È difficile dire se è un concetto popolare o un concetto che appartiene al modo

potevano impedire a Dio di vedere (cfr Gb[Th] 22,14)[131], dall'altra, c'era l'idea teologica, presente già nell'epopea dell'esodo, che Dio scendesse nella nube (Es[LXX] 34,5) e che vi rimanesse (Es[LXX] 20,21; cfr Dt[LXX] 31,15) per entrare in dialogo con Mosè[132]. Questo secondo orizzonte teologico è, probabilmente, il più adatto per comprendere perché la preghiera "penetra" (διῆλθεν) le nubi. Solo attraversando la coltre della nube, infatti, può raggiungere Dio che si trova all'interno della nube stessa. La perseveranza nella preghiera, evidenziata in Sir[Gr] 35,21bc da quattro verbi (διῆλθεν, συνεγγίσῃ, μὴ παρακληθῇ, μὴ ἀποστῇ), è un'altra nota tipica della teologia biblica[133] e, in modo particolare, della teologia dei Salmi, dove la preghiera perseverante è peculiare del povero e dell'infelice[134]: Il testo del Siracide rispecchia la tradizione biblica in cui c'è la sicurezza che Dio ascolta sia la preghiera dei ταπείνοι[135] sia quella dei δίκαιοι[136].

La preghiera dell'umile, dunque, non cessa fino a quando, penetrate le nubi, raggiunge Dio e muove Dio ad intervenire.

* Nella seconda tappa (Sir[Gr] 35,22a), la preghiera non cessa

---

empio di pensare (cfr WEISER, *Giobbe*, 264). La teologia biblica sa che Dio è sottratto alla vista degli uomini dalle nuvole (Es[H] 20,21; Dt[H] 4,11; Sal[H] 18,10; 1Re[H] 8,10; ecc.), ma non ha affermato che le nubi impediscano a Dio di vedere.

[131] Un concetto simile si trova in Lam[H] 3,44: סַכּוֹתָה בֶעָנָן לָךְ מֵעֲבוֹר תְּפִלָּה, "Ti sei avvolto in una nube: a te non giunge la preghiera". Il Gr ha: ἐπεσκέπασας νεφέλην σὲ αὐτῷ εἵνεκεν προσευχῆς, "Ti sei velato con una nube contro la preghiera".

[132] Per tutte le altre valenze teologiche della nube si veda: LUZÁRRAGA FRADUA, 30–41; per l'uso metaforico della nube, 32–37; per Lam[H] 3,44 si veda 35–36.

[133] Un esempio eloquente si può avere in Es[H] 17,8–15 dove si narra come Mosè, aiutato da Aronne e da Cur, sia rimasto con le mani alzate tutto il giorno (v. 12) fino alla vittoria degli Ebrei su Amalek.

[134] Cfr Sal[LXX] 85,3: πρὸς σὲ κεκράξομαι ὅλην τὴν ἡμέραν, "A te grido lungo tutto il giorno".

[135] Il tema è presente nella teologia dei Salmi: cfr Sal[LXX] 101,18: ἐπέβλεψεν ἐπὶ τὴν προσευχὴν τῶν ταπεινῶν, "Ha avuto riguardo per la preghiera degli umili". Anche in questo caso il traduttore greco esprime al plurale ("degli umili") ciò che è al singolare nel testo H (עַרְעָר, "derelitto").

[136] Cfr Pr[LXX] 15,29: i δίκαιοι sono nominati in Sir[Gr] 35,22a.

fino all'intervento dell'Altissimo che compirà un giudizio equo nei confronti dei giusti. Nell'esperienza della storia della salvezza si sa che Dio è colui che ripara i torti (cfr Gen^LXX 16,5; 1Sam^LXX 24,16; Ger^LXX 11,20). Soprattutto nella teologia dei Salmi i giusti perseguitati si rivolgono a Dio non per la vendetta, ma per riottenere il diritto violato (Sal^LXX 9,20; 34,1-3.24; 42,1; ecc.), cioè il מִשְׁפָּט (secondo il testo H). L'espressione greca ποιέω κρίσιν, infatti, traduce nel testo del Siracide l'espressione ebraica עָשָׂה מִשְׁפָּט, che indica l'azione che persegue, salvaguarda e afferma il diritto soggettivo in una azione processuale secondo giustizia[137]. Non ci è dato di sapere di quale מִשְׁפָּט si tratti, ma sappiamo che gli ebrei alessandrini sono stati più volte oggetto di ostilità, persecuzione, privazione di diritti acquisiti, ecc.[138].

* Nella terza tappa (Sir^Gr 35,22bc), infine, il testo passa dalla visione teologica alla speranza concreta: Dio non può tardare il suo intervento. I due verbi scelti dal Siracide per esprimere il sollecito intervento divino sono al negativo: μὴ βραδύνῃ, μὴ μακροθυμήσῃ. Mentre per la forma (מָהַהּ = βραδύνω[139]) il Siracide è debitore a Gen^LXX 43,10, per l'idea teologica è tributario in parte a Dt^LXX 7,9–10 e in parte a Is^LXX 46,8-13. In Dt^LXX 7,9-10 Dio è fedele nei confronti di coloro che lo amano e osservano i suoi comandamenti ma non concede dilazione a coloro che odiano Dio (οὐχὶ βραδυνεῖ τοῖς μισοῦσιν). In Is^LXX 46,8-13 Dio, mentre invita al ricordo, chiede l'ascolto agli scoraggiati (esuli in Babilonia): egli non rende lontana la giustizia e non farà tardare la salvezza (καὶ τὴν σωτηρίαν τὴν παρ' ἐμοῦ οὐ βραδυνῶ). L'allusione, dunque, presente nel verbo βραδύνω è indubbiamente consolante. Consolante è anche l'uso del secondo verbo. Il verbo μακροθυμέω[140], che in ambito profano significa *pa-*

---

[137] Bovati, 188- 191, in modo particolare 189.

[138] Per il periodo tolemaico (323-180 a.C.) si veda Barclay, 44-47; per il periodo successivo, da quando la Giudea non fa più parte dell'Egitto, cioè da Tolomeo VI Filometore fino a Cleoptra VII (180-30 a.C.) si veda Barclay, 47-58.

[139] Compare nei libri dei LXX solo 4x (Gen^LXX 43,10; Dt^LXX 7,10; Is^LXX 46,13; Sir^Gr 35,22).

[140] Compare nei libri dei LXX solo 7x (Gb^LXX 7,16; Pr^LXX 19,11; Sir^Gr 18,11; 29,8;

*zientare, perseverare* e *procrastinare/attendere*[141], nei testi dei LXX, esprimendo la condotta divina, indica la sua capacità di *ritardare la propria ira* ed *essere longanime*. La μακροθυμία di Dio non è pazienza indiscriminata, ma "pone accanto all'ira un atteggiamento per cui Dio ne differisce la manifestazione, in attesa che l'uomo faccia vedere qualcosa che giustifichi tale differimento"[142]. Questo concetto è espresso da Es[LXX] 34,6-7 e potrebbe essere scelto come sfondo teologico per comprendere come nel Siracide μακροθυμέω, predicato di Dio (Sir[Gr] 18,11; 35,22)[143], sia associato al suo essere misericordioso (Sir[Gr] 18,11)[144]. Il Signore è longanime (Sir[Gr] 5,4: κύριός ἐστιν μακρόθυμος), ma presso di Lui c'è sia la misericordia sia l'ira (Sir[Gr] 5,6: ἔλεος γὰρ καὶ ὀργὴ παρ' αὐτῷ). Dio, perciò, non può usare la sua pazienza e la sua longanimità[145] con coloro che non fanno altro che maltrattare il suo popolo. Non può essere paziente a scapito del suo popolo. Il Siracide, infatti sa che "la preghiera del povero dalla sua bocca (giunge) fino alle sue (= di Dio) orecchie, il suo giudizio giunge rapidamente, καὶ τὸ κρίμα αὐτοῦ κατὰ σπουδὴν ἔρχεται" (Sir[Gr] 21,5). Se

---

35,22; Bar 4,25). Qo[LXX] 8,12 riporta il verbo solo nella seconda mano del codice Sinaitico (Horst, coll. 1010-1024.; Riesenfeld, "Zu μακροθυμεῖν", 214-217; Wifstrand, "Lukas 18,7", 72-74).

[141] Cfr Horst, coll. 1011-1014.

[142] Horst, coll. 1018-1019.

[143] In Sir[Gr] 2,4; 29,8 si parla della μακροθυμία dell'uomo.

[144] Per la pericope di Sir[Gr] 18,1-14 si veda Chávez Jiménez, 259-324. Per Sir[Gr] 18,10 si vedano le pagine 288-290. Per un disguido, a pagina 288, Chávez Jiménez attribuisce a μακροθυμέω presenze nel Siracide (Sir[Gr] 1,23; 2,4; 5,4.11; 29,8; 35,19) che appartengono in parte a μακροθυμέω (Sir[Gr] 2,4; 29,8; 35,19) in parte a μακροθυμία (Sir[Gr] 5,11) e in parte a μακρόθυμος (Sir[Gr] 1,23; 5,4). Palmisano, 118 n. 163 traduce μακροθυμέω con *aver pazienza*.

[145] Con questo significato è usato sempre in due apocrifi greci, il *Testamento di Giobbe* (11,10; 26,5; 27,7; 28,5; 35,4) e e il *Testamento di Giuseppe* (2,7). Per quanto riguarda il *Testamento di Giobbe*, dopo gli studi avviati da Spitta e approfonditi da Delcor, Gerleman, Rahnenfürher, Piñero e Schaller, non è più sostenibile l'origine cristiana dell'opera (in ordine temporale: Spitta, vol. III/2, 139-206; Gerleman, 60-63; Delcor, 54-74; Rahnenfürher, 68-93; Piñero, 109-113; Schaller, 377-406, in modo particolare 392-394.406). Il *Testamento di Giuseppe*, invece, è un'opera giudaica senza interpolazioni cristiane. Per le interpolazioni cristiane nei Testamenti dei XII Patriarchi si veda Vermes - Goodman in Schürer, III/2, 1013, n. 16.

Dio fosse lento ad intervenire, non farebbe più un giudizio equo (Sir^{Gr} 35,21d) e non darebbe una risposta di fedeltà all'invocazione dell'orante: μου μὴ χρονίσῃς, "non tardare" (cfr Sal^{LXX} 40,18d)[146].

### ii) La seconda strofa

La seconda strofa, Sir^{Gr} 35,22d-23c, si può identificare come la "strofa dell'intervento del κύριος, il Signore"[147] (Sir^{Gr} 35,22b) contro gli spietati, le genti, i violenti e gli ingiusti. Si tratta dell'intervento divino richiesto dalla preghiera incessante. Dio interviene contro i nemici con delle azioni molto forti.

In Sir^{Gr} 35,22d-23c, il vocabolario che identifica i nemici in parte è generico, pur con valenze teologiche e morali precise (genti, ingiusti), in parte è sapienziale–profetico (violenti)[148] e in parte, strettamente sapienziale (spietati)[149]. Per il Siracide, gli spietati, le genti, i violenti e gli ingiusti sono i nemici del popolo di Dio. Poiché Dio deve intervenire contro costoro, la preghiera dell'umile

---

[146] In Sal^H 40,18cd (עֶזְרָתִי וּמְפַלְטִי אַתָּה אֱלֹהַי אַל־תְּאַחַר), secondo Airoldi (AIROLDI, 247-258) non si dovrebbe leggere אתה come pronome, ma come verbo. Il risultato sarebbe: "Mio aiuto e mio salvatore, vieni. Dio mio, non tardare". Il Gr non ha letto così.

[147] Fa da soggetto alle sette azioni (una ottava è sottintesa al v. 24b) di Sir^{Gr} 35,22b-25.

[148] Il vocabolo ὑβριστής compare in ambito sapienziale (Gb^{LXX} 40,11; Pr^{LXX} 15,25; 16,19; 27,13; Sir^{Gr} 35,23b) e profetico (Is^{LXX} 2,12; 16,6; Ger^{LXX} 28,2). I violenti sono persone odiate da Dio (in Pr^{LXX} 16,17 sono identificate dall'espressione ὀφθαλμὸς ὑβριστοῦ, "occhio del furioso / altero / violento"). La loro casa viene abbattuta dal Signore, mentre i confini della vedova sono salvaguardati (Pr^{LXX} 15,25). Con i violenti è bene non spartire la preda (Pr^{LXX} 16,19) e davanti ad essi non bisogna mai cedere, altrimenti si perderebbe la propria libertà di parola (Sir^{Gr} 8,11: μὴ ἐξαναστῇς ἀπὸ προσώπου ὑβριστοῦ ἵνα μὴ ἐγκαθίσῃ ὡς ἔνεδρον τῷ στόματί σου, "Non retrocedere davanti a una persona violenta perché non si collochi come impedimento alla tua bocca"). In Is^{LXX} 16,6 l'ὑβριστής è Moab e in Ger^{LXX} 28,2 è Babilonia. È interessante notare che Moab, presente in Sir^H 36,10, viene "interpretato" in Sir^{Gr} 36,9 come "gli arconti dei nemici" (secondo FLAVIO GIUSEPPE, *Antiquitates*, XIV, 7,2, l'arconte è simile all'etnarca che guidava la comunità ebraica alessandrina).

[149] Il vocabolo ἀνελεήμων viene usato nei libri dei LXX solo in ambito sapienziale (Gb^{LXX} 19,13; Pr^{LXX} 5,9; 11,17; 12,10; 17,11; 27,4; Sir^{Gr} 13,12; 35,22; 37,11; Sap 12,5; 19,1). Gli spietati sono le persone piene di collera (cfr Pr^{LXX} 27,4), senza bontà di cuore (cfr Sir^{Gr} 37,11) e incapaci di mantenere la parola data (Sir^{Gr} 13,12).

(Sir^Gr 35,21a) non è più solo la preghiera dell'umile, ma di chi difende anche la propria libertà. Dare spazio alle genti, infatti, significherebbe rinunciare alla propria libertà (cfr Sir^Gr 8,11).

Le azioni di Dio contro i nemici del suo popolo sono tre: spezzare (συντρίβω[150]: Sir^Gr 35,22d.23c), rendere la controparte (ἀνταποδίδωμι ἐκδίκησιν: Sir^Gr 35,23a)[151] e estirpare (ἐξαίρω: Sir^Gr 35,23b).

Dio spezzerà la forza degli spietati e lo scettro degli ingiusti come spezzerà il popolo e i capi dei nemici di Israele (Sir^Gr 36,6.9)[152]. Egli, inoltre, toglierà radicalmente o, meglio, eliminerà[153] i violenti. Dio è colui che restituisce la controparte all'uomo in genere (Sir^Gr 18,24), al presuntuoso (Sir^Gr 5,3), al superbo (cfr Sir^Gr 27,28) e ai peccatori (Sir^Gr 47,25). Ciò che il Signore aveva promesso in Dt^LXX 32,35a (ἐν ἡμέρᾳ ἐκδικήσεως ἀνταποδώσω) il testo del Siracide lo applica alle genti[154]. L'ἐκδίκησις è la retribuzione che castiga. Non è associabile alla legge del taglione, che equilibra i rapporti tra singoli, davanti alla Legge, con una "juste proportion entre la peine à subir et le délit commis"[155]. Si tratta, piuttosto, del principio di retribuzione, secondo il quale al reo viene comminata una sofferenza proporzionata al reato commesso e a chi ha subito il torto viene dato un risarcimento del danno subito e contemporaneamente è "garantito nell'esercizio della sua libertà"[156].

I verbi ἐξαίρω e συντρίβω ricompaiono nella preghiera di Sir^Gr

---

[150] Il Siracide adopera il verbo 7x (Sir^Gr 13,2; 21,14; 27,2; 35,22.23; 36,9; 47,7). Mentre le prime citazioni (Sir^Gr 13,2; 21,14; 27,2) indicano il *mandare in frantumi* (pentola) o l'*entrare dentro* (il piolo nella pietra e il peccato nell'animo), diventano interessanti per il nostro brano le ultime due (Sir^Gr 36,9; 47,7).

[151] Una espressione simile (ἀποδίδωμι ἐκδίκησιν) si ritrova in Sir^Gr 12,6. In questo caso i destinatari sono gli ἀσεβεῖς, mentre in Sir^Gr 35,23 sono gli ἔθνη.

[152] Il verbo συντρίβω viene adoperato anche per indicare il trattamento che Dio ha avuto per Tiro, per i Filistei e per gli Assiri (Sir^Gr 46,18; 47,7; 48,21). La connotazione del verbo nel Siracide sembra essere *rompere irrimediabilmente* come una pentola di coccio (Sir^Gr 13,2) o un vaso di terracotta (Sir^Gr 21,14).

[153] Il verbo indica lo sradicamento dell'ignominia del popolo (Sir^Gr 47,4) o l'eliminazione fisica di Golia dalla terra dei viventi (Sir^Gr 47,5).

[154] Il significato di Dt^LXX 32,35a, diversamente dal testo H, sembra riferirsi alla retribuzione che castiga i nemici (DOGNIEZ – HARL, 336-337 per Dt^LXX 32,35).

[155] GILBERT, "La loi", 73-82 (spec. 81).

[156] Per la retribuzione giuridica si può vedere BOVATI, 347-352 (spec. 348).

36,1-22[157], confermando così il ruolo preferenziale di Sir<sup>Gr</sup> 35,21-26 quale contesto precedente la preghiera. Mentre Sir<sup>Gr</sup> 36,6.9 si scaglia contro l'avversario, il nemico e gli arconti dei nemici, il testo di Sir<sup>Gr</sup> 35,22d.23c si scaglia contro la forza degli spietati e lo scettro degli ingiusti[158]. Per la teologia del Siracide il verbo συντρίβω è legato anche a reminiscenze davidiche: in Sir<sup>Gr</sup> 47,7 viene detto che Davide annientò i nemici e i Filistei, spezzando la loro forza[159] fino ad oggi (ἕως σήμερον συνέτριψεν αὐτῶν κέρας)[160].

Esiste nella teologia veterotestamentaria una convinzione profonda: Dio è nemico dei nemici del suo popolo. Questa convinzione si trova sia nella teologia del libro dell'Esodo che narra le origini[161] del popolo ebraico sia nella teologia del secondo libro dei Maccabei che narra la storia degli ebrei di Palestina in epoca immediatamente precristiana[162] sia nel libro dei Salmi, dove troviamo buona parte della teologia legata alla preghiera d'Israele (cfr Sal<sup>LXX</sup>

---

[157] In Sir<sup>Gr</sup> 36,6 i due verbi sono associati, esattamente come ἐξαίρω e ἔκτρίβω: ἔγειρον θυμὸν καὶ ἔκχεον ὀργήν ἔξαρον ἀντίδικον καὶ ἔκτριψον ἐχθρόν, "Risveglia lo sdegno e riversa l'ira, estirpa l'avversario e abbatti il nemico". In Sir<sup>Gr</sup> 36,9 si trova solo il verbo σύντρίβω (σύντριψον κεφαλὰς ἀρχόντων ἐχθρῶν λεγόντων οὐκ ἔστιν πλὴν ἡμῶν, "Schiaccia le teste degli arconti dei nemici che dicono: Non c'è nessuno fuori di noi"). Nella traduzione di quest'ultimo testo, dove il Gr si allontana dal H, ho preferito dare al genitivo ἐχθρῶν il valore di aggettivo sostantivato perché la traduzione "arconti nemici" non rende il valore del disorientamento dei nemici, quando hanno i loro capi uccisi. Si veda, per esempio, la reazione dell'esercito di Oloferne alla notizia della morte del loro capo (Gdt 15,1-3). Si ricordi che l'arconte è simile all'etnarca che era a capo della comunità ebraica di Alessandria (cfr FLAVIO GIUSEPPE, *Antiquitates*, XIV, 7,2).

[158] Se si tiene presente la presunta persecuzione di Tolomeo VIII come viene narrata da Flavio Giuseppe (uccisione di tutti gli Ebrei per mezzo di elefanti ubriachi) e la tensione successiva tra egiziani e greci contro l'elemento ebraico, il linguaggio del Siracide potrebbe essere compreso come appropriato. Non so se sia, comunque, bene sottolineare troppo questo accostamento.

[159] Letteralmente il testo Gr dice "il loro corno".

[160] Si tenga, però, presente che in 2Sam<sup>LXX</sup> 22,18 Davide rilegge il trionfo sui suoi nemici come opera di Dio. Egli afferma che è stato Dio a liberarlo dalla forza dei suoi nemici e da coloro che lo odiavano poiché erano più forti di Davide (ἐρρύσατό με ἐξ ἐχθρῶν μου ἰσχύος ἐκ τῶν μισούντων με ὅτι ἐκραταιώθησαν ὑπὲρ ἐμέ).

[161] Mentre viene conclusa l'alleanza al Sinai, Dio promette a Israele di essere nemico dei nemici del popolo (Es<sup>LXX</sup> 23,22: ἐχθρεύσω τοῖς ἐχθροῖς σου καὶ ἀντικείσομαι τοῖς ἀντικειμένοις σοι, "Sarò nemico per i tuoi nemici e sarò l'avversario dei tuoi avversari").

82,3-4)[163]. Da qui nasce la fiducia che Dio renderà soddisfazione ai giusti contro suoi nemici (cfr Sir[Gr] 35,22a). Dio, infatti, viene presentato come colui che retribuisce la controparte (ἀνταποδιδωμι ἐκδίκησιν), cioè come il vendicatore contro i nemici (cfr Sir[Gr] 30,6: ἔκδικος). Dio agirà come l'uomo dalla molta esperienza che ripaga il cuore perverso che causa dolori (cfr Sir[Gr] 36,20). Nella concezione teologica del Siracide, Dio compare come il vendicatore del suo popolo ed è vicino alla figura del vendicatore così com'è presentata in ambito profetico, esattamente in Is[LXX] 59,17-18[164], dove Dio viene visto come colui che retribuisce agli avversari l'ignomi-

---

[162] L'affermazione di Es[LXX] 23,22 si trova nella fede del popolo ebraico in epoca immediatamente precristiana (2Mac 10,26: γενόμενον ἐχθρεῦσαι τοῖς ἐχθροῖς αὐτῶν καὶ ἀντικεῖσθαι τοῖς ἀντικειμένοις καθὼς ὁ νόμος διασαφεῖ, "….Dimostrandosi nemico dei loro nemici e avversario dei loro avversari, come dice chiaramente la Legge").

[163] Si veda il capitolo "Le potenze nemiche", molto lineare, di KRAUS, *La teologia*, 203-221 (in modo particolare, 207-209).

[164] Il testo di Is[H] 59,17-18 è corrotto nel v. 18 ed è di difficile comprensione (cfr WEISER, *Isaia*, 419). Questa valutazione, forse, spiegherebbe il fatto che Gr è più breve e un po' diverso dal testo H. Chi adopera le metodologie sincroniche sembra essere meno preoccupato e non vede problemi rilevanti di critica testuale (cfr CHILDS, *Isaia*, 525-526.532). Chi, invece, è più sensibile alla dimensione poetica, per il caso concreto, non si cura del problema (cfr ALONSO SCHÖKEL - SICRE DÍAZ, 408.411). La traduzione del testo Gr è la seguente: "Egli si è rivestito di giustizia come di una corazza, e sul suo capo ha posto l'elmo della salvezza. Ha indossato le vesti della vendetta, si è avvolto del manto e della cappa della controparte come colui che retribuisce agli avversari l'ignominia come ricompensa".
Anche il testo di Ger[LXX] 27,31 rientra nei testi che possono illustrare Sir[Gr] 35,22d-23c. Il testo profetico presenta problemi testuali in rapporto al testo H. Ger[LXX] 27 corrisponde a Ger[H] 50. Per i problemi testuali intercorrenti tra il testo Gr e il testo H, si veda SEIDL T., *Texte und Einheiten in Jeremia 27-29*, St Ottilien 1977. Per l'analisi letteraria e l'analisi delle forme si veda SEIDL T., *Formen und Formeln in Jeremia 27-29*, St Ottilien 1978. Geremia[LXX], alla fine dell'oracolo di condanna contro Babilonia, che in Gr ha perso alcuni elementi caratteristici del testo H, fa intervenire direttamente Dio. Nel primo versetto dice: ἰδοὺ ἐγὼ ἐπὶ σὲ τὴν ὑβρίστριαν λέγει κύριος ὅτι ἥκει ἡ ἡμέρα σου καὶ ὁ καιρὸς ἐκδικήσεώς σου, "Eccomi per te, (Babilonia), la violenta, - dice il Signore - poiché è giunta la tua ora e il tempo della tua ricompensa". Si noti come nel testo H si dica יְהוָה צְבָאוֹת, mentre il Gr ha solo κύριος. Si tratta dell'omissione del concetto del Dio guerriero, vicinissima a quella operata da Sir[Gr] 35,22c che tace il titolo divino גבור del testo H. Geremia annuncia che Dio interverrà per liberare il suo popolo dalla violenza della schiavitù di Babilonia.

nia. L'immagine isaiana del Dio guerriero è forte. Probabilmente la figura è letterariamente mitologica[165], ma è senz'altro più vicina al concetto teologico di un Dio che si schiera dalla parte dei deboli (cfr Gdt 9,7; 16,2) che di un Dio guerriero (cfr Es<sup>LXX</sup> 15,3)[166] vero e proprio. Nel testo Gr del Siracide, però, non compare nessuna allusione militare di Dio, né in Sir<sup>Gr</sup> 35,22d-23c né lì dove poteva benissimo essere inserita perché presente nel testo H (Sir<sup>H</sup> 35,22b // Sir<sup>Gr</sup> 35,22c).

### iii) La terza strofa

La terza strofa, Sir<sup>Gr</sup> 35,24a-25b, si può chiamare la strofa della retribuzione positiva verso il popolo di Dio. Dopo aver illustrato l'insistenza e la perseveranza della preghiera che ottiene il sicuro intervento divino che non si farà attendere e retribuirà coloro che fanno del male al suo popolo (gli spietati, le genti, i violenti e gli ingiusti), il testo si serve di un passaggio di sapore proverbiale per giungere alla presentazione della retribuzione ricca di gioia e di misericordia verso il suo popolo. La terza strofa si articola in due momenti. In Sir<sup>Gr</sup> 35,24 si trova un detto proverbiale dove la retribuzione divina è data all'uomo sia per le azioni sia per le intenzioni. Successivamente, in Sir<sup>Gr</sup> 35,25 l'attenzione viene dedicata alla retribuzione positiva del suo popolo. Dio lo rallegra con la sua salvezza.

---

[165] Sul tema guerra, pace e giustizia e la forma letteraria mitologica di Dio guerriero si veda HANSON, "War, peace and justice", 32-45, che riprende concetti già espressi in HANSON, *The Dawn*, 287-334.

[166] Le sue armi, infatti, non sono la corazza o l'elmo o quant'altro, ma la sua corazza è la giustizia e il suo elmo, la salvezza. Il suo mantello è la retribuzione; la restituzione di ciò che uno ha meritato. L'obiettivo non è uccidere gli avversari ma è caricarli di ὄνειδος, di quella condizione disonorevole che il popolo di Dio ha esperimentato a causa dei popoli nemici e di cui ha ricevuto la promessa di liberazione (cfr Is<sup>LXX</sup> 25,8; si veda anche l'oracolo di salvezza in Is<sup>LXX</sup> 54,4). La visione di Is<sup>LXX</sup> 25,1-2 non è di tipo apocalittico. I cieli nuovi e la terra nuova compariranno nel Trito-Isaia (Is<sup>LXX</sup> 65,17; 66,22-23). Qui, piuttosto, si deve vedere un ordine nuovo delle realtà storiche (cfr CHILDS, *Isaia*, 197-202). Per il tema del Dio guerriero con tutte le relative sfumature si può vedere: PERKINS, "The Lord is a warrior", 121-138; cfr anche HANSON, "War, peace, and justice", 32-45; MILLER P.D. *God the warrior: a problem in biblical interpretation and apologetics*, in MILLER, *Israelite Religion*, 356-364.

Il detto proverbiale di Sir[Gr] 35,24, formato da un parallelismo sintetico, ruota fondamentalmente attorno al tema della retribuzione secondo le opere e le intenzioni. L'espressione è un po' affaticata, ma chiara: "Finché non abbia retribuito (la controparte) all'uomo secondo il suo modo di agire / e (abbia retribuito) le opere degli uomini secondo le loro intenzioni". L'espressione ἀνταποδίδωμι κατὰ τὰς πράξεις costituisce un *unicum* nei libri dei LXX. Esiste, però, una espressione molto vicina in Sal[LXX] 27,4[167]; Pr[LXX] 24,12[168]; Ger[LXX] 27,29[169], Lam[LXX] 3,64[170]: (ἀνταπο)δίδωμι + κατὰ τὰ ἔργα[171]. La "retri-

---

[167] Sal[LXX] 27,4: δὸς αὐτοῖς κατὰ τὰ ἔργα αὐτῶν /καὶ κατὰ τὴν πονηρίαν τῶν ἐπιτηδευμάτων αὐτῶν / κατὰ τὰ ἔργα τῶν χειρῶν αὐτῶν δὸς αὐτοῖς / ἀπόδος τὸ ἀνταπόδομα αὐτῶν αὐτοῖς ,"Da' a loro secondo le loro opere e secondo la malvagità dei loro comportamenti, secondo le loro azioni delle loro mani da' a loro. Retribuisci loro la loro retribuzione". Il Gr segue il testo H tranne che per uno scambio singolare-plurale (פעלה / ἔργα).

[168] Pr[LXX] 24,12: ἐὰν δὲ εἴπῃς οὐκ οἶδα τοῦτον / γίνωσκε ὅτι κύριος καρδίας πάντων γινώσκει / καὶ ὁ πλάσας πνοὴν πᾶσιν αὐτὸς οἶδεν πάντα / ὃς ἀποδίδωσιν ἑκάστῳ κατὰ τὰ ἔργα αὐτοῦ, "Se tu dici:"Non conosco questo", sappi che il Signore conosce il cuore di tutti. E, plasmando il respiro a tutti, tutto conosce egli che renderà a ciascuno secondo le proprie opere". Sia nel testo Gr sia nel testo H, che è leggermente diverso dal Gr, c'è il concetto di Dio che valuta il mondo interiore dell'uomo, anche se la retribuzione viene fatta sulle opere.

[169] Ger[LXX] 27,29: ἀνταπόδοτε αὐτῇ κατὰ τὰ ἔργα αὐτῆς κατὰ πάντα ὅσα ἐποίησεν ποιήσατε αὐτῇ, "Rendete ad essa secondo le sue opere, secondo tutto quello che ha fatto fatele. Ger[H] 50,29 è alquanto più ampio:
שַׁלְּמוּ־לָהּ כְּפָעֳלָהּ כְּכֹל אֲשֶׁר עָשְׂתָה עֲשׂוּ־לָהּ כִּי אֶל־יְהוָה זָדָה אֶל־קְדוֹשׁ יִשְׂרָאֵל,
"Ripagatela secondo la sua opera, secondo tutto ciò che ha fatto, fate a lei perché è stata arrogante verso il Signore, Dio d'Israele".

[170] Lam[LXX] 3,64: ἀποδώσεις αὐτοῖς ἀνταπόδομα κύριε κατὰ τὰ ἔργα τῶν χειρῶν αὐτῶν, "Retribuisci loro la retribuzione, Signore, secondo le opere delle loro mani". Il testo Gr segue fedelmente il testo H, anche se il testo H non ha il gioco della ripetizione del radicale *δο/δω nel verbo e nel nome come, invece, ha il Gr (תָּשִׁיב לָהֶם גְּמוּל / ἀποδώσεις αὐτοῖς ἀνταπόδομα).

[171] La stessa costruzione ricompare anche nel N.T. con valore escatologico: cfr Rm 2,6; 2Tm 4,14; Ap 18,6. Con valore escatologico compare lo stesso tema, ma con un vocabolario diverso, nell'*Apocalisse di Enoch* 100,7: οὐαὶ ὑμῖν οἱ ἄδικοι ὅταν ἐκθλίβητε τοὺς δικαίους / ἐν ἡμέρα ἀνάγκης στερεᾶς καὶ φυλάξητε αὐτοὺς ἐν πυρὶ / ὅτι κομιεῖσθε κατὰ τὰ ἔργα ὑμῶν, "Guai a voi ingiusti, quando affliggerete i giusti nel giorno della grave afflizione e li imprigionerete nel fuoco poiché sarete ricompensati

buzione secondo le opere", intesa in senso di "retribuzione della sofferenza procurata", può essere fatta dagli uomini, quali *longa manus* di Dio (Ger^LXX 27,29[172]) oppure può essere fatta direttamente da Dio (Sal^LXX 27,4, Pr^LXX 24,12; Lam^LXX 3,64). Può essere fatta, secondo il criterio della "giustizia vendicativa" verso altri popoli (Lam^LXX 3,64), oppure verso un gruppo ristretto di persone (Sal^LXX 27,4), oppure, secondo il criterio della retribuzione personale (Pr^LXX 24,12). In quest'ultimo caso si tratta della "sofferenza proporzionata"[173] per il colpevole, comminata probabilmente da un giudice[174] che è richiamato alla sua responsabilità di "conoscere" i dati.

La retribuzione potrebbe comprendere, come in Lam^LXX 3,64-66, la durezza di cuore (ἀποδώσεις αὐτοῖς ὑπερασπισμὸν[175] καρδίας), la sofferenza (ἀποδώσεις …μόχθον σου αὐτοῖς), la persecuzione

secondo le vostre azioni" (BLACK, *ad locum*). Il testo enochico prosegue con tre "guai" (100,7.8.9), l'investigazione degli angeli (100,10) e la testimonianza delle nuvole, della rugiada, della nebbia e della pioggia contro i peccatori e i perversi di cuore (100,11). Mentre in Sir^Gr 35,21 le nuvole sono viste in senso metaforico per indicare il "luogo" di Dio, in Sir^Gr 35,26 le nuvole sono viste nel loro valore atmosferico come nel brano dell'Apocalisse di Enoch.

[172] Si tratta della "giustizia vendicativa" di Dio (ALONSO SCHÖKEL - SICRE DÍAZ, 732), operata attraverso un'altra nazione che, secondo Ger^LXX 25,14-19, dovrebbe essere l'Αιλαμ, cioè l'Elam o Persia. Ger^H 25,14-19, mentre esprime il concetto di retribuzione nei confronti dei Caldei (וְשִׁלַּמְתִּי לָהֶם כְּפָעֳלָם וּכְמַעֲשֵׂה יְדֵיהֶם, "E retribuirò loro secondo le loro opere e secondo le azioni delle loro mani"), espressione assente nel testo Gr, parla genericamente di "nazioni numerose e re potenti" senza specificare, come il testo Gr, chi essi siano. L'intermediazione umana nella retribuzione divina presente in Geremia è vicina all'espressione carica di sofferenza presente nel Sal^LXX 136,8-9.

[173] Cfr BOVATI, 347-348.

[174] Potrebbe essere anche un avvocato (ALONSO SCHÖKEL, *Proverbios y Ecclesiastico*, 108; ALONSO SCHÖKEL - VÍLCHEZ LÍNDEZ, 518; MORO, 261-271; MILLER, 236-238; WALTKE, 277-278). Questa problematica (giudice o avvocato?) è assente in CIMOSA M., *Proverbi*, Milano 2007.

[175] Il vocabolo ὑπερασπισμός è usato nei LXX solo 3x (2Sam^LXX 22,36; Sal^LXX 17,36; Lam^LXX 3,65; Sir^Gr 34,19). Mentre in 2 Sam^LXX 22,36; Sal^LXX 17,36; Sir^Gr 34,19 ὑπερασπισμός significa *scudo, protezione*, in Lam^LXX 3,65, adoperato in senso figurato, indica *impenetrabilità, durezza*, alludendo in qualche modo alla durezza del cuore del faraone che attraverso i "segni" non riusciva a riconoscere che il Signore fosse Dio. Nel testo Gr dell'Esodo, la durezza del cuore del Faraone è indicata in genere dal verbo σκληρύνω (cfr Es^LXX 4,2; 7,3; ecc.), mentre il testo H preferisce il pi'el di חָזַק (*rendere fermo / ostinato / duro*) o di קָשָׁה (*rendere inflessibile / ostinato*).

violenta (καταδιώξεις ἐν ὀργῇ) e la distruzione sotto i cieli (ἐξαναλώσεις αὐτοὺς ὑποκάτω τοῦ οὐρανοῦ). Altre volte, come in Sal^LXX 27,4, è difficile dire se si tratta di una richiesta d'intervento divino diretto, di un intervento mediato dagli uomini (giudice?) o di una richiesta che invoca l'emergere della retribuzione, in qualche modo, già presente nella stessa azione malvagia commessa dai peccatori. Koch chiama quest'ultima remunerazione, già presente nell'atto cattivo compiuto dal malvagio, "nemesi immanente"[176].

Il testo di Sir^Gr 35,22-23 è vicino alla sensibilità di Sal^LXX 27,4 e di Lam^LXX 3,64 in quanto parla di retribuzione divina contro coloro che fanno del male al popolo di Dio (gli spietati, le genti, i violenti e gli ingiusti), ma non esplicita se la retribuzione avviene attraverso la "nemesi immanente" o attraverso strumenti umani. Il testo di Sir^Gr 35,24, vicino alla riflessione di Pr^LXX 24,12, esplicita, invece, la capacità d'intervento che ha Dio. Egli, diversamente dal giudice umano, è sicuramente capace di valutare sia le azioni dell'uomo sia il suo mondo interiore (il cuore / le intenzioni)[177] e, di conseguenza, è capace di dare la giusta ricompensa. Se tutto questo vale per coloro che si oppongono ai giusti e al popolo di Dio, per i giusti e il popolo di Dio il Signore retribuirà la giustizia e la salvezza.

Sir^Gr 35,25 esprime l'obiettivo finale della preghiera di Sir^Gr 35,21a. Gli interventi retributivi di Dio, che vengono provocati dalla preghiera, dopo aver operato contro i nemici, ora si esprimeranno a favore del popolo di Dio.

In Sir^Gr 35,25a l'espressione forte κρίνω τὴν κρίσιν traduce in genere l'espressione ebraica ריב ריב (Sir^H 35,25; cfr 1Sam^LXX 24,16; 25,39; Sal^LXX 118,154; Pr^LXX 22,23; 23,11; ecc.), ma anche l'espressione ebraica שָׁפַט מִשְׁפָּט (cfr Dt^H 16,18) e דִין דִּין (cfr Ger^H 22,16) e,

---

[176] Koch, 1-42.

[177] Il tema di Dio capace di vedere anche il cuore dell'uomo si trova nella teologia deuteronomistica: 1 Sam^LXX 16,7. Il testo 1 Sam^LXX 16,7 ha un gioco finissimo con la parola πρόσωπον che può indicare il volto, la persona, ma anche la stima sociale (cfr quanto detto nell'esegesi di Sir^Gr 35,15-16). L'uomo guarda il πρόσωπον, Dio il cuore.

in forma ridotta, altre ancora. L'espressione greca indica fondamentalmente tre dati: Dio compie giusti giudizi (1Sam[LXX] 24,16; 25,39; Sal[LXX] 118, 154; Pr[LXX] 22,23; 23,11; Is[LXX]11,4; Lam[LXX]3,59), gli uomini sono chiamati a compiere o compiono giusti giudizi (Dt[LXX] 16,18; Ger[LXX] 22,16) e, in forma negativa, gli uomini compiono giudizi ingiusti (Is[LXX] 1,23; Ger[LXX] 5,28; Sus[LXX] 1,53; Sus[Th] 1,53[178]). L'espressione di Sir[Gr] 35,25a, dato il contesto, sembra alludere alla corretta azione giudicante di Dio in opposizione alla cattiva gestione umana della giustizia. Dio, il giudice (cfr Sir[Gr] 35,15), capace di giusti giudizi perché non ha preferenze di persone (cfr Sir[Gr] 35,16), manifesta la sua fedeltà verso l'alleanza con il suo popolo, facendogli anche giustizia. Ciò consiste non solo nel ripagare i nemici per ciò che hanno fatto, ma anche nel rallegrare i membri del suo popolo con la sua misericordia (εὐφρανεῖ αὐτοὺς ἐν τῷ ἐλέει αὐτοῦ).

L'espressione "εὐφραινω + ἐν τῷ ἐλέει αὐτοῦ" di Sir[Gr] 35,25b è conosciuta dal Siracide. Egli l'adopera una seconda volta in Sir[Gr] 51,29[179]. La misericordia divina, di cui il Siracide invita i suoi discepoli (?) a rallegrarsi, non ha nel contesto immediato nessuna motivazione, se non una generica bontà divina nel dono della sapienza[180]. Il testo di Sir[Gr] 51,29, potrebbe, però, alludere anche ad

---

[178] Sus[LXX] 1,53; Sus[Th] 1,53 equivalgono a Dan[Lat] 13,53 della *Vulgata*.

[179] Per la lettura critica del testo di Sir[H] 51,13-30 si veda GILBERT, "Venez à mon école", 283-290, specialmente 289. GILBERT, "Venez à mon école", 281, n. 1 offre un'ampia bibliografia sul testo e la sua ricomposizione. A questa bibliografia si può aggiungere BÖMISCH, "Ein Liebesgedicht", 49-70; MULDER, "Three Psalms", 171-201; PEURSEN (VAN), "Sirach 51,13-30", 337-374; REYMOND, 207-231. Sull'interpretazione erotica del testo (non da tutti accettata) si veda SANDERS, *The Psalms*, 79-85; SANDERS, *The Dead Sea*, 112-17; MURAOKA, "Sir 51, 13-30", 166-178. Il testo di Sir[Gr] 51,29 dice : εὐφρανθείη ἡ ψυχὴ ὑμῶν ἐν τῷ ἐλέει αὐτοῦ καὶ μὴ αἰσχυνθείητε ἐν αἰνέσει αὐτοῦ, "Sia rallegrata la vostra anima con la sua misericordia e non vergognatevi della sua lode". Il testo H, che è una retroversione dal siriaco (GILBERT, "Venez à mon école", 282, n 3 cita LÉVI , XXI-XXVII. 225-233), invece, recita: תשמח נפשי בישיבתי ולא תבושו שירתי, "La mia anima si rallegri nella mia istruzione e non vi vergognerete della mia istruzione cantilenata". Il vocabolo ebraico שירה che tradurrebbe il vocabolo siriaco ܬܫܒܘܚܬܐ (*preghiera, inno, cantico*) potrebbe essere reso anche con *insegnamento cantilenato* (cfr שירה di Sir[H] 47,15 in rapporto a שיר di Sir[H] 47,17 e le relative traduzioni del Gr (Sir[Gr] 47,15: ἐν παραβολαῖς; Sir[Gr] 47,17: ἐν ᾠδαῖς).

[180] La domanda della sapienza si trova in Sir[Gr]51,14. In Sir[Gr] 51,22 c'è lode a Dio per il dono ricevuto.

altro. Nel brano precedente, Sir$^{Gr}$ 51,1-12[181], un ringraziamento individuale[182], il termine ἔλεος viene adoperato dal testo Gr 2x: Sir$^{Gr}$ 51,3.8. Nel primo caso (Sir$^{Gr}$ 51,3) l'orante testimonia la liberazione compiuta da Dio dalle false accuse (Sir$^{Gr}$ 51,6) per l'abbondanza della misericordia divina (κατὰ τὸ πλῆθος ἐλέους) e per il suo nome. Dio lo ha liberato sia da coloro che erano pronti a divorarlo e a ucciderlo sia dalle numerose afflizioni (ἐκ πλειόνων θλίψεων)[183]. Nel secondo caso (Sir$^{Gr}$ 51,8) l'orante confessa che nel bisogno si è ricordato della misericordia e delle opere del Signore: Dio libera coloro che sperano in lui e li salva dalla mano dei nemici. Dono della sapienza, dunque, liberazione dalle false accuse e liberazione dai nemici sono opere della misericordia di Dio in favore del suo popolo, testimoniate nel testo del Siracide[184].

Il pensiero espresso in Sir$^{Gr}$ 35,24-25 sembra possa chiarirsi ulteriormente alla luce di Sir$^{Gr}$ 16,11-14[185]:

Sir$^{Gr}$ 16,11[186]     κἂν ᾖ εἷς σκληροτράχηλος
                   θαυμαστὸν τοῦτο εἰ ἀθῳωθήσεται

---

[181] Il testo è da considerarsi autentico e non aggiunto, cfr GILBERT, "L'action de grâce", 231-242, specialmente 240-242.

[182] GILBERT, "L'action de grâce", 239.

[183] Si tenga presente che il vocabolo θλίψις compare anche in Sir$^{Gr}$ 35,26.

[184] Essere liberati dai nemici, poi, è una delle dieci situazione che nel cuore del Siracide vengono reputate felici (Sir$^{Gr}$ 25,7).

[185] GILBERT, "God, Sin and Mercy", 118-135; per Sir$^{H}$ 16,12-14 si vedano 122-123. Gilbert, esaminando il testo H ritiene che la conclusione vada circoscritta in Sir$^{H}$ 16,11-14. Anche il testo Gr va così suddiviso (cfr ZIEGLER, *Sirach*, 197). Personalmente ritengo che il testo vada considerato come una unità, dove, però, Sir$^{Gr}$ 16,11 potrebbe fungere da tesi conclusiva che, poi, viene sviluppata in Sir$^{Gr}$ 16,12-14. Il testo di Sir$^{Gr}$ 16,12-14, infatti, è in qualche modo incluso dall'espressione κατὰ τὰ ἔργα (Sir$^{Gr}$ 16,12b.14b).

[186] Questa può essere una traduzione letterale del testo Gr: "Ci fosse uno (che sia) il ribelle: / questo sarebbe strano, se rimanesse impunito. / Infatti, (vengono) la misericordia e l'ira da Lui, potente mentre perdona e riversa l'ira. / Come è grande la sua misericordia così è grande la sua correzione. / Egli giudica l'uomo secondo le sue opere. / Il peccatore non sfuggirà con la sua rapina / e la pazienza del pio non resterà trascurata. / Egli farà posto a tutta la sua azione di giustizia / e ciascuno troverà secondo le sue opere". Ho reso ἐλεημοσύνη con *azione di giustizia*, dopo aver esaminato l'uso del

$$\begin{aligned}
&\quad\ \ \ \text{ἔλεος γὰρ καὶ ὀργὴ παρ' αὐτῷ}\\
&\quad\ \ \ \text{δυνάστης ἐξιλασμῶν καὶ ἐκχέων ὀργήν}\\
&12\ \ \text{κατὰ τὸ πολὺ ἔλεος αὐτοῦ οὕτως καὶ πολὺς}\\
&\quad\ \ \ \text{ὁ ἔλεγχος αὐτοῦ}\\
&\quad\ \ \ \text{ἄνδρα κατὰ τὰ ἔργα αὐτοῦ κρινεῖ}\\
&13\ \ \text{οὐκ ἐκφεύξεται ἐν ἁρπάγματι ἁμαρτωλός}\\
&\quad\ \ \ \text{καὶ οὐ μὴ καθυστερήσει ὑπομονὴ εὐσεβοῦς}\\
&14\ \ \text{πάσῃ ἐλεημοσύνῃ ποιήσει τόπον}\\
&\quad\ \ \ \text{ἕκαστος κατὰ τὰ ἔργα αὐτοῦ εὑρήσει}
\end{aligned}$$

Il testo è in qualche modo incluso dall'espressione κατὰ τὰ ἔργα (Sir<sup>Gr</sup> 16,12b.14b) e l'espressione di Sir<sup>Gr</sup> 16,12a è ripresa e sintetizzata dall'espressione di Sir<sup>Gr</sup> 16,14a. Il versetto centrale, Sir<sup>Gr</sup> 16,13, in un parallelismo antitetico esprime come Dio in-

---

vocabolo. Il vocabolo ἐλεημοσύνην nei testi del Pentateuco<sup>LXX</sup> si trova in Gen<sup>LXX</sup> 47,29; Dt<sup>LXX</sup> 6,25; 24,13. In Gen<sup>LXX</sup> 47,29 Giacobbe chiede al figlio Giuseppe di compiere un atto di pietà (ἐλεημοσύνη) e fedeltà nell'evitargli la sepoltura in Egitto (ποιήσεις ἐπ' ἐμὲ ἐλεημοσύνην καὶ ἀλήθειαν τοῦ μή με θάψαι ἐν Αἰγύπτῳ). Nella frase di Giacobbe il vocabolo ἐλεημοσύνη traduce l'ebraico חֶסֶד. Ciò non accade mai nel Siracide. Nei due testi del Deuteronomio, invece, ἐλεημοσύνη traduce צְדָקָה. Questa equivalenza, צְדָקָה - ἐλεημοσύνη, è presente sia nel testo H del ms A (Sir<sup>Gr</sup> 3,14a.30b; 7,10b [in questo caso il greco rende l'espressione ebraica con la costruzione ποιέω + ἐλεημοσύνην]; 12,3b; 16,14b; 44,13) sia in quelli dei ms B (Sir<sup>Gr</sup> 40,24b [B<sup>mg</sup>]; 40,17b; 51,30a), ms M (Sir<sup>Gr</sup> 40,17b) e ms C (Sir<sup>Gr</sup> 3,14a). La resa del vocabolo ἐλεημοσύνη è "compassione" per Dt<sup>LXX</sup> 6,25 e "atto di giustizia" per Dt<sup>LXX</sup> 24,13. Nel primo caso Dio avrà compassione per gli Ebrei ed essi osserveranno tutti i comandamenti (καὶ ἐλεημοσύνη ἔσται ἡμῖν ἐὰν φυλασσώμεθα ποιεῖν πάσας τὰς ἐντολὰς ταύτας ἐναντίον κυρίου τοῦ θεοῦ ἡμῶν καθὰ ἐνετείλατο ἡμῖν κύριος). Nel secondo, l'ebreo è tenuto, quando vien sera, a restituire la veste, presa come pegno, al povero. Ciò è un "atto di giustizia / correttezza" davanti a Dio (καὶ ἔσται σοι ἐλεημοσύνη ἐναντίον κυρίου τοῦ θεοῦ σου). I versetti di Sir<sup>Gr</sup> 16,12-13 sono quasi uguali al testo H. Alquanto diversi, invece, sono il testo Gr e Sir<sup>H</sup> 35,14: כל העושה צדקה יש לו שכר וכל אדם כמעשיו יצא לפניו. Correggendo יצא ("si presenterà") in ימצא, secondo il suggerimento di BOX - OESTER-LEY, 373, SKEHAN - DI LELLA, 270 ed altri, alla luce del testo Gr e Syr, si avrà: "Per ognuno che fa beneficenza c'è un premio e ogni uomo riceverà secondo le sue opere davanti a Lui". Il testo di questo versetto "is overburdened" (SKEHAN-DI LELLA, 270), ma risulta sufficientemente chiaro. Per avere l'elenco completo delle equivalenze צְדָקָה - ἐλεημοσύνη nell'opera di Ben Sira e nella traduzione del Siracide si veda PRATO, 393-394 (Appendice III).

tervenga contemporaneamente con la sua correzione e con la sua misericordia. Il peccatore non resterà impunito con la sua azione prevaricatrice: in ciò si manifesta la correzione divina. Il pio non rimarrà senza ricompensa: in ciò si manifesta la misericordia di Dio. Tutto ciò avviene perché Dio giudica l'uomo secondo le sue opere e nessuno sfugge a questo principio fondamentale del comportamento divino. Si tratta del concetto che il Siracide riprende e applica in Sir$^{Gr}$ 35,22-25 alla situazione degli Ebrei e dei loro nemici. Resta, tuttavia, un problema: perché il Siracide preferisce la "misericordia" alla "salvezza" di Ben Sira? La risposta si trova nella conclusione.

iv) La conclusione

La conclusione, Sir$^{Gr}$ 35,26, sembra volersi sollevare dalla precisione teologico-giuridica della riflessione di Sir$^{Gr}$ 35,22-25, appena fatta, per fornire al lettore una visione più morbida dell'intervento divino dal punto di vista del beneficiario, cioè dei giusti e del popolo ebraico, riprendendo attraverso il vocabolo νεφέλη il legame con Sir$^{Gr}$ 35,21. La preghiera dell'umile perfora le nubi e dalle nubi perforate scende la pioggia della misericordia di Dio nella situazione di siccità che illustra la tribolazione in cui gli Ebrei si trovano.

La situazione del popolo di Dio – per il Siracide, forse, si tratta di quella porzione del popolo presente in Egitto, senza escludere la situazione difficile e tesa vissuta dagli Ebrei durante il regno asmoneo – viene riassunta con la parola θλίψις[187] che nel Siracide è usata fondamentalmente per indicare due situazioni. C'è la situazione in cui l'uomo può essere vicino o lontano rispetto ad un altro uomo che vive nella θλίψις (Sir$^{Gr}$ 6,8.10; 22,23; 37,4; 40,24). C'è la situazione, invece, in cui Dio è sempre vicino all'uomo nella θλίψις (Sir$^{Gr}$ 2,11; 3,15; 35,26; 51,3.10). Quest'ultimo è l'ambito che interessa Sir$^{Gr}$ 35,26. Mentre nella preghiera di rin-

---

[187] Per il significato di θλίψις nei libri dei LXX si veda WALTERS, 96; LE BOULLUEC - SANDEVOIR, 91 (Es 3,9). 93 (Es 3,17).

graziamento di Sir<sup>Gr</sup> 51,3.10 la tribolazione, in cui l'orante soffriva, è stata oggetto di misericordia e di non-abbandono da parte di Dio, in Sir<sup>Gr</sup> 2,11; 3,15 la tribolazione ha una configurazione leggermente più articolata. In Sir<sup>Gr</sup> 2,11 Dio viene presentato come clemente e misericordioso (οἰκτίρμων καὶ ἐλεήμων): queste sue proprietà divine si manifestano nel perdonare i peccati e nel salvare ἐν καιρῷ θλίψεως, nel tempo della tribolazione. Si tratta della stessa costruzione di Sir<sup>Gr</sup> 35,26. In Sir<sup>Gr</sup> 3,14-15, a conclusione del commento sul comandamento riguardante i genitori, il testo afferma che la ἐλεημοσύνη γὰρ πατρός, la pietà non come atto gratuito ma come atto di giustizia verso il padre, viene computata come sconto dei peccati. Questo merito acquisito viene ricordato da Dio nel giorno della tribolazione (ἐν ἡμέρᾳ θλίψεως) e Dio scioglierà i peccati del figlio come il calore scioglie la brina. Da quanto detto, l'aiuto di Dio nel tempo della tribolazione è anche segno di perdono dei peccati.

L'immagine delle nuvole di pioggia (νεφέλαι ὑετοῦ)[188] non ricorre più, come espressione esatta, in alcun libro dei LXX. Ci sono, tuttavia, due testi che possono essere vicini a Sir<sup>Gr</sup> 35,26. Si tratta di 1Re<sup>LXX</sup> 18,45 e Sal<sup>LXX</sup> 146,8. In ambedue i casi c'è il plurale, νεφέλαι, associato in modo non diretto al termine ὑετός. Mentre il salmo esalta il dominio divino sul creato perché è Dio che copre il cielo di nubi e prepara la terra per la pioggia[189], il testo di 1 Re narra il miracolo di Elia. Dopo che il popolo ritorna alla fedeltà al Signore, cessa il castigo della siccità (cfr 1Re<sup>LXX</sup> 17,1) e ritorna la pioggia come segno di un nuovo e corretto rapporto fra il popolo di Dio e il suo Signore.

Il quadro d'insieme della conclusione (Sir<sup>Gr</sup> 35,26) potrebbe indicare che l'intervento di Dio, intervento giusto sia come retribuzione negativa nei confronti dei popoli sia come retribuzione positiva nei confronti del popolo di Dio, va letto anche come qualche cosa di improvviso e miracoloso - come la pioggia

---

[188] SABOURIN, 290-311; si veda anche LUZÁRRAGA GRADUA, *Las tradiciones*.

[189] Il testo potrebbe alludere a un accenno antipoliteista. Si tenga presente che le divinità egiziane sono quasi tutte preposte alla natura e agli avvenimenti ad essa connessi.

di Elia – e come una vera e propria riconciliazione (perdono dei peccati) che Dio attua con il suo popolo.

## 3. Epilogo

Alla fine di questo percorso è bene fare alcune riflessioni finali che mettano in luce, a modo di sintesi, quanto appena trovato dall'analisi fatta.

### a. Sintesi delle caratteristiche letterarie

Sotto il profilo letterario l'analisi della struttura ha evidenziato come Sir$^{Gr}$ 35,21-26 abbia delle caratteristiche che lo legano solo in modo debole al trattato sulle offerte, cioè a Sir$^{Gr}$ 34,21–35,20. Sebbene ci siano degli esili indizi formali che in qualche maniera segnano un nesso, tale nesso va visto non come qualche cosa che potrebbe formare un'appendice del "Trattato sulle offerte", ma come una ripresa formale di alcuni elementi che, però, diventano funzionali a inquadrare il senso e, quindi, a introdurre la preghiera di Sir$^{Gr}$ 36,1-22. I contenuti di Sir$^{Gr}$ 34,21–35,20 e di Sir$^{Gr}$ 35,21-26 non coincidono. Il primo ruota attorno al concetto di beneplacito divino, espresso dal vocabolo εὐδοκία, il secondo attorno al concetto di retribuzione, espresso dal verbo ἀνταποδίδωμι (in accordo tematico con la preghiera successiva). Si tenga, poi presente che nel "Trattato" il conflitto tra poveri ed empi è *ad intra* del popolo di Dio, mentre il conflitto presente in Sir$^{Gr}$ 35,21-26 fra popolo di Dio e le genti è *ad extra*.

### b. Sintesi delle caratteristiche della traduzione

Sotto il profilo della traduzione il testo di Sir$^{Gr}$ 35,21-26 ha significative divergenze con il testo H che conosciamo. Tali divergenze si mostrano non come accidentali, ma come divergenze volute. Ciò induce a pensare che la traduzione fosse funzionale alla situazione degli Ebrei in Egitto, soprattutto alla situazione degli Ebrei in Alessandria. Sappiamo che ad Alessandria d'Egitto, luogo certo della traduzione del Siracide[190], la situazione degli Ebrei nel sec. II a.C. non era facile. Flavio Giuseppe dice che ad Alessandria i Tolomei "assegnarono loro un quartiere riservato in modo che, stando meno a contatto con gli stranieri, potessero con più cura osservare le loro regole di vita"[191]. Gli Ebrei di Alessandria potevano avere una bassa, media o alta assimilazione con l'ambiente circostante[192]. Mentre gli Ebrei con bassa assimilazione[193] prenderanno un ruolo di primo piano nei conflitti sociali di epoca romana, le altre due classi sono importanti per il periodo della fine del sec. II a.C. Gli Ebrei con alta assimilazione rispondevano, in genere, a una o più di queste caratteristiche: legati agli affari politici e religiosi dello stato, arrampicatori sociali, sposati a pagani e non educatori dei figli secondo le norme giudaiche, allegoristi, ecc. Gli Ebrei con media assimilazione erano, invece, legati alla corte e fedeli all'ebraismo, partecipi della vita sociale e culturale di Alessandria, legati per vari motivi a persone non giudee. Si tengano, inoltre, presenti altri due dati. Il primo riguarda la presenza, dal 160 a.C. circa in poi, del tempio di Onia e Eliopoli/Leontopoli non solo come centro religioso. Vicino al tempio sembra ci fosse anche un accampamento militare ebraico[194]. Il secondo riguarda l'infortunio politico di Onia: si schierò a favore di Cleopatra II, vedova di Tolomeo Filometore, contro Tolomeo Fiscone, pretendente al trono e fratello del Filometore. Il Fiscone ebbe il sostegno popolare, ottenne il trono con il nome di Tolomeo Evergete II e sposò la cognata Cleopatra. Flavio Giuseppe riferisce che i giudei dovettero subire l'ira del nuovo sovrano e riporta una leggenda (?) secondo la quale gli Ebrei furono

---

[190] HARL - DORIVAL - MUNNICH, 105-107.

[191] FLAVIO GIUSEPPE, *Guerra giudaica*, II,488 (Vitucci, 186).

[192] Il criterio è preso da BARCLAY, 90-127.

[193] Per la classificazione assimilazione alta, media, bassa rispetto al tessuto sociale egiziano (autoctoni e altri stranieri) si veda BARCLAY, 108-122. L'autore parla di una quarta classificazione, l'assimilazione ignota, che toccava le frange di Ebrei legate alla magia (Barclay non accetta la tesi di Tcherikover che ritiene tali persone difficilmente appartenenti al popolo ebraico).

[194] Per le problematiche inerenti alla dimensione militare di Eliopoli/Leontopoli si veda TCHERIKOVER, *Hellenistic Civilization*, 276-281.

portati in un unico luogo per essere calpestati da elefanti ubriachi[195]. Tutto questo favorì da una parte l'ascesa del peso politico degli Ebrei in Egitto, ma dall'altra deteriorò i rapporti fra gli Ebrei di Alessandria e le altre componenti etniche della città[196]. Questo può essere l'orizzonte storico dove collocare Sir$^{Gr}$ 35,21-26 con le proprie varianti rispetto al testo H di Ben Sira.

## c. Sintesi delle caratteristiche teologiche

Sotto il profilo teologico il testo di Sir$^{Gr}$ 35,21-26 ruota attorno al tema della retribuzione secondo il criterio delle azioni e delle intenzioni. L'agente di tale retribuzione è Dio. Non viene esplicitato se Dio agisce in modo immediato oppure tramite uomini o tramite la nemesi immanente. C'è ovviamente la retribuzione come castigo verso i nemici e come premio-risarcimento verso il popolo di Dio. Questa opera comporta un giusto giudizio di Dio, ma anche l'intervento della sua misericordia[197].

Fatta emergere la fisionomia della struttura del trattato e chiarito il rapporto del contesto precedente e successivo, non resta che procedere all'analisi esegetica di Sir$^{Gr}$ 34,21–35,20.

---

[195] Flavio Giuseppe, *Contro Apione*, II, 49-56 (Calabi, 170-171). Lo stesso episodio si trova descritto con dovizia di particolari in 3Mac 4-6. Per il problema posto dalle divergenze tra le due fonti si veda la n. 124.

[196] Barclay, 50.

[197] C'è da chiedersi se il rovesciamento della situazione possa equivalere anche al perdono.

# CAPITOLO III

## IL SACRIFICIO PROVENIENTE DALL'INGIUSTIZIA
### (Sir<sup>Gr</sup> 34,21-31)

### ■ Premessa

La strofa irregolare di Sir<sup>Gr</sup> 34,21-31, dove vengono affrontate le tematiche legate al sacrificio proveniente dall'ingiustizia, presenta alcune difficoltà particolari. Dopo la critica testuale, viene proposta l'analisi esegetica del testo, dove bisognerà soffermarsi su due punti in particolare che allungheranno il commento esegetico.

Il primo riguarda l'esatta comprensione di Sir<sup>Gr</sup> 34,21-23 che presenta un versetto (v.21) con difficoltà di non facile soluzione, sul quale gli autori hanno preferito sorvolare, tranne Knabenbauer. Lo spazio dato a Sir<sup>Gr</sup> 34,21-23 è necessario perché si tratta di un testo filologicamente impegnativo e teologicamente fondante. Nelle pieghe di questi versetti si nasconde, probabilmente, una delle tesi proprie del Siracide che, riprenderà in chiusura del "Trattato" (Sir<sup>Gr</sup> 35,20). In quest'ultimo testo – come si vedrà nell'ultimo capitolo – diventa evidente lo scostamento letterario e contenutistico della traduzione del Siracide dal testo H di Ben Sira a causa della nuova tesi sostenuta dal nipote.

Il secondo caso, invece, riguarda la comprensione delle metafore e delle metafore-similitudini presenti in Sir<sup>Gr</sup> 34,24-31, che condizioneranno il messaggio di tutta la strofa e in modo particolare Sir<sup>Gr</sup> 34,21-23.

## ■ 1. Critica testuale e traduzione di Sir[Gr] 34,21-31

Il testo di Sir[Gr] 34,21-31 non è giunto fino a noi nella tradizione ebraica, ma solo nella tradizione testuale greca, accompagnata dalle venerande tradizioni latina e siriaca. Di queste viene fatta per il testo greco una breve critica testuale e per gli altri testi una comparazione. Segue una traduzione provvisoria e letterale delle tre tradizioni.

### a. Sir[Gr] 34,21

Sir[Gr]34,21     θυσιάζων ἐξ ἀδίκου προσφορὰ μεμωκημένη
Sir[Lat]34,21     *Immolans ex iniquo oblatio est maculata*
Sir[Syr]34,21     ܗܘܬ݂ܐܠܗ ܕܩܘܪܒܢܐ ܕܥܘܠܐ ܐܝܟ

Nel testo Gr di questo versetto due sono i problemi più importanti. Il primo riguarda il nominativo προσφορά che viene reso da due mss minuscoli (46 e 872) con l'accusativo προσφοράν. Questa variante cerca di dare senso a una frase (θυσιάζων ἐξ ἀδίκου [θυσιάζει?] προσφορὰν μεμωκημένην[1]) che presenta delle difficoltà. Proprio perché *lectio facilior*, va abbandonata. Un secondo problema si ha nel nominativo μεμωμημένη (impuro, biasimevole) che in diversi manoscritti, maiuscoli e minuscoli, viene reso con μεμωκημένη (beffardo, sprezzante, irridente). Ziegler, fondandosi essenzialmente sul ms A, su un gran numero di mss minuscoli e sulle traduzioni Lat e Syr, opta per la lettura μεμωμημένη. Da Hamp (1951) in poi, gli autori preferiscono seguire la lettura scelta da Ziegler. La lettura alternativa, μεμωκημένη, che si fonda sui mss B, S, sulla recensione origeniana, su alcuni minuscoli e su altre testimonianze tardive (cfr, per esempio, Giovanni Damasceno o Malachia monaco), è stata scelta da Smend, Peters e altri[2] e - a mio avviso - appare come la lettura più probabile a causa di almeno tre criteri di critica testuale: è in accordo con i testimoni più antichi[3], è *lectio difficilior*[4] e spiega

---

[1] Il ms. 46 ha la dicitura προσφορὰν μεμωκημένην.

[2] SMEND, 59. 309; PETERS, 286; BOX - OESTERLEY, 433; SPICQ, 739.

[3] La testimonianza della lettura dei mss più antichi è μεμωκημένη (cfr i mss B ed S) contro la lettura del codice più recente che è μεμωμημένη (cfr il ms A). Questo primo

in qualche modo la genesi dell'errore (da μεμωκημένη a μεμωμημένη)[5]. La mia scelta resta comunque non del tutto sicura perché l'antichità delle traduzioni Lat e Syr, che seguono la lettura μεμωμημένη, hanno un loro peso, anche se potrebbero essere spiegate, a livello di ipotesi, come il risultato di una traduzione fatta su una Vorlage dove l'errore di copiatura (μεμωμημένη al posto di μεμωκημένη) era già stato fatto. Il testo Gr, perciò, è θυσιάζων ἐξ ἀδίκου προσφορὰ μεμωκημένη, la cui traduzione letterale è: "Chi sacrifica (i frutti provenienti) dall'ingiustizia, un'offerta irridente"[6]. Il testo Lat traduce alla lettera il testo

---

indizio troverebbe conferma anche nel fatto che μεμωκημένη rappresenterebbe la *lectio difficilior* contro la lettura μεμωμημένη.

[4] Il legame purità-sacrifici è un legame teologicamente forte nel libro del Levitico dove le leggi di purità (Lv^LXX 11,1-16,34) seguono immediatamente le leggi sui sacrifici (Lv^LXX 1,1-10,20). Poiché Ben Sira e il Siracide sono lettori attenti della Torah (si ricordi che il Levitico viene tradotto in Gr nel sec. III a.C.: cfr GOODMAN in SCHÜRER, vol 3/1, 613; CIMOSA, 27; FERNÁNDEZ MARCOS, 71.75) sarebbe facile attribuire anche ad essi questo binomio tematico. Diventa, dunque, facile associare l'aggettivo μεμωμημένη al tema del sacrificio, non compiuto secondo le direttive della Legge. Diventa, invece, difficile il contrario, scegliendo μεμωκημένη e allontanarsi così dalla facile associazione "impurità e sacrificio compiuto contro la Legge".

[5] Considerando il principio del criterio genetico degli errori, μεμωκημένη avrebbe delle opportunità maggiori di spiegare la variante μεμωμημένη piuttosto che il contrrario. In Sir^Gr 34,22, infatti, la prima copiatura scrive, per indicare le offerte, l'aggettivo sostantivato neutro μωκήματα (la seconda mano correggerà in μωμήματα e la glossa marginale scriverà δωρήματα). Poiché il Syr e il Lat hanno l'equivalente di δωρήματα, si ritiene che la lettura autentica sia δωρήματα contro μωκήματα / μωμήματα. Perché, però, il primo copiatore di S scrive μωκήματα? Il nome δωρήματα è un *hapax legomenon* dei LXX che il copista di S avrebbe, probabilmente, trovato nell'esemplare da cui copiava. Ritenendolo difficile da capire, ha semplificato per imitazione (in Sir^Gr 34,21, lo stico immediatamente precedente, c'era scritto μεμωκημένη) in μωκήματα. Perché, infatti, scegliere μωκήματα se nello stico immediatamente precedente ci fosse stato προσφορὰ μεμωμημένη? Solo nel caso che ci fosse stato προσφορὰ μεμωκημένη diventa plausibile μωκήματα in Sir^Gr 34,22. Come mai il correttore, seconda mano, lascia l'espressione προσφορὰ μεμωκημένη e corregge μωκήματα in μωμήματα? Forse influenzato "ideologicamente" dal fatto che in Sir^Gr 23,17 l'impuro ha un comportamento simile (in senso figurato) a chi compie il sacrificio con il frutto dell'ingiustizia (Sir^Gr 34,23): si appropria di qualunque pane che non sia il proprio. Resta il fatto che S, seconda mano, non corregge Sir^Gr 34,21. Queste considerazioni, dunque, farebbero sospettare per una probabile autenticità di μεμωκημένη su μεμωμημένη.

[6] Per la giustificazione di questa traduzione si veda più avanti, nel prosieguo dell'esegesi del testo.

Gr[7] con due varianti: introduce il verbo *est*, che nel Gr non c'è, e propone, come parte nominale, l'aggettivo *maculata*, avendo come Vorlage μεμωμημένη: *Immolans ex iniquo oblatio est maculata*, "Chi sacrifica (i frutti provenienti) dall'ingiustizia, un'offerta impura". La traduzione Syr appare, rispetto alla tradizione Gr e Lat, come una libera interpretazione ( ܐܢܘܢ ܕܥܘܠܐ ܕܒܝ̈ܫܐ ܕܒܚ̈ܝܗܘܢ‎, "I sacrifici dei malvagi sono [sacrifici] d'iniquità"[8]).

## b. Sir^Gr 34,22

| | |
|---|---|
| Sir^Gr 34,22 | καὶ οὐκ εἰς εὐδοκίαν δωρήματα ἀνόμων |
| Sir^La 34,22 a | *et non sunt beneplacitae subsannationes iniustorum* |
| 22 b | *Dominus solus sustinentibus se in via veritatis et iustitiae* |
| Sir^Syr 34,22 | ܘܠܐ ܡܩܒܠ ܩܘܪܒܢ̈ܝܗܘܢ‎ |

Il testo Gr ha un solo caso di critica testuale di una certa importanza. Mentre la lettura μωμήματα è attestata dai mss A e S (correzione di seconda mano), da pochi manoscritti della recensione lucianea e da altri minuscoli, la lettura μωκήματα è attestata dai mss B e S, dalla recensione origeniana, dalla traduzione Lat (*subsannationes*) e pochi altri manoscritti. La lettura δωρήματα, "offerte", è presente nella correzione marginale del ms S, nella maggior parte

---

[7] Questa scelta, che segue il criterio della *lectio difficilior* e si fonda su autorevoli manoscritti, come il Φ^R (Rorigonis), il Φ^G (Grandivallensis) e il Θ^M2 (Mesmianus, seconda mano), è stata fatta sia dall'edizione della Vulgata dei Monaci benedettini dell'Abbazia di S. Girolamo in Urbe e sia da quella del Weber-Fischer. La tradizione testuale rappresentata dalla Sisto-clementina, invece, ha notato la difficoltà della costruzione di Sir^Gr 34,21 ed ha corretto il testo, fondandosi su alcuni codici come il M^2 (Maurdramni 12, seconda mano), il Q^H (Hubertianus), il W^S (Sorbonicus) e il W^J (S. Jacobi). Così ha posto il participio iniziale, *immolans*, in genitivo, *immolantis*, con funzione di determinativo del nominativo *oblatio*. Il testo corre in modo facile: *Immolantis ex iniquo oblatio est maculata*, "L'offerta di chi sacrifica (i frutti provenienti) dall'ingiustizia è impura". Diversi autori hanno seguito questa scelta: cfr Martini (1845), Lesètre (1880), Nau - Vigouroux (1904), Girotti (1938) e altri. La stessa scelta è stata fatta dalla *Nova Vulgata* (*Nova Vulgata*, Città del Vaticano 1998²). Il principio della *lectio difficilior* spingerebbe per l'abbandono di questa lettura.

[8] Poiché ܕܒܚܐ‎ indica una relazione, ho preferito evidenziarla. Calduch-Benages - Ferrer - Liesen , 204-205 hanno, invece, preferito tralasciarla ("The sacrifices of the evil-doers, these are iniquity / Los sacrificios de los malvados son iniquidad").

dei manoscritti della recensione lucianea, in alcuni minuscoli, nel Syr e, in parte, nel Lat (Sir$^{Lat}$ 34,23a)[9]. Gli studiosi, dopo Smend e Peters, hanno preferito quest'ultima lettura. La traduzione di Sir$^{Gr}$ 34,22 potrebbe essere "e non per il gradimento (divino sono) i doni dei senza-Legge[10]". Il testo Lat segue il testo Gr con qualche piccolo ritocco. Mentre la seconda parte dello stico di Sir$^{Lat}$ 34,22a segue una Vorlage propria (μωμήματα ἀνόμων) rispetto al Gr, la prima parte è costituita da una frase nominale esplicita. L'espressione greca οὐκ εἰς εὐδοκίαν viene resa con un participio, *beneplacitae*, che diventa parte nominale di un esplicitato *sunt*, preceduto dalla negazione. Sir$^{Lat}$ 34,22b è testo proprio del Lat. La traduzione letterale potrebbe essere:"E non sono gradite le derisioni dei giusti. Il Signore (è) solo per coloro che si tengono saldi sulla via della verità e della giustizia". Il testo Syr, molto vicino al testo Gr, avendo nominato i "malvagi" (ܪ̈ܫܝܥܐ) nel versetto precedente, li richiama attraverso un pronome (reso con un possessivo:"loro") e il non-beneplacito è espresso con il concetto di "accoglienza":"E le loro offerte non sono accolte".

## c. Sir$^{Gr}$ 34,23

Sir$^{Gr}$ 34,23      οὐκ εὐδοκεῖ ὁ ὕψιστος ἐν προσφοραῖς ἀσεβῶν
οὐδὲ ἐν πλήθει θυσιῶν ἐξιλάσκεται ἁμαρτίας

Sir$^{Lat}$ 34,23 a      *Dona iniquorum non probat Altissimus in oblationibus iniquorum*

23 b      *nec in multitudine sacrificiorum eorum propitiabitur peccatis*

Sir$^{Syr}$ 34,23      ܪ̈ܫܝܥܐ ܩܘܪ̈ܒܢܝܗܘܢ ܐܠܗܐ ܪܥܐ ܠܐ
ܘܐܦ ܠܐ ܡܣܓܐ ܐܬ ܕܕ̈ܒܚܝܗܘܢ ܡܚܣܐ ܚܛܗܝܗܘܢ

Il testo Gr non presenta problemi rilevanti di critica testuale. La traduzione può essere resa così:"L'Altissimo non gradisce le offerte degli empi, e non perdona i peccati per l'abbondanza delle vittime". Il testo Lat è in sintonia con il testo Gr, sebbene in Sir$^{Lat}$ 34,23a non ci sia perfetta equivalenza tra οὐκ εὐδοκεῖ e *non probat* e

---

[9] Si veda anche quanto detto nella n. 7.
[10] Ho preferito rendere il termine ἄνομος in modo letterale.

ci sia una specie di dittografia (*Dona iniquorum* / *in oblationibus iniquorum*) rispetto al testo Gr. Il Lat può essere reso in questo modo: "L'Altissimo non approva i doni degli iniqui nelle offerte degli iniqui né nell'abbondanza dei loro sacrifici è placato per i peccati". Il Syr è in sintonia sia con il Gr sia con il Lat, sebbene rispetto al Gr preferisca il concetto di peccatori ( ܚܛܝ̈ܐ.) rispetto a quello di empi (ἀσεβῶν) e sopprima il termine peccati (ἁμαρτίας / *peccatis*). La traduzione può essere così resa: "Dio non si compiace nei sacrifici dei peccatori e neppure li perdona per le loro molte offerte".

## d. Sir$^{Gr}$ 34,24

| | |
|---|---|
| Sir$^{Gr}$34,24 | θύων υἱὸν ἔναντι τοῦ πατρὸς αὐτοῦ |
| | ὁ προσάγων θυσίαν ἐκ χρημάτων πενήτων |
| Sir$^{Lat}$34,24 | *quasi qui victimat filium in conspectu patris sui* |
| | *qui offert sacrificium ex substantia pauperum* |
| Sir$^{Syr}$34,24 | ܐܝܟ ܐܢܫ ܕܢܟܣ ܒܪܐ ܒܪܡ ܩܕܡ ܐܒܘܗܝ, |
| | ܗܟܢܐ ܗܘ ܕܡܩܪܒ ܩܘܪܒܢܐ ܡܢ ܕܡܣܟܢ. |

Come per il versetto precedente, anche per Sir$^{Gr}$ 34,24 non ci sono problemi rilevanti di critica testuale. Nella traduzione letterale, poiché si esplicitano i verbi sottintesi e i participi vengono espressi con una relativa, la lingua di arrivo preferirebbe scambiare gli stichi "Chi offre un sacrificio (sottratto) dai beni dei poveri (è) colui che uccide un figlio davanti al proprio padre". Diventa, invece, interessante notare come il Lat, seguito dal Syr, dal Crisostomo e da Atanasio Sinaita, dia al versetto la forma di un paragone, introducendo in Sir$^{Lat}$ 34,24a un *quasi* (ܐܝܟ, "come"). Per il resto il Lat è uguale al Gr: "Chi offre un sacrificio dai beni dei poveri (è) come chi sacrifica il figlio davanti al proprio padre". Mentre il Lat è sobrio nell'accennare il paragone, il Syr è molto più esplicito (ܐܝܟ / ܗܟܢܐ; "come" / "così"). Inoltre, il Syr costruisce nello stico di Sir$^{Syr}$ 34,24b un verbo con oggetto interno (ܩܘܪܒܢܐ ܕܡܩܪܒ / "chi offre l'offerta") e, ponendolo al singolare[11], abbrevia il complemento di origine ( ܡܢ ܕܡܣܟܢ. / "da colui che è povero") ri-

---

[11] Calduch-Benages - Ferrer - Liesen, 207, preferiscono tradurre, nello spagnolo, al plurale ([a costa] de los pobres).

spetto all'espressione lunga del Gr e del Lat (ἐκ χρημάτων πενήτων / *ex substantia pauperum*), con questo risultato: "Come la persona che sgozzò un figlio davanti a suo padre, così è chi presenta una offerta (a spese) da (i beni di) chi è povero".

### e. Sir$^{Gr}$ 34,25

| Sir$^{Gr}$34,25 | ἄρτος ἐπιδεομένων ζωὴ πτωχῶν |
| | ὁ ἀποστερῶν αὐτὴν ἄνθρωπος αἱμάτων |
| Sir$^{Lat}$34,25 | *Panis egentium vita pauperis est* |
| | *qui defraudat illum homo sanguinis* |
| Sir$^{Syr}$34,25 | ܠܘܬ ܕܚܡܪܐ ܕܡܣܟܢ̈ܐ ܚܝܘ̈ܗܝ ܕܣܟ̈ܢܐ |
| | ܘܕܝܠܗ ܓܢܒ ܐܝܟ ܓܒܪܐ ܐܫܕ ܕܡܐ |

L'unico problema testuale di una certa rilevanza che si può vedere in questo versetto del Gr, riguarda la variante αὐτήν / αὐτόν in Sir$^{Gr}$ 34,25b. L'importanza è dovuta al fatto che il participio sostantivato ὁ ἀποστερῶν, "chi toglie", può indicare un *ladro*, se il complemento oggetto fosse αὐτόν (riferito ad ἄρτος, "pane") oppure un *assassino*, se il complemento oggetto fosse αὐτήν (riferito a ζωή, "vita"). La variante αὐτόν è testimoniata dal correttore del ms S, da alcuni minuscoli, dal Lat e altri. La variante αὐτήν, invece, è presente in tutti gli altri maiuscoli e minuscoli. Già l'autorità dei manoscritti e la frequenza spingerebbero verso la scelta di αὐτήν. Il contesto, di sicura lettura, parla chiaramente dell'assassino (ἄνθρωπος αἱμάτων). Autorità dei manoscritti, il loro numero rilevante e il contesto sono indizi molto forti per scegliere αὐτήν. Il Gr, pertanto, può essere reso momentaneamente in questo modo: "Il pane dei bisognosi (è) la vita dei poveri. Chi la toglie (loro è) un uomo di sangue[12]". Rispetto al testo Gr, in Sir$^{Lat}$ 34,25a viene esplicitato il verbo essere (*est*) e Sir$^{Lat}$ 34,25b opta per αὐτόν-*illum* (= può indicare il pane come in Syr[13]; può indicare "il povero"[14]) e per il singolare *sanguinis*

---

[12] Nella lingua italiana non è possibile dire "uomo di sangui", come materialmente richiederebbe il testo Gr.

[13] In questo caso il verbo latino *defraudare* indica *sottrarre / rubare qualche cosa di qualcuno* (cfr Sir$^{Lat}$ 4,1: Fili, elehemosynam pauperis ne defraudes").

[14] In questo caso il verbo latino *defraudare* indica *impoverire qualcuno di qualche cosa* (cfr Sir$^{Lat}$ 7,23: "Ne defraudes illum libertate").

rispetto al plurale del Gr (αἱμάτων), per cui si ha l'"uomo di sangue" al posto del Gr "uomo di sangui". Questa è la traduzione letterale del testo Lat.: "Il pane dei bisognosi (è) la vita del povero. Chi lo defrauda (è) un uomo di sangue". Il Syr o aveva una Vorlage diversa da quella del Gr o c'è stata una cattiva lettura del testo H da parte di uno dei due. Mentre il Gr potrebbe aver letto לחם חסר ("pane di povertà / dei poveri"), il Syr, invece, potrebbe aver letto לחם חסד (ﬡ, "pane (offerto) con misericordia"[15]). In Sir[Syr] 34,25b si trova un testo assolutamente autonomo[16], introdotto da ﬡ (καί, "e"), come nel ms. minuscolo Gr 578 e nelle traduzioni etiopica e armena. Inoltre, nella Vorlage di Syr potrebbe esserci stato l'equivalente del Gr αὐτόν-ﬡ. Una traduzione possibile è la seguente: "Il pane (offerto) con misericordia è la vita dei poveri e chi lo nega sparge sangue innocente".

## f. Sir[Gr] 34,26

| | |
|---|---|
| Sir[Gr] 34,26 | φονεύων τὸν πλησίον ὁ ἀφαιρούμενος ἐμβίωσιν |
| Sir[Lat] 34,26 | *Qui aufert in sudore panem quasi qui occidit proximum suum* |
| Sir[Syr] 34,26 | ﬡ |

In questo versetto non ci sono problemi rilevanti di critica testuale. L'unico piccolo problema potrebbe trovarsi nella variante ἐμβίωσιν-συμβίωσιν. Mentre ἐμβίωσιν è testimoniato dai mss. S, A, da quasi tutta la recensione origeniana e da diversi minuscoli e dal Lat, συμβίωσιν è testimoniato dal resto dei mss. Su questo problema si sono già pronunciati Smend e più ampiamente Pe-

---

[15] Preferisco la traduzione di CALDUCH-BENAGES - FERRER - LIESEN, 206-207, a quella ("pane di misericordia") proposta da Smend, Peters, Box - Oesterley, ecc. Si tenga presente che secondo Edersheim il Gr avrebbe letto erroneamente לחם חסר al posto di לחם חסד (come ha fatto il Syr). Dello stesso parere è anche Peters e Smend. Knabenbauer sembrerebbe ipotizzare una posizione opposta. Skehan - Di Lella non si pronunciano, sebbene nella traduzione decidano per la lettura del Syr. Peters propone, forse per una svista, חֶסֶר invece che חֶסֶד.

[16] SMEND, 310, lo commenta laconicamente così "25.....Syr. fur b frei". Il secondo stico del Syr, infatti, è distante dal Gr. Non c'è più "colui che sottrae essa (= la vita)" del Gr, ma c'è "colui che lo (=il pane) rifiuta loro". L'ultima parte dello stico è diversa: mentre il Gr ha "uomo di sangui", il Syr propone "versa sangue innocente".

ters[17]: va preferito ἐμβίωσιν. La lingua di arrivo anticipa il secondo emistichio e la traduzione letterale è: "Chi (gli) toglie il nutrimento (è) colui che uccide il prossimo". Il Lat passa dalla metafora al paragone introducendo l'avverbio *quasi*. Rispetto al Gr anticipa il secondo emistichio e traduce i participi in due relative. Infine, sempre rispetto al Gr, aggiunge sia l'espressione *in sudore* nel primo emistichio (forse condizionato da Gen[Lat] 3,19?) sia il possessivo *suum* nel secondo. Questa è la traduzione: "Chi toglie il pane (guadagnato) nel sudore (è) come chi uccide il suo prossimo". Rispetto al Gr e al Lat, il Syr o dovrebbe aver avuto una Vorlage a noi sconosciuta o avrebbe compiuto una interpretazione e una amplificazione: "Chi uccide il prossimo si appropria[18] dei suoi beni".

## g. Sir[Gr] 34,27

| | |
|---|---|
| Sir[Gr] 34,27 | καὶ ἐκχέων αἷμα ὁ ἀποστερῶν μισθὸν μισθίου |
| Sir[Lat] 34,27 | qui effundit sanguinem et qui fraudem facit mercedem mercennario |
| Sir[Syr] 34,27 | ܘܐܝܟ ܕܫܩܠ ܠܚܡܐ ܘܣܒܥܐ ܐܝܟܠܐ |

Per questo versetto non ci sono problemi di critica testuale da rilevare. Tuttavia vale la pena tener presente che due mss minuscoli (336, 404) hanno voluto esplicitare il paragone presente nel primo emistichio aggiungendo l'avverbio di comparazione e l'articolo davanti al participio (καὶ ὡς ὁ ἐκχέων αἷμα). Questo dato servirà successivamente nel prosieguo dell'esegesi del brano. La

---

[17] Già EDERSHEIM, 171, è perplesso davanti a συμβίωσιν ("is a very unusual expression"). HERKENNE, 236, lo segue. PETERS, 286-287, lo interpreta come sostentamento (Lebensunterhalt) e giustifica l'uso di συμβίωσιν con la "Vorliebe des Enkels für Komposita!". SMEND, 310, invece, è contrario a συμβίωσιν: "Ist unpassend".

[18] Il verbo siriaco ܝܪܬ significa "ereditare", "prendere possesso" (cf PAYNE SMITH, *ad locum*). Ho tuttavia scelto il verbo "appropriarsi", seguendo la traduzione inglese-spagnola (appropriates - se apropria) proposta per Sir[Syr] 34,26 da CALDUCH-BENAGES - FERRER - LIESEN, 206-207.

lingua di arrivo, data l'esplicitazione dei verbi e la resa dei participi in frasi relative, preferirebbe anticipare il secondo emistichio, come nel versetto precedente: "E colui che rifiuta il salario del salariato (è) colui che versa sangue". Il testo Lat ha una storia della tradizione del testo un po' tormentata. Diversi mss (Amiantinus, Legionensis, St. Gallen 28, ecc.) hanno alla fine del versetto l'aggiunta "fratres sunt", facendo di Sir$^{Lat}$ 34,27 una frase a sé stante ("Chi sparge sangue e chi froda il salario al salariato sono fratelli"). L'edizione critica del Weber e dei monaci di S. Girolamo in Urbe hanno giustamente preferito la lettura dei mss Sangermanensis, Cavensis, Toletanus, ecc. dove non c'è l'aggiunta e Sir$^{Lat}$ 34,27 viene riallacciato a Sir$^{Lat}$ 34,26[19]: "Chi toglie il pane (guadagnato) nel sudore (è) come chi uccide il suo prossimo, (come) chi sparge sangue e (come) chi froda il salario al salariato". Il Syr o avrebbe potuto avere una Vorlage diversa da quella del traduttore del testo Gr o potrebbe aver interpretato liberamente un testo con forte accento escatologico: "Chi versa sangue innocente sottrae a Dio, chi ruba il salario del salariato[20] tradisce il suo Creatore ed egli riceverà una cattiva ricompensa".

### h. Sir$^{Gr}$ 34,28

| Sir$^{Gr}$ 34,28 | εἷς οἰκοδομῶν καὶ εἷς καθαιρῶν |
| | τί ὠφέλησαν πλεῖον ἢ κόπους |
| Sir$^{Lat}$ 34,28 | Unus aedificans et unus destruens |
| | quid prodest illis nisi labor |
| Sir$^{Syr}$ 34,28 | ܚܕ ܒܢܐ ܘܚܕ ܣܬܪ |
| | ܡܢܐ ܐܬܗܢܝ ܐܠܐ ܥܡܠܐ ܣܪܝܩܐ |

Sir$^{Gr}$ 34,28 ha una tradizione testuale abbastanza sicura con problemi trascurabili, tranne che per il verbo ὠφέλησαν del secondo stico. Il ms A e alcuni minuscoli riportano la forma singo-

---

[19] Il testo che ne risulta è perfettamente coerente. C'è una affermazione (*Qui aufert in sudore panem*) seguita da tre paragoni espliciti (*quasi qui occidit proximum suum, qui effundit sanguinem et qui fraudem facit mercedem mercenario*).

[20] Il Syr, come il Gr e il Lat, adopera la stessa radice: ܐܓܪܐ ܕܐܓܝܪܐ.

lare ὠφέλησε(ν)[21]. Questa variante si può spiegare con il fatto che la costruzione di Sir[Gr] 34,28b si ripete in Sir[Gr] 34,30b.31d. In questi due ultimi casi si trova il singolare ὠφέλησεν. Tutti gli altri mss riportano il plurale ὠφέλησαν che rispetta in modo corretto la concordanza grammaticale con il soggetto plurale (εἷς...καὶ εἷς). Si avrà, pertanto, questa traduzione letterale: "Uno (è) colui che edifica e uno (è) colui che distrugge: che cosa guadagnano oltre la fatica?". Il Lat mantiene una sintonia esatta con il Gr nel primo stico. Nel secondo, la costruzione è cambiata. Mentre il Gr ha un soggetto plurale, essi (εἷς...καὶ εἷς), con cui è concordato il verbo, il Lat fa diventare soggetto il pronome interrogativo e, di conseguenza, il verbo è al singolare, *prodest*[22]. Poiché dal primo stico risulta che i soggetti sono due, il Lat è costretto, data la costruzione, a introdurre il pronome dimostrativo *illis*. Fatte queste precisazioni, si avrà questa traduzione possibile: "Uno (è) colui che edifica e uno (è) colui che distrugge: cosa è loro utile se non la fatica?". Il Syr è, tutto sommato, in sintonia con il Gr e il Lat, sebbene ponga nel primo stico i verbi alla terza singolare maschile e aggiunga nel secondo stico l'aggettivo ܡܣܪܩ al vocabolo ܠܐܘܬܐ: "Uno costruisce e l'altro distrugge: che ricavano se non una vuota fatica[23]?".

## i. Sir[Gr] 34,29

| | |
|---|---|
| Sir[Gr]34,29 | εἷς εὐχόμενος καὶ εἷς καταρώμενος<br>τίνος φωνῆς εἰσακούσεται ὁ δεσπότης |
| Sir[Lat]34,29 | *unus orans et unus maledicens*<br>*cuius vocem exaudiet Deus* |
| Sir[Syr]34,29 | ܚܕ ܕܡܨܠܐ ܘܚܪܢܐ ܕܠܐܛ܂<br>ܩܠܐ ܕܐܝܢܐ ܡܢܗܘܢ ܢܫܡܥ ܐܠܗܐ: |

---

[21] Anche il Lat ha il singolare *prodest* ma, dato il valore della frase latina, non significa necessariamente che nella Vorlage ci fosse un singolare.

[22] Lo Ziegler sembra non tener conto di questa costruzione latina e registra il singolare *prodest* come se fosse in sintonia con il singolare ὠφέλησεν.

[23] L'espressione è di SMEND, 311.

Non ci sono problemi di rilievo per Sir[Gr] 34,29: "Uno (è) colui che prega e uno (è) colui che maledice: alla voce di chi darà ascolto il Sovrano (celeste)?". Il Lat segue fondamentalmente il Gr, anche se nel secondo stico propone la variante *Deus*[24]: "Uno (è) colui che prega e uno (è) colui che maledice: la voce[25] di chi esaudirà Dio?". Il Syr, più vicino al Gr, ha preferito nel primo stico il verbo *benedire* a *pregare* (Gr e Lat) e nel secondo ha voluto specificare meglio il pronome con un numerale e, come ha fatto il Lat, ha scelto di rendere il nome divino con ܐܠܗܐ[26]: "Uno (è) colui che benedice e un altro (è) colui che maledice: alla voce di chi tra loro due Dio darà ascolto?".

## l. Sir[Gr] 34,30

| | |
|---|---|
| Sir[Gr]34,30 | βαπτιζόμενος ἀπὸ νεκροῦ καὶ πάλιν ἁπτόμενος αὐτοῦ<br>τί ὠφέλησεν ἐν τῷ λουτρῷ αὐτοῦ |
| Sir[Lat]34,30 | *Qui baptizatur a mortuo et  iterum tangit illum*<br>*quid proficit lavatione illius* |
| Sir[Syr]34,30 | ܕܡܣܚܐ ܡܢ ܡܝܬܐ ܘܬܘܒ ܩܪܒ ܠܗ.<br>ܡܢܐ ܐܘܬܪ ܡܢ ܣܚܘܬܗ. |

Il testo Gr è stato trasmesso fondamentalmente bene: "Colui che si purifica dal (contatto con) un morto e di nuovo lo tocca, cosa guadagna nella sua purificazione?". Il Lat segue sostanzialmente il Gr, ma, invece di esprimersi attraverso participi, riformula il primo stico con frasi compiute: "Chi si lava da un morto[27] e lo tocca di nuovo, cosa guadagna nella sua purificazione?". Anche il Syr segue sostanzialmente il Gr e il Lat con una piccola amplificazione (ܘܬܘܒ): "Colui che si lava (dal contatto con) un morto e torna a toccarlo, che cosa ne ricava dal suo essersi lavato?".

---

[24] In Sir[Lat] 23,1 il Lat ha reso δεσπότης con *dominator*. In Sir[Lat] 36,1 non lo traduce.

[25] Anche in questo caso lo Ziegler sembra non tener conto della costruzione della frase latina e fa riferimento al Lat *vocem* come fosse in sintonia con la variante φωνήν, presente in alcuni mss minuscoli greci (307, 575, ecc.).

[26] In Sir[Syr] 23,1 il Syr ha reso δεσπότης con ܒܪܘܝܐ. In Sir[Syr] 36,1 non lo traduce.

[27] PETERS, 287, richiama alla memoria come i donatisti si servissero di questo versetto per dichiarare nullo il battesimo amministrato da un eretico (*a mortuo*).

## m. Sir[Gr] 34,31

Sir[Gr] 34,31    οὕτως ἄνθρωπος νηστεύων ἐπὶ τῶν ἁμαρτιῶν αὐτοῦ
καὶ πάλιν πορευόμενος καὶ τὰ αὐτὰ ποιῶν
τῆς προσευχῆς αὐτοῦ τίς εἰσακούσεται
καὶ τί ὠφέλησεν ἐν τῷ ταπεινωθῆναι αὐτόν

Sir[Lat] 34,31    *Sic homo qui ieiunat in peccatis suis*
*et iterum eadem faciens*
*orationem illius quis exaudiet*
*quid proficit humiliando se*

Sir[Syr] 34,31    ܘܩܪܝܒ ܥܠ ܨܘܡܗ̇ ܐܝܟܢܐ ܕܒܪ ܐܢܫ
ܘܬܘܒ ܥܒܕ ܗ̇ܘ ܕܥܒܕ
ܐܘ ܡܢܐ ܐܘܬܪ ܕܐܬܡܟܟ

Il testo di Sir[Gr] 34,31, trasmesso fondamentalmente bene, ha due piccole varianti che meritano un momento di attenzione. La prima riguarda Sir[Gr] 34,31cd. In un ms minuscolo, 358, i due stichi vengono scambiati (Sir[Gr] 34,31dc) come vengono scambiati in Lat. La seconda riguarda Sir[Gr] 34,31c dove il verbo εἰσακούσεται (dare ascolto, esaudire) è sostituito nel ms 249 con ἀκούσεται, puntualmente ripreso con *audiet* in alcuni codici latini (Sangermanensis, Toletanus, ecc.). Sono elementi importanti se si volesse studiare la tradizione del testo. Queste letture del Lat non sono accolte né dal Weber né dai monaci di S. Gerolamo in Urbe. Il Gr si può rendere così, anticipando il secondo emistichio in Sir[Gr] 34,31c: "Così (è) l'uomo che digiuna per i suoi peccati e di nuovo va e li commette. Chi darà ascolto alla sua preghiera e cosa guadagna nel suo umiliarsi?". Il Lat, oltre che a scambiare i due stichi di Sir[Gr] 34,31cd, rende in Sir[Lat] 34,31a il participio Gr in una frase compiuta. In Sir[Lat] 34,31b, poi, sopprime il participio e la congiunzione (πορευόμενος καὶ). Il testo non corre bene: "Così (è) l'uomo che digiuna per i suoi peccati e di nuovo [è colui che] li compie. Chi ascolterà la sua preghiera? Che cosa guadagna nell'umiliarsi?". Il Syr in Sir[Syr] 34,30a sopprime l'avverbio οὕτως-*sic* e il vocabolo ἄνθρωπος-*homo*. Inoltre, stando alla materialità del testo, Syr presenta un *casus pendens* perché Sir[Syr] 34,30a si lega a Sir[Syr] 34,30b solo a livello logico e non secondo la concordanza grammaticale-sintattica. Per uscire da questa situazione si può sottintendere un "C'è" iniziale: "(C'è) chi digiuna per i suoi peccati e nuovamente li commette. Chi ascolta la sua preghiera? O che vantaggio ricava, digiunando?".

Esaminato il testo e stabilitane la fisionomia critica, prosegue ora l'esegesi, partendo dalla suddivisione emersa dall'esame della struttura: Sir$^{Gr}$ 34,21-23.24-27.28-31.


## 2. Dio non gradisce l'offerta dei "senza-Legge" Sir$^{Gr}$ 34,21-23

Sir$^{Gr}$ 34,21-23 costituisce la prima parte della prima strofa che si caratterizza per il suo andamento concentrico[28], dove emerge un principio teologico-cultuale, che verrà, successivamente dimostrato da una riflessione sapienziale (Sir$^{Gr}$ 34,21.24-27) e da una riflessione giuridico-morale (Sir$^{Gr}$ 34,28-31).

a. Lo stico iniziale: Sir$^{Gr}$ 34,21

Il testo si apre con uno stico (Sir$^{Gr}$ 34,21) che Knabenbauer, unico tra gli autori ha evidenziato come problematico a livello di testo Gr, evitando di spiegare il caso come un ipotetico errore di lettura di un altrettanto ipotetico testo H[29]. Knabenbauer definì l'espressione θυσιάζων ἐξ ἀδίκου un "quasi nominativus absolutus" e lo interpretò come "quod attinet ad immolantem ex iniusto, talis προσφορὰ μεμωμημένη"[30]. Si tratta di una proposta ingegnosa che si fonda sul concetto di anacoluto[31]. Purtroppo la proposta

---

[28] Dall'analisi è emerso che Sir$^{Gr}$ 34,21-23 è così strutturato:

| Sir$^{Gr}$ 34,21α | : | a | | | : *θυσια |
| Sir$^{Gr}$ 34,21β | : | | b | | : προσφορά |
| Sir$^{Gr}$ 34,22α | : | | | c | : οὐκ + *εὐδοκ |
| Sir$^{Gr}$ 34,22β | : | | | | d | : δωρήματα ἀνόμων |
| Sir$^{Gr}$ 34,23aα | : | | | c' | : οὐκ + *εὐδοκ |
| Sir$^{Gr}$ 34,23aβ | : | | b' | | : προσφορά |
| Sir$^{Gr}$ 34,23b | : | a' | | | : *θυσια |

[29] Così fanno molti commentatori (cfr n. 32).
[30] KNABENBAUER, 352.
[31] Cfr BLASS - DEBRUNNER, 567 (§ 466,2-4).

non ha avuto né approfondimento né seguito. Gli autori, infatti, prima e dopo di lui, hanno scelto di non affrontare il problema, optando per due soluzioni: alcuni hanno interpretato in modi diversi il participio θυσιάζων, mentre altri non hanno più attribuito a προσφορὰ μεμωκημένη il suo valore nominale. La reinterpretazione del participio θυσιάζων ha suggerito, di volta in volta, di leggere il participio come un nome[32], come un infinito[33] o come una costruzione impersonale[34]. La reinterpretazione del nominativo προσφορὰ μεμωκημένη ha avuto una fortuna minore. Rispet-

---

[32] Secondo l'opinione di Fritzsche, ripresa successivamente da Edersheim, da Ryssel, da Oesterley e altri, il Siracide si sarebbe trovato di fronte al testo ebraico (ipotetico) di Ben Sira che diceva זבח מעול e avrebbe letto זֶבַח מְעֻיל (θυσιάζων), invece che זֶבַח מְעֻיל (θυσία). Diversi autori hanno seguito questa proposta: Eberharter ("Ein Brandopfer von Unrecht ist eine Gabe zum Hohn"); Alonso Schökel ("Sacrificios de posesiones injustas son impuros"); Duesberg – Fransen ("Sacrificio d'un bene mal' acquistato, offerta impura"); Snaith ("A sacrifice derived from ill-gotten gains is contaminated"); Minissale ("Il sacrificio preso da ingiusti guadagni è impuro"). L'elenco potrebbe continuare ancora con l'esempio di diversi autori come Smend, Peters, Box – Oesterley, Hamp, Bruguera – Diaz, Pereira e altri. L'ipotesi appare buona *quoad nos* (alle nostre lingue europee e al nostro mondo culturale-teologico). C'è, tuttavia, da chiedersi se per davvero il traduttore greco potesse aver preso l'abbaglio ipotizzato.
Ci sarebbe una seconda ipotesi. Il participio greco potrebbe essere adoperato come sostantivo (cfr il "participio sostantivato" in BLASS - DEBRUNNER, 413–414 [§ 413]). Questa ipotesi non sembra una buona ipotesi. Il primo motivo si trova nel fatto che non risolve il problema (il sacrificare dall'ingiustizia, offerta che irride). Il secondo si trova nel fatto che nell'analisi della struttura è stato visto che θυσιάζων in Sir[Gr] 34,21 è chiaramente adoperato come verbo in quanto è in relazione con Sir[Gr] 35,20 (dove il participio è ancora adoperato come verbo) e, come si vedrà, sottintende un complemento diretto.

[33] Già REUSS, 449, nel 1878 aveva optato per il cambio participio/infinito: "Faire un sacrifice avec du bien mal acquis, c'est se moquer de Dieu". Su questa linea si pongono Luzzi, Duesberg – Auvray, Morla Asensio, ecc.

[34] È la soluzione di Zöckler ("Es opfert einer von ungerechtem Gut – ein Opfer des Spottes [ist es]"). Quest'ultima lettura non ha avuto seguito. Joüon (JOÜON, § 155 f) presenta la possibilità che un participio ebraico – se questa fosse stata la forma dell'originale di Sir[H] 34,21, che però ad oggi non si conosce – sia equivalente a una costruzione verbale impersonale. I casi sono molto rari ("beaucoup plus rarement le sujet vague personnel est sous-entendu devant un participe pluriel et singulier"). Sembrerebbe non essere questo il caso perché θυσιάζων indica una persona-modello che si oppone all'altra persona-modello di Sir[Gr] 35,20, θεραπεύων. Non è perciò pensabile a una ipotetica costruzione "participio /costruzione impersonale".

tando il participio θυσιάζων che viene reso con una relativa, gli autori sottintendono un verbo di azione, trasformando il nominativo προσφορὰ μεμωκημένη in un complemento oggetto, cioè in un ipotetico accusativo[35].

Le soluzioni esaminate non prendono il testo greco così com'è o perché attribuiscono al traduttore greco un errore di lettura dell'originale ebraico oppure perché ipotizzano soluzioni dettate da una scarsa fiducia nel testo Gr come sta e giace. La presentazione delle varie soluzioni ha mostrato come il rispetto di un elemento, il participio, porti all'inosservanza dell'identità di altri elementi. Se, invece, questi vengono rispettati, bisogna giocoforza infrangere l'identità del participio. C'è da chiedersi se il traduttore greco sia stato così ingenuo da non rendersi conto della durezza del suo testo. Dato l'amorevole impegno che mostra nel tradurre (cfr Sir[Prolog] 20), sembra impossibile che proponga una traduzione così farraginosa da creare problemi ai suoi lettori. Se, poi, si tiene presente che nell'apparato dello Ziegler per θυσιάζων (Sir[Gr] 34,21) non viene presentato nessun problema testuale, significa che per il traduttore greco, per i suoi lettori e per i suoi immediati copiatori di lingua greca non c'era difficoltà nel comprendere tale versetto. Non ritengo che la soluzione del problema, per il momento, vada cercata nel rapporto "testo H – testo Gr": ciò è impossibile per la mancanza del testo H. Il problema va affrontato con pazienza e umiltà solo davanti al testo Gr.

### §1. *L'espressione* θυσιάζων ἐξ ἀδίκου

L'espressione θυσιάζων ἐξ ἀδίκου appare come una espressione sintetica. Nel testo del Siracide il verbo θυσιάζω compare 3x e solo nel trattato sulle offerte (Sir[Gr] 34,21; 35,2.4), e solo nella for-

---

[35] La soluzione è proposta, per esempio, da Ledrain ("Qui fait sacrifice d'une chose mal acquis fait oblation moqueuse"), da Spicq ("Qui fait sacrifice d'une bien mal acquis [fait] une oblation moqueuse"), da Pérez Rodríguez ("El que sacrifica de lo mal adquirido hace una oblación irrisoria"), da Sauer ("Der, der von unrechtmäßig erworbenem Gut opfert, bringt ein beflecktes Opfer dar") e da altri.

mula fissa di participio presente maschile singolare[36]. I luoghi dove compare mancano dell'originale ebraico. Il significato di fondo è sempre *sacrificare*[37]. Nel Siracide viene adoperato sia per chi sacrifica in modo scorretto (Sir[Gr] 34,21) sia per chi sacrifica in modo corretto (Sir[Gr] 35,2.4). Questo duplice uso del participio (singolare o plurale) si trova anche nei libri dei LXX, ma solo per pochissime volte: Es[LXX] 22,19 (participio singolare, atto di culto scorretto o negativo); Os[LXX] 12,12 (participio plurale, atto di culto scorretto o negativo[38]); Zac[LXX] 14,21 (participio plurale, atto di culto corretto o positivo); 1Mac 1,59 (participio plurale, atto di culto corretto o positivo). Se si presta attenzione all'uso negativo del participio (Es[LXX] 22,19; Os[LXX] 12,12), si nota che chi sacrifica è persona non fedele al Signore: il primo (Es[LXX] 22,19) perché sacrifica contemporaneamente alle divinità e al Signore; i secondi (Os[LXX] 12,12), perché sacrificano probabilmente alle divinità pagane. In Sir[Gr] 34,21, dunque, il participio θυσιάζων induce a pensare che si tratti di una persona "tipo", dalla fede dubbia e, forse, con una certa venatura paganeggiante (cfr Es[LXX] 22,19), pur essendo una persona che pratica formalmente il culto prescritt. Questo giudizio negativo viene ulteriormente peggiorato dal fatto che chi sacrifica, sacrifica ἐξ ἀδίκου, dall'ingiustizia. Nel Siracide l'aggettivo ἄδικος[39] può essere adoperato come aggettivo vero e proprio (cfr Sir[Gr] 35,15) o come aggettivo sostantivato (cfr Sir[Gr]

---

[36] Il verbo θυσιάζω compare nei LXX poco più di 40x, delle quali appena 3x nel Pentateuco (Es[LXX] 22,19; Lv[LXX] 7,16; 24,9), 25x nei libri storici (qualche problema testuale in Tobia: in Tb 1,4 è presente nei mss A e B, non in S; in Tb 1,5 è presente nel ms S e non in A e B) in genere con una forma stereotipa (ἐθυσίασεν), 6x nei sapienziali e 4x nei libri profetici. Traduce tre nomi (אִשֶּׁה ,דְּבַח ,זֶבַח) e due verbi (קָטַר ,זָבַח).

[37] DANIEL, 161.

[38] Il testo di Os[H] 12,12 è corrotto, mentre il testo dei LXX mostra una azione non esplicita di politeismo. Il Targum, invece, interpreta il versetto come se si trattasse di un atto di culto politeista:"Se in Ghilead furono oppressi, tuttavia nel santuario di Ghilgal sacrificavano tori agli idoli; persino i loro altari pagani moltiplicarono come mucchi di pietre ai bordi del campo" (CARBONE - RIZZI, 236-237).

[39] Sir[Gr] 1,22; 5,8; 7,2; 17,14; 19,25; 27,10; 34,21; 35,15.23; 40,13; 51,6. Dalla comparazione con il testo H risulta che ἄδικος traduce una gamma piuttosto ampia di vocaboli ebraici: שֶׁקֶר (Sir[H] 5,8), עָוֹן (Sir[H] 7,2), עֹשֶׁק (Sir[H] 10,7), מְעַשֵּׁק (Sir[H] 35,15), רָשָׁע (Sir[H] 35,23) e מִרְמָה (Sir[H] 51,6).

7,2; 17,14; 35,23). In Sir^Gr 34,21 ἄδικος è adoperato come aggettivo sostantivato[40] e potrebbe indicare l'azione ingiusta o l'ingiustizia (cfr Sir^Gr 7,2; 17,4).

In alcuni casi l'uso del verbo θυσιάζω (cfr 2Cr^LXX 7,5; 33,16) è accompagnato dall'oggetto interno (θυσία). Ciò permette di sottintendere in Sir^Gr 34,21 l'espressione θυσιάζων (τὴν θυσίαν). C'è di più. In 2Mac 9,16 si ricorda che Antioco Epifane, colpito da malattia tremenda, fece diverse promesse a Dio. Tra l'altro, si impegnava a πρὸς τὰς θυσίας συντάξεις ἐκ τῶν ἰδίων προσόδων χορηγήσειν, "Provvedere dalle sue entrate per le spese necessarie per i sacrifici". Alla luce di questo testo, vista la costruzione uguale a quella di Sir^Gr 34,21 (radicale *θυσια + ἐκ + il genitivo = ἐκ τῶν ἰδίων προσόδων = ἐξ ἀδίκου), si può ipotizzare che il Siracide avesse voluto sottintendere anche un verbo, forse qualcosa come χορηγασαμένην (provveduta, fornita: cfr 2Mac 9,16)[41]. Per il lettore ebreo di lingua greca sarebbe stato difficile non intravedere dietro all'espressione sintetica θυσιάζων ἐξ ἀδίκου una espressione di pensiero più distesa e più o meno simile a: θυσιάζων (τὴν θυσίαν, χορηγησαμένην) ἐξ ἀδίκου. In questo caso al vocabolo θυσία, data la dipendenza dal verbo θυσιάζω, si potrebbe dare il significato di "vittima"[42]. Una traduzione di quanto rilevato, sarebbe: "Chi sacrifica (una vittima proveniente) da un'ingiustizia…".

---

[40] In due casi ἄδικος come aggettivo è associato alle ricchezze, χρήματα (Sir^Gr 5,8; 40,13). Questo dato potrebbe indurre a pensare a una ipotetica costruzione come ἐξ (πλούτου) ἀδίκου. Ciò sarebbe inusuale nel Siracide che non adopera mai l'aggettivo ἄδικος con nome sottinteso. Il vocabolo πλοῦτος, inoltre, non ricorre nel contesto. L'ultima volta che viene citato è in Sir^Gr 31,1. Inoltre, il vocabolo πλοῦτος non viene mai aggettivato in Siracide con ἄδικος.

[41] Alla luce di Is^LXX 61,8a (ἐγὼ γάρ εἰμι κύριος ὁ ἀγαπῶν δικαιοσύνην καὶ μισῶν ἁρπάγματα ἐξ ἀδικίας, "Io sono il Signore che ama la giustizia e odia i bottini [provenienti] dall'ingiustizia") si potrebbe anche ipotizzare per Sir^Gr 34,21 una comprensione di questo genere: θυσιάζων (τὴν θυσίαν, ἅρπαγμα) ἐξ ἀδίκου, ma la frase sarebbe senz'altro più farraginosa.

[42] BEHM, θύω, coll. 628-632; HARL, 61-62; HARLÉ - PRALON, 35-40; DORIVAL, Les Nombres, 48-49; 106-107; DANIEL, 209-210.

§2. *L'espressione προσφορὰ μεμωκημένη*

L'espressione προσφορὰ μεμωκημένη ha sapore profetico non tanto nel vocabolo προσφορὰ quanto nel vocabolo μεμωκημένη. Il vocabolo προσφορά[43] compare nei LXX 13x, di cui nessuna nel Pentateuco, 1x nei libri storici (1Re[LXX] 7,34), 2x in Daniele (Dn[LXX] 3,38; 4,37; Dn[Th] 3,38), 1x nei Salmi (Sal[LXX] 39,7) e 9x nel Siracide (Sir[Gr] 14,11; 34,21; 34,23; 35,1; 35,8; 38,11; 46,16; 50,13.14). Non sembra che il Siracide si rifaccia al vocabolario cultico comune dei LXX. Possiede, invece, una sua indipendenza[44]. Il significato di προσφορά è *offerta* o *dono sacrificale* e viene usato dal Siracide per indicare un sacrificio "sans spécification particulière"[45].

Per μεμωκημένη[46], non c'è molto da dire. Si tratta di un participio perfetto di forma medio-passiva, ma di significato attivo, da μωκάομαι, verbo che per il Siracide, è un *hapax auctoris*[47] e che nei libri dei LXX compare solo 2x (Ger[LXX] 28,18; 51,18[48]) per indicare gli idoli: si tratta di opere ridicole[49], che non fanno parte dell'eredità

---

[43] WEISS, *προσφορά* , coll. 1006-1007; DANIEL, 219-221, in modo particolare n. 47 di 220.

[44] Il vocabolo greco traduce due vocaboli ebraici che indicano una offerta sacrificale consumata dal fuoco (Sir[H] 46,16: עֹלָה; Sir[H] 50,13: אִשֶּׁה). Nei testi non siracidei (Dn[LXX] 3,38; 4,37; Dn[Th] 3,38; Sal[LXX] 39,7) solo in un caso è possibile per προσφορά risalire all'equivalente ebraico (Sal[H] 40,7: מִנְחָה), dove non compaiono le stesse equivalenze presenti nel Siracide. Per l'indipendenza del vocabolario cultico del Siracide rispetto al vocabolario cultico di Ben Sira si veda EGGER-WENZEL, 69-93.

[45] DANIEL, 220, n. 47.

[46] CHANTRAINE, vol II, 729: "se moquer de, ridiculiser". Si tratta di un vocabolo di epoca ellenistica e non usato prima di Aristotele. Potrebbe indicare anche il grido del cammello.

[47] In Sir[Gr] 34,21-23 si trovano due *hapax legomena*, l'*hapax auctoris* μωκάομαι (Sir[Gr] 34,21) e l'*hapax Veteris Testamenti* Gr δώρημα (Sir[Gr] 34,22). In Sir[Gr] 34,21-23 il lettore trova anche il verbo θυσιάζω che - come è stato già accennato - si trova solo nel trattato sui sacrifici (Sir[Gr] 34,21a; 35,2.4). Per i problemi inerenti agli *hapax legomena* nel Siracide si veda l'opera di Wagner. Mentre Wagner dedica attenzione a δώρημα (WAGNER, 182.360), e non c'è, anche se questo può sembrare prevedibile, nessuna parola per θυσιάζω.

[48] Il versetto del testo H fa parte di un brano (Ger[H] 51,15-19) già presente in Ger[H] 10,12-16.

[49] Il vocabolo ebraico תַּעְתֻּעִים è un *hapax* della Bibbia ebraica. Compare solo in Geremia 2x, dove però si ripete lo stesso testo (Ger[H] 10,15; 51,18)

di Giacobbe perché l'eredità di ogni figlio del popolo di Dio è Dio stesso (Sal^LXX 15,5; 73,26; cfr Lam^H 3,24). L'espressione προσφορὰ μεμωκημένη racchiude in sé una sfumatura di tradimento della fede perché indica qualche cosa di ridicolo, come gli idoli, e contemporaneamente contiene qualche cosa di attivo: irride Dio.

§3. *L'espressione θυσιάζων ἐξ ἀδίκου προσφορὰ μεμωκημέν*

L'espressione θυσιάζων ἐξ ἀδίκου προσφορὰ μεμωκημένη (Sir^Gr 34,21) può essere resa con "Chi sacrifica (una vittima proveniente) da una ingiustizia, offerta che irride (Dio)". Si comprende subito come questa dicitura sia difficoltosa. Esaminando la struttura si è visto lo stretto legame, sul piano sintattico e contenutistico, con valore inclusivo, tra Sir^Gr 34,20-21 e Sir^Gr 35,20ab:

| | | | | | |
|---|---|---|---|---|---|
| Sir^Gr 34,21 | θυσιάζων | + | ἐξ ἀδίκου | + | προσφορὰ μεμωκημένη |
| Sir^Gr 35,20a | θεραπεύων | + | ἐν εὐδοκίᾳ | + | δεχθήσεται |
| | | | | | |
| Sir^Gr 34,22 | καὶ | + | οὐκ εἰς εὐδοκίαν | + | δωρήματα ἀνόμων |
| Sir^Gr 35,20b | καὶ | + | ἡ δέησις αὐτοῦ | + | ἕως νεφελῶν συνάψει |

Sul piano sintattico, entrambi i primi stichi aprono con il soggetto che è dato da un participio senza articolo (θυσιάζων / θεραπεύων) e che è seguito da un complemento indiretto (ἐξ ἀδίκου / ἐν εὐδοκίᾳ), e chiudono con il subsintagma verbale, rappresentato dalla sola parte nominale in Sir^Gr 34,21 (προσφορὰ μεμωμημένη) e dal verbo in Sir^Gr 35,21 (δεχθήσεται). Entrambi i secondi stichi iniziano con una congiunzione, καὶ, e, in chiasmo, presentano l'atto di culto (δωρήματα ἀνόμων / ἡ δέησις αὐτου): il primo non gradito a Dio (οὐκ εἰς εὐδοκίαν), il secondo capace di raggiungere le nubi (ἕως νεφελῶν συνάψει)[50]. Sul piano del contenuto Sir^Gr 35,20 afferma

---

[50] Il termine νεφέλη compare nel Siracide 10x. Viene adoperato per indicare il concetto di "alto" (Sir^Gr 13,23: il discorso del ricco viene esaltato) o semplicemente per in-

che θεραπεύων…δεχθήσεται, "Colui che serve…è gradito a Dio"[51], come è gradito a Dio (δεκτή) il sacrificio dell'uomo giusto (Sir[Gr] 35,9a: θυσία ἀνδρὸς δικαίου δεκτή): l'uomo che si preoccupa dell'orfano e della vedova, dunque, diventa una realtà gradita a Dio come un sacrificio compiuto da una persona che osserva la Legge. Questo non è un concetto nuovo. In epoca immediatamente precedente al Siracide, la riflessione biblica era giunta ad affermare che la persona era gradita a Dio come sacrificio: Dn[LXX] 3,39-40; Sap 3,5-6[52]. L'autore della preghiera di Azaria presenta il sofferente perseguitato (Dn[LXX] 3,39-40)[53] che, con il cuore contrito e lo spirito umiliato, chiede a Dio di poter essere accolto come olocausto di montoni e tori, come migliaia di grassi agnelli. Circa un secolo dopo la traduzione greca del Siracide, verso il 30 a.C., sempre in Egitto, si trova lo stesso concetto elaborato da un sapiente. Costui, riflettendo sulla morte dei giusti, perseguitati e martiri (Sap 3,5-6)[54], afferma che essi sono degni di Dio e graditi come un olocausto. Il legame tra Dn[LXX] 3,39-40, Sir[Gr] 35,20 e Sap 3,5-6 è facilmente rilevabile:

---

dicare il dato atmosferico (Sir[Gr] 35,26; 43,14.15; 50,6.10). Sobrio è l'uso per indicare il mondo divino: Sir[Gr] 24,4 (il trono della Sapienza è su una colonna di nubi); Sir[Gr] 35,20b.21a (la preghiera sale fino a Dio). Il termine viene anche usato in modo traslato per indicare, probabilmente, le nuvole d'incenso (Sir[Gr] 50,7).

[51] Per l'approfondimento esegetico di questo versetto si veda il capitolo quinto.

[52] Ci sarebbero anche altri testi che esprimono una tematica non identica ma molto vicina. Si vedano, per esempio, Sal[LXX] 50,19 (lo spirito contrito è un sacrificio a Dio) e Sal[LXX] 141,2 (le mani alzate [in preghiera] come sacrificio della sera).

[53] GILBERT, "La prière", 572-574.

[54] SCHENKER, 351-356.

| Dn$^{LXX}$ 3,39-40 | Sir$^{Gr}$ 35,20 | Sap 3,5-6 |
|---|---|---|
| ἀλλ' ἐν ψυχῇ συν-<br>τετριμμένῃ<br>καὶ πνεύματι τεταπει-<br>νωμένῳ<br>**προσδεχθείημεν**<br>ὡς ἐν ὁλοκαυτώμασι<br>κριῶν καὶ ταύρων<br>καὶ **ὡς** ἐν μυριάσιν<br>ἀρνῶν πιόνων<br>οὕτω γενέσθω ἡμῶν<br>ἡ θυσία ἐνώπιόν σου<br>σήμερον<br>καὶ ἐξιλάσαι ὄπισθέν σου<br>ὅτι οὐκ ἔστιν αἰσχύνη<br>τοῖς πεποιθόσιν ἐπὶ σοί<br>καὶ τελειῶσαι ὄπισθέν<br>σου | θεραπεύων<br>ἐν εὐδοκίᾳ<br>**δεχθήσεται**<br>καὶ ἡ δέησις αὐτοῦ<br>ἕως νεφελῶν<br>συνάψει· | καὶ ὀλίγα<br>παιδευθέντες<br>μεγάλα<br>εὐεργετηθήσονται<br>ὅτι ὁ θεὸς ἐπείρασεν<br>αὐτοὺς<br>καὶ εὗρεν αὐτοὺς<br>ἀξίους ἑαυτοῦ<br>**ὡς** χρυσὸν ἐν χωνευ-<br>τηρίῳ<br>ἐδοκίμασεν αὐτοὺς<br>καὶ **ὡς** ὁλοκάρπωμα<br>θυσίας<br>**προσεδέξατο** αὐτούς |

Il concetto di accoglienza viene espresso in tutti e tre i testi dal verbo δέχομαι (o il suo composto προσδέχομαι)[55], coniugato nella forma passiva o nella forma media (Dn$^{LXX}$ 3,39: προσδεχθείημεν; Sir$^{Gr}$ 35,20: δεχθήσεται; Sap 3,6: προσεδέξατο). Alla visione teologica della riflessione apocalittica e della riflessione sapienziale, che vedevano nel perseguitato e nel martire una vera e propria equivalenza con il sacrificio fatto nel tempio di Gerusalemme, il Siracide[56]

---

[55] Il verbo δέχομαι e il suo composto προσδέχομαι non hanno differenze di significato (cfr GRUNDMANN, δέχομαι, coll. 865-892, spec. col. 885). Il valore del verbo e dei suoi composti viene esaminato nel capitolo quinto (Sir$^{Gr}$ 35,20).

[56] Il concetto è del Siracide e non di Ben Sira come si vedrà nel capitolo quinto quando si comparerà il testo Gr con il frammento di testo H superstite.

aggiunge una terza categoria: colui che, osservando la Legge, si prende cura del prossimo[57].

L'antitesi tra chi sacrifica una vittima proveniente dall'ingiustizia (Sir[Gr] 34,21) e chi, nell'osservanza della Legge, si prende cura del prossimo bisognoso (Sir[Gr] 35,20a), permette di cogliere meglio il significato di Sir[Gr] 34,21. Se, infatti, colui che si prende cura del prossimo è accolto come un sacrificio, colui che compie un sacrificio con cose provenienti da azioni ingiuste, non può essere se non l'opposto. Mentre, perciò, colui che serve (Sir[Gr] 35,20a) è accetto come un sacrificio di un giusto (Sir[Gr] 35,9a), colui che sacrifica con cosa proveniente dall'ingiustizia (Sir[Gr] 34,21) diventa egli stesso come un sacrificio che irride Dio. Una possibile soluzione, dunque, per Sir[Gr] 34,21 potrebbe essere la lettura del testo così come si presenta nel testo critico del Gr e tradurre: "Chi sacrifica (una vittima proveniente) da una ingiustizia, (egli stesso è come) una offerta che irride Dio"[58]. La proposta salvaguarda il testo greco, senza alterare il valore del participio θυσιάζων e senza cambiare il nominativo, προσφορὰ μεμωκημένη, in un accusativo[59].

---

[57] Il fatto che il participio θεραπεύων indichi colui che si prende cura del prossimo bisognoso verrà dimostrato nel capitolo quinto.

[58] La forma comparativa data al Sir[Gr] 34,21 è dovuta a due dati, uno più stringente, l'altro meno. Il primo riguarda il fatto che il Siracide usa anche altrove la forma comparativa sottintesa, come si vedrà fra poco, esaminado Sir[Gr] 34,24. Il secondo riguarda il fatto che Sir[Gr] 34,21 è strettamente legato per inclusione a Sir[Gr] 35,20. Quest'ultimo, come si vedrà nel capitolo quinto, è in parallelo contenutistico con Dn[LXX] 3,39-40 e Sap 3,5-6. Il testo della preghiera (ὡς ἐν ὁλοκαυτώμασι κριῶν καὶ ταύρων καὶ ὡς ἐν μυριάσιν...) e il testo sapienziale (ὡς χρυσὸν ἐν χωνευτηρίῳ ἐδοκίμασεν αὐτοὺς καὶ ὡς ὁλοκάρπωμα θυσίας...) sono espressi in forma comparativa.

[59] A questa soluzione si potrebbe affiancare una seconda, ricorrendo teoricamente alla regola del *participium coniunctum* con valore temporale (BLASS - DEBRUNNER, 507, § 418,5) e il risutato sarebbe: "Quando uno sacrifica dall'ingiustizia, l'offerta è irridente". Questa soluzione, tuttavia, non è possibile perché il soggetto della principale (προσφορά) non è lo stesso soggetto del participio θυσιάζων. Si tenga poi presente che il Siracide ha voluto legare in modo stretto la costruzione di Sir[Gr] 34,21 con Sir[Gr] 35,20a, rendendo i due stichi interdipendenti sia a livello formale sia a livello di contenuto.

Questa visione teologica unitiva tra offerente e sacrificio è già in qualche modo presente in Gen[H/LXX] 4,4b-5a, dove si afferma, sia nel testo H sia nel testo Gr, l'associazione tra offerente e offerta[60]:

וַיִּשַׁע יְהוָה אֶל־הֶבֶל וְאֶל־מִנְחָתוֹ

וְאֶל־קַיִן וְאֶל־מִנְחָתוֹ לֹא שָׁעָה

καὶ ἐπεῖδεν ὁ θεὸς ἐπὶ Αβελ καὶ ἐπὶ τοῖς δώροις αὐτοῦ

ἐπὶ δὲ Καιν καὶ ἐπὶ ταῖς θυσίαις αὐτοῦ οὐ προσέσχεν.

Nei due stichi in parallelismo antitetico chiasmatico, si attesta, sia nel testo H sia in quello Gr, che il Signore posò lo sguardo su Abele e sulla sua offerta e su Caino e la sua offerta non posò lo sguardo (Gr: "non prestò attenzione"). Si può discutere su che tipo di offerta fosse[61], ma è chiaro che Dio compie un'unica azione (וַיִּשַׁע אֶל / ἐπεῖδεν ἐπί) su Abele e la sua offerta come unica è l'azione (שָׁעָה אֶל / προσέσχεν ἐπί) compiuta su Caino e la sua offerta[62]. È interessante notare come il concetto di associazione offerente-offerta venga sottolineata anche da Lv[LXX] 1,3 attraverso il neutro δεκτόν[63], che "s'applique à la fois à l'offrande et à l'offrant, qui doivent être l'un et l'autre en situation d'être reçus"[64].

---

[60] Il tema non è evidenziato dai grandi commentari, sia classici che recenti (cfr Von Rad, Westermann, Ruppert, Skinner, ecc.).

[61] VON RAD, *Genesi*, 130-131 dice che "il pastore offre del suo gregge, il contadino dei frutti della terra". Dello stesso parere WESTERMANN, 44 e BOSCHI, 87. TESTA, 332 si chiede se il sacrificio di Abele fosse un olocausto oppure no, sulla scia delle discussioni presenti nel Talmud di Babilonia (Zebahim 116a.b.c cfr FREEDMAN in EPSTEIN, vol. 22, 230; si veda in modo particolare la parte finale di 116a, dove c'è la discussione comparativa tra il sacrificio dei figli di Noé e il sacrificio di Abele).

[62] La valenza unitiva tra chi compie l'azione e l'opera stessa si trova affermata anche in Sap 14,8, dove è maledetto l'idolo insieme a chi lo ha modellato. Nel commento al brano Gilbert giustamente afferma: "La malédiction qui atteint le pécheur s'éntend à tous ses biens" (GILBERT, *La critique*, 125). Anche questa lettura di Sap 14,8 offre una luce chiarificatrice a Sir[Gr] 34,21 e alla lettura che è stata data.

[63] Al femminile compare anche in Sir[Gr] 35,9.

[64] HARLÉ – PRALON, 86 (Lv 1,3).

### §4. *L'affermazione di Sir^Gr 34,21*

L'affermazione di Sir^Gr 34,21 dipende in forma quasi diretta dalla teologia del testo H del Trito-Isaia (Is^H 61,8-9) e può anche avere dei legami, almeno formali, con Ger^LXX 28,18. Secondo Childs, Is^H 61,8-9 contiene un intervento divino collocato tra il racconto di misssione del profeta (Is^H 61,1-7) e l'intervento della probabile personificazione di Gerusalemme (Is^H 61,10-13)[65]. Il testo di Is^H 61,8-9 si apre in modo solenne con l'autopresentazione di Dio: egli ama la giustizia e odia la rapina associata all'olocausto, è il Dio della retribuzione[66] e dell'alleanza perenne (cfr Is^H 55,3: בְּרִית עוֹלָם). Il testo prosegue e conclude con la presentazione del popolo di Dio: si tratta di una stirpe (e della sua discendenza) famosa tra i popoli stranieri e riconosciuta da questi come benedetta. Nella prima parte dell'autopresentazione di Dio (Is^H 61,8a) viene proposta come oggetto dell'odio divino la rapina associata all'olocausto[67].

כִּי אֲנִי יְהוָה אֹהֵב מִשְׁפָּט שֹׂנֵא גָזֵל בְּעוֹלָה

Quanto afferma il Siracide in Sir^Gr 34,21 potrebbe essere pensato come riflessione di Ben Sira sul testo di Is^H 61,8a, testo che a sua volta è legato tematicamente a Is^H 1,13-17. In quest'ultimo brano si afferma con chiarezza che l'atto di culto non si può coniugare con il male. Questo male viene identificato da Is^H 1,17, se letto a specchio, con il calpestare la giustizia (מִשְׁפָּט / κρίσις), schiacciare l'oppresso (חָמוֹץ / ἀδικούμενος), commettere ingiustizia verso l'orfano (יָתוֹם / ὀρφανός) e la vedova (אַלְמָנָה / χήρα): si tratta di tematiche ri-

---

[65] Childs, *Isaia*, 546. Si tratta - dice Childs - della soluzione offerta dal Targum.

[66] Data l'affermazione generale sembra corretto pensare alla retribuzione sia positiva sia negativa.

[67] "Io sono il Signore che ama la giustizia e odia la rapina (associata) con l'olocausto". In Is^H 61,8a ritengo criticamente preferibile la lettura del condice di Leningrado (עוֹלָה = olocausto) perché *lectio difficilior* e non *absurda*, lasciando cadere la proposta di lettura fatta dalla Stuttgartensia perché il *legendum* (עַוְלָה = iniquità) non è necessario alla comprensione del testo. Il testo Gr di Isaia, invece, ha scelto quest'ultima variante. Alonso Schökel - Sicre Díaz, 417, segue la lettura עַוְלָה, condizionato probabilmente da Is^LXX 6,8a.

prese e trattate, anche attraverso l'uso di un vocabolario uguale o simile, in Sir$^{Gr}$ 34,21–35,20. Certamente Sir$^{Gr}$ 34,21 è una affermazione di principio fatta dal Siracide sulla scorta di un testo H del nonno che aveva modellato probabilmente il suo pensiero sulla teologia isaiana. Questa riflessione teologica presente in Sir$^{Gr}$ 34,21 non è un *unicum*, ma come un *singolare* si inserisce in una corrente di pensiero. All'epoca del Siracide la spiritualizzazione[68] del culto e del tempio non era una riflessione per poche cerchie ristrette di teologi, bensì era un pensiero diffuso. Non era neppure una riflessione monotematica, ma un pensiero articolato e ricco di varianti. Una linea di pensiero, infati, in nome di una spiritualizzazione, riteneva l'atto di culto slegato dal tempio e dal sistema sacrificale. Ne conseguiva una rilettura morale e simbolica dell'ordinamento cultico-sacrificale, come faceva la lettera di Aristea[69]. Diverso era invece l'atteggiamento della comunità di Qumran che solo momentaneamente sostituiva la preghiera come atto di culto, in attesa che l'ordinamento cultuale-templare ritornasse alla purezza e allo splendore originario[70]. Altro ancora era la riflessione che prospettava il comportamento etico, in obbedienza alla voce di Dio o alla Legge, come elemento più importante del culto stesso[71]. Infine c'era il pensiero che indicava la fedeltà alla Legge come elemento cultico accanto all'ordinamento cultico-liturgico, che comunque andava rispettato e vissuto[72].

Il testo greco di Sir$^{Gr}$ 34,21 si colloca bene in quest'ultimo contesto, pur avendo un suo posto singolare. Il pensiero di Sir$^{Gr}$ 34,21, infatti, non condanna l'atto di culto liturgico, ma lo indica come nullo, non gradito a Dio, se alle spalle dell'offerente c'è l'ingiustizia o mancanza dell'osservanza della Legge. Ma c'è anche di più. Per il

---

[68] Cfr le opere di Wenschkewitz e di Hermisson.

[69] VON RAD , *La Sapienza*, 171.

[70] GÄRTNER, 18; KLINZING, 37.50-93.

[71] Cfr 1Sam$^{LXX}$ 15,22; Pr$^{LXX}$ 21,3; Gdt 16,16. La collocazione del brano di Mi$^{LXX}$ 6,7-8 in quest'ambito è incerta perché potrebbe anche essere collocato nell'ambito successivo.

[72] Cfr Sal$^{LXX}$ 50,14.13; 51,18-19; Dn$^{LXX}$ 3,39-40; Sap 3,5-6. Per Sal$^{LXX}$ 50,14.13 si veda ALONSO SCHÖKEL, *I Salmi*, vol. I, 821.

Siracide è l'offerente che viene messo in discussione. L'offerente, infatti, proprio perché non osserva la Legge, diventa egli stesso come un'offerta che irride Dio. Egli è in netta contrapposizione con chi ha il cuore pentito (Dn^LXX 3,39-40), oppure è perseguitato e martire (Sap 3,5-6), oppure si dedica al servizio del prossimo bisognoso (Sir^Gr 35,20). Il pentito, il perseguitato-martire e il θεραπεύων sono accolti da Dio come un autentico atto di culto.

## b. Le tre negazioni successive a Sir^Gr 34,21: Sir^Gr 34,22-23

Le tre negazioni appaiono come conseguenze logiche, derivate da Sir^Gr 34,21. La traduzione provvisoria dice: "E non (sono) per il compiacimento divino i doni dei senza-Legge. Non si compiace l'Altissimo nelle offerte degli empi né perdona i peccati per l'abbondanza dei sacrifici". Il pensiero è fondamentalmente articolato su due temi: le azioni cultiche escluse dall'εὐδοκία divina (Sir^Gr 34,22-23a) e l'impossibilità del perdono dei peccati agli empi solo perché offrono abbondanza di offerte (Sir^Gr 34,23b).

§1. *Le azioni cultiche escluse dall'εὐδοκία divina (Sir^Gr 34,22-23a)*
Le azioni cultiche escluse dall'εὐδοκία divina (Sir^Gr 34,22-23a) sono le δωρήματα ἀνόμων e le προσφοραί ἀσεβῶν.

Il vocabolo δώρημα è un *hapax legomenon* dei libri dei LXX[73]. Fuori dal testo biblico, il vocabolo è raro, viene usato nella lingua elevata[74] e deriva dalla radice *δω[75], elemento fondamentale che dà vita ai verbi δωρέομαι e δίδωμι con il significato di *dare / donare*. Il nome δώρημα indica l'oggetto con cui si compie l'azione di δωρέομαι, verbo presente 8x nei LXX[76]. L'uso veterotestamentario e neotestamentario sia del verbo δωρέομαι sia del nome δώρημα

---

[73] Nel N.T. si trova due volte, Rm 5,16 e Gc 1,17.

[74] BUCHSEL, δῶρον, coll. 1174-1175 (δωρέομαι, δώρημα). SCHNEIDER, δώρημα, coll. 976-977.

[75] CHANTRAINE, vol. I, 280.

[76] Il verbo è presente 5x nei libri canonici - Gen^LXX 30,20 (זָבַד); Lv^LXX 7,15 (קָרְבָּן); Est^LXX 8,1 (נָתַן); Pr^LXX 4,2 (נָתַן); Sir^Gr 7,25 - e tre in un testo non canonico: 1 Esd^LXX 1,7; 8,14.55.

indicano il valore di un'azione che offre un dono assolutamente
gratuito e non dovuto. Si può, perciò, indicare per δώρημα il significato fondamentale di *dono, regalo*. Poiché il Siracide ha una
certa libertà nel suo vocabolario cultico e poiché adopera solo
qui il vocabolo δώρημα con il significato di *dono, regalo*, c'è da
chiedersi se per caso il nipote non abbia voluto in questo caso alludere alle offerte spontanee o votive[77]. Coloro che compiono
queste offerte (spontanee) sono gli ἄνομοι. Si tratta di un vocabolo, presente un centinaio di volte nei libri dei LXX[78], assente
nel Pentateuco Gr[79], particolarmente presente nei testi profetici
e sapienziali. Il Siracide usa il vocabolo ἄνομος 6x (Sir[Gr] 16,4; 21,9;
34,22; 39,24; 40,10; 49,3) e sempre al plurale[80], quasi si trattasse
di una categoria[81]. Ciò viene, in qualche modo, confermato da
Sir[Gr] 16,4, dove si parla di φυλὴ δὲ ἀνόμων (= tribù dei senza-
Legge) e da Sir[Gr] 21,9 di συναγωγὴ ἀνόμων (= riunione / ceto
dei senza-Legge)[82]. Per gli ἄνομοι essere categoria non avrebbe
giovato o dato salvezza. Sarebbero stati distrutti, infatti, in ogni

---

[77] Forse il Siracide potrebbe aver alluso a Lv[LXX] 7,16. Il vocabolo ebraico נְדָבָה, adoperato da Lv[H] 7,16 per indicare le offerte spontanee, compare 26x, di cui 6x viene tradotto con ἑκούσιος, 4x con αἵρεσις, 2x con δόμα e con ὁμολογία, 1x con ἀφαίρεμα,
ἑκουσιασμός, ὁμολόγως e σφάγιον. Questi vocaboli non vengono mai usati dal traduttore greco del Siracide.

[78] Traduce una ventina di radici ebraiche.

[79] Eccetto in Lv[LXX] 5,4; 18,30, testi che non hanno il corrispondente ebraico.

[80] Anche negli apocrifi greci dell'A.T il vocabolo ricorre sempre alla forma plurale,
eccetto in *Paraleipomena Jeremiae* (7,23) e in *Sibyllina Oracula* (3,496).

[81] Sicuramente il Siracide non apprezza gli ἄνομοι. In Sir[Gr] 16,4 ne prevede la distruzione e in Sir[Gr] 21,9 descrive la loro fine come una fiammata di fuoco. Per essi le
vie di Dio sono piene d'inciampi (Sir[Gr] 39,24), essi sono fondamentalmente peccatori
(cfr Sir[Gr] 40,10) e per il gioco dell'antitesi presente in Sir[Gr] 49,3, sono persone senza
fedeltà a Dio perché trascurano la Legge.

[82] Non va dimenticato che qualche anno prima della traduzione del Siracide, gli
ἄνομοι e gli ἀσεβεῖς (vocabolo in parallelo con ἄνομοι in Sir[Gr] 34,22.23) guidati da Al-
cimo, pretedente al sommo sacerdozio, si erano recati da Demetrio I per accusare il popolo e Giuda Maccabeo (1Mac 7,5). Secondo il Siracide gli ἄνομοι sono sempre esistiti:
prima del diluvio (Sir[Gr] 40,10), durante l'epoca di Giosia (Sir[Gr] 49,3), ai tempi di Ben
Sira e ai suoi. In Sir[Gr] 40,10 ἄνομος sta per רָשָׁע (uomo dimentico della Legge), mentre
in Sir[Gr] 49,3 ἄνομος traduce חָמָס (violenza). Per gli ἀνόμοι, chiamati anche *peccatori*
(ἁμαρτωλοί) in Sir[Gr] 40,8, sono stati creati la morte, il sangue, le contese, la spada, le disgrazie, la fame, le calamità e i flagelli (Sir[Gr] 40,8-10).

caso (Sir^Gr 16,4)[83] come in una fiammata di fuoco perché la loro συναγωγή vale quanto un mucchio di stoppa (Sir^Gr 21,9). Purtroppo il Siracide non ci lascia detto perché essi sono ἄνομοι e ἁμαρτωλοί, a meno che non si esamini Sir^Gr 34,21-23. Sono gente che irride Dio, sono empi, senza fede, e come peccatori pensano di essere perdonati per l'abbondanza delle vittime. Visto il concetto che il Siracide ha degli ἄνομοι, questi potrebbero essere definiti *arroganti senza-Legge*.

La seconda espressione, προσφορὰ ἀσεβῶν, è di più facile comprensione. Se προσφορά, come già visto in Sir^Gr 34,21, indica l'*offerta* o il *dono sacrificale*, l'aggettivo sostantivato ἀσεβής[84] ha un significato più complesso. Il mondo greco aveva dato al vocabolo due valenze: colui che compie una mancanza di timore verso gli dèi e/o una ingiustizia verso gli uomini[85]. Nei libri dei LXX non indica colui che ha un atteggiamento interiore, ma chi compie una azione concreta che è "offesa…alla volontà di Dio, quale che sia la sfera in cui si verifica"[86]. Per il Siracide (Sir^Gr 7,17; 9,12; 12,5.6; 13,24; 16,1.3; 21,27; 22,12; 34,23; 36,9; 39,30; 40,15; 41,5.7.8.10; 42,2), il termine[87] indica colui che abbandona la Legge: οὐαὶ ὑμῖν ἄνδρες ἀσεβεῖς οἵτινες ἐγκατελίπετε νόμον θεοῦ ὑψίστου, "Guai a voi, uomini empi, che avete abbandonato la Legge di Dio Altissimo" (Sir^Gr 41,8). C'è, dunque, per il Siracide, un'ampia area semantica condivisa tra l'ἄνομος e l'ἀσεβής. Anche per δώρημα e προσφορά si può dire la stessa cosa. Il linguaggio del Siracide in qualche modo risente, senza copiare o imitare direttamente, del linguaggio cultico del Levitico dove è facile trovare l'associazione προσφέρω + δῶρον (cfr Lv^LXX 1,2.14; 2,1.4; 4,23; ecc.).

---

[83] In Sir^Gr 16,4 ἄνομος sta per בָּגַד (agire con perfidia).

[84] FOERSTER, ἀσεβής, coll. 1486-1502; LE BOULLUEC - SANDEVOIR, 84 (Es 2,13); FIEDLER, ἀσεβής, coll. 447-450.

[85] FOERSTER, ἀσεβής, coll. 1486-1492.1494

[86] FOERSTER, ἀσεβής, col. 1494.

[87] Nel Siracide il termine ἀσεβής traduce sette vocaboli ebraici, di cui i principali sono רָשָׁע (Sir^H 12,6; 41,8; 42,2) e זָדוֹן (Sir^H 9,12; 13,24; 16,3[?]). La definizione del Siracide di ἀσεβής (Sir^Gr 41,8) ha in H רָשָׁע.

I due stichi, Sir^Gr 34,22-23a, sono costruiti in parallelismo sinonimico e sembra che servano al Siracide per compiere il passaggio concettuale tra Sir^Gr 34,21 e Sir^Gr 34,23b: irride Dio chi chiede perdono dei peccati con un sacrificio che è frutto di una sottrazione indebita e, quindi, ingiusta, soprattutto - come si vedrà poco dopo - quella fatta ai danni del povero.

§2. Il nome εὐδοκία (Sir^Gr 34,22; 35,5.20)

Il nome εὐδοκία (Sir^Gr 34,22; 35,5.20), con il verbo εὐδοκέω, ha una funzione strategica in Sir^Gr 34,21–35,20. L'analisi della struttura ha evidenziato che il vocabolo εὐδοκία in qualche modo costituisce l'ossatura portante del brano perché si trova all'inizio (Sir^Gr 34,22), al centro (Sir^Gr 35,5), e alla fine (Sir^Gr 35,20) del trattato sulle offerte e sempre all'interno dei tre segmenti che annunciano un principio teologico del trattato stesso (Sir^Gr 34,21-23; 35,5; 35,16-20).

Nel Siracide il nome εὐδοκία[88] compare 14x[89], mentre il verbo

---

[88] Nel Siracide εὐδοκία traduce רָצוֹן (Sir^H 11,17; 15,15; 35,20; 39,19) e צָלֵחַ (Sir^H 9,2; 43,26). Si veda la breve e bella ricerca su εὐδοκία nel Siracide di CALDUCH-BENAGES, *En el crisol*, 212-214, che, però, purtroppo, non è sufficiente per il presente lavoro.

[89] La presenza salirebbe a quindici se si accetta Sir^Gr 9,12, come propongono Hatch-Redpath, secondo i mss B e A. Per Sir^Gr 9,12 Ziegler congettura come più probabile non εὐδοκία bensì εὐοδία. Per Sir^Gr 42,15 Ziegler, contrariamente alla testimonianza dei mss greci (ἐν εὐλογίᾳ) preferisce leggere ἐν εὐδοκίᾳ, fondandosi sulla testimonianza del testo H (mss B e M). Nel breve schema che segue, si sceglie la lettura di Ziegler e, quindi, nei quattordici testi elencati si hanno tutti i casi in cui compare nel Siracide il nome εὐδοκία. Vengono esplicitati il determinativo (di chi è l'εὐδοκία?), la realtà su cui c'è la compiacenza, l'eventuale azione che l'εὐδοκία compie:

| citazione | determinativo | nome | realtà su cui c'è o no compiacenza | azione della compiacenza |
|---|---|---|---|---|
| Sir^Gr 1,27 | αὐτοῦ = del Signore | ἡ εὐδοκία | fede e mansuetudine | |
| Sir^Gr 2,16 | αὐτοῦ = del Signore | εὐδοκίαν | | |
| Sir^Gr 11,17 | αὐτοῦ = del Signore | ἡ εὐδοκία | | rende felici |
| Sir^Gr 15,15 | (del Signore) | εὐδοκίας | | è fedele |
| Sir^Gr 18,31 | ἐπιθυμίας | εὐδοκίαν | | rende l'uomo oggetto di scherno |

εὐδοκέω[90], 6x [91]. Il significato fondamentale si colloca nell'area del compiacimento[92]. Il verbo indica la volontà affettuosa, benigna, compiaciuta, tanto da poter significare *gradire, preferire*[93] e può indicare il compiacimento sia di Dio (Sir[Gr] 34,23; 45,19) sia dell'uomo (Sir[Gr] 9,12; 15,17; 25,16; 37,28). Il nome, invece, ha –

| Sir[Gr] 29,23 | (dell'uomo) | εὐδοκίαν | del poco e del molto | |
| Sir[Gr] 32,14 | (del Signore) | εὐδοκίαν | chi cerca il Signore | |
| Sir[Gr] 33,13 | αὐτοῦ = del vasaio | κατὰ τὴν εὐδοκίαν | | |
| Sir[Gr] 34,22 | (del Signore) | οὐκ εἰς εὐδοκίαν | offerte dei senza-Legge | |
| Sir[Gr] 35,5 | κυρίου | εὐδοκία | astenersi da malvagità | |
| Sir[Gr] 35,20 | (del Signore) | ἐν εὐδοκίᾳ | θεραπεύων | |
| Sir[Gr] 39,18 | (del Signore) | εὐδοκία | | |
| Sir[Gr] 41,4 | ὑψίστου | ἐν εὐδοκίᾳ | | |
| Sir[Gr] 42,15 | αὐτοῦ = del Signore | ἐν εὐδοκίᾳ | κρίμα | |

[90] Nel Siracide traduce חָפֵץ (Sir[H] 15,17), בָּחַר (Sir[H] 37,28) e אָנַף (forma negativa e *hithpael*, Sir[H] 45,19).

[91] In questo breve schema si hanno tutti i casi in cui compare nel Siracide il verbo εὐδοκέω. Viene esplicitato l'agente cui la realtà piace, le forme del verbo greco e la realtà di cui l'agente si compiace:

| citazione | agente a cui la realtà piace | verbo | realtà di cui l'agente si compiace |
| --- | --- | --- | --- |
| Sir[Gr] 9,12 | essere umano = tu | μὴ εὐδοκήσῃς | del benessere degli empi |
| Sir[Gr] 15,17 | essere umano = egli | εὐδοκήσῃ | ciò (vita e morte) |
| Sir[Gr] 25,16 | essere umano = io (Siracide) | εὐδοκήσω | abitare con leone e drago |
| Sir[Gr] 34,23 | essere divino = l'Altissimo | οὐκ εὐδοκεῖ | nelle offerte degli empi |
| Sir[Gr] 37,28 | essere umano = non tutti | εὐδοκεῖ | in ogni cosa |
| Sir[Gr] 45,19 | essere divino = il Signore | οὐκ εὐδόκησεν | la ribellione di Datan, Abiran e dei figli di Core |

[92] SCHRENK, εὐδοκία, coll. 1107-1142. Si vedano anche SPICQ, *Note*, vol. I, 668-678; DANIEL, 194; HELBING, 262-265.

[93] SCHRENK, εὐδοκία, col. 1110.

secondo gli studi di Schrenk[94] – un significato leggermente più elaborato[95]. Quando l'εὐδοκία è predicata dell'uomo indica la *volontà umana* (Sir[Gr] 9,12;18,31) e la *contentezza* (Sir[Gr] 29,23). Quando l'εὐδοκία è predicata di Dio esprime il *favore divino* (Sir[Gr] 1,27; 2,16; 11,17; 15,15; 32,14; 34,22; 35,5.20) e, un po' meno usato, il *decreto divino* (Sir[Gr] 33,13; 39,18; 41,4). Su questa catalogazione di Schrenk bisognerebbe fare una precisazione per le ricorrenze presenti in Sir[Gr] 34,21–35,20. Mentre per Sir[Gr] 34,22; 35,5 non c'è dubbio che l'εὐδοκία sia quella divina, per Sir[Gr] 35,20a molti autori non concordano con Schrenk[96]. Diventa necessario, perciò, vedere l'uso che il Siracide fa del nome εὐδοκία e del verbo εὐδοκέω. Una volta chiarito, questo, diventa più facile affrontare il problema di Sir[Gr] 35,20.

Esaminando l'uso che il Siracide fa del verbo εὐδοκέω e del nome εὐδοκία, è opportuno, seguendo Schrenk, distinguere tra l'εὐδοκία divina e quella umana. Dopo questo esame, per completezza segue immediatamente l'analisi dell'espressione εὐδοκέω ἐν di Sir[Gr] 34,23 e l'espressione ἐν εὐδοκίᾳ di Sir[Gr] 35,20.

i) L'εὐδοκία divina nel Siracide

Soffermando l'attenzione sui testi che hanno Dio come soggetto e referente di εὐδοκέω / εὐδοκία, si può notare come Dio si compiaccia di persone e di cose. Si compiace di chi cerca il Signore (Sir[Gr]

---

[94] Schrenk dedica a רָצוֹן e a εὐδοκία nel Siracide circa due colonne (*rāṣon e εὐδοκία nell'Ecclesiastico*: coll. 1122-1124). Esamina tutte le ricorrenze, dimenticando Sir[Gr] 2,16.

[95] Per completare gli studi di Schrenk si veda lo studio su εὐδοκέω - εὐδοκία di SPICQ, *Note*, vol. I, 668-678.

[96] Ci sono autori che con Schrenk catalogano Sir[Gr] 35,20a nell'area divina (Fritzsche, Blunt, Churton, Edersheim, Ledrain, Knabenbauer, Crampon, Girotti, Spicq, Snaith, Minissale, MacKenzie, ecc.), altri invece attribuiscono l'εὐδοκία di Sir[Gr] 35,20 all'area umana (Lesètre, Reuss, Zöckler, Fillion, Glaire - Vigouroux, Eberharter, Duesberg - Auvray, Pérez Rodríguez, Bruguera - Díaz, Morla Asensio, Duesberg - Auvray, ecc.) e altri ancora non affrontano il problema perché si rifanno al testo H che è diverso dal Gr (Lévi, Smend, Peters, Box - Oesterley, Hamp, Schilling, Duesberg - Fransen, Alonso Schökel, Skehan - Di Lella, Pereira, Sauer, Mopsik, ecc.).

32,14) e del θεραπεύων (Sir[Gr] 35,20a). Si compiace anche della fede e della mansuetudine dell'uomo (Sir[Gr] 1,27) oltre che dell'astensione umana dalla malvagità (Sir[Gr] 35,5). Non si compiace affatto, invece, dell'offerta dei senza-Legge (Sir[Gr] 34,22), dell'offerta degli empi (Sir[Gr] 34,23) e della ribellione di Datan, Abiran e dei figli di Core (Sir[Gr] 45,19).

Restringendo l'attenzione all'uso di εὐδοκέω / εὐδοκία nell'area del culto, il traduttore non adopera mai εὐδοκέω / εὐδοκία per indicare il compiacimento divino per un atto di culto positivo, compiuto cioè secondo la Legge e da persona che rispetta la Legge. Viceversa egli adopera εὐδοκέω / εὐδοκία con la negazione οὐκ per indicare il rifiuto di un atto di culto liturgico negativo (Sir[Gr] 34,22.23), compiuto cioè con doni indegni e offerti da coloro che non osservano la Legge e/o dagli empi. Se, invece, si esamina l'uso di εὐδοκέω / εὐδοκία fuori dell'area del culto, compiuto secondo la Legge, si scopre che il Siracide impiega il concetto per affermare due dati: Dio accoglie l'astensione dalla malvagità e dall'ingiustizia (Sir[Gr] 35,5a.5b); tale astensione va catalogata come un atto di culto vero e proprio, sebbene, non contemplato da alcuna legge liturgica[97].

Queste brevi sottolineature permettono di affermare che il traduttore greco del Siracide adopera εὐδοκέω / εὐδοκία per indicare la preferenza che Dio ha nei confronti dell'agire dell'uomo. Egli, infatti, non gradisce l'atto di culto dei senza-Legge e degli empi, mentre gradisce il θεραπεύων (Sir[Gr] 35,20a). Si tratta di un participio che determina l'uomo per l'azione che compie. Egli gradisce anche l'ἀποστῆναι ἀπὸ πονηρίας (Sir[Gr] 35,5a) l'ἀποστῆναι ἀπὸ ἀδικίας (Sir[Gr] 35,5b). Si tratta di due infiniti che indicano ancora una volta l'azione dell'uomo.

---

[97] L'astensione dalla malvagità è inserita in uno stico che insieme al successivo forma un parallelismo formalmente sinonimico, contenutisticamente sintetico (Sir[Gr] 35,5):

εὐδοκία κυρίου ἀποστῆναι ἀπὸ πονηρίας,
καὶ ἐξιλασμὸς ἀποστῆναι ἀπὸ ἀδικίας.

In questo contesto è possibile notare come l'astensione dalla malvagità e dall'ingiustizia (ἀποστῆναι ἀπὸ πονηρίας / ἀποστῆναι ἀπὸ ἀδικίας) siano visti come equipollenti a un atto di culto (ἐξιλασμός) gradito a Dio (εὐδοκία κυρίου).

ii) L'εὐδοκία umana nel Siracide

Essa non è mai rivolta nei confronti delle realtà cultuali, religiose o divine. L'uomo prova εὐδοκία per la vita o per la morte (Sir^Gr 15,17), secondo la sua libera scelta[98]. L'uomo prova εὐδοκία anche per la coabitazione con un leone o con un drago piuttosto che con una donna malvagia (Sir^Gr 25,16). Non dona la sua εὐδοκία per ogni cosa (Sir^Gr 37,28) e non dovrebbe darla per il benessere degli empi (Sir^Gr 9,12). L'uomo, inoltre, quando non è nella sua patria, dovrebbe dare la sua εὐδοκία sia al poco sia al molto che gli viene offerto, per non vedersi trattare da straniero (Sir^Gr 29,23)[99]. Il vasaio, poi, modella la creta secondo la propria εὐδοκία (Sir^Gr 33,13). L'uomo, infine, non deve consegnare il suo animo all'εὐδοκία della passione (Sir^Gr 18,31), altrimenti diventa oggetto di scherno.

iii) L'espressione εὐδοκέω ἐν + il dativo di Sir^Gr 34,23

Il verbo εὐδοκέω[100] compare nei libri dei LXX circa una sessantina di volte. Schrenk afferma che nei LXX l'uso assoluto è raro e che la costruzione più frequente è: εὐδοκέω ἐν + dativo[101]. Nel Siracide εὐδοκέω si trova solo 6x (Sir^Gr 9,12; 15,17; 25,16; 34,23; 37,28; 45,19), 3x costruito con ἐν + dativo (Sir^Gr 9,12; 34,23; 37,28), 1x con l'accusativo (Sir^Gr 15,17), 1x con l'infinito (Sir^Gr 25,16) e 1x in modo assoluto (Sir^Gr 45,19). Dei tre testi che possiedono la costruzione εὐδοκέω ἐν + dativo, due hanno come soggetto l'uomo (Sir^Gr 9,12; 37,28) e il terzo ha come soggetto Dio (Sir^Gr 34,23). Con questo materiale letterario non è possibile cogliere il valore dell'espressione di Sir^Gr 34,23 perché non c'è un secondo testo dove ci sia la stessa

---

[98] Sir^Gr 15,17 (ἔναντι ἀνθρώπων ἡ ζωὴ καὶ ὁ θάνατος καὶ ὃ ἐὰν εὐδοκήσῃ δοθήσεται αὐτῷ, "Davanti agli uomini la vita e la morte ed è dato a ognuno ciò che piace") evidenzia come dietro al verbo εὐδοκέω ci sia la libera scelta dell'uomo per la vita o per la morte. Sir^Gr 15,17 riprende Dt^LXX 30,15 (ἰδοὺ δέδωκα πρὸ προσώπου σου σήμερον τὴν ζωὴν καὶ τὸν θάνατον τὸ ἀγαθὸν καὶ τὸ κακόν, "Ecco, oggi ho posto davanti a te la vita e la morte, il bene e il male").

[99] Questa è senz'altro una allusione all'esperienza di Ben Sira nei suoi viaggi in terra straniera.

[100] Schrenk annota anche che "εὐδοκεῖν seguito dall'accusativo è tipica traduzione greca del testo ebraico" (col. 1107).

[101] SCHRENK, εὐδοκία, col 1107.

costruzione con Dio come soggetto. Per comprendere quale sia l'orizzonte linguistico in cui collocare l'espressione οὐκ εὐδοκεῖ ὁ ὕψιστος ἐν προσφοραῖς ἀσεβῶν bisogna esaminare nei libri dei LXX l'uso di "εὐδοκέω ἐν + dativo, con soggetto Dio". I testi sono pochi[102]: 2Sam^LXX 22,20; Sal^LXX 43,4; 146,11; 149,4; Sir^Gr 34,23; Ger^LXX 14,10; 14,12; Ab^LXX 2,4; Ag^LXX 1,8.

| citazione | verbo | realtà su cui c'è o no compiacenza | esplicitazione dell'elissi |
|---|---|---|---|
| 2Sam^LXX 22,20 | εὐδόκησεν | ἐν ἐμοί | in me = Davide |
| Sal^LXX 43,4 | εὐδόκησας | ἐν αὐτοῖς | in essi = gli Ebrei |
| Sal^LXX 146,11 | εὐδοκεῖ | ἐν τοῖς φοβουμένοις αὐτὸν | in coloro che lo temono |
| Sal^LXX 149,4 | εὐδοκεῖ | ἐν λαῷ αὐτου | nel suo popolo |
| Ger^LXX 14,10 | οὐκ εὐδόκησεν | ἐν αὐτοῖς | in essi = gli Ebrei |
| Ger^LXX 14,12 | οὐκ εὐδοκήσω | ἐν αὐτοῖς | in essi = olocausti e sacrifici |
| Ab^LXX 2,4 | οὐκ εὐδοκεῖ | ἐν αὐτῷ | in lui = in chi si tira indietro [ὑποστείληται] |
| Ag^LXX 1,8 | εὐδοκήσω | ἐν αὐτῷ | il tempio |

La tabella mostra come la compiacenza o la non compiacenza di Dio sia espressa soprattutto verso le persone: Davide, Ebrei, il suo popolo, coloro che temono Dio, chi non si tira indietro. La compiacenza o meno di Dio verso delle cose, invece, è estremamente limitata: Ger^LXX 14,12 (compiacenza negativa verso olocausti e i sacrifici) e Ag^LXX 1,8 (compiacenza positiva verso il

---

[102] Nel codice B c'è una strana costruzione in Gdc^LXX 15,18: σὺ εὐδόκησας ἐν χειρὶ δούλου σου τὴν σωτηρίαν τὴν μεγάλην ταύτην. Più che spiegare questa costruzione, sarebbe, forse, opportuno optare per la lettura che fa il codice A: σὺ ἔδωκας ἐν χειρὶ δούλου σου τὴν σωτηρίαν τὴν μεγάλην ταύτην = "Tu hai dato nella/per mezzo della mano del tuo servo questa grande salvezza/vittoria".

tempio). Sembra, dunque, che l'espressione Sir^Gr 34,23 (εὐδοκεῖ...ἐν προσφοραῖς ἀσεβῶν) sia debitrice a Ger^LXX 14,12 per quanto riguarda l'uso del verbo e della sua costruzione. Questo dato non è senza conseguenze. Gli ἀσεβεῖς di Sir^Gr 34,23, già ben caratterizzati come persone che non osservano la Legge (Sir^Gr 34,22: ἄνομοι) e che ottengono beni attraverso l'ingiustizia (cfr Sir^Gr 34,21) potrebbero essere ulteriormente caratterizzati. Il testo Gr di Geremia usa uno stretto parallelismo fra i concetti di ἀσέβεια e ἀδικία: γνῶθι τὴν ἀδικίαν σου ὅτι εἰς κύριον τὸν θεόν σου ἠσέβησας, "Riconosci la tua ingiustizia poiché nei confronti del Signore, tuo Dio, sei stata empia" (Ger^LXX 3,13): l'empietà implica l'ingiustizia. È interessante notare come in Ger^LXX 14,12 le persone, dei cui sacrifici e olocausti Dio non si compiace, sono persone che compiono l'ἀδικία (Ger^LXX 14,10; cfr Ger^LXX 14,20). In cosa consiste tale ἀδικία? Secondo Ger^LXX 14,10 consiste nell'"amare di andare vagando" (ἠγάπησαν κινεῖν πόδας αὐτῶν) che è come dire "correre dietro agli idoli" (cfr Ger^LXX 2,25). Dato lo stretto legame tra Sir^Gr 34,23 e Ger^LXX 14,12, gli ἀσεβεῖς, oltre che ad agire contro la Legge, dovrebbero anche essere identificati come persone dalla fede molto dubbia. Per questo motivo si potrebbe tradurre προσφοραὶ ἀσεβῶν con "offerte dei senza-fede", anche se di solito si traduce con "offerte degli empi".

iv) L'espressione ἐν εὐδοκία di Sir^Gr 35,20a

Per dare completezza all'indagine sul vocabolo εὐδοκία, è necessario anticipare qui l'esame di una espressione che apparterrebbe al capitolo quinto, dove viene analizzato il testo di Sir^Gr 35,8-20.

Per poter comprendere il valore dell'espressione bisogna chiedersi se l'espressione ἐν εὐδοκία si associa a θεραπεύων (θεραπεύων ἐν εὐδοκία) oppure a δεχθήσεται (ἐν εὐδοκία δεχθήσεται). Diversi autori associano ἐν εὐδοκία a θεραπεύων e sono la maggioranza[103], mentre solo una piccola minoranza[104] lega ἐν εὐδοκία a

---

[103] Fritzsche, Lesètre, Zöckler, Fillion, Knabenbauer, Glaire -Vigouroux, Crampon, Moulton, Eberharter, Girotti, Duesberg - Auvray, Pérez Rodríguez, Snaith, Minissale, Bruguera - Diaz, ecc.

[104] Blunt, Churton, Edersheim, Ledrain, Spicq, ecc.

δεχθήσεται[105]. In quest'ultimo caso è ovvio che gli autori collocano l'εὐδοκία nell'ambito del divino. Nessuno, tuttavia, motiva la propria scelta tranne Fritzsche[106].

L'espressione ἐν εὐδοκίᾳ non compare nei libri dei LXX, se non 3x nel Siracide (Sir[Gr] 35,20a; 41,4; 42,15). In Sir[Gr] 42,15, testo del Gr II indica senz'altro l'εὐδοκία divina che è associata al sovrano giudizio divino e assume la sfumatura di *volontà* (καὶ γέγονεν ἐν εὐδοκίᾳ αὐτοῦ κρίμα, "Il suo giudizio si compie secondo il suo volere"). Anche in Sir[Gr] 41,4 indica senz'altro l'εὐδοκία divina ed è associata ad un atteggiamento umano, espresso da τί ἀπαναίνῃ, "Perché ribellarti?". Questa constatazione potrebbe sembrare orientativa per Sir[Gr] 35,20a, dove θεραπεύων indica un atteggiamento umano. Tuttavia, non bisogna cedere a questa apparente somiglianza perché Sir[Gr] 41,4 non presenta la stessa struttura di frase presente in Sir[Gr] 35,20a, dove l'azione è duplice: da una parte c'è l'azione umana (θεραπεύων) e dall'altra c'è l'azione di Dio (δεχθήσεται), dove Dio – dato il passivo teologico – è complemento d'agente sottinteso. Questa osservazione obbliga ad allargare l'area di ricerca. Poiché la costruzione ἐν εὐδοκίᾳ non esiste, se non nel Siracide, è opportuno accettare una costruzione vicina. Si tratta di ammettere la costruzione dell'espressione con l'articolo: ἐν τῇ εὐδοκίᾳ. Tale costruzione non esiste nel Siracide e nel testo canonico dei LXX è molto rara. Si trova solo in tre Salmi[107]: Sal[LXX] 50,20; 88,18; 105,4.

---

[105] Si ricordi che molti altri autori tralasciano il testo Sir[Gr] 35,20 e si rifanno a Sir[H] 35,20: Lévi, Smend, Peters, Box – Oesterley, Hamp, Schilling, Duesberg – Fransen, Alonso Schökel, Skehan – Di Lella, Pereira, Sauer, Mopsik, ecc.

[106] "Falsch zieht Gutm. ἐν εὐδ. zu δεχθ., denn ἐν εὐδ. δεχθ. gilt keinesweges vom θερά πεύων schlechtweg": FRITZSCHE, 197. Dà l'impresione di una spiegazione "en passant".

[107] Ci sarebbe in Sal[LXX] 140,5 una quarta ricorrenza, ma in forma plurale (ἐν ταῖς εὐδοκίαις) e con l'εὐδοκία appartenente all'ambito umano. Si tratta di un testo dove – secondo Schrenk (col. 1125) – εὐδοκία prende un significato negativo (= malvagità). La tradizione Lat ha inteso εὐδοκία sia come compiacimento (*Vulgata : quoniam adhuc oratio mea in beneplacitis eorum*) sia come malvagità (*iuxta Hebraeos: quoniam adhuc oratio mea in malitiis eorum*).

In Sal$^{\text{LXX}}$ 50,20 Dio compie una azione positiva verso Sion, nel suo compiacimento (ἐν τῇ εὐδοκίᾳ σου). Lo stesso avviene in Sal$^{\text{LXX}}$ 88,18 dove Dio innalza la forza del suo popolo, con il suo compiacimento (ἐν τῇ εὐδοκίᾳ σου). Il concetto si ripete in Sal$^{\text{LXX}}$ 105,4 dove si afferma che Dio si ricorda dei membri del suo popolo ἐν τῇ εὐδοκίᾳ τοῦ λαοῦ σου, "Per la compiacenza del tuo popolo". In tutti e tre i casi Dio compie una azione nella sua εὐδοκία e ciò potrebbe suggerire che in Sir$^{\text{Gr}}$ 35,20 l'espressione ἐν εὐδοκίᾳ possa associarsi più all'azione divina (δεχθήσεται) che non a quella umana (θεραπεύων). Questa ipotesi è suffragata dal fatto che il verbo θεραπεύω, costruito con la preposizione ἐν, ricorre poche volte nei LXX (2 Re$^{\text{LXX}}$ 9,16; Est$^{\text{LXX}}$ 1,2.7; 2,19; 6,10; Tb 1,7)[108], dove indica un servizio o una cura in un "luogo" concreto e non figurato. In questo luogo concreto viene compiuta l'azione espressa dal verbo. Poiché in Sir$^{\text{Gr}}$ 35,20 si trova la costruzione "θεραπεύω + ἐν + il dativo", si dovrebbe ritenere che l'espressione ἐν εὐδοκίᾳ rappresenti in qualche modo il luogo figurato dove viene compiuto il servizio da parte dell'uomo. Questa lettura non corrisponderebbe a quanto è stato osservato circa la costruzione "θεραπεύω + ἐν" nei libri dei LXX che richiederebbe un luogo concreto (corte, zona di Iezrael, città di Gerusalemme) e non figurato. Ritenere, perciò, che uno "serve" secondo l'εὐδοκία divina, intendendo che "serve" dentro a una logica in cui Dio si compiace (complemento di luogo figurato), sembra, forse, chiedere troppo al testo di Sir$^{\text{Gr}}$ 35,20a. C'è, allora, da domandarsi se sia più prudente, visti gli usi dei vocaboli e delle espressioni, associare ἐν εὐδοκίᾳ all'azione divina espressa da δεχθήσεται oppure pensare che l'espressione ἐν εὐδοκίᾳ possa essere una espressione bifronte.

---

[108] Nel libro di Ester si trova in una costruzione fissa (θεραπεύω + ἐν + τῇ + αὐλῇ, "prestare servizio a corte"), ed è sempre associata al compito di Mardocheo. Nei due testi rimanenti si ha una costruzione quasi identica: "θεραπεύομαι + ἐν + Ιεζραελ" (2Re$^{\text{LXX}}$ 9,16: "Curarsi in Iezrael") e "θεραπεύω + ἐν + Ιερουσαλημ" (Tb$^{\text{LXX}}$ 1,7: "Compiere il servizio a Gerusalemme") ed è detto, nel primo caso, di Joram che si fa curare le ferite a Iezrael e dei Leviti che compiono il loro servizio cultuale a Gerusalemme.

A questa domanda si può già incominciare a rispondere, dicendo che nei libri dei LXX l'espressione ἐν (τῇ) εὐδοκίᾳ non ha mai il valore di una espressione bifronte. Se lo fosse in Sir<sup>Gr</sup> 35,20a, bisognerebbe che ἐν εὐδοκίᾳ fosse legata all'azione dell'uomo (θεραπεύων) e a quella di Dio. Per quanto riguarda l'azione divina (δεχθήσεται "da Dio"), la situazione è chiara perché – come è stato detto poco sopra – εὐδοκία si colloca in una associazione più che plausibile, testimoniata dai testi salmici. Per quanto riguarda, invece, l'azione dell'uomo (θεραπεύων), visto che l'espressione ἐν εὐδοκίᾳ non dovrebbe poter significare che l'uomo "serve" dentro a una logica di compiacimento divino, bisognerebbe ipotizzare che l'uomo "serva" a suo piacimento. Per trovare un possibile supporto a questa lettura sarebbe necessario andare a Sir<sup>Gr</sup> 33,13 dove si trova l'εὐδοκία umana che accompagna l'azione umana: il vasaio a suo piacimento (κατὰ τὴν εὐδοκίαν) dà forma all'argilla. Come si può notare, però, la costruzione di Sir<sup>Gr</sup> 33,13 è diversa da quella presente in Sir<sup>Gr</sup> 35,20a. In Sir<sup>Gr</sup> 33,13 si trova l'espressione κατὰ τὴν εὐδοκίαν mentre in Sir<sup>Gr</sup> 35,20a, c'è l'espresione ἐν εὐδοκίᾳ. L'azione del vasaio, inoltre, è una azione chiusa nella sfera umana e non c'è nessun tipo di relazione con il divino al quale egli obbedisca. L'azione del θεραπεύων in Sir<sup>Gr</sup> 35,20 non è dello stesso tipo dell'azione del vasaio perché il θεραπεύων, nel fare ciò che fa, è accolto da Dio. Allora non c'è risposta? Forse la risposta ci può essere se ci si chiede: come può il θεραπεύων agire a proprio piacimento (si ricordi che l'εὐδοκία umana non è sempre positiva e potrebbe anche accondiscendere alla passione, cosa deplorata in Sir<sup>Gr</sup> 18,31) ed essere accolto da Dio in maniera accondiscendente? La risposta è negativa. Non è possibile che Dio accolga in maniera accondiscendente l'uomo che agisce secondo il proprio desiderio. Dio accoglie chi lo cerca, chi gli è fedele, chi osserva la Legge. Non è, dunque, possibile attribuire all'espressione ἐν εὐδοκίᾳ un qualche valore di espressione bifronte. Non resta, dunque, che una sola possibilità di lettura: in Sir<sup>Gr</sup> 35,20 l'espressione ἐν εὐδοκίᾳ si lega a δεχθήσεται e non a θεραπεύων. Si avrà, pertanto, il subsintagma nominale θεραπεύων distinto dal subsintagma verbale ἐν εὐδοκίᾳ δεχθήσεται. A questo punto, dunque, diventa lecito domandarsi che significato abbia il participio θεραπεύων. Questo, però, è un problema che verrà affrontato nel capitolo quinto.

§3. *Il perdono dei peccati degli empi e l'abbondanza dei sacrifici (Sir^Gr 34,23b)*

Il testo di Sir^Gr 34,23b è, a livello sintattico, in parallelismo sinonimico chiasmatico con Sir^Gr 34,23a e sviluppa in qualche modo il concetto di "non–gradimento" divino dei sacrifici provenienti dall'ingiustizia, che sono identificati con i doni dei senza-Legge e le offerte degli empi. Lo stico possiede una singolarità particolare e riguarda il verbo ἐξιλάσκομαι con l'accusativo di ἁμαρτία: si tratta di una costruzione presente nei libri dei LXX solo nel Siracide[109].

Il verbo ἐξιλάσκομαι[110], che nel Siracide compare 9x (Sir^Gr 3,3.30; 5,6; 16,7; 20,28; 28,5; 34,23; 45,16.23), ha due significati di fondo: "perdonare" (Sir^Gr 5,6; 16,7; 28,5 [?]; 34,23) o "espiare / fare espiazione" (Sir^Gr 3,3.30; 20,28; 45,16.23). L'espressione "ἐξιλάσκομαι + accusativo di ἁμαρτία" si trova nel Siracide 4x (Sir^Gr 3,3.30; 28,5; 34,23)[111] e viene sempre adoperato in forma negativa per indicare il rifiuto divino di perdonare sia ai giganti (Sir^Gr 16,7) sia a quell'uomo che dà per scontato il perdono attraverso il culto sacrificale (Sir^Gr 5,6; 28,5; 34,23). Mentre in Sir^Gr 28,5 si affronta il tema della contemporaneità tra il rancore conservato e la pretesa di ricevere il perdono divino richiesto (Sir^Gr 28,1-7), in Sir^Gr 5,6[112], invece, viene illustrata la presunzione del

---

[109] Nel N.T. la costruzione si trova in Ebr 2,17.

[110] DODD, 352-360; HILL, 23-48; HERRMANN, coll. 954-998 (specialmente coll. 990-991.995). Nei LXX il verbo ἐξιλάσκομαι traduce il verbo כָּפַר 83x su 100 ricorrenze. Il verbo כָּפַר nei testi ebraici superstiti del Siracide è sempre tradotto con ἐξιλάσκομαι (Sir^H 3,30; 45,16.23), che nel testo Gr compare 9x (Sir^Gr 3,3.30; 5,6; 16,7; 20,28; 28,5; 34,23; 45,16.23). Per una visione generale sul tema del perdono nell'Antico Testamento si possono vedere MANNUCCI, 87-96 e l'opera di STAMM, *Erlöse und Vergeben*. Specificatamente per il periodo vicino al Siracide si veda GRADWOHL, 63-100. Altri cenni bibliografici alla nota 113.

[111] Il verbo ἐξιλάσκομαι associato ad ἁμαρτία si trova in altri due casi (Es^LXX 32,30; Lv^LXX 5,10) ma in una espressione fissa: ἐξιλάσκομαι περὶ τῆς ἁμαρτίας (Es^LXX 32,30; Lv^LXX 5,10), dove il significato è sempre di *espiare / fare espiazione*.

[112] Nello stico τὸ πλῆθος τῶν ἁμαρτιῶν μου ἐξιλάσεται, "Mi perdonerà l'abbon-

peccatore che pensa di ottenere facilmente il perdono di Dio (Sir[Gr] 5,1-8). Si tratta del peccatore che si fida della pazienza di Dio (Sir[Gr] 5,4) e, per questo, aggiunge peccato a peccato (Sir[Gr] 5,5). L'ira di Dio arriverà su di lui quando meno se l'aspetta (Sir[Gr] 5,6c-7) e in quel momento non gli gioveranno le proprie ricchezze su cui aveva posta la sua confidenza (Sir[Gr] 5,8). Per il peccatore, dunque, c'è l'incertezza del perdono[113], come aveva detto Dio a Mosè: καὶ ἐλεήσω ὃν ἂν ἐλεῶ καὶ οἰκτιρήσω ὃν ἂν οἰκτίρω, "E avrò misericordia di chi avrò misericordia e avrò pietà di chi avrò pietà" (Es[LXX] 33,19d)[114]. Non ci sono, dunque, automatismi. Questa verità che in qualche modo percorre la teologia del perdono in tutto l'Antico Testamento, viene confermata dall'espressione che completa lo stico, ἐν πλήθει θυσιῶν.

Nell'espressione ἐν πλήθει θυσιῶν, il vocabolo πλῆθος indica una *gran quantità di* oppure può essere espresso dall'aggettivo *numeroso*[115]. Il nome θυσία[116] nei libri dei LXX copre ben nove vocaboli ebraici[117]. Ciò sta a dire che il nome greco non intende esprimere la corrispondenza tecnica che esiste per il vocabolario ebraico dei sacrifici. Nel Siracide, θυσία compare 7x, 4x nel "Trattato sui sacrifici" (Sir[Gr] 34,23b.24b; 35,9a.15a) e 3x altrove (Sir[Gr]

---

danza dei peccati" di Sir[Gr] 5,6b va evidenziata una variante testuale interessante. L'espressione τὸ πλῆθος τῶν ἁμαρτιῶν , che nel testo dello Ziegler è l'accusativo dipendente dal verbo ἐξιλάσεται, in alcuni mss minuscoli diventa τὸ πλῆθος τῶν δώρων (forse accusativo strumentale con διά sottinteso?) , "(Per mezzo del) l'abbondanza dei doni". Se questa lettura fosse possibile, si avrebbe un buon parallelo con Sir[Gr] 34,23b.

[113] Si vedano alcuni studi sul tema del perdono e del sacrificio come quelli di THOMPSON; BRUEGGERMANN, 283-297; STRAWN - BOWEN; SACCHI, 1-26; BOVATI, 125-132; 138-143. Si possono vedere anche le pagine dedicate al tema del capro espiatorio e del capro emissario in DEIANA, 147-167.

[114] Cfr BOVATI, 139, n. 79.

[115] ROST, 112-118; DELLING, *πλῆθος* , coll. 607-622, specialmente coll. 613-619.

[116] DANIEL, 155-163.203-223.240-246; BEHM, θυσία; coll. 628-632; O'CALLAGHAN, 325-330; MURAOKA, *Septuagintal Lexicography*, 17-47 (in modo specifico, 46-47); DORIVAL, *Le sacrifice*, 61-79. Per un approfondimento maggiore si veda il commento a Sir[Gr] 34,24b.

[117] I vocaboli sono i seguenti: שֶׁלֶם, תָּמִיד, עֹלָה, נִיחֹחַ, מִנְחָה, חֵלֶב, זֶבַח, זָבַח, אִשֶּׁה ( = θυσία σωτερίου / ἡ θυσία τοῦ σωτερίου).

7,31d; 45,14a.21a), traducendo quattro nomi ebraici di Ben Sira: אִשֶּׁה (Sir[H] 45,21), זֶבַח (Sir[H] 35,15), מִנְחָה (Sir[H] 45,15?) e תְּרוּמָה (Sir[H] 7,31). L'equivalenza H-Gr è conosciuta per i primi tre, mentre è sconosciuta nei libri dei LXX l'equivalenza תְּרוּמָה - θυσία. Si tratta di un'ulteriore costatazione di quanto detto dalla Egger-Wenzel circa l'autonomia del Siracide nei confronti del linguaggio cultico dei traduttori biblici greci che lo hanno preceduto. Per questo motivo, trattandosi in Sir[Gr] 34,23b di una θυσία legata al perdono dei peccati, si potrebbe ipotizzare che indichi il sacrificio espiatorio[118]. Volendo essere in sintonia con il contesto, si potrebbe proporre per θυσίαι il valore di "sacrifici (espiatori)", ma senza attribuire a θυσία il valore di חַטָּאת. Sul rapporto peccato-sacrificio-perdono il testo del Siracide aveva già riflettuto in Sir[Gr] 7,1-17[119]. Il saggio insegna al discepolo un principio: non fare il male perché il male non ti prenda (Sir[Gr] 7,1-3). Passa poi agli insegnamenti circa il suo futuro ruolo sociale, suggerendo che cosa evitare (Sir[Gr] 7,4-7), e alla sua condotta morale, religiosa e sociale (Sir[Gr] 7,8-17). In Sir[Gr] 7,9[120], si trova una espressione che il discepolo farebbe bene a non dire e che è strettamente legata al peccato (Sir[Gr] 7,8): μὴ εἴπῃς τῷ πλήθει τῶν δώρων μου ἐπόψεται καὶ ἐν τῷ προσενέγκαι με θεῷ ὑψίστῳ προσδέξεται, "Non dire: Egli porrà lo sguardo sull'abbondanza dei miei doni e il mio gesto di offerta a Dio Altissimo sarà gradito"[121]. Ciò che il sapiente dice

---

[118] Non sembra, tuttavia, probabile che in ebraico ci possa essere il nome tecnico חַטָּאת perché il vocabolo non viene usato dal testo H superstite di Ben Sira con il significato di "sacrificio di espiazione", ma solo con il significato di "peccato" (Sir[H] 3,14.15.30; 47,24; 48,15). È più ragionevole pensare che si tratti del nome generico זֶבַח (cfr Sir[H] 35,15: זֶבַח מְעַשֵּׁק = θυσία ἀδίκῳ).

[119] BEENTJES, *Jesus Sirach 7:1-17*, 251-259.

[120] Alcuni mss minuscoli della recensione lucianea non leggono τῷ πλήθει τῶν δώρων μου ἐπόψεται, "Egli guarderà all'abbondanza dei miei doni", ma leggono το πλήθος τῶν δώρων μου ἐπόψεται, "Egli guarderà l'abbondanza dei miei doni". Nel primo caso i doni sono un mezzo per "corrompere Dio", nel secondo i doni sono qualche cosa che "affascinano Dio". Si tratta solo di una sfumatura, ma è interessante per la costruzione το πλήθος τῶν δώρων, simile a πλήθος θυσιῶν di Sir[Gr] 34,23b.

[121] Nella traduzione ho voluto mantenere il valore bifronte di θεῷ ὑψίστῳ.

al discepolo, in Sir$^{Gr}$ 34,23 lo esprime come principio da estendere anche a chi discepolo non è: "E non perdona i peccati per
l'abbondanza dei sacrifici (espiatori)".

### §4. *La possibile intertestualità di Sir$^{Gr}$ 34,21-23*

Quando il Siracide si trovò davanti al testo H del nonno Ben
Sira, rilesse il testo e lo ripropose con una certa fedeltà, ma anche
con una certa fedeltà alla situazione degli ebrei alessandrini del suo
tempo. Egli gestì questa sua duplice fedeltà attraverso tecniche tipiche del mondo rabbinico del suo tempo, rendendo in Gr concetti
e temi che senz'altro andavano molto più in là di quanto il testo H
avesse voluto esprimere[122]. Fedeltà al testo H e superamento del medesimo sono i due elementi che è necessario tenere presente per
comprendere come il Gr sia un testo che va compreso come "nuovo
testo" rispetto al testo H e non solo come una semplice traduzione.
Questo dato suggerisce, dunque, una certa prudenza nell'analisi della
possibile intertestualità Sir$^{Gr}$ 34,21-23, che si fonderà principalmente
sui legami lessicali e contenutistici dei libri dei LXX.

Sir$^{Gr}$ 34,21-23 è un testo formulato con molta sicurezza. La dimostrazione viene esposta in Sir$^{Gr}$ 34,24-27, ma non si può pensare
che il tema esposto in Sir$^{Gr}$ 34,22-23a non nasca dalla riflessione su
altri testi precedenti. I vari commentatori ne presentano diversi[123].
Di questi, tuttavia, sembrano veramente basilari almeno due: Pr$^{LXX}$
15,8-9 e Pr$^{LXX}$ 21,27[124]. Ci sono poi altri testi che possono aver

---

[122] Cfr MINISSALE, *La versione*. Il fenomeno sarà evidenziato anche nel quinto capitolo per Sir$^{Gr}$ 35,15-20 rispetto a Sir$^{H}$ 35,16-20.

[123] Gli autori propongono globalmente circa venticinque brani: Lv$^{LXX}$ 19,13; 22,17-
25; Dt$^{LXX}$ 24,24-25; 25,4; Is$^{LXX}$ 1,11-17; 61,8; Ger$^{LXX}$ 2 (solo MACKENZIE, 134); 7,21-
23; 6,20; 11,15; 22,13; Os$^{LXX}$ 4 (solo MACKENZIE, 134); 6,6; 8,13; Am$^{LXX}$ 5,21-25;
Mi$^{LXX}$ 6,7-8; Ml$^{LXX}$ 1,6-8.13; Pr$^{LXX}$ 3,9; 15,7-8; 21,3.17.27; Sal$^{LXX}$ 48,9; 49, 7-15; 50,
18-19; Qo$^{LXX}$ 4,7. Diversi di questi brani servono agli autori per fare le proprie riflessioni su Sir$^{Gr}$ 34,21-23 e non per cercare le radici del pensiero del testo sapienziale.

[124] I testi sono proposti da Lesètre, Churton, Zöckler, Edersheim, Nau - Vigouroux,
Crampon, Box - Oesterley, Girotti, Spicq, Duesberg - Auvray, Duesberg - Fransen, Pérez
Rodríguez, Alonso Schökel, Snaith, Bruguera - Díaz, MacKenzie, Skehan - Di Lella, Morla
Asensio, ecc.

concorso alla formulazione dei contenuti presenti in Sir$^{Gr}$ 34,21-
35,20 e più specificatamente in Sir$^{Gr}$ 34,21-23. In questo caso si
tratta più di sfondo teologico condiviso che di veri e propri testi
che possono essere stati direttamente ispiratori.

### i) Pr$^{LXX}$ 15,8-9

Pr$^{LXX}$ 15,8-9 è inserito in un intreccio tematico che Alonso
Schökel, per il testo di Pr$^H$ 15, colloca nell'opposizione saggio-stolto
e, più specificatamente nelle opposizioni tra onesto e malvagio, tra
giusto e ingiusto, tra innocente e colpevole[125]. Nel testo Gr di Pr$^{LXX}$
15,8-9 è rimasta chiarissima l'opposizione tra i κατευθύνοντες e gli
ἀσεβεῖς :

| | |
|---|---|
| Pr 15,8[126] | θυσίαι ἀσεβῶν βδέλυγμα κυρίῳ |
| | εὐχαὶ δὲ κατευθυνόντων δεκταὶ παρ' αὐτῷ |
| 9 | βδέλυγμα κυρίῳ ὁδοὶ ἀσεβοῦς |
| | διώκοντας δὲ δικαιοσύνην ἀγαπᾷ |

La parola gancio βδέλυγμα (abominio) e la ripetizione dei
vocaboli ἀσεβής e κύριος obbligano ad associare i due versetti. Con
Sir$^{Gr}$ 34,21-23a condivide il radicale *θυσι (Pr$^{LXX}$ 15,8a), il termine
ἀσεβής (Pr$^{LXX}$ 15,8a.9a), il nome di Dio, ὕψιστος (in Pr$^{LXX}$ 15,8a.9a:
κύριος), il radicale *δικ (Pr$^{LXX}$ 15,9b). Non va neppure trascurata
la presenza del radicale *δεκτ (Pr$^{LXX}$ 15,8b) che compare in Sir$^{Gr}$
35,11b.20a e la ricorrenza di εὐχή sinonimo di προσευχή (Sir$^{Gr}$
34,31c) e di δέησις (Sir$^{Gr}$ 35,20b). Il testo di Pr$^{LXX}$ 15,8-9 è, dunque, strettamente legato a Sir$^{Gr}$ 34,21-23 e a Sir$^{Gr}$ 35,20 sul piano
lessicale. Sul piano concettuale, poi, i legami sono ancora più marcati. Uno specchietto può aiutare a comprendere meglio i legami
tra Pr$^{LXX}$ 15,8-9 e Sir$^{Gr}$ 34,21-23 (e Sir$^{Gr}$ 35,5):

---

[125] ALONSO SCHÖKEL - VÍLCHEZ LÍNDEZ, 382-385.

[126] "I sacrifici degli empi (sono) abominazione per il Signore, / le preghiere di coloro
che camminano rettamente (sono) gradite presso di lui. / Abominazione per il Signore
le strade dell'empio, / egli invece ama chi cerca la giustizia".

| | Pr$^{LXX}$ 15,8-9 | | Sir$^{Gr}$ |
|---|---|---|---|
| 8a | θυσίαι ἀσεβῶν βδέλυγμα κυρίῳ | 34,21 | προσφορὰ μεμωμημένη |
| | | 34,22 | καὶ οὐκ εἰς εὐδοκίαν δωρήματα ἀνόμων |
| | | 34,23a | οὐκ εὐδοκεῖ ὁ ὕψιστος ἐν προσφοραῖς ἀσεβῶν |
| 8b | εὐχαὶ δὲ κατευθυνόντων δεκταὶ παρ' αὐτῷ | 35,9a | θυσία ἀνδρὸς δικαίου δεκτή |
| | | 35,20a | θεραπεύων ἐν εὐδοκίᾳ δεχθήσεται |
| | | 35,20b | καὶ ἡ δέησις αὐτοῦ ἕως νεφελῶν συνάψει |
| 9a | βδέλυγμα κυρίῳ ὁδοὶ ἀσεβοῦς | 34,21 | θυσιάζων ἐξ ἀδίκου + Sir$^{Gr}$ 34,24-27 |
| 9b | διώκοντας δὲ δικαιοσύνην ἀγαπᾷ | 35,5 | εὐδοκία κυρίου ἀποστῆναι ἀπὸ πονηρίας |
| | | | καὶ ἐξιλασμὸς ἀποστῆναι ἀπὸ ἀδικίας |
| | | | + Sir$^{Gr}$ 35,1-5. 20a |

In Pr$^{LXX}$ 15,8a i sacrifici dei senza-fede, che sono abominio per Dio (cfr Sir$^{Gr}$ 34,21: l'offerta e l'offerente che irridono Dio; Sir$^{Gr}$ 34,22: i doni dei senza-Legge non sono idonei al gradimento divino) si trovano in parallelismo antitetico con le preghiere degli uomini retti, che sono invece accolte da Dio (cfr Sir$^{Gr}$ 35,9a: il sacrificio dell'uomo giusto è gradito a Dio; Sir$^{Gr}$ 35,20a: il θεραπεύων è accolto da Dio con gradimento; Sir$^{Gr}$ 35,20b: la preghiera del θεραπεύων giungerà fino alle nubi). In Pr$^{LXX}$ 15,9 le strade, ovvero i comportamenti dei senza-fede sono un abominio per il Signore (cfr Sir$^{Gr}$ 34,21: chi sacrifica una vittima proveniente dall'ingiustizia; Sir$^{Gr}$ 34,24-27: chi defrauda il povero è un assassino), mentre all'opposto Dio ama coloro che praticano la giustizia (cfr Sir$^{Gr}$ 35,1-5: osservare la Legge, adempiere i comandamenti, donare grazia, fare l'elemosina, astenersi dalla malvagità, e dall'ingiustizia; cfr Sir$^{Gr}$ 35,20a: colui che si occupa del prossimo bisognoso è accolto dalla benevolenza divina come un sacrificio). Il pensiero presente nel trattato delle offerte, e in particolare Sir$^{Gr}$ 34,21-23, sembra essere l'esplicitazione e l'amplificazione meditata di Pr$^{LXX}$ 15,8-9, riconducendo, dunque, il pensiero di Ben Sira sul culto più nell'alveo strettamente sapienziale che profetico, cui invece sembra debitore diretto Pr$^{LXX}$ 21,3 (cfr Is$^{LXX}$ 1,10-20; 58; Ger$^{LXX}$ 7,2-15; Zc$^{LXX}$ 7,8-10).

ii) Pr$^{LXX}$ 21,27

Anche Pr$^{LXX}$ 21,27, che nel primo stico (θυσίαι ἀσεβῶν βδέλυγμα κυρίῳ) ripete Pr$^{LXX}$ 15,8a, si trovano delle tematiche alle quali si possono avvicinare le tematiche presenti in Sir$^{Gr}$ 34,21-35,20.

| | Pr$^{LXX}$ 21,27 | | Sir$^{Gr}$ |
|---|---|---|---|
| 27a | θυσίαι ἀσεβῶν βδέλυγμα κυρίῳ | 34,21 | προσφορὰ μεμωμημένη |
| | | 34,22 | καὶ οὐκ εἰς εὐδοκίαν δωρήματα ἀνόμων |
| | | 34,23a | οὐκ εὐδοκεῖ ὁ ὕψιστος ἐν προσφοραῖς ἀσεβῶν |
| 27b | καὶ γὰρ παρανόμως προσφέρουσιν αὐτάς | 34,23b | οὐδὲ ἐν πλήθει θυσιῶν ἐξιλάσκεται ἁμαρτίας |
| | | 35,14 | μὴ δωροκόπει οὐ γὰρ προσδέξεται |
| | | 35,15a | καὶ μὴ ἔπεχε θυσίᾳ ἀδίκῳ |
| | | | + Sir$^{Gr}$ 34,21.23b; 35,1.3.8 |

In Pr$^{LXX}$ 21,27b (καὶ γὰρ παρανόμως προσφέρουσιν αὐτάς, "perché li [= i sacrifici] offrono contro la Legge"), il testo affronta il problema dell'intenzionalità immorale/illegale (παρανόμως), presente con altra fisionomia in Sir$^{Gr}$ 34,23b ("Dio non perdona per l'abbondanza dei sacrifici") e soprattutto in Sir^Gr 35,14.15a ("Dio non si lascia corrompere da un sacrificio ingiusto"). Sempre in Pr^LXX 21,27b c'è il radicale *προσφέρ che ricorre anche in Sir^Gr 34,21.23b, oltre che in Sir^Gr 35,1.3.8. Anche in questo caso le affinità verbali esprimono le correlazioni concettuali. La tematica della cattiva intenzione, evidenziata dal libro dei Proverbi, percorre in modo sottile anche il brano di Sir^Gr 34,21–35,20, sebbene la tematica non sia prioritaria per il testo del Siracide. In Sir^Gr 34,23b il testo lascia intravedere come gli empi abbiano forse un segreto timore: i loro peccati li condannano e vorrebbero che fossero cancellati. L'abbondanza delle offerte dovrebbe in qualche modo coprire i loro misfatti. Per questo motivo il testo di Sir^Gr 34,23b si esprime in modo chiaro e implacabile: per gli empi non c'è perdono a causa dell'abbondanza delle offerte. In questo modo il testo del Siracide, ponendo idealmente come principio Sir^Gr 34,21, suggerisce come l'intenzionalità dell'offerente non possa irridere Dio, ma si debba sottoporre all'osservanza della Legge.

iii) I testi che possono fungere da sfondo teologico condiviso
I testi che possono fungere da sfondo teologico condiviso da parte del trattato sulle offerte in genere e di Sir^Gr 34,21-23 in specie, sono diversi. Qui saranno presi in considerazione solo Is^LXX 1,16b-17, Is^LXX 61,8[127], per le loro caratteristiche peculiari

---

[127] Ci sono autori (Nau - Vigouroux, Girotti, Duesberg - Auvray, Duesberg - Fransen, Minissale, Skehan - Di Lella, Sauer, ecc) che proporrebbero con insistenza anche Ger 7,21-23 e Am 5,21-25 (i due brani vengono proposti senza indicarne la lingua: si deduce che sono proposti solo per l'affinità tematica). Il legame tra Ger^LXX 7,21-23 e Sir^Gr 34,22-23 è quasi nullo. Geremia, infatti, si colloca sul versante del disinteresse per il culto per dare rilievo all'obbedienza alla voce di Dio. Egli sembra affermare in questo brano che il culto non appartiene all'obbedienza verso Dio perché non è qualche cosa che Dio ha comandato. Il pensiero del Siracide, invece, non va in questa direzione: Dio non accetta gli atti cultuali-liturgici degli ingiusti, degli empi e dei senza Legge, ma non respinge l'atto di culto del giusto. Tutt'altro, lo incoraggia perché l'atto di culto appartiene alle norme della Legge (cfr Sir^Gr 35,6-7) e offre dei suggerimenti perché non sia solo un adempimento esteriore, ma provenga dall'atteggiamento interiore (Sir^Gr 35,10-13). In Am^LXX 5,21-25 vengono contrapposti il culto sacrificale, non praticato lungo l'esodo (Am^LXX 5,25) e la pratica del diritto e della giustizia (Am^LXX 5,24). Il testo del

e lo Pseudo-Menandro[128].

Nella seconda requisitoria di Is[H] 1,10-20[129] che viene fedelmente ripresa dal testo Gr, la tematica profetica è forte – τί μοι πλῆθος τῶν θυσιῶν ὑμῶν, "Che m'importa dell'abbondanza dei vostri sacrifici?" – perché oppone il culto all'impegno morale. Questa non è l'esatta tematica del "Trattato sulle offerte", ma il testo isaiano presenta in modo chiaro il tema del perdono dei peccati non legato agli atti cultuali (πλῆθος τῶν θυσιῶν [Is[LXX] 1,11] / πλήθος θυσιῶν [Sir[Gr] 34,23b])[130] quanto piuttosto al cambiamento dello stile di vita (Is[LXX] 1,16b-17)[131] e, in modo particolare, soccorrendo l'oppresso, rendendo giustizia all'orfano, difendendo la causa della vedova e accettando il rîb con Dio (Is[LXX] 1,18: διελεγχθῶμεν). Il *topos* sottolineato da Is[LXX] 1,16b-17 – soccorrere l'oppresso (Is[LXX] 1,17: ἀδικούμενος; Sir[Gr] 35,16b: ἠδικήμενος), rendere giustizia all'orfano (Is[LXX] 1,17: ὀρφανός; Sir[Gr] 35,17a: ὀρφανός) e difendere la causa della vedova (Is[LXX] 1,17: χήρα; Sir[Gr] 35,17b.18a: χήρα) – è un *topos* che percorre Sir[Gr] 34,21-35,20. Sicuramente tra Is[LXX] 61,8 e Sir[Gr] 34,21-23 è condiviso

---

Siracide non ha queste contrapposizioni, ma pone l'atto di culto come una realtà voluta da Dio e contemporaneamente capace di mutare di valore secondo la persona che lo pratica. L'atto cultuale diventa qualche cosa di valido, se praticato dal giusto, mentre resta non valido, se praticato dall'ingiusto, senza-Legge ed empio.

[128] Per una breve presentazione dello pseudo-Menandro e per una bibliografia di avvio si veda GOODMAN in SCHÜRER, III/1, 856-857.887-889. La datazione dello scritto, pur nella varietà delle opinioni, va posta in epoca romana-imperiale e come luogo di composizione, l'Egitto.

[129] Mentre Childs (CHILDS, *Isaia*, 27-28.) propone la suddivisione Is[H] 1,10-17, Alonso Schökel (ALONSO SCHÖKEL – SICRE DÍAZ, 126-127) osserva che "non conoscendo la struttura del genere letterario, molti autori lo hanno troncato dopo il v. 17, alterandone e falsandone il senso". In breve, secondo Alonso Schökel il testo dovrebbe essere identificato con Is[H] 1,2-9 (requisitoria di Dio e confessione del popolo) e Is[H] 1,10-20 (seconda requisitoria). Per tutta la problematica del rîb identificato da Alonso Schökel si veda il lavoro di Bovati.

[130] Is[LXX] 1,11 e Sir[Gr] 34,23b sono gli unici luoghi dove nei libri dei LXX compare l'espressione (πλῆθος τῶν θυσιῶν / πλήθος θυσιῶν .

[131] Is[LXX] 1,16b-17: παύσασθε ἀπὸ τῶν πονηριῶν ὑμῶν μάθετε καλὸν ποιεῖν ἐκζητήσατε κρίσιν ῥύσασθε ἀδικούμενον κρίνατε ὀρφανῷ καὶ δικαιώσατε χήραν, "Cessate dai vostri mali, imparate a fare il bene, cercate la giustizia, soccorrete l'oppresso, rendete giustizia all'orfano, difendete la causa della vedova".

il tema dell'amore di Dio per il diritto e l'odio divino per la rapina proveniente dall'ingiustizia (Is$^{LXX}$ 61,8: ἐγὼ γάρ εἰμι κύριος ὁ ἀγαπῶν δικαιοσύνην καὶ μισῶν ἁρπάγματα ἐξ ἀδικίας, "Io sono, infatti, il Signore che ama la giustizia e odia la rapina che proviene dall'ingiustizia"). Mentre, però, in Is$^{LXX}$ 61,8 il pensiero è esplicito, in Sir$^{Gr}$ 34,22-23 è in sottofondo.

Per lo pseudo–Menandro (5,120) basta ricordare il testo che sembra in qualche modo commentare Sir$^{Gr}$ 34,22-23: "Se, o Panfilo, qualcuno, solo perché offre in sacrificio un gran numero di tori o capre o, per Zeus, di altri animali simili oppure opere d'arte, avendo fatto clamidi d'oro o di porpora o figurine d'avorio o di smeraldo, credesse che il dio divenga propizio, ebbene costui si inganna...". Anche il resto del brano[132], citato da Clemente Alessandrino negli *Stromata* (5,14,19,2), è utile per comprendere come la comunità giudaica (o cristiana?) d'Egitto all'epoca vicina all'imperatore Adriano (76-138 d.C.; imperatore nel 117 d.C.) pensasse in piena sintonia con il pensiero espresso da Sir$^{Gr}$ 34,22-23.

## c. Breve bilancio su Sir$^{Gr}$ 34,21-23

L'analisi fatta permette di dire che Sir$^{Gr}$ 34,21-23 ha una sua ricchezza particolare. Al lettore viene immediatamente presentato un modello negativo di uomo che compie il culto. Si tratta di colui che pratica l'ingiustizia, possiede una fede discutibile (senza fede?), non adempie la Legge e ritiene che il perdono dei peccati dipenda dall'abbondanza delle offerte. La sua lontananza dalla Legge e dalla fede lo collocano tra quelli che sono votati allo sterminio (cfr Es$^{LXX}$ 22,19; Os$^{LXX}$ 12,12), sebbene il testo del Siracide non lo dica esplicitamente. Lo fa sottintendere con la strana costruzione di Sir$^{Gr}$ 34,21. Diversamente dal vero pentito (Dn$^{LXX}$ 3,39-40), dal perseguitato e martire (Sap 3,5-9) e dall'uomo che si pone – secondo la Legge – a servizio del prossimo bisognoso

---

[132] Per tutto il testo, tradotto dal greco, si veda SACCHI, *Apocrifi*, vol. V, 158-159.

(Sir$^{Gr}$ 35,20a), i quali sono accolti da Dio come un atto di culto liturgico, l'uomo ingiusto, iniquo e miscredente, è simile a un atto di culto che irride Dio. Il rifiuto divino di quest'uomo, secondo il Siracide, avviene nel momento del culto. Per il testo di Pr$^{LXX}$ 15,8-9, il rifiuto divino avviene già prima perché quest'uomo è un abominio per il Signore (cfr Pr$^{LXX}$ 15,8-9). Egli nella vita non può avere retta intenzione (cfr Pr$^{LXX}$ 21,27), perché una persona corretta non può offrire a Dio in sacrificio una cosa che ha sottratto con l'ingiustizia. Dio punisce questo atteggiamento (cfr Os$^{LXX}$ 8,13), ma sa anche perdonare (Is$^{LXX}$ 1,18), quando l'uomo si pente e torna a fare il bene, a praticare il diritto, a occuparsi degli ultimi della società, come l'orfano e la vedova (cfr Is$^{LXX}$ 1,17.19).

Questa breve sintesi può facilitare la comprensione del testo di Sir$^{Gr}$ 34,21-23 reso in italiano con una traduzione che, nel rispetto del testo orginale Gr, offra il più possibile nella lingua di arrivo quelle sfumature che il lettore ebreo alessandrino poteva cogliere nel testo di Ben Sira tradotto dal nipote:

Sir 34,21    Chi sacrifica (una vittima proveniente) da una ingiustizia,
              [(egli stesso è come) un'offerta che irride (Dio)"
    22    e quindi[133] i doni dei senza-Legge non (possono essere
              [idonei)[134] al compiacimento (divino).
    23    L'Altissimo non si compiace nelle offerte degli empi
          né perdona i peccati per l'abbondanza dei sacrifici
              [(espiatori).

---

[133] La congiunzione καί può avere un valore esplicativo epesegetico, *e così*, oppure consecutivo, *sicché* o *e quindi*, ecc. (BLASS - DEBRUNNER, § 442,2.6a.). Poiché Sir$^{Gr}$ 34,22 è la conseguenza di quanto affermato in Sir$^{Gr}$ 34,21, vale la pena esplicitare il καί con l'espressione italiana *e quindi*.

[134] La frase nominale potrebbe essere completata non con l'aggiunta del semplice verbo "essere", ma con qualche cosa di più curato, un aggettivo che abbia la caratteristica di reggere εἰς + accusativo. In Dn$^{Th}$ 1,15, un testo cronologicamente non lontanissimo dal Siracide, si trova la costruzione retta dall'aggettivo εὔθετος (adatto, indoneo), non adoperato dal Siracide. C'è da chiedersi se l'ebreo alessandrino non avesse potuto

## ▪ 3. La riflessione sapienziale: il furto al povero è omicidio (Sir$^{Gr}$ 34,24-27)

Il testo di Sir$^{Gr}$ 34,21 e quello di Sir$^{Gr}$ 34,24 sono tra loro strettamente legati. Posti ambedue all'inizio di una sezione, il primo apre la sezione del principio teologico (Sir$^{Gr}$ 34,21-23) e il secondo apre la sezione della riflessione sapienziale (Sir$^{Gr}$ 34,24-27). Hanno lo stesso *incipit* con un participio presente senza articolo (θυσιάζων / θύων) con lo stesso significato di fondo, contengono la costruzione ἐκ + genitivo (ἐξ ἀδίκου / ἐκ χρημάτων πενήτων) e ripetono sul piano del contenuto dei concetti affini. Il traduttore ha voluto esprimere il suo pensiero attraverso *due paragoni sottintesi*[135]: chi sacrifica una vittima proveniente da una ingiustizia è come un sacrificio da burla e chi porta all'altare una vittima rapinata dai beni dei poveri è come uno che immola il figlio davanti al padre. Questa considerazione pone, tuttavia un problema: Sir$^{Gr}$ 34,24-27 contiene metafore o paragoni? La risposta sembrerebbe, in apparenza, semplice. Non essendo esplicitata la congiunzione "come", si tratterebbe di metafore. Le cose, tuttavia, non stanno esattamente così.

### a. Sir$^{Gr}$ 34,24-27: metafora, paragone o altro?

Il testo di Sir$^{Gr}$ 34,24-27 è strutturalmente cadenzato sul piano sintattico in tre unità - Sir$^{Gr}$ 34,24 (a); 34,25 (b); 34,26-27 (a'). Mentre, com'è già stato visto nell'esame della struttura, Sir$^{Gr}$ 34,25 è autonomo, gli stichi di Sir$^{Gr}$ 34,24.26-27 sono modulati con un paradigma preciso, "participio pres.+ compl. ogg. sing. / art. masc. sing.+ part. pres.+ compl. ogg. sing.". Anche l'andamento del pensiero in Sir$^{Gr}$ 34,24.26.27 esprime fondamentalmente lo stesso concetto, che si sviluppa con un criterio di parallelismo, articolato secondo il seguente schema:

---

sentire il testo di Sir$^{Gr}$ 34,22 come καὶ οὐκ εἰς εὐδοκίαν δωρήματα ἀνόμων qualche cosa simile a καὶ οὐκ (ἔσονται εὔθετα) εἰς εὐδοκίαν δωρήματα ἀνόμων, "E i doni dei senza-Legge non (sono idonei) al compiacimento (divino)".

[135] Di seguito si vedranno le caratteristiche distintive tra similitudine, metafora-similitudine e metafora.

|  | [1] elemento che illustra [136] | [2] elemento illustrato |
|---|---|---|
| Sir$^{Gr}$ 34,24 | – θύων υἱὸν ἔναντι τοῦ πατρὸς αὐτοῦ | – ὁ προσάγων θυσίαν ἐκ χρημάτων πενήτων. |
| Sir$^{Gr}$ 34,26 | – φονεύων τὸν πλησίον | – ὁ ἀφαιρούμενος ἐμβίωσιν |
| Sir$^{Gr}$ 34,27 | – καὶ ἐκχέων αἷμα | – ὁ ἀποστερῶν μισθὸν μισθίου. |

Di fronte a questo testo, c'è da chiedersi se non si tratti di metafore che vanno esplicitate attraverso similitudini, come fanno le traduzioni e diversi autori.

### §1. *Le antiche traduzioni di Sir$^{Gr}$ 34,24.26.27*

Le antiche traduzioni di Sir$^{Gr}$ 34,24.26.27 hanno fatto scelte diverse, ma che vanno però nella stessa direzione. La traduzione Lat ha sentito il bisogno due volte di esplicitare le metafore greche in similitudini (Sir$^{Lat}$ 34,24: "quasi qui victimat filium in conspectu patris sui"; Sir$^{Lat}$ 34,26: "quasi qui occidit proximum suum"). Anche la traduzione Syr, che rimane parallela al testo Gr solo in Sir$^{Syr}$ 34,24 per poi lasciar posto a un discorso di tipo morale e retributivo, esplicita la metafora in un paragone (ܐܝܟ…ܗܟܢܐ…, "come…così"). Gli autori prendono due posizioni diverse, una per Sir$^{Gr}$ 34,24 e una seconda per Sir$^{Gr}$ 34,26-27. Per Sir$^{Gr}$ 34,24 la maggioranza degli autori[137] esprimono la comparazione (similitudine) e non una metafora. Chi, infatti, offre un sacrificio che proviene dai beni dei poveri (Sir$^{Gr}$ 34,24b) non sta compiendo nessun infanticidio rituale (cfr Sir$^{Gr}$ 34,24a). È perciò impossibile rendere il testo Gr solo e unicamente sottintendendo il verbo "essere" ("chi sacrifica il figlio

---

[136] L'elemento che illustra viene chiamato – come si vedrà fra poco – *tenor* (e *vehicle*).

[137] Vanno ricordati: Arnald, Mancini – Martini, Reuss, Blunt, Lesètre, Churton, Edersheim, Zöckler, Fillion, Keel, Knabenbauer, Glaire – Vigouroux, Box – Oesterley, Girotti, Duesberg – Fransen, Snaith, Skehan – Di Lella, Bruguera – Díaz, MacKenzie, Morla Asensio.

davanti al proprio padre *è* chi offre un sacrificio dai beni dei miseri"). Fare questa scelta significa rispettare il testo greco? Solo pochi autori[138] rendono i due stichi, mantenendo la metafora, ma alterando il testo Gr (attraverso l'uso dell'infinito o di un tempo finito, ambedue assenti nel Gr). Poiché in Sir[Gr] 34,24 i termini di confronto non sono interscambiabili[139], ci si trova di fronte a una comparazione di secondo tipo[140], cioè una similitudine. Per quanto riguarda Sir[Gr] 34,26-27 la maggioranza degli autori, diversamente da quanto hanno fatto il Lat e il Gr, legge il testo come fossero affermazioni di identificazione, cioè metafore. Sicuramente una lettura, in cui si fa un'affermazione d'identificazione, ha un impatto forte sul lettore e il messaggio passa in modo netto. Pochissimi autori, però, influenzati dal Lat, non seguono la corrente maggioritaria[141]. Altri pochi autori[142] esprimono la comparazione solo per Sir[Lat] 34,26 e non per Sir [Lat] 34,27[143].

---

[138] Ledrain, Crampon, Smend, Peters, Spicq, Duesberg - Auvray, Alonso Schökel, Minissale, Pereira, Sauer, ecc.

[139] Mentre è possibile affermare che chi offre un sacrificio con i beni dei poveri è come chi immola un figlio davanti al padre, non è possibile affermare il rovescio: chi immola un figlio è come chi offre un sacrificio dagli averi dei poveri.

[140] BERTINETTO, "Come vi pare", 131–170.

[141] MOULTON, 992 interpreta il testo in questo modo: "As one that slayeth his neighbour is he that taketh away his living; and as a shedder of blood is he that depriveth a hireling of his hire".

[142] Martini, Lesètre, Fillion, Glaire - Vigouroux, Girotti, ecc.

[143] Ciò è dovuto al fatto che questi autori hanno seguito la *lectio* della sisto-clementina, diversa dall'attuale *lectio critica* dei Benedettini e del Weber.

| | **Sisto-clementina** | **Benedettini – Weber** |
|---|---|---|
| v. 26 | *qui aufert in sudore panem* <br> *quasi qui occidit proximun suum* | *qui aufert in sudore panem* <br> *quasi qui occidit proximun suum* |
| v. 27 | *qui effundit sanguinem* <br> *et qui fraudem facit mercennario fratres sunt* | *qui effundit sanguinem* <br> *et qui fraudem facit mercedem mercennario.* |

Nel testo della sisto-clementina Sir[Lat] 34,26.27 appare come un testo suddiviso in due frasi diverse (Sir[Lat] 34,26: *qui aufert in sudore panem quasi qui occidit proximun suum;*

Mentre le traduzioni portano a concepire il testo di Sir[Gr] 34,24-27 come un pensiero comparativo, la maggioranza degli autori preferisce leggere nel testo Gr un pensiero identificativo. Prima di poter fare una scelta di comprensione del testo, è necessario soffermare l'attenzione su ciò che è una metafora e su ciò che è un paragone (comparazione e similitudine).

### §2. *Metafora e paragone*[144]

Affrontare questo argomento significa entrare in un *mare magnum* perché bisognerebbe avvicinare la tematica sotto il profilo linguistico, filosofico, semiotico[145], concettuale, socio-culturale, neuronale, ecc.[146]. La cosa è eccessiva per questo breve paragrafo, dove

---

Sir[Lat] 34,27: *qui effundit sanguinem et qui fraudem facit mercennario fratres sunt)*. Nel testo delle edizioni critiche dei Benedettini (San Girolamo in Urbe) e di Weber, invece, il testo latino di Sir[Lat] 34,26-27 costituisce un'unica frase dove lo stico di Sir[Lat] 34,26a funge da soggetto (*qui aufert in sudore panem*) e gli altri tre stichi, Sir[Lat] 34,26b.27a.27b (*quasi qui occidit proximun suum qui effundit sanguinem et qui fraudem facit mercedem mercennario*) sono la parte nominale dipendente dal comparativo *quasi*.

[144] Per un primo avvicinamento al tema della metafora mi sono stati molto utili STEINHART (che si fonda principalmente sulla semantica di Eva Kittay e, secondariamente, sugli studi di Thagard, Holyoak, Hintikka e Sandu) e STEFANOWITSCH - GRIES (l'opera collettiva dedica particolare attenzione all'ambito della letteratura inglese: cfr il contributo di SEMINO, 36-62; di particolare interesse è l'analisi del rapporto tra intelligenza e sentimento nella metafora secondo il contributo di KOIVISTO - ALANKI - TISSARI, 191-213). In ambito biblico il tema della metafora è stato particolarmente studiato in questi ultimi anni. Per l'Antico Testamento ci sono studi generali come, ad esempio, quello di Van Hecke con ampia bibliografia. Ci sono anche studi più settoriali, come quelli per l'ambito profetico (a titolo esemplificativo, si vedano Hayes e Hong). Per la tradizione orale profetica si vedano Gan e O'Brien. In ambito storico-narrativo si veda, ad esempio, WEISS, *Figurative language*. Ci sono studi ancora più settoriali come quelli tematici: a titolo esemplificativo, si vedano Strawn e Baumann (buona bibliografia). Non ho però trovato nessun interesse per la metafora in ambito della traduzione dei LXX., salvo l'elenco di vocaboli ebraico-greco e le differenti metafore prese in esame, il tutto catalogato secondo il criterio "*tenor* e *vehicle*", nell'opera curata da VAN HECKE, 297-308.

[145] MORTARA GARAVELLI, 164.

[146] Per Kövecses bisognerebbe avvicinare la tematica sotto il profilo "linguistic, conceptual, social-culturale, neural, bodily" (KÖVECSES, 8-9). La sua ricerca, però, è più orientata sulle origini etnografiche della metafora che sul suo aspetto più strettamente letterario.

invece ci si limiterà a prestare attenzione a quattro dati soltanto: i nuovi approcci alla metafora i quali non colgono più rigidi confini tra metafora e paragone; il valore conoscitivo ed emotivo della metafora; il valore della metafora come manifestazione del mondo interiore del soggetto emittente; il valore della metafora come "un pensare di più" tensionale di tipo concettuale ed emotivo.

### i) G. Genette

Già G. Genette aveva notato come "il termine metafora tende sempre più a coprire l'insieme del campo analogico: mentre l'*ethos* classico vedeva nella metafora un paragone implicito, la modernità sarebbe propensa a considerare il paragone come una metafora esplicita o motivata. L'esempio più caratteristico di tale impiego è chiaramente reperibile in Proust, che non ha mai smesso di chiamare metafora, nella sua opera, quanto è – nella maggioranza dei casi – paragone puro"[147]. Bertinetto chiama "metafore-similitudini" ciò che non è metafora classica[148]. Oggi, l'idea che la metafora sia un'analogia elittica o un paragone abbreviato è molto diffusa e sembra che pensasse già allo stesso modo Quintiliano[149]. Pur accettando questo confine fluido tra metafora e paragone, più precisamente similitudine, è opportuno porre il problema se la metafora sia solo un fenomeno conoscitivo o se sia anche emotivo.

### ii) I. A. Richards

Su versante conoscenza – emotività della metafora, il primo studioso che ha affrontato la tematica è I. A. Richards[150]. Prima di lui, C. Perelmann e L. Olbrechts-Tyteca avevano visto nella metafora una tecnica discorsiva di persuasione secondo il criterio d'interazione tra parlante, discorso e ascoltatore[151]. Sempre prima di Richards, M. Black era giunto ad affermare che la metafora non

---

[147] GENETTE G., *Figure III*, 25-26.
[148] BERTINETTO, " On the Inadequateness", 7-85, specialmente 84.
[149] ELLERO, 224.
[150] RICHARDS, *La filosofia della retorica*, Milano 1967.
[151] PERELMAN – OLBRECHTS-TYTECA, *Trattato dell'argomentazione.*

esprime la realtà, ma addirittura la stabilisce secondo l'ottica del mittente in un determinato contesto[152]. Richards, dal canto suo, sostiene che nella metafora avviene un'interazione d'idee: l'elemento metaforizzante è composto da un dato che veicola con il suo significato, riscontrabile in un vocabolario, dei concetti che costituiscono il legame con l'elemento metaforizzato. Il *vehicle* (veicolo) è l'elemento metaforizzante che suggerisce il *tenor* o *meaning* (il significato che va oltre) della metafora[153]. La capacità di cogliere il *tenor* nel *vehicle* dipende dalla capacità emotivo–intellettuale del mittente e del destinatario. Più attento al mittente è A. Henry che vede nella metafora un doppio meccanismo metonimico dove l'identificazione metonimica crea nel discorso una sinonimia soggettiva[154]. In altre parole, il mittente che crea la metafora comunica una sinonimia inventata e appartenente al suo mondo interiore e alla sua sensibilità culturale. L'attenzione maggiore di Henry, infatti, riguarda il "meccanismo di creazione" della metafora.

### iii) P. Ricoeur

Con un'indagine più profonda e con una trattazione più ampia, P. Ricoeur analizza i vari aspetti simbolici d'immagini e di significati della metafora[155]. Egli coglie e approfondisce l'indicazione di Aristotele: la metafora non è dire le stesse cose in forma ornata, ma è un breve mito nel quale lo slancio dell'immaginazione diventa un "pensare di più" di tipo concettuale[156], senza tralasciare la valenza emotiva. Non a caso Ricoeur parla di "metafora viva" perché la metafora esprime il momento "estatico del linguaggio"[157], s'iden-

---

[152] BLACK, *Models and Metaphors*.

[153] Quando si dice: "Tu sembri una fogna", con la parola fogna (*vehicle*), che significa "canale sotterraneo per la raccolta e l'eliminazione delle acque putride" (DEVOTO G. - OLI G.C., *Dizionario della lingua italiana*, Firenze 1984), si intende indicare la sporcizia (*tenor*) e la puzza (*tenor*) del "tu" con il senso di nausea che è presente nel mittente.

[154] HENRY, *Metonimia e Metafora*.

[155] RICOEUR, *La metafora viva*.

[156] Ricoeur tende a "legittimare" l'approccio retorico, semantico ed ermeneutico e a "fondare la connessione sistematica dei punti di vista" (RICOEUR, *Metafora*, 6).

[157] RICOEUR, *Metafora*, 327.

tifica nel binomio "poesia più credenza" (= mito)[158] e possiede sia il carattere "tensionale"[159] verso la verità sia la "visione stereoscopica"[160] della medesima. Con una visione meno poetico-creativa e più linguistico-filosofica, U. Eco esprime concetti vicini a quelli di P. Ricoeur. Criticando aspramente il lavoro del Gruppo μ[161], Eco vede la metafora come lo strumento che permette di capire meglio l'illimitata rete di rinvii, costitutiva del significato. Secondo lo studioso, la metafora è paragonabile a una voce di enciclopedia dove i vari rimandi amplificano e completano il significato della voce trattata. Secondo Ricoeur ed Eco, qualunque metafora non è prigioniera del testo e del mittente, ma è continuamente capace di suscitare nel destinatario extratestuale nuove capacità, più o meno sfumate, di significato.

iv) Sir$^{Gr}$ 34,24.26-27 e Aristotele

In Sir$^{Gr}$ 34,24.26-27 ci sono tre metafore, che secondo la classificazione di Aristotele[162] apparterrebbero al quarto tipo, cioè alla metafora analogica[163], che può essere aperta ed esplicitata anche in un paragone (dove compare la congiunzione "come"[164]). Il paragone può essere una comparazione o una similitudine. Nella comparazione il paragone è reversibile[165]. Nella similitudine il paragone

---

[158] Rifacendosi all'opera di Turbayne, Ricoeur afferma che il mito è la "metafora alla lettera" (RICOEUR, *metafora*, 330-331).

[159] RICOEUR, *Metafora*, 335.

[160] Ricoeur prende l'espressione dall'opera di STANFORD, 105 (RICOEUR, *Metafora*, 335, n. 64).

[161] GRUPPO μ, *Retorica generale. Le figure della comunicazione*, Milano 1976 [orig. 1970].

[162] Si veda Aritotele (*Arte poetica*, 21,3-4: cfr ARISTOTELE, *Dell'arte poetica*, 78-79; *Retorica*, 1411a-1412b: ARISTOTELE, *Retorica*, 333-343).

[163] "In questo caso l'espressione metaforica sarebbe l'esito di una comparazione sul piano concettuale e di una elissi sul piano sintattico, passaggi che occorrerebbe ricostruire per 'sciogliere' la figura nell'espressione letterale corrispondente" (ELLERO, 224.).

[164] In una tabella "un po' sbrigativa" Genette mostra come il Paragone Motivato (Il mio amore brucia *come* una fiamma ardente) si possa rendere con una Identificazione Motivata (Il mio amore *è* una fiamma ardente): GENETTE, *Figure III*, 28-29.

[165] Dire che il paragone è reversibile significa affermare che nella comparazione c'è la perfetta equivalenza tra le due realtà comparate (mio fratello è alto come te = tu sei alto come mio fratello).

non è reversibile[166]. La comparazione è un paragone di primo tipo, la similitudine, di secondo tipo[167]. Non resta che esaminare i testi per capire se il testo va compreso come metafora (identificazione) o se è più opportuno comprenderlo come una comparazione (paragone di primo tipo) oppure come una similitudine (paragone di secondo tipo).

§3. *Lettura comparativa e/o identificativa di Sir$^{Gr}$ 34,24.26.27*
Per poter dare una risposta, diventa elemento di buon aiuto ricordare l'esame della struttura a livello sintattico[168]. Volendo formalizzare la struttura e sostituendo [a] con [1] e [b] con [2], si avrà la seguente semplificazione:

| | | | |
|---|---|---|---|
| Sir$^{Gr}$ 34,24 | a | : | 1 / 2 |
| Sir$^{Gr}$ 34,25 | b | : | - / 2 |
| Sir$^{Gr}$ 34,26.27 | a'. | : | 1 / 2 + 1 / 2 |

Esiste un legame molto stretto tra il segmento [a] e il segmento [a'] a causa dell'identica costruzione sintattica. È, dunque, evidente che ciò che vale, a livello sintattico, per Sir$^{Gr}$ 34,24 dovrebbe valere anche per Sir$^{Gr}$ 34,26.27. In Sir$^{Gr}$ 34,24 l'elemento illustrativo o *vehicle* [1] ("Uno che immola un figlio davanti al proprio padre") vuole illustrare il valore di ciò che accade nella realtà [2] ("Chi

---

[166] Dire che il paragone è irreversibile significa affermare che nella similitudine non c'è la perfetta equivalenza tra le due realtà comparate (i capelli della donna splendono come il sole ≠ il sole splende come i capelli della donna). Si veda ELLERO, 346-350.

[167] BERTINETTO, "Come vi pare", 131-170.

[168] Questo è il risultato:

| | [a] participio pres.<br>+ compl. ogg. sing | | [b] art. masc.. sing.<br>+ part. pres.+ compl. ogg. sing. |
|---|---|---|---|
| Sir$^{Gr}$ 34,24a | θύων υἱόν …… | Sir 34,24b | ὁ προσάγων θυσίαν |
| Sir$^{Gr}$ 34,25a | | Sir 34,25b | ὁ ἀποστερῶν αὐτήν |
| Sir$^{Gr}$ 34,26α | φονεύων τὸν πλησίον | Sir 34,26β | ὁ ἀφαιρούμενος ἐμβίωσιν |
| Sir$^{Gr}$ 34,27α | ἐκχέων αἷμα | Sir 34,27β | ὁ ἀποστερῶν μισθὸν μισθίου |

porta all'altare una vittima [sottratta] dai beni dei poveri"): il testo è stato letto dal Lat, dal Syr e da diversi autori come una similitudine ("Chi porta all'altare una vittima [sottratta] dai beni dei poveri [*è come*] uno che immola un figlio davanti al proprio padre"). Dato l'identico schema sintattico, bisognerebbe leggere allo stesso modo anche Sir$^{Gr}$ 34,26.27, come fa, almeno in parte, la traduzione Lat. Se si esaminano le 117x in cui il Siracide greco adopera la particella ὡς, si possono trovare testi dove la similitudine esiste e la particella è solo sottintesa: si tratta di quella comparazione che ha la forma della metafora, ma il contenuto chiaro di una similitudine che Bertinetto chiama esplicitamente "metafora–similitudine"[169].

---

[169] "La differenza tra similitudine e metafora…non si regge su presupposti formali, bensì pragmatico-cognitivi in senso stretto. La prima figura è fondata sulla percezione statica delle affinità (e delle differenze) che legano due entità; mentre la seconda si basa su un meccanismo di natura eminentemente dinamica, che produce una qualche forma di fusione, o per meglio dire compresenza, tra i due enti raffrontati" (BERTINETTO, "Come vi pare", 160). Il superamento dei presupposti formali tra metafora e similitudine si possono vedere nel Siracide, per esempio, in Sir$^{Gr}$ 21,19, senza originale H, dove la tradizione testuale è sostanzialmente buona (l'unico caso che interessa riguarda la congiunzione ὡς, assente nella prima mano del ms S; è difficile dire se in S, prima mano, si tratti di una aplografia o di una scelta consapevole) come nella tradizione Lat: πέδαι ἐν ποσὶν ἀνοήτου παιδεία / καὶ ὡς χειροπέδαι ἐπὶ χειρὸς δεξιᾶς; *Compedes in pedibus stulto doctrina / quasi vincula manuum supra manum dexteram*; "Ceppi ai piedi (è) la disciplina per l'insensato / (Gr.: e) come manette sulla sua destra". Sintatticamente il testo comprende una realtà (ἀνοήτου παιδεία, "la disciplina per l'insensato") illustrata due volte (πέδαι ἐν ποσὶν; καὶ ὡς χειροπέδαι ἐπὶ χειρὸς δεξιᾶς). Il primo elemento illustrativo è formalmente una metafora, mancando la congiunzione ὡς. Il secondo elemento illustrativo è una similitudine, essendoci la congiunzione ὡς. I due stichi di Sir$^{Gr}$ 21,19 sono in parallelismo sinonimico, per la forma, e in parallelismo sintetico, per il contenuto. Il parallelismo sinonimico è dato dal fatto che la costruzione è stilisticamente identica nel primo e nel secondo stico, tenendo presente il valore bifronte di ἀνοήτου παιδεία: Sir$^{Gr}$ 21,19a = elemento illustrativo ("ceppi ai piedi") + elemento illustrato ("la disciplina per l'insensato" // Sir$^{Gr}$ 21,19b = elemento illustrato ("la disciplina per l'insensato") + elemento illustrativo ("come manette sulla sua destra"). Il parallelismo suggerisce di vedere l'identico valore stilistico nelle due espressioni illustrative ("ceppi ai piedi" / "come manette nella sua destra"): ciò che sono le manette in rapporto alla disciplina lo sono anche i ceppi. Il parallelismo suggerirebbe di esplicitare la metafora ("ceppi ai piedi") come una similitudine ("*come* ceppi ai piedi). Il Lat non concorda con questa lettura, perché traduce *ad litteram* il testo Gr. Il Syr, invece, esplicita la metafora come similitudine, collocando nei due stichi di Sir$^{Syr}$ 21,19 la particella comparativa ܐܝܟ: "Come (ܐܝܟ) una rete è l'istruzione per i piedi dell'insipiente / e come

In Sir[Gr] 34,24 il *tenor*, presente nell'immolazione del figlio davanti al proprio padre e nel sacrificio di offerte provenienti dai beni sottratti ai poveri, sarebbe la crudeltà (aspetto identificativo tra le due azioni). La valenza di apostasia presente nel sacrificio del figlio non sembra, però, essere presente nel sacrificio di offerte provenienti da beni sottratti ai poveri. In Sir[Gr] 34,26 il *tenor* presente nella sottrazione del cibo al prossimo e nella sottrazione del salario al salariato, sarebbe la volontà omicida (aspetto identificativo tra le due azioni). Lo stesso *tenor* si trova in Sir[Gr] 34,27. L'elemento comune che associa azioni diverse è la crudeltà e la volontà omicida. La dimensione identificativa, ovvero l'equivalenza predicabile sia dell'elemento illustrativo sia dell'elemento illustrato, è presente nelle azioni e manifesta – secondo le proposte di Henry – il mondo interiore di chi opera. Non a caso all'inizio della prima strofa coloro che operano così vengono definiti "senza-Legge" (Sir[Gr] 34,22) ed empi (Sir[Gr] 34,23a).

Per il Siracide, offrire in sacrificio beni sottratti ai poveri equivale ad immolare un figlio davanti al proprio padre. Allo stesso modo togliere il cibo equivale a uccidere il prossimo e togliere il salario, a versare il sangue. Mentre, però, nel primo caso non c'è legame tra le due azioni, se non nel mondo interiore del Siracide, nel secondo e nel terzo caso il dato è sottile, ma oggettivo: è evidente il rapporto di causa (togliere il cibo / togliere il salario) e conseguenza (uccidere il prossimo / versare il sangue). Quanto detto permette una distinzione tra Sir[Gr] 34,24 e Sir[Gr] 34,26.27. In Sir[Gr] 34,24 ci si trova davanti a una valutazione personale del Siracide, mentre in Sir[Gr] 34,26.27 il Siracide ha evidenziato un dato oggettivo. Sebbene la costruzione sintattica sia uguale in Sir[Gr] 34,24.26.27, bisogna affermare la differenza tra la "metafora-similitudine" di Sir[Gr] 34,24 e le metafore vere di Sir[Gr] 34,26.27. L'af-

---

(ܐܣܘܪ̈ܐ) catene sulla sua mano destra". Come ha fatto il Syr, anche diversi studiosi esplicitano la metafora in similitudine (Spicq, 673; Box - Oesterley, 389; Alonso Schökel, *Los libros*, 217; Minissale, *La versione*, 114; Skehan - Di Lella, 305). Sotto questo profilo, ricordando quanto Genette dice di Proust, si può dire che Syr è modernissimo e tale modernità viene testimoniata dalla traduzione degli autori citati.

fermazione appena fatta dovrebbe essere vera (o no), se risponde (o meno) alla proporzione di Aristotele. La metafora, secondo Aristotele, è riducibile a una proporzione, che, riprendendo l'esempio stesso del filosofo, si può esprimere così: "sera" sta al "giorno" come la "vecchiaia" sta alla "vita"[170]:

$$a \text{ [sera]} : b \text{ [giorno]} = c \text{ [vecchiaia]} : d \text{ [vita]}.$$

Dire "la sera del giorno" e "la vecchiaia della vita" equivale ad esprimere il reale. Nasce la metafora quando associo [a] e [d], da una parte, e [c] e [b], dall'altra: "la sera della vita" e "la vecchiaia del giorno":

$$a \text{ [sera]} : d \text{ [vita]} = c \text{ [vecchiaia]} : b \text{ [giorno]}$$

Applicando questo principio e formalizzando i testi di Sir[Gr] 34,24.26.27, si avranno le seguenti proporzioni:

| | | |
|---|---|---|
| Sir 34,24 | a [immolare il figlio] | : b [davanti al padre] |
| | = c [sacrificare dai beni dei poveri] | : d [*davanti a Dio*][171] |
| Sir 34,26 | a' [togliere la vita] | : b' [prossimo] |
| | = c' [togliere il cibo] | : d' [prossimo]; |
| Sir 34,27 | a'' [versare sangue] | : b'' [salariato] |
| | = c'' [togliere il salario] | : d'' [salariato]. |

---

[170] Nell'*Arte poetica* 21,4, Aristotele scrive: "E dico in modo analogico, quando il secondo termine sta al primo nello stesso rapporto del quarto al terzo; quindi, invece del secondo, si userà il quarto, oppure invece del quarto il secondo; e a volte si usa mettere ciò a cui serve invece della cosa che si vuol nominare. Porto come esempio, che un boccale rispetto a Dioniso sta nello stesso rapporto di uno scudo rispetto a Marte; per cui si chiamerà scudo di Dioniso il boccale, e boccale di Marte lo scudo. Ovvero: ciò che è la vecchiaia rispetto alla vita, è anche la sera rispetto al giorno; si dirà quindi vecchiaia del giorno la sera, o anche, come dice Empedocle, la sera della vita o tramonto della vita, la vecchiaia" (ARISTOTELE, *Dell'arte poetica*, 79).

[171] Si tratta dell'elemento sottinteso dal verbo "sacrificare".

In questo caso si può notare quanto già rilevato nell'analisi precedente. In Sir[Gr] 34,26.27 è possibile dire: "[a'] toglie la vita [d'] al prossimo, [c'] togliendo il cibo [b'] al prossimo"; "[a"] versa il sangue [d"] del salariato, [c"] togliendo il salario [b"] al salariato". L'elemento "prossimo" in d'/b' e "salariato" in d"/b" si trovano in entrambi le parti della proporzione (a' : b' = c': d' / a" : b" = c" : d"). Diventa molto meno chiaro dire: "[a] immola un figlio [d] davanti a Dio, [c] sacrificando dai beni dei poveri [b] davanti al padre". Mentre la proporzionalità è appropriata in Sir[Gr] 34,26.27 (a' : b' = c': d' / a" : b" = c" : d"), è meno attinente in Sir[Gr] 34,24 (a : b = c : d). Si può, dunque, affermare che in Sir[Gr] 34,24 ci si trova davanti, secondo Bertinetto, a una "metafora-similitudine", mentre in Sir[Gr] 34,26.27 ci si trova davanti a una vera metafora. È, perciò, giusto rendere Sir[Gr] 34,24 con una similitudine[172] (come era già stato fatto da Lat), mentre per Sir[Gr] 34,26.27 (diversamente da Lat) è più opportuno lasciare la dimensione metaforica anche nella traduzione.

Tenendo presente quanto dice Ricoeur circa la metafora come analogia e superamento[173], bisogna dire che per il Siracide togliere il necessario per vivere al prossimo e sottrarre il salario al salariato equivale all'uccisione del prossimo e del salariato (secondo il criterio causa–conseguenza). Si tratta, perciò, di una metafora che diventa ermeneutica: l'uccisione del prossimo e del salariato è interpretazione (dimensione mitica della metafora) data alla sottrazione del salario e del necessario per vivere, in quanto questo produce quello. Non si può dire la stessa cosa per Sir[Gr] 34,24. Mentre per Sir[Gr] 34,26.27 la metafora si fonda sul criterio di causa–conseguenza (togliere il cibo = far morire; togliere il salario = far morire) insita nell'azione stessa, in Sir[Gr] 34,24 l'accostamento che fa equivalere l'immolazione del figlio al sacrificio dai

---

[172] Questa forma comparativa di esprimere il significato attraverso un significante che formalmente non possiede gli elementi espliciti della similitudine è, dunque, una forma retorica conosciuta dal Siracide. Nel trattato sui sacrifici ci sono altri testi che sono costruiti allo stesso modo di Sir[Gr] 34,24. Si tratta di Sir[Gr] 35,2.3.4: testi che saranno studiati nei prossimi capitoli.

[173] RICOEUR, *Metafora*, 359-390.

beni dei poveri, è una scelta fatta dal Siracide ed esprime una visione personale forte del problema. Probabilmente in questa visione delle cose gioca molto un passaggio non espresso: poiché i beni del povero sono il fondamento della sua vita, sacrificare quei beni sottratti ingiustamente significa sacrificare la sua vita e, in ultima analisi, sacrificare lui stesso.

Alla luce dell'alleanza, dunque, togliere il necessario per vivere e togliere il salario non può essere una duplice azione riconducibile solo al furto (Es$^H$ 20,15; Dt$^H$ 5,19), ma queste due azioni diventano responsabili in causa della morte che ne consegue nel derubato. Le due azioni sono giudicate dal Siracide come veri e propri omicidi (Es$^H$ 20,13; Dt$^H$ 5,17). Questa durezza di valutazione è connessa alla durezza ancora più incisiva di Sir$^{Gr}$ 34,24, dove l'omicidio è addirittura una immolazione esecranda e priva di ogni sensibilità umana, come si vedrà immediatamente.

b. Derubare il povero è come uccidere il figlio davanti a suo padre: Sir$^{Gr}$ 34,24

Dopo aver posto il principio secondo il quale Dio non gradisce l'atto di culto di chi compie atti ingiusti, di chi è senza-Legge e di chi è empio, il testo prosegue nel dimostrare la fondatezza di tale principio con una riflessione sapienziale.

L'apertura della costruzione presente in Sir$^{Gr}$ 34,24a, "θύω[174] + ἔναντι + genitivo", si ritrova solo una seconda volta nei libri dei LXX, in 2Cr$^{LXX}$ 7,4 (καὶ ὁ βασιλεὺς καὶ πᾶς ὁ λαὸς θύοντες θύματα ἔναντι κυρίου, "E il re e tutto il popolo stavano immolando vittime davanti al Signore"). L'accostamento permette di affermare che l'uccisione del figlio davanti al proprio padre non è un sem-

---

[174] KILPATRICK, 130–132; DANIEL, 166.203; BEHM, θύω, coll. 625–628; si veda anche CHANTRAINE, vol. 2, 448–449. Il verbo θύω, sinonimo di θυσιάζω, per il Siracide è un *hapax auctoris*. È usato nei LXX circa 140x e generalmente ha il significato di *immolare*, ma anche di *sgozzare* (cfr Is$^{LXX}$ 22,13; 1Mac 7,19) e *uccidere*. (cfr 2Re$^{LXX}$ 25,7).

plice assassinio di una crudeltà inaudita, ma nella descrizione di tale atto barbarico di guerra c'è anche una allusione cultica[175]. Se si esamina la costruzione "θύω + l'accusativo di υἱός", oltre che in Sir[Gr] 34,24a, si ritrova solo in Sal[LXX] 105,37[176], dove si fa cenno alla pratica pagana cananea dell'infanticidio cultuale (cfr Dt[LXX] 12,31; 18,10-12; 2Re[LXX] 3,27). Tale pratica è crudamente descritta da Sap 12,3-6[177], proibita dalla Legge (Lv[LXX]20,2-5; cfr Ger[LXX] 7,31; 32,35), ma praticata anche dagli Ebrei (il re Acaz: 2Re[LXX] 16,2; il re Manasse: 2Re[LXX] 21,6; gli Ebrei in genere: Is[LXX] 57,5; Ger[LXX] 19,5; Ez[LXX] 16,20-21) e estirpata più volte come fece Giosia (2 Re[LXX] 23,10). Il testo di Sir[Gr] 34,24a è particolarmente legato a Ez[H] 16,21[178]. Nel testo H, dove Dio è lo sposo e Israele è la sposa, il Signore è presentato come il padre di quei bambini che venivano sacrificati alle divinità pagane dalla madre Israele. Alla luce di quanto detto, il testo di Sir[Gr] 34,24a ha un significato ben orientato: il figlio immolato può essere ogni bambino e dietro ad ogni padre c'è il rimando alla figura di Dio come Padre[179].

---

[175] Non sembra che il testo rispecchi esperienze dirette, ma che si rifaccia piuttosto alle testimonianze bibliche, oggi rivisitate e valutate con prudenza (si veda l'opera di Stavrakopoulou) più che non in un recente passato (cfr l'opera di Day). Anche Moscati, 972-982, ridimensiona la vecchia tesi dell'arsura dei bambini nel fuoco come sacrificio, sebbene ammetta il rito del sacrificio dei bambini (immolazione ?) in casi eccezionali. Vattioni, 157-160, pure, avanza delle perplessità. Forse in ambito alessandrino ci poteva essere il ricordo dell'esperienza nelle civiltà cartaginese (cfr Garbini, 127-134; cfr il lavoro di Brown S.S., *Late Carthaginian child sacrifice and sacrifical monuments in their Mediterranea context*, Sheffield 1991) o greco-romano (cfr Martelli, 247-323). Il testo del Siracide da una parte, in modo esplicito, sembra rifarsi a una esperienza di crudeltà bellica (cfr l'esperienza dell'uccisione dei figli di Sedecia in 2Re[LXX] 25,7), ma lascia anche trasparire una allusione cultica.

[176] Καὶ ἔθυσαν τοὺς υἱοὺς αὐτῶν καὶ τὰς θυγατέρας αὐτῶν τοῖς δαιμονίοις, "E immolarono i loro figli e le loro figlie ai demoni / agli dei falsi".

[177] Si tratta di un testo ampiamente commentato in Scarpat, *La Sapienza*, vol. II, 458-461.

[178] Mentre il testo H indica nei bambini sacrificati i figli di Dio ("miei figli"), il testo Gr li indica come figli di Israele (τὰ τέκνα σου, "tuoi figli").

[179] Il tema di Dio come Padre è conosciuto dal Siracide (e da Ben Sira). Nel Siracide Dio viene visto come padre almeno 3x (Sir[Gr] 23,1a.4a; 51,10a). Il nome πατήρ, predicato di Dio, è in tutti e tre i casi associato al nome κύριος (cfr lo studio di Strotmann).

Sir[Gr] 34,24b è dominato dal verbo προσάγω[180]. Nell'uso liturgico che ne fanno i libri dei LXX, dove complessivamente viene usato circa 180x, il verbo indicava, secondo Harlé e Pralon, la prima delle tre azioni del sacrificio: προσάγω (far avvicinare l'offerta all'altare), προσφέρω (innalzare per il rito di presentazione) e ἀναφέρω (collocare sull'altare per la consumazione)[181]. Il verbo προσάγω compare nel Siracide solo 5x volte (Sir[Prolog] 12; Sir[Gr] 12,13; 20,17,34,24; 45,16)[182]. Poiché il Siracide non è sempre in consonanza con l'uso tecnico del vocabolario greco del culto, il significato del verbo potrebbe oscillare tra il generico *offrire* (un sacrificio) e il più specifico *portare / presentare all'altare* (un sacrificio). In associazione con il vocabolo θυσία è preferibile dare a ἀναφέρω il significato di *portare all'altare*. Il significato del nome θυσία[183], a sua volta, oscilla tra l'azione sacrificale, cioè il sacrificio, e il contenuto del sacrificio, cioè la vittima o l'offerta. In Sir[Gr] 34,24b l'espressione ὁ προσάγων θυσίαν si

---

[180] SCHMIDT, "προσάγω", coll. 351-357; per l'uso profano: LE BOULLUEC - SANDEVOIR, 89.164; per l'uso liturgico: DORIVAL - BARC - FAVELLE - PETIT - TOLILA, 53.254 (Nm[LXX] 7,3).491 (Nm[LXX] 28,3).

[181] HARLÉ - PRALON, 92 (Lv[LXX] 3,3). Bisogna, però, notare come questa suddivisione non sia sempre osservata nell'uso. Si possono benissimo trovare i verbi προσάγω e προσφέρω adoperati come sinonimi (DORIVAL - BARC - FAVELLE - PETIT - TOLILA, 491).

[182] Il testo H del Siracide riporta per Sir[H] 12,13 l'espressione קָרַב אֶל e per Sir[H] 45,16 l'*hifil* di נָגַשׁ.

[183] Il vocabolo θυσία viene adoperato dai libri dei LXX circa 390x, di cui 164x nel Pentateuco e 34x nei sapienziali. Nel Siracide viene adoperato solo 7x (Sir[Gr] 7,31; 34,23.24; 35,9.15; 45,14.21), di cui 4x nel trattato sui sacrifici (Sir[Gr] 34,23.24; 35,9.15). Nel Siracide traduce תְּרוּמָה (Sir[H] 7,31), זֶבַח (Sir[H] 35,15), מִנְחָה (Sir[H] 45,14) e אִשֶּׁה (Sir[H] 45,2). I nomi che θυσία traduce nel Gr del Siracide impediscono di poter stabilire con precisione un significato tecnico ed esatto del vocabolo. Saggia appare la posizione di HARLÉ - PRALON, 39: θυσία indica l'olocausto, l'offerta vegetale e l'offerta di salvezza. Inoltre, secondo questi autori, θυσία illustra l'aspetto esteriore del rito, il suo valore tecnico e la sua dimensione umana. Questi dati smentiscono certe semplificazioni come in Barr (BARR, *Semantica*, 220-221) e in Behm (BEHM, θυσία; coll. 629). Per una visione generale del sacrificio si vedano CARDELLINI, 249-280 (attento, tra l'altro, al tema "tempo": il sacrificio nei tempi regolari e occasionali); MARX, *Les systèmes sacrificiels*, (presta attenzione alla fonte P, a Ezechiele e all'opera del Cronista). Per i LXX si veda DORIVAL, "Le sacrifice", 61-79 (per l'uso di θυσία si vedano in modo particolare 73-75). Per le equivalenze Gr-H di θυσία si veda DANIEL, 160-163.203-223.240-246 e *passim*.

può rendere con "chi porta all'altare una vittima..." oppure, più semplicemente "chi offre una vittima...". L'ultima parte dello stico non presenta problemi. L'espressione ἐκ χρημάτων πενήτων è unica in tutti i libri dei LXX. Il vocabolo χρῆμα[184] compare nel Siracide 15x, sempre al plurale, e traduce le *ricchezze*, gli *averi* e il *denaro*. Poiché l'aggettivo sostantivato πένης[185] indica il povero come indigente sociale, χρῆμα non può assumere il significato di "ricchezza" o di "denaro". È preferibile adoperare il significato generico di "averi". L'espressione ἐκ χρημάτων πενήτων va, perciò, resa con "dagli averi dei poveri". Come in casi precedenti, anche in Sir[Gr] 34,24b bisogna sottintendere qualche cosa perché lo stico "chi porta all'altare una vittima dagli averi dei poveri" scorra in forma più lineare. Data la costruzione uguale a quella presente in Sir[Gr] 34,21 (participio + ἐκ + genitivo: θυσιάζων ἐξ ἀδίκου / ὁ προσάγων θυσίαν ἐκ χρημάτων πενήτων), anche in questo caso si potrebbe ipotizzare un participio più o meno simile a χορηγησαμένην (provveduta, fornita) oppure, meglio, un più brutale ἁρπαγεῖσαν (rapinata). Poiché l'articolo si trova davanti al participio di Sir[Gr] 34,24b (ὁ προσάγων) è ovvio che questo participio funge da soggetto e, su imitazione del Lat, in italiano si può rendere in questo modo:

Sir 34,24a   Chi porta all'altare una vittima (rapinata) dagli averi dei poveri
     24b   (è come) uno che uccide un figlio davanti al proprio padre

---

[184] Nei libri dei LXX compare poco più di 40x. Non viene mai usato nel Pentateuco, ma è presente in modo particolare nei testi tardivi, soprattutto Siracide, Daniele e 1-2 Maccabei (cfr BERGSON, 79-117; REICKE, coll. 809-812). Il vocabolo χρήματα traduce, nel Siracide, הוֹן (Sir[H] 40,13?), חיל (Sir[H] 5,1; 40,13[marg.]; 40,26), חרוּץ (Sir[H] 14,3), טוֹבָה (Sir[H] 14,5) e נְכָסִים (Sir[H] 5,8).

[185] HATCH, 73-77; HAUCK, πένης, coll. 1453-1462. Per l'identità del povero nel mondo biblico si veda il brevissimo libro di THORNER M., *Poor and rich*. Molto utili mi sono stati i lavori di Hoppe, Domeris (in modo particolare si vedano i capitoli VI e VII, dedicati all'oppressione-liberazione, *Oppression unleashed*, e alla situazione economica postesilica, *The impact of the post-exilic economic changes*) e di van Leeuwen (per il Siracide, 35-41).

Il tema presente in Sir^Gr 34,24b, "Chi porta all'altare una vittima (rapinata) dagli averi dei poveri", presenta un legame particolare con il *Targum* di Osea[186] e con quello di Isaia[187]:

| Is^Targum 1,13 | Os^Targum 8,13 |
|---|---|
| Non continuare a portare | Sacrificano ciò che confiscano dalla rapina, |
| un'oblazione di estorsione: | macellano carne e mangiano, |
| è una offerta detestabile | ma davanti al Signore |
| al mio cospetto! | non c'è compiacenza per essi. |
| Ai noviluni… | Ora inquisirà il loro peccato… |

Senza forzare le interdipendenze[188], vale la pena prendere atto della comunanza di pensiero tra il testo del Siracide e quanto esprimono i due *targumim* profetici. Quanto viene espresso nel *Targum* di Isaia può essere letto come sfondo nella comprensione di Sir^Gr 34,21.24, mentre quanto espresso nel *Targum* di Osea, può essere letto come sfondo nella compresione di Sir^Gr 34,22.23.24. Il comportamento legato alla giustizia sociale diventa fondamentale per il culto: ciò che viene offerto deve avere una provenienza moralmente corretta, frutto di qualche cosa di proprio e non di qualche cosa di sottratto al prossimo, in modo particolare – secondo il Siracide, ed è questa la sua peculariatà – al povero. Mentre di Is^H/LXX 1,13 parla di offerta di vanità (מִנְחַת־שָׁוְא / σεμίδαλιν μάταιον) senza ulteriori specificazioni, il testo di Os^LXX 8,13[189] ha qualche cosa in più che permette di capire meglio sia il *targum* sia il Sir^Gr 34,24:

---

186 Cfr CARBONE - RIZZI, 175-175.

187 Cfr LENZI, 6.

188 Si veda la prudente posizione di LE DÉAUT (- ROBERT), coll. 16*-17*: "En somme, l'influence du grec sur le Targum est plus aisée à demontrer que l'inverse. Mais l'activité targumique pratiquée en Palestine a pu avoir plus d'impact sur la version grecque qu'il n'est possible de démontrer".

189 Il testo di Os^H 8,13a non è molto utile per l'incertezza del testo. Presenta, infatti, un problema di critica testuale arduo che viene risolto in modi diversi. Wolf lo risolve in questo modo: "(Sacrifices they love, and) they sacrifice, flesh (they love), an they eat…" (WOLF, 133). Alonso Schökel preferisce, invece,: "Sebbene immolino vittime in mio onore e mangino la carne…" (ALONSO SCHÖKEL - SICRE DÍAZ, 1018).

διότι ἐὰν **θύσωσιν θυσίαν**
καὶ φάγωσιν κρέα
κύριος οὐ **προσδέξεται** αὐτά
νῦν μνησθήσεται τὰς **ἀδικίας** αὐτῶν
καὶ ἐκδικήσει τὰς **ἁμαρτίας** αὐτῶν
αὐτοὶ εἰς Αἴγυπτον ἀπέστρεψαν
καὶ ἐν Ἀσσυρίοις ἀκάθαρτα φάγονται[190].

Il legame tra Os$^{LXX}$ 8,13 e Sir$^{Gr}$ 34,21-24; 35,20 è dato da diversi elementi verbali: il verbo θύω (Sir$^{Gr}$ 34,24a); il verbo προσδέχομαι (Sir$^{Gr}$ 35,20a); due radicali, *ἀδικ e *θυσι, e il nome ἁμαρτία (Sir$^{Gr}$ 34,21-23). Il brano di Os$^{LXX}$ 8,13 fa parte di un testo più ampio, Os$^{LXX}$ 8,7-14, dove Dio (o, in parte, il profeta?) punta il dito sul comportamento del Regno del Nord: si allea con gli Assiri e pratica culti stranieri. Ne consegue che il culto sacrificale (θύσωσιν: cfr non il testo diretto, ma l'allusione in Sir$^{Gr}$ 34,24a: θύων), offerto dagli uomini del Nord, non è gradito a Dio (οὐ προσδέξεται), mentre invece il sacrificio del giusto è δεκτή in Sir$^{Gr}$ 35,9a e colui che si pone a servizio del prossimo bisognoso δεχθήσεται in Sir$^{Gr}$ 35,20a. Dio, ricordandosi delle iniquità degli uomini del Regno del Nord (ἀδικίας: cfr il radicale *ἀδικ in Sir$^{Gr}$ 34,21), punirà i loro peccati (ἁμαρτίας: cfr lo stesso vocabolo in Sir$^{Gr}$ 34,23b). Il testo Gr pone in evidenza l'incongruenza fra atti di culto e condotta di vita (ingiustizie e peccati). Il *Targum*, invece, sottolinea come i peccati e le iniquità arrivano al punto tale da offrire come sacrificio a Dio il frutto delle rapine. Nel *Targum* di Osea c'è un'eco lontana di Am$^H$ 4,1-3. Sia nel testo Gr sia nel *Targum* tali comportamenti sono associati alla costruzione di aree sacre (Gr) o templi idolatri (*Targum*): il comportamento peccaminoso e ingiusto è legato in modo particolare all'apostasia da Dio. Il concetto espresso, dunque, dal Siracide - stando alla posizione di Le Déaut secondo il quale l'attività targumica può aver influenzato le traduzioni Gr piuttosto che l'in-

---

[190] "Perciò se sacrificano il sacrificio e mangiano la carne, Dio non gradisce tali cose. Adesso si ricorderà delle loro ingiustizie e farà giustizia dei loro peccati. Essi sono tornati in Egitto e mangeranno le cose impure tra gli Assiri".

verso – non sembrerebbe essere originale, ma potrebbe essere un tema condiviso con la riflessione rabbinica presente nei *targumim*. Non è lontano dal vero, inoltre, ritenere che nel Siracide il comportamento presentato in Sir$^{Gr}$ 34,24, alla luce di 2Re$^{LXX}$ 25,7, sia un assassinio spietato e, alla luce di Os$^{LXX}$ 8,7-14, alluda anche a qualche cosa che appartiene all'idolatria.

c. Il cuore della riflessione sapienziale: chi ruba al povero è assassino (Sir$^{Gr}$ 34,25)

Si tratta – come è già stato visto nella critica testuale – di un versetto tramandato dalle traduzioni in forme diverse. Questa varietà di tradizioni pone necessariamente la domanda, già posta per Sir$^{Gr}$ 34,24.26-27: Sir$^{Gr}$ 34,25 si presenta come una metafora o un principio di evidenza? Per rispondere a questa domanda è necessario chiarire subito che a livello di struttura non c'è legame con Sir$^{Gr}$ 34,24.26.27. Anche il modo di esprimere i contenuti è d'indole molto diversa. Sir$^{Gr}$ 34,24 esprime un punto di vista dell'autore, mentre in Sir$^{Gr}$ 34,25a è enunciato un principio cui segue immediatamente la conseguenza e da cui dipendono le affermazioni illustrative di Sir$^{Gr}$ 34,26.27. Sir$^{Gr}$ 34,25 è un versetto composto da due stichi con costruzione nominale. Il primo stico contiene un'affermazione che funge da principio, quasi un assioma, (ἄρτος ἐπιδεομένων ζωὴ πτωχῶν = "Il pane dei bisognosi [è] la vita dei poveri"), illustra e fonda il valore dimostrativo del secondo stico. Questo, infatti, esprime una riflessione sapienziale che denuncia la colpevolezza di chi altera tale dato assiomatico (ὁ ἀποστερῶν αὐτὴν ἄνθρωπος αἱμάτων = "chi la [= la vita] toglie [è] un uomo di sangui"). Se, poi, si osservano attentamente i due stichi, si nota che essi sono disposti secondo un chiasmo

| Sir$^{Gr}$ 34,25a | ἄρτος ἐπιδεομένων | [a] | [b] | ζωὴ πτωχῶν |
|---|---|---|---|---|
| 25b | ὁ ἀποστερῶν αὐτὴν | [b'] | [a'] | ἄνθρωπος αἱμάτων. |

dove i segmenti [b - b'] riprendono lo stesso tema, la ζωή, la "vita" (ζωή + αὐτὴν), mentre i segmenti [a - a'] svolgono un gioco di tipo fonetico (due vocaboli, il primo con finale in ος e il secondo con finale in ων). In questo versetto il gioco letterario non è comparativo, ma identificativo in senso pieno. Non si può, infatti, dire che il pane dei bisognosi è "come" la vita dei poveri. Poiché si tratta di un assioma evidente, il carattere di identità è chiaro: il pane dei bisognosi "è" la vita dei poveri[191]. Il Siracide stesso in due testi evidenzia come la vita sia essenzialmente sostenuta da poche cose, tra queste il cibo[192]. Se il termine "pane" viene considerato una metonimia con carattere di superordinato rispetto ad altri iponimi indicanti elementi di nutrizione (sale, farina di frumento, latte, miele, succo di uva, olio), si comprende come nessuno possa vivere solamente con il fuoco, il ferro e il vestito (e la casa). Per il Siracide, dunque, ciò che afferma (ἄρτος ἐπιδεομένων ζωὴ πτωχῶν) è un principio di evidenza. Nel secondo stico di Sir[Gr] 34,25 avviene la stessa cosa: chi toglie la vita ad altri è un "uomo di sangui", cioè un vero e proprio assassino. Chiarito il dato secondo il quale in Sir [Gr]34,25 non ci sono elementi metaforici, ma solo principi di evidenza, non resta che analizzare gli elementi che compongono il versetto.

§1. *L'espressione* ἄρτος ἐπιδεομένων

L'espressione compare solo nel Siracide e in nessun altro libro dei LXX. Il termine ἄρτος[193] viene usato nel Siracide sia in modo

---

[191] Non penso che il verbo "essere" possa essere sostituito da un altro verbo, come, per esempio, "assicura", anche se in italiano suona come qualche cosa di duro. Si perderebbe il valore stilistico dell'identità.

[192] In Sir[Gr] 29,21 le cose essenziali alla vita sono quattro: acqua, pane, vestito e casa (ἀρχὴ ζωῆς ὕδωρ καὶ ἄρτος καὶ ἱμάτιον καὶ οἶκος καλύπτων ἀσχημοσύνην). In Sir[Gr] 39,26 l'elenco è leggermente più ampio: acqua, fuoco, ferro, sale, farina di frumento, latte, miele, succo di uva, olio e vestito (ἀρχὴ πάσης χρείας εἰς ζωὴν ἀνθρώπου ὕδωρ καὶ πῦρ καὶ σίδηρος καὶ ἅλας καὶ σεμίδαλις πυροῦ καὶ γάλα καὶ μέλι αἷμα σταφυλῆς καὶ ἔλαιον καὶ ἱμάτιον).

[193] Gli studi sul termine ἄρτος sono abbastanza numerosi, ma solo pochi si sono dimostrati utili alla presente ricerca: BEHM, "αρτος , coll. 1267-1272; DANIEL, 131-136 141-153; HARL, 68; LE BOULLUEC - SANDEVOIR, 260-261; PELLETIER, 364-367; WEVERS, 281.373.405.466.480.639 ; l'opera di BATTAGLIA.

figurato (Sir$^{Gr}$ 15,3: pane dell'intelligenza; Sir$^{Gr}$ 23,17: ogni pane [della passione] è appetitoso) sia in modo reale, pur in forma traslata (in Sir$^{Gr}$ 31,23.24 "pane" sta per banchetto; in Sir$^{Gr}$ 41,20 "pane" sta per mensa; Sir$^{Gr}$ 45,20 "pane" sta per cibo)[194]. Anche in Sir$^{Gr}$ 34,25a ἄρτος sta per *cibo*, ma il traslato del testo greco è bene che resti anche nella traduzione italiana (ἄρτος = pane). Il participio ἐπιδεόμενος[195] compare nei libri dei LXX solo in Dt$^{LXX}$ 15,7.9.11 e in questi soli tre casi il participio traduce l'ebraico אֶבְיוֹן. Il verbo significa fondamentalmente *aver bisogno, essere manchevole*, mentre il participio, adoperato sia come aggettivo (Dt$^{LXX}$ 15,7.9.11; Sir$^{Gr}$ 41,2) sia come aggettivo sostantivato (Sir$^{Gr}$ 34,27) diventa forma tecnica per indicare il *bisognoso*[196]. Il vocabolo è associato al πένης, *povero* (Dt$^{LXX}$ 15,11; *Testamento di Giobbe* 9,6), e alla coppia τυφλός – χωλός, *cieco - zoppo* (*Testamento di Giobbe* 17,3). In Sir$^{Gr}$ 34,27 il significato di ἐπιδεόμενος indica[197] il *bisognoso*.

§2. *L'espressione* ζωὴ πτωχῶν

L'espressione ζωὴ πτωχῶν è tipica del Siracide. L'associazione di

---

[194] Si può dire che l'uso fatto dal Siracide è vicino all'uso che ha il vocabolo ebraico לֶחֶם (cfr ZORELL, *ad vocem*; DOMMERSHAUSEN, coll. 783-794. Nei libri dei LXX ἄρτος compare poco più di 300x e traduce almeno cinque vocaboli ebraici (לֶחֶם, חַלָּה, הַגָּן, פַּת, מַצָּה), nel Siracide compare 13x e, confrontando con i brani ebraici superstiti, traduce solo il vocabolo ebraico לֶחֶם presente di norma nel ms B (Sir$^{H}$ 12,5; 14,10; 15,3; 31,23; 31,24; 41,19 [ms B + M]; 45,20).

[195] Il verbo ἐπιδέω (CHANTRAINE, vol. I, 270.) nei LXX compare solo 10x e traduce quattro vocaboli ebraici (שָׁחַד, מַחְסוֹר, חָסֵר, אֶבְיוֹן) ed espressioni formate con i medesimi. Nel Siracide compare 3x (Sir$^{Gr}$ 33,39[31]; 34,25; 41,2), di cui 2x alla forma participiale (Sir$^{Gr}$ 34,25: ἐπιδεομένων; Sir$^{Gr}$ 41,2: ἐπιδεομένῳ). Purtroppo di Sir$^{Gr}$ 34,25 non c'è il testo H e di Sir$^{Gr}$ 41,2 non c'è il corrispondente ebraico (Sir$^{H}$ 41,2 ha לְאִישׁ אוֹנִים, "Per un uomo di disgrazie", "Per un uomo senza fortuna").

[196] È interessante notare come nel greco della diaspora egiziana della metà del sec. II d.C. sia rimasto il participio con uso sostantivato per indicare i bisognosi.: cfr *Testamento di Giobbe* 9,6; 17,3. Cfr DENIS - JANSSENS, 875-879; CAPELLI in SACCHI, *Apocrifi*, vol IV, 103-180 (specialmente 116-123.147.151).

[197] In Sir$^{Gr}$ 4,3 il participio προσδεόμενος rende l'ebraico מִסְכֵּן che significa *dipendente, di classe sociale inferiore* (cfr HAUCK - BAMMEL, col. 720). Non è, tuttavia, possibile confondere προσδεόμενος con ἐπιδεόμενος. Il primo non equivale al secondo: il *dipendente* non è equiparabile al *bisognoso*.

ζωη[198]. con il genitivo di πτωχός, singolare o plurale, non si trova mai nei libri dei LXX, ma solo in Sir[Gr] 4,1; 34,25. Il sapiente in Sir[Gr] 4,1 esorta il proprio discepolo a non sottrarre (ἀποστερέω)[199] – come cosa dovuta – la vita/sostentamento (ζωή) del povero (πτωχός) e a non essere insensibile allo sguardo dei bisognosi (ἐπιδεής da ἐπιδέω). Il testo di Sir[Gr] 4,1, come si può notare, è composto con una buona parte del vocabolario che il Siracide adopera in Sir[Gr] 34,25. Il concetto, tuttavia, è esattamente opposto. La sapienza, infatti, insegna a comportarsi esattamente in modo antitetico a quanto invece fanno coloro che sacrificano offerte, prendendole dai beni dei poveri. Costoro, perciò, appaiono, agli occhi del lettore attento, come delle persone senza saggezza e, soprattutto, senza sensibilità (Sir[Gr] 4,1), senza legge (Sir[Gr] 34,21) e senza fede (Sir[Gr] 34,22).

Il significato del vocabolo greco e il contesto suggerirebbero di

---

[198] Il termine ζωή compare nei LXX poco meno di 300x e traduce ben dodici vocaboli ebraici (140x traduce חַי), tra i quali non compaiono דּוֹר, נְשָׁמָה e נֶפֶשׁ, come invece accade nel Siracide. Nel Siracide ζωή si trova 45x e traduce cinque vocaboli ebraici: חָיָה (Sir[H] 51,6), חַי (Sir[H] 3,12; 4,1.12; 6,16; 10,9 [in Gr codd. ABS¹C]; 11,14; 15,17; 16,3; 30,17.22; 34,25; 37,18.25.27.31; 39,26 [in Gr codd. A,B,S,]; 40,18.28.29; 41,13; 45,5; 48,14), דּוֹר (Sir[H] 50,1), נְשָׁמָה (Sir[H] 9,13) e נֶפֶשׁ (Sir[H] 10,29). Il significato fondamentale è *vita*. Potrebbe significare anche *sostentamento* (Cfr Duesberg - Fransen per Sir[Gr] 34,25). BERTRAM, ζωή, coll. 1417-1427; HILL, *Greek Words*, 171-174; LARCHER, *Études*, 145.292-296.

[199] Si tratta del verbo che si ritrova in Sir[Gr] 34,25b: ὁ ἀποστερῶν αὐτὴν (= ζωήν). È un verbo poco usato nei libri dei LXX: 1x nel Pentateuco (Es[LXX] 21,10; Dt[LXX] 24,14 nel cod. A) 1x nei profeti (Ml[LXX] 3,5) e 5x nel Siracide (Sir[Gr] 4,1; 29,6.7; 34,25.27). È poco usato anche negli apocrifi dell'Antico Testamento greco: 4Mac 8,23. Per Difilo si veda Clemente Alessandrino (*Stromata* 5,14;121,1). In Difilo viene usato in modo assoluto insieme ad altri verbi che esprimono il furto, tutte azioni giudicate negativamente nell'Ade. Di norma, però, il verbo viene adoperato per indicare la sottrazione malvagia di ciò che, invece, per diritto aspetta o che è dovuto a qualcuno. In Es[LXX] 21,10 il verbo indica un sottrarre la coabitazione, il vestito e il cibo alla prima moglie in favore della seconda, mentre in Dt[LXX] 24,14 nel cod. A e in Ml[LXX] 3,5 il verbo viene adoperato per indicare la sottrazione del salario. Lo stesso avviene in Sir[Gr] 29,6.7: il prestito non restituito è un sottrarre qualche cosa che spetta al creditore. Interessante l'uso che ne fa 4Mac 8,23 e Sir[Gr] 4,1. In 4Mac 8,23 gli uomini sono invitati a non privarsi del dolce mondo (invito a non suicidarsi!). In Sir[Gr] 4,1 il saggio suggerisce al discepolo di non sottrarre – come cosa dovuta – l'elemosina al povero.

vedere nello πτωχός[200] l'uomo di situazione economica precaria e di bassa condizione sociale. Poiché in Sir[Gr] 4,1 πτωχός è in parallelismo sinonimico con ἐπιδεής (deverbale da ἐπιδέω), πτωχός ed ἐπιδεόμενος dovrebbero essere molto vicini alla sinonimia. È prudente, perciò, fermarsi per πτωχός al significato generico di *povero*.

### §3. *Sir 34,25b e l'espressione* ἄνθρωπος αἱμάτων

Come l'espressione precedente, anche ἄνθρωπος αἱμάτων è tipica solo del Siracide. Non la si ritrova più in nessun libro dei LXX. Si tratta di un calco perfetto dell'espressione אִישׁ הַדָּמִים, "uomo di sangui"[201] che i LXX rendono con l'espressione ἀνὴρ αἱμάτων (2 Sam[LXX] 16,7.8; Sal[Gr] 5,7) / ἄνδρες αἱμάτων (Sal[LXX] 25,9; 54,24; 58,3;

---

[200] Il termine πτωχός presente nei LXX poco più di 120x, rende nove vocaboli ebraici, dei quali i più frequenti sono עָנִי e עָנָו (insieme, poco più di 40x). Nel Siracide il vocabolo compare 21x e traduce quattro vocaboli ebraici: אֶבְיוֹן (Sir[H] 7,32; 13,20), דַּל (Sir[H] 4,4; 10,23.30; 13,3.19.21[prima mano del ms B].23; 35,16), עָנִי (Sir[H] 4,1; 4,8; 34,4) e רוּשׁ (Sir[H] 10,22). Mentre אֶבְיוֹן esprime uno stato di situazione economica precaria se non addirittura poverissima e può avere anche una valenza religiosa (HAUCK F. - BAMMEL E., coll. 717.119), דַּל esprime uno stato di situazione economica precaria e una bassa condizione sociale (HAUCK F. - BAMMEL E., coll. 717.719). A sua volta עָנִי esprime un rapporto di dipendenza e non uno stato di bisogno (HAUCK F. - BAMMEL E., coll. 717). Può avere valenza religiosa, ma allora il greco lo rende, in genere, con πραΰς. Non è possibile ipotizzare quale vocabolo ci potrebbe essere stato nel testo ebraico mancante di Sir[Gr] 34,25. Cfr HATCH, 73-77; HAUCK - BAMMEL, coll. 709-788 (specialm. coll. 717-754, dove viene affrontato il tema del povero nell'Antico Testamento e nel tardo giudaismo); LIAÑO, 117-167; NÚÑEZ, 193-205.

[201] In ebraico non esiste l'espressione con אָדָם, ἄνθρωπος, *homo*: nell'ebraico biblico non c'è lo stato costrutto di אָדָם. L'espressione ἄνθρωπος αἱμάτων è resa diversamente dagli autori. Si vedano solo alcuni esempi. In francese si va da *meurtrier* (Reuss, Lesètre, Crampon), ad *assassin* (Ledrain) e a *homme de sang* (Fillion, Glaire - Vigouroux, Spicq). In inglese viene reso normalmente con *man of blood* (Blunt, Churton, Edersheim, MacKenzie), mentre Skehan - Di Lella hanno preferito *person of blood*. In tedesco è stato privilegiato *der Blutmensch* (Zöckler, Peters, Eberharter, Hamp, Schilling, Sauer) a *der Mörder* (Keel, Lamparter). In ambito italiano si oscilla tra *assassino* (Martini, Luzzi), *uomo sanguinario* (Vaccari, Girotti) e *sanguinario* (Minissale). E ancora: *un saguinari* (Bruguera - Díaz) per il catalano, *un saguinário* (Pereira) per il portoghese e, per lo spagnolo, *un homicida* (Alonso Schökel). Di fronte a queste alternative è preferibile, in italiano, la soluzione proposta da Girotti e da Vaccari, dove il nome "uomo" c'è e il genitivo dipendente viene reso correttamente con un aggettivo, "sanguinario".

138,19; Pr$^{\text{LXX}}$ 29,10)[202]. Si può dire che anche in questo caso, come in altri visti in precedenza, il Siracide non segue la lingua dei LXX. L'ambito concettuale in cui, però, si colloca il Siracide è di tipo prevalentemente salmico. L'associazione dell'ἀνὴρ αἱμάτων con δόλιος (Sal$^{\text{LXX}}$ 5,7) e con δολιότης (Sal$^{\text{LXX}}$ 54,24) suggerisce un dato importante. L'ἀνὴρ αἱμάτων e il δόλιος sono ἐργαζόμενοι τὴν ἀνομίαν (cfr Sal$^{\text{LXX}}$ 5,6; 58,3), in altre parole sono gli ἄνομοι (Sir$^{\text{Gr}}$ 34,22) il cui atto di culto non può essere gradito a Dio.

§4. *Il testo di Sir$^{\text{Gr}}$ 34,25 è composto da quattro espressioni*
Sono espressioni tipiche del Siracide, sebbene echeggianti espressioni bibliche di diverso tipo: deuteronomistico e salmico. Mancando il testo H non è possibile sposare né la tesi di coloro che ritengono più fedele all'originale la lettura del Syr né quelli che ritengono originaria la lettura del Gr. Poiché l'intento della presente ricerca è comprendere innanzi tutto il testo di Sir$^{\text{Gr}}$ 34,21–35,20, è corretto attenersi al testo critico di Sir$^{\text{Gr}}$ 34,25 così come è stato individuato. Si tratta di un testo che propone un principio di evidenza e non una metafora. Qui si trova una delle immagini più forti del testo del Siracide, che reggono e spiegano quanto detto in Sir$^{\text{Gr}}$ 34,24 e in Sir$^{\text{Gr}}$ 34,26-27:

| Sir 34,25a | il pane dei bisognosi (è) la vita dei poveri |
|---|---|
| 25b | chi (glie)la toglie (è) un uomo sanguinario. |

d. Sir$^{\text{Gr}}$ 34,26-27 come amplificazione di quanto detto in Sir$^{\text{Gr}}$ 34,25

Il brano è composto da un vocabolario meritevole di una certa attenzione. Si tratta di vocaboli in parte assenti dai libri dei LXX, in parte rari nel Siracide stesso, in parte senza l'equivalenza ebraica di Ben Sira. Pochi sono i vocaboli che si potrebbero definire di ampio

---

[202] 2Sam$^{\text{LXX}}$ 16,7.8 (detto di Davide); Sal$^{\text{Gr}}$ 5,7 (associa l'ἀνὴρ αἱμάτων all'ingannatore, δόλιος; ciò che concettualmente accade in Sir$^{\text{Gr}}$ 34,21-27); Sal$^{\text{LXX}}$ 25,9; 54,24 (ritorna l'associazione ἀνὴρ αἱμάτων con δολιότης); Sal$^{\text{LXX}}$ 58,3 (l'orante chiede di essere liberato ἐκ τῶν ἐργαζομένων τὴν ἀνομίαν, in altre parole dagli ἄνομοι presentati in Sir$^{\text{Gr}}$ 34,22); Sal$^{\text{LXX}}$ 138,19; Pr$^{\text{LXX}}$ 29,10 (gli ἄνδρες αἱμάτων sono coloro che odiano l'ὅσιος, il pio).

uso nei libri dei LXX. Il pensiero sviluppato dal testo di Sir<sup>Gr</sup> 34,26-27 non è particolarmente rilevante perché non fa altro che amplificare, come si vedrà, quanto già espresso in Sir<sup>Gr</sup> 34,25.

### §1. *L'espressione* φονεύων τὸν πλησίον *di Sir<sup>Gr</sup> 34,26a*

È un altro modo per dire assassino a chi ruba ai poveri. Il verbo φονεύω[203] compare nel Siracide solo 2x, Sir<sup>Gr</sup> 9,13; 34,26[204]. In Sir<sup>Gr</sup> 9,13 φονεύω traduce l'ebraico הָרַג (uccidere un uomo da parte di un uomo)[205]. L'associazione con πλησίον si trova nei LXX solo in Sir<sup>Gr</sup> 34,26 e in Dt<sup>LXX</sup> 4,42. In quest'ultimo testo si intende impedire il dilagare della vendetta del sangue, stabilendo le città di rifugio per chi avesse ucciso il suo prossimo involontariamente[206]. Ciò che va evidenziato nell'espressione del Siracide è l'uso di un verbo, φονεύω – *uccidere, togliere la vita*, adoperato dal decalogo per indicare l'azione proibita da Dio nell'uccidere la persona: Es<sup>LXX</sup> 20,15; Dt<sup>LXX</sup> 5,18[207]. L'avverbio sostantivo[208] πλησίον non viene mai adoperato dal Siracide come puro avverbio e, probabilmente, neppure come agget-

---

[203] Il verbo φονεύω deriva dall'aggettivo φόνος (ucciso, assassinato, messo a morte), che a sua volta deriva dall'aggettivo verbale φατός, attestato in composti, che proviene dal verbo θείνω, *spezzare, uccidere* (CHANTRAINE, vol II, 425-426).

[204] Nei libri dei LXX è presente 54x e di norma rende il verbo ebraico רָצַח (23x). Solo 7x rende il verbo הָרַג.

[205] Si tratta di un verbo che "designa esclusivamente l'uccisione di uomini da parte di altri uomini" (FUCHS, coll. 514-526, spec. col. 518).

[206] SCHULZ, 9-11. Per l'associazione tra φονεύω e le città di rifugio si veda anche Nm<sup>LXX</sup> 35,6.12.19.21$^2$.25.26.27$^2$.28.30$^2$.31; Dt<sup>LXX</sup> 19,6.

[207] WEVERS, *Exodus*, 329. Per il testo H si veda SCHÜNGEL-STRAUMANN, 49-58; SCHMIDT, *I dieci comandamenti*, 147-155.

[208] WEVERS, 162.534.555; GREEVEN - FICHTNER, coll. 711-728. L'avverbio sostantivato πλησίον nei LXX traduce di norma l'ebraico רֵעַ, ma anche עָמִית (specialmente nel Levitico) e, sporadicamente, anche altri otto vocaboli. Nel Siracide potrebbe essere un aggettivo sostantivato all'accusativo o un avverbio sostantivato indeclinabile; sembra più corretto scegliere per Sir<sup>Gr</sup> 34,26 la seconda ipotesi. Nel Siracide, infatti, viene adoperato l'avverbio indeclinabile πλησίον, sempre preceduto dall'articolo sia per l'accusativo (Sir<sup>Gr</sup> 13,15; 16,28; 18,13; 19,14.17; 27,19;29,14; 31,31; 34,22.) sia per i casi diversi dall'accusativo (cfr Sir<sup>Gr</sup> 5,12; 6,17; 9,14; 10,6; 15,5; 17,14; 22,23; 25,1.18; 27,18; 28,2.7; 29,1.2$^2$.5.20; 31,5).

tivo[209]. Nel Siracide πλησίον traduce solamente רֵעַ (Sir[H] 5,12; 6,17; 9,14; 15,5; 18,10; 31,15.31; con *mater lectionis*, רֵיעַ, in Sir[H] 10,6) sempre con il significato di *prossimo*. Con questo vocabolo, tuttavia, il Siracide non indica qualunque uomo, bensì solo l'uomo che appartiene all'alleanza[210]. Stando così le cose, sia colui che uccide sia il "prossimo" sono figli d'Israele. Questo dato non è fornito solo dall'esame del vocabolario, ma anche da tutto il contesto.

Va rilevato, infine, che il Siracide si colloca sulla linea teologico-profetica (cfr Es[LXX] 20,15; Ger[LXX] 7,9[211]), ma la oltrepassa su almeno due punti. Il primo riguarda il concetto di offerta cultica. Per il Siracide, la vera offerta non è ciò che si offre, ma è la persona stessa dell'offerente con tutta la sua vita. L'offerente diventa offerta gradita, se nella sua vita si prende cura del prossimo più derelitto della società (Sir[Gr] 35,20). Viceversa l'offerente diventa una offerta irridente Dio e perciò sacrilega, se nella sua vita si comporta senza nessun tipo di fede e di obbedienza alla Legge (Sir[Gr] 34,21.22). Il secondo punto riguarda il concetto di omicidio. Mentre la predicazione profetica si ferma sul fatto oggettivo dell'omicidio, il Siracide è molto più attento al fatto che l'uccisione del prossimo può avvenire anche in forma dilazionata, ponendo in essere delle cause ben precise che daranno come conseguenza - come si vedrà fra poco - la

---

[209] Il cod. R (Veronensis, sec. VI) riporta l'unico caso in cui il Siracide greco adopererebbe l'aggettivo πλησίος (Sir[Gr] 27,18), contro le testimonianze dei mss A, B, S, che invece hanno l'avverbio sostantivato.

[210] In Sir[Gr] 18,13, infatti, il testo Gr afferma: ἔλεος ἀνθρώπου ἐπὶ τὸν πλησίον αὐτοῦ ἔλεος δὲ κυρίου ἐπὶ πᾶσαν σάρκα, "La misericordia dell'uomo è per il suo prossimo, la misericordia di Dio, invece, per ogni uomo". L'espressione πᾶσα σάρξ nel Siracide può avere significato di "tutti gli uomini" (cfr Sir[Gr] 46,19), ma anche di "ogni essere vivente", uomo e animale, (cfr Sir[Gr] 40,8). Tuttavia, poiché nel Siracide greco l'ἔλεος divino è rivolto solo agli esseri umani, è indubitabile il significato di "ogni uomo" per l'espressione ἐπὶ πᾶσαν σάρκα di Sir[Gr] 18,13. Come si può notare, c'è distinzione a causa dell'antitesi tra τὸν πλησίον ("prossimo") e πᾶσαν σάρκα (ogni uomo).

[211] Non c'è solo Geremia a parlare di uccisione in rapporto al culto, ma lo stesso tema legato sempre all'incoerenza tra vita e culto, si trova anche in Is[LXX] 1,15 (αἱ γὰρ χεῖρες ὑμῶν αἵματος πλήρεις, "E anche le vostre mani [sono] piene di sangue"). Il significato dell'espressione "mani piene di sangue" nel testo originale ebraico indica l'assassinio (KAISER, *ad locum*) come nella traduzione Gr. Si potrebbe citare anche Is[H] 66,3 ma il concetto non si trova nella sua traduzione Gr.

morte del prossimo: togliere il cibo al povero e defraudare del salario il salariato.

### §2. *L'espressione* ὁ ἀφαιρούμενος ἐμβίωσιν *di* Sir[Gr] *34,26b*

È un altro modo per dire ladro. In questo caso è specificato l'oggetto del latrocinio. Il verbo ἀφαιρέω[212] è usato nel Siracide solo 3x (Sir[Gr] 9,13 [לְקַח]; 34,26; 47,11 [*hifil* di עָבַר]). Sembra che il significato con cui il Siracide usa il verbo ἀφαιρέω sia *togliere*. Viene usato, infatti, in associazione con ζωή (Sir[Gr] 9,13)[213] con il significato di *togliere la vita, uccidere*. In associazione con ἁμαρτία, invece, in Sir[Gr] 47,11[214] il significato è *togliere i peccati, perdonare*. Stando a questi due testi (Sir[Gr] 9,13; 47,11), il significato di *togliere* avrebbe la denotazione della stabilità: *togliere per sempre o definitivamente*, senza possibilità di una eventuale restituzione. Così, infatti, suggeriscono sia la morte, sia il perdono. In Sir[Gr] 34,26, perciò, si tratta di una sottrazione vicina all'esproprio e al furto[215].

Il complemento oggetto di ὁ ἀφαιρούμενος è ἐμβίωσιν. Questo vocabolo[216] non compare mai nei libri dei LXX, eccetto 2x nel Siracide[217] (Sir[Gr] 34,26; 38,14). In Sir[Gr] 38,14 traduce il vocabolo ebraico מִחְיָה, che a sua volta viene dato come equivalente di *conser-*

---

[212] È un verbo un po' trascurato dallo studio filologico. Si trova qualche notizia in HELBING, 43–44 e in LE BOULLUEC – SANDEVOIR, 44–45. Nei LXX il verbo compare più di 160x e generalmente traduce il verbo רום in Esodo e in Levitico (18x). Fuori dal Pentateuco traduce la radice סור (4x nel Pentateuco su 35x). Negli altri casi traduce una trentina di verbi diversi. Il Siracide conosce sia il verbo רום sia la radice סור, ma li rende con altri verbi come ὑψόω, παραβαίνω, ecc.

[213] Anche in Gb[LXX] 9,21 il verbo ἀφαιρέω si associa a ζωή con un significato più morbido rispetto a Sir[Gr] 9,13, ma sempre nell'ambito semantico della sottrazione.

[214] Anche in Es[LXX] 34,7.9; Lv[LXX] 10,17; Nm[LXX] 14,18; Is[LXX] 27,9 il verbo ἀφαιρέω si associa a ἁμαρτία con il significato di *togliere il peccato, perdonare*. Mentre in Es[LXX] 34,7.9 e Is[LXX] 27,9 si parla del perdono di Dio a livello di riflessione teologica, in Lv[LXX] 10,17, Nm[LXX] 14,18, il perdono è legato al sacrificio.

[215] In altri testi dei libri dei LXX il significato è molto variegato e ampio. Può andare dal *mettere da parte* in Es[LXX] 13,12 fino al più leggero *scegliere* in Es[LXX] 35,24.

[216] In GELS viene catalogato come neologismo.

[217] Negli apocrifi veterotestamentari greci, compare solo in 3Mac 3,23.

*vazione della vita, facoltà di vivere, vitto, cose necessarie per vivere, qualche cosa di vivo e di sviluppantesi*[218]. In ambito biblico ἐμβίωσις non sembra possedere lo stesso significato con cui viene usato in ambito non biblico[219]. In ambito biblico, infatti, il vocabolo è legato all'area della vita (mantenere la vita, modo di vivere), in ambito non biblico è legato all'area antropologica del radicamento (prendere radici). Una traduzione possibile di ἐμβίωσις in Sir[Gr] 34,26 che tenga presente il valore del vocabolo ebraico di partenza testimoniato da Sir[Gr] 38,14, è *sussistenza, cose necessarie per vivere* oppure, più semplicemente, *il necessario per vivere* [220]. Anche in questo caso, come per Sir[Gr] 34,25, bisogna dire che Sir[Gr] 34,26 non contiene una metafora, ma una constatazione reale, secondo l'ottica del Siracide: "Chi sottrae [al povero] il necessario per vivere (è) uno che uccide il prossimo". Sembra che il Siracide (o Ben Sira ?) voglia in qualche modo sottolineare il concetto, riprendendolo nel versetto successivo.

§3. *L'espressione* ἐκχέων αἷμα *di Sir[Gr] 34,27a*
Si tratta di un'espressione in parallelismo sinonimico con φονεύων τὸν πλησίον di Sir[Gr] 34,26a ed è abbastanza frequente nei LXX (27x), quasi un idiomatismo[221]. Nel Siracide compare solo 2x, in

---

[218] ZORELL, *ad locum*.

[219] In Liddell – Scott il vocabolo è riportato con due aree di significato. Nella prima, si trova il significato di *maintenance of life*, accompagnato dalla citazione di Sir[Gr] 38,14; e il significato di *way of living*, accompagnato dalla citazione di 3Mac 3,23. Nella seconda area di significato il vocabolo viene dato con il significato di *taking root*, accompagnato dalla citazione di Plu(tarco) 2,64 cd.

[220] Gli autori, che seguono il testo greco, dopo la pubblicazione del testo critico di Ziegler, hanno scelto di tradurre *Nahrung* (Sauer), *alimento* (Morla Asensio), *living* (MacKenzie, Skehan – Di Lella), *meios de subsistencia* (Pereira), *subsistencia* (Bruguera – Díaz), *sostentamento* (Minissale), *sustento* (Alonso Schökel), *subsistencia* (Pérez Rodríguez), ecc.

[221] Gen[LXX] 9,6; 37,22; Lv[LXX] 17,13; Nm[LXX] 35,33; Dt[LXX] 19,10; 21,7; 1Sam[LXX] 25,31; 1Re[LXX] 24,4; 2Cr[LXX] 35,11; Sal[LXX] 13,3; 78,3; 105,8; Pr[LXX] 1,16; 6,17; Is[LXX] 59,7; Lam[LXX] 4,13; Ez[LXX] 16,38; 18,10; 22,3.6.9.12.27; Gl[LXX] 4,19; Sof[LXX] 1,17; 1Mac 1,37; 2Mac 1,8. L'espressione προσχέω αἷμα si trova in Lv[LXX] 1,5; 7,14; 8,9.24; 17,6; 2Re[LXX] 16,13; 2Cr[LXX] 29,22; 35,11. Il verbo ἐκχέω traduce nel Siracide due verbi ebraici: 5x שָׁפַךְ (Sir[H] 20,13; 30,18; 35,4; 36,8; 37,29) e 1x רָבָה (Sir[H] 32,17). Il nome αἷμα, a sua volta, traduce 6x solo דָּם (Sir[H] 8,16; 11,32; 12,16; 14,18[marg.]; 39,26; 40,9).

Sir^Gr 28,11; 34,27. Manca, purtroppo, l'originale ebraico per entrambi i versetti. In tutt'e due i casi si parla di versamento di sangue nel senso di *uccidere* esseri umani come in Sof^LXX 1,17 (ἐκχεεῖ τὸ αἷμα αὐτῶν, = l'originale ebraico, וְשֻׁפַּךְ דָּמָם). La stessa espressione in Lv^LXX 17,13 (ἐκχεεῖ τὸ αἷμα = l'originale ebraico, וְשָׁפַךְ אֶת־דָּמוֹ)[222] indica invece il versamento di sangue (uccisione) di un animale. Per la migliore comprensione di Sir^Gr 34,27a va esaminato il testo di Gen^LXX 9,6 dove ἐκχέων αἷμα traduce l'ebraico שֹׁפֵךְ דַּם[223]. Come si può notare Siracide e Genesi non hanno solo la stessa associazione (ἐκχέω + αἷμα), ma anche la identica costruzione sintattica (ἐκχέων αἷμα, part. pres. nom masc. sing. + acc. neutro sing). È l'unico caso in tutti i libri dei LXX[224].

Gen^LXX 9,6 è un testo biblico che esprime con forza la legge della retribuzione applicata alla vita umana: ὁ ἐκχέων αἷμα ἀνθρώπου ἀντὶ τοῦ αἵματος αὐτοῦ ἐκχυθήσεται ὅτι ἐν εἰκόνι θεοῦ ἐποίησα τὸν ἄνθρωπον, "Chi versa il sangue di un uomo, invece di quel sangue il suo sarà versato perché a immagine di Dio ho fatto l'uomo"[225]. Questa legge è preceduta da una affermazione che teologicamente diventa molto rilevante: τὸ ὑμέτερον αἷμα τῶν ψυχῶν ὑμῶν ἐκζητήσω, "Del (vostro) sangue delle vite vostre chiederò conto" (Gen^LXX 9,5). L'espressione ὁ ἐκχέων αἷμα non indica una azione chiusa nel divenire delle cose umane. Al contrario, è un'azione tremendamente aperta che grida verso Dio (cfr Gen^LXX 4,10): non c'è sangue umano di cui Dio non chieda ragione. Molto di più l'attenzione di Dio si fa premurosa per il sangue dei suoi figli: τὸ αἷμα τῶν υἱῶν αὐτοῦ ἐκδικᾶται, "Del sangue dei suoi figli chiederà conto" (Dt^LXX 32,43).

---

[222] Il Gr ha "Verserà il loro sangue" ed è Dio che funge da soggetto. Il testo H ha "Il loro sangue sarà versato" e il passivo teologico lascia intendere che sia Dio l'agente.

[223] L'espressione ebraica שֹׁפֵךְ דָּם ricorre nell'A.T. 27x. In 23x i LXX traducono con l'espressione ἐκχέω αἷμα. Nelle altre 4x l'espressione שֹׁפֵךְ דָּם viene resa con ἐκχύσις αἵματος (1Re^LXX 18,28), con ἐν αἵματι τοῦ ἐξολεθρεῦσαι (Ez^LXX 14,19) e con ἐκδίκησις αἵματος (Ez^LXX 23,45). In Ez^LXX 36,18 l'espressione ebraica semplicemente non viene tradotta. I due casi più interessanti per la nostra ricerca sono Lv^H 17,13; Sof^H 1,17.

[224] C'è l'identica costruzione, ma con il participio all'accusativo (ἐκχέοντα αἷμα) in Ez^LXX 18,10.

[225] La traduzione è di MORTARI, *La Bibbia dei LXX*, ad locum.

L'originale ebraico di Gen^H 9,6 presenta una fisionomia interessante:

שֹׁפֵךְ דַּם הָאָדָם בָּאָדָם דָּמוֹ יִשָּׁפֵךְ כִּי בְּצֶלֶם אֱלֹהִים עָשָׂה אֶת־הָאָדָם׃
Chi sparge il sangue dell'uomo dall'uomo il suo sangue sarà
sparso, perché ad immagine di Dio fece l'uomo.

Si può notare come anche in ebraico l'espressione comprenda il participio (שֹׁפֵךְ דַּם). Era questa l'espressione originale[226] del testo H di Ben Sira resa, poi, *ad litteram* in greco (ἐκχέων αἷμα)? Se fosse buona l'ipotesi, bisognerebbe attribuire a Gesù Ben Sira il sottile legame tra Sir^(H/ipotetico) 34,27 e Gen^H 9,6. Poiché non possediamo il testo ebraico di Sir^Gr 34,27, in attesa di eventuali nuove scoperte, è per il momento più prudente rimanere al dato e prendere atto che il testo del Sir^Gr 34,27 può benissimo essere associato a Gen^LXX 9,6. Con Sir^Gr 34,27 si richiama alla mente del lettore come il comportamento di chi sottrae il necessario per vivere o il salario, sia un comportamento omicida, nei confronti del quale Dio, prima o poi, interviene per chiedere conto (Gen^LXX 9,5; cfr Ez^LXX 16,38; 22,4).

§4. *L'espressione ὁ ἀποστερῶν μισθὸν μισθίου di Sir^Gr 34,27b*

Si tratta di un'espressione in parallelismo sinonimico con ὁ ἀφαιρούμενος ἐμβίωσιν di Sir^Gr 34,26b. L'espressione si ritrova quasi *ad litteram* in Ml^LXX 3,5: καὶ προσάξω πρὸς ὑμᾶς ἐν κρίσει καὶ ἔσομαι μάρτυς ταχὺς ....ἐπὶ τοὺς ἀποστεροῦντας μισθὸν μισθωτοῦ, "E mi avvicinerò a voi per il giudizio e sarò testimone pronto....contro coloro che frodano il salario all'ingaggiato". Nel testo Gr del profeta Malachia è evidente l'intervento divino contro il sopruso fatto all'operaio. La condanna della sottrazione del salario o della non retribuzione oppure del ritardo nel dare il salario è un tema presente nell'A.T (cfr Dt^LXX 24,14.15; Ger^LXX 22,13). Anche in questo caso, come nel caso dell'espressione ἐκχέων αἷμα, non si può escludere da parte dell'estensore del Gr

---

[226] Per il legame tra ipotetico testo H del Siracide e Gen^H 9,6 si veda SEGAL, *ad locum* (stessa posizione nella seconda edizione del 1958, nella terza del 1972 e nella quarta del 1997). Si può vedere anche HARTOM, 126.

una certa intenzionalità nell'esprimersi in un modo molto simile a Ml$^{LXX}$ 3,5. Dietro all'espressione ὁ ἀποστερῶν μισθὸν μισθίου non è difficile identificare un atto che merita la condanna divina secondo la Legge (Dt$^{LXX}$ 24,14.15[227]) e i Profeti (Ger$^{LXX}$ 22,13[228]).

Nel Siracide il sostantivo μισθός[229] traduce tre vocaboli: שָׂכָר (Sir$^H$ 11,18; 51,22.30); פְּעֻלָּה (Sir$^H$ 36,21); nei codici B ed S, ma non A, μισθός rende גּוֹרָל (Sir$^H$ 11,20)[230]. Il significato fondamentale di μισθός è *salario, proprietà di valore, bene commerciale, paga per prestazioni di guerra, stipendio per i servizi levitici*[231]. Generalmente nei LXX viene detto del salario del lavoratore manuale[232], con la sottolineatura di carattere morale, di salario dovuto secondo giustizia[233]. In Sir$^{Gr}$ 34,27, dato il contesto immediato fornito dal determinativo μίσθιος (salariato)[234], è da preferire il significato di *salario*.

A conclusione dell'esame esegetico, questa potrebbe essere una traduzione possibile di Sir$^{Gr}$ 34,24-27:

Sir 34, 24     Chi porta all'altare una vittima (rapinata)

---

[227] "Non priverai ingiustamente del salario un povero e un indigente tra i tuoi fratelli o tra gli stranieri che sono nelle tue città. Il giorno stesso darai il suo salario. Non tramonti il sole su di esso poiché egli è povero e in esso ha la sua speranza e non griderà al Signore contro di te e tu non sarai nel peccato". Il ms A non ha il verbo ἀπαδικέω, ma il verbo ἀποστερέω (usato in Sir$^{Gr}$ 34,25b). Il testo H è un po' diverso:
לֹא־תַעֲשֹׁק שָׂכִיר עָנִי וְאֶבְיוֹן....:
"Non opprimerai ingiustamente il salariato misero e povero....".

[228] "O chi costruisce la sua casa non con giustizia e il suo piano superiore non nell'equità e nei confronti del suo prossimo fa lavorare gratis e non gli dà il suo salario".

[229] LE BOULLUEC - SANDEVOIR, 227-228; PRIJS, 45; PREISKER - WÜRTHWEIN, coll. 353-444 (spec. coll. 354-403). Il sostantivo μισθός compare nei LXX poco meno di una settantina di volte. Di solito traduce שָׂכָר (26x) e un'altra decina di vocaboli ebraici.

[230] Il vocabolo ebraico גּוֹרָל viene reso nei LXX con κληρονομία, κλῆρος, κληρωτί e ὅριον. Solo nel Siracide viene tradotto con μισθός e κλῆρος.

[231] In senso traslato indica la *ricompensa data da Dio* (cfr Sir$^{Gr}$ 51,30b).

[232] PREISKER - WÜRTHWEIN, coll. 358.

[233] SPICQ, *Note*, vol. II, 171-187 (spec. 177-178).

[234] PREISKER - WÜRTHWEIN, coll. 360.

> [dagli averi dei poveri
> (è come) uno che immola un figlio davanti
> [al proprio padre.

25 Il pane dei bisognosi (è) la vita dei poveri
chi (glie)la toglie (è) un uomo sanguinario.

26 Chi sottrae [al povero] il necessario per vivere
(è) uno che uccide il prossimo

27 e chi toglie il salario al salariato (è) uno che versa sangue.


## e. Il retroterra del pensiero di Sir$^{Gr}$ 34,24-27

Ci sono due tipi di retroterra: uno, indicato in modo sicuro dai richiami verbali, e un secondo, indicato in modo meno preciso dalle allusioni tematiche.

Per quanto riguarda lo studio dei passi associati a Sir$^{Gr}$ 34,24-27 dai richiami verbali è bene fare una breve considerazione. Lungo l'analisi del nostro brano è stato notato come il traduttore Gr sia alquanto libero rispetto al vocabolario dei vari libri della traduzione greca dei LXX. Questo dato suggerisce alcune linee d'indagine. La prima riguarda il vocabolario tipico del traduttore Gr del Siracide: ciò comporta una breve ricerca dei legami verbali con altri passi del Siracide Gr che possono illustrare meglio Sir$^{Gr}$ 34,24-27. La seconda riguarda i legami di vocabolario con altri testi dei LXX, in modo particolare e non esclusivo, nella Legge e in ambito profetico. Se, infatti, il traduttore, data la sua libertà, ha fatto delle scelte verbali che richiamano altri brani dei LXX, ciò potrebbe indicare una sua volontà di operare una correlazione[235]. Infine è bene vedere la ricaduta di Sir$^{Gr}$ 34,24-27 nel Nuovo Testamento, più precisamente in Gc 4,5.

---

[235] Pensare che il vocabolario del traduttore Gr del Siracide appartenga al linguaggio tipico dell'ambiente sapienziale ebraico-egiziano è, forse, eccessivo. Il vocabolario greco che caratterizza Sir$^{Gr}$ 34,24-27 non si trova, a puro titolo di esempio, nel libro della Sapienza, fatta eccezione per πένης (Sir$^{Gr}$ 34,24b // Sap 2,10).

§1 - *Il vocabolario di Sir^Gr 34,24-27 e altri brani del Siracide*
I legami verbali più significativi di Sir^Gr 34,24-27 con altri testi del Siracide indicano come brani preferenziali Sir^Gr 4,1[236]; 7,20[237].

### i) Il legame sul piano verbale

Il legame sul piano verbale tra Sir^Gr 34,24-27 e Sir^Gr 4,1 è di un certo interesse. L'espressione "ζωή + il genitivo di πτωχός" si trova solamente nel Siracide e precisamente in due testi: Sir^Gr 34,25a (ζωὴ πτωχῶν) e Sir^Gr 4,1a (τὴν ζωὴν τοῦ πτωχοῦ). Inoltre, il verbo ἀποστερέω associato al vocabolo ζωή o a un pronome che lo sottintenda, si trova solamente in Sir^Gr 4,1 (τὴν ζωὴν τοῦ πτωχοῦ μὴ ἀποστερήσῃς) e Sir^Gr 34,25b (ὁ ἀποστερῶν αὐτήν). Il testo di Sir^Gr 4,1 afferma[238]:

> τέκνον τὴν ζωὴν τοῦ πτωχοῦ μὴ ἀποστερήσῃς
> καὶ μὴ παρελκύσῃς ὀφθαλμοὺς ἐπιδεεῖς

Il testo di Sir^Gr 4,1 fa parte dell'insegnamento sapienziale, più precisamente degli insegnamenti che incominciano con l'appellativo τέκνον[239]. L'affermazione di Sir 4,1 intende porre il discepolo di fronte al povero (πτωχός)[240] e insegnargli il modo corretto di reagire. Non si può rimanere indifferenti davanti alla situazione

---

[236] Solo pochi autori indicano in Sir^Gr 4,1 un testo capace di chiarire il senso di Sir^Gr 34,24-27: cfr Skehan - Di Lella (Sir 4,1-6), Spicq (Sir 4,1). Per un approfondimento maggiore si vedano KONDRACKI, 79-104 (studiando solo il testo H, l'autore non può indagare sul parallelismo con Sir^Gr 34,24-27); ZAPPELLA, 223-238 (spec. 237). Skehan - Di Lella propongono Sir^Gr 4,1-6 perché il v. 6 esprime un concetto simile a quanto viene detto in Sir^Gr 34,29, che però appartiene alla parte giuridico-morale della prima strofa (Sir^Gr 34,21-31) e non alla riflessione sapienziale (Sir^Gr 34,24-27).

[237] Diversi autori concordano nell'indicare Sir^Gr 7,20 come testo esplicativo di Sir^Gr 34,24-27 (cfr Blunt, Crampon, Churton, Zöckler, Hamp, Nau -Vigouroux). Solo Reiterer dedica alcune pagine a Sir^Gr 7,3-36 (REITERER , "Gott und Opfer", 139-165).

[238] "Figlio, non togliere la vita del povero e non sottrarti agli occhi bisognosi".

[239] Nel Siracide si trovano in Sir^Gr 2,1; 3,12.17; 4,1; 6,18.23.32; 10,28; 11,10; 14,11; 16,24; 18,15; 21,1; 31,22; 37,27; 38,9.16; 40,28.

[240] Il motivo forse si può trovare in Dt^LXX 15,11 che afferma:"Non mancherà l'indigente (ἐνδεής) dalla terra". In Filone non compare mai il vocabolo πτωχός e usa πένης anche dove i LXX usano πτωχός come in Lv^LXX 19,10; 23,22 (HAUCK, πένης, col. 1461).

del povero. Il credente è chiamato ad aprire generosamente la sua mano al fratello povero e bisognoso: si tratta di un comando divino (ἐγώ σοι ἐντέλλομαι: Dt^LXX 15,11). Per questo motivo non si può respingere la supplica di un povero e non si può distogliere lo sguardo da lui (cfr Sir^Gr 4,4.8: πτωχός). Il ricco, purtroppo, che non stima il povero (Sir^Gr 13,20: πτωχός), fa di lui il suo pascolo (Sir^Gr 13,19: πτωχός) e si comporta da insipiente. L'insegnamento del sapiente, infatti, dice l'opposto: "Non togliere la vita al povero (πτωχός)" (Sir^Gr 4,1; 34,25). Il povero (πτωχός), infatti, "fatica nelle privazioni della vita e se smette cade nell'indigenza" (Sir^Gr 31,4). La sua sopravvivenza, perciò, è in equilibrio precario. Qualunque sottrazione significa squilibrare la sua situazione e ciò può diventare causa di morte: "Il pane dei bisognosi [è] la vita dei poveri chi [glie]la toglie [è] un uomo sanguinario" (Sir^Gr 34,25).

ii) Il vocabolo μίσθιος

Il Siracide usa solo 3x il vocabolo μίσθιος (Sir^Gr 7,20; 34,27; 37,11). Mentre in un caso il Siracide si mostra severo (Sir^Gr 37,11)[241], nelle altre due ricorrenze ha un atteggiamento di estrema correttezza. In Sir^Gr 34,27, rifacendosi alla Legge (Lv^LXX 19,13; Dt^LXX 24,14-15), afferma che non versare al salariato quanto gli spetta quotidianamente equivale a ucciderlo come equivale a uccidere il povero, quando gli si sottrae il necessario per vivere. Il testo di Sir^Gr 7,20 in qualche modo va oltre la Legge. Con un po' di moralismo, s'intende suggerire l'abbandono di certi atteggiamenti cattivi e irritanti del padrone e del datore di lavoro verso il servo che lavora con fedeltà-verità (οἰκέτην ἐργαζόμενον ἐν ἀληθείᾳ) e verso il salariato che pone tutto il suo impegno nel lavoro assegnatogli (μίσθιον διδόντα τὴν ψυχὴν αὐτοῦ):

μὴ κακώσῃς οἰκέτην ἐργαζόμενον ἐν ἀληθείᾳ
μηδὲ μίσθιον διδόντα τὴν ψυχὴν αὐτοῦ[242]

---

[241] Quando il Siracide intende esemplificare con chi non bisogna consigliarsi su determinati argomenti (la donna sulla rivale, il pauroso sulla guerra, il mercante sul commercio, il compratore sulla vendita, l'invidioso sulla riconoscenza, lo spietato sulla bontà di cuore, il pigro su un'iniziativa qualsiasi, ecc.), suggerisce, di non consigliarsi "con un salariato annuale (μετὰ μισθίου ἐφετίου) sul raccolto" (Sir^Gr 37,11).

Dietro a questo suggerimento c'è senz'altro l'idea che "non è giusto disprezzare un povero assennato (πτωχὸν συνετόν)" (Sir[Gr] 10,23a)[243], intendendo per "assennato" un non-peccatore[244] che conosce la sapienza (cfr Sir[Gr] 18,28) e che "ha fiducia nella Legge" in quanto per lui la Legge "è degna di fede come un oracolo" (Sir[Gr] 33,3). Nell'opera del Siracide, infatti, si può notare una riflessione e "un conforto quasi affettivo"[245] sul povero. Questo atteggiamento è esattamente l'opposto di quello, invece, che suggerisce di sottrarre il pane ai bisognosi, il cibo al prossimo e il salario al salariato (Sir[Gr] 34,25-27).

### § 2 – Il vocabolario di Sir[Gr] 34,24-27 e alcuni brani della Legge

La riflessione sapienziale di Sir[Gr] 34,24-27 ruota attorno al grande tema della sopraffazione nei confronti dei miseri, dei poveri e dei salariati, da parte di coloro che vengono menzionati in Sir[Gr] 34,21-23 (i senza-Legge e gli empi). Tale sopraffazione è letta come un vero e proprio omicidio. C'è un consenso quasi generale da parte degli autori nel riconoscere uno strettissimo legame tra Sir[Gr] 34,24-27 e due testi del Pentateuco: Lv[LXX] 19,13[246] e Dt[LXX] 24,14-15[247]. Solo pochissimi autori indicano anche Gen[LXX] 9,6[248].

---

[242] "Non maltrattare un domestico che lavora fedelmente né un salariato che dà tutto se stesso".

[243] Il concetto sembra vicino a Lv[LXX] 25,43: "Non lo (= il μισθωτός) tratterai con asprezza, ma temerai il Signore".

[244] Si veda il parallelismo antitetico in Sir[Gr] 10,23a.b (πτωχὸν συνετόν / ἄνδρα ἁμαρτωλόν, "servo assennato / uomo peccatore").

[245] BAMMEL, col. 733. È di estremo interesse tutta la voce che riguarda il mondo greco e l'Antico Testamento (712-754). Si vedano anche FENSHAM, 161-174; DAWES, "Anawa", 38-48.

[246] Lv[LXX] 19,13 viene suggerito da Blunt, Lesètre, Churton, Edersheim, Zöckler, Fillion, Knabenbauer, Nau - Vigouroux, Box - Oesterley, Eberharter, Girotti, Spicq, Duesberg - Auvray, Minissale, Snaith, Skehan - Di Lella.

[247] Dt[LXX] 24,14-15 viene suggerito da Arnald, Blunt, Lesètre, Churton, Edersheim, Zöckler, Fillion, Knabenbauer, Nau - Vigouroux, Crampon, Peters, Box - Oesterley, Eberharter, Girotti, Spicq, Duesberg - Auvray, Duesberg - Fransen, Alonso Schökel, Minissale, Skehan - Di Lella.

[248] Gen[LXX] 9,6 viene segnalato - per quanto possa conoscere - da Segal, Hartom e dalla presente ricerca (cfr in questo capitolo, 3 d §3).

i) Sir$^{Gr}$ 34,27 e Gen$^{LXX}$ 9,6

Nell'analisi di Sir$^{Gr}$ 34,27 è stato notato come l'espressione greca ἐκχέων αἷμα sia l'esatto duplicato con cui inizia Gen$^{LXX}$ 9,6: ὁ ἐκχέων αἷμα ἀνθρώπου ἀντὶ τοῦ αἵματος αὐτοῦ ἐκχυθήσεται. Il richiamo verbale è evidente e pone la riflessione sapienziale in stretto legame con una sentenza giuridico-sacrale antichissima[249], dove Dio stabilisce la sua sovranità sulla vita umana. L'omicidio è la diretta violazione del diritto sovrano di Dio sulla vita dell'uomo[250]. Se della vita dell'uomo Dio chiederà conto sia agli animali sia all'uomo[251], ne chiederà conto anche a coloro che, pur non versando direttamente sangue, procurano la morte dei miseri, dei poveri e dei salariati. C'è da chiedersi come mai Sir$^{Gr}$ 34,27 si riallacci a Gen$^{LXX}$ 9,6 invece che a Es$^{LXX}$ 20,15. Certamente il traduttore potrebbe aver rispettato il testo originale del nonno come anche no. Poiché sulle ipotesi non si possono sviluppare tesi, è meglio stare al solo testo Gr. Senza dubbio Es$^{LXX}$ 20,15 sarebbe stato vincolante solo per gli Ebrei, mentre Gen$^{LXX}$ 9,6 enuncia un principio generale e assoluto a prescindere dall'alleanza del Sinai, ma dentro ad un'alleanza universale. Questo dato è importantissimo perché è vicino alla sensibilità della riflessione sapienziale che, di norma, cerca sempre di riflettere su ciò che è valido universalmente. Si tratta, dunque, di un principio che vale per tutti gli uomini e potrebbe essere un indizio che, probabilmente, rispecchia la situazione degli Ebrei nella diaspora egiziana. C'è, però, anche da chiedersi: la situazione riguardante il culto nella convivenza ebraica con stranieri in Egitto, testimoniata dal nipote, era molto distante e diversa da quella vissuta dal nonno nella terra d'Israele[252]?

---

[249] VON RAD, *Genesi*, 167.

[250] WESTERMANN, *Genesi*, 76.

[251] Cfr Gen$^{LXX}$ 9,5: καὶ γὰρ τὸ ὑμέτερον αἷμα τῶν ψυχῶν ὑμῶν ἐκζητήσω ἐκ χειρὸς πάντων τῶν θηρίων ἐκζητήσω αὐτὸ καὶ ἐκ χειρὸς ἀνθρώπου ἀδελφοῦ ἐκζητήσω τὴν ψυχὴν τοῦ ἀνθρώπου "perché del vostro sangue delle vostre vite chiederò conto, dalla mano di tutte le fiere ne chiederò conto e dalla mano del fratello chiederò conto della vita dell'uomo".

[252] Non bisogna dimenticare che le testimonianze della lettera di Aristea, di Flavio Giuseppe, di Filone e altri affermano che gli stranieri anche non proseliti, quindi pagani

ii) Sir[Gr] 34,26-27, Lv[LXX] 19,13 e Dt[LXX] 24,14-15

Il legame tra Sir[Gr] 34,26-27 e due testi giuridici, Lv[LXX] 19,13 e Dt[LXX] 24,14-15, è di buona importanza sotto il profilo verbale e tematico. Sir[Gr] 34,26-27 e Lv[LXX] 19,13 hanno in comune sia la tematica sia i seguenti elementi verbali: una espressione simile (Sir[Gr] 34,27: μισθὸς μισθίου / Lv[LXX] 19,13: μισθὸς τοῦ μισθωτοῦ)[253], un vocabolo (τὸν πλησίον) e due verbi semanticamente vicini (Sir[Gr] 34,27: ἀποστερέω / Lv[LXX] 19,13: ἁρπάζω)[254]:

οὐκ ἀδικήσεις τὸν πλησίον
καὶ οὐχ ἁρπάσεις l
καὶ οὐ μὴ κοιμηθήσεται
ὁ μισθὸς τοῦ μισθωτοῦ παρὰ σοὶ ἕως πρωί[255].

---

a tutti gli effetti, offrivano sacrifici nel tempio di Gerusalemme o di persona (cfr Alessandro Magno, Tolomeo III, Marco Agrippa, Vitellio, ecc.) o mandavano le offerte per il sacrificio (Dario in Esd[H] 6,9-10; Tolomeo Filadelfo in *Lettera di Aristea*, 45; i re siriani in 1Mac 7,33; ecc.). Il tempio di Gerusalemme, dunque, "era venerato da tutto il mondo e onorato per la sua fama dagli stranieri fino ai confini della terra" (DOUBLES in SCHÜRER, vol. 2, 378 e n. 75; si veda anche l'appendice *La partecipazione dei pagani al culto di Gerusalemme*, 378-383).

[253] Il vocabolo μισθωτός è un aggettivo sostantivato, quasi un sinonimo di μίσθιος, altro aggettivo sostantivato. La differenza fra i due vocaboli potrebbe essere che μισθός indichi un salariato che viene ingaggiato quando c'è lavoro e dimesso quando non se ne ha più bisogno, mentre μισθωτός potrebbe essere un lavoratore a giornata (cfr SPICQ, *Note*, vol. II, 446). Questa distinzione accennata in Spicq è assente in PREISKER - WÜRTHWEIN, coll. 353-444. Forse sarebbe più prudente non fare troppe distinzioni perché in Is[LXX] 16,14 il μισθωτός è ingaggiato per tre anni (cfr Lv[LXX] 25,40).

[254] La differenza fra i due verbi non sta nell'area della sottrazione, ma nell'area del modo. Il verbo ἀποστερέω indica la sottrazione, il furto, mentre ἁρπάζω sottolinea la violenza con cui una realtà viene sottratta. La sottrazione del salario per Lv[LXX] 19,13 è una cosa vicina alla violenza e all'ingiustizia, per Sir[Gr] 34,27 è un furto che causa la morte.

[255] "Non farai ingiustizia al prossimo e non rapinerai, e non giacerà il salario del salariato presso di te fino al mattino". Il testo di Lv[LXX] 19,13 forma una unità redazionale insieme al versetto successivo a causa dell'espressione ἐγώ εἰμι κύριος ὁ θεὸς ὑμῶν, "Io sono il Signore, Dio vostro", che compare identica o con qualche variante a chiusura dei precetti in Lv[LXX] 19,3.4.10.12.14.16.18.25.28.30.31.34.34.37. Il Gr non sempre traduce esattamente le espressioni del testo H come, ad esempio, in Lv[H] 19,13-14 (אֲנִי יְהוָה / ἐγώ εἰμι κύριος ὁ θεὸς ὑμῶν).

Si tratta di un precetto molto importante dal momento che si ritrova pareneticamente ampliato in Dt[LXX] 24,14-15[256]:

οὐκ ἀπαδικήσεις μισθὸν πένητος καὶ ἐνδεοῦς ἐκ τῶν ἀδελφῶν σου ἢ ἐκ τῶν προσηλύτων τῶν ἐν ταῖς πόλεσίν σου αὐθημερὸν ἀποδώσεις τὸν μισθὸν αὐτοῦ οὐκ ἐπιδύσεται ὁ ἥλιος ἐπ᾽ αὐτῷ ὅτι πένης ἐστὶν καὶ ἐν αὐτῷ ἔχει τὴν ἐλπίδα καὶ οὐ καταβοήσεται κατὰ σοῦ πρὸς κύριον καὶ ἔσται ἐν σοὶ ἁμαρτία.

Il testo di Dt[LXX] 24,14-15 amplifica quanto detto dal Levitico. Allarga il precetto dal πλησίον, il "prossimo", ai προσήλυτοι, i proseliti (stranieri di fede ebraica)[257] che vivono con gli Ebrei. Aggiunge, inoltre, il tema del grido orante del povero defraudato verso Dio, tema che si ritrova nel trattato sulle offerte in Sir[Gr] 34,29; 35,16.

Mentre il testo del Levitico pone la mancata consegna immediata del salario nel contesto dell'ingiustizia e della rapina, il Deuteronomio non accenna alla rapina, ma sottolinea l'ingiustizia. Nel Levitico la motivazione per cui il salario va consegnato subito al salariato è fondata sulla volontà di Dio: "Io sono il Signore, Dio vostro" (Lv[LXX] 19,14). Nel Deuteronomio, invece, la motivazione è fondata su due elementi. Il primo elemento è il grido orante del povero verso il Signore contro il suo ingiusto datore di lavoro[258]. Il secondo elemento è l'assenza di peccato: colui che dà il salario al salariato subito, prima del calar del sole, non è un peccatore e, quindi, sarà esente dall'intervento divino. Il Siracide manifesta una buona associazione verbale con Lv[LXX] 19,13 e una associazione solo tematica con Dt[LXX] 24,14-15.

---

[256] Per la diversità tra testo H e testo Gr si veda n. 227. "Non priverai ingiustamente del salario un povero e un indigente tra i tuoi fratelli o tra i proseliti che si trovano nelle tue città; quello stesso giorno gli renderai il salario, non tramonterà il sole su di esso, perché egli è povero e in esso ha la sua speranza; e non griderà contro di te verso il Signore e non ci sarà in te peccato".

[257] KUHN, coll. 297-344; si veda in modo particolare il paragrafo "Il προσήλυτος nel giudaismo ellenistico", coll. 305-316; per la distinzione tra "proselita" e "timorato di Dio", coll. 333-336 e SIEVERS, 183-196. Si veda anche BARBIERO, 41-69.

[258] Cfr Es[LXX] 22,26: ἐὰν οὖν καταβοήσῃ πρός με εἰσακούσομαι αὐτοῦ ἐλεήμων γάρ εἰμι, "Se, dunque, [il πλησίον] griderà a me lo esaudirò; misericordioso, infatti, io sono".

§3. *Il vocabolario di Sir^Gr 34,24-27 e alcuni brani profetici*
I testi profetici più importanti con cui il nostro testo è legato sono fondamentalmente tre: Is^LXX 66,3; Ger^LXX 22,13, Mal^LXX 3,5[259].

i) Is^LXX 66,3
Il testo di Is^LXX 66,3, che ha una fisionomia molto diversa da quella presente nel testo H[260], ha inteso illustrare il valore delle azioni cultiche dell'ἄνομος davanti a Dio:

| | |
|---|---|
| ὁ δὲ ἄνομος | Il senza-Legge |
| ὁ θύων μοι μόσχον ὡς ὁ ἀποκτέννων κύνα | che mi sacrifica un vitello è come chi uccide un cane; |
| ὁ δὲ ἀναφέρων σεμίδαλιν ὡς αἶμα ὕειον | che presenta fior di farina è come (chi presenta) sangue di porco |
| ὁ διδοὺς λίβανον εἰς μνημόσυνον ὡς βλάσφημος | che presenta l'incenso in memoria è come un bestemmiatore |
| καὶ οὗτοι ἐξελέξαντο τὰς ὁδοὺς αὐτῶν | E costoro hanno scelto le loro vie |
| καὶ τὰ βδελύγματα αὐτῶν | e le loro abominazioni |
| ἃ ἡ ψυχὴ αὐτῶν ἠθέλησεν | che il loro spirito ha voluto |

---

[259] Il testo di Is^LXX 66,3 è proposto da Churton e dalla presente ricerca. Ger^LXX 22,13 è proposto da Lesètre, Zöckler, Knabenbauer, Nau -Vigouroux, Box - Oesterley, Eberharter, Girotti, Spicq, Duesberg - Auvray, Duesberg - Fransen, Minissale, Snaith, Skehan - Di Lella. Il testo di Ml^LXX 3,5 è proposto da pochissimi autori: Lesètre, Nau -Vigouroux, Box - Oesterley, Skehan - Di Lella.

[260] Così si presenta il testo di Is^H 66,3:

| | | |
|---|---|---|
| שׁוֹחֵט הַשּׁוֹר מַכֵּה־אִישׁ | 1 | Chi macella un bue, uno che uccide un uomo; |
| זוֹבֵחַ הַשֶּׂה עֹרֵף כֶּלֶב | 2 | chi immola una pecora, uno che strozza un cane; |
| מַעֲלֵה מִנְחָה דַּם־חֲזִיר | 3 | chi porta offerte, (è) sangue di porco (che porta) |
| מַזְכִּיר לְבֹנָה מְבָרֵךְ אָוֶן | 4 | chi brucia incenso, uno che venera un idolo. |
| גַּם־הֵמָּה בָּחֲרוּ בְּדַרְכֵיהֶם | 5 | Essi hanno scelto le loro vie |
| וּבְשִׁקּוּצֵיהֶם נַפְשָׁם חָפֵצָה: | 6 | e si sono compiaciuti dei loro abomini. |

Mentre Is[H] 66,3 contiene dei concetti vicini a quelli espressi da Sir[Gr] 34,24-27 (l'azione cultica potrebbe equivalere a un omicidio o a un atto di culto traviato), Is[LXX] 66,3, oltre che ad avere il vocabolo ἄνομος che lo legherebbe a Sir[Gr] 34,22 (ἄνομοι), illustrerebbe attraverso dei paragoni (si tenga presente il valore delle metafore e metafore-paragone di Sir[Gr] 34,24-27) la blasfemia presente nei vari atti di culto dell'ἄνομος.

### ii) Ger[LXX] 22,13 e Ml[LXX] 3,5

Due testi profetici sono in modo particolare legati al tema del salario (Sir[Gr] 34,27). Il testo di Ml[LXX] 3,5 si associa a Sir[Gr] 34,27 e anche a Sir[Gr] 35,17-19 (soprusi nei confronti dell'orfano e della vedova), mentre Ger[LXX] 22,13 è connesso solo con Sir[Gr] 34,27.

Il testo di Ger[LXX] 22,13, che non comporta differenze tra Gr e H, colloca il tema del salario sottratto a chi lavora nel contesto della costruzione di una casa di un ricco:

> ὦ ὁ οἰκοδομῶν οἰκίαν αὐτοῦ οὐ μετὰ δικαιοσύνης
> καὶ τὰ ὑπερῷα αὐτοῦ οὐκ ἐν κρίματι

---

Westermann (WESTERMANN, *Isaia*, 490-491) avverte che Is[H] 66,3 ha due possibilità di lettura: o quella comparativa o quella associativa. Secondo il criterio comparativo si avrà: "Chi macella un bue (*è come*) uno che uccide un uomo; chi immola una pecora (*è come*) uno che strozza un cane; chi porta offerte (*è come chi porta*) sangue di porco; chi brucia incenso (*è come*) uno che venera un idolo. Essi hanno scelto le loro vie e si sono compiaciuti dei loro abomini". Secondo il criterio associativo si avrà: "Chi macella un bue (*è anche*) uno che uccide un uomo; chi immola una pecora (*è anche*) uno che strozza un cane; chi porta offerte (*è anche uno che porta*) sangue di porco; chi brucia incenso (*è anche*) uno che venera un idolo. Essi hanno scelto le loro vie e si sono compiaciuti dei loro abomini". In questo secondo caso si tratterebbe di culti degeneri mescolati a culti legittimi. Che Ben Sira conoscesse Is[H] 66,3 è probabile, dato che il Tritoisaia riconosce una equivalenza (lettura comparativa) tra l'omicidio e il sacrificio del senza-Legge. Bisogna tuttavia essere prudenti perché non conosciamo ancora Sir[H] 34,24-27. Certamente l'esplicitazione di Is[LXX] 66,3, in cui l'elenco diventa esplicitazione negativa delle opere di culto dell'ἄνομος, se da una parte illustra lo spirito della diaspora che giudica il culto del senza-Legge, dall'altra perde il legame concettuale con Sir[Gr] 34,24-27 perché in Is[LXX] 66,3 scompare l'equivalenza tra il sacrificio di un vitello e l'uccisione di un uomo.

παρὰ τῷ πλησίον αὐτοῦ ἐργᾶται δωρεὰν
καὶ τὸν μισθὸν αὐτοῦ οὐ μὴ ἀποδώσει αὐτῷ[261].

Il ricco, mentre si fa costruire una casa di lusso esagerato (cfr anche Sir[Gr] 22,14), fa lavorare il suo prossimo gratuitamente. Sotto il profilo verbale, il legame con Sir[Gr] 34,26-27 è limitato ai vocaboli πλησίον, "prossimo", e al vocabolo μισθός, "salario". C'è, però, un secondo legame con Sir[Gr] 34,28 attraverso il verbo οἰκοδομέω, "costruire", ma si tratta di un legame che va oltre il nostro brano in esame.

Il testo di Ml[LXX] 3,5[262] è, invece, legato a Sir[Gr] 34,27 dall'espressione ἀποστερέω μισθὸν μισθωτοῦ che è vicinissima a ἀποστερέω μισθὸν μισθίου (Sir[Gr] 34,27). Oltre a questo legame, Ml[LXX] 3,5 contiene la coppia χήρα - ὀρφανός, "vedova - orfano", presente in Sir[Gr] 35,17-19:

καὶ προσάξω πρὸς ὑμᾶς ἐν κρίσει
καὶ ἔσομαι μάρτυς ταχὺς ἐπὶ τὰς φαρμακοὺς
καὶ ἐπὶ τὰς μοιχαλίδας
καὶ ἐπὶ τοὺς ὀμνύοντας τῷ ὀνόματί μου ἐπὶ ψεύδει
καὶ ἐπὶ τοὺς ἀποστεροῦντας μισθὸν μισθωτοῦ
καὶ τοὺς καταδυναστεύοντας χήραν

---

[261] "Guai a chi costruisce la propria casa senza giustizia e il piano di sopra senza equità, che fa lavorare il suo prossimo per nulla, e non gli dà il suo salario".

[262] I testi H e Gr differiscono. Il testo H dice: "Io mi avvicinerò a voi per il giudizio e sarò un testimone sollecito contro gli incantatori e contro gli adulteri e contro coloro che giurano con inganno e contro coloro che opprimono il salario del salariato, la vedova e l'orfano e coloro che respingono il forestiero. Costoro non mi hanno temuto - dice il Signore degli eserciti". L'elenco dei peccatori viene riassunto nell'affermazione finale: costoro sono coloro che non temono il Signore. Il testo Gr, invece, dice: "Io mi avvicinerò a voi per il giudizio e sarò un testimone sollecito contro i fattucchieri, contro coloro che commettono adulterio, contro coloro che spergiurano con inganno nel mio nome e contro coloro che frodano il salario all'operaio, che opprimono la vedova, che maltrattano l'orfano, che corrompono il processo del proselita, che non mi temono - dice il Signore onnipotente". Oltre ad alcuni ampliamenti come il maltrattamento dell'orfano, il Gr non riassume tutti i personaggi elencati come "coloro che non temono Dio", ma pone "coloro che non temono Dio" in coda all'elenco.

καὶ τοὺς κονδυλίζοντας ὀρφανοὺς
καὶ τοὺς ἐκκλίνοντας κρίσιν προσηλύτου
καὶ τοὺς μὴ φοβουμένους με
λέγει κύριος παντοκράτωρ[263].

L'elenco di coloro contro i quali Dio scende in causa è un elenco piuttosto nutrito. Non rispecchia esattamente il decalogo, sebbene si tratti della risposta divina alla provocazione di Ml$^{LXX}$ 2,17:"Come lo (=Dio) abbiamo stancato?". Questa sequenza non si ritrova in nessun altro testo dei LXX, ma è una lista molto vicina al rimprovero presente nel *rîḇ* divino (cfr Sal$^{LXX}$ 50,16-20)[264]. La categoria che interessa Sir$^{Gr}$ 34,27 si trova al quarto posto, tra coloro che spergiurano e quelli che opprimono la vedova e maltrattano gli orfani. È difficile dire se, quanto e come questi due testi profetici, Ger$^{LXX}$ 22,13 e Ml$^{LXX}$ 3,5, abbiano influenzato il Siracide. Sicuramente rispecchiano un *topos* comune nel mondo biblico di epoche tanto diverse da trovarlo perfino dentro al Nuovo Testamento, precisamente in Gc 5,4, dove il tema della frode del salario è associato al tema della preghiera gridata verso Dio.

ἰδοὺ ὁ μισθὸς τῶν ἐργατῶν τῶν ἀμησάντων τὰς χώρας ὑμῶν ὁ ἀπεστερημένος ἀφ᾽ ὑμῶν κράζει, καὶ αἱ βοαὶ τῶν θερισάντων εἰς τὰ ὦτα κυρίου Σαβαὼθ εἰσεληλύθασιν[265].

Non solo le due tematiche si ritrovano nel Siracide (Sir$^{Gr}$ 34,27.29; 35,16b-19), ma impressiona, a livello di testo Gr, il forte richiamo verbale tra Gc 5,4 e il testo del "Trattato delle offerte": μισθὸς (Sir$^{Gr}$ 34,27), ἀποστερέω (Sir$^{Gr}$ 34,25.27), βοή / καταβόησις

---

[263] "Io mi avvicinerò a voi per il giudizio / e sarò un testimone pronto contro i fattucchieri, / contro gli adulteri, / contro coloro che spergiurano con inganno nel mio nome, / contro coloro che frodano il salario all'operaio, / coloro che opprimono la vedova / coloro che maltrattano l'orfano / coloro che corrompono il processo del proselita. / coloro che non mi temono, / dice il Signore degli eserciti".

[264] Si noti come subito dopo, in Ml$^{LXX}$ 3,7, Dio chieda al popolo di convertirsi.

[265] "Ecco il salario dei lavoratori che hanno mietuto le vostre terre, defraudato da voi, le grida e le urla dei mietitori sono giunte alle orecchie del Signore degli eserciti.".

(Gc 5,4 / Sir^Gr 35,19) e l'azione dell'ascolto (Gc 5,4: εἰς τὰ ὦτα κυρίου Σαβαὼθ / Sir^Gr 34,31c; 35,16: εἰσακούσεται)[266].

### §4. *Le tematiche di Sir^Gr 34,24-27*

Le offerte che i senza-Legge e gli empi presentano a Dio provengono da un comportamento sociale degno del più grave giudizio: le offerte provengono da ciò che essi hanno sottratto ai miseri, ai poveri e ai salariati[267]. Il loro atto di culto, perciò è simile all'uccisione del figlio davanti al padre o, andando più in profondità, all'immolazione di una persona davanti a Dio che ha il ruolo di padre nei confronti degli uomini. Non si tratta di un atto di culto paragonabile a ciò che stava per compiere Abramo (Gen^H 22,1-19). Il patriarca stava compiendo un atto di culto in totale obbedienza a Dio[268], i senza-Legge e gli empi compiono un atto di culto in dispregio della sovranità di Dio sulla vita degli uomini. Anche Chiel di Betel, calpestando la sovranità di Dio sulla vita umana, ha sacrificato il suo primogenito Abiram e l'ultimogenito Segub nella fondazione di Gerico (1Re^H 16,34)[269]. Lo stesso fece il re di Moab con il suo primogenito per liberarsi dagli Israeliti (2Re^H 3,27)[270]. L'atto di culto dei senza-Legge e degli empi, infatti, non è solo un'immolazione di un figlio davanti al proprio padre, ma equivale anche a un omicidio perché con la loro ingiustizia (sottrazione dei beni ai poveri e della paga al salariato) pongono in atto la causa della loro morte. I poveri, i miseri e i salariati

---

[266] Il richiamo verbale va anche oltre il trattato sulle offerte (Gc 5,4: εἰσεληλύθασιν / Sir^Gr 35,21: διῆλθεν).

[267] Nel רִיב di Is^H 3,12-15, definita da Kaiser "una unità redazionale" (KAISER, *Isaia*, 105) e, quindi, postesilica, Dio accusa gli anziani e i capi del popolo di avere in casa i beni sottratti al povero (H : הֶעָנִי / Gr : πτωχός).

[268] Il vero atto di culto è l'obbedienza a Dio (cfr 1Sam^LXX 15,22). Il gesto esterno, come l'uccisione dell'animale e la sua offerta, ha valore sostitutivo (cfr Gen^LXX 22,13).

[269] Giosuè aveva fatto giurare di non ricostruire Gerico. Al giuramento segue la maledizione: se qualcuno lo farà, lo farà gettando le fondamenta sul primogenito e costruendo le porte sul figlio minore (Gs^H 6,26). Sullo stesso tema si veda il fr. 22 col. II dei salmi di Giosuè, ovvero 4Q379 (WACHOLDER - ABEGG, 187-189; GARCÍA MARTÍNEZ, 465).

[270] La Legge prevede che i figli degli ebrei non siano passati a Moloch e non venga così profanato il nome del Signore (Lv^LXX 18,21).

vivono quotidianamente di ciò che loro possono acquisire. La sottrazione di questo misero e minimo sostentamento significa condannarli alla morte. Ciò che il testo condanna (sottrazione del salario al salariato), purtroppo, era una pessima consuetudine segnalata più volte nella storia del popolo ebraico tanto da diventare un *topos* dell'ingiustizia sociale, nata dalla inaccettabile incoerenza tra fede in Dio e comportamento morale. Il testo del Siracide, tuttavia, non arriva a proporre atteggiamenti che, preferendo la misericordia verso i più poveri, escludano gli atti di culto (cfr Os$^H$ 6,6), ma – come si vedrà nella seconda strofa del "Trattato sulle offerte" (Sir$^{Gr}$ 35,1-7) – è fautore di una vita attenta alle necessità dei bisognosi e obbediente alla Legge, comprese le prescrizioni cultuali.

Prima, però, di addentrarsi nella misurata esposizione del pensiero che illustra il profondo equilibrio tra attenzione ai più bisognosi, rispetto della Legge e adempimento del culto, il testo accenna a un'argomentazione di tipo giuridico-morale sul comportamento cultuale dei senza-Legge e degli empi.

### ▪ 4. La riflessione giuridico-morale di Sir$^{Gr}$ 34,28-31

Il testo di Sir$^{Gr}$ 34,28-31 è, forse, il brano stilisticamente più elaborato del trattato sulle offerte, ma anche il più scorrevole sotto il profilo del contenuto. La caratteristica stilistica più rilevante di questa riflessione giuridico-morale è il procedimento anaforico. Il testo presenta, prima, dei brevissimi medaglioni in cui due azioni si elidono reciprocamente (Sir$^{Gr}$ 34,28a.29a.30a.31ab) e, poi, le domande che ne derivano secondo la logica dell'agire sensato (Sir$^{Gr}$ 34,28b.29b.30b.31c-d). In questo modo il testo pone il lettore, colpito dall'esempio delle azioni che si elidono reciprocamente, nella condizione di esprimere le sue scelte operative e comportamentali. L'analisi, dopo una brevissima indagine sull'anafora, presterà attenzione ai brevi medaglioni delle azioni antitetiche e, successivamente, alle domande che inducono a un giudizio operativo.

## a. L'anafora presente in Sir$^{Gr}$ 34,28-31

Secondo Lausberg, l'anafora "consiste nella ripetizione di una parte della frase all'inizio di successivi gruppi di parole"[271], mentre per Ellero "consiste nella ripetizione di uno stesso elemento (di varia estensione) all'inizio di più unità sintattiche successive (secondo lo schema «/x..../x....»)"[272]. Mortara Garavelli preferisce, invece, definirla come "ripresa in forma di ripetizione di una o più parole all'inizio di enunciati, o di loro segmenti, successivi (configurazione: /x..../x....)"[273]. Si tratta, dunque, di una figura retorica dove l'equivalenza di posizione di certi elementi si realizza come ripetizione parallelistica[274]. Il parallelismo degli elementi è un importante fattore di memorabilità e ogni elemento dell'anafora, perciò, può rinviare e richiamare alla memoria tutti gli altri[275]. La ripetizione, inoltre, presenta i dati in modo che questi agiscano con più efficacia nella sensibilità del lettore[276].

I fenomeni della ripetizione, infatti, sono in genere fondati sul principio della sinonimia semantica e della contiguità[277], violano il principio dell'economia del linguaggio[278] e implicano quanto meno la tolleranza di zone del discorso in cui il flusso d'informazione non è progressivo. C'è, inoltre, da osservare che l'anafora e il *climax* come progressione semantica "si trovano spesso conglobate"[279]. Il *climax* o *gradatio*, a sua volta, si può definire come "una serie di membri disposti in modo da dare l'idea di una intensificazione di senso"[280].

---

[271] LAUSBERG, 143 (per l'insieme delle *figurae per adiectionem*, 130-170).

[272] ELLERO, 279.

[273] MORTARA GARAVELLI, 201.

[274] RUWET, 802.

[275] MORTARA GARAVELLI, 266.

[276] PERELMAN – OLBRECHT-TYTECA, 152.

[277] JAKOBSON, 192.

[278] FÉDÉRIC, 237.

[279] MORTARA GARAVELLI, 201. Il nome *climax* viene normalmente adoperato in italiano al maschile. Nel purismo degli studi di retorica viene usato al femminile, la *climax*, secondo il genere della lingua greca (cfr Idem, 197).

[280] ELLERO, 274; LAUSBERG, 140. A livello di retorica classica il *climax* o *gradatio* consiste

Leggendo Sir$^{Gr}$ 34,28-31 alla luce di queste brevissime nozioni sull'anafora e sul *climax* appare come un testo coeso e sufficientemente coerente. La struttura del brano può aiutare a riconoscere meglio gli elementi retorici:

| Sir$^{Gr}$ 34,28a | a | | : εἷς + verbo + καὶ εἷς + verbo |
| Sir$^{Gr}$ 34,28b | b | | : τί (ὠφέλησαν) |
| Sir$^{Gr}$ 34,29a | a' | | : εἷς + verbo + καὶ εἷς + verbo |
| Sir$^{Gr}$ 34,29b | b' | | : τίνος + {εἰσακούσεται} |
| Sir$^{Gr}$ 34,30a | | c | : azione di purificazione dal pecc. + καὶ πάλιν + azione del peccato |
| Sir$^{Gr}$ 34,30b | b'' | | : τί (ὠφέλησεν) |
| Sir 34,31ab | | c' | : azione di purificazione dal pecc. + καὶ πάλιν + azione del peccato |
| Sir$^{Gr}$ 34,31c | b''' | | : τίς + {εἰσακούσεται} |
| Sir$^{Gr}$ 34,31d | b'''' | | : τί (ὠφέλησεν) |

Come si può notare, esiste un'anafora maggiore che percorre tutto il brano ed è data dalla ripetizione del pronome interrogativo "τί / τίς" nei segmenti [b - b' - b'' - b''' - b'''']$^{281}$. Esistono, poi, due anafore minori. Nella prima unità, Sir$^{Gr}$ 34,28-29, l'anafora è data dalla ripetizione alternata tra l'espressione fissa "εἷς + verbo + καὶ εἷς + verbo"$^{282}$ [a - a'] e il pronome interrogativo "τί / τίς". Nella seconda unità, Sir$^{Gr}$ 34,30-31, l'anafora consiste nella ripetizione alternata tra l'espressione fissa "azione di purificazione dal pecc. + καὶ πάλιν + azione del peccato" [c -c'] e, ancora una volta, il pronome interrogativo "τί / τίς".

---

"nella continuazione progressiva dell'anadiplosi" (Ellero, 140; Lausberg, 138.143.

[281] In Sir$^{Gr}$ 34,30c il pronome interrogativo non si trova all'inizio dello stico (variazione).

[282] Questa è l'unica anafora riconosciuta da Peters, 285.

Lungo tutto il brano si trova un *climax* collocato sul doppio binario delle azioni opposte e rappresentato dai participi che, progressivamente e in modo rastremato, portano l'attenzione del lettore sia verso la valutazione d'inconsistenza di certe azioni sia verso le domande che procedono secondo un ritmo parallelistico.

| | | | |
|---|---|---|---|
| - οἰκοδομῶν | - καθαιρῶν | a | - τί ὠφέλησαν |
| - εὐχόμενος | - καταρώμενος | b | - τίνος φωνῆς εἰσακούσεται |
| - βαπτιζόμενος | - (πάλιν) ἁπτόμενος | a | - τί ὠφέλησεν |
| - νηστεύων | - (πάλιν) πορευόμενος καὶ τὰ αὐτὰ ποιῶν | b | - τίς εἰσακούσεται |
| | | a | - τί ὠφέλησεν |

Diversamente da altri brani, Sir[Gr] 34,28-31 è stato custodito dalle traduzioni in modo sufficientemente uniforme, a testimonianza, forse, di una Vorlage comune[283]. Per quanto riguarda la stilistica dell'anafora, il testo Syr segue la stessa linea del Gr. Migliore è stata la cura del Lat. Gli stichi delle domande, infatti, sono riprodotti con una cadenza parallelistica che rispetta le due unità identificate nell'analisi della struttura del testo Gr (Sir[Gr] 34,28-29.30-31), collo-

---

[283] Il legame tra Lat e Gr è molto stretto. Si trova addirittura un'equivalenza *ad litteram* con il Gr in Sir[Lat] 34,28-29. Leggermente più libera la traduzione di Sir[Lat] 34,30-31 con l'inversione degli ultimi due stichi rispetto al Gr (Sir[Gr] 34,31cd // Sir[Lat] 34,31dc): i participi greci di Sir[Gr] 34,30 sono resi con tempi finiti in Lat e Sir[Lat] 34,31b non ha il πορευόμενος del Gr. Inoltre il Gr εἰσακούσεται (Sir[Gr] 34,29b.31c) viene reso in Lat con *exaudiet* (Sir[Lat] 34,29b.31d). Diverso è il caso del Syr. che ha alcune varianti in più del Lat rispetto al Gr. Diversamente dal Gr che in Sir[Gr] 34,31cd ha due domande, il Syr ne ha costruita una su due stichi. Per quanto riguarda altri elementi di variazione, si può notare che Sir[Syr] 34,28a.30a.31a adopera tempi finiti, mentre ritorna ai participi in Sir[Syr] 34,29a. Infine, in Sir[Syr] 34,28b sottintende il verbo presente in Gr (ὠφέλησαν) e in Sir[Syr] 34,29 esplicita il pronome (ــܘܢ "loro due") che in Gr non c'è.

cando nella prima parte [a / a' / a''] la domanda sull'utilità e nella seconda [b / b'] la domanda sull'ascolto[284].

La figura stilistica di Sir[Gr] 34,28-31 suggerisce di compiere una ricerca, procedendo all'analisi delle coppie antitetiche di verbi e successivamente delle domande.

### b. L'antitesi οἰκοδομῶν - καθαιρῶν (Sir[Gr] 34,28a)

Questa coppia antitetica presenta alcuni problemi da risolvere: il valore del soggetto numerale εἷς, il valore della coppia antitetica οἰκοδομῶν - καθαιρῶν e la sua interpretazione alla luce di Sir[Gr] 34,27-31.

### §1. *Il valore del soggetto numerale* εἷς

Il soggetto dei due verbi in antitesi è dato dal numerale εἷς[285]. Esaminando i casi in cui il pronome numerale εἷς viene duplicato perché reciprocamente correlato (Sir[Gr] 33,15; 34,28.29; 42,24.25), emergono due modi con cui il Siracide lo adopera. Un primo modo riguarda la realtà del creato in cui Dio ha posto le sue creature a due a due, ἓν κατέναντι τοῦ ἑνός, "una di fronte all'altra" (Sir[Gr] 42,24)[286] perché, ἓν τοῦ ἑνὸς ἐστερέωσεν τὰ ἀγαθά, "una conferma i meriti dell'altra" (Sir[Gr] 42,25). Un secondo modo riguarda l'opposizione fra due persone che si comportano in modo antitetico. Si

---

[284] La struttura delle domande nel testo Lat risulta con questa fisionomia:

| Sir[Lat] 34,28b | quid prodest illis nisi labor | a |
| Sir[Lat] 34,29b | cuius vocem exaudiet Deus | | b |

| Sir[Lat] 34,30b | quid proficit lavatione illius | a' |
| Sir[Lat] 34,31c | quid proficit humiliando se | a'' |
| Sir[Lat] 34,31d | orationem illius quis exaudiet | | b' |

[285] Il numerale εἷς ricorre nel Siracide 22x. Sette di queste hanno l'equivalente nel pronome numerale ebraico אֶחָד (Sir[H] 5,10; 6,6; 7,8; 16,3.4; 16,11; 32,1), mentre cinque, nel pronome dimostrativo זֶה (Sir[H] 42,24².25²; 46,4). Il significato fondamentale è *uno*, ma può essere adoperato anche in senso indefinito *un certo, tal uno, qualcuno*. Chantraine annota che "on a peu à peu et en grec tardif l'emploie de εἷς comme indéfini" (Chantraine, vol. I, 326).

[286] L'espressione si trova anche in Sir[Gr] 33,15.

tratta del brano in esame, Sir[Gr] 34,28.29. In questo caso si può rendere in italiano con "uno…e un altro"[287]. In un caso, 2Sam[LXX] 12,1, εἷς si trova nell'opposizione "ricco – povero":

καὶ ἀπέστειλεν κύριος τὸν Ναθαν τὸν προφήτην πρὸς Δαυιδ
καὶ εἰσῆλθεν πρὸς αὐτὸν καὶ εἶπεν αὐτῷ
δύο ἦσαν ἄνδρες ἐν πόλει μιᾷ εἷς πλούσιος καὶ εἷς πένης[288].

Come nel pensiero del Siracide anche nel racconto di Natan il ricco risulta essere un ladro che sottrae l'unica pecorella del povero. La condanna di Davide verso il pastore ricco fu senza appello: "Per la vita del Signore, chi ha fatto questo merita la morte. Pagherà quattro volte il valore della pecora, per aver fatto una tal cosa e non aver avuto pietà". Non si rendeva conto che stava condannando se stesso. Il lettore attento di Sir[Gr] 34,21-27 e di Sir[Gr] 34,28-31, potrebbe con una certa facilità legare il pensiero del Siracide alla tematica presente in 1Sam[LXX] 12,1(-8) e sottintendere la condanna pronunciata da Davide come condanna applicabile ai senza-Legge e agli empi.

---

[287] Il Siracide non conosce la coppia εἷς – ἕτερος, "uno – altro", diversamente dai libri dei LXX che alcune volte l'adoperano (cfr Es[LXX] 26,17.28; 1Cr[LXX] 3,11.12; Est[LXX] 5,1; Is[LXX] 34,16; Ger[LXX] 24,2; Zc[LXX] 11,7; Dn[LXX] 8,3; 12,13.19 [= Sus[LXX] 1,13.19]). I libri dei LXX, però, nella grande maggioranza dei casi adoperano, nelle opposizioni, la costruzione presente anche nel Siracide Gr: εἷς + εἷς. Da un breve sondaggio risulta che la costruzione εἷς + εἷς viene adoperata nei libri dei LXX sia per indicare in genere misure o elenchi, con o senza comparazioni, (cfr Gen[LXX] 8,13; 11,1.6; Es[LXX] 26,2.4.8.16².19.21.25.26; 29,23; 37,2; 38,7²; Lv[LXX] 4,27; 5,7; 8,26²; 12,8; 14,21; Nm[LXX] 1,44; 6.11.14².19; 7,13.15².21².25.27².31.33².37.39².43.45².49. 51². 55.57².61.63².67. 69².73.75².79.81².85; 15,11².16.27; 28,12.14².20.28; 29,2.3.8.9.14.36; Gs[LXX] 17,14 [codici A, B]; 1Sam[LXX] 6,17²; 10,3; 2Sam[LXX] 2,25; 17,9; 1Re[LXX] 3,17; 6,25; 7,23.24; 2Re[LXX] 4,22; 6,2; 1Cr[LXX] 24,6³; 2Cr[LXX] 5,13; 9,15; 18,12; Gb[LXX] 41,8; Qo[LXX] 3,19 [?]; 7,27; Ct[LXX] 4,9; 6,9; Is[LXX] 27,12; Ez[LXX] 10,9; 10,21; 37,22; 40,10[?]; 48,31².32². 33².34²; Dn[LXX] 4,17; Ml[LXX] 2,10). Ci sono alcuni brani, però, dove nella costruzione εἷς + εἷς c'è opposizione, pure con gradi diversi (cfr Es[LXX] 17,12; 25,29; Lv[LXX] 14,22.31; 15,15.30; 16,8; Nm[LXX] 6,11; 8,12; Dt[LXX] 21,15; Gdc[LXX] 16,29 [codici A e B]; 20,31 [codici A e B]; 1Sam[LXX] 13,18[?]; 1Re[LXX] 12,29; 22,13; 2Re[LXX] 2,16; 2Cr[LXX] 3,17; Est[LXX] 10,9; Is[LXX] 6,2; Ez[LXX] 1,6; 40,26.44.49; 41,11; Dn[LXX] 7,3; 12,5; Am[LXX] 4,7; Zc[LXX] 4,3; 14,9; 1Mac 13,28).

[288] "E il Signore mandò Natan, il profeta, da Davide ed egli andò da lui e gli disse: Due uomini vivevano nella stessa città: uno era ricco e uno povero".

### §2. *Il valore della coppia antitetica* οἰκοδομῶν - καθαιρῶν

La coppia antitetica οἰκοδομέω[289] - καθαιρέω[290], invece, non è molto frequente nei libri dei LXX[291]. Nella letteratura profetica è Dio ad annunciare la costruzione di ciò che è stato distrutto (Is^LXX 49,17; Ez^LXX 36,36) o a promettere di costruire e di non distruggere (Ger^LXX 24,6; 49,10; 51,34). Solo in 1Mac 9,62 Gionata e Simone costruiscono Bet-Basi che era stata distrutta[292]. Nell'uso della coppia antitetica οἰκοδομέω - καθαιρέω il Siracide si colloca nella stessa tradizione dei libri dei LXX. Si potrebbe pensare

---

[289] Per quanto riguarda il verbo οἰκοδομέω viene usato nei libri LXX poco più di 460x e traduce solo tre verbi, בָּנָה, כּוּן, e עָשָׂה, ma non traduce mai חָסַם. Nel Siracide il verbo οἰκοδομέω compare solo 5x (Sir^Gr 21,8; 34,28; 48,17; 49,7.12) e traduce בָּנָה (Sir^H 49,7) e il rarissimo חָסַם (Sir^H 48,17). Nel Siracide viene generalmente usato per indicare una costruzione edile (una casa: Sir^Gr 21,8; delle cisterne: Sir^Gr 48,17; il tempio: Sir^Gr 49,12), mentre in un caso, Sir^Gr 49,7, che è citazione di Ger^LXX 1,10, viene adoperato in modo figurato per illustrare la missione del profeta Geremia. Mentre Sir^Gr 49,7 scrive: ἐκριζοῦν καὶ κακοῦν καὶ ἀπολλύειν ὡσαύτως οἰκοδομεῖν καὶ καταφυτεύειν, "Estirpare, distruggere, mandare in rovina, come anche per costruire e piantare", Ger^LXX 1,10 ha: ἐκριζοῦν καὶ κατασκάπτειν καὶ ἀπολλύειν καὶ ἀνοικοδομεῖν καὶ καταφυτεύειν, "estirpare, demolire, mandare in rovina, costruire e piantare". Nel Siracide κακοῦν prende il posto di κατασκάπτειν. Il verbo significa *costruire, edificare*, sia in senso edile sia in senso figurato (cfr CHANTRAINE, vol. II, 781-782; BICKERMANN, *Studies*, 56 n. 63; LEE, 51; MICHEL, οἰκοδομέω, coll. 385-389).

[290] Il verbo καθαιρέω si trova nel Siracide solo 3x (Sir^Gr 10,14; 28,14; 34,28). Dio abbatte il trono dei potenti (Sir^Gr 11,14) e una lingua malèdica demolisce le città forti (Sir^Gr 28,14). Solo in un caso si può confrontare con il testo H, dove traduce il verbo הָפַךְ (Sir^H 10,14), che significa, però, *girare, curvare in basso, rimuovere qualcuno dal proprio posto* e, solo, in secondo luogo *abbattere, rovesciare*, ecc. Nei LXX viene usato circa 90x e traduce ben undici verbi, dei quali i più importanti sono נָתַץ (18x), che significa *distruggere* o *demolire*, e יָרַד (10x), che significa *scendere* e all'*hifil portare in basso* e demolire. Nei libri dei LXX non traduce mai il verbo הָפַךְ. Il verbo καθαιρέω, significa fondamentalmente *discendere, abbattere, impadronirsi di qualche cosa*. (LE BOULLUEC - SANDEVOIR, 240; WEVERS, 372.439; SCHNEIDER, καθαιρέω, coll. 1249-1254).

[291] Si trova, oltre che in Sir^Gr 34,28a, solamente in Is^LXX 49,17; Ger^LXX 24,6; 49,10; 51,34; Ez^LXX 36,36; 1Mac 9,62.

[292] Anche l'uso inverso καθαιρέω - οἰκοδομέω non è frequente: Sal^LXX 27,5; Qo^LXX 3,3; Ger^LXX 38,28; Ez^LXX 26,8; 1Mac 6,7. In questo brano la letteratura profetica e salmica indicano Dio come protagonista della distruzione e della ricostruzione o non-ricostruzione, mentre in 1Mac 6,7 gli ebrei distruggono ciò che Antioco aveva costruito (= l'abominazione).

anche che Sir$^{Gr}$ 34,28a richiami Qo$^{LXX}$ 3,3b (καιρὸς τοῦ καθελεῖν καὶ καιρὸς τοῦ οἰκοδομῆσαι, "un tempo per demolire e un tempo per costruire"). Bisogna tuttavia notare un elemento importante che distanzia il nostro stico da quello del Qohelet. Pur essendoci l'identità di vocabolario (Qo$^{LXX}$: καθελεῖν [inf. aor.] / οἰκοδομῆσαι [inf. aor.] ; Sir$^{Gr}$: οἰκοδομῶν [part. pres.] / καθαιρῶν [part. pres.], il concetto è molto diverso: in Qo$^{LXX}$ ciò che è importante è il fattore "tempo", in Sir$^{Gr}$ è importante il fattore "agente", chi costruisce e chi demolisce.

§3. *Sir$^{Gr}$ 34,28a e la sua interpretazione alla luce di Sir$^{Gr}$ 34,28-31*
Ciò che crea difficoltà in Sir$^{Gr}$ 34,28a, testo apparentemente facile, è l'attribuzione del soggetto dei verbi. Gli autori esprimono fondamentalmente due opinioni, ma sarà necessario formularne una terza.

i) La prima opinione
La prima opinione, proposta da Lesètre, Edersheim, Fillion, Knabenbauer, Smend, Peters, Girotti, Schilling, Duesberg - Auvray, ecc., dice che il ricco, con il suo apparente religioso perbenismo orante (Sir$^{Gr}$ 34,29a), "costruisce" (non si sa, però, che cosa) e il povero, con la sua orazione di maledizione (Sir$^{Gr}$ 34,29a), "distrugge". In questa ipotesi di lettura c'è qualche cosa che non funziona a causa della distonia con l'uso che il Siracide fa del verbo οἰκοδομέω. Tralasciando l'uso del verbo in Sir$^{Gr}$ 49,7 perché è una citazione di Ger$^{LXX}$ 1,10, nelle altre ricorrenze il Siracide adopera il verbo per indicare una costruzione concreta (casa, cisterne, tempio). Diventa qualche cosa d'inusuale attribuire a οἰκοδομέω in Sir$^{Gr}$ 34,28a un uso non concreto, ma simbolico-spirituale per una azione del ricco. Tale azione sarebbe l'offerta cultuale compiuta con beni rapiti ai poveri. Questa azione viene bollata come peccaminosa fin dall'inizio del "Trattato sulle offerte". È lecito chiamare tale azione un "costruire"? C'è anche di più. Alla luce di Sir$^{Gr}$ 21,8 (ὁ οἰκοδομῶν τὴν οἰκίαν αὐτοῦ ἐν χρήμασιν ἀλλοτρίοις ὡς συνάγων αὐτοῦ τοὺς λίθους εἰς χειμῶνα, "Chi costruisce la propria casa con beni altrui [è] come chi raccoglie per sé pietre per l'inverno"), poiché il soggetto logico è lo

stesso (colui che sottrae i beni agli altri per il proprio tornaconto), sembrerebbe che il verbo οἰκοδομέω faccia parte delle azioni di una persona ricca e disonesta. Questo uso del verbo οἰκοδομέω, dovrebbe avere una corrispondenza nel verbo antitetico καθαιρέω. Per parallelismo antitetico καθαιρέω dovrebbe essere un verbo associato al povero. Tale uso non esiste nel Siracide e neppure nei libri dei LXX. Queste brevi considerazioni dovrebbero suggerire l'abbandono dell'ipotesi che vede il ricco "costruire" e il povero "distruggere".

### ii) La seconda opinione

Una seconda opinione, seguita da un'esigua minoranza i cui nomi di spicco sono Skehan – Di Lella e Pereira, affermano che in Sir^Gr 34,28a chi "costruisce" è il povero con il suo lavoro. Il ricco, rubando il salario al povero, svolge il ruolo di chi "distrugge". Questa seconda opinione deve, però, immediatamente invertire la lettura in Sir^Gr 34,29a: chi prega è il ricco e chi nella preghiera maledice è il povero. Questa seconda ipotesi di lettura ha qualche cosa di strano perché creerebbe un chiasmo semantico tra Sir^Gr 34,28a e Sir^Gr 34,29a, in contraddizione con la struttura letteraria rinvenuta (parallelismo sinonimico non chiasmatico). In altre parole, delle quattro azioni enumerate (costruire – abbattere, pregare – maledire), sarebbero attribuite al ricco la seconda e la terza (abbattere e pregare) e al povero la prima e l'ultima (costruire e maledire), senza nessun indizio letterario e forzando le indicazioni rinvenute nell'esame della struttura. A causa di questo dato, sarebbe più opportuno lasciar cadere anche questa ipotesi.

### iii) Costruzione di una terza ipotesi dilettura

Non resta che tentare di costruire una terza ipotesi di lettura. Riflettendo sulla struttura del testo, si nota che il "Trattato sulle offerte" presenta l'enunciazione di tre principi teologici (Sir^Gr 34,21-23; 35,5; 35,16-20). Attorno a questi, poi, ruotano le riflessioni sia di tipo sapienziale sia di tipo giuridico-morale. Si può benissimo dedurre che questo criterio generale, che regge il "Trattato", regga il procedimento argomentativo delle singole parti del testo. Vediamo in dettaglio. È stato visto come la struttura indichi in Sir^Gr 34,28-31 due unità parallele, ma distinte: Sir^Gr 34,28-29.30-31. In ogni unità si trova l'esempio normativo, dimostrato come non contestabile, e la sua applicazione per analogia. L'esempio normativo è impersonale. L'applicazione per analogia è il caso concreto che il Siracide ha davanti agli occhi. In Sir^Gr 34,28 si trova l'esempio normativo, dedotto dall'esperienza; in Sir^Gr 34,29, la sua applicazione. In Sir^Gr 34,30 si trova un secondo esempio normativo, dedotto dal testo di Nm^LXX 19,11-12.17-19; in Sir^Gr 34,31, la sua applicazione. L'esempio normativo tratto dall'esperienza (Sir^Gr 34,28) dice con chiarezza che due azioni opposte non producono nessun profitto. Allo stesso modo – applicazione per analogia – la preghiera (di richiesta di perdono?) del senza-Legge (e empio?) e la maledizione orante del povero (Sir^Gr 34,29) non producono nessun profitto. Il quadro successivo dice fondamentalmente la stessa cosa. Ciò che vale come norma per due azioni opposte compiute da due persone diverse (Sir^Gr 34,28), vale anche come norma per due azioni opposte compiute dalla stessa persona (Sir^Gr 34,30). Si ha così l'esempio normativo, tratto dalla Legge, che manifesta inutile la purificazione dal contatto con un cadavere quando il purificato torna a compiere lo stesso gesto d'impurità (Sir^Gr 34,30). Allo stesso modo, il digiuno per il perdono dei peccati diventa inutile quando il digiunante torna immediatamente a peccare (Sir^Gr 34,30). Questa ipotesi di lettura eviterebbe di cadere nelle incongruenze filologiche della prima ipotesi ed eviterebbe anche le contraddizioni circa la struttura, tipiche della seconda ipotesi.

Una traduzione di Sir^Gr 34,28a che volesse contemporaneamente rispettare sia il valore dei participi sia del pronome numerale, potrebbe essere la seguente: "(C'è) uno che edifica e un altro che abbatte".

c. L'antitesi εὐχόμενος – καταρώμενος (Sir^Gr 34,29a)

I verbi εὐχόμενος – καταρώμενος usati come coppia contigua e antitetica non si trovano mai nei libri dei LXX, ma solo in Sir^Gr

34,29a[293]. Il Siracide pone in antitesi due verbi di preghiera[294] e questo – come si vedrà – incide sul significato della coppia di verbi.

Il verbo εὔχομαι[295] compare nel Siracide solo 3x, Sir[Gr] 18,23; 34,29; 38,9[296], e nell'unico caso in cui esiste l'originale ebraico traduce il verbo פָּלַל (Sir[H] 38,9)[297]. Il significato fondamentale è *pregare*[298], anche per Sir[Gr] 34,29. Ciò è suggerito dall'uso assoluto del verbo e dal contesto cultico del brano. Il verbo καταράομαι[299], a sua volta, viene adoperato dal Siracide 8x (Sir[Gr] 3,16; 4,5.6; 21,27; 23,14; 28,13; 33,12; 34,29), nella parte del libro antecedente al nostro brano e mai in quella successiva. Nei tre casi in cui c'è il testo ebraico, traduce il verbo קָלַל (Sir[H] 3,16; 4,5.6)[300]. Il significato fon-

---

[293] Nei libri dei LXX il verbo καταράομαι ha il suo opposto nel verbo εὐλογέω (Sal[LXX] 61,5; 108,28; Bar 6,65). Lo stesso succede nel Nuovo Testamento (Lc 6,28; Rm 12,14; Gc 3,9).

[294] Se è facile cogliere il valore di preghiera in εὔχομαι è più difficile coglierlo in ἀρά, vocabolo che significa *preghiera* (CHANTRAINE, vol. I, 10) e da cui deriva καταράομαι.

[295] Cfr GILBERT, *Prayer*, 117-135; BERNINI, 321-446; si vedano anche i lavori di ENERMALM-OGAWA, *Un langage de prière juif en grec*; CIMOSA, *La Preghiera*; CALDUCH-BENAGES - PAHK, *La preghiera dei saggi*; REIF, "Prayer in early Judaism", 439-464. Per la dimensione filologica si vedano HARLÉ - PRALON, 109.187.211; SPICQ, *Note*, vol. II, 717-726.

[296] In Sir[Gr] 18,23, infatti, il testo consiglia di prepararsi prima di fare un voto (πρὶν εὔξασθαι ἑτοίμασον σεαυτόν) per non comportarsi poi come un uomo che tenta il Signore. In Sir[Gr] 38,9, invece, intende solo consigliare di non avvilirsi nella malattia, bensì di pregare (ἐν ἀρρωστήματί σου μὴ παράβλεπε ἀλλ' εὖξαι κυρίῳ) perché il Signore farà guarire.

[297] Nel Siracide non compare mai il più comune προσεύχομαι (nei libri dei LXX circa 115x), ma viene usato il nome προσευχή (nel Siracide 9x: Sir[Gr] 3,5; 7,10.14; 34,31; 35,21; 39,5.6; 50,19; 51,13). Nei libri LXX, invece, il verbo εὔχομαι, che compare circa 80x, traduce dieci verbi e un nome. Le traduzioni più frequenti riguardano i verbi נָדַר (28x, soprattutto in Gen, Nm e Dt), עָתַר (9x, soprattutto in Es e Gb) e פָּלַל (6x, in Nm[LXX] 11,2; 21,9; Dt[LXX] 9,20.26; Gb[LXX] 42,8.10).

[298] Gli altri significati sono *chiedere, promettere, fare voto* (cfr GREEVEN - HERRMANN, coll. 1209-1294; in modo particolare coll. 1234-1283).

[299] HARLÉ - PRALON, 195; HELBING, 71; BÜCHSEL, ἀρά, coll. 1197-1206. Nei libri LXX compare poco più di 60x e traduce sei verbi ebraici, il più frequente dei quali è il verbo קָלַל (38x).

[300] Per il Siracide Dio può maledire l'uomo: è il caso di chi insulta la madre (Sir[Gr] 3,16) e di coloro che il Signore ha umiliato e scacciato dalle loro alte posizioni sociali (Sir[Gr] 33,12). Anche l'uomo può maledire: maledice il giorno della nascita (Sir[Gr] 23,14),

damentale di καταράομαι è *maledire*. Se si considera che tale maledizione è oggetto di ascolto da parte di Dio (Sir[Gr] 34,29b; cfr Sir[Gr] 35,16b), si comprende come nel verbo καταράομαι il Siracide abbia scelto il valore orante della maledizione. Si tratta di una maledizione pronunciata come preghiera a Dio. Per questo motivo in Sir[Gr] 34,29a si potrebbe esplicitare questa sfumatura di significato con l'espressione *colui che (nella preghiera) maledice*. Alla luce delle analisi fatte, e del parallelismo con Sir[Gr] 34,18a, Sir[Gr] 34,29a potrebbe essere reso in questo modo:

> (C'è) uno che prega e un altro che (nella preghiera) maledice.

Quanto il testo esprime sinteticamente in questo stico, in modo più ampio si trova in Sir[Gr] 4,6: la maledizione del bisognoso, nata dall'esperienza amara del rifiuto di chi lo poteva aiutare, viene ascoltata ed esaudita dal Creatore.

### d. L'antitesi βαπτιζόμενος – (πάλιν) ἁπτόμενος

Nella seconda parte (Sir[Gr] 34,30-31) della riflessione giuridico-morale si trovano due azioni (Sir[Gr] 34,30a) che semanticamente non sono antitetiche in sé, ma lo sono dentro alla logica della religione ebraica.

§1. *L'espressione βαπτιζόμενος ἀπὸ νεκροῦ*

L'espressione βαπτιζόμενος ἀπὸ νεκροῦ non si trova mai nei libri dei LXX e compare solo nel Siracide. Il verbo βαπτίζω[301], poi, è un *hapax auctoris* (Sir[Gr] 34,30) e nei libri LXX compare solo altre 3x (2Re[LXX] 5,14; Is[LXX] 21,4; Gdt 12,7)[302]. Purtroppo non c'è per

---

il delatore e l'uomo dalla lingua doppia (Sir[Gr] 28,13). L'empio maledice l'avversario (Sir[Gr] 21,27), ma – secondo il Siracide – è come se maledicesse se stesso. In Sir[Gr] 4,5 l'indigente maledice colui che distoglie lo sguardo dalla sua richiesta. Tale maledizione, fatta nell'amarezza, viene esaudita dal Creatore (Sir[Gr] 4,6).

[301] DELLING, *Studien*, 243-245; OEPKE, βάπτω, coll. 41-84.

[302] In 2Re[LXX] 5,14 per indicare il settuplice lavacro di Naaman nel Giordano (καὶ ἐβαπτίσατο ἐν τῷ Ιορδάνῃ ἑπτάκι, "E si lavò nel Giordano sette volte"); in Is[LXX] 21,4

il Siracide nessun equivalente ebraico, a causa del testo H mancante. Nei libri dei LXX βαπτίζω traduce solo il verbo טָבַל, vocabolo al quale sono estranei i significati di *affogare, andare a fondo, affondare* che, di conseguenza, non passano a βαπτίζω nei libri dei LXX[303]. Resta il significato fondamentale di *immergere*[304] e i traslati *sprofondare, sopraffare*. Nei LXX βαπτίζω prende la sfumatura di *lavarsi, fare il bagno*, sebbene questo significato nel greco extra-biblico sia molto raro[305]. Il termine νεκρός, a sua volta, viene usato dal Siracide 11x (Sir[Gr] 7,33; 8,7; 17,28; 22,11².12; 27,18; 34,29; 38,16.23; 48,5), mai come aggettivo, ma sempre come sostantivo e non ha mai senso traslato. Traduce sia מוּת (Sir[Gr] 7,33; 38,16.23[marg]) sia נָוַע (Sir[Gr] 8,7; 48,5). Il significato viene dato dal testo stesso in Sir[Gr] 17,28: μηδὲ ὄντος, *"uno che non è più"*. Il significato, dunque, è *morto, defunto*[306]. Nei libri dei LXX compare poco più di 80x e normalmente traduce מוּת (31x), di solito nella forma participiale מֵת. Non traduce mai נָוַע. L'espressione βαπτιζόμενος ἀπὸ νεκροῦ è sintetica e va ampliata, secondo quanto suggerisce il testo di Nm[LXX] 19,11 (ὁ ἁπτόμενος τοῦ τεθνηκότος, *"Colui che tocca chi è morto…"*). L'espressione, dunque, bisognerebbe leggerla più o meno come fosse scritta βαπτιζόμενος ἀπὸ (τοῦ ἅψασθαι) νεκροῦ, *"Chi si lava dopo (aver toccato) un morto"*. C'è, però qualche cosa di più. In Nm[LXX] 19,17-19 viene descritto il programma rituale della purificazione di un uomo che ha toccato il morto (o le ossa umane o il colpito a morte o la tomba). Il programma rituale si divide in due parti. Nella prima si asperge con l'acqua della purificazione la cenere della vittima bruciata per l'espiazione (Nm[LXX] 19,17). Nella seconda (Nm[LXX] 19,18-19), un uomo puro deve aspergere l'uomo impuro. Nella descrizione di questa seconda parte vengono adoperati sia il verbo βάπτω, sinonimo di βαπτίζω, sia il verbo λούω, con significato tecnico rituale. I riti

---

per indicare il peccato che sommerge il profeta (καὶ ἡ ἀνομία με βαπτίζει, *"E il peccato mi sopraffa"*); in Gdt 12,7 per indicare il lavacro notturno di Giuditta (καὶ ἐβαπτίζετο ἐν τῇ παρεμβολῇ ἐπὶ τῆς πηγῆς τοῦ ὕδατος, *"E si lavava presso la sorgente d'acqua [che c'era] nell'accampamento"*).

[303] Oepke, "βάπτω", coll. 60-61.

[304] Chantraine, vol. 1, 164. Oepke, βάπτω, col. 42.

[305] Oepke, "βάπτω", coll. 44-45.

[306] Bultmann R., νεκρός, in GLNT, vol.VII, Brescia, coll. 879-886 (spec. 879-881).

d'aspersione con l'acqua di purificazione fatti sull'uomo sono fondamentalmente due: uno al terzo giorno e uno al settimo. Il singolo rito comprende due momenti: l'immersione dell'issopo nell'acqua (βάπτω) e l'aspersione dell'impuro. Nel settimo giorno il rito viene arricchito da un terzo momento: il lavaggio dei vestiti[307] e il lavacro personale (λούσεται). C'è da notare che in Sir[Gr] 34,30 si riscontra la stessa sequenza verbale, leggermente variata nei suoi significanti, ma forse non nei suoi significati. All'inizio del breve medaglione presentato dal Siracide sulla purificazione dal contatto con un morto, c'è il verbo βαπτίζω, sinonimo di βάπτω, e alla fine, il nome λουτρόν[308], derivato da λούω:

| Nm[LXX] 19,18-19[309] | Sir[Gr] 34,30 |
|---|---|
| καὶ λήμψεται ὕσσωπον καὶ **βάψει** εἰς τὸ ὕδωρ ἀνὴρ καθαρὸς καὶ περιρρανεῖ ἐπὶ τὸν οἶκον καὶ ἐπὶ τὰ σκεύη καὶ ἐπὶ τὰς ψυχάς ὅσαι ἐὰν ὦσιν ἐκεῖ καὶ ἐπὶ τὸν ἡμμένον τοῦ ὀστέου τοῦ ἀνθρωπίνου ἢ τοῦ τραυματίου ἢ τοῦ τεθνηκότος ἢ τοῦ μνήματος καὶ περιρρανεῖ ὁ καθαρὸς ἐπὶ τὸν ἀκάθαρτον ἐν τῇ ἡμέρᾳ τῇ τρίτῃ καὶ ἐν τῇ ἡμέρᾳ τῇ ἑβδόμῃ καὶ ἀφαγνισθήσεται τῇ ἡμέρᾳ τῇ ἑβδόμῃ καὶ πλυνεῖ τὰ ἱμάτια αὐτοῦ καὶ **λούσεται** ὕδατι καὶ ἀκάθαρτος ἔσται ἕως ἑσπέρας | **βαπτιζόμενος** ἀπὸ νεκροῦ<br><br>καὶ πάλιν ἁπτόμενος αὐτοῦ<br><br>τί ὠφέλησεν<br><br>ἐν τῷ **λουτρῷ** αὐτοῦ |

---

[307] Il verbo πλύνω viene usato per il lavaggio delle stoffe e dei vestiti, mentre per lavare, strofinando, le mani e i piedi si adopera νίζω. Il verbo λούω, invece, si adopera per indicare lavarsi, fare il bagno (CHANTRAINE, vol. II, 918).

[308] Nei LXX compare solo tre volte: Ct[LXX] 4,2: 6,6; Sir[Gr] 34,30. Nel Ct viene adoperato per il bagno degli animali, mentre in Sir[Gr] 34,30, per il lavacro rituale dell'uomo. Per il Siracide greco, dunque, è un *hapax auctoris*. In questo caso il nipote sembra seguire non l'uso linguistico dei LXX, ma piuttosto il linguaggio di Filone per il quale il termine serve per indicare spesso le abluzioni dell'A.T. (OEPKE, λούω, coll. 793-830, specialmente 812-816).

[309] "E un uomo puro prenderà dell'issopo, lo immergerà nell'acqua e farà l'asper-

Se da una parte il legame tra Sir$^{Gr}$ 34,30 e Nm$^{LXX}$ 19,18-19 è evidente, dall'altra tale legame pone un problema. In Sir$^{Gr}$ 34,30 il Siracide con βαπτιζόμενος e λουτρόν ha voluto indicare, in solido, il bagno purificatore simile a quello compiuto da Naaman secondo il racconto di 2Re$^{LXX}$ 5,14 oppure ha voluto in qualche modo riassumere il rito del settimo giorno prescritto dalla Legge, secondo Nm$^{LXX}$ 19,18-19? Su questo problema, purtroppo, gli autori non si pronunciano. Non resta che prendere in considerazione alcuni elementi. Senz'altro il Siracide, come sapiente, conosce benissimo la Legge (cfr Sir$^{Gr}$ 19,18; 33,2-3) e, sotto il profilo teologico, la Legge va sempre osservata (cfr Sir$^{Gr}$ 34,8; 51,19[310]). Il legame, dunque, con Nm$^{LXX}$19,18-19 è più che fondato. Ma c'è da chiedersi se all'epoca del Siracide non fosse intervenuta qualche variante nella pratica di Nm$^{LXX}$ 19,18-19. Tale variante è testimoniata senz'altro a Qumran (11Q19, 49,16-10)[311] dove a chi sia solo entrato in casa di un morto si chiede, già nel primo giorno, il bagno con acqua, nel terzo, oltre all'aspersione, un altro bagno e, nel settimo, un terzo bagno. Non è indicata la presenza dell'uomo puro aspergente. Sembra che l'uomo di Qumran si auto-purifichi. Sotto il profilo filologico il verbo βαπτίζω non equivale ad *aspergere* (Nm$^{LXX}$19,18-19) ed essendo un medio–passivo indica l'azione del bagnarsi, farsi un bagno nell'acqua della purificazione (Qumran). Ne consegue che la scelta migliore sia tradurre βαπτιζόμενος con l'espressione "colui che fa un bagno di purificazione" e λουτρόν con "lavacro".

---

sione sulla casa, sui recipienti, sulle persone che sono lì, e su chi ha toccato le ossa umane o il ferito a morte o il morto o il sepolcro. E l'uomo puro farà l'aspersione sull'uomo impuro il terzo e il settimo giorno e sarà purificato il settimo giorno. Egli laverà i suoi vestiti e si laverà con l'acqua e sarà impuro fino alla sera".

[310] Il dato trattato si trova solo nel testo di Sir$^{Gr}$ 51,19.

[311] Si tratta del Rotolo del tempio, paleograficamente databile alla fine del sec. I a.C., ma la sua composizione – secondo una delle tante ipotesi – "potrebbe essere opera del cosiddetto Maestro di giustizia e risalire al periodo di formazione della setta di Qumran" (GARCÍA MATÍNEZ - TREBOLLE BARRERA, 111). Viene ritenuto una specie di rivisitazione della Legge, quasi un secondo Deuteronomio, secondo la tesi di WISE. Il testo ebraico è stato riedito da QIMRON (1996). In italiano c'è VIVIAN (1990). Uno *status quaestionis* abbastanza conciso è l'opera di CRAWFORD (2000), libretto prezioso per esattezza e sintesi.

### §2. *Il verbo ἅπτομαι*

Il verbo ἅπτομαι[312] viene adoperato dal Siracide 2x, in Sir$^{Gr}$ 13,1 (per indicare come il contatto con la pece sporchi) e in Sir$^{Gr}$ 34,30a. Traduce l'ebraico נָגַע in Sir$^{Gr}$ 13,1. Nei libri dei LXX compare circa 125x e traduce sei verbi, dei quali il più frequente è נָגַע (101x). Significa fondamentalmente *attaccarsi a, toccare*[313]. Si tratta del verbo che indica il contatto ed è adoperato da Nm$^{LXX}$ 19,11.13 per indicare il contatto con un morto, un gesto bisognoso di purificazione rituale con l'acqua: ὁ ἁπτόμενος τοῦ τεθνηκότος / πᾶς ὁ ἁπτόμενος τοῦ τεθνηκότος ἀπὸ ψυχῆς ἀνθρώπου ἐὰν ἀποθάνῃ, "Chi tocca colui che è morto…" / "Chiunque tocca colui che è morto – un essere umano che sia morto – ….".

L'avverbio che precede il verbo ἅπτομαι, πάλιν[314] è poco usato dal Siracide (6x: Sir$^{Gr}$ 4,18; 17,1; 29,2; 33,1; 34,30a.31b) e indica il ritorno a una situazione precedente, materiale o spirituale (Sir$^{Gr}$ 4,18; 17,1; 33,1) oppure indica una contrapposizione (Sir$^{Gr}$ 29,2)[315]. In Sir$^{Gr}$ 33,1 l'avverbio traduce il verbo שׁוּב. Nei libri dei LXX compare poco meno di 90x e normalmente traduce il verbo שׁוּב (13x) e l'avverbio עוֹד (5x). Nel caso di Sir$^{Gr}$ 34,30a.31b si tratta di due casi in cui c'è un ritorno alla situazione precedente e, quindi, va tradotto con *di nuovo*.

Una traduzione possibile dello stico di Sir$^{Gr}$ 34,30a, βαπτιζόμενος ἀπὸ νεκροῦ καὶ πάλιν ἁπτόμενος αὐτοῦ potrebbe essere la seguente:

> (C'è) uno che fa un bagno di purificazione dal (contatto di un) morto e di nuovo lo tocca.

In questo modo viene rispettato lo spirito e la lettera del testo di Sir$^{Gr}$ 34,30a.

---

[312] HELBING, 123-125.
[313] CHANTRAINE, vol. I, 98.
[314] CHANTRAINE, vol. 2, 853.
[315] BALZ, vol. II, col 730.

e. L'antitesi νηστεύων – (πάλιν) πορευόμενος καὶ ...ποιῶν (Sir[Gr] 34,31ab).

Si tratta di una coppia unica: si trova solo nel siracide ed è assente nei libri dei LXX. Anche l'espressione νηστεύω ἐπὶ τῶν ἁμαρτιῶν è unica nel Siracide e non si trova negli altri libri dei LXX.

### §1. Il verbo νηστεύω

Il verbo νηστεύω[316] è un *hapax auctoris* del Siracide, mentre nei libri dei LXX compare poco più di 20x e di norma traduce צום (18x). Il significato fondamentale è *digiunare*[317]. La costruzione νηστεύω + ἐπί è presente nei libri dei LXX per indicare a favore di chi si fa il digiuno straordinario (cfr 2Sam[LXX] 1,12: per Saul; Est[LXX] 4,16: per Ester) e non per indicarne la causa. Il digiuno può essere prescritto o volontario. È prescritto per la festa penitenziale del giorno dell'espiazione e, dopo la distruzione di Gerusalemme, in memoria della sventura nazionale, per quattro giorni (nel quarto, quinto, settimo e decimo mese)[318]. Il digiuno volontario, privato o comunitario, si ha in caso di un decesso (cfr 1Sam[LXX] 31,13), di preparazione alla ricezione delle rivelazioni divine (cfr Dn[LXX] 9,3), di situazioni dolorose e preoccupanti (cfr 2Sam[LXX] 12,16-20) e di una richiesta di perdono per i peccati (cfr Gl[LXX] 1,14; 2,12)[319]. Può durare un giorno, ma anche sette giorni (sempre come digiuno diurno)[320]. Si può avere anche un digiuno totale di tre giorni (Est[LXX] 4,16). Ciò che interessa maggiormente, però, è che il digiuno equivale all'umiliazione di sé (ταπεινόω). In Is[LXX] 58,3ab.5ab

---

[316] Per una visione del digiuno BAUMANN, "Urrolle", 350-373; per il digiuno di epoca vicina al Siracide BÜCHLER, 128-264; per il valore penitenziale del digiuno LIPINSKI, *La liturgie*, 11-14.28-35; per la dimensione filologica LE BOULLUEC – SANDEVOIR, 368; BEHM, νῆστις, coll. 965-996 (per il nostro argomento si vedano spec. coll. 969.974-985).

[317] Etimologicamente νῆστις significa "colui che non mangia" e, conseguentemente, νηστεύω "non mangiare", cioè "digiunare" (cfr CHANTRAINE, vol. II, 753).

[318] BEHM, νῆστις, coll. 977.

[319] Ibidem, coll. 975-976.

[320] Ibidem, col. 976.

c'è, forse, la dimostrazione più evidente di tale equivalenza a causa dei chiari parallelismi sinonimici[321]:

Is[LXX] 58,3a    λέγοντες τί ὅτι *ἐνηστεύσαμεν* καὶ οὐκ εἶδες
Is[LXX] 58,3b    *ἐταπεινώσαμεν* τὰς ψυχὰς ἡμῶν καὶ οὐκ ἔγνως

Is[LXX] 58,5a    οὐ ταύτην τὴν *νηστείαν* ἐξελεξάμην
Is[LXX] 58,5b    καὶ ἡμέραν *ταπεινοῦν* ἄνθρωπον τὴν ψυχὴν αὐτοῦ

Tale dicitura nasce dal fatto che il digiuno potrebbe essere visto come un atto di rinuncia, di autotormento e, dunque, di umiliazione dell'uomo davanti a Dio per impressionare Dio, calmare la sua ira, e fargli adempiere i desideri dell'uomo[322]. Tale dicitura fa anche comprendere come il Siracide, dopo aver constatato che colui che digiuna torna a peccare, possa chiedersi: καὶ τί ὠφέλησεν ἐν τῷ ταπεινωθῆναι αὐτόν, "E a che gli giovò umiliare se stesso ?" (Sir[Gr] 34,31d). Il gioco verbale νηστεύω – ταπεινόω esprime l'atto del digiuno cultuale che, nella tradizione profetica del Tritoisaia, non è visto con simpatia perché si tratta di un gesto puramente esteriore che non coinvolge l'animo dell'uomo: non si può digiunare e curare i propri affari, angariare gli operai, fare litigi e alterchi violenti, arrivando perfino a colpire l'altro con i pugni (Is[LXX] 58,3c-4).

È stato visto come in Sir[Gr] 34,28-29, lo stico di Sir[Gr] 34,28a abbia il ruolo di esempio normativo da cui dedurre la correttezza

---

[321] Is[LXX] 58,3: "dicendo: "Perché *abbiamo digiunato* e tu non lo vedi? / (Perché) *ci siamo umiliati* il nostro intimo e non lo sai?"; Is[LXX] 58,5: "Non ho scelto questo *digiuno* / e il giorno perché l'uomo *umilii* il proprio intimo". Un terzo testo molto significativo è 2Esd[LXX] 8,21: καὶ ἐκάλεσα ἐκεῖ *νηστείαν* ἐπὶ τὸν ποταμὸν Αουε τοῦ *ταπεινωθῆναι* ἐνώπιον θεοῦ ἡμῶν ζητῆσαι παρ' αὐτοῦ ὁδὸν εὐθεῖαν ἡμῖν καὶ τοῖς τέκνοις ἡμῶν καὶ πάσῃ τῇ κτήσει ἡμῶν, "E ho indetto lì, presso il canale Aavà, un *digiuno* per *umiliarci* davanti al nostro Dio e cercare da Dio una strada felice per noi, i nostri figli e tutti i nostri averi". L'espressione *νηστεία* …… τοῦ ταπεινωθῆναι ἐνώπιον θεοῦ ἡμῶν mostra come il digiuno abbia come conseguenza l'umiliazione. Digiuno e umiliazione, dunque, si equivalgono: non esiste il primo senza la seconda. Il primo, tuttavia, è causa della seconda.

[322] Behm, νῆστις, col. 976.

del caso presentato subito dopo, mentre lo stico di Sir^Gr 34,29a abbia il ruolo di caso concreto, cui applicare l'esempio normativo e al quale il Siracide è interessato. A causa della struttura (parallelismo tra Sir^Gr 34,28-29 e Sir^Gr 34,30-31) bisogna attribuire a Sir^Gr 34,30a il ruolo di esempio normativo, mentre a Sir^Gr 34,31ab va attribuito il ruolo di caso concreto. Stando così le cose, l'avverbio οὕτως potrebbe avere un valore correlativo (così-*come*), sebbene in Sir^Gr 34,30a manchi l'avverbio ὡς. Si potrebbe, perciò, tradurre allo stesso modo della stragrande maggioranza degli autori, con *così*[323]. Se, invece, si dà ad οὕτως o un valore conclusivo o un valore conclusivo-comparativo, si può rendere ancora con *così*, ma anche con *quindi*.

Il termine ἄνθρωπος indica l'uomo come essere vivente e di norma, senza articolo, ha un "significato sbiadito" perché indica un uomo qualsiasi[324].

### §2. Il termine ἁμαρτία

Il termine ἁμαρτία[325] è molto frequente nel Siracide (52x)[326] rispetto all'uso di ἀνομία (5x: Sir^Gr 21,3; 23,11; 41,18; 46,20; 49,2)

---

[323] Si tratta della scelta, ad esempio, di Arnald, Blunt, Churton e Edersheim ("So it is with a man…"), Mancini - Martini ("Così l'uom, che digiuna pe' suoi peccati"), Ledrain ("Ainsi celui que jeûne…"), Keel ("So ist's mit einem Menschen…."), Glaire -Vigouroux ("Ainsi à l'homme que jeûne [sic!]…"), Crampon ("Ainsi l'homme que jeûne…"), Smend ("So wer wegen seiner Sünden fastet"), Peters e Ebeharter ("So ist's mit dem Menschen…."), Box - Oesterley ("So a man fasting…"), Luzzi ("Così l'uomo che digiuna…"), Spicq ("Ainsi [en est-il de] l'homme qui jeûne…"), Schilling ("So ist ein Mench…"), Skehan - DiLella ("So with a person who deprives…"), ecc.

[324] Sand, vol. I, col. 266.

[325] Il nome ἁμαρτία nel Siracide traduce ben sei vocaboli חֵטְא (Sir^H 10,13), חַטָּאת (Sir^H 3,14; 3,30; 47,24; 48,15), חֵט (Sir^H 7,8), עָוֹן (Sir^H 3,15.27²; 4,21.26; 5,5².6; 12,14; 13,24; 16,9; 25,24), פֶּשַׁע (Sir^H 8,5; 38,10; 48,11) e מַעַל (Sir^H 48,16). Nei libri dei LXX ἁμαρτία compare poco più di 540x e traduce ben 24 vocaboli ebraici, tra i quali ci sono quelli con radice חטא, ma non traduce mai חֵט e מַעַל. La traduzione più plausibile è il generico *peccato*. Cfr Daniel, 301-328; Le Boulluec - Sandevoir, 294.297; Quell - Bertram - Stählin - Grundmann, coll. 717-862.

[326] Sir^Gr 2,11; 3,3.14.15.27².30; 4,21.26; 5,5².6; 7,8; 8,5; 10,13; 12,14; 13,24; 14,1; 16,9; 17,20.25;18,27; 19,8; 21,2; 23,3.10.11.12.13.16.18; 25,4; 26,28.29; 27,2.10.13; 28,1.2.4.5.8; 34,23.31; 38,10; 39,5; 46,7.11; 47, 24²; 48,15.16.

e di ἀδικία (11x: Sir^Gr 7,3.6; 10,7.8; 14,9; 17,20.26; 20,28; 35,5; 40,12; 41,19)[327]. Senza voler trattare in modo compiuto il tema del peccato nel Siracide[328], vale la pena illustrare alcuni aspetti dell'uso di ἁμαρτία in funzione di Sir^Gr 34,31αβ.b. L'uomo è chiamato a fuggire il peccato (Sir^Gr 21,3) e a tenere il cuore mondo da ogni peccato (Sir^Gr 38,10), ma, purtroppo, può imbrattarsi nel peccato (Sir^Gr 12,14), aggiungere peccato a peccato (Sir^Gr 3,27; 5,5; cfr 7,8; 23,3, 48,16) e moltiplicarlo (Sir^Gr 48,16). Egli, a causa del peccato, può essere portato alla superbia (Sir^Gr 10,13) e, quindi, ad esaltare i propri peccati (Sir^Gr 16,9). Tuttavia esiste il rimorso per i peccati (Sir^Gr 14,1) che può portare prima alla conversione (Sir^Gr 8,5; cfr Sir^Gr 3,15) e poi al rinnegamento dei peccati stessi (Sir^Gr 48,15), all'implorazione per i medesimi (Sir^Gr 39,5) e all'espiazione (Sir^Gr 3,3.14.30). Il peccato, infatti, viene rimesso da Dio (Sir^Gr 2,11) in seguito alla confessione del medesimo (Sir^Gr 4,26), ma questa misericordia divina non può essere messa alla prova (Sir^Gr 5,6). Il perdono può essere implorato anche attraverso un atto di culto, ma l'offerta non può derivare da beni sottratti al prossimo con l'ingiustizia, soprattutto se sottratti ai poveri (Sir^Gr 34,21; cfr Sir^Gr 34,24-27). Dio non perdona i peccati per la sovrabbondanza di questi sacrifici (Sir^Gr 31,23). Il breve quadro appena tracciato serve per comprendere il pensiero dell'autore circa l'inutilità degli atti di culto, offerte e digiuno, per ottenere il perdono dei peccati in quelle persone che, vivendo senza Legge e in modo empio, vogliono avere il perdono da Dio senza il cambiamento interiore del cuore (conversione, rinnegamento, espiazione e implorazione).

---

[327] Sembra che il Siracide adoperi volentieri ἀνομία per indicare il peccato come male presente nel popolo (Sir^Gr 46,20; 49,2) o di cui rendere conto al popolo (Sir^Gr 41,18) o come realtà teologica oggetto di riflessione (Sir^Gr 21,3; 23,11). Usa, invece, il termine ἀδικία per indicare l'ingiustizia, mentre si serve del vocabolo ἁμαρτία per parlare del peccato che grava sulla persona concreta (cfr QUELL - BERTRAM - STÄHLIN - GRUNDMANN, coll. 717-862.). Questa distinzione alle volte è labile come in Sir^Gr 17,20 (ἀδικία/ἁμαρτία) o in Sir^Gr 21,2-3 (ἁμαρτία/ἀνομία).

[328] Cfr HADOT, 9-43; NOORDA, 215-224.

§3. *L'espressione* πάλιν πορευόμενος καὶ τὰ αὐτὰ ποιῶν

Sull'espressione πάλιν πορευόμενος καὶ τὰ αὐτὰ ποιῶν non c'è molto da indagare. Si tratta di un'espressione unica e, secondo Peters, sarebbe un calco ebraico: "Πάλιν πορευόμενος läßt noch deutlich die hebräische Phrase הָלוֹךְ וָשׁוֹב (Gen 8,3) erkennen"[329]. A questa osservazione bisogna solo aggiungere che nei libri dei LXX il verbo πορεύομαι "serve a rendere il nesso *h l k* + un verbo di modo finito ....oppure il nesso infinito assoluto + un verbo"[330]. Senza voler pronunciare una parola sull'ipotetica ricostruzione del testo H mancante, una traduzione sufficientemente idonea sarebbe "di nuovo torna a fare le (stesse) cose".

A conclusione di questa breve analisi, il testo di Sir[Gr] 34,31ab va tradotto in sintonia con il parallelismo presente in Sir[Gr] 34,30a e, pertanto, si avrà questo risultato:

> Lo stesso vale per chi digiuna per i propri peccati
> e di nuovo torna a fare le (stesse) cose.

Per chiudere l'analisi di Sir[Gr] 34,30-31 é necessario ora passare all'esame le due tipologie di domande.

f. Le domande τί ὠφέλησαν – τί ὠφέλησεν (Sir[Gr] 34,28b.31d)

Le domande che si trovano in Sir[Gr] 34,28b.30b.31c hanno andamento anaforico e, di conseguenza, hanno anche una sfumatura pleonastica. La risposta che si presuppone nel lettore è sempre negativa ("A niente"). Nelle domande che, invece, si trovano in Sir[Gr] 34,29b.31c la risposta giusta è quella meno evidente. In Sir[Gr] 34,29b Dio ascolterà la preghiera di colui che maledice, mentre in Sir[Gr] 34,31c nessuno ascolterà la preghiera di chi digiuna per i peccati e poi ritorna a commetterli.

---

[329] Peters, 287.
[330] Hauck – Schulz, col. 1420.

§1. *Il verbo ὠφελέω*

Il verbo ὠφελέω compare nel Siracide solo 5x (Sir^Gr 5,8; 34,28.30.31; 38,21) e, nelle due corrispondenze con il testo H (Sir^H 5,8; 38,21), traduce il verbo יָעַל, alla forma *hifil*[331]. Il Siracide usa il verbo sempre con valenza negativa. Nel giorno della sventura le ricchezze ingiuste non gioveranno (Sir^Gr 5,8) come nessuno può giovare al morto (Sir^Gr 38,21). Lo stesso tenore negativo si trova nelle domande di Sir^Gr 34,28.30.31. Il significato fondamentale è *rendere servizio, aiutare, sostenere* e, soprattutto quando come soggetto ci sono cose, anche *guadagnare* e *giovare*[332]. Per Sir^Gr 34,28b.29b è preferibile rendere ὠφελέω con *guadagnare*.

§2. *Il nome κόπος*

Il nome κόπος viene usato dal Siracide solo 4x (Sir^Gr 14,15; 22,13; 29,4; 34,28) e traduce l'ebraico עָמָל (Sir^H 13,26) e יְגִיעַ (Sir^H 14,15)[333]. Nel Siracide indica la fatica come traslato per indicare le sostanze accumulate nella vita (Sir^Gr 14,15), le noie che la vicinanza con un insipiente può causare (Sir^Gr 22,13), i fastidi di coloro che danno un prestito a chi lo considera come cosa trovata (Sir^Gr 29,4). In genere indica la *stanchezza*, la *fatica*, la *seccatura*, il *fastidio*, l'*affanno del vivere e del patire*[334]. In un linguaggio più moderno, si potrebbe anche pensare a *stress*[335]. Il comparativo neutro πλεῖον con valore avverbiale compare solo in Sir^Gr 34,28b e nei libri dei LXX compare in genere in espressioni fisse come ἐπὶ πλεῖον (cfr Gdc^LXX 20,40; Gdt 13,1; 2Mac 10,27; 12,36; Sal^LXX 50,4; 61,3; 122,4; Sap 8,12). L'espressione πλεῖον ἢ κόπους potrebbe essere resa con "oltre lo stress".

---

[331] Nei LXX compare circa 28x e traduce quattro verbi dei quali il più frequente è יָעַל (12x).

[332] cfr CHANTRAINE, vol. II, 841; RUTENFRANZ, vol. II, coll. 2012-2014; GELS, *ad verbum*.

[333] Nei LXX compare poco meno di 40x e traduce normalmente עָמָל (15x), in modo particolare in Giobbe, Salmi e Geremia, e עֶוֶן (5x), in modo particolare nei profeti minori.

[334] HAUCK, κόπος, coll. 771-778 (spec. 773).

[335] La parola è entrata, ormai, nel linguaggio italiano di oggi (cfr DEVOTO - OLI).

### §3. Il nome λουτρόν

Per il nome λουτρόν[336] si veda quanto già detto in associazione con il verbo βαπτίζω (Sir$^{Gr}$ 34,30). Lo stesso dicasi per il verbo ταπεινόω, già esaminato in associazione con il verbo νηστεύω (Sir$^{Gr}$ 34,31).

### g. Le domande τίνος φωνῆς εἰσακούσεται – τίς εἰσακούσεται (Sir$^{Gr}$ 34,29b.30c)

Si tratta di due domande che ruotano attorno al verbo εἰσακούω il quale si associa, con legami diversi, al nome δεσπότης, al nome φωνή e al nome προσευχή.

### §1. Il verbo εἰσακούω

Il verbo εἰσακούω[337] compare nel Siracide 8x (Sir$^{Gr}$ 3,5.6; 34,29.31; 35,16; 36,16; 39,13; 51,11) e traduce il qal di שָׁמַע (Sir$^{H}$ 35,16; 36,16; 51,11) e, in un caso, l'*hifil* di אזן (Sir$^{H}$ 51,11). Di solito compare nell'area semantica della preghiera (Sir$^{Gr}$ 3,5; 34,29; 34,31; 35,13; 36,16; 51,11). Solo in un caso viene adoperato per indicare l'ascolto dell'uomo nei confronti di Dio (Sir$^{Gr}$ 3,6), quasi con un senso di reciprocità: Dio ascolta la preghiera dell'uomo come l'uomo ascolta Dio (Sir$^{Gr}$ 3,5.6). In un altro caso il verbo viene adoperato per indicare l'invito del sapiente ai suoi discepoli: "Ascoltatemi" (Si$^{Gr}$ 39,13)[338]. Il significato fondamentale è *ascoltare*, ma può anche esprimere il concetto di *obbedire*[339].

### §2. Il nome δεσπότης

Il nome δεσπότης predicato di Dio non sempre è facile da tradurre perché il vocabolo mette in evidenza la potenza di Dio[340].

---

[336] OEPKE, λούω, coll. 793-830.

[337] KITTEL, εἰσακούω, col. 599; COX, 351-361; SPICQ, *Note*, vol. I, 506-523 (spec. 506-511).

[338] Nei LXX viene usato poco più di 270x e traduce undici verbi, dei quali i più importanti sono שָׁמַע (196x) e עָנָה (33x). Solo 3x rende il verbo אזן (Gb$^{LXX}$ 9,16; 36,10; 32,9).

[339] SPICQ, *Note*, vol. I, 508.

[340] RENGSTORF, coll. 849-864 (spec. 856-860).

Se si accolgono le tesi di Rengstorf, che ha mutuato da Baudissin, bisogna cogliere nel nome, quando predicato di Dio, un influsso dell'ellenismo nella concezione biblica dell'onnipotenza creatrice di Dio[341]. Nel Siracide compare solo 4x (Sir[Gr] 3,7; 23,1; 34,29; 36,1[342]) e non c'è l'equivalente ebraico. Nei libri dei LXX compare poco più di 50x e, per quanto riguarda il nome divino, traduce אֲדוֹן / אֲדֹנָי (13x), יהוה (3x[?]) ed אֱלוֹהַּ (2x). Normalmente in italiano si procede per semplificazione, traducendo i primi con *Signore* e l'ultimo con *Dio*. Più o meno succede la stessa cosa con i nomi greci κύριος e δεσπότης. È il caso di chiedersi se in italiano non si stia dando al termine Signore un valore semantico esorbitante tanto da livellare tutte le sfumature del vocabolario ebraico e greco. Nel greco profano indica il capo di casa, il padrone in antitesi con lo schiavo e il sovrano assoluto; serve a qualificare gli dèi nella loro potenza e in Flavio Giuseppe, soprattutto nella preghiera, indica Dio nella sua altezza e potenza[343]. Sarebbe opportuno uscire dall'appiattimento del semplice Signore e tentare, non senza titubanza, una proposta come *Sovrano* o *Supremo*[344].

### §3. *I due termini φωνή e προσευχή*

Non resta che analizzare due termini, φωνή e προσευχή, legati tra loro dallo stesso campo semantico. Sia il termine φωνή sia il termine προσευχή si collocano nell'area semantica della preghiera, più precisamente nell'area dell'ascolto divino della preghiera

---

[341] RENGSTORF, coll. 859-860.

[342] In Sir[Gr] 36,1 il nome δεσπότης sarebbe una aggiunta rispetto al testo H (PALMISANO, 133).

[343] RENGSTORF, coll. 852-854. Per la preghiera in Flavio Giuseppe si veda l'opera di Jonquière.

[344] In tre casi si trova l'espressione ὁ πάντων δεσπότης (Gb[LXX] 5,8; Sap 6,7; 8,3) per indicare la sovranità di Dio su ogni realtà. In modo particolare in Gb si trova una espressione dove è impossibile tradurre δεσπότης con "Signore", se si vuol evitare una ripetizione cacofonica: οὐ μὴν δὲ ἀλλὰ ἐγὼ δεηθήσομαι κυρίου κύριον δὲ τὸν πάντων δεσπότην ἐπικαλέσομαι, "Invece io pregherò il Signore e invocherò il Signore, Sovrano di ogni cosa". Si può notare che nell'apposizione del secondo stico, suonerebbe all'orecchio come espressione dura dire: "Padrone di tutto". Diventa più fluida la scelta "Sovrano di ogni cosa".

(Sir^Gr 34,29b.31c). Questo dato suggerisce di esaminare i due vocaboli, tenendo presente il legame semantico. Il termine φωνή[345] compare nel Siracide 12x (Sir^Gr 17,13; 21,20; 29,5; 34,29; 38,28; 43,17; 45,5; 45,9; 46,17.20; 50,16.18)[346] e traduce solo il nome קוֹל (Sir^H 43,17; 45,5; 46,17.20; 50,16.18)[347]. Il significato oscilla tra *voce, grido, suono* e *linguaggio*[348]. Nell'ambito della preghiera il termine φωνή indica la *supplica, grido di preghiera, voto*, ecc[349]. È necessario, infine, oltre a quanto è già stato detto per il verbo εὔχομαι, aggiungere solo qualche breve appunto per il nome προσευχή[350]. Nel Siracide compare 9x (Sir^Gr 3,5; 7,10.14; 34,31; 35,21; 39,5.6; 50,19; 51,13) e traduce תְּפִלָּה (Sir^H 7,10.14; 50,19) e שַׁוְעָה[351] (Sir^H 35,21). Le poche ricorrenze impediscono di fare una vera e propria analisi del concetto di preghiera nel Siracide, tuttavia permettono una riflessione sull'importanza della προσευχή nel testo Gr. È importante pregare bene: non bisogna ripetere parole nella preghiera (Sir^Gr 7,14) e non si può scindere la preghiera dall'elemosina (Sir^Gr 7,10). Anche l'onore al proprio padre è inscindibilmente legato alla preghiera: Dio in questo caso, infatti, l'ascolta (Sir^Gr 3,5). Lo scriba nella preghiera rende gloria a Dio (Sir^Gr 39,6) e chiede il perdono dei peccati (Sir^Gr 39,5), men-

---

[345] LE BOULLUEC - SANDEVOIR, 133.323; WEVERS, 44.136.285.300.304.315. 353.371.380.529; BETZ, coll. 279-340 (spec. 286-316).

[346] Il vocabolo viene predicato indistintamente per Dio, per l'uomo e per le cose. Dio ha fatto sentire la sua voce a Mosè (Sir^Gr 45,45) e presso il Sinai a tutto il popolo (Sir^Gr 17,13). Ancora oggi, attraverso il fragore del tuono Dio si fa sentire (Sir^Gr 46,17). Per quanto riguarda la voce umana, il Siracide registra la voce dello stolto (Sir^Gr 21,20) e del mellifluo che chiede prestiti (Sir^Gr29,5), ma registra anche la voce di Samuele che parlò anche da morto (Sir^Gr 46,20; cfr l'episodio di Endor in 1Sam^LXX 28,6-25) e la voce dei sacerdoti (Sir^Gr 50,16) e dei cantori (Sir^Gr 50,18), durante il culto. Infine, il Siracide chiama "voce" il suono del martello sull'incudine (Sir^Gr 38,28), il rumore del tuono (Sir^Gr 43,17) e il tintinnio dei campanelli della veste di Aronne (Sir^Gr 45,9).

[347] Nei LXX viene usato poco più di 630x e traduce ben quattordici vocaboli, dei quali il più frequente è קוֹל (458x).

[348] CHANTRAINE, vol. II, 1237.

[349] BETZ, coll. 289-290.

[350] GREEVEN, coll., 1294-1300; HORSLEY, 201.219-220.

[351] HATCH - REDPATH, riedito da Kraft-Tov-Muraoka, Appendix 2, scrive שׁוֹעָה (190, b).

tre il Siracide nella preghiera chiede la sapienza (Sir[Gr] 51,13). Anche il popolo presenta la sua preghiera al Misericordioso (Sir[Gr] 50,19). La preghiera dell'umile, infatti, penetra le nubi (Sir[Gr] 35,21). Solo la preghiera ambigua, che nasce in una persona empia e dalla fede non chiara, non può essere ascoltata da Dio (Sir[Gr] 34,31). Nei libri dei LXX il nome προσευχή compare circa 105x e traduce di norma תְּפִלָּה (70x), mentre 2x traduce קוֹל (Sal[H] 63,1; 129,2). Quest'ultimo dato fa sorgere una perplessità. Nel testo H perso, Sir[H] 34,29b e Sir[H] 34,31c avevano lo stesso vocabolo (קוֹל), reso, poi, dal Gr con φωνή, prima, e con προσευχή, poi? È solo un sospetto che non può essere sciolto, mancando l'originale ebraico. Resta, però, un dato che riguarda φωνή: non si può tradurre in Sir[Gr] 34,29b semplicemente con *voce*, ma sarebbe più opportuno tradurre con *voce (orante)*, mentre per προσευχή di Sir[Gr] 34,31c la traduzione dovrebbe essere resa con *preghiera*[352]. Se si bada al contesto, a causa di Sir[Gr] 34,23a (sacrifici per il perdono dei peccati), si potrebbe pensare a una preghiera per il perdono dei peccati. Ma è più prudente rimanere nel concetto generale.

Una possibile resa in italiano delle domande di Sir[Gr] 34,28b. 29b.30b.31cd potrebbe essere la seguente:

- Sir[Gr] 34,28b    Cosa guadagnano oltre la fatica?
- Sir[Gr] 34,29b    La voce (orante) di chi ascolterà il Sovrano (supremo)?
- Sir[Gr] 34,30b    Cosa guadagna nel suo lavacro?
- Sir[Gr] 34,31c    Chi ascolterà la sua preghiera?
- Sir[Gr] 34,31d    E cosa guadagna nell'umiliarsi (digiunando)?

Queste scelte fatte prendono la loro vera fisionomia se il testo delle affermazioni per opposti e il testo delle domande vengono assemblati.

---

[352] Nel greco dei LXX è difficile cogliere la differenza tra προσευχή e δέησις (cfr GREEVEN - HERRMANN, coll. 1295; GREEVEN, coll. 841-845[spec.843-844]), anche se normalmente il senso ampio di preghiera si trova sia in προσευχή sia in δέησις, mentre in δέησις ci sarebbe anche la sfumatura di supplica.

## h. Il retroterra del pensiero di Sir^Gr 34,28-31

Il percorso filologico di Sir$^{\text{Gr}}$ 34,28-31 è stato piuttosto lungo, ma proficuo. Dietro all'apparente facilità con cui si legge il testo c'è una sapiente dosatura del linguaggio, dove i vocaboli hanno una capacità notevole di evocare leggi bibliche e significati non immediatamente evidenti. Una proposta di traduzione che tenga conto della struttura grammaticale-sintattica dell'originale Gr (in modo particolare delle costruzioni participiali e degli elementi sottintesi), potrebbe essere così formulata:

| | |
|---|---|
| Sir 34,28 | (C'è) uno che edifica e un altro che abbatte:<br>cosa guadagnano oltre lo stress[353]? |
| 29 | (C'è) uno che prega e un altro che<br>(nella preghiera) maledice:<br>la voce (orante) di chi ascolterà il Sovrano (supremo)? |
| 30 | (C'è) uno che fa un bagno di purificazione<br>dal (contatto di un) morto e di nuovo lo tocca:<br>cosa guadagna nel suo lavacro? |
| 31a | Lo stesso vale per chi digiuna per i propri peccati<br>e di nuovo torna a fare le (stesse) cose:<br>chi ascolterà la sua preghiera?<br>E cosa guadagna nell'umiliarsi (digiunando)? |

Una volta capito il testo, bisogna chiedersi quale sia il retroterra del pensiero di Sir$^{\text{Gr}}$ 34,28-31. Lungo tutta l'analisi è stato visto che non ci sono legami di un certo rilievo, sia a livello linguistico sia a livello teologico, con altri testi greci dell'AT, fatto salvo il collegamento tra Sir$^{\text{Gr}}$ 34,30 e Nm$^{\text{LXX}}$ 19,18-19[354]. Questo non significa

---

[353] Sarebbe più corretto dire "gli stress".

[354] Si tratta di un testo poco segnalato dagli autori (Knabenbauer, Eberharter, Hamp, Sauer). In genere gli autori si fermano a uno o più versetti di Nm 19,9-13 (Mancini – Martini, Blunt, Lesètre, Churton, Edersheim, Fillion, Peters, Luzzi, Girotti, Duesberg – Auvray, Duesberg – Fransen, Pérez Rodríguez, Alonso Schökel, Snaith, Bruguera – Díaz, Skehan – Di Lella). Due autori, semplicemente rimandano a Nm 19 (Nau – Vigouroux e Spicq).

che in Sir[Gr] 34,28-31 non si respiri un clima biblico condiviso e sentito. Ci sono, infatti, dei brani biblici che sono strettamente legati non con Sir[Gr] 34,28-31 soltanto, ma con altre parti del "Trattato sulle offerte". Il fatto che gli autori suggeriscano molti brani biblici a commento di Sir[Gr] 34,28-31, sta a dire quanto materiale ci sia da esaminare: non tutto, però, merita attenzione[355].

Gli autori ne suggeriscono diversi[356], ma alla prova delle com-

---

[355] Molte di queste citazioni sono poco congruenti con il testo di Sir[Gr] 34,28-31. Lv[LXX] 16,1-34 (Peters, Hamp, Sauer); 23,26-32 (Peters, Spicq, Hamp, Alonso Schökel, Sauer) sono due passi che illustrano il digiuno prescritto per il giorno dell'espiazione. Nm[LXX] 23,7-10 (Peters) riporta la prima maledizione mancata di Balaam nei confronti d'Israele, tema assente in Sir[Gr] 34,29b, dove il vero povero maledice il (ricco) ladro. Sul tema del digiuno vengono citati dei brani che non sono in sintonia con il contenuto di Sir[Gr] 34,28-31: il digiuno per i morti (1Sam[LXX] 31,13: Sauer); il digiuno per ottenere la guarigione (2Sam 12,16: Bruguera - Díaz, Skehan - Di Lella); il digiuno per implorare aiuto (2Cr[LXX] 20,3: Bruguera - Díaz; Gdt 4,9: Bruguera - Díaz) e gli effetti del digiuno non positivi sul corpo (Sal[LXX] 69,11: Duesberg - Fransen, Skehan - Di Lella; Sal[LXX] 109,24: Duesberg - Fransen).

[356] I vari autori hanno modi diversi di citare il brano. Per semplificazione è stata scelta la citazione più ampia, accanto alla quale mettere tutti gli autori che, annotando più o meno versetti, si sono rifatti a quella determinata citazione. Questo l'elenco: Nm[LXX] 19,9-13 (Mancin - Martini, Blunt, Lesètre, Churton, Edersheim, Fillion, Knabenbauer, Nau - Vigouroux, Peters, Eberharter, Luzzi, Girotti, Spicq, Hamp, Duesberg - Auvray, Duesberg - Fransen, Pérez Rodríguez, Alonso Schökel, Snaith, Bruguera - Díaz, Skehan - Di Lella, Sauer), Gdc[LXX] 20,26 (Sauer), 2Sam[LXX] 12,16 (Bruguera - Díaz, Skehan - Di Lella), 2Cr[LXX] 20,3 (Bruguera - Díaz), Esd[LXX] 8,21.23 (Bruguera - Díaz), Ne[LXX] 1,4 (Spicq; Bruguera - Díaz); 9,1-2 (Spicq), Tb 12,8 (Bruguera - Díaz); Gdt 4,9 (Bruguera - Díaz); 1Mac 3,46-47 (Bruguera - Díaz); Is[LXX] 1,15 (Girotti), Is[LXX] 58,3-12 (Blunt, Peters, Eberharter, Spicq, Skehan - Di Lella), Ger[LXX] 14,12 (Peters, Spicq, Skehan - Di Lella, Sauer), Gl[LXX] 2,12 (Peters, Eberharter, Spicq, Hamp, Skehan - Di Lella), Gn[LXX] 3,5 (Sauer), Zc[LXX] 7,4-14 (Peters, Eberharter, Spicq, Skehan - Di Lella), Sal[LXX] 35,13 (Spicq, Duesberg - Fransen). Altre citazioni, invece, toccano temi simili o vicini a quelli presenti in Sir[Gr] 34,28-31: digiuno e preghiera (Esd[LXX] 8,21.23; Ne[LXX] 1,4; Sal[LXX] 35,13); digiuno e sacrifici (Gdc[LXX] 20,26); digiuno e confessione dei peccati (Ne[LXX] 9,1-2); digiuno e conversione (Gl[LXX] 2,12; Gn[LXX] 3,5); digiuno e atti penitenziali (1Mac 3,46-47); digiuno, preghiera, elemosina e giustizia (Tb 12,8); preghiera non ascoltata (Is[LXX] 1,15; Ger[LXX] 14,12; Zc[LXX] 7,4-14); vero digiuno (Is[LXX] 58,3-12; Zc[LXX] 7,4-14).
Alcuni autori riportano anche dei legami con il Nuovo Testamento: Mt 12,45 (Blunt), Lc 2,39 (Blunt), At 9,37 (Arnald), 1Cor 15,29 (Arnald, Churton), Eb 10,26 (Zöckler, Box - Oesterley), 2Pt 2,20 (Churton, Edersheim, Zöckler, Crampon, Box - Oesterley, Skehan - Di Lella). In questo caso bisogna rilevare che i legami sono puramente tematici e, purtroppo, non pertinenti. In Mt 12,45 Gesù tocca il tema della situazione peg-

parazioni solo tre si possono dire legati a livello verbale con il testo di Sir[Gr] 34,21-35,20. Sono Is[LXX] 1,15; 58,3-12 e Ger[LXX] 14,12.

### §1. *Il legame tra Is[LXX] 1,15 e Sir[Gr] 34,28-31*

Sobrio è il legame tra Is[LXX] 1,15 e Sir[Gr] 34,28-31. Studiando attentamente il testo profetico, ci si accorge che la convergenza verbale tra brano isaiano e Siracide è molto più ampio di quello sottolineato dagli autori. Se, infatti, si legge tutto il testo (Is[LXX] 1,10-20) della "seconda requisitoria"[357] o rîb di Dio verso il suo popolo, si può notare che i legami verbali sono numerosi e disseminati lungo il brano:

Is[LXX] 1,13 :  καὶ ἡμέραν μεγάλην οὐκ ἀνέχομαι **νηστείαν**
[καὶ ἀργίαν

Is[LXX] 1,15 :  οὐκ **εἰσακούσομαι** ὑμῶν αἱ γὰρ χεῖρες ὑμῶν **αἵματος**
[πλήρεις

Is[LXX] 1,15 :  **πληθύνητε** τὴν δέησιν
Is[LXX] 1,16 :  **λούσασθε** καθαροὶ
Is[LXX] 1,17 :  **κρίνατε ὀρφανῷ** καὶ δικαιώσατε **χήραν**

Il Siracide tocca questi temi lungo il suo trattato. Vediamo in ordine il contatto verbale:

Sir[Gr] 34,31a       : ἄνθρωπος **νηστεύων**
Sir[Gr] 34,29b.31c   : **εἰσακούσεται** ὁ δεσπότης
Sir[Gr] 34,25b       : ἄνθρωπος **αἱμάτων.**
Sir[Gr] 34,23b       : **πλήθει** θυσιῶν
Sir[Gr] 34,30b       : ἐν τῷ **λουτρῷ** αὐτοῦ
(Sir[Gr] 35,15       : ὅτι κύριος **κριτής** ἐστιν)
(Sir[Gr] 35,17       : ἱκετείαν **ὀρφανοῦ** / καὶ **χήραν**)

giore dopo la ricaduta nel male (cfr Eb 10,26; 2Pt 2,20), tema assente in Sir[Gr] 34,28-31. Lc 2,39 è un accostamento di *lectio divina* (adempimento della Legge) per antitesi con i senza-Legge e gli empi. Gli altri due testi sono completamente fuori tema, pur essendoci un legame verbale: in At 9,37 si parla del lavacro del cadavere (Tabita) e non del lavacro per aver toccato un cadavere; in 1Cor 15,29 si parla di un battesimo (βαπτιζόμενοι / βαπτίζονται: in senso teologico-cristiano) per (ὑπὲρ) un morto e non di un lavacro per aver toccato un morto (βαπτιζόμενος ἀπὸ νεκροῦ: Sir[Gr] 34,30a).

[357] ALONSO SCHÖKEL - SICRE DÍAZ , 126.

In Sir$^{Gr}$ 34,31a si trova il verbo al posto del nome. In Sir$^{Gr}$ 34,29b il verbo è lo stesso. In Sir$^{Gr}$ 34,25b si trova l'"uomo di sangui" o "uomo sanguinario", mentre in Is$^{LXX}$ 1,15 si legge "mani piene di sangue" (il concetto è lo stesso). In Sir$^{Gr}$ 34,23b sono abbondanti i sacrifici, mentre in Is$^{LXX}$ 1,5 abbondante è la preghiera. In Sir$^{Gr}$ 34,30 c'è il nome, lavacro, al posto del verbo. Lo stesso accade in Sir$^{Gr}$ 35,15 dove si trova il nome, giudice, mentre in Is$^{LXX}$ 1,17 c'è il verbo, giudicare (anche il soggetto cambia). Infine, in Sir$^{Gr}$ 34,17 si ritrova la coppia orfano / vedova come in Isaia. La similarità di vocabolario manifesta la similarità del pensiero, sebbene i due testi trattino argomenti non uguali. Il concetto di fondo riguarda sempre la riflessione di Isaia, condivisa in tutto l'alveo della profezia biblica, da cui il Siracide attinge a piene mani. Non è possibile un culto autentico senza una fede autentica, come non è possibile una fede autentica senza un'obbedienza interiorizzata della Legge. Questa semplice osservazione lega il tema del culto al problema sociale, ampiamente trattato nella Legge stessa, come dimostrano le citazioni e le allusioni che il Siracide fa. Sicuramente la Legge non tratta il tema come lo trattano i profeti, ma i vari precetti ne testimoniano l'interesse e la preoccupazione.

### §2. *Is$^{LXX}$ 58,3-14*

Queste osservazioni vanno estese anche al testo di Is$^{LXX}$ 58,3-14[358] che tratta il tema del digiuno che piace al Signore e del sabato[359]. In questa sede viene preso in considerazione solo Is$^{LXX}$ 58,3-12, dove è presentato il digiuno che si traduce in impegno sociale.

In Is$^{LXX}$ 58,3-12 il radicale *νηστ compare 6x (Is$^{LXX}$ 58,3$^{2x}$.4$^{2x}$.5.6), mentre il radicale *ταπειν compare 3x (Is$^{LXX}$ 58,3.4.5.10). C'è pure il tema della voce che s'innalza a Dio (Is$^{LXX}$ 58,4: φωνὴν), del pane

---

[358] Questa divisione viene proposta da Alonso Schökel (ALONSO SCHÖKEL - SICRE DÍAZ, 401-406) perché identifica nel testo una "requisitoria" divina con la quale Dio ribatte gli argomenti o lamentele del popolo (Is$^{H}$ 58,3).

[359] Sotto il profilo della composizione del testo, Westermann ha definito Is$^{H}$ 58,3-12 "un insieme complesso" (WESTERMANN, *Isaia*, 399).

(Is^LXX 58,7.10: τὸν ἄρτον), del povero (Sir^Gr 34,21: πτωχῶν; cfr Is^LXX 58,7.10: πεινῶντι), del costruire (Is^LXX 58,12: οἰκοδομηθήσονταί / οἰκοδόμος) e dell'ingiustizia (Is^LXX 58,6: ripetizione del radicale *ἄδικ). Si trovano temi svolti in modo antitetico rispetto a Sir^Gr 34,21-31: c'è il tema dell'ascolto divino (Is^LXX 58,9: ὁ θεὸς εἰσακούσεταί) e del dono del pane a chi ha fame (Is^LXX 58,7.10: διάθρυπτε πεινῶντι τὸν ἄρτον σου / δῷς πεινῶντι τὸν ἄρτον). Viene anche usato il generico ἄνθρωπος (Is^LXX 58,5). Sicuramente il brano isaiano ha come obiettivo la richiesta di un digiuno che sia coerente con la vita sociale e civile. Si tratta di un obiettivo non molto distante da quello del Siracide, che adopera lo stesso linguaggio profetico: Sir^Gr 34,24 (πενήτων).25 (ἄρτος).25 (πτωχῶν).28 (οἰκοδομῶν).29 (φωνῆς).29 (εἰσακούσεται).31 (ἄνθρωπος).31 (νηστεύων).31 (ταπεινωθῆναι). Anche il radicale *ἄδικ si trova più volte nel "Trattato sulle offerte" (Sir^Gr 34,21; 35,5.15.16).

Sicuramente il Siracide sta svolgendo il tema dell'inutilità del digiuno per i peccati, quando uno torna a peccare immediatamente dopo. Tuttavia il linguaggio è lo stesso del profeta con delle sfumature verbali (φωνή, εἰσακούω) che inducono a pensare quanto possa essere probabile l'ipotesi che il traduttore di Isaia sia un maestro della Legge non estraneo alla cerchia del Siracide[360]. Al di là del legame verbale, il pensiero espresso in Isaia senz'altro fa da sfondo al pensiero del Siracide. Si potrebbe dire che il Siracide sta esprimendo un pensiero morale di tipo profetico-sapienziale[361].

### §3. Ger^LXX 14,12

Anche Ger^LXX 14,12, parte iniziale del dialogo tra Dio e Geremia dopo la conclusione dell'intercessione del profeta a favore del popolo per la grave siccità, ha legami verbali di una certa importanza con Sir^Gr 34,21-31. Tre sono gli elementi condivisi:

---

[360] ZIEGLER, *Untersuchungen*, 134-136; Per la dipendenza di pensiero tra Ben Sira – Siracide e Isaia si veda BEENTJES, *Relations*, 155-159. Per il versante sapienziale della morale si veda CLEMENTS, 269-286.

[361] ASURMENDI, 91-102; HERMISSON, "Prophetie", 111-128.

- il tema del digiuno : ἐὰν **νηστεύσωσιν**

- il tema di Dio che non ascolta : οὐκ **εἰσακούσομαι** τῆς δεήσεως αὐτῶν

- il tema dei sacrifici non graditi : καὶ **θυσίας** οὐκ **εὐδοκήσω**

Gli elementi presenti in Geremia ritornano tutti e tre nel Siracide:

- Sir[Gr] 34,31a : ἄνθρωπος **νηστεύων**
- Sir[Gr] 34,29b.31c : **εἰσακούσεται** ὁ δεσπότης; / τίς **εἰσακούσεται**
- Sir[Gr] 34,23 : οὐκ **εὐδοκεῖ** ὁ ὕψιστος ἐν προσφοραῖς ἀσεβῶν οὐδὲ ἐν πλήθει **θυσιῶν** ἐξιλάσκεται ἁμαρτίας.

Sia il testo di Geremia sia quello del Siracide evidenziano l'inutilità di certe pratiche rituali di fronte all'incapacità che l'uomo ha di essere fedele a Dio (Geremia) o alla via del bene (Siracide).

### §4. *Un breve epilogo*

Un breve epilogo è necessario. I tre brani esaminati per i loro legami verbali con il testo del Siracide evidenziano prima di ogni altra cosa che gli atti di culto sono fatti non per riconoscere la gloria di Dio, ma per rivolgere a Lui delle suppliche (Is[LXX] 1,15; Ger[LXX] 14,12; cfr Is[LXX] 58,9). La risposta di Dio è negativa o positiva, secondo il tipo di comportamento sociale degli oranti. Con chi è capace di avere attenzione verso le ingiustizie (Is[LXX] 58,6) e verso i bisognosi (Is[LXX] 58,10), mentre non trascura il rispetto della giustizia e del prossimo (Is[LXX] 58,9c), Dio si pone in atteggiamento di ascolto e di risposta. Con chi, invece, non si converte e, quindi, non torna a cercare il diritto, a soccorrere l'oppresso, a difendere l'orfano e a proteggere la vedova (Is[LXX] 1,17), Dio si pone in atteggiamento di non ascolto e di rifiuto di qualunque atto di culto (Is[LXX] 1,10-14)[362]. Questo rifiuto potrebbe cessare con la conversione–pentimento del popolo (Is[LXX] 1,18-20), ma

---

[362] Nel testo H Dio non tollera אָוֶן וַעֲצָרָה, "delitto e solennità" (Is[H] 1,13).

potrebbe anche essere segno di un castigo divino che va oltre il rifiuto divino di ascoltare (Ger^LXX 14,11-15,4). Il pensiero, sintetizzato dai tre brani profetici legati al testo del Siracide, non è presente nel "Trattato sulle offerte", se non per frammenti. Fornisce tuttavia il retroterra del pensiero, condiviso dal Siracide e dal suo lettore, per comprendere la durezza di certe affermazioni (cfr le coppie di azioni antitetiche, fatte da due persone, come in Sir^Gr 34,28a-29a, o dalla stessa persona, come in Sir^Gr 34,30a-31ab) e la forza veemente che si nasconde dietro alle domande, semplici in apparenza, ma capaci di cambiare il comportamento morale-giuridico delle persone che vi si confrontano seriamente.

### i. Le tematiche di Sir^Gr 34,28-31

Il testo di Sir^Gr 34,28-31 vuole interagire con il lettore. Un medaglione, presentato in modo brevissimo ed efficace, giustifica la domanda. Questo schema viene ripetuto per quattro volte con una pressione psicologica notevole. Il gioco letterario era già conosciuto. In Am^LXX 3,3-8 l'autore sacro pone ben nove domande, alle quali il lettore non deve che rispondere negativamente. Alla fine delle nove domande il lettore comprende come la vocazione profetica sia qualche cosa d'inarrestabile nella vita di Amos. Più o meno la stessa cosa succede in Sir^Gr 34,28-31. Alla fine del percorso dei quattro medaglioni con le quattro domande, il lettore non può che concordare con la risposta suggerita dal sapiente: non giova a nulla edificare e insieme distruggere, pregare e insieme maledire, purificarsi dal contatto con un morto e subito dopo ritoccarlo nuovamente, digiunare per i peccati e poi rifarli nuovamente.

Se questo è quanto emerge dall'esame della forma, c'è qualche cosa da aggiungere a livello di processo logico. Il Siracide non si accontenta di incalzare il suo lettore, ma lo guida con un processo che potremmo definire di analogia secondo il criterio *a maiore ad minus*, dal giudizio dato su una situazione più ampia al giudizio dato per analogia a una situazione più specifica[363], che condivide

---

[363] Si potrebbe ipotizzare che il sapiente avesse in qualche modo applicato ciò che

con la prima sia l'antitesi sia la neutralizzazione reciproca delle azioni. Il punto d'arrivo è sempre l'ascolto del Signore. Il Signore chi ascolta tra l'ingiusto che prega e il povero che maledice, pregando? Sicuramente ascolta il povero che maledice, secondo quanto afferma il Siracide stesso in Sir$^{Gr}$ 4,5-6. Dio, infatti, ha una preferenza particolare per i poveri e i bisognosi: egli ascolta i poveri (Sal$^{LXX}$ 68,34), i giusti (Pr$^{LXX}$ 15,29), l'oppresso (Sir$^{Gr}$ 35,16), la vedova e l'orfano (Es$^{LXX}$ 22,22). Come il Signore può ascoltare uno che nel digiuno chiede perdono per i peccati e va a rifarli nuovamente? Non può Dio ascoltare la preghiera dell'empio (Gb$^{LXX}$ 27,9), di coloro le cui mani grondano sangue (Is$^{LXX}$ 1,15), dei peccatori (Is$^{LXX}$ 59,2), di coloro che seguono altri dèi (Gr$^{LXX}$ 11,11; 14,12), di coloro che commettono nefandezze e violenze (Ez$^{LXX}$ 8,18). Dio non può ascoltare quando "l'empio raggira il giusto e il giudizio ne esce stravolto" (Ab$^{LXX}$ 1,4b). Dietro a questi rifiuti divini di prestare ascolto al grido di aiuto o alle preghiere si nasconde il principio della retribuzione[364] applicato all'ascolto ed espresso in Zc$^{LXX}$ 7,13, dove Dio afferma che non darà ascolto alle grida degli Ebrei poiché essi non avevano dato ascolto alla sua parola, che li richiamava alla Legge mediante i profeti (Zc$^{LXX}$ 7,11).

Sicuramente le parole di Sir$^{Gr}$ 34,28-31 possono aver una comprensione più precisa alla luce di Zc$^{LXX}$ 7,4-14. Si tratta di un testo dove il profeta, a nome di Dio, nei primi versetti (Zc$^{LXX}$ 7,5-6) rimprovera agli Ebrei di praticare il digiuno non per il Signore (Zc$^{LXX}$ 7,5) e di compiere gli atti di culto solo per interesse personale (Zc$^{LXX}$ 7,6). Amos avrebbe detto: "Perché così vi piace di fare, o Israeliti" (Am$^{LXX}$ 4,5). Essi hanno indurito il cuore "come un diamante" (Zc$^{LXX}$ 7,12), non praticando né la giustizia né la fedeltà, frodando la vedova, l'orfano, il pellegrino e il misero (Zc$^{LXX}$ 7,9.10). Il richiamo inevitabile è alla conversione: "Eser–

---

successivamente verrà chiamata la *Gezerah Shawah* (cfr Basta, *Gezerah Shawah*). Invece che applicare il metodo a due testi biblici viene applicato a due situazioni dove le azioni opposte rendono le due situazioni capaci di produrre solo inutilità.

[364] Alonso Schökel preferisce parlare di "legge del taglione" (cfr Alonso Schökel – Sicre Diaz, 1339).

citate la pietà e la misericordia ciascuno verso il suo prossimo (Zc^LXX 7,9). Diversamente non giova digiunare per i peccati, rifacendoli immediatamente dopo (Sir^Gr 34,31αβ.b).

# CAPITOLO IV

## Osservare la Legge è compiere un atto di culto: Sir<sup>Gr</sup> 35,1-7

### ■ Premessa

Nella prima parte, Sir<sup>Gr</sup> 34,21-31, è stata tratteggiata l'identità del culto compiuto dai senza-Legge e dagli empi. Nella terza, Sir<sup>Gr</sup> 35,8-20, verrà presentata l'identità del culto dell'uomo giusto. Con Sir<sup>Gr</sup> 35,1-7 il lettore si trova al centro geografico della struttura del "Trattato sulle offerte" di Sir<sup>Gr</sup> 34,21-35,20. In questo brano il Siracide esprime fondamentalmente la sua tesi articolata in tre momenti: la riflessione sapienziale (Sir<sup>Gr</sup> 35,1-4), l'annuncio del principio teologico (Sir<sup>Gr</sup> 35,5) e la riflessione giuridico-morale (Sir<sup>Gr</sup> 35,6-7). Si tratta di un testo che presenta alcuni problemi testuali perché le tradizioni Gr, Lat e Syr non sempre sono sintoniche. Dopo la critica testuale, prosegue l'esegesi del testo. Lungo l'esegesi bisognerà soffermarsi su almeno due punti, che chiariranno meglio la portata di Sir<sup>Gr</sup> 35,1-7. Il primo riguarda il filone profetico che, già dal primo profeta scrittore, Amos, aveva più volte e con approfondimenti diversi richiamato il popolo ebraico all'impegno morale come realtà prioritaria rispetto al culto. Il secondo, invece, riguarda la situazione del Siracide. Egli traduce il libro del nonno per gli Ebrei d'Egitto: ciò può benissimo spiegare il valore particolare che assume Sir<sup>Gr</sup> 35,1-5, dove l'osservanza della Legge viene fatta equivalere a un atto di culto. Diventa più delicato spiegare il valore di Sir<sup>Gr</sup> 35,6-7, che domanda l'osservanza della Legge anche in ambito cultuale: era possibile in Egitto osservare i precetti cultuali?

## ■ 1. Critica testuale e traduzione di Sir^Gr 35,1-7

Il testo di Sir^Gr 35,1-7 è giunto fino a noi nella tradizione testuale Gr, accompagnata dalle venerande tradizioni latina e siriaca.
Per la tradizione Lat bisogna immediatamente dire che in rapporto
alle tradizioni Gr e Syr, il testo manca di due versetti (vv. 3-4).
Manca anche la tradizione del testo H. Per il testo greco viene fatta
una breve critica testuale e per gli altri testi, una comparazione.
Segue una traduzione provvisoria e letterale delle tre tradizioni.

### a. Sir^Gr 35,1

| | |
|---|---|
| Sir^Gr 35,1 | ὁ συντηρῶν νόμον πλεονάζει προσφοράς |
| Sir^Lat 35,1 | *qui conservat legem multiplicat orationem* |
| Sir^Syr 35,1 | ܐ‍ܢ ܓܒܪܬ ܡܕܡ ܕܟܬܝܒ ܒܢܡܘܣܐ ܐܣܓܝܬ ܦܘܠܚܢܟ |

La tradizione del testo Gr è buona. Piccole varianti di pochissimi codici minuscoli possono spiegare certe varianti presenti nella
tradizione Lat, come il singolare προσφοράν del ms. V che può essere
stato alla base del Lat *orationem*, testimoniato dalla stragrande maggioranza dei codici Lat. Una traduzione letterale del testo Gr potrebbe essere la seguente: "Chi osserva la Legge moltiplica le
offerte". Il testo Lat è in sintonia con il testo Gr, sebbene trasformi
il participio Gr (ὁ συντηρῶν νόμον) in una relativa (*qui conservat
legem*[1]) e il plurale προσφοράς nel singolare *orationem* che però sarebbe traduzione di una probabile προσευχή / δέησις. La traduzione
del Lat potrebbe essere: "Chi osserva la Legge, moltiplica la preghiera". Il testo Syr sembra più una parafrasi che una traduzione:
"Se tu hai fatto ciò che è scritto nella Legge, hai incrementato il
tuo culto"[2].

---

[1] HERKENNE, 237 pensa che probabilmente la *lectio difficilior* dovrebbe essere non
*legem*, ma *verbum* (cfr Amiantinus e Alcuino).

[2] Non sempre viene seguita per Sir^Syr 35,1-7 la traduzione di Calduch-Benages -
Ferrer - Liesen perché, nel caso della presente pericope, hanno adottato una traduzione
non sempre fedele al testo originale.

## b. Sir^Gr 35,2

| | |
|---|---|
| Sir^Gr 35,2 | θυσιάζων σωτηρίου ὁ προσέχων ἐντολαῖς |
| Sir^Lat 35,2a | sacrificium salutare adtendere mandatis |
| Sir^Syr 35,2 | ܘܢܛܪ ܦܘܩܕܢܐ ܐܛܐܒ ܠܢܦܫܗ. |

Due sono le varianti da prendere in considerazione. La prima riguarda il participio θυσιάζων sostituito sia nel ms. A e in un minuscolo greco sia nella tradizione Lat con θυσία (*sacrificum*). Il testo Gr che ne scaturisce (θυσία σωτηρίου ὁ προσέχων ἐντολαῖς), ripete lo stesso fenomeno sintattico riscontrato in Sir^Gr 34,21 (due frasi, una partecipiale e l'altra nominale). Il contesto, tuttavia, non permette una costruzione simile. La seconda variante riguarda l'accusativo plurale ἐντολάς presente nel ms V e in diversi mss minuscoli. Tale variante è spiegabilissima sia per il verbo προσέχω che può reggere e l'accusativo e il dativo con varianti di significato non sempre indicative (occuparsi di / osservare, adempiere), sia per una semplice aplografia dello iota del dativo. Una possibile traduzione è la seguente: "Chi fa sacrifici di salvezza è colui che adempie i comandamenti". Il Lat, dipendente forse da un testo simile a quello del ms A, ha il nome (*sacrificium*) al posto del verbo (θυσιάζων) e l'aggettivo (*salutare*) al posto del nome al genitivo (σωτηρίου) e ha letto probabilmente nella sua Vorlage come infinito qal il participio (ὁ προσέχων)[3]: "È sacrificio salvifico ottemperare ai comandamenti". La tradizione Syr ha una relativa lì dove il Gr ha un participio e legge, secondo Smend, probabilmente רוח lì dove nella Vorlage H c'era זבח[4]: "E chi osserva i comandamenti (ha fatto) bene al proprio spirito".

## c. Sir^Gr 35,3

| | |
|---|---|
| Sir^Gr 35,3 | ἀνταποδιδοὺς χάριν προσφέρων σεμίδαλιν |
| Sir^Lat 35,3 | |
| Sir^Syr 35,3 | ܘܡܢ ܕܥܒܕ ܛܒ ܗܘ ܡܩܪܒ. ܩܘܪܒܢܐ. |

---

[3] L'osservazione è di HERKENNE, 237.

[4] SMEND, 313.

Come nel versetto precedente, anche in questo versetto c'è un solo caso di critica testuale che merita una certa attenzione. In diversi manoscritti minuscoli la seconda parte del versetto non è προσφέρων σεμίδαλιν, ma per imitazione con Sir^Gr 35,2 hanno ὁ προσέχων σεμίδαλιν. La variante non ha senso. Il testo può essere reso in questo modo: "Chi restituisce un favore offre fior di farina". Manca il testo Lat che, forse, potrebbe aver avuto una Vorlage diversa da quella del testo Gr e del testo Syr. Bisogna tuttavia ricordare che l'edizione Sisto-clementina (secondo i codici Cavensis, Legionensis, Maurdramni, Rorigonis, Grandivallensis, Paulinus, di Metz e di St. Gallen) riporta il testo di Sir^Lat 35,1-6 completo, senza omissioni, ma con alcune varianti, rispetto all'attuale testo critico del Weber e dell'edizione di S. Girolamo in Urbe.

| **Weber** | **Sisto–Clementina** |
|---|---|
| 1 Qui conservat legem multiplicat orationem | 1 Qui conservat legem multiplicat orationem: |
| 2 sacrificium salutare adtendere mandatis | 2 sacrificium salutare *est* attendere mandatis, et discedere ab omni iniquitate; |
|  | 3 *et propitiationem litare sacrificii super iniustitias* et deprecatio *pro peccatis* recedere ab iniustitia. |
|  | 4 *Retribuet gratiam qui offert similaginem, et qui facit misericordiam offert sacrificium.* |
| 5 et discedere ab omni iniquitate et deprecatio recedere ab iniustitia | 5 *Beneplacitum est Domino recedere ab iniquitate,* et deprecatio *pro peccatis* recedere ab iniustitia. |
| 6 non apparebis ante conspectum Dei vacuus | 6 non apparebis ante conspectum Dei vacuus: |
| 7 haec enim omnia propter mandatum Domini fiunt | 7 haec enim omnia propter mandatum Domini fiunt. |

Probabilmente – secondo l'ipotesi di Herkenne[5] – c'è stato un fenomeno di *homoteleuton*: in Sir^Lat 35,2b si trova l'espressione *et discedere ab omni iniquitate* che si ripresenta parzialmente, *recedere ab iniquitate*, in Sir^Lat 35,5a. Questa ipotesi, però, non spiega perché l'amanuense abbia copiato parte di Sir^Lat 35,3b, stico che si conclude con l'espressione *recedere ab iniustitia*, espressione finale identica presente in Sir^Lat 35,5b. La tradizione latina di questo passo (Sir^Lat 35,1-6) è, purtroppo, molto tormentata come si può notare dall'apparato critico dell'edizione del Weber e dell'edizione critica dei monaci di S. Girolamo in Urbe. Il testo Syr è vicino al testo Gr, anche se usa il generico ܩܘܪܒܢܐ, al plurale, al posto del più specifico singolare σεμίδαλιν: "Moltiplica le buone remunerazioni colui che presenta offerte"

## d. Sir^Gr 35,4

| | |
|---|---|
| Sir^Gr 35,4 | καὶ ὁ ποιῶν ἐλεημοσύνην θυσιάζων αἰνέσεως |
| Sir^Lat 35,4 | |
| Sir^Syr 35,4 | ܘܕܚܕ ܘܕܡܗܘܝ ܢܝܗ ܕܚܡܣܐ܀ |

Nel ms B e in una parte della tradizione armena il participio θυσιάζων viene sostituito dal nome θυσία, dando vita al fenomeno già individuato in Sir^Gr 35,2. Alcuni minuscoli hanno messo l'accusativo θυσίαν, sottintendendo probabilmente il participio ποιῶν del primo emistichio. Sia in Sir^Gr 35,2 sia in questo versetto gli amanuensi, forse, non hanno tenuto presente che il verbo θυσιάζω nel Siracide può avere il significato di "θυσιάζω θυσίαν", come è già stato detto per Sir^Gr 34,21. La traduzione può essere resa in questo modo: "E chi fa l'elemosina fa sacrifici di lode". Il testo Syr è in concordanza con il testo Gr nel primo emistichio. Nel secondo, ci potrebbe essere stata, secondo Smend[6], la lettura scorretta di תורה al posto del corretto תודה: "Colui che fa elemosina osserva la Legge".

---

[5] Herkenne, 238.
[6] Smend, 312.

### e. Sir$^{Gr}$ 35,5

Sir$^{Gr}$ 35,5    εὐδοκία κυρίου ἀποστῆναι ἀπὸ πονηρίας
                    καὶ ἐξιλασμὸς ἀποστῆναι ἀπὸ ἀδικίας

Sir$^{Lat}$ 35,5    et discedere ab omni iniquitate
                    et deprecatio recedere ab iniustitia

Sir$^{Syr}$ 35,5    ܨܒܝܢܗ ܕܐܠܗܐ ܕܠܡܥܒܪ ܡܢ ܟܠ ܕܒܝܫ.
                    ܘܟܠ ܚܝܠܟ ܘܠܐ ܬܥܒܕ ܕܣܢܐ.

Il testo è tutto sommato ben conservato, sebbene alcuni manoscritti minuscoli invece di πονηρίας hanno ἁμαρτίας (un sottogruppo della recensione lucianea), oppure ἀδικίας (due minuscoli)[7]. Entrambe le letture possono essere condizionate, la prima da Sir$^{Gr}$ 34,23b e la seconda da Sir$^{Gr}$ 35,5b: "(È) gradimento del Signore astenersi da malvagità". Il testo Lat, forse, ha avuto una Vorlage diversa da quella del testo Gr e ha completamente abbandonato il tema della εὐδοκία κυρίου che per il testo Gr è fondamentale. Sir$^{Lat}$ 35,5a esprime il concetto di allontanamento (*discedere*) lì dove il Gr esprime un concetto di astensione (ἀποστῆναι) ed ha un aggettivo indefinito (*omni*), assente in Gr, ma presente in Syr. In Sir$^{Lat}$ 35,5b c'è il termine *deprecatio*, mentre in Gr si trova ἐξιλασμός ("sacrificio espiatorio") e, per la seconda volta, si trova il concetto di allontanamento (*discedere*) lì dove il Gr esprime un concetto di astensione (ἀποστῆναι): "Ed (è sacrificio salvifico) allontanarsi da ogni iniquità ed (è) preghiera, allontanarsi dall'ingiustizia". Sir$^{Syr}$ 35,5a è vicino al Gr, mentre Sir$^{Syr}$ 35,5b appare come una libera parafrasi: "(È)[8] volontà di Dio allontanarsi da ogni male; (frena) ogni tua forza e non fare ciò che (Lui) odia".

---

[7] Forse non c'è buona chiarezza nell'apparato dello Ziegler, quando associa alla variante greca ἀδικίας di Sir$^{Gr}$ 35,5a la dipendenza del testo Lat *iniquitate*. Sembra un po' difficile che *iniquitas* possa dipendere da ἀδικία (Sir$^{Gr}$ 35,5a), se nello stico successivo (Sir$^{Gr}$ 35,5b), il Gr ἀδικία viene correttamente tradotto dal Lat con *iniustitia* .

[8] In questo caso è preferibile comporre una nominale piuttosto che tradurre come Calduch-Benages – Ferrer - Liesen: "(Fare) la volontà di Dio (è) allontanarsi da ogni male". Sono d'accordo per la traduzione del secondo stico.

## f. Sir$^{Gr}$ 35,6

| | |
|---|---|
| Sir$^{Gr}$ 35,6 | μὴ ὀφθῇς ἐν προσώπῳ κυρίου κενός |
| Sir$^{Lat}$ 35,6 | non apparebis ante conspectum Dei vacuus |
| Sir$^{Syr}$ 35,6 | ܐܠ ܬܬܚܙܐ ܩܕܡܘܗܝ ܣܪܝܩܐܝܬ. |

L'unica variante da prendere in considerazione è l'espressione ἐν προσώπῳ κυρίου κενός sostituita con l'espressione ἐνώπιον κυρίου κενός nella recensione lucianea, in alcuni minuscoli e nelle traduzioni saidica ed etiopica. Questa dicitura è probabilmente una imitazione di Dt$^{LXX}$ 16,16 e in qualche modo anche di Es$^{LXX}$ 23,15; 34,20: "Non presentarti davanti al Signore a mani vuote". Il Lat è in sintonia perfetta con il Gr, tranne che per la variante del nome divino (Dei / κυρίου): "Non apparirai al cospetto di Dio a mani vuote". Anche il testo Syr è in sintonia con il Gr e il Lat, tranne per la variante dell'assenza del nome divino: "Non presentarti davanti a lui a mani vuote".

## g. Sir$^{Gr}$ 35,7

| | |
|---|---|
| Sir$^{Gr}$ 35,7 | πάντα γὰρ ταῦτα χάριν ἐντολῆς |
| Sir$^{Lat}$ 35,7 | haec enim omnia propter mandatum Domini fiunt |
| Sir$^{Syr}$ 35,7 | ܡܛܠ ܕܗܘܐ ܟܠ ܕܥܒܕ ܛܒ ܢܛܪ ܦܘܩܕܢܐ ܗܘܐ. |

Per il testo Gr non ci sono problemi particolari di critica testuale. In un codice minuscolo e nella traduzione saidica si trova la trasposizione ταῦτα γὰρ πάντα. Questa variante spiegherebbe il testo Lat, che, rispetto al Gr aggiunge, probabilmente per chiarezza, il nome divino, *Domini*, che determina il *mandatum* ed esplicita il verbo, *fiunt*: "Tutte queste cose, infatti, sono fatte a causa del comando del Signore". Il Syr si discosta nel primo emistichio sia dal Gr sia dal Lat e, di conseguenza, parafrasa il secondo emistichio: "Perché ognuno che fa il bene, osserva i comandamenti".

Compiuta la critica testuale del testo Gr e la comparazione con le tradizioni Lat e Syr, prosegue ora l'esegesi, partendo dalla suddivisione emersa dall'esame della struttura: Sir$^{Gr}$ 35,1-4.5.6-7.

## ■ 2. La riflessione sapienziale di Sir[Gr] 35,1-4: osservare la Legge è atto di culto

Il testo di Sir[Gr] 35,1-4 procede con un linguaggio identificativo e non comparativo. In altre parole, l'andamento letterario di Sir[Gr] 35,1-4, ripropone il quesito se il lettore debba leggere le frasi nominali come forme che identificano il soggetto con la parte nominale della frase ("chi fa l'elemosina *è* uno che sacrifica sacrifici di lode") oppure come forme che esprimono un paragone ("chi fa l'elemosina *è simile a* chi sacrifica sacrifici di lode")[9]. Che il testo non esprima paragoni è evidente dal fatto che nessun autore ha tradotto il testo con una esplicitazione del paragone[10]. Il Siracide, infatti, non intende porre paragoni sottintesi (da esplicitare, magari, nella traduzione), come è successo nel testo di Sir[Gr] 34,24-25, ma vuole porre delle equivalenze[11]. Ciò è chiaramente comprensibile

---

[9] La soluzione del problema non viene senz'altro dalle traduzioni Syr o Lat. Questi testi, infatti, si discostano alquanto rispetto al testo Gr, sia perché potrebbero dipendere da una Vorlage diversa da quella da cui dipende il Gr sia perché sembrano sentire il bisogno di dare una interpretazione nuova al testo originale di partenza. Il testo Syr, pur avendo gli stessi versetti del Gr, manca di alcune cose importanti, presenti nel testo Gr, come l'enumerazione degli atti di culto e il tema dell'εὐδοκία. Anche il testo Lat differisce dal Gr perché mancante di due stichi (Sir[Lat] 35,3.4) e perché, come il Syr, non ha né l'enumerazione degli atti di culto né il tema dell'εὐδοκία.

[10] Stranamente MINISSALE, 166, traduce Sir[Gr] 35,1 con una frase comparativa, quando l'originale assolutamente non contempla tale forma sintattica: "L'osservanza della legge val più dei sacrifici". Con questa traduzione sembra che lo studioso voglia in qualche modo legare il testo del Siracide al testo di Mc 12,33: καὶ τὸ ἀγαπᾶν αὐτὸν ἐξ ὅλης τῆς καρδίας καὶ ἐξ ὅλης τῆς συνέσεως καὶ ἐξ ὅλης τῆς ἰσχύος καὶ τὸ ἀγαπᾶν τὸν πλησίον ὡς ἑαυτὸν περισσότερόν ἐστιν πάντων τῶν ὁλοκαυτωμάτων καὶ θυσιῶν, "Amarlo con tutto il cuore, con tutta la mente e con tutta la forza e amare il prossimo come se stesso val più di tutti gli olocausti e i sacrifici". Ma le cose non stanno così perché Sir[Gr] 35,1 non anticipa Mc 12,33. Il testo del sapiente pone una equivalenza e non una comparazione come, invece fa il testo neotestamentario. Inoltre, come si vedrà, il testo del Siracide non è debitore alla teologia della spiritualizzazione del culto, come lo è il testo di Marco, ma piuttosto si colloca sul versante della cultualizzazione dell'etica (cfr la n. 13), tema che verrà approfondito più avanti, in questo capitolo.

[11] Solo pochi, tra gli autori consultati, evidenziano in modo esplicito nella traduzione il concetto di equivalenza (cfr, per esempio, Lesètre, Crampon, Snaith). Snaith, infatti, traduce: "Keeping the law is worth many offerings". Non cito Skehan - Di Lella, sebbene

dall'impostazione di Sir$^{Gr}$ 35,1 dove il verbo della frase è proposto in un modo finito preciso (presente indicativo) e non c'è niente da sottintendere: *Chi osserva la Legge moltiplica le offerte*. Per il Siracide, dunque, chi osserva la Legge per davvero moltiplica le offerte; chi adempie i comandamenti per davvero offre sacrifici di salvezza, chi contraccambia un favore per davvero offre fior di farina e chi fa l'elemosina per davvero compie sacrifici di lode.

Appurato il valore identificativo delle affermazioni, il testo di Sir$^{Gr}$ 35,1-4 possiede, come già visto, una struttura molto chiara, dove il subsintagma nominale che funge da soggetto [a] e il subsintagma verbale [b] si susseguono in un gioco di parallelismo e di chiasmo, mentre il radicale *προσφερ e il verbo θυσιάζω, intercalandosi, ritmano il testo in un armonico parallelismo:

| | | | | |
|---|---|---|---|---|
| Sir$^{Gr}$ 35,1 | a | : *προσφερ | [a] [b][12] | (νόμος) |
| Sir$^{Gr}$ 35,2 | b | : [θυσιάζων] + [soggetto] | [b] [a] | (ἐντολή) |
| Sir$^{Gr}$ 35,3 | a' | : *προσφερ | [a] [b] | |
| Sir$^{Gr}$ 35,4 | b' | : [soggetto'] + [θυσιάζων] | [a] [b] | |

Il testo si presenta con un certo ritmo di pensiero che non costringe il lettore a una grossa fatica, come nel brano precedente (Sir$^{Gr}$ 34,21-31), ma presenta il pensiero ricco di equivalenze in cui un elemento di impegno morale e sociale corrisponde al valore di un atto di culto. Se prescindiamo dall'abbellimento stilistico del chiasmo e del parallelismo, il testo può essere articolato in due colonne: da una parte l'osservanza della Legge e dall'altra l'atto di culto che gli equivale.

---

anch'essi abbiano evidenziato l'equivalenza, perché i due studiosi hanno dato alla frase un andamento diverso dall'originale ("To keep the Law is a great oblation"), sconvolgendo la fisionomia del testo greco: il participio greco, che funge da soggetto (ὁ συντηρῶν νόμον), è diventato un infinito ("To keep the Law") e il subsintagma verbale greco (πλεονάζει προσφοράς) è diventato un semplice sintagma nominale ("is a great oblation").

[12] Questi elementi riguardano la struttura sintattica degli stichi, tra loro legati o da chiasmo o da parallelismo.

| osservanza della Legge | equivalenze cultuali |
|---|---|
| ὁ συντηρῶν νόμον | πλεονάζει προσφοράς |
| ὁ προσέχων ἐντολαῖς | θυσιάζων σωτηρίου |
| ἀνταποδιδοὺς χάριν | προσφέρων σεμίδαλιν |
| καὶ ὁ ποιῶν ἐλεημοσύνην | θυσιάζων αἰνέσεως |

Questa chiarificazione del testo permette di affermare con sicurezza che Sir$^{Gr}$ 35,1-4 non può essere catalogato come testo che propone la "spiritualizzazione del culto", ma piuttosto dovrebbe essere catalogato come il testo biblico che propone la "cultualizzazione dell'etica"[13]. In Sir$^{Gr}$ 34,21–35,20 non s'intende, infatti, sostituire l'insieme degli atti di culto con qualche cosa d'altro, ma s'intende permeare la vita del significato profondo dell'atto di culto che è fondamentalmente obbedienza a Dio (cfr 1Sam$^{LXX}$ 15,22) e, di conseguenza, obbedienza alla sua Legge (cfr Sir$^{Gr}$ 2,15-17). L'esame esegetico ora diventa più snello e funzionale perché si possono analizzare tutti gli elementi che rappresentano l'osservanza della Legge e quelli che esprimono l'equivalenza cultuale.

a. Gli elementi che rappresentano l'osservanza della Legge

I quattro elementi che esprimono in Sir$^{Gr}$ 35,1-4 l'osservanza della Legge, procedono per rastremazione: dalla proposta forte che coinvolge il νόμος a quella più umile che coinvolge la ἐλεημοσύνη.

---

[13] Le espressioni sono di Neusner, 39-41, citato da Stadelmann, 105. Nel lavoro di Stadelmann, 99-112, si trova un breve *excursus* sulla "spiritualizzazione" del culto nel Giudaismo durante il periodo del primo e del secondo tempio. Fondandosi principalmente su tre opere (Wenschkewitz, Hermisson, *Sprache*; Neusner), oltre che sull'opera teologica di G. von Rad, Stadelmann afferma: "Grundsätzlich möchten wir nun aber – wie schon bei Ben Sira – betonen, daß bei den meisten der in Frage kommende Stellen im AT ja gar keine eigentliche 'Spiritualisierung des Kultus' vorliegt" (101). L'autore mostra come l'affermazione non sia estendibile ad alcune parti tardive dell'Antico Testamento (Tb, preghiera di Azaria, Gdt), al pensiero di Qumran, alla lettera di Aristea e a Filone.

§1. *Breve riflessione previa su* νόμος / ἐντολή *nel Siracide.*

La prima espressione che riguarda l'osservanza della Legge, Sir[Gr] 35,1, pone in primo piano il tema dell'osservanza del νόμος. Non si tratta di una posizione casuale. La struttura che soggiace a Sir[Gr] 35,1-7, come è stato visto, è di tipo concentrico ed è dominata dal tema della Legge e del beneplacito divino:

| | | | |
|---|---|---|---|
| Sir[Gr] 35,1-4 | a | : νόμου | : riflessione sapienziale |
| Sir[Gr] 35,5 | b | : εὐδοκία κυρίου | : principio teologico |
| Sir[Gr] 35,6-7 | a' | : ἐντολῆς | : riflessione morale |

Alla luce di questa struttura, visto che le parti estreme sono rappresentate da nomi che indicano la Legge, è corretto chiedersi quale sia per il Siracide la differenza tra νόμος ed ἐντολή[14]. Sicuramente il Siracide eredita dal nonno una comprensione della Legge all'interno della visione sapienziale[15]. La riflessione sapienziale presente in Ben Sira e, di conseguenza, per molti aspetti nel Siracide, ha un legame particolare con il Deuteronomio[16]. Questo dato tuttavia non deve portare a pensare che la Sapienza nasca all'ombra della "onnipotente Torah, ma al contrario il Siracide si adopera a legittimare e ad interpretare la Torah sulla base delle prospettive del pensiero sapienziale"[17]. Ben Sira, dunque, e, per moltissimi aspetti, il Siracide vedono il valore della Legge all'interno dell'alveo della Sapienza. Uno dei testi più importanti per comprendere questo concetto potrebbe essere Sir[Gr] 17,1-14[18]. Il testo si compone di tre strofe (Sir[Gr] 17,1-4[19]; 6-8.10a.9a; 11-14). Nella prima e nella seconda il tema fondamentale è la creazione,

---

[14] KLEINKNECHT- GUDBROD, coll. 1233-1401 (spec. 1273-1332). SCHRENK, ἐντολή, coll. 583-614 (spec. 583-587).

[15] MARBÖCK, "Gesetz und Weisheit", 1-21; GILBERT, "Spirito, sapienza e legge", 65-73; PRATO, *Sapienza e Torah*, 129-151; BURKES, 253-276; ROGERS, 114-121; VEIJOLA, 429-448.

[16] MARBÖCK, 18-19.

[17] VON RAD, *La sapienza*, 63-64.

[18] PRATO, *Il problema*, 271-283; ALONSO SCHÖKEL, "The vision of man", 235-245; WÉNIN, 147-158.

nella terza è la Legge[20]. Nella terza ci sono le tematiche che interessano la presente ricerca. La Legge della vita (νόμος ζωῆς: Sir[Gr] 17,11b) è un dono di Dio che proviene dall'alleanza del "tempo inconcluso"[21] (διαθήκη αἰῶνος) attraverso la quale ha fatto conoscere i suoi decreti (τὰ κρίματα αὐτοῦ). Se il credente osserva la Legge della vita e i suoi decreti, si astiene da ogni ingiustizia (cfr προσέχετε ἀπὸ παντὸς ἀδίκου). Tale osservanza porta necessariamente il credente a prendersi cura del prossimo: καὶ ἐνετείλατο αὐτοῖς ἑκάστῳ περὶ τοῦ πλησίον, "E ordinò a ognuno di essi (di prendersi) cura del prossimo" (Sir[Gr] 17,14b). Nel testo di Sir[Gr] 17,11-14, dunque, c'è sia la netta distinzione tra νόμος e τὰ κρίματα sia il legame tra fedeltà alla Legge e alle norme che ne conseguono sia il prendersi a cuore la cura del prossimo. C'è, ora, da chiedersi se tra κρίμα (Sir[Gr] 17,11b) ed ἐντολή c'è equivalenza. La risposta si può trovare in Sir[Gr] 45,17[22]:

$$\text{ἔδωκεν αὐτῷ ἐν ἐντολαῖς αὐτοῦ}$$
$$\text{ἐξουσίαν ἐν διαθήκαις κριμάτων}$$
$$\text{διδάξαι τὸν Ιακωβ τὰ μαρτύρια}$$
$$\text{καὶ ἐν νόμῳ αὐτοῦ φωτίσαι Ισραηλ}$$

Il testo del versetto è stilisticamente interessante. In Sir[Gr] 45,17ab, dato l'uso bifronte di ἐξουσία, c'è un parallelismo sinonimico tra ἐν ἐντολαῖς αὐτοῦ e ἐν διαθήκαις κριμάτων come, dato l'uso dell'infinito con valore finale in Sir[Gr] 45,17cd, tra διδάξαι τὸν Ιακωβ τὰ μαρτύρια e καὶ ἐν νόμῳ αὐτοῦ φωτίσαι Ισραηλ. Se, da una parte, c'è una buona similarità tra ἐντολή e κρίμα, c'è anche tra νόμος e μαρτύριον (*hapax* del Siracide). Di fatto, ἐντολή e νόμος si manifestano come due cose diverse[23]. Sicuramente i due nomi

---

[19] Prato non prende in considerazione il v. 5 del Greco II.

[20] PRATO, 282.

[21] Di solito il testo Gr viene tradotto con "alleanza eterna".

[22] Per il vocabolario giuridico di Sir[Gr] 45,5-55 si veda PRATO, 281. "Gli (=Aronne) affidò il potere nei suoi comandamenti, nelle alleanze dei (suoi) decreti (perché) insegnasse a Giacobbe le sue testimonianze e illuminasse Israele nella sua legge".

[23] Il nome ἐντολή traduce sia il termine מִצְוָה (Sir[H] 6,37; 10,19; 15,15; 32,23; 37,12; 45,5.7) sia il verbo צִוָּה (Sir[H] 39,31). Il nome νόμος, che nel Siracide compare sempre

abitano un'area semantica comune: νόμος traduce מִצְוָה 2x (Sir[H] 10,19; 44,20); ἐντολη traduce מִצְוָה 7x (Sir[H] 6,37; 10,19; 15,15; 32,23[27]; 37,12; 45,5.17). Si collocano, però, anche in aree semantiche diverse: νόμος traduce anche תּוֹרָה 7x (Sir[H] 15,1; 32,24[28]; 33,2.3; 42,2; 45,5; 49,4), mentre ἐντολή nel Siracide non traduce mai תּוֹרָה. Nel Siracide il termine νόμος indica principalmente la Legge nel suo insieme (rivelazione di Dio nella storia con parole e fatti[24]), mentre ἐντολή esprime il singolo precetto o, al plurale, l'insieme dei precetti[25]. Questo si può capire benissimo da Sir[Gr] 32,24[26]:

ὁ πιστεύων νόμῳ προσέχει ἐντολαῖς
καὶ ὁ πεποιθὼς κυρίῳ οὐκ ἐλαττωθήσεται

Dallo stesso testo si può anche comprendere come νόμος, la Legge, sia oggetto di fede/fedeltà/fiducia[27] (πιστεύω), mentre l'ἐντολή, il precetto, sia oggetto di obbedienziale adempimento

---

al singolare, traduce più vocaboli: דָּבָר (Sir[H] 33,3), מִצְוָה (Sir[H] 10,19; 44,20), מִשְׁפָּט (Sir[H] 45,17) e תּוֹרָה (Sir[H] 15,1; 32,15.24; 33,2.3; 42,2; 45,5; 49,4). Nei libri dei LXX ἐντολή compare circa 240x e traduce ben 12 vocaboli ebraici di cui מִשְׁפָּט è il più frequente (158x). Il vocabolo νόμος, invece, compare nei libri dei LXX circa 427x, traduce 8 vocaboli ebraici di cui תּוֹרָה è il più frequente (194x).

[24] Cfr GILBERT, "La Sapienza e il culto", 35.

[25] Per l'uso di ἐντολή al plurale si veda PRATO, *Il problema*, 243-244. L'autore, che commenta Sir[H] 15,14-17, intende evidenziare come la volontà umana e il potere di decisione sono orientati all'osservanza dei precetti della legge che è fonte di vita (cfr 244).

[26] "Chi si affida alla Legge adempie i comandamenti e chi confida nel Signore non resterà deluso". Il testo di Sir[Gr] 32,24 riprende il tema di Pr[LXX] 19,16a (PRATO, *Il problema*, 243).

[27] Nel Siracide il verbo πιστεύω traduce אָמַן (Sir[H] 12,10; 13,11; 36,31), בָּטַח (Sir[H] 32,21) e נָצַר (Sir[H] 32,24). Sir[H] 32,24, dunque, parla di colui che "osserva la legge" (cfr Dt[LXX] 33,9; Sal[LXX] 77,7; 118,2.22.129; Pr[LXX] 3,1; 6,20; ecc.). Alcuni manoscritti greci minuscoli (296, 311, 358, 548, 706, 679, 795), infatti, riportano come variante ὁ προσέχων al posto di ὁ πιστεύων. Tuttavia lascia perplessi il fatto che il Gr abbia tradotto con πιστεύω il verbo נָצַר .
Il Siracide adopera il verbo πιστεύω 12x, di cui 4x per indicare il legame con Dio (Sir[Gr] 2,6.8.10; 11,21) e 6x per indicare il legame, consigliato o sconsigliato, con un

(προσέχω). Questo dato non può, tuttavia, sopprimere il fatto che non sempre è facile nei LXX distinguere nettamente tra νόμος ed

---

uomo (Sir^Gr 12,10; 36,26) o con se stessi (Sir^Gr 32,23) o con ciò che viene detto (Sir^Gr 13,11; 19,15) oppure con una strada senza difficoltà (Sir^Gr 32,21). In un caso viene adoperato in modo assoluto (Sir^Gr 2,13), ma il contesto dice chiaramente che si tratta di un legame con Dio.

| | soggetto | πιστεύω | destinatario |
|---|---|---|---|
| Sir^Gr 2,6 | | πίστευσον | αὐτῷ (= κυρίω) |
| Sir^Gr 2,8 | οἱ φοβούμενοι | πιστεύσατε | αὐτῷ (= κυρίω) |
| Sir^Gr 2,10 | τίς | ἐνεπίστευσεν | κυρίω |
| Sir^Gr 2,13 | (καρδία παρειμένη) | οὐ πιστεύει | |
| Sir^Gr 11,21 | | πίστευε | κυρίω |
| Sir^Gr 12,10 | | μὴ πιστεύσῃς | τῷ ἐχθρῷ σου |
| Sir^Gr 13,11 | | μὴ πίστευε | τοῖς πλείοσιν λόγοις αὐτου (= ricco) |
| Sir^Gr 19,15 | | μὴ πίστευε | παντὶ λόγω |
| Sir^Gr 32,21 | | μὴ πιστεύσῃς | ἐν ὁδῷ ἀπροσκόπω |
| Sir^Gr 32,23 | | πίστευε | τῇ ψυχῇ σου |
| Sir^Gr 32,24 | | ὁ πιστεύων | νόμω |
| Sir^Gr 36,26 | τίς | πιστεύσει | εὐζώνω λῃστῇ |

Di fronte a questo schema, è chiaro che il significato di πιστεύω non è esclusivamente teologico (= credere, aver fiducia), ma è anche antropologico (= prestare attenzione, avere certezza, dare fiducia). Alla domanda se Sir^Gr 32,24 appartenga al fenomeno antropologico o a quello teologico, non si può rispondere né attraverso l'equivalenza con il testo H né con la filologia. L'unica strada che resta è l'analisi letteraria.

Sir^Gr 32,24 (ὁ πιστεύων νόμω προσέχει ἐντολαῖς καὶ ὁ πεποιθὼς κυρίω οὐκ ἐλαττωθήσεται, "chi ha fiducia nella legge, osserva i comandamenti e chi confida nel Signore non resterà deluso") presenta nei due stichi la stessa costruzione sintattica (participio + nome al dativo + verbo finito) in un parallelismo antitetico a livello sintattico (verbo affermativo / verbo negativo) e sintetico a livello semantico. L'elemento comune al parallelismo sintetico a livello semantico (ὁ πιστεύων νόμω / ὁ πεποιθὼς κυρίω) fa comprendere come la fiducia in Dio (ὁ πεποιθὼς κυρίω) sia strettamente legata alla fede/fedeltà/fiducia nella legge (ὁ πιστεύων νόμω). Ci si trova, dunque, di fronte a un valore teologico e non antropologico dell'espressione di Sir^Gr 32,24 (ὁ πιστεύων νόμω). Questa affermazione verrebbe comprovata dal fatto che nel brano Gr di Sir^Gr 32,18–24 si trova una triplice ripetizione di πιστεύω (Sir^Gr 32,21.23a.24a) in un crescendo di ἐντολή. Nel testo di Dt$^{LXX}$ 17,19; 2Re$^{LXX}$ 21,8; Pr$^{LXX}$ 6,23 si può vedere come la Legge (νόμος) si presenta all'uomo come ἐντολή (cfr anche Dt$^{LXX}$ 6,1.25; 7,11; 8,1; 11,8.22; ecc.). Qualche cosa di simile si può vedere anche in Sir$^{Gr}$ 45,5cdef[28] (καὶ ἔδωκεν αὐτῷ κατὰ πρόσωπον ἐντολάς νόμον ζωῆς καὶ ἐπιστήμης διδάξαι τὸν Ιακωβ διαθήκην καὶ κρίματα αὐτοῦ τὸν Ισραηλ, "E gli (=Mosé) diede faccia a faccia i comandamenti, la Legge della vita e dell'intelligenza (perché) insegnasse a Giacobbe l'alleanza e i suoi decreti a Israele"). Questa breve riflessione sul binomio νόμος - ἐντολή permetterà una facilitazione nella comprensione sia della riflessione sapienziale (Sir$^{Gr}$ 35,1-4) sia di quella giuridico-morale (Sir$^{Gr}$ 35,6-7).

Chiarito il rapporto νόμος / ἐντολή, passiamo ora all'esegesi delle singole espressioni che esprimono l'osservanza della Legge in genere e in specie.

§2. *L'espressione ὁ συντηρῶν νόμον*
In questa espressione i vocaboli sono scelti con cura. Il verbo (συν)τηρέω[29] è un verbo con il quale il Siracide ha legato l'osser-

---

significato: dalla fiducia in una cosa apparentemente piana (rapporto persona-cosa), alla fiducia in se stessi (rapporto persona-se stessa), alla fiducia nella Legge (rapporto persona-trascendente). Esiste una buona convergenza tra la presente analisi letteraria e quella di MINISSALE, *La versione*, 87.

[28] SCHRENK, ἐντολή, coll. 585-586.

[29] Il verbo συντηρέω compare nel Siracide 15x (Sir$^{Gr}$ 2,15; 4,20; 6,26; 13,12.13; 15,15; 17,22; 27,12; 28,3.5; 35,1; 37,12; 39,2; 41,14; 44,20) e traduce sempre il verbo שָׁמַר (al Qal : Sir$^{Gr}$ 4,20; 15,15; 37,12; 44,20; al nifal: Sir$^{Gr}$ 13,30). Il significato fondamentale è *osservare scrupolosamente, custodire gelosamente nella memoria*. La voce di Riesenfeld (RIESENFELD, συντηρέω, coll. 1223-1224) non serve molto a comprendere l'uso del verbo nel Siracide perché sofferma la sua attenzione solo sul Nuovo Testamento dove il valore di *conservare nella memoria, ricordarsi, proteggere*, prevale su altri significati. In GELS, *ad locum*, viene dato il significato di *to keep or preserve closely* (cfr Tb 1,11), di *to keep close, to treasure up one's memory* (cfr Sir 39,2) e di *to observe strictly* (cfr Sir 2,15). Nei testi apocrifi greci dell'Antico Testamento compare 13x, di cui 9x nella *Lettera di Aristea*, e il significato oscilla da *osservare* (*Apocalisse greca di Baruc* 16,4) a *mantenere* (*Lettera di Aristea* 215,4), a *custodire* (*Lettera di Aristea* 157,2.5), ecc. Il verbo συντηρέω, poi, associato non a νόμος, ma a ἐντολή, si trova anche nell'*Apocalisse greca di Baruc* 16,4. Il brano, purtroppo, sembra essere una interpolazione cristiana (SACCHI, vol III, 232 n. 5).

vanza delle disposizioni (ἐντολή) e la misericordia verso il prossimo (Sir^Gr 29,1), tema già visto, almeno nella sostanza, in Sir^Gr 17,11-14. Il testo di Sir^Gr 29,1 così recita: ὁ ποιῶν ἔλεος δανιεῖ τῷ πλησίον καὶ ὁ ἐπισχύων τῇ χειρὶ αὐτοῦ τηρεῖ ἐντολάς, "Chi pratica la misericordia concede prestiti al prossimo e chi (lo) soccorre di propria mano osserva i comandamenti". Chi ha un rapporto di illimitato affidamento alla Legge (cfr Sir^Gr 32,24; 33,3), la osserva scrupolosamente perché l'ha tutta presente nella memoria (Sir^Gr 35,1) e, quindi, è capace di osservare accuratamente le sue singole parti, i comandamenti (Sir^Gr 29,1). Chi osserva i comandamenti ha verso il prossimo un atteggiamento di misericordia, esercitato non per interposta persona, ma direttamente. Anche il vocabolo νόμος posto all'inizio del brano sapienziale di Sir^Gr 35,1-4 ha un suo rilievo. Per il Siracide, infatti, il profondo legame con la Legge e l'osservanza meticolosa dei singoli comandamenti non è frutto di un formalismo giuridico-religioso, ma nasce da un mondo ben descritto in Sir^Gr 2,15-17 e in Sir^Gr 19,20. Coloro che non disobbediscono alle parole del Signore (οὐκ ἀπειθήσουσιν ῥημάτων αὐτοῦ), che seguono le sue vie (συντηρήσουσιν τὰς ὁδοὺς αὐτοῦ), che cercano di piacergli, che si saziano della sua Legge (ἐμπλησθήσονται τοῦ νόμου) e che umiliano la loro anima davanti a lui (ταπεινώσουσιν τὰς ψυχὰς αὐτῶν), sono coloro che lo temono (οἱ φοβούμενοι), lo amano (οἱ ἀγαπῶντες) e tengono pronti i loro cuori per lui (ἑτοιμάσουσιν καρδίας αὐτῶν). La pratica della Legge (ποίησις νόμου), poi, equivale a ogni sapienza e ogni sapienza (πᾶσα σοφία) non è altro che timore del Signore (φόβος κυρίου). Quanto appena detto, aiuta a comprendere meglio il valore dell'espressione ὁ συντηρῶν νόμον che indica l'*osservanza accurata* della Legge.

L'espressione, che è tipica del solo Siracide, ricompare ancora. La costruzione "συντηρέω. + νόμος[30]" si ritrova in Sir^Gr 44,20, dove

---

[30] Nel Siracide il termine νόμος è adoperato sia senza determinativi sia con determinativi, spesso rappresentati dai nomi ὕψιστος o κύριος. Solo in due casi c'è l'espressione νόμος ζωῆς (Sir^Gr 17,11; 45,5). Come legge di Mosè, la legge s'identifica fondamentalmente con il libro dell'alleanza (Sir^Gr 24,23; cfr 39,8).

si dice di Abramo ὃς συνετήρησεν νόμον ὑψίστου, "il quale custodì la Legge dell'Altissimo"[31]. Questo dato è di grande importanza perché ovviamente quel νόμος non è quello dell'alleanza del Sinai (Sir[Gr] 17,11), ma appartiene all'alleanza con Abramo[32]. L'espressione di Sir[Gr] 35,1, che apre il brano sapienziale, obbliga il lettore a collocare davanti alla sua mente la figura del patriarca come modello di colui che agisce secondo quanto espresso dal sapiente in Sir[Gr] 35,1-4. Contemporaneamente il lettore del Siracide può trovare, in questa proposta, un sostegno nella figura di Tobit. In Tb[BA] 14,9 si trova l'espressione non più con il verbo συντηρέω, ma con la forma semplice: τηρέω + (τὸν) νόμον. Il vecchio Tobit raccomanda al figlio: σὺ δὲ τήρησον τὸν νόμον καὶ τὰ προστάγματα, "Tu osserva la Legge e i precetti". Si può notare che la distinzione tra il νόμος e i singoli precetti è presente qui come nel Siracide. Ciò può indicare un pensiero condiviso, che, però, nel libro di Tobia non trova sviluppo teologico, mentre nel Siracide si evolve verso qualche cosa di nuovo: quella osservanza della Legge è un atto di culto.

### §3. *L'espressione ὁ προσέχων ἐντολαῖς*

Anche in questo caso la scelta del vocabolario è interessante. Mentre per ἐντολή si conoscono già le valenze, per προσέχω[33] bisogna soffermarsi un momento. Il suo significato oscilla tra *avvicinare* e *applicare, applicarsi* e, quindi, *osservare* o *adempiere*. Si tratta del verbo con cui il Siracide invita i discepoli a prestare attenzione alla Sapienza per vivere tranquilli (Sir[Gr] 4,15) e a tener conto nel cuore delle parole del maestro (Sir[Gr] 16,24; cfr Pr[LXX] 4,1.20). Questi due brani, non unici ma tra i più significativi, sono stati scelti per evidenziare l'innegabile sapore sapienziale del verbo.

---

[31] Dal contesto del versetto sembra che l'autore voglia alludere alla circoncisione.

[32] PAYNE, 186-187.

[33] Nel Siracide il verbo προσέχω viene usato 17x (Sir[Gr] 1,29; 4,15; 6,13; 7,24; 11,33; 13,8.13; 16,24; 17,14; 18,27; 23,27; 28,16.26; 29,20; 32,24; 35,2; 37,31) e traduce 4x il verbo שָׁמַר (Sir[H] 6,13; 13,8; 32,24; 37,31), altri 4 vocaboli ebraici (אָזַן: Sir[H] 4,15; נָצַר: Sir[H] 7,24; , גּוּר: Sir[H] 11,33; שִׂים: Sir[H] 16,24) e un'espressione, הָיָה זָהִיר (Sir[H] 13,13). Dogniez e Harl danno diversi significati: *prêter attention, être attentif* (DOGNIEZ – HARL, 58.122.135.197.211); CHANTRAINE, vol. II, 392.

L'espressione "προσέχω + ἐντολαῖς" ricorre nel Siracide 3x (Sir[Gr] 23,27; 32,24[34]; 35,2)[35] e viene usata in due contesti diversi. Nel primo contesto, dato da Sir[Gr] 23,22-28[36], c'è una netta contrapposizione tra l'adultera che ha disobbedito alla Legge dell'Altissimo (ἐν νόμῳ ὑψίστου ἠπείθησεν) e coloro che le sopravvivranno e faranno esperienza che non c'è nulla di più dolce dell'osservare i comandamenti (οὐθὲν γλυκύτερον τοῦ προσέχειν ἐντολαῖς κυρίου). Nel secondo contesto, dato da Sir[Gr] 32,24-33,1[37], Haspecker evidenzia il parallelismo tra chi confida nel Signore e chi lo teme: non subirà alcun danno e non incorrerà in alcun male. Costui è ὁ πιστεύων νόμῳ προσέχει ἐντολαῖς, "Chi, confidando nella Legge, è attento ai comandamenti". Sono tra loro interdipendenti il rapporto di confidenza e timore di Dio con l'attenzione ai comandamenti e la fiducia verso la Legge. Dietro, dunque, all'espressione ὁ προσέχων ἐντολαῖς, c'è una chiara contrapposizione contro coloro che sono stati definiti empi (cfr Sir[Gr] 34,22-23).

### §4. *L'espressione ἀνταποδιδοὺς χάριν*

È un'espressione tipica del Siracide (Sir[Gr] 30,6; 35,3) perché negli altri libri dei LXX non la si ritrova. Questo dato probabilmente ha portato gli autori ad esprimere le traduzioni più varie: da "Er sich gütig beweist" (Smend) a "Praticar a caridade" (Pereira)[38]. Questa disparità di opinioni suggerisce di sondare almeno tre ambiti: Che valore viene dato in Sir[Gr] 35,3 al verbo ἀνταποδίδωμι?

---

[34] Il verbo προσέχω traduce il verbo שָׁמַר (Sir[H] 32,24, ms B) oppure il verbo נָצַר (Sir[H] 32,24, mss E ed F). In ogni caso, qualunque delle due tradizioni costituissero la Vorlage del Siracide, egli ha voluto non tradurre ma interpretare il testo H che dice שומר נפשו (ms B) o נוצר נפשו (mss E ed F).

[35] Con la costruzione al genitivo compare anche in Esd[LXX] 19,34 (= Ne[Lat] 9,34): καὶ οὐ προσέσχον τῶν ἐντολῶν σου , "E non hanno adempiuto ai comandi…".

[36] Cfr BEENTJES, "Sirach 22:22-23:6", 144-151.

[37] Per il commento al testo HASPECKER, 262-268.

[38] A solo titolo di esempio si vedano: "Wer Liebe übt" (Peters), "A kindness repaid" (Snaith), "In works of charity" (Skehan - Di Lella), "Qui rend grâces" (Spicq), "Se montrer charitable" (Duesberg - Auvray), "el que hace favores" (Alonso Schökel), "mostrandosi benevoli" (Duesberg - Fransen), "Chi ricambia un favore" (Minissale).

Che valore viene dato in Sir$^{Gr}$ 35,3 al nome χάρις? Quale influenza ha il contesto nel comprendere l'espressione?

i) Il valore del verbo ἀνταποδίδωμι in Sir$^{Gr}$ 35,3

Nel Siracide il verbo ἀνταποδίδωμι[39], infatti, viene predicato sia dell'uomo sia di Dio. Escludendo i testi in esame (Sir$^{Gr}$ 35,3.13$^{2x}$), quando il verbo ἀνταποδίδωμι ha come soggetto l'uomo (Sir$^{Gr}$ 3,31; 7,28; 30,6; 36,20), indica prima di tutto il ricambio di un favore (Sir$^{Gr}$ 3,31). Indica anche l'impossibilità del contraccambio che un figlio ha nei confronti dei suoi genitori per la vita ricevuta (Sir$^{Gr}$ 7,28). Nel contesto dell'educazione del figlio (Sir$^{Gr}$ 30,1-13), in Sir$^{Gr}$ 30,6 il padre, lasciando un figlio educato bene, lascia un vendicatore per i nemici (suoi e/o del padre?) e uno capace di ricompensare gli amici (suoi e/o del padre?). In Sir$^{Gr}$ 36,25(22) si dice che un uomo dalla molta esperienza saprà ripagare un cuore perverso che causa dolori.

Quando, invece, il verbo ha per soggetto Dio (Sir$^{Gr}$ 17,23; 35,23.24), indica sempre la capacità divina di fare un giudizio equo nei confronti dell'uomo: Dio, infatti, ricompenserà l'uomo per il bene fatto (Sir$^{Gr}$ 17,23) o il malvagio per le sue azioni (Sir$^{Gr}$ 35,24) o le genti, spietate e violente, per quanto hanno fatto (Sir$^{Gr}$ 35,23).

Quando il soggetto è l'uomo e il destinatario è ancora l'uomo, il verbo ἀνταποδίδωμι equivale a contraccambiare il bene ricevuto, nel senso di esprimere riconoscenza[40]. Ciò accade solo in Sir$^{Gr}$ 3,31; 30,6 dove si potrebbe adottare, però senza rigidità, il significato di *ricambiare/rendere un favore* o *ricambiare/rendere un bene gra-*

---

[39] Il verbo ἀνταποδίδωμι viene adoperato 9x (Sir$^{Gr}$ 3,31; 7,28; 17,23; 30,6; 35,3.13$^2$.23.24; 36,20) e traduce due verbi, פָּעַל (Sir$^{H}$ 3,31) e שׁוּב (Sir$^{H}$ 35,13.23.24; 36,20), e un nome, תַּשְׁלוּמָה (Sir$^{H}$ 35,13). Il verbo greco contiene l'idea del contraccambio presente in ἀποδίδωμι e rinforzata dal prefisso ἀντί (Cfr Dogniez – Harl, 337, nota Dt 32,35; Buchsel, ἀνταποδίδωμι, coll. 1179-1180). Il verbo ha anche il significato di *far pagare*.

[40] Conzelmann – Zimmerli – Wilckens – Kelber, coll. 569. L'associazione ἀνταποδίδωμι + χάρις non si trova mai nei libri dei LXX, tranne che nel Siracide.

*tuitamente ricevuto*[41]. Non esiste nel Siracide il caso in cui il soggetto del verbo sia un uomo e il destinatario sia Dio. Nei LXX, invece, ciò accade almeno 3x, sulle circa 90x in cui il verbo compare: Dt$^{LXX}$ 32,6; 2Cr$^{LXX}$ 32,25; Sal$^{LXX}$ 115,3. Nel primo testo (Dt$^{LXX}$ 32,6) ci si interroga se il modo per ringraziare (ἀνταποδίδωμι) il Signore sia quello adoperato dal popolo, stolto e insipiente, commettendo peccati. In 2 Cr$^{LXX}$ 32,25 si dice che la riconoscenza di Ezechia verso Dio per lo scampato pericolo di morte non fu proporzionata. Infine, in Sal$^{LXX}$ 115,3, l'orante si chiede che cosa può rendere a Dio per ciò che ha ricevuto: alzerà il calice della salvezza e invocherà il nome del Signore. Dall'esplorazione di questi tre testi si ricavano almeno due dati. Il primo riguarda la possibilità che in Sir$^{Gr}$ 35,3 si intenda rendere grazie a Dio[42]. Si tratterebbe, però, dell'unico caso nel Siracide. Il secondo dato riguarda il contraccambio dell'uomo nei confronti di Dio: il popolo non lo contraccambia, Ezechia lo contraccambia in modo non adeguato e il salmista non offre a Dio se non il riconoscimento per ciò che ha ricevuto. Sembra che il testo biblico Gr non pensi a un vero contraccambio dell'uomo verso Dio, quanto piuttosto a una riconoscenza. A Dio, dunque, si può *rendere*[43] *la propria riconoscenza / il proprio ringraziamento*. Il verbo ἀνταποδίδωμι nel rapporto tra l'uomo e Dio potrebbe indicare, più semplicemente, *rendere grazie*. Questo potrebbe essere il significato dell'espressione ἀνταποδιδοὺς χάριν di Sir$^{Gr}$ 35,3,

---

[41] Come si vedrà poco più avanti, il vocabolo χάρις esprime senz'altro una serie piuttosto ampia di significati, da "riconoscenza" fino ad arrivare al senso di "rispetto", per esempio, verso l'anziano (cfr ESCHILO, *Coefore* 180,117). Non è, però, possibile associare questo significato di χάρις (rispetto) al verbo ἀνταποδίδωμι. Il verbo, infatti, esprime non una gratuità, ma in un certo qual modo il saldo di un debito morale (riconoscere / ricambiare).

[42] Peters rifiuta in Sir$^{Gr}$ 35,2 il significato di ricompensa/riconoscenza e preferisce tradurre "wer Liebe übt". Ci sono, però, autori, per lo più legati al testo Lat, che preferiscono esprimere la riconoscenza verso Dio (Arnald, Mancini - Martini, Lesètre, Fillion, Glaire - Vigouroux, Girotti e Pérez Rodríguez). La stragrande maggioranza degli autori preferisce, tuttavia, rimanere sul senso della gratitudine, ma senza specificare il destinatario.

[43] Nei confronti di Dio non si può, ovviamente pensare a un contraccambio. È, perciò, quanto meno inadatto il significato di *contraccambiare*.

se il contesto preciserà che si tratta di una azione dell'uomo verso Dio. Se, invece, si tratta di una azione dell'uomo verso l'uomo, l'espressione in Sir^Gr 35,3 avrebbe il valore di *ricambiare un favore* (Sir^Gr 35,3), significato molto vicino a *ricambiare un bene gratuitamente ricevuto* che viene assunto dall'espressione in Sir^Gr 3,31; 30,6.

ii) Il valore di χάρις in Sir^Gr 35,3

Il significato del vocabolo χάρις[44] ha sfumature anche di un certo spessore e ciò dipende dalle associazioni. Quando il vocabolo è in associazione con il verbo εὑρίσκω, significa fondamentalmente *grazia* (cfr Sir^Gr 3,18; 41,27; 45,1). Quando, invece, χάρις si colloca nell'area del bello, significa *graziosità, grazia, bellezza* (cfr Sir^Gr 24,16; 26,13.15), oppure, se si colloca nell'area del bene, può significare *favori, generosità* o *gratitudine* (cfr Sir^Gr 17,22; 20,13;16), *bontà* (cfr Sir^Gr 7,19) e *bene* (cfr Sir^Gr 8,19). Quando χάρις, invece, si associa a ἀνταποδίδωμι, vanno senz'altro lasciati da parte i significati legati all'area del bello e vanno privilegiati i significati dell'area semantica del bene (*favori, generosità, gratitudine, riconoscenza, bontà, bene*). È ovvio che in questo caso il contesto ha un ruolo determinante per il significato non solo di χάρις, ma anche dell'espressione ἀνταποδιδοὺς χάριν nel suo insieme.

iii) Sir^Gr 35,1-7 come contesto prossimo di Sir^Gr 35,3

Nella presente analisi è opportuno suddividere il concetto di contesto in due parti: il contesto semantico e il contesto sintattico-grammaticale.

Per quanto riguarda il contesto semantico prossimo, cioè la strofa centrale del "Trattato sulle offerte" (Sir^Gr 35,1-7), si può notare come il testo enumeri situazioni che illustrano il rapporto

---

[44] Il vocabolo χάρις compare nel Siracide 41x, sia come nome sia come preposizione (cfr Sir^Gr 12,1; 19,25; 20,23; 27,1; 29,7.9; 31,6.17; 32,2; 34,12; 35,7; 37,5; 38,17), ma in associazione con ἀνταποδίδωμι solo 3x (Sir^Gr 3,31, unico caso in cui c'è il testo H e traduce פָּעַל טוֹב ; 30,6; 35,3). Nei LXX compare poco più di 160x e in genere traduce חֵן. L'area semantica del vocabolo è piuttosto ampia: *grazia, bellezza, favore, benevolenza, riconoscenza, gratitudine, piacere, gioia,* ecc. (cfr CONZELMANN - ZIMMERLI - WILCKENS - KELBER, coll. 528-606; CHANTRAINE, vol. II, 1247-1248).

dell'uomo (giusto) verso Dio: osservare la Legge, adempiere i comandamenti, astensione dalla malvagità e dall'ingiustizia. Questa semplice osservazione indurrebbe ad interpretare l'espressione ἀνταποδιδοὺς χάριν come qualche cosa che illustra un rapporto con Dio e, dunque, esprime la riconoscenza verso Dio[45]. Questa possibilità teoricamente valida, resta tuttavia non praticabile perché l'espressione ἀνταποδιδοὺς χάριν è in parallelismo con l'espressione che fa da soggetto in Sir[Gr] 35,4: ὁ ποιῶν ἐλεημοσύνην. Poiché il termine ἐλεημοσύνη – come si vedrà fra poco – indica nel Siracide o la misericordia di Dio per l'uomo o l'elemosina / misericordia dell'uomo per l'uomo e mai quella dell'uomo per Dio, diventa chiaro che ἀνταποδιδοὺς χάριν e ὁ ποιῶν ἐλεημοσύνην indicano due azioni dell'uomo verso l'uomo. Questa riflessione è complementare a quanto già emerso nell'analisi della struttura che vede in Sir[Gr] 35,1-4 due piccole strutture parallele: Sir[Gr] 35,1-2 e Sir[Gr] 35,3-4. La distinzione è chiara: in Sir[Gr] 35,1-2 l'espressione ἀνταποδιδοὺς χάριν dovrebbe equivalere a *colui che contraccambia un favore*[46].

Per quanto riguarda, invece, il contesto sintattico-grammaticale, l'espressione ἀνταποδιδοὺς χάριν viene sempre trattata dagli autori come soggetto di una frase nominale con il verbo "essere" sottinteso e con προσφέρων σεμίδαλιν come parte nominale. Se si osserva bene il testo di Sir[Gr] 35,1-4, si nota che in Sir[Gr] 35,1.2.4 il soggetto è preceduto dall'articolo. Nelle due frasi nominali di Sir[Gr] 34,2.4, dove la copula è sottintesa, la parte nominale (θυσιάζων σωτηρίου / θυσιάζων αἰνέσεως) è senza articolo, sebbene in un caso preceda il soggetto e nel secondo lo segua. C'è da chiedersi come mai l'autore abbia contravvenuto a questa regola, costruendo in Sir[Gr] 35,3 la frase senza l'articolo davanti all'elemento che potrebbe essere il soggetto presunto (ἀνταποδιδοὺς χάριν). La risposta potrebbe trovarsi

---



332

nella libertà con cui il traduttore elabora il suo lavoro. Il traduttore, infatti, ha rispettato la regola dell'articolo davanti al soggetto in Sir[Gr] 34,24.25.27; 35,1.2.4, ma in qualche modo si è dato la libertà di disattenderla in Sir[Gr] 34,21.22; 35,5. Dato che in Sir[Gr] 35,1.2.4 la parte nominale è quella che esprime la dimensione cultica, si può presumere che in Sir[Gr] 35,3 ἀνταποδιδοὺς χάριν sia il soggetto e προσφέρων σεμίδαλιν (area del culto) sia la parte nominale. Così, infatti, è stato letto dagli autori. Questa sembra essere una possibilità, che in Sir[Gr] 34,3 vede la mancanza dell'articolo come semplice variante stilistica già adoperata dal traduttore.

Resta, tuttavia, un problema: perché il Siracide lega la χάρις all'osservanza dell'ἐντολή (Sir[Gr] 35,7)?

iv) La χάρις legata all'osservanza dell'ἐντολή (Sir[Gr] 35,7)

Appare strano il fatto che tutto ciò che si trova in Sir[Gr] 35,1-6 venga qualificato come un insieme di comportamenti voluti dal comandamento divino (Sir[Gr] 35,7)[47]: πάντα γὰρ ταῦτα χάριν ἐντολῆς, "tutte queste cose sono fatte grazie a comandamento". Il problema ovviamente non si pone per l'espressione χάριν ἐντολῆς, dove χάριν è un semplice accusativo preposizionale. Il problema, invece, si pone sull'espressione ἀνταποδιδοὺς χάριν (Sir[Gr] 35,3), dove la χάρις sarebbe in qualche modo legata a una ἐντολή (Sir[Gr] 35,7). Nei testi del Pentateuco non c'è una ἐντολή che indichi un comportamento obbligato alla χάρις. Si trovano piuttosto molti esempi di come l'uomo abbia ottenuto grazia davanti a Dio (cfr Gen[LXX] 6,8) o davanti a un uomo (cfr Gen[LXX] 47,9) e come Dio abbia donato grazia all'uomo (cfr Es[LXX] 3,21). Come mai il Siracide lega la χάρις all'ἐντολή? Una linea di soluzione si potrebbe trovare nel fatto che il termine χάρις compare con una certa abbondanza nei testi sapienziali (72x sulle complessive 164x che compare nei LXX)[48]. Nei testi sapienziali, precisamente in Pr[LXX] 10,28-31, ci sono degli stichi che parlano di

---

[47] Qui viene data per scontata la conclusione dell'analisi che si farà per Sir[Gr] 35,7.

[48] C'è di più: nel Siracide compare 41x sulle complessive 72x in cui è presente nei testi sapienziali.

uomini giusti / uomo giusto / uomo retto in antitesi con empi / malfattori. Il giusto non vacillerà mai, la sua bocca esprime sapienza, mentre χείλη ἀνδρῶν δικαίων ἀποστάζει χάριτας, "le labbra degli uomini giusti distillano grazie" (Pr^LXX 10,32). La χάρις è legata agli uomini che hanno la caratteristica di essere "giusti". In questo caso si tratta di qualche cosa di profondo nell'uomo che si esprime in parole come in Pr^LXX 10,32 oppure in fatti come, con ogni probabilità, avviene in Sir^Gr 35,3. Ciò che interessa in questo momento è il legame tra χάρις e l'uomo δίκαιος, che nel trattato sui sacrifici compare in Sir^Gr 35,8. Per capire in modo breve e sintetico il concetto di δίκαιος nel Siracide, è sufficiente vederne le antitesi. Esiste una certa antitesi nel contesto successivo al "Trattato sulle offerte", in Sir^Gr 35,21-26, dove i δίκαιοι (Sir^Gr 35,22) sono contrapposti agli ἀνελεημόνοι (Sir^Gr 35,20), i senza-misericordia, agli ὑβριστοί (Sir^Gr 35,21), gli spietati, e gli ἀδίκων (Sir^Gr 35,23), gli ingiusti[49]. Nel "Trattato sulle offerte" si trova una forte antitesi fra il protagonista dell'ultima strofa irregolare (Sir^Gr 35,8-20), cioè l'ἀνήρ δίκαιος, le cui offerte fanno colare di grasso l'altare e il cui sacrificio è gradito a Dio, e i protagonisti della prima strofa irregolare (Sir^Gr 34,21-31), cioè gli ἄνομοι (Sir^Gr 34,22), i senza-Legge, e gli ἀσεβεῖς (Sir^Gr 34,23), gli empi. Per il Siracide, dunque, da una parte si colloca l'uomo giusto e dalla parte opposta, l'uomo ingiusto, che equivale a "senza-misericordia", "spietato", "empio" e "senza-Legge". Questi ultimi due elementi, in modo particolare, sono importanti, per la presente analisi. Non ci può essere χάρις in chi è "empio" e "senza-Legge". Per questa ragione la χάρις è una conseguenza delle scelte di colui che, essendo giusto, ha un rapporto di amore obbedienziale verso Dio, lo ama, cerca di piacergli, segue le sue vie, si sazia della sua Legge, tiene pronto il suo cuore e umilia la sua anima davanti a lui (cfr Sir^Gr 2,15-17). In breve, non c'è χάρις senza l'osservanza delle ἐντολαι. Meglio ancora, si potrebbe dire che la χάρις è presente in ὁ προσέχων ἐντολαῖς (Sir^Gr 35,2).

---

[49] Il testo di Sir^Gr 35,21-31 è stato analizzato nel terzo capitolo.

### §5. *L'espressione* ὁ ποιῶν ἐλεημοσύνην

Anche in questo caso bisogna ricordare che l'ἐλεημοσύνη[50] ricade dentro all'area dell'ἐντολή (Sir[Gr] 35,7). È già stato visto nel capitolo dedicato alla struttura come l'espressione ποιέω + ἐλεημοσύνην sia un'espressione che si trova nel Pentateuco[51] solo 3x: Gen[LXX] 47,29; Dt[LXX] 6,25; 24,13. Nel primo caso il patriarca Giacobbe chiede al figlio Giuseppe l'atto di pietà[52] (ἐλεημοσύνη = חֶסֶד) di evitargli la sepoltura in Egitto. In Dt[LXX] 6,25 l'ἐλεημοσύνη, che traduce צְדָקָה, consiste nella compassione divina verso il suo popolo se metterà in pratica πάσας τὰς ἐντολάς, "tutti i comandamenti"[53], mentre in Dt[LXX] 24,13 la restituzione del pegno al povero prima dell'imbrunire sarà valutata davanti a Dio come ἐλεημοσύνη, cioè un atto di giustizia[54]. Anche in quest'ultimo caso ἐλεημοσύνη traduce צְדָקָה. Nel Siracide, purtroppo, mai ἐλεημοσύνη traduce חֶסֶד, mentre la traduzione צְדָקָה - ἐλεημοσύνη - è frequente[55] (ms. A: Sir[H] 3,14a.30b; 7,10b; 12,3b; 16,14b; 44,13; ms: B: Sir[H] 40,24b[marg]; 40,17b; 51,30a; ms M: Sir[H] 40,17b; ms C : Sir[H] 3,14a). A prima vista sembrerebbe che il Siracide segua le orme del Deuteronomio. Tuttavia questo legame con il Deuteronomio va precisato. Certamente nel Siracide si trovano degli stichi dove è illustrata l'ἐλεημοσύνη di Dio verso il suo popolo (Sir[Gr] 16,14; 17,29; 31,11), come in Dt[LXX] 6,25, ma è molto più abbondante il numero degli stichi dove l'ἐλεημοσύνη è dell'uomo verso l'uomo[56], tematica presente in Dt[LXX] 24,13. Ovviamente non esi-

---

[50] Bultmann, coll. 420-423.

[51] Nel resto dei libri dei LXX si trova nei Salmi (cfr Sal[LXX] 103,6) e in modo particolare in Tobia (Tb[BA] 4,7³.8².16²; 7,6[solo nel cod. S]; 12,8.9; 13,8; 14,2.8[solo nel cod. S].10).

[52] Harl, 301 (n. 47,9).

[53] Per questo significato di ἐλεημοσύνη si veda Dogniez- Harl, 158.

[54] Ibidem, *ad locum*.

[55] In Sir[H/Gr] 40,24 c'è l'equivalenza צדק - ἐλεημοσύνη, ma nella nota marginale del testo H si ritrova צדקה.

[56] Sir[Gr] 3,14: pietà verso il padre; Sir[Gr] 3,30: elemosina espia i peccati; Sir[Gr] 7,10: non trascurare di fare l'elemosina; Sir[Gr] 12,3: nessun contraccambio dell'Altissimo a chi non fa l'elemosina; Sir[Gr] 17,22: l'elemosina come distintivo; Sir[Gr] 29,8: elemosina immediata al misero; Sir[Gr] 29,12: l'elemosina come liberatrice delle disgrazie; Sir[Gr] 31,11: l'assem-

ste l'ἐλεημοσύνη dell'uomo verso Dio. È interessante notare come in Sir[Gr] 7,10; 35,4 si esprime lo stesso concetto che viene espresso nel libro di Tobia più volte, insistentemente: *fare l'elemosina*. Alle spalle di tutto questo potrebbe esserci Pr[LXX] 19,17: δανίζει θεῷ ὁ ἐλεῶν πτωχόν κατὰ δὲ τὸ δόμα αὐτοῦ ἀνταποδώσει αὐτῷ, "Presta a Dio chi usa misericordia con il povero e (Dio) gli restituirà il contraccambio". Ma non va dimenticato nemmeno Tb[S] 7,6, dove Raguele dice a Tobia che suo padre è un ἀνὴρ δίκαιος καὶ ποιῶν ἐλεημοσύνας, "un uomo giusto e che fa elemosine". L'ultima espressione che indica la pratica della Legge, allude con chiarezza al fatto che la pratica dell'elemosina manifesta l'uomo giusto. Ancora una volta c'è una non tanto velata contrapposizione con gli uomini senza-Legge ed empi, che invece di donare sottraggono al prossimo (Sir[Gr] 34,21-27).

b. Gli elementi che rappresentano le equivalenze cultiche

La rastremazione presente nelle azioni che manifestano il rispetto della Legge, non si trova nelle equivalenti azioni di culto. Ciò indica che il Siracide è interessato ad elencare più le prime che le seconde. In altre parole, al Siracide interessano le osservanze della Legge a vari livelli per poterle far equivalere a diversi atti cultici senza che questi vengano qualificati per la loro importanza. Gli atti cultici sono quattro, due dei quali (Sir[Gr] 35,2.4) sono retti dallo stesso verbo, θυσιάζω.

§1. *L'espressione* πλεονάζει προσφοράς[57]
L'espressione è unica nei libri dei LXX. Nel Siracide il verbo πλεονάζω[58] ricorre solo 3x (Sir[Gr] 20,8; 23,3; 35,1) ed è, purtroppo,

---

blea celebra le elemosine di chi non pecca; Sir[Gr] 40,17: l'elemosina dura sempre; Sir[Gr] 40,24: i fratelli salvano, l'elemosina di più.

[57] Per il vocabolo προσφοράς si veda quanto detto nel capitolo riguardante Sir[Gr] 34,21.

[58] DELLING, πλεονάζω, coll. 575-586. Propone per πλεονάζω in Sir[Gr] 35,1 *rendere numeroso*. CHANTRAINE, vol II, 913 arrischia, per Sir[Gr] 35,1, di essere deviante (*être abondant, excessif, excéder* en parlant de personnes *en faire trop, dépasser les bornes*). GELS, 496

senza equivalente ebraico. In Sir^Gr 20,8 il verbo indica l'abbondanza delle parole (ὁ πλεονάζων λόγῳ), mentre in Sir^Gr 23,3 indica l'aumento del numero dei peccati (αἱ ἁμαρτίαι μου πλεονάσωσιν). Nei libri dei LXX viene usato 28x con significati che spaziano da *essere superfluo* a *essere sovrabbondante*, ecc. Quando è usato come transitivo significa *accrescere*[59]. Si può dire in generale, ma in modo specifico nel Siracide, che πλεονάζω indica un concetto di abbondanza numerica e potrebbe essere reso con il verbo *moltiplicare*. Tale scelta è avvalorata da un buon numero di autori[60]. Sembra che il pensiero del Siracide intenda dire che l'osservanza scrupolosa della Legge equivale a un numero sovrabbondante di offerte: *Colui che osserva (accuratamente) la Legge moltiplica le offerte.*

§2. *Le espressioni* θυσιάζων σωτηρίου *e* θυσιάζων αἰνέσεως

Queste due espressioni sono espressioni sintetiche di forme più ampie. Gli autori hanno suggerito alcuni testi come Sir^Gr 47,2[61] o 1Cr^LXX 16,1-2[62] per chiarire le espressioni di Sir^Gr 35,2.4. Si tratta di testi che possono aiutare a capire il significato di σωτήριον, ma non la costruzione presente in Sir^Gr 35,2.4. Un testo illuminante per chiarire le due espressioni in esame può essere 2Cr^LXX 33,16:

---

presta attenzione a Sir^Gr 23,3 (*to abound*), a Sir^Gr 20,8 (*he that is abundant in word*), ma non propone niente per Sir^Gr 35,1.

[59] Delling, 580-581.

[60] Ledrain, Fillion, Glaire-Vigouroux, Box – Oesterley, Spicq, Duesberg – Auvray, Bruguera – Díaz, Pereira, Sauer. Molti altri preferiscono trasportare il concetto in un aggettivo o avverbio seguente: Mancini – Martini ("Fa molte obblazioni [sic!]"), Reuss ("Fait des riches offrandes"), Blunt ed Edersheim ("Bringeth offerings enough"), Lesètre ("C'est faire de nombreux sacrifices"), Churton ("Thou shalt suffice"), Zöckler ("Bringt reichlich Opfergaben"), Keel, Eberharter, Peters, Hamp e Schilling ("Bringt viele Opfer dar"), Crampon ("C'est faire de nombreuses oblations"), Smend ("Bringt ein reichliches Opfer"), Luzzi ("È lo stesso che fare molte offerte"), Girotti ("Fare molte oblazioni"), Duesberg – Fransen ("Si portano molte offerte"), Pérez Rodríguez ("Ofrece ricas ofrendas"), Alonso Schökel ("Hace una buena ofrenda"), Skehan – Di Lella ("Is a great oblation") e MacKenzie ("Makes many offerings"). Come è stato già visto, Snaith, Lesètre e Crampon preferiscono esplicitare il valore di equivalenza: " Is worth many offerings". Solo Minissale ha scelto stranamente una forma comparativa: "Val più dei sacrifici".

[61] Fritzsche, Reuss e Spicq.

[62] Box – Oesterley e Spicq.

καὶ κατώρθωσεν τὸ θυσιαστήριον κυρίου
καὶ ἐθυσίασεν ἐπ' αὐτὸ θυσίαν σωτηρίου καὶ αἰνέσεως
καὶ εἶπεν τῷ Ιουδα
τοῦ δουλεύειν κυρίῳ θεῷ Ισραηλ[63]

L'espressione in 2Cr$^{LXX}$ 33,16b è fondamentalmente identica alle due che si trovano nel Siracide, dove il verbo θυσιάζω è associato ai due nomi, σωτήριον e αἴνεσις. Il Siracide usa la stessa espressione, sopprimendo il nome θυσία, che funge da complemento oggetto. Il verbo θυσιάζων, infatti, non regge il genitivo (σωτηρίου / αἰνέσεως):

| 2Cr$^{LXX}$ 33,16 | Sir$^{Gr}$ 35,2.4 |
|---|---|
| - ἐθυσίασεν…θυσίαν σωτηρίου | - θυσιάζων (θυσίαν) σωτηρίου |
| - καί (ἐθυσίασεν…θυσίαν) αἰνέσεως | - θυσιάζων (θυσίαν) αἰνέσεως |

Per quanto riguarda, invece, i due nomi, σωτήριον e αἴνεσις, adoperati dal Siracide, ci sono alcune osservazioni da fare. Si tratta di un vocabolario tecnico per dei particolari sacrifici ebraici[64].

Il Siracide Gr adopera il termine σωτήριον 3 x (Sir$^{Gr}$ 35,1; 39,18; 47,2), ma con due significati diversi. In Sir$^{Gr}$ 39,18 lo adopera con il significato di *aiuto, salvezza* (in ebraico, infatti, c'è il vocabolo תְּשׁוּעָה, *aiuto divino, salvezza*), mentre in Sir$^{Gr}$ 35,1; 47,2 con il valore cultico del *sacrificio (di comunione)*. In questi due ultimi casi il Siracide non ha il corrispondente testo H, ma si sa dalla traduzione dei LXX che l'espressione θυσία σωτηρίου indica lo זֶבַח שְׁלָמִים, il *sacrificio di comunione* (Lv$^{LXX}$ 3,1; 19,5; 22,21; Nm$^{LXX}$ 6,17)[65]. Una possibile

---

[63] "(Il re Manasse) restaurò l'altare del Signore e su di esso offrì un sacrificio di salvezza e di lode e disse a Giuda di servire il Signore, Dio d'Israele ".

[64] Cfr l'opera di Cardellini.

[65] Daniel, 275-287.295-297 (queste ultime tre pagine sono utilissime per la presente ricerca).

traduzione dell'espressione θυσιάζων σωτηρίου potrebbe essere *uno che offre un sacrificio di comunione*.

Il termine αἴνεσις, invece, viene adoperato dal Siracide 3x, due delle quali con il significato di *lode* o *confessione di riconoscenza* (Sir[Gr] 39,15; 51,29[66]) e una con significato sacrificale (Sir[Gr] 35,4). In Sir[Gr] 35,4; 39,15 manca, purtroppo, l'originale ebraico. In Sir[Gr] 35,4 è importante tener presente ciò che dicono Harlé e Pralon: "Le mot *aínesis*, «reconnaissance», équivalent de l'hébreu *tod_h*, «louange», «reconnaissance», est une innovation des traducteurs; ce mot n'est pas attesté en dehors de la LXX. Il a été choisi parce qu'il rendait mieux compte que *aínos*, «louange», en grec classique, du sens complexe de *tod_h* avec ses deux significations conjointes, «gratitude» et «proclamation» (cf. note de S. Daniel à Philon, *Spec.* I,224)"[67]. Quanto detto è illuminante, ma incompleto. In Lv[LXX] 7,12 ci si trova davanti sia al vocabolo usato in senso assoluto (ἐὰν μὲν περὶ αἰνέσεως προσφέρῃ αὐτήν, "Se, dunque, la offre come lode"), sia al vocabolo in associazione con θυσία (καὶ προσοίσει ἐπὶ τῆς θυσίας τῆς αἰνέσεως ἄρτους ἐκ σεμιδάλεως ἀναπεποιημένους ἐν ἐλαίῳ λάγανα ἄζυμα διακεχρισμένα ἐν ἐλαίῳ καὶ σεμίδαλιν πεφυραμένην ἐν ἐλαίῳ, "Offrirà in sacrificio di lode pani di fior di farina preparati con olio, focacce azzime spalmate di olio e fior di farina intriso di olio"). L'espressione θυσία τῆς αἰνέσεως è la versione dell'ebraico זֶבַח הַתּוֹדָה. Non si tratta di un sacrificio a sé stante, ma di uno dei tre tipi di זֶבַח שְׁלָמִים. Gli altri due sono נֶדֶר e נְדָבָה (Lv[H] 7,16)[68]. L'espressione θυσία (τῆς) αἰνέσεως compare nei libri dei LXX 7x (Lv[LXX] 7,12.13.15; Sal[LXX] 49,14.23; 106,22; 115,8), mentre l'espressione θυσία καὶ αἰνέσεως 2x (2Cr[LXX] 29,31[2x]) come l'espressione θυσία σωτηρίου καὶ αἰνέσεως 2x (2Cr[LXX] 33,16[69]; 1Mac 4,56). In Lv[LXX] 3,13-15 ci sono le norme per il *sacrificio di lode*, il quale sembra essere accompagnato da un'offerta, chiamata

---

[66] In Sir[H] 51,29 c'è שִׁירָה, *canto*, *carme*.

[67] HARLÉ - PRALON, 108 (commento a Lv 7,12). È senz'altro strano che Daniel non tratti per esteso il problema del sacrificio θυσία (τῆς) αἰνέσεως.

[68] "I confini fra le tre speci sono, però, imprecisi", dice giustamente DE VAUX, 406. Si vedano anche RENDTORFF, 30; HARTLEY, 99.

[69] Nel TM c'è il plurale: זִבְחֵי שְׁלָמִים וְתוֹדָה.

מִנְחָה, e composta da "pane lievitato e di focacce senza lievito, una delle quali è prelevata per Yahve e attribuita al sacerdote"[70]. In Sal^LXX 49,14.23 il sacrificio di lode è legato in qualche modo a una confessione dei peccati. È legato, invece, a un ringraziamento per lo scampato pericolo (di morte) in Sal^LXX 106,22 e in Sal^LXX 115,8. Dopo la purificazione del tempio (2Cr^LXX 29,18-19) e dopo l'olocausto e il sacrificio espiatorio (2Cr^LXX 29,21-24), il re Ezechia ordina che vengano portate le "vittime e i sacrifici di lode" (2Cr^LXX 29,31), che successivamente sembrano essere degli olocausti (2Cr^LXX 29,32): in questo caso l'espressione indica gli animali del sacrificio e non l'azione sacrificale. Infine, in 1Mac 4,56 il sacrificio di lode viene compiuto, insieme agli olocausti e al sacrificio di salvezza, per la purificazione e la dedicazione del tempio (1Mac 4,36), profanato dai "pagani" (cfr 1Mac 4,45: i Seleucidi o, più precisamente, Antioco IV Epifane). Si tratta di un sacrificio straordinario, legato o a fatti eccezionali associati al tempio o a eventi particolari della vita dell'individuo. Una buona traduzione dell'espressione θυσιάζων αἰνέσεως potrebbe essere *uno che offre un sacrificio di lode*.

### §3. L'espressione προσφέρων σεμίδαλιν

Si tratta di una espressione costruita con un verbo poco usato dal Siracide, προσφέρω (Sir^Gr 7,9; 35,3[71]). In ambedue i casi si colloca in ambito cultico. Indica l'atto cultico dell'offerta in genere (Sir^Gr 7,9) oppure l'atto specifico della presentazione dell'offerta (Sir^Gr 35,3). Anche negli altri libri dei LXX è usato prevalentemente in ambito cultico[72], dove compare circa 160x e di norma traduce il verbo קָרַב (spesso all'*hifil*). Il significato sia negli altri libri dei LXX sia nel Siracide oscilla tra *offrire in sacrificio* o *presentare in sacrificio*. Per Sir^Gr 35,3 sembra opportuno optare per *offrire*

---

[70] De Vaux, 407.

[71] Cfr Daniel, 122.130.151.157; Dorival, *Les Nombres*, 53.248.249-250.332.353.491; Weiss, προσφέρω, coll. 997-1006 (spec. 997-999). Viene adoperato anche in Sir^Prolog 22.24.

[72] Weiss, προσφέρω, coll. 997-1006 (spec. 997-999).

*in sacrificio* perché le identificazioni che sta facendo l'autore si riferiscono ad azioni complete e non parziali o incipienti.

L'altro nome che costituisce l'espressione è σεμίδαλις[73]. Indica normalmente la "farina di frumento della migliore qualità"[74] e viene usato dal Siracide solo 3x (Sir[Gr] 35,3; 38,11; 39,26) e purtroppo manca dell'equivalente ebraico. Il nome σεμίδαλις viene usato in ambito profano e in ambito sacro. Si tratta di farina di grano (σεμίδαλις πυροῦ), che, insieme all'acqua, al fuoco, al ferro, al sale, al latte, al miele, al succo d'uva, all'olio e al vestito, costituisce ciò che è essenziale alla vita dell'uomo (Sir[Gr] 39,26). In ambito sacro, più precisamente cultico, è un elemento delle offerte, insieme all'incenso (εὐωδία) e ad altre offerte pingui (προσφορά), fatte dal malato, prima di chiamare il medico (Sir[Gr] 38,11). Trattandosi di farina della migliore qualità, si può scegliere di esprimere σεμίδαλις con *fior di farina*.

I due nomi, piuttosto rari nel Siracide, formano, però una espressione, προσφέρω σεμίδαλιν, che è conosciuta nei libri dei LXX, sebbene in forma molto limitata: 2Mac 1,8[75]. In 2Mac 1,8, accanto all'accensione delle lampade e alla presentazione dei pani per il ripristino del culto dopo l'apostasia di Giasone, si trovano due atti offertoriali, la θυσία (עֹלָה), e la σεμίδαλις (מִנְחָה)[76]. Daniel ritiene che anche in Sir[Gr] 34,3 σεμίδαλις equivalga all'ebraico

---

[73] MARX, 62-64; DANIEL, 204.207.208.214.222.232.257 (spec. 222). Nei libri dei LXX σεμίδαλις compare circa 65x e traduce l'ebraico סֹלֶת (solo in due casi, Gen[LXX] 18,6 e 1Sam[LXX] 1,24, traduce קֶמַח).

[74] DORIVAL, *Les Nombres*, 257-258 (nota a Nm 7,13).

[75] L'espressione φέρω σεμίδαλιν si trova in Is[LXX] 1,13, mentre in Is[LXX] 66,3 c'è l'espressione ἀναφέρω σεμίδαλιν.

[76] L'equivalenza tra espressione greca e nome ebraico è di Daniel. Dopo aver esaminato le equivalenze greche di מִנְחָה nel Pentateuco greco (202-211) e negli altri libri dei LXX (211-221), l'autrice esamina le equivalenze negli Apocrifi e nelle versioni del II secolo (221-223). Per quanto riguarda 2Mac 1,8, scrive: "Mais quand les deux rites quotidiens sont évoqués en II Mac. 1,8, avec les lampes et les pains de proposition, c'est 'ôlâh que raprésente θυσία, tandis que *minh âh* devient σεμίδαλις: προσηνέγκαμεν θυσίαν καὶ σεμίδαλιν καὶ ἐξήψαμεν τοὺς λύχνους καὶ προεθήκαμεν τοὺς ἄρτους" (DANIEL, 222).

מִנְחָה[77]. Il che è probabile, visto Lv[LXX] 2,1-2. Tuttavia sarebbe opportuno avere una certa prudenza per almeno tre ragioni. Nei LXX non sempre מִנְחָה equivale a σεμίδαλις[78]. Inoltre, non avendo il testo H di Sir[Gr] 35,2, sarebbe forse più prudente lasciar perdere le equivalenze. Infine, in Sir[Gr] 45,14, sebbene sia un testo corrotto, si può ipotizzare che מִנְחָה venga reso con θυσία. Identificare, dunque, con sicurezza σεμίδαλις con מִנְחָה non sembra del tutto attendibile anche se ipoteticamente verisimile. Per Sir[Gr] 35,3 la traduzione più attendibile potrebbe essere[79]: *Chi contraccambia un favore (è) uno che offre (un sacrificio di) fior di farina.*

c. La visione d'insieme: impegno morale e atti di culto

Il testo di Sir[Gr] 35,1-4, esaminato a livello esegetico per parti, costituisce l'unità sapienziale della seconda strofa del "Trattato sulle offerte" e ha nel suo insieme la seguente fisionomia:

Sir 35,1    Colui che osserva (accuratamente) la Legge moltiplica le offerte.

    2    Uno che offre un sacrificio di comunione (è) colui che adempie
        [(i) comandamenti.

    3    Chi contraccambia un favore (è) uno che offre (un sacrificio di)
        [fior di farina

    4    e colui che fa l'elemosina (è) uno che offre un sacrificio di lode.

Il linguaggio con cui il Siracide si esprime è un linguaggio molto personale che poco deve al linguaggio dei libri dei LXX.

---

[77] DANIEL, 222.

[78] Osservando con attenzione le concordanze, si nota che il vocabolo ebraico viene tradotto dai libri dei LXX da tredici vocaboli, tra vere e proprie traduzioni e tentativi più o meno riusciti di traslitterazione (δῶρον, θυσία, θυσίασμα, μααανά, μανά, μαναά, μανααάν, μανάχ, μάννα, μανναείμ, ξένιον, ὁλοκαύτωμα, προσφορά).

[79] Non può escludersi, però, la possibilità che Sir[Gr] 35,3 abbia un legame con Sir[Gr] 18,15-18 dove il vero discepolo è colui che accanto alla generosità che offre doni, non deve dimenticare anche il dono della parola che sia come la rugiada che mitiga il calore. Solo così sarà un ἀνὴρ κεχαριτωμένος, "un uomo ricco di grazia".

Ciò si può spiegare con il fatto che il Siracide (o già Ben Sira?) sta proponendo qualche cosa di assolutamente nuovo, maturato dalla riflessione sapienziale e, forse, influenzato dal fatto che gli Ebrei della diaspora non avevano luoghi di culto in cui compiere offerte e sacrifici. Certamente il tempio di Eliopoli – come è già stato visto nel primo capitolo – non era accettato dal sacerdozio di Gerusalemme, sebbene alcuni rabbini opinassero che a Eliopoli si potessero compiere dei sacrifici di minor rilievo. Non è facile comprendere se questa riflessione sia il prodotto di una evoluzione o sia qualche cosa di assolutamente nuovo nell'orizzonte della teologia veterotestamentaria. Potrebbe, infatti, essere una rivisitazione del problema del culto nella diaspora. In questo caso la proposta del Siracide porterebbe a compimento e a maturazione una certa riflessione già presente, per esempio, in Daniele o nel testo dei Salmi, dove l'atto di culto sacrificale templare era sostituito dal pentimento e dalla preghiera. Potrebbe, però, essere anche qualche cosa di nuovo, come si vedrà più avanti: il Siracide porterebbe alle estreme conseguenze il seme gettato da Mi$^H$ 6,6-8, da 1Sam$^H$ 15,22 e da Sal$^H$ 40,7-9. Si tratta del concetto di cultualizzazione della fedeltà alla Legge o cultualizzazione dell'etica.

Questi versetti che costituiscono l'unità sapienziale, una delle tre unità di Sir$^{Gr}$ 35,1-7, prendono però un significato più ampio alla luce del principio teologico annunciato in Sir$^{Gr}$ 35,5.


## ■ 3. Il principio teologico di Sir$^{Gr}$ 35,5

Mentre in Sir$^{Gr}$ 35,1-4, attraverso un processo di accostamento identificativo di tipo sapienziale, si tematizzava il concetto di osservanza della Legge come adempimento cultico, in Sir$^{Gr}$ 35,5 viene espresso il principio teologico, che in qualche modo il sapiente ha costruito attraverso la sua riflessione sapienziale. Il fondamento teologico precisa, in sintesi, ciò che è gradito a Dio: astenersi dalla malvagità e dall'ingiustizia. Tale astensione è gradita a Dio come fosse un sacrificio espiatorio.

| Sir<sup>Gr</sup> 35,5 | εὐδοκία κυρίου | ἀποστῆναι ἀπὸ πονηρίας |
| | καὶ ἐξιλασμὸς | ἀποστῆναι ἀπὸ ἀδικίας |

L'epifora contenuta nel versetto evidenzia il concetto di astensione enunciato dalle espressioni ἀποστῆναι ἀπὸ πονηρίας / ἀποστῆναι ἀπὸ ἀδικίας, mentre l'espressione εὐδοκία κυρίου, che si colloca in perfetto parallelismo sintetico con ἐξιλασμὸς, evidenzia il compiacimento cultico di Dio per l'astensione dalla malvagità e dall'ingiustizia. Il pensiero è articolato attraverso quattro affermazioni, due delle quali sono rette dallo stesso verbo, ἀποστῆναι.

Passiamo ora all'esame dei tre elementi: εὐδοκία κυρίου, ἀποστῆναι ἀπὸ πονηρίας / ἀπὸ ἀδικίας ed ἐξιλασμὸς.

### a. L'espressione εὐδοκία κυρίου

L'espressione εὐδοκία κυρίου[80] compare nei LXX solo in Sir<sup>Gr</sup> 35,5. Ci sono, però, espressioni simili. In Sir<sup>Gr</sup> 1,27; 2,16; 11,17 si trova εὐδοκία αὐτοῦ, dove αὐτοῦ sta per κυρίου. In Sir<sup>Gr</sup> 41,4 c'è εὐδοκία ὑψίστου. Infine, l'εὐδοκία divina, ma senza alcuna determinazione, è ancora presente in Sir<sup>Gr</sup> 32,14; 34,22; 35,20; 39,18. L'esame di tutte queste ricorrenze porta a comprendere come nel Siracide la compiacenza divina, o beneplacito divino, che si esprime ἐν προστάγματι αὐτοῦ, "nel suo potere precettivo" (Sir<sup>Gr</sup> 39,18) e contro cui non c'è motivo di ribellarsi (Sir<sup>Gr</sup> 41,4), gradisce ben cinque tipi di persone. Le prime a godere dell'εὐδοκία divina sono gli εὐσεβεῖς, "pii" (Sir<sup>Gr</sup> 11,17), persone in perfetta antitesi con gli ἀσεβεῖς di Sir<sup>Gr</sup> 34,23. Le altre persone sono: i φοβούμενοι κύριον, "coloro che temono Dio" (Sir<sup>Gr</sup> 2,16), gli ἀγαπῶντες αὐτὸν, "coloro che lo amano" (Sir<sup>Gr</sup> 2,16), gli ὀρθρίζοντες, "coloro che lo cercano fin dal mattino" (Sir<sup>Gr</sup> 32,14) e il θεραπεύων, "colui che si prende cura (dell'orfano e della vedova)" (Sir<sup>Gr</sup> 35,20). Questa categoria di persone risponde alla categoria dei fedeli e a quella dei caritatevoli. Per questo motivo gradisce la πίστις, la "fiducia", la πραΰτης,

---

[80] Per il significato del solo nome εὐδοκία si veda quanto detto per Sir<sup>Gr</sup> 34,22.23.

la "mansuetudine", dell'uomo (Sir$^{Gr}$ 1,27)[81], l'ἀποστῆναι ἀπὸ πονηρίας, l'"astenersi dalla malvagità", e l'ἀποστῆναι ἀπὸ ἀδικίας, l'"astenersi dall'ingiustizia" (Sir$^{Gr}$ 35,5), mentre rifiuta categoricamente i doni fatti dai malvagi che li hanno sottratti ai poveri (Sir$^{Gr}$ 34,21). L'espressione εὐδοκία κυρίου è tuttavia legata, nel Siracide, ad una duplice azione, l'astensione dalla malvagità e dall'ingiustizia, di cui Sir$^{Gr}$ 35,5 non offre un'immediata relazione con qualche persona precisa. L'unico indizio si trova in Sir$^{Gr}$ 35,5b, dove il sacrificio per il peccato presuppone senz'altro persone che praticano il culto. Forse, un po' più di chiarezza può venire dall'esame delle espressioni ἀποστῆναι ἀπὸ πονηρίας / ἀποστῆναι ἀπὸ ἀδικίας e dall'esame del vocabolo ἐξιλασμός.

b. Le espressioni ἀποστῆναι ἀπὸ πονηρίας / ἀποστῆναι ἀπὸ ἀδικίας

Questa espressione (ἀποστῆναι ἀπὸ: Sir$^{Gr}$ 35,5) è usata nei libri dei LXX solo dal Siracide.

§1. *Il verbo ἀφίστημι*[82] *costruito con ἀπό*[83]

Il concetto fondamentale espresso dal verbo con il rafforzamento della preposizione è *allontanare / stare lontano*. Il verbo può essere adoperato in forma transitiva e intransitiva. In un breve specchietto si può riconoscere l'uso nel Siracide:

---

[81] L'associazione πίστις + πραΰτης si ritrova in Sir$^{Gr}$ 45,4 dove si afferma che Dio santificò Mosé nella fedeltà e nella mansuetudine. Si tratta di una presentazione della figura di Mosé derivante da Nm$^{LXX}$ 12,3.7 (καὶ ὁ ἄνθρωπος Μωυσῆς πραῢς σφόδρα παρὰ πάντας τοὺς ἀνθρώπους τοὺς ὄντας ἐπὶ τῆς γῆς, "E l'uomo Mosé [era] mansueto molto di più di ogni uomo che è sulla terra / οὐχ οὕτως ὁ θεράπων μου Μωυσῆς ἐν ὅλῳ τῷ οἴκῳ μου πιστός ἐστιν, "Non così il mio servo Mosé [in opposizione ad Aronne e a Maria]; egli è l'uomo di fiducia in tutta la mia casa").

[82] BALZ – SCHNEIDER G., ἀφίστημι, coll. 487–488; SCHLIER, ἀφίστημι, coll. 1361–1364.

[83] Mentre nel Siracide il verbo ricorre 26x, la costruzione con ἀπό ricorre 11x (Sir$^{Gr}$ 7,2; 10,12$^{2x}$; 23,11.12; 27,22; 30,23; 35,5$^{2x}$; 47,24; 48,15) e traduce רָחַק (Sir$^{H}$ 7,2; 30,23), סור (Sir$^{H}$ 10,12b), נָדַח (Sir$^{H}$ 47,24) e חָדַל (Sir$^{H}$ 48,15).

| | soggetto | ἀφίστημι | compl. ogg. | ἀπό + genitivo |
|---|---|---|---|---|
| Sir[Gr] 7,2 | tu | ἀπόστηθι | | ἀπὸ ἀδίκου |
| Sir[Gr] 10,12a | ἀρχὴ ὑπερηφανίας | ἀφίστασθαι | | ἀπὸ κυρίου |
| Sir[Gr] 10,12b | ἡ καρδία αὐτου | ἀπέστη | | ἀπὸ τοῦ ποιήσαντος αὐτόν |
| Sir[Gr] 23,11 | μάστιξ | οὐκ ἀποστήσεται | | ἀπὸ τοῦ οἴκου αὐτου |
| Sir[Gr] 23,12 | ταῦτα πάντα | ἀποστήσεται | | ἀπὸ γὰρ εὐσεβῶν |
| Sir[Gr] 27,22 | οὐδεὶς | ἀποστήσει | αὐτα | ἀπ' αὐτοῦ |
| Sir[Gr] 30,23 | tu | ἀπόστησον | λύπην μακρὰν | ἀπὸ σοῦ |
| Sir[Gr] 35,5a | | ἀποστῆναι | | ἀπὸ πονηρίας |
| Sir[Gr] 35,5b | | ἀποστῆναι | | ἀπὸ ἀδικίας |
| Sir[Gr] 47,24 | i peccati | ἀποστῆσαι | αὐτοὺς | ἀπὸ τῆς γῆς αὐτῶν |
| Sir[Gr] 48,15 | il popolo | οὐκ ἀπέστησαν | | ἀπὸ τῶν ἁμαρτιῶν |

Tre[84] sono i casi in cui il verbo è adoperato in forma transitiva: in Sir[Gr] 27,22 (οὐδεὶς ἀποστήσει αὐτὰ ἀπ' αὐτοῦ, "nessuno allontanerà queste cose [= κακά: le cose cattive] da lui"), Sir[Gr] 30,23 (ἀπόστησον λύπην μακρὰν ἀπὸ σοῦ, "allontana la grande melanconia da te") e in Sir[Gr] 47,24 (ἀποστῆσαι αὐτοὺς ἀπὸ τῆς γῆς αὐτῶν, "per allontanarli dalla loro terra"). Negli altri casi abbiamo la forma intransitiva, dove il discepolo deve allontanarsi dall'ingiustizia (Sir[Gr] 7,2) e i pii devono allontanarsi dal modo di parlare paragonabile alla morte (Sir[Gr] 23,12). Nella forma intransitiva troviamo anche il superbo che allontana il cuore dal suo creatore (cfr Sir[Gr] 10,12), il flagello non si allontana dalla casa di chi accumula iniquità, facendo troppi giuramenti (cfr Sir[Gr] 23,11) e il popolo, che viene deportato e disperso, perché non si allontanò dai suoi peccati

---

[84] Ho preferito lasciare da parte le due forme medie (Sir[Gr] 10,12a; 23,12) per la loro natura di azioni che ricadono sul soggetto che le compie e non su "altro da sé".

(Sir^Gr 48,15). Il concetto espresso dal verbo è l'allontanamento come rifiuto che nasce da una scelta di vita corretta che intende mantenersi aliena da ogni πονηρία.

### §2. L'uso del nome πονηρία[85] nei libri dei LXX

Poiché il vocabolo πονηρία condivide il campo semantico del "male" con κακία, i traduttori greci hanno tradotto secondo una loro sensibilità personale. In alcuni libri[86] i traduttori hanno preferito κακία, mentre in Neemia e Isaia hanno preferito πονηρία. Nel libro dei Giudici c'è stata una elaborazione successiva: nel codice A viene usato κακία, mentre nel codice B si preferisce πονηρία. Senza differenze degne di nota vengono usati entrambi i vocaboli in Salmi, Sapienza e Siracide[87]. Il significato è molto ampio. Volendo dare una classificazione a quanto dice Harder, si potrebbe dire che nei libri dei LXX la πονηρία viene predicata di avvenimenti (*sventura, sfortuna, situazione brutta, penosa, cattiva*), di cose (*frutti avariati, guasti; miseria di animali; cosa inutilizzabile*), di azioni umane (*azioni malvagie, danno*) e di sentimenti umani (*odiosità, cattivi sentimenti, cattiva intenzione, malignità* [*superbia, atto di violenza, ostinazione*], *perfidia, male morale*). Il Siracide, usando πονηρία, oscilla nel collocarla tra mondo interiore (Sir^Gr 3,28; 25,13; 42,13.14; 46,7; 47,25) e mondo delle azioni umane (Sir^Gr 29,7; 31,24[88]). Alle volte è difficile distinguere, il campo degli atteggiamenti interiori dal campo della prassi umana. Sembra, infatti, che egli voglia di proposito indicare ambedue gli ambiti contemporaneamente (cfr Sir^Gr 12,10; 19,22; 25,16).

---

[85] Il nome πονηρία è presente nel Siracide 13x (Sir^Gr 3,28; 12,10; 19,22; 25,13²; 25,17; 29,7; 31,24; 35,5; 42,13.14; 46,7; 47,25. Traduce רַע (Sir^H 3,28; 25,7; 42,14 marg), רוֹעַ (Sir^H 12,10; 31,24; 42,14), רָעָה (Sir^H 25,13¹·[2?]), 42,13; 46,7; 47,25) e פַּחַז (Sir^H 41,17 marg). Nei LXX, invece, è presente poco più di 70x e traduce di norma la radice רע (רָעַע, רָעָה, רֹעַ, רַע). Un volta soltanto traduce יֵצֶר (Dt^H 31,21), תּוֹעֵבָה (Pr^H 26,25), אָוֶן (Is^H 10,1) e עָמָל (Is^H 10,1). Cfr Brindle, 243–257; Harder, coll. 1400–1410; Dogniez – Harl, 301 (n. 47,9).

[86] Genesi, Deuteronomio, 1-2 Samuele, 1-2 Re, Giobbe, Proverbi, Profeti minori, Ezechiele e nella maggior parte di 1-2 Maccabei.

[87] Harder, πονηρία, coll. 1404.

[88] In questo caso il significato del testo greco è vicino a *manifestazione di avarizia* perché si parla di chi è "cattivo sul pane", cioè avaro quando offre i banchetti.

Non è facile, perciò, stabilire in quale area si collochi il vocabolo πονηρία di Sir^Gr 35,3.

È stato visto come il verbo ἀφίστημι indichi un allontanamento e una separazione. Quando è rafforzato dalla preposizione ἀπό il verbo oscilla tra l'allontanamento fisico (Sir^Gr 23,11: dalla casa; Sir^Gr 30,23: da te; Sir^Gr 47,24: dal proprio paese), l'allontanamento teologico (Sir^Gr 10,12^2x: dal Signore e dal Creatore) e l'allontanamento morale (Sir^Gr 7,2: dall'ingiustizia; Sir^Gr 23,12: dal parlare paragonabile alla morte; Sir^Gr 27,22: dal male; Sir 48,15: dal peccato). Il verbo, dunque, non è determinante per capire il vocabolo πονηρία.

Forse l'esame stilistico potrebbe aiutare a individuare una pista di soluzione. Se, infatti, πονηρία e ἀδικία si collocano dentro a un'area semantica simile (il male come azione esterna all'uomo oppure il male come realtà interiore dell'uomo), il legame tra Sir^Gr 35,5a e Sir^Gr 35,5b sarebbe costituito da un parallelismo sinonimico. Se, invece, πονηρία e ἀδικία si collocano in due aree semantiche diverse, il legame tra Sir^Gr 35,5a e Sir^Gr 35,5b si potrebbe identificare come un parallelismo antitetico (esterno-interno dell'uomo).

Per poter percorrere la strada dell'analisi stilistica bisogna considerare il nome ἀδικία di Sir^Gr 35,5b.

### §3. *Il nome ἀδικία nel Siracide*
Nel Siracide ἀδικία[89] indica normalmente un'azione peccaminosa e ingiusta. Tuttavia c'è almeno un caso in cui l'uso non è chiaro. In Sir^Gr 14,9, infatti, l'ἀδικία è determinata dall'aggettivo πονηρός[90] ed è una realtà che inaridisce la ψυχή:

---

[89] Il nome ἀδικία viene usato dal Siracide in Sir^Gr 7,3.6; 10,7.8; 14,9; 17,20.26; 20,28; 35,5; 40,12; 41,19. Traduce quattro nomi ebraici: זָרוֹן (Sir^H 7,6), עֹשֶׁק (Sir^H 10,7), חָמָס (Sir^H 10,8) e מַעַל (Sir^H 41,18). Nei LXX compare poco meno di 230x e traduce ben trentasei vocaboli ebraici, tra i quali primeggia עָוֺן (80x circa). Cfr SCHRENK, ἀδικία, coll. 409-423; DANIEL, 309.312.

[90] L'aggettivo πονηρός (cfr HARDER, πονηρός, coll. 1357-1400, in modo particolare

πλεονέκτου ὀφθαλμὸς οὐκ ἐμπίπλαται μερίδι
καὶ ἀδικία πονηρὰ ἀναξηραίνει ψυχήν[91]

Se il Siracide sente il bisogno di porre un determinativo al nome ἀδικία, significa che vuole aggiungere una caratteristica che il nome da solo non possiede con chiarezza. Si ricordi, infatti, che ἀδικία indica normalmente una azione peccaminosa e ingiusta, che l'uomo compie fuori di sé. Nel caso di Sir[Gr] 14,9 la ἀδικία, determinata come πονηρά e non senza questa caratteristica, agisce non fuori dell'uomo ma la sua azione si colloca nel mondo interiore dell'uomo e provoca l'inaridimento della sua anima. Questo dato porta a considerare, con una certa prudenza, il nome ἀδικία, nel Siracide, come un nome che indica una azione malvagia esterna, eccetto il caso in cui venga determinato con un aggettivo che modifica il significato. Ci troviamo, dunque, di fronte al vocabolo πονηρία, che indica una azione cattiva sia esterna sia interna all'uomo, e al vocabolo ἀδικία che normalmente indica una azione

---

coll. 1365-1370) compare nel Siracide 33x. Viene usato come aggettivo sostantivato almeno 6x per indicare l'uomo *malvagio* (Sir[Gr] 4,20; 14,5; 31,24; in quest'ultimo caso sembrerebbe avere il significato di *tirchio*), le cose *malvagie* (Sir[Gr] 11,33; 17,31; in quest'ultimo caso il singolare πονηρόν potrebbe anche essere letto come un accusativo avverbiale). Solo 3x si trova al grado comparativo per indicare delle opposizioni peggiorative: chi tormenta se stesso è *più malvagio* di chiunque (Sir[Gr] 14,6), l'occhio è la cosa *più malvagia* delle cose create (Sir[Gr] 31,13), questo è *peggiore* di quello (Sir[Gr] 39,34). Quando è usato come aggettivo si associa a illusione (Sir[Gr] 3,24: ὑπόνοια), condanna (Sir 5,14: κατάγνωσις), nome (Sir[Gr] 6,1: ὄνομα), anima (Sir[Gr] 6,4: ψυχή), educazione (Sir[Gr] 9,1: παιδεία), povertà (Sir[Gr] 13,24: πτωχεία), occhio (Sir[Gr] 14,8.10; 31,13: ὀφθαλμός), rovina (Sir[Gr] 18,12: καταστροφή), macchia (Sir[Gr] 20,24: μῶμος), vita (Sir[Gr] 22,11; 29,24: ζωή), donna (Sir[Gr] 25,16.23.25; 26,7; 42,6: γυνή), morte (Sir[Gr] 28,2: θάνατος), pensiero (Sir[Gr] 37,3: ἐνθυμήημα), qualche cosa (Sir[Gr] 37,27: τί), tempo (Sir[Gr] 51,11: καιρός). Questa breve panoramica dell'uso dell'aggettivo πονηρός mostra come tale aggettivo venga predicato sia di realtà oggettive ed esterne all'uomo (condanna, nome, povertà, occhio, rovina, vita, donna, morte, qualche cosa, tempo) sia di realtà appartenenti al mondo interiore dell'uomo (illusione, anima, educazione, macchia, pensiero). Il suo uso, dunque, non può dire niente di decisivo circa l'appartenenza del vocabolo ἀδικία al mondo esteriore o interiore dell'uomo.

[91] "L'occhio dell'avaro non si accontenta di una parte e l'ingiustizia maligna inaridisce l'anima".

esterna all'uomo. Per indicare una azione interna va determinato in modo particolare (πονηρός). Tutto ciò porta a sospettare che il Siracide abbia voluto comporre un distico dove il lettore può leggere un parallelismo sinonimico (πονηρία = ἀδικία: solo realtà cattive esterne all'uomo), ma anche un parallelismo antitetico (πονηρία ≠ ἀδικία), dove l'antitesi riguarda la realtà cattiva interna (πονηρία) e la realtà cattiva esterna (ἀδικία). In altre parola, il Siracide ha voluto abbracciare tutto l'agire dell'uomo. Una traduzione possibile che esprima queste sfumature potrebbe essere la seguente: *stare lontano dalla perfidia / stare lontano dall'ingiustizia*.

### c. Il vocabolo ἐξιλασμός

Il vocabolo ἐξιλασμός[92] è un deverbale da ἐξιλάσκομαι (*conciliarsi Dio, espiare una colpa*[93]) e sembra comparire dopo la creazione fattane dai traduttori dei LXX[94]. L'uso che ne fa il Siracide spingerebbe a far equivalere ἐξιλασμός con *perdono* (senz'altro in Sir[Gr] 16,11; 17,29; 18,12.20; forse anche in Sir[Gr] 5,5). Questo significato, tuttavia, non è fruibile per l'uso del nome in Sir[Gr] 35,5b. Il contesto (Sir[Gr] 35,1-7), infatti, si articola in un modo particolare. Il testo presenta delle equivalenze. Da una parte ci sono azioni che rispondono al dettato, specifico e generico, della Legge (Sir[Gr] 35,1α.2β.3α.4α), e, dall'altra, ci sono degli atti di culto, specifici o generici (Sir[Gr] 35,1β.2α.3β.4β). In Sir[Gr] 35,5b il nome dovrebbe, dunque, indicare un atto di culto. La conferma si ha esaminando l'uso di ἐξιλασμός nei LXX[95], dove alcuni testi possono illuminare l'uso fattone dal Siracide.

---

[92] Il vocabolo ἐξιλασμός, "sconosciuto alla grecità classica" (SCARPAT, *Sapienza*, vol. III, 294) compare nel Siracide appena 6x (Sir[Gr] 5,5; 16,11; 17,29; 18,12; 18,20; 35,3) e traduce סָלַח (Sir[H] 16,11) e סְלִיחָה (Sir[H] 5,5). Secondo Rehkopf (REHKOPF, 109) indica *die Sühne*, mentre secondo altri (GELS, 215), che lo classificano come neologismo, indica *appeasement* (Ez[LXX] 7,25), *propitiation, atonement* (in Ez[LXX] 7,25 *appeasement*).

[93] CHANTRAINE, vol. I, 462.

[94] CHANTRAINE, vol. I, 462.

[95] Compare, escluso il Siracide, 9x (Es[LXX] 30,10; Lv[LXX] 23,17.18; 1Cr[LXX] 28,11; Ez[LXX] 7,25; 43,23; 45,19; 2Mac 12,45; Sap 18,21). Traduce חָטָא (Ez[H] 43,23), חַטָּאת (Ez[H] 45,19), כִּפֻּרִים (Es[H] 30,10; Lv[H] 23,27.28; Nm[H] 5,8), כַּפֹּרֶת (1Cr[H] 28,11), קְפֻדָּה (Ez[H] 7,25). Se si compara l'uso di ἐξιλασμός nel Siracide e nei libri dei LXX, bisognerebbe

In Lv$^{LXX}$ 23,27.28 ἐξιλασμός ha valore cultuale in quanto compare in una espressione che indica una festa liturgica: ἡμέρα ἐξιλασμοῦ, *giorno dell'espiazione*, che traduce l'ebraico יוֹם הַכִּפֻּרִים, *giorno delle espiazioni*. A questo punto sarebbe facile sgusciare dal problema per trovare rifugio sui riti del giorno dell'espiazione, ma non è il caso di Sir$^{Gr}$ 35,5b. In Ez$^{LXX}$ 45,19 compare, invece, l'espressione αἷμα τοῦ ἐξιλασμοῦ, che traduce l'ebraico דַּם הַחַטָּאת, *il sangue del sacrificio per i peccati*. Il significato di ἐξιλασμός come sacrificio per i peccati sembra confermato anche in 2Mac 12,45, dove il nome ἐξιλασμός riprende il concetto di 2Mac 12,43: Giuda inviò a Gerusalemme una colletta di circa duemila dramme perché si potesse προσαγαγεῖν περὶ ἁμαρτίας θυσίαν, *offrire un sacrificio per i peccati*. In Sir$^{Gr}$ 35,5 sembra, dunque, possibile che ἐξιλασμός significhi *sacrificio per i peccati*[96]. La traduzione di *sacrificio espiatorio* sarebbe probabilmente troppo legato alla festività liturgica del giorno dell'espiazione.

## d. Il principio teologico di Sir$^{Gr}$ 35,5

L'espressione εὐδοκία κυρίου con cui si apre Sir$^{Gr}$ 35,5 è una espressione molto ampia in quanto indica il gradimento divino o il suo beneplacito circa persone (pii, coloro che temono Dio, coloro che lo amano, coloro che lo cercano fin dal mattino, colui che si prende cura [dell'orfano e della vedova]) o circa realtà che pongono l'uomo in relazione con Dio (la fiducia e la mansuetudine). Non c'è, invece, l'εὐδοκία di Dio nei confronti dei doni fatti dai senza-Legge con beni sottratti ai poveri. L'εὐδοκία è, dunque, legata a persone, a realtà e anche al culto. Il contesto suggerisce di prendere in seria considerazione quest'ultimo uso di

---

concludere ancora una volta che il greco del Siracide non segue pedissequamente le orme del greco degli altri libri dei LXX.

[96] Questa posizione segue i suggerimenti di Spicq ed è contraria alla scelta proposta da Smend (ἐξιλασμός = Versöhnung), da Box – Oesterley (ἐξιλασμός = propitiation) e da Skehan – Di Lella (ἐξιλασμός = atonement). Smend e Skehan – Di Lella fanno la loro scelta alla luce di Sal$^{LXX}$ 130,4; Ne$^{LXX}$ 9,17; Dn$^{LXX}$ 9,9, dove ἐξιλασμός equivale a סְלִיחָה. Skehan – Di Lella aggiungono anche Sir$^{Gr}$ 5,5a; 17,29a; 18,12b.20b.

εὐδοκία che si trova in Sir^Gr 34,22. Il testo di Sir^Gr 35,5a sembra porsi in perfetta antitesi con Sir^Gr 34,22: mentre non sono cose gradite a Dio i doni fatti dai senza-Legge con beni sottratti ai poveri, diventa cosa cultualmente gradita lo *stare lontano dalla perfidia* (Sir^Gr 35,5a). Se il concetto è chiaro, diventa più difficile proporre una buona traduzione[97], seguendo l'esempio di coloro che hanno voluto rispettare l'espressione εὐδοκία κυρίου. Lasciando, perciò, da parte le traduzioni che alterano il testo greco come quelle che trasformano il nome εὐδοκία in un verbo o in un aggettivo (più o meno sostantivato), e prendendo sul serio il testo greco di Sir^Gr 35,5, la traduzione italiana *ad litteram* suonerebbe molto dura, sebbene possa apparire più conforme a un proverbio: *gradimento del Signore, stare lontano dalla perfidia, e sacrificio per i peccati, stare lontano dall'ingiustizia.* Per una chiarezza maggiore, sicuramente non basta sottintendere il verbo "essere" e aggiungere l'articolo per rendere tale traduzione più scorrevole. Si potrebbe personalizzare lo stico Sir^Gr 35,5a (*Il gradimento del Signore [è per chi sa] stare lontano dalla perfidia*), ma questa scelta non è possibile. In Sir^Gr 34,22, infatti, l'εὐδοκία riguarda i doni dei senza-Legge e

---

[97] Le traduzioni offerte dagli autori mostrano la fatica di trovare una soluzione adeguata. Molti preferiscono risolvere il problema trasformando il nome εὐδοκία in un verbo e il genitivo κυρίου in un complemento di termine. Così si possono trovare, per esempio, traduzioni di questo tipo: "ce qui plaît au Seigneur" (Lesètre, Fillion, Crampon, Duesberg - Auvray), "voilà qui cause du plaisir au Seigneur" (Ledrain), "ce qui cause plaisir au Seigneur" (Spicq), "is pleasing to the Lord" (MacKenzie), "piace al Signore" (Luzzi, Minissale), "se complace al Señor" (Pérez Rodríguez), "eis o que agrada ao Senior" (Pereira), "agrada al Señor" (Morla Asensio). Ci sono anche traduzioni, per esempio, in cui il nome εὐδοκία è diventato verbo e il genitivo κυρίου, complemento oggetto: "the way to please the Lord" (Snaith), "pleases the Lord" (Skehan - Di Lella). Ci sono anche altre traduzioni che hanno trasformato il nome εὐδοκία in un aggettivo (più o meno sostantivato), come nei seguenti esempi: "c'est chose agréable au Seigneur" (Glaire - Vigouroux), "is a thing pleasing to the Lord" (Churton, Edersheim), "A thing well-pleasing to the Lord" (Box - Oesterley), "ist Gott wohlgefällig" (Keel), "dem Herrn wohlgefällige Gabe ist es" (Smend), "è cosa gradita a Dio" (Girotti), "es agradable a Dios" (Alonso Schökel), "és una cosa agradable al Senyor" (Bruguera - Díaz). Diversi autori tedeschi scelgono di rispettare il testo greco: "das Wohlgefallen des Herrn" (Peters, Eberharter, Hamp, Schilling, Sauer).

non le persone dei senza-Legge. Poiché esiste un legame antitetico di Sir<sup>Gr</sup> 34,22 e Sir<sup>Gr</sup> 35,5, non è possibile centrare la traduzione di Sir<sup>Gr</sup> 35,5a sulla persona, quando in Sir<sup>Gr</sup> 34,22 l'εὐδοκία è centrata sulla cosa. Sarebbe più aderente al testo di Sir<sup>Gr</sup> 35,5a rimanere sul vago: *Il gradimento del Signore (è connesso allo) stare lontano dalla perfidia*. L'altro stico, Sir<sup>Gr</sup> 35,5b, potrebbe essere tranquillamente reso con una inversione dei subsintagmi, a causa dell'eufonia della lingua di arrivo: *e stare lontano dall'ingiustizia (equivale al) sacrificio per il peccato*. In ambedue i casi, sono stati scelti come sottintesi verbi che possono benissimo sostituire il verbo "essere". In questo modo si ottiene una buona scorrevolezza nella lingua di arrivo, si custodisce per intero il pensiero del testo greco (parallelo con Sir<sup>Gr</sup> 34,22) e si rispetterebbe, almeno in parte, il parallelismo formale originario dei due stichi di Sir<sup>Gr</sup> 35,5, parallelismo che, da sinonimico, diventerebbe sinonimico-chiasmatico. La chiarezza di questo versetto:

> *Il gradimento del Signore (è connesso allo) stare lontano dalla perfidia e*
> *stare lontano dall'ingiustizia (equivale al) sacrificio per il peccato,*

è dovuta al fatto che il Siracide ha tirato delle conclusioni, formulando un nuovo principio teologico. Il principio teologico di Sir<sup>Gr</sup> 35,5 è, in parte, legato al principio teologico enunciato in Sir<sup>Gr</sup> 34,21-23 ed è, in parte, legato alla riflessione sapienziale di Sir<sup>Gr</sup> 34,24-28 e Sir<sup>Gr</sup> 35,1-4.

In Sir<sup>Gr</sup> 34,21-23 aveva affermato che il gradimento divino non poteva esserci sui doni dei senza-Legge (δωρήματα ἀνόμων) e sulle offerte degli empi (προσφοραί ἀσεβῶν). Questi doni e queste offerte dovrebbero tradursi in sacrificio, ma essendo doni che provengono dal maltolto al prossimo (Sir<sup>Gr</sup> 34,21: ἐξ ἀδίκου), in modo particolare dal maltolto ai poveri (Sir<sup>Gr</sup> 34,25-27), diventano, insieme all'offerente (θυσιάζων) malvagio, una offerta che irride Dio (προσφορὰ μεμωκημένη). In Sir<sup>Gr</sup> 35,1-4 il Siracide aveva stabilito l'equivalenza tra atti cultuali (forse i più frequenti?) e comportamenti morali, rispondenti ai dettami della Legge. In Sir<sup>Gr</sup> 35,5b riprende, per antitesi, il tema delle offerte e dei doni fatti dai senza-Legge e dagli empi. Mentre, infatti, in Sir<sup>Gr</sup> 34,23 si afferma che l'abbondanza dei sacrifici, fatti, ovviamente, con i doni e le offerte dei "senza-Legge" e degli "empi", non ottiene il perdono dei peccati (οὐδὲ ἐν πλήθει θυσιῶν ἐξιλάσκεται ἁμαρτίας), in Sir^Gr 35,5b si afferma che lo stare lontano dall'ingiustizia, invece, senz'altro ottiene il perdono perché equivale al sacrificio per il peccato (ἐξιλασμὸς).

Il Siracide (o già Ben Sira?) qui enuncia l'assoluta novità rispetto a quanto era stato detto sul culto e sulla fedeltà alla Legge. L'aver associato il valore di culto alla fedeltà alla Legge pone il Siracide in una categoria teologica unica. Egli per primo, secondo le testimonianze bibliche, porta alle estreme conseguenze la cultualizzazione dell'adempimento obbedienziale alla Legge, annunciando il comportamento etico come "gradito" a Dio quanto un atto di culto: *il gradimento del Signore (è connesso allo) stare lontano dalla perfidia.* Mentre nel sentire comune, sia in Palestina sia in Egitto, i sacrifici hanno il potere di espiare i peccati[98], previo pentimento[99], il Siracide propone una nuova teologia: *stare lontano dall'ingiustizia (equivale al) sacrificio per il peccato.* Questa novità viene espressa dal Siracide con un linguaggio molto personale e poco vicino al linguaggio dei libri dei LXX. Il principio enunciato potrebbe indurre il lettore a pensare che l'atto cultuale non serva più, che l'impegno morale sostituisca l'atto liturgico. Non è questo il pensiero del Siracide che nella riflessione morale–giuridica di Sir^Gr 35,6-7 espone il suo pensiero come completamento della seconda strofa, Sir^Gr 35,1-7.

### ▪ 4. La riflessione giuridico-morale di Sir^Gr 35,6-7

L'ultima parte della seconda strofa, cioè la riflessione giuridico–morale, contiene un breve comando di tipo apodittico con una breve giustificazione:

Sir^Gr 35,6      μὴ ὀφθῇς ἐν προσώπῳ κυρίου κενός
       7      πάντα γὰρ ταῦτα χάριν ἐντολῆς

---

[98] SANDERS, *Il Giudaismo*, 350-352.

[99] Filone scrive che coloro che portano i sacrifici dovrebbero sempre "chiedere il perdono e la remissione dei peccati" (*De specialibus legibus*, I, 167).

In questo distico si trovano due dati che colpiscono immediatamente. Il primo riguarda il cambio di persona in Sir$^{Gr}$ 35,6. Il secondo dato, invece, riguarda il verbo ὁράω.

## a. Il cambio di persona in Sir$^{Gr}$ 35,6

Fino a questo momento il Siracide ha sempre espresso il suo pensiero in modo impersonale, senza rivolgersi in modo esplicito a un "tu". Ora invece, in Sir$^{Gr}$ 35,6 si rivolge direttamente ad un "tu", che, forse, potrebbe rappresentare il discepolo; un discepolo che, probabilmente, era già velatamente presente dietro alle domande retoriche di Sir$^{Gr}$ 34,28-31. Il cambio di persona però non è pienamente spiegabile con questo motivo. Un secondo motivo, infatti, si può trovare nel fatto che Sir$^{Gr}$ 35,6 intende citare, anche se non in modo pedissequamente materiale, quanto prescrive l'Esodo (Es$^{LXX}$ 23,15; 34,20) e il Deuteronomio (Dt$^{LXX}$ 16,16)[100]. Si tratta di una legge, ripetuta tre volte, con delle varianti, che prescrive all'ebreo di non presentarsi davanti a Dio a mani vuote[101].

---

[100] Le prescrizioni dell'Esodo sono legate agli azzimi (Es$^{LXX}$ 23,15) e al riscatto del primogenito (Es$^{LXX}$ 34.20). Le prescrizioni del Dt$^{LXX}$ 16,16, invece, valgono per le tre grandi feste di pellegrinaggio: Azzimi, Settimane e Capanne.

[101] Nel testo H i tre testi del Pentateuco hanno questa fisionomia:

| | | | |
|---|---|---|---|
| רֵיקָם | פָּנַי | וְלֹא־יֵרָאוּ | : Es$^H$ 23,15 – |
| רֵיקָם | פָּנַי | וְלֹא־יֵרָאוּ | : Es$^H$ 34,20 – |
| יְהוָה רֵיקָם | אֶת־פְּנֵי | וְלֹא יֵרָאֶה | : Dt$^H$ 16,16 – |

Ben Sira, stando al testo ebraico in nostro possesso, non conosce l'avverbio רֵיקָם , ma solo il nome רֵיק nel ms B (Sir$^H$ 40,6a; non è però presente nella nota marginale) e nel ms E (Sir$^H$ 34,1). L'avverbio רֵיקָם ricorre nel testo H solo 16x (Gen$^H$ 31,42; Es$^H$ 3,21; 23,15; 34,20; Dt$^H$ 15,13; 16,16; Rt$^H$ 1,21; 3,17; 1Sam$^H$ 6,3; 2Sam$^H$ 1,22; Is$^H$ 55,11; Ger$^H$ 14,3; 50,9; Sal$^H$ 7,5; 26,3; Gb$^H$ 22,9) e, "unito a certi verbi" (cfr Zorell, *ad vocem* dove cita proprio i tre testi del Pentateuco in questione), significa *a mani vuote*. L'aggettivo κενός, adoperato dai LXX, si è portato dietro, almeno in parte, tale significato fino a riversarlo nel Nuovo Testamento (Lattke, coll. 3-6): Dio ha rimandato i ricchi a mani vuote (Lc 1,53: καὶ πλουτοῦντας ἐξαπέστειλεν κενούς) come i vignaioli hanno rimandato a mani vuote il servo mandato a ritirare i frutti dell'affitto della vigna (Lc 20,10.11: οἱ δὲ γεωργοὶ ἐξαπέστειλαν αὐτὸν δείραντες κενόν / καὶ ἀτιμάσαντες ἐ ξαπέστειλαν κενόν). Oepke, κενός κτλ, coll. 325-334, ha trattato in modo troppo succinto e, forse, poco pertinente il problema di κενός fuori del Nuovo Testamento.

## b. La citazione presente in Sir^Gr 35,6

È interessante notare che il Siracide non adopera mai la forma ὀφθῇς, tranne in questo caso. Ciò è comprensibile alla luce della citazione di Esodo e di Deuteronomio:

| | | | |
|---|---|---|---|
| – Es^LXX 23,15 | : οὐκ ὀφθήσῃ | ἐνώπιόν μου | κενός |
| – Es^LXX 34,20 | : οὐκ ὀφθήσῃ | ἐνώπιόν μου | κενός |
| – Dt^LXX 16,16 | : οὐκ ὀφθήσῃ | ἐνώπιον κυρίου τοῦ θεοῦ σου | κενός |
| – Sir^Gr 35,4a | : μὴ ὀφθῇς | ἐν προσώπῳ κυρίου | κενός |

In tutti e tre i casi, i testi del Pentateuco hanno la stessa espressione, οὐκ ὀφθήσῃ. Il Siracide non riporta la citazione in modo esatto. Mentre Esodo e Deuteronomio adoperano la costruzione di "οὐκ + il futuro (2° singolare)" per indicare il comandamento apodittico, il Siracide adopera, invece, la costruzione "μή + l'aoristo congiuntivo (2° singolare)". Questa costruzione è frequentissima nel Siracide quando vuol esprimere un comando in forma negativa (cfr Sir^Gr 1,28.29; 2,2; ecc.)[102]. L'espressione μὴ ὀφθῇς, dunque, per il Siracide equivale all'espressione οὐκ ὀφθήσῃ di Esodo e Deuteronomio.

Il significato del verbo ὁράω[103], all'aoristo passivo, è di facile comprensione. Quando, infatti, si ha "l'uso dell'intransitivo del passivo" il verbo assume il significato di *farsi vedere, mostrarsi, apparire, essere giunto, essere presente*"[104]. Quando, poi, i libri dei LXX usano la costruzione "ὁράω intransitivo passivo + ἐνώπιον", l'espressione nel suo insieme indica *porsi davanti a Dio, stargli di fronte* in "un incontro spi-

---

[102] La costruzione "οὐ / οὐκ + il futuro (2° singolare)", invece, si trova nel Siracide quando si vuole, di norma, negare qualche cosa che deve avvenire (cfr Sir^Gr 7,36, ecc.).

[103] Michaelis, ὁράω, coll. 885-1074 (in modo particolare si vedano le coll. 910-940); Dorival, *Les Nombres*, 138-139; Harl, 53.153.195.325; Harlé - Pralon, 119, Le Boulluec - Sandevoir, 140.265.316.331; Lee, 131-144.

[104] Michaelis, ὁράω, coll. 912-913.

rituale religioso"[105]. Se è chiara la prima parte della citazione fatta dal Siracide, c'è qualche piccolo problema nella seconda.

Mentre in Esodo e in Deuteronomio si trova l'espressione ἐνώπιόν μου (in tutti e tre i casi è Dio che parla), nel Siracide si trova ἐν προσώπῳ κυρίου. Si sa che l'espressione "ἐνώπιόν + nome divino o pronome che indica Dio" è preferita dai libri dei LXX perché non verrebbe toccato il problema della visione del volto di Dio[106]. Anche il Siracide conosce la costruzione "ἐνώπιον + il genitivo" quando intende esprimere la presenza dell'uomo davanti a Dio (Sir[Gr] 2,17; 24,20; 39,19: ἐνώπιον αὐτοῦ). Nel Siracide, invece, non si trova la costruzione "ἐν + πρόσωπον (al dativo)" come gli è sconosciuta la costruzione "πρόσωπον + il genitivo di un nome divino o un pronome che lo indichi". Perché, allora, il Siracide ha adoperato la costruzione ἐν προσώπῳ κυρίου, senza avvalersi del calco ἐνώπιόν κυρίου, secondo la costruzione ἐνώπιόν μου / ἐνώπιον κυρίου τοῦ θεοῦ σου di Esodo e di Deuteronomio? Nei libri dei LXX l'espressione ἐν προσώπῳ κυρίου non compare[107], se non in Sir[Gr] 35,6, mentre si trova l'espressione ἐν προσώπῳ (Pr[LXX] 4,3; 8,30; 25,7; Ger[LXX] 52,25; Dn[Th] 11,20; 2Mac 14,24). Solo in un caso, precisamente Pr[LXX] 8,30 si trova l'espressione ἐν προσώπῳ αὐτοῦ, dove il pronome personale sta ad indicare Dio. Si tratta della Sapienza che, all'inizio della creazione, era presso Dio. Dio si dilettava di lei, ma anch'essa gioiva davanti a Lui in ogni istante. Alla luce di questo dato si può in modo molto delicato ipotizzare che il Siracide, scegliendo l'espressione ἐν προσώπῳ κυρίου piuttosto che la costruzione ἐνώπιόν μου / ἐνώπιον κυρίου τοῦ θεοῦ σου, abbia voluto alludere a Pr[LXX] 8,30. Questa probabile scelta sarebbe dovuta al fatto che egli intende preparare in modo fine il lettore a quanto, successivamente in modo esplicito, dirà nella riflessione

---

[105] *Ibidem.*

[106] *Ibidem.* C'è tuttavia da notare che Michaelis (MICHAELIS, ὁράω, col. 913) ricorda come nei libri dei LXX ci siano anche le espressioni costruite con "πρόσωπον + il nome di Dio o il pronome che lo indica", sebbene in numero ridotto (Sal[LXX] 16,15; 41,3; Sir[Gr] 35,6).

[107] L'espressione πρόσωπον κυρίου compare circa 47x (3x nel Pentateuco, 16x circa nei libri storici; 4x nei Salmi; 24x nei profeti).

morale-giuridica della terza strofa (Sir$^{Gr}$ 35,10-13): come la Sapienza davanti a Dio gioiva così di buon animo e con gioia il vero credente offre i doni a Dio.

A conclusione di quanto fin qui detto sull'espressione μὴ ὀφθῇς ἐν προσώπῳ κυρίου si può proporre la seguente traduzione di Sir$^{Gr}$ 35,6: *Non presentarti davanti a Dio a mani vuote*. Se è chiaro il pensiero di Sir$^{Gr}$ 35,6, diventa un po' più laborioso il pensiero di Sir$^{Gr}$ 35,7 a causa dell'espressione πάντα γὰρ ταῦτα.

c. Sir$^{Gr}$ 35,7 e l'espressione πάντα γὰρ ταῦτα

Non tutti gli autori hanno prestato attenzione a questa espressione. Tuttavia, coloro che hanno voluto esprimere un parere su πάντα γὰρ ταῦτα hanno unanimemente affermato che l'espressione si riferisce agli atti cultuali appena esposti[108]. Esaminando, però, l'uso di "πᾶς + οὗτος" nel Siracide, dove compare 9x (Sir$^{Gr}$ 32,23; 35,7; 37,15; 38,31; 39,29; 41,27; 42,23; 44,7; 48,15), si può notare che il plurale neutro, oltre che in Sir$^{Gr}$ 35,7 ricorre anche in Sir$^{Gr}$ 39,29; 42,23; 48,15. In questi testi ci sono fondamentalmente due usi: uno indica il tutto appena detto[109]; l'altro indica tutto ciò che è stato nominato dall'inizio della pericope[110]. Stando a quanto appena rilevato, l'espressione πάντα γὰρ ταῦτα potrebbe indicare il fatto di non presentarsi davanti a Dio a mani vuote, oppure potrebbe indicare tutto ciò che precede, sia le azioni liturgiche, sia le azioni secondo la Legge, sia tutte e due insieme. Poiché si tratta di una espressione al plurale, è difficile che πάντα γὰρ ταῦτα possa indicare una cosa soltanto, cioè quanto indicato da Sir$^{Gr}$ 35,6. Sembra una soluzione più idonea alla fisionomia dell'espressione pensare che si riferisca a tutto ciò che è indicato in Sir$^{Gr}$ 35,1-5a.

---

[108] Si vedano, ad esempio, Fillion, Peters, Snaith, Minissale, Skehan - Di Lella, Pereira.

[109] Si veda Sir$^{Gr}$ 39,29: πῦρ καὶ χάλαζα καὶ λιμὸς καὶ θάνατος πάντα ταῦτα εἰς ἐκδίκησιν ἔκτισται, "fuoco e grandine e fame e morte: tutte queste cose sono create per il castigo".

[110] In Sir$^{Gr}$ 42,23 indica ciò che è stato detto in Sir$^{Gr}$ 42,15-25.

## d. Sir[Gr] 35,7 e l'espressione χάριν ἐντολῆς

È stato già visto per inciso, esaminando Sir[Gr] 35,3, come nel Siracide l'accusativo di χάρις sia usato come preposizione[111]. Il termine ἐντολή, a sua volta, è un singolare, che nel Siracide compare solo 3x (Sir[Gr] 29,9; 35,7; 39,31). Il Siracide esorta il proprio discepolo (Sir[Gr] 29,9) a soccorrere il povero senza lasciarlo a "mani vuote" (κενός), in considerazione del precetto (che Skehan – Di Lella[112] identificano in Dt[LXX] 15,7-11). Inoltre, il Siracide afferma che tutte le opere del Signore sono buone (Sir[Gr] 39,33), anche se all'uomo questo non sempre può apparire in modo immediato: a suo tempo esse esulteranno al comando di Dio (ἐν τῇ ἐντολῇ αὐτοῦ). Mentre in Sir[Gr] 39,31 ἐντολή, traduce צִוָּה (e quindi può, anche in greco, assumere il valore di *comando*), non si sa cosa possa tradurre in Sir[Gr] 29,9 a causa della mancanza del testo H. C'è, tuttavia, un dato che interessa: sia in Sir[Gr] 29,9 sia in Sir[Gr] 35,7 c'è la stessa espressione, χάριν ἐντολῆς.

In Sir[Gr] 29,9 l'espressione indica chiaramente una ἐντολή precisa, Dt[LXX] 15,7-11 (che sarebbe un brano parenetico con la funzione di portare la formulazione giuridica di Dt[LXX] 15,1-2 nel mondo interiore della coscienza del credente ebreo[113]). Diventa difficile pensare diversamente per l'ἐντολή di Sir[Gr] 35,7. Potrebbe trattarsi anche in questo caso di una singola ἐντολή? La risposta sembra negativa. Se l'espressione χάριν ἐντολῆς si riferisse a Sir[Gr] 35,5a, si avrebbe un solo comandamento con tre redazioni diverse (Es[LXX] 23,15; 34,20; Dt[LXX] 16,16) e sarebbe in contraddizione con l'espressione πάντα γὰρ ταῦτα, che ne presuppone più di uno. Se, invece, l'espressione χάριν ἐντολῆς si riferisse a tutto quanto detto in Sir[Gr] 35,1-5a, come farebbe presupporre l'espressione πάντα γὰρ ταῦτα, alla quale

---

[111] Ciò capita 13x (cfr Sir[Gr] 12,1; 19,25; 20,23; 27,1; 29,7.9; 31,6.17; 32,2; 34,12; 35,7; 37,5; 38,17) e significa *in favore di, a causa di, per* (CHANTRAINE, vol. II, 1247), e locuzioni viciniori come *a motivo di, in considerazione di, in grazia di*, ecc. (LIDDELL – SCOTT, 1979).

[112] SKEHAN – DI LELLA, 370.

[113] VON RAD, *Deuteronomio*, 118.

l'espressione χάριν ἐντολῆς è associata, ἐντολή dovrebbe avere un valore collettivo.

Alla luce di questa breve indagine, il pensiero del Siracide appare chiaro: ognuna di queste cose va fatta perché c'è un comandamento per ognuna. Meno facile, invece, appare la traduzione. C'è, infatti, da chiarire il valore di γάρ. La congiunzione γάρ ha, in sintesi, tre possibili funzioni: motivante (*infatti, poiché*), rafforzativa (nelle affermazioni: *tuttavia, senz'altro, davvero*; nelle domande: *mai, forse*), deduttiva (*così...allora, dunque, perciò*)[114]. Sembra che la scelta migliore possa essere la funzione motivante. Molti autori, infatti, preferiscono questa scelta[115], altri addirittura non lo traducono affatto[116]. Traducendo *ad litteram*, il testo greco dice: *poiché tutte queste cose, in considerazione del comandamento*. Si può ben comprendere quanto sia strana per la lingua di arrivo una formulazione simile. Meglio apparirebbe la traduzione se si ricuperasse il valore inclusivo di Sir^Gr 35,7 con Sir^Gr 35,1, esplicitato dall'analisi della struttura. In Sir^Gr 35,1 si trova il verbo συντηρέω cui è stato dato il significato di *osservare scrupolosamente*. Sottintendendo tale verbo anche in Sir^Gr 35,7, la traduzione potrebbe essere la seguente: *Poiché tutte queste cose (vanno osservate scrupolosamente) in considerazione del comandamento*.

Alla fine del percorso compiuto è possibile dare una traduzione completa di Sir^Gr 35,1-7 che possa essere comprensibile e chiara nella lingua di arrivo:

Sir 35,1   Colui che osserva (scrupolosamente) la Legge moltiplica le offerte.

2   Uno che offre un sacrificio di comunione (è) colui che adempie (i)
[comandamenti.

---

[114] PRIDIK, vol. I, coll. 628-630; cfr anche BLASS - DEBRUNNER, 551-552.

[115] Mancini - Martini ("perocchè"). I tedeschi hanno preferito "denn" (Zöckler, Smend, Peters, Eberharter,ecc.). I francofoni hanno optato per "car" (Reuss, Lesètre, Ledrain, Fillion, Glaire - Vigouroux, Crampon, ecc.).

[116] Arnald, Churton, Edersheim, Alonso Schökel, Minissale, Skehan - Di Lella, MacKenzie.

3    Chi contraccambia un favore (è) uno che offre (un sacrificio di)
                                                     [fior di farina
4    e chi fa l'elemosina (è) uno che offre un sacrificio di lode.
5    Il gradimento del Signore (è presente nello) stare lontano dalla
     perfidia e stare lontano dall'ingiustizia (equivale al) sacrificio per
                                                       [il peccato.
6    Non presentarti davanti a Dio a mani vuote
7    poiché tutte queste cose (vanno osservate scrupolosamente) grazie
                                                       [al comandamento.

## ■ 5. Il retroterra del pensiero di Sir$^{Gr}$ 35,1-7

È già stato visto come la riflessione sapienziale di Sir$^{Gr}$ 35,1-4 sia una componente che ha portato il Siracide a formulare il principio teologico di Sir$^{Gr}$ 35,5. C'è da chiedersi quale sia il pensiero che ha portato il Siracide a formulare la riflessione giuridico-morale (Sir$^{Gr}$ 35,6-7) che apparentemente non sembra seguire il filo del pensiero presente in Sir$^{Gr}$ 35,1-5. Una risposta possibile si può trovare nel rapporto di inclusione che esiste tra Sir$^{Gr}$ 35,1-2 e Sir$^{Gr}$ 35,6-7. Se è vero che l'osservanza scrupolosa della Legge equivale alla moltiplicazione delle offerte (Sir$^{Gr}$ 35,1) e l'adempimento dei comandamenti equivale all'offerta di un sacrificio di comunione (Sir$^{Gr}$ 35,2), è altrettanto vero che sia le offerte, sia il sacrificio di comunione sono normate da singoli comandamenti della Legge. L'osservanza della Legge, dunque, è la chiave di volta per comprendere il contenuto di Sir$^{Gr}$ 35,1-7. Vediamo, ora, *per partes*, il pensiero del testo.

Nel prosieguo della riflessione sapienziale (Sir$^{Gr}$ 35,1-4), il Siracide continua con il concetto di equivalenza: il contraccambio di un favore e il dono dell'elemosina sono altrettanti atti di culto. È stato visto come dietro al contraccambio del favore e al dono dell'elemosina ci sia sempre il precetto della Legge, come secondo i precetti della Legge sono normati i sacrifici di fior di farina e i sacrifici di lode. Se è vero che la Legge spazia con i suoi comandamenti in tutto l'orizzonte della vita del credente, diventa semplice la deduzione: attenersi con scrupolo ai precetti morali e attenersi con scrupolo ai precetti liturgici significa obbedire alla Legge. I gesti morali e liturgici si equivalgono perché ambedue esprimono l'osservanza della Legge. Questo dato porta a due conseguenze: da una parte si deduce un principio, dall'altra si pone in guardia da un equivoco.

Il principio è presto detto. Attenersi con scrupolo ai precetti della Legge equivale a restare sempre lontani dalla perfidia e dall'ingiustizia (Sir^Gr 35,5): questo è cosa gradita a Dio come gradito è il sacrificio del giusto (Sir^Gr 35,9). Se, poi, nella debolezza dell'uomo ci dovesse essere anche l'esperienza del peccato, l'impegno rinnovato nello stare lontano dall'ingiustizia, cioè nell'adempiere ai precetti della Legge, equivale al sacrificio per il peccato (Sir^Gr 35,5b).

L'equivoco, invece, potrebbe celarsi nelle equivalenze proposte. Adempiere i precetti morali equivale a compiere veri e propri atti di culto. Se le cose stanno così, si potrebbe ingenerare nel discepolo del Siracide l'equivoco che basti presentare a Dio una vita obbediente ai precetti morali e tanto può bastare anche a livello cultico. Il Siracide richiama il precetto riportato in Es^LXX 23,15; 34,20; Dt^LXX 16,16 perché anche quel precetto fa parte della Legge e, di conseguenza, rispettare solo i precetti morali senza rispettare i precetti liturgici significa non rispettare integralmente la Legge. In sottofondo, c'è anche qualche cosa da aggiungere, forse meno importante, ma non per questo trascurabile. Non si può pensare di aiutare il prossimo povero con l'elemosina, dimenticandosi del sacerdote (Sir^Gr 7,29-31) che vive in una situazione di debolezza economica e di dipendenza sociale[117]. Come si può adempiere il precetto dell'elemosina e trascurare un povero istituzionale come il sacerdote che vive di ciò che il credente offre cultualmente a Dio? Se l'impegno morale di aiuto ai poveri deve essere completo secondo la Legge, non si possono trascurare le regole cultiche proposte dalla Legge.

---

[117] GILBERT, "La Sapienza e il culto", 23-40, ha evidenziato questa dimensione, commentando il testo di Sir^H 7,29-30 (24-25) e inquadrandolo nel suo contesto precedente (Sir^Gr 7,27) e successivo (Sir^H 7,32-35).

Questi concetti teologici sono propri del Siracide. In tutto il trattato sulle offerte, non c'è un testo come Sir$^{Gr}$ 35,1-7: gli altri testi hanno una buona intertestualità, mentre Sir$^{Gr}$ 35,1-7 ne è accentuatamente povero. Sembra strano, ma meno elementi di intertestualità ci sono e più numerose sono le citazioni proposte dagli autori[118]. Esistono, tuttavia, due brani del Siracide dove il sapiente abbozza il pensiero che espone in modo compiuto e maturo in Sir$^{Gr}$ 35,1-7. Si tratta di Sir$^{Gr}$ 3,14-15 e di Sir$^{Gr}$ 4,14.

Il perdono dei peccati è legato al sacrificio per il peccato. Poiché l'astenersi dall'ingiustizia equivale al sacrificio dei peccati (Sir$^{Gr}$ 35,5b), è corretto concludere che la fedeltà alla Legge procura il perdono dei peccati quanto lo può procurare il sacrificio per il peccato. In Sir$^{Gr}$ 3,14-15 c'è una chiara esemplificazione di questo principio: la pietà verso il padre (ἐλεημοσύνη γὰρ πατρός), che risponde al comandamento di Es$^{LXX}$ 20,12 / Dt$^{LXX}$ 5,16, viene computata a sconto dei peccati; i peccati si scioglieranno come brina al sole.

Da Sir$^{Gr}$ 24,22-23 sappiamo che tutto ciò che ha detto la Sapienza è scritto nella Legge. Diventa facile comprendere come in Sir$^{Gr}$ 4,14[119] il sapiente affermi che venerare (λατρεύω) la Sapienza

---

[118] Molte citazioni proposte dagli autori sono utili per conoscere in che cosa consista questo o quel atto di culto presentato dal Siracide in Sir$^{Gr}$ 35,1-7. Altre citazioni, invece, esprimono un certo modo di leggere il testo da parte degli studiosi: è difficile accettare come intertestualità testi (in H o in Gr?) come Qo 4,7 o Ger 7,3-12 o Os 6,6 o Am 5,11-27 o Zc 7,4-11. In questi testi e altri simili non c'è il concetto di equivalenza tra impegno morale e atto di culto, bensì una preferenza dell'impegno morale o della misericordia sull'atto cultuale. Tale tematica è assolutamente lontana dalla mentalità e dalla visione che il Siracide ha del culto e dell'impegno morale. Altre citazioni, infine, sono riportate come supporto a una riflessione degli studiosi, fatta più in margine a Sir$^{Gr}$ 35,1-7 che non sul brano stesso del sapiente: si vedano le citazioni neotestamentarie. Due sono le citazioni dei commentatori che meritano una certa attenzione: 1Sam$^{H}$ 15,22 e Sal$^{H}$ 40,7-9. Ritengo che a queste vada aggiunto anche Mi$^{H}$ 6,6-8. Queste citazioni potrebbero, infatti, spiegare l'impegno morale come qualche cosa di importante a livello cultuale, mentre non possono essere accettate le affermazioni che vedono il culto collocato in posizione subalterna. Il tema verrà affrontato poco più avanti.

[119] Per la lettura ebraica del testo si veda GILBERT, "La Sapienza e il culto", 28-32.

equivale a venerare (λατρεύω) Dio. Venerare la Sapienza, infatti, significa venerare la Legge. Questo rapporto di fiducia cultica (λατρεύω) con la Legge porta a un vero e proprio legame saldo e intriso di fede (πιστεύω) con la Legge stessa, rapporto da cui scaturisce l'adempimento dei comandamenti (προσέχω ἐντολαῖς): ὁ πιστεύων νόμῳ προσέχει ἐντολαῖς, "chi si affida alla Legge adempie i comandamenti" (Sir[Gr] 32,14).

Da qui nasce la genialità del Siracide nel proporre il cuore della sua dottrina: l'obbedienza che nasce dalla fede e si affida alla Legge conduce all'osservanza dei comandamenti sia morali che cultuali. Questo legame tra i due tipi di comandamenti si manifesta nella coincidenza dei gesti morali quotidiani con i gesti cultici in modo così forte da far equivalere l'impegno morale ad altrettanti atti di culto, senza opporsi ad essi e senza trascurarli.

È possibile cercare le radici di questa concezione così limpida, dove non si procede per opposizione (impegno morale *versus* atto di culto), ma per complementarietà (dalla Legge derivano gli impegni morali e gli impegni di culto: gli impegni morali equivalgono agli impegni di culto, senza svalutare questi ultimi)?

La risposta è positiva. Ci sono, infatti, almeno tre testi che sono precedenti la traduzione del Siracide "nell'anno trentottesimo del re Evergete" (Sir[Prolog] 27): Mi[H] 6,6-8; 1Sam[H] 15,22; Sal[H] 40,7-9[120]. In

---

[120] La traduzione greca di questi testi è avvenuta in epoche diverse. Per Michea e per i Salmi il luogo della traduzione dovrebbe essere Alessandria e l'epoca potrebbe collocarsi tra il 210 e il 170 a.C. ca. Per 1 Sam, il luogo è ancora Alessandria e l'epoca, tra il 170 e il 150 a.C. ca. (cfr MUNNICH, 75-89; THACKERAY, 1-39; HARL - DORIVAL - MUNNICH, 86-111; vengono abbandonate le tesi sulla datazione e localizzazione della traduzione dei salmi sia di VAN DER KOOJ, 67-74, sia di VENETZ). Si vedano anche le equilibrate parole di Fernández Marcos: "En cuanto a la fecha de composición de los distintos libros, hay que decir que tras el Pentateuco seguiría la traducción de los Profetas Anteriores y Posteriores, y tal vez de los Salmos. En efecto, la traducción de Josué, Jueces, 1-4 Reyes, 1-2 Crónicas, Isaías, Jeremías, Ezequiel, Doce Profetas y Salmos suele situarse a comienzos del siglo IIa.C.; Daniel, 1-2 Esdras, Job y Proverbios fueron traducidos a finales del siglo II a.C. Como hemos dicho anteriormente, las traducciones de Rut, Lamentaciones, cantar de los cantares y Eclesiastés deben situarse en el siglo I

questi testi, con accenti e modi diversi, viene espresso in modo diverso un concetto comune: praticare quanto il Signore ha comandato o, in parole diverse, obbedire a Dio equivale a compiere il culto.

## a. Mi[H] 6,6-8

Il testo H e quello Gr sono molto vicini[121]. Per il testo H non ci sono problemi particolari di critica testuale, se si eccettuano le sfumature di differenza tra H e Gr. Per il testo Gr si può affermare la stessa cosa, fatto salvo alcune minime sfumature presenti nella recensione lucianea:

| | | |
|---|---|---|
| בַּמָּה אֲקַדֵּם יְהוָה | 6a- 6a | ἐν τίνι καταλάβω τὸν κύριον |
| אִכַּף לֵאלֹהֵי מָרוֹם | 6b- 6b | ἀντιλήμψομαι θεοῦ μου ὑψίστου |
| הַאֲקַדְּמֶנּוּ בְעוֹלוֹת | 6c- 6c | εἰ καταλήμψομαι αὐτὸν ἐν ὁλοκαυτώμασιν |
| בַּעֲגָלִים בְּנֵי שָׁנָה: | 6d - 6d | ἐν μόσχοις ἐνιαυσίοις |
| הֲיִרְצֶה יְהוָה בְּאַלְפֵי אֵילִים | 7a - 7a | εἰ προσδέξεται κύριος ἐν χιλιάσιν κριῶν |

---

d.C., o incluso más arde, pues han sido realizadas con gran liberalismo y pertenecen muy probablemente a la tradición kaige predecesora del traductor Aquila" (Fernández Marcos, 45-46). Mi[H] 6,6-8 è, dunque, un testo che il Siracide poteva conoscere anche nella sua versione Gr.

[121] Traduzione del testo H: "Con che cosa mi presenterò davanti al Signore, mi prostrerò davanti all'Altissimo? Mi presenterò a Lui con olocausti, con giovenchi di un anno? Può dilettarsi il Signore di migliaia di montoni, di miriadi di rivoli d'olio? Dovrò offrire il mio primogenito per il mio delitto, il frutto delle mie viscere per il peccato della mia vita? Uomo, ti è stato indicato ciò che è buono e ciò che il Signore richiede da te: praticare la giustizia, amare la fedeltà e manifestare umiltà nel camminare con il tuo Dio". Traduzione del testo Gr (in corsivo le divergenze con l'H): "Con che cosa *mi avvicinerò* al Signore, mi prostrerò davanti al *mio Dio* Altissimo? *Forse Lo avvicinerò* con olocausti, con giovenchi di un anno? *Prova gradimento* il Signore con migliaia di montoni, con miriadi *di torrenti di grassi/olii*? Forse *darò i miei primogeniti per l'empietà*, il frutto delle mie viscere per *i peccati della mia anima*? Uomo, ti è stato indicato ciò che è buono e ciò che il Signore richiede da te, *se non* praticare la giustizia, amare *la misericordia* ed *essere disposto* a camminare con il *Signore* tuo Dio".

| | | |
|---|---|---|
| בְּרִבְבוֹת נַחֲלֵי־שָׁמֶן | 7b - 7b | ἢ ἐν μυριάσιν χειμάρρων πιόνων |
| הַאֶתֵּן בְּכוֹרִי פִּשְׁעִי | 7c - 7c | εἰ δῶ πρωτότοκά μου ἀσεβείας |
| פְּרִי בִטְנִי חַטַּאת נַפְשִׁי: | 7d - 7d | καρπὸν κοιλίας μου ὑπὲρ ἁμαρτίας ψυχῆς μου |
| הִגִּיד לְךָ אָדָם מַה־טּוֹב | 8a - 8a | εἰ ἀνηγγέλη σοι ἄνθρωπε τί καλόν |
| וּמָה־יְהוָה דּוֹרֵשׁ מִמְּךָ | 8b - 8b | ἢ τί κύριος ἐκζητεῖ παρὰ σοῦ |
| כִּי אִם־עֲשׂוֹת מִשְׁפָּט | 8c - 8c | ἀλλ' ἢ τοῦ ποιεῖν κρίμα |
| וְאַהֲבַת חֶסֶד | 8d - 8d | καὶ ἀγαπᾶν ἔλεον |
| וְהַצְנֵעַ לֶכֶת | 8e - 8e | καὶ ἕτοιμον εἶναι τοῦ πορεύεσθαι |
| עִם־אֱלֹהֶיךָ: | 8f - 8f | μετὰ κυρίου θεοῦ σου |

Il testo[122] fa parte di un *rîb* (Mi[H] 6,1-7,7)[123]. Dopo l'accusa divina (Mi[H] 6,1-5) c'è il tentativo di risposta riparatrice del popolo, che Alonso Schökel pensa si estenda in Mi[H] 6,6-9, mentre Lescow la comprende in Mi[H] 6,6-8. Qui viene seguita l'opinione di Lescow. Si tratta di una risposta riparatrice di tipo cultuale (Mi[H] 6,6-7), corretta, secondo la Legge nella sua prima parte (Mi[H] 6,6-7b; cfr Es[H] 23,5; 34,20)[124], decisamente esecrabile a causa del sacrificio umano del primogenito (proibito dalla Legge: cfr Lv[H] 18,21; 20,2; Dt[H] 12,31; cfr Gdc[H] 11,29-40; 1Re[H] 16,34; 2Re[H] 16,3; 21,6), nella seconda (Mi[H] 6,7cd). Dio non accetta questa risposta riparatrice[125]. Il pensiero di Mi[H] 6,6-7 e quello di Sir[Gr] 34,21-27 sono molto vicini (abbondanza delle offerte, anche se frutto di ingiustizia, sacrifici che vorrebbero ottenere il perdono dei peccati[126]), tanto da

---

[122] Cfr LESCOW, 19-20.46-60.

[123] Cfr ALONSO SCHÖKEL - SICRE DÍAZ, 1186.

[124] Si ricordi che l'olocausto è la forma più perfetta (cfr Lv[H] 1,3-17) dei sacrifici del rituale ebraico (cfr BERNINI, *Osea - Michea - Nahim - Abacuc*, 322).

[125] BOVATI, 179-180.

[126] Il tema del sacrificio del figlio è diversamente fruito dal testo profetico e dal testo sapienziale.

poter anche ipotizzare una certa dipendenza (motivi contenuti-stici) di Sir[Gr] 34,21-27 rispetto a Mi[H] 6,7cd. Non va trascurato il fatto che anche nel Siracide, pur con valenze diverse, compare il motivo del sacrificio umano del figlio.

Molto più interessante è il pensiero di Mi[H] 6,8, dove il profeta in nome di Dio indica all'uomo che il bene gli è stato comuni-cato (in forma orale)[127].

Il contenuto di questa comunicazione riguarda innanzi tutto la pratica della giustizia. L'assenza di questa pratica produce l'esatto contrario della ricerca di Dio (cfr Am[H] 5,4b: דִּרְשׁוּנִי וִחְיוּ, "Cerca-temi e vivrete"; Am[H] 5,14a.15ab: דִּרְשׁוּ־טוֹב וְאַל־רָע, "Cercate il bene e non il male"; Am[H] 5,15ab: שִׂנְאוּ־רָע וְאֶהֱבוּ טוֹב וְהַצִּיגוּ בַשַּׁעַר מִשְׁפָּט, "Odiate il male e amate il bene e ristabilite nel tribunale la giu-stizia"). Il secondo contenuto della comunicazione, secondo il testo H, riguarda la fedeltà dell'alleanza (חֶסֶד), mentre secondo il testo Gr viene sottolineato di più l'atteggiamento di misericordia (ἔλεος). Comunque sia, dietro a questo imperativo c'è l'eco della predicazione di Osea (Os[H] 4,1; 6,6; ecc.). Infine, la terza comuni-cazione riguarda l'atteggiamento di sottomissione dell'uomo a Dio, atteggiamento tipico del saggio (cfr Pr[H] 11,2), che si oppone all'orgoglio, causa principale delle colpe d'Israele (cfr Am[H] 6,8; 8,7; Os[H] 5,5; 7,10; Is[H] 2,11-12; 9,9). Tale sottomissione è funzio-nale al "camminare con Dio", espressione tipica per indicare la condotta di vita secondo la volontà di Dio espressa dalle norme dell'alleanza e dalla predicazione profetica[128].

Tutti e tre gli elementi sono legati a Sir[Gr] 35,1-7, ma senz'altro un legame particolare riguarda il terzo elemento, *"essere disposto a camminare con il Signore tuo Dio"* (Gr), cioè a modulare la con-dotta di vita sulla volontà di Dio attraverso l'osservanza della

---

[127] Il verbo נגד ha qui una sfumatura giuridica (cfr García Lopéz, coll. 559-573, spec. 563).

[128] Per questo significato si veda Dawes, "Walking humbly", 331-339. Si veda, inol-tre, Davies, 99-115. van Hecke, "Are people walking", 37-71.

Legge (e la predicazione profetica). I tre elementi proposti da Michea, però, vengono presentati nel testo profetico con una sfumatura di valenza superiore al culto. Forse il Siracide potrebbe aver preso l'avvio anche da questo testo (obbedienza alla Legge), ma senza sposare la superiorità dell'osservanza morale della Legge sulla istituzione cultica sacrificale. Sulla linea di Michea si colloca 1 Sam[H] 15,22.

### b. 1 Sam[H] 15,22

Anche in questo caso, come il precedente, non ci sono differenze tra il testo H e il testo Gr[129]. Per quanto riguarda la critica testuale, ci sono alcune sfumature di poco conto in pochi manoscritti H e, per quanto riguarda il Gr, ci sono pochissime varianti riguardanti il plurale/singolare (ὁλοκαυτώματα / ὁλοκαύτωμα; θυσία / θυσίαι) e il nominativo/accusativo (θυσίαι / θυσίας; θυσία / θυσίαν; ἀγαθή / ἀγαθήν ) a causa, probabilmente, di una scarsa sensibilità grammaticale.

| | | |
|---|---|---|
| וַיֹּאמֶר שְׁמוּאֵל | 22a – 22a | καὶ εἶπεν Σαμουηλ |
| הַחֵפֶץ לַיהוָה בְּעֹלוֹת וּזְבָחִים | 22b – 22b | εἰ θελητὸν τῷ κυρίῳ ὁλοκαυτώματα καὶ θυσίαι |
| כִּשְׁמֹעַ בְּקוֹל יְהוָה | 22c – 22c | ὡς τὸ ἀκοῦσαι φωνῆς κυρίου |
| הִנֵּה שְׁמֹעַ מִזֶּבַח טוֹב | 22d – 22d | ἰδοὺ ἀκοὴ ὑπὲρ θυσίαν ἀγαθὴ |
| לְהַקְשִׁיב מֵחֵלֶב אֵילִים: | 22e – 22e | καὶ ἡ ἐπακρόασις ὑπὲρ στέαρ κριῶν |

---

[129] La traduzione per il testo H: "Samuele disse: (C'è) gradimento per il Signore negli olocausti e nei sacrifici come obbedire alla voce del Signore? Ecco obbedire è meglio del sacrificio, essere docile (è meglio del) grasso degli arieti". La traduzione per il testo Gr: "E Samuele disse: Forse è cosa desiderata per il Signore olocausti e sacrifici come obbedire alla voce del Signore? Ecco l'ascolto è meglio del sacrificio e dare retta (è meglio del) grasso di arieti". Il Siracide poteva conoscere la versione Gr di 1 Sam[H] 15,22.

Il testo farebbe parte di un antico racconto, cui successivamente è stata data una fisionomia redazionale condizionata dal profetismo (Geremia?)[130]. Samuele aveva trasmesso a Saul la volontà del Signore (1Sam[H] 15,1-3) che consisteva nel far guerra agli Amaleciti, votandoli allo sterminio ("uccidi uomini e donne, ragazzi e lattanti, buoi e pecore, cammelli e asini"), per vendicare quanto aveva fatto Amalec quando aveva sbarrato la via ad Israele, durante l'esodo (cfr Es[H] 17,8-9; Dt[H] 25,17-19). Saul, vincitore, mentre vota allo sterminio "tutto il popolo" e "ogni cosa disprezzabile"[131], non fa altrettanto con il re Agag e le sue proprietà migliori (1Sam[H] 15,8-9). Disubbidendo, Saul risparmia il re e le sue proprietà. Davanti a Samuele che lo interroga, si giustifica dicendo che ciò che era stato risparmiato sarebbe diventato sacrificio per il Signore (1Sam[H] 15,15.21). A questo punto Samuele pronuncia le parole che interessano alla ricerca. Si tratta di una affermazione durissima che potrebbe aver anticipato ciò che avrebbero detto secoli dopo Osea e Geremia (Os[H] 9,17; Ger[H] 7,21-23) o forse, nella stesura redazionale del testo, avrebbe subito l'influsso della predicazione di Osea e Geremia[132]. L'ascolto (e l'obbedienza) della voce di Dio è parte essenziale e originaria dei rapporti tra Dio e il suo popolo, mentre il sistema sacrificale non ha queste caratteristiche. L'ascolto-obbedienza, infatti, è il tratto fondamentale che precede e presiede ogni forma cultuale sacrificale[133]. L'affermazione di Samuele, dunque, si rifarebbe alla radice del vero culto, che senza escludere il sistema sacrificale, lo rende subalterno all'ascolto-obbedienza a Dio. Proprio l'ascolto-obbedienza a Dio, attraverso l'osservanza della Legge e delle sue norme, è il concetto che sottostà a Sir[Gr] 35,1-7. Nel Siracide, però, questa obbedienza non rende il sistema cultuale sacrificale come seconda-

---

[130] CAMPBELL, 132-136.

[131] Il testo H non è chiaro (e, per il momento, non dà senso). È preferibile tradurlo secondo il testo Gr.

[132] TOSATO, 251-259; DZIADOSZ, 122-127. Secondo Fenz si tratterebbe di una derivazione della formula di alleanza ripresa dalla teologia deuteronomistica (cfr FENZ, 125-132). Il tema dell'ascolto-obbedienza alla voce-parola di Dio si ritrova anche in Zac[H] 1,4, ma è legato al tema della conversione.

[133] Cfr LEMKE, 301-326.

rio o subalterno alla cultualizzazione dell'etica, ma rende il sistema cultuale sacrificale dipendente dalla volontà di Dio tanto quanto è dipendente dalla volontà di Dio una vita eticamente impegnata. Questo dato agevola la breve indagine su Sal[H] 40,7-11.

## c. Sal[H] 40,7-9

Tra il testo H e il testo Gr intercorre solo qualche piccolissima sfumatura, come ad esempio לֹא־חָפַצְתָּ / οὐκ ἠθέλησας ("non gradisci" / "non vuoi") o כָּרִיתָ / κατηρτίσω (aperto / preparato) oppure בִּמְגִלַּת־סֵפֶר / ἐν κεφαλίδι βιβλίου ("sul rotolo del libro" / "all'inizio del libro")[134]. Per quanto riguarda la critica testuale del testo H, oggi non si pongono più i problemi del passato, soprattutto sulla posizione degli stichi di Sal[H] 40,7[135]. Per quanto riguarda, invece, il testo Gr non ci sono problemi particolari[136].

| | | |
|---|---|---|
| זֶבַח וּמִנְחָה לֹא־חָפַצְתָּ | 7a- 7a | θυσίαν καὶ προσφορὰν οὐκ ἠθέλησας |
| אָזְנַיִם כָּרִיתָ לִּי | 7b- 7b | ὠτία δὲ κατηρτίσω μοι |
| עוֹלָה וַחֲטָאָה לֹא שָׁאָלְתָּ | 7c- 7c | ὁλοκαύτωμα καὶ περὶ ἁμαρτίας οὐκ ᾔτησας |
| אָז אָמַרְתִּי הִנֵּה־בָאתִי | 8a- 8a | τότε εἶπον ἰδοὺ ἥκω |
| בִּמְגִלַּת־סֵפֶר כָּתוּב עָלָי | 8b- 8b | ἐν κεφαλίδι βιβλίου γέγραπται περὶ ἐμοῦ |

---

[134] La traduzione per il testo H: "Sacrificio e offerta non gradisci; gli orecchi mi hai aperto; olocausto e vittima per la colpa non hai chiesto. Allora ho detto: Ecco, io vengo. Sul rotolo del libro è scritto di me che io faccia il tuo volere. Mio Dio, (questo) io desidero, e la tua legge è nel profondo del mio intimo". La traduzione per il testo G: "Sacrificio e offerta non vuoi; gli orecchi mi hai preparato; olocausto e (offerta) per la colpa non hai chiesto Allora ho detto: Ecco, io vengo. All'inizio del libro è scritto su di me di fare la tua volontà. Mio Dio, (questo) io voglio, e la tua legge (è) in mezzo al mio intimo".

[135] cfr KRAUS, *Los Salmos*, vol. I, 648-650.

[136] Lo scambio ὠτία / σῶμα in Sal[LXX] 39,7b, presente nei codd. BSA, si potrebbe spiegare con l'influsso di Eb 10,5 (Θυσίαν καὶ προσφορὰν οὐκ ἠθέλησας, σῶμα δὲ κατηρτίσω μοι, "Vittima e offerta non hai voluto, un corpo mi hai preparato") sull'amanuense.

| לַעֲשׂוֹת־רְצוֹנְךָ | 9a – 9a | τοῦ ποιῆσαι τὸ θέλημά σου |
| אֱלֹהַי חָפָצְתִּי | 9b – 9b | ὁ θεός μου ἐβουλήθην |
| וְתוֹרָתְךָ בְּתוֹךְ מֵעָי: | 9c – 9c | καὶ τὸν νόμον σου ἐν μέσῳ τῆς κοιλίας μου |

Kraus vede nel Salmo l'unione di due composizioni: Sal[H] 40,2-12 (salmo di ringraziamento) e Sal[H] 40,13-18 (supplica)[137]. Gli altri esegeti in genere seguono questa ripartizione. Il brano che interessa, si colloca nel salmo di ringraziamento. Il testo, circoscritto in Sal[H] 40,7-9 da un buon numero di commentatori e sufficientemente giustificato da Ravasi[138], viene definito "meditazione profetica sul vero culto"[139]. Il tenore generale del testo è chiaro: la spiritualità postesilica aveva fatto delle Legge e della sua osservanza l'elemento primario del legame tra l'uomo e il Signore[140]. Sottolineando volontariamente la preferenzialità dell'obbedienza alla Legge al sistema cultico sacrificale[141], il testo si avvicina (o dipende?) sia alla riflessione profetica (cfr la Legge nel loro animo / in mezzo a loro [בְּקִרְבָּם] e sul cuore [וְעַל־לִבָּם] in Ger[H] 31,31) sia alla riflessione deuteronomistica, tra loro forse connesse, (cfr le parole che Dio ha comandato a Israele sono fisse nel cuore [עַל־לְבָבֶךָ] in Dt[H] 6,6, oppure la parola è molto vicina perché si trova nella bocca e nel cuore per essere messa in pratica nella bocca e nel cuore [in H alla seconda persona maschile: בְּפִיךָ וּבִלְבָבְךָ לַעֲשֹׂתוֹ] in Dt[H] 30,11-14). Sicuramente il brano contiene dei particolari interessanti, non ancora chiariti in modo

---

[137] KRAUS, *Los Salmos,* vol. I, 644.

[138] RAVASI , vol I, 725-726.

[139] *Ibidem,* 726.731-736.

[140] KRAUS, *Los Salmos,* vol. I, 648-650

[141] Von Rad invita alla prudenza. Queste affermazioni non intendono porre in contrapposizione sistema cultuale sacrificale e obbedienza alla Legge (cfr VON RAD, vol. I, 416-417): "Queste frasi erano motti estremistici certamente intesi dai loro autori come molto radicali, ben adatti a scuotere dalla sicurezza che certamente minacciava sempre il culto sacrificale; ma non è esatto vedere in esse il passaggio a una verità generale lampante. Queste frasi avevano la loro verità nel loro accordo con tutti gli ordinamenti e 'verità' su cui poggiava e si ergeva il culto in Israele e da cui esso aveva ricevuto il suo complesso carattere" (417).

soddisfacente[142]. Per la presente riflessione, non sono essenziali. Diventa importante comprendere, invece, come l'adempimento della Legge sia elemento in qualche modo sostitutivo del culto sacrificale, diventando perciò stesso atto di culto. Anche in questo caso si può dire che il Siracide accolga la valenza cultica dell'osservanza della Legge, ma non accetta l'opposizione culto–osservanza della Legge.

Questo piccolo sondaggio su tre brani ritenuti importanti per la tematica, hanno evidenziato una certa dipendenza del Siracide da quella corrente di riflessione teologica presente nell'A.T., soprattutto in scritti esilici e postesilici, dove l'osservanza della Legge era vista con grande stima e considerata capace di rendere culto a Dio molto di più e meglio del culto impostato sul sistema delle offerte e dei sacrifici. Sotto il profilo sapienziale, questo concetto viene espresso da un testo, purtroppo non chiarissimo nel suo ultimo stico, e che un maestro dell'esegesi sapienziale ha così tradotto: "Sorveglia il tuo andare, quando vai alla casa di Dio. E vacci per ascoltare, laddove gli imbecilli offrono un sacrificio; essi non sono coscienti del mal fare" (Qo^H 4,17)[143].

Se, però, il Siracide è erede del concetto secondo cui l'ascolto-obbedienza è un atto di culto, contemporaneamente è libero dalle estremizzazioni con cui questo pensiero viene proposto. Egli, infatti, è lontanissimo dal pensare che l'impegno morale possa sostituire e svalutare il culto dei sacrifici e delle offerte. Per il Siracide, infatti, essendo la Legge il punto di partenza di ogni impegno morale e di

---

[142] Solo a titolo di esempio, si può vedere come l'espressione בִּמְגִלַּת־סֵפֶר כָּתוּב עָלָי sia variamente interpretata. C'è chi pensa si tratti di un rotolo di un poema, presentato come offerta al tempio al posto dell'offera della vittima (cfr HERMISSON, *Sprache*, 43-45) e c'è chi addirittura vi vede un documento contenente un'istruzione che viene consegnato all'orante perchè la metta in pratica (cfr ALONSO SCHÖKEL - CARNITI, vol. I, 686). C'è chi pensa si tratti della Scrittura stessa (WEISER, 355) e chi della Torah (cfr RAVASI, vol. I, 734).

[143] GILBERT, *La Sapienza del cielo*, 126. Si veda il contesto, Qo^H 4,17-5,6, che sembra orientato a quanto dice Qo^H 5,6b: la confidenza non deve tralasciare il rispetto verso Dio, e sembra sostenuto dal pensiero di 1 Sam^H 15,22 (cfr BARBOUR, 121-128).

ogni prescrizione per il culto, non c'è opposizione tra impegno morale e culto. Sono frutto di un'unica origine. Proprio in nome della Legge l'impegno morale e il culto espresso con il sistema dei sacrifici e delle offerte sono due modi di compiere l'atto di culto verso Dio. Da ciò che Dio comanda nasce l'impegno morale e il culto: *poiché tutte queste cose (vanno osservate scrupolosamente) grazie al comandamento* (πάντα γὰρ ταῦτα χάριν ἐντολῆς).

# CAPITOLO V

## IL SACRIFICIO DEL GIUSTO
### SIR<sup>GR</sup> 35,8-20 E SIR<sup>H</sup> 35,11-20:
#### TESTO GRECO E FRAMMENTO EBRAICO

## ▪ Premessa

Il testo procede secondo un disegno preciso. Dopo aver presentato, con un giudizio totalmente negativo, l'atteggiamento cultico degli uomini empi e senza-Legge (Sir$^{Gr}$ 34,21-31) e dopo aver illustrato l'obbedienza verso la Legge e l'impegno etico come un vero e proprio atto di culto (Sir$^{Gr}$ 35,1-7), il testo tratteggia l'atteggiamento cultico dell'uomo giusto in perfetta sintonia con la visione teologica che assimila l'impegno etico e l'atto di culto (Sir$^{Gr}$ 35,8-20). Mentre l'argomentazione sapienziale (Sir$^{Gr}$ 35,8-9) è rappresentata dal testo Gr e dai testi Syr e Lat, parte dell'argomentazione morale e tutto il principio teologico–liturgico del testo Gr hanno il corrispondente H:

| **H** | **Gr** |
|---|---|
| | Sir$^{Gr}$ 35,8-9 |
| Sir$^{H}$ 35,11-15 | Sir$^{Gr}$ 35,10-15 |
| Sir$^{H}$ 35,16-20 | Sir$^{Gr}$ 35,16-20 |

Non è, dunque, possibile da Sir$^{Gr}$ 35,11 in poi prescindere da una stretta comparazione tra il testo Gr e quello H per cogliere quanto il traduttore greco abbia voluto essere fedele al testo del nonno e quanto, invece, si sia servito del testo del nonno per esprimere le sue idee teologiche che i suoi lettori potevano intendere in modo particolare.

Seguendo il ritmo della struttura del testo verranno analizzati, dopo l'esame della critica testuale e l'analisi della comparazione tra testo H rimasto e testo Gr, l'argomentazione sapienziale (Sir$^{Gr}$ 35,8-9), l'argomentazione giuridico-morale (Sir$^{Gr}$ 35,10-15) e, infine, il principio teologico di Sir$^{Gr}$ 35,16-20.

## ■ 1. La critica testuale di Sir$^{Gr}$ 35,8-20

Per fare la critica testuale di Sir$^{Gr}$ 35,8-20, data l'ampiezza del testo, è più proficuo suddividere il lavoro, seguendo il ritmo ternario delle parti così come è stato suggerito dall'esame della struttura: Sir$^{Gr}$ 35,8-9.10-15.16-20.

### a. La critica testuale di Sir$^{Gr}$ 35,8-9

Il testo di Sir$^{Gr}$ 35,8-9 è giunto fino a noi nella tradizione testuale Gr, accompagnata dalle venerande tradizioni Lat e Syr. Il testo Gr e quello Lat presentano una notevole vicinanza. Diversamente, il testo Syr si discosta in modo notevole, forse per una scelta di reinterpretazione della probabile Vorlage comune.

§1. Sir$^{Gr}$ 35,8

| | |
|---|---|
| Sir$^{Gr}$ 35,8 | προσφορὰ δικαίου λιπαίνει θυσιαστήριον |
| | καὶ ἡ εὐωδία αὐτῆς ἔναντι ὑψίστου |
| Sir$^{Lat}$ 35,8 | *oblatio iusti inpinguat altare* |
| | *et odor suavitatis est in conspectu Altissimi* |
| Sir$^{Syr}$ 35,8 | ܘܩܘܪܒܢܗܘܢ ܕܙܕܝܩܐ ܡܕܗܢ ܡܕܒܚܗܘܢ |
| | ܘܪܝܚܗܘܢ ܒܣܝܡ ܩܕܡ ܡܪܝܐ |

Il testo Gr sembra ben conservato perché le varianti sono minime e riguardano la grafia o la fonia. Solo in un caso c'è una variante che merita un cenno perché tocca un vocabolo teologicamente importante per il "Trattato sulle offerte". Per εὐωδία di Sir^Gr 35,8b alcuni mss minuscoli (249, 254, 315, 358, 603, 672, 754) hanno εὐδοκία[1]. La variante sarebbe stata interessante: si ricordi che εὐδοκία è uno dei termini portanti della struttura perché compare sempre nei brani teologici di ogni singola strofa del Trattato. La variante, tuttavia, non è accettabile per il criterio della *lectio absurda*[2] e, volendo aggiungere un motivo di opportunità e non determinante, anche per lo squilibrio che porterebbe alla struttura. Una traduzione letterale e provvisoria potrebbe essere la seguente: "L'offerta del giusto ingrassa l'altare e il profumo di essa (è) davanti all'Altissimo". Il testo Lat segue fondamentalmente il testo Gr. In Sir^Lat 35,8b ci sono due leggere varianti. Mentre il testo Gr ha καὶ ἡ εὐωδία αὐτῆς, "il profumo suo (= dell'offerta)", e non esplicita il verbo essere, il Lat ha *odor suavitatis*, "il profumo della piacevolezza"[3] ed esplicita il verbo essere: "L'offerta del giusto ingrassa l'altare e il profumo della piacevolezza è davanti all'Altissimo". Il Syr sembra voler fare una parafrasi reinterpretativa più che una traduzione. Vi si trova, infatti, un plurale (ܩܘܪ̈ܒܢܝܗܘܢ ܕܙܕܝ̈ܩܐ, "le offerte dei giusti") mentre in Gr e Lat c'è un singolare (προσφορὰ δικαίου / *oblatio iusti*). La seconda parte dello stico è propria del Syr: "(sono) la preghiera delle loro bocche"[4]. Proprio del Syr è anche il secondo stico, Sir^Syr 35,8b: "e le loro azioni penetrano i cieli". Il traduttore del Syr in qualche modo anticipa il tema di Sir^Syr 35,21, sebbene in Sir^Syr 35,8b siano le azioni che penetrano i cieli, mentre in Sir^Syr 35,21 sono le preghiere dei poveri che superano le nubi ed entrano alla presenza della maestà divina.

---

[1] Nel testo di Sir^Gr lo scambio di εὐδοκία al posto di εὐωδία capita almeno altre tre volte (Sir^Gr 20,9; 38,13; 43,26). In un solo ms (679) 2 x (Sir^Gr 20,9; 38,13).

[2] "La benevolenza di essa (= offerta) davanti all'Altissimo": Smend e Peters nemmeno ne accennano.

[3] Forse il Lat voleva in qualche maniera richiamare Gen^Lat 8,21, dove il Signore fiuta l'*odor suavitatis* dell'offerta di Noè. Questo richiamo del testo Lat a Noé non è casuale, perché, come si vedrà, anche il testo Gr allude alla figura del patriarca in Sir^Gr 35,8-9.

[4] In uno dei tanti dialoghi avuti con il prof. J. Sievers, ho appreso dall'illustre docente che "sembra una prassi comune nel Syr" l'aggiunta di uno stico nuovo che allarga il pensiero della Vorlage secondo la propria sensibilità teologica (09.09.2009).

Questa è la traduzione del Syr: "Le offerte dei giusti (sono) le preghiere della loro bocca e le loro azioni penetrano i cieli"[5].

## §2. Sir^Gr 35,9

Sir^Gr 35,9      θυσία ἀνδρὸς δικαίου δεκτή
            καὶ τὸ μνημόσυνον αὐτῆς οὐκ ἐπιλησθήσεται

Sir^Lat 35,9      *sacrificium iusti acceptum est*
            *et memoriam eius non obliviscetur Dominus*

Sir^Syr 35,9

La tradizione Gr del versetto non presenta problemi particolari di critica testuale e può avere questa traduzione letterale provvisoria: "Il sacrificio dell'uomo giusto è gradito e il ricordo di esso non sarà dimenticato". Il Lat possiede due varianti rispetto al Gr. La prima consiste in un'aplografia. In Sir^Gr 35,9a c'è θυσία ἀνδρὸς δικαίου, mentre in Sir^Lat 35,9a c'è *sacrificium iusti*: il Lat ha lasciato cadere la traduzione di ἀνήρ. In questo modo il testo Lat produce un parallelismo sinonimico perfetto tra Sir^Lat 35,8a e Sir^Lat 35,9a: *oblatio iusti / sacrificium iusti*. In Sir^Lat 35,9b, inoltre, il Lat, probabilmente giocando sulla forma deponente di *obliviscor*, propone il soggetto esplicito dell'azione del "non dimenticare": *non obliviscetur Dominus*. Il Gr, invece, ha un futuro passivo (οὐκ ἐπιλησθήσεται) senza l'esplicitazione del complemento d'agente, che è Dio, dato il carattere di passivo teologico che riveste il verbo greco. La traduzione letterale del testo Lat potrebbe essere: "Il sacrificio del giusto è accetto e Dio non dimentica la sua[6] memoria". Di tutt'altro tenore è il testo Syr. In Sir^Syr 35,9a l'offerta non è associata all'esplicitazione dell'uomo giusto, come in Gr e Lat (θυσία ἀνδρὸς δικαίου / *sacrificium iusti*), ma più semplicemente è associata al "figlio dell'uomo", che Calduch Benages - Ferrer - Liesen traducono con

---

[5] Mentre Smend annota: "Syr., der hier und im Folgende den Text ins Christliche ausdeutet" (SMEND, 312), molto sbrigativamente Peters scrive: "Syr gibt v. 8-9 ganz frei" (PETERS, 288).

[6] In latino il pronome *eius* è ambiguo perché potrebbe indicare sia il sacrificio sia il giusto. In greco è chiaro che il pronome indica il sacrificio.

"persona" (ܟܘܝܢ ܗܬܘܡܘܢ). In Sir[Syr] 35,9b la memoria non è
associata all'offerta, ma ai ܟܐܝܝܐ–"giusti" (cfr Sir[Syr] 35,8a) e il verbo
è rafforzato dall'espressione .ܥܠܡܐ–*per sempre*: "Il dono del figlio
dell'uomo sarà accettato e la memoria dei giusti non sarà dimenticata per sempre".

Dopo questa breve esplorazione sulle tradizioni del testo di
Sir[Gr] 35,8-9, l'identità del testo Gr è la seguente:

Sir[Gr] 35,8    προσφορὰ δικαίου λιπαίνει θυσιαστήριον
            καὶ ἡ εὐωδία αὐτῆς ἔναντι ὑψίστου
      9    θυσία ἀνδρὸς δικαίου δεκτή
            καὶ τὸ μνημόσυνον αὐτῆς οὐκ ἐπιλησθήσεται

## b. La critica testuale di Sir[Gr] 35,10-15

In questi versetti, diversamente da quelli precedenti, le testimonianze del testo H (ms B)[7], Gr, Lat e Syr pongono problemi
di critica testuale non sempre facili da risolvere.

## §1. Sir[Gr] 35,10

Sir[Gr] 35,10    ἐν ἀγαθῷ ὀφθαλμῷ δόξασον τὸν κύριον
              καὶ μὴ σμικρύνῃς ἀπαρχὴν χειρῶν σου
Sir[Lat] 35,10    *bono animo gloriam redde Deo*
              *et non minuas primitias manuum tuarum*
Sir[Syr] 35,10    ܒܥܝܢܐ ܛܒܬܐ ܗܒ ܠܐܠܗܐ
              ܘܠܐ ܬܬܒܨܪ ܒܩܘܪܒܢܝܟ

Il testo Gr ha una piccola variante nel codice S dove al posto
di τὸν κύριον si trova τὸν κύριον θεόν. L'apparato critico dello
Ziegler riporta un solo[8] minuscolo greco, il ms 155, con la variante θεόν. In tre mss minuscoli, 493 443 613, invece del plurale

---

[7] Per la critica testuale di Sir[H] 35,11-15 mi sono avvalso dell'ottima analisi di PAL-
MISANO, 87-96.

[8] PALMISANO, 87 dice "Alcuni testimoni greci", ma non specifica quali.

χειρῶν si trova il singolare χειρός. La traduzione letterale è la seguente: "Con buon occhio glorifica il Signore e non essere avaro nella primizia delle tue mani". Il testo Lat interpreta l'espressione Gr ἐν ἀγαθῷ ὀφθαλμῷ, rendendola con *bono animo*. Al posto, poi, di un atteso *Domino,* il testo Lat ha *Deo*. Il testo Lat, inoltre, ha il plurale, *manuum,* come la stragrande maggioraza dei manoscritti greci, ma secondo l'apparato critico dell'edizione di S. Girolamo in Urbe, è testimoniata anche la lettura *frugum,* "dei prodotti della terra" ($\Lambda^L$). Il Lat ha, infine, un plurale, *primitias*[9], dove il Gr ha un singolare, ἀπαρχήν. Questa può essere la traduzione letterale del Lat: "Con buon animo dà gloria a Dio e non ridurre le primizie delle tue mani". Il testo Syr, in Sir$^{Syr}$ 35,10a, corrisponde esattamente al Gr nella prima espressione (ἐν ἀγαθῷ ὀφθαλμῷ / ܒܥܝܢܐ ܛܒܬܐ), mentre nella seconda possiede una variante tutta sua, dove la glorificazione è sostituita dal dono e Dio è sostituito dal povero: ܗܒ ܠܡܣܟܢܐ, "Da' al povero". In Sir$^{Syr}$ 35,10b il testo Syr misconosce la tradizione Gr–Lat, ma resta in sintonia tematica con quanto ha espresso nello stico precedente: "Con occhio buono da' al povero e non preoccuparti per i tuoi doni".

## §2. Sir$^{Gr}$ 35,11

| | |
|---|---|
| Sir$^{H}$ 35,11 | בכל מ[.]שיך הא[...]ים |
| | ובששון הקדש מעשר |
| | |
| Sir$^{Gr}$ 35,11 | ἐν πάσῃ δόσει ἱλάρωσον τὸ πρόσωπόν σου |
| | καὶ ἐν εὐφροσύνῃ ἁγίασον δεκάτην |
| | |
| Sir$^{Lat}$ 35,11 | *in omni dato hilarem fac vultum tuum* |
| | *et in exultatione sanctifica decimas tuas* |
| | |
| Sir$^{Syr}$ 35,11 | ܒܟܠ ܡܘܗܒܬܟ ܢܗܪ ܐܦܝܟ ܐܝܟ ܚܕܘܬܐ . |
| | ܘܡܚܣܝܘܬܐ ܐܘܦ ܥܠ ܕܠܐ ܩܪܒ[10] ܠܗ . |

---

[9] Nel testo Lat del Siracide il termine *primitia* compare solo 3x e sempre al plurale (Sir$^{Lat}$ 7,34; 35,10; 45,25), mentre nel testo Gr compare al singolare 4x (Sir$^{Gr}$ 7,31$^{2x}$; 35,10; 45,20) e al plurale si trova solo in Sir$^{Gr}$ 45,20. In Sir$^{Lat}$ 7,34, parzialmente corrispondente a Sir$^{Gr}$ 7,31c, c'è lo stesso fenomeno di Sir$^{Gr}$ 35,10 e Sir$^{Lat}$ 35,10: singolare in Gr (ἀπαρχὴν) e plurale in Lat (*primitias*). Il plurale di *primitia* sembra una preferenza del testo Lat.

[10] *L'emendatio* da ܩܪܒ in ܩܪܒ è suggerita da CALDUCH BENAGES – FERRER – LIESEN, 209.

Con questo versetto inizia la testimonianza del testo H (ms B), dove, tuttavia, ci sono tre problemi, dei quali due riguardano la ricostruzione di parole erase.

Il primo problema, מֶן[.שׁ]יך, viene risolto in due modi: o il lemma viene ricostruito con מעשיך, "le tue opere"[11] o viene ricostruito ed emendato con מתנותיך, "le tue offerte / i tuoi doni" sulla base del Gr, (Lat) e Syr[12]. Questa seconda ipotesi ha due grosse difficoltà. La prima consiste nel fatto che la terza lettera del lemma, chiaramente leggibile come una שׁ, non può essere facilmente scambiata per una ת ed è, quindi, difficile sottoporla all'*emendatio*. La *emendatio*, poi, produce una *lectio facilior* perché più facile da inserire nel contesto, contro la *lectio difficilior*, מעשיך, che hà più difficoltà ad essere inserita nel contesto.

Il secondo problema di ricostruzione riguarda הא[...]ים. Di norma gli autori ricostruiscono sulla base del Gr (e del Lat) attraverso l'imperativo *hifil* di אור, cioè האר, e il complemento oggetto פנים.

Il terzo problema è un po' più articolato. Mentre il testo H parla di "tue opere" (מעשיך) il testo Gr parla di "dono" (δόσει)[13]. Fedele al parallelismo con il primo stico che termina con il nome פנים, senza suffisso del pronome personale della seconda maschile, anche il secondo stico del testo H termina con il nome senza il pronome suffisso (מעשר). La nota marginale del ms B propone

---

[11] Lettura scelta da Nau – Glaire - Vigouroux ("oeuvres"), Smend ("Tun"), Box - Oesterley ("deeds"), Sauer ("Taten"), Mopsik ("pratiques"), Palmisano ("opera").

[12] La proposta è di Lévi (LÉVI, 163) sulla base del Gr e Syr. Scelgono questa opzione Peters ("Abgaben"), Eberharter ("Abgaben"), Spicq ("don"), Hamp ("Abgaben"), Schilling ("Abgaben"), Duesberg - Auvray ("offrande") Duesberg - Fransen ("offerte"), Pérez Rodríguez ("dones"), Alonso Schökel ("ofreces"), Sauer ("gifts"), Minissale ("offerta"), Bruguera - Díaz ("don"), Skehan - Di Lella ("contribution"), Pereira ("ofertas"), MacKenzie ("gift"), Morla Asensio ("que ofrescaz algo").

[13] Apparentemente sembrerebbe che il testo H adoperi un vocabolo profano. Di fatto, non è così perché מעשה può significare anche "offerta" ("id quod liturgice offertur" in ZORELL, *ad vocem*, n.5).

due alternative מעשיך ("le tue opere") e מעשרך. Vanno abbandonate tutt'e due. La prima, come giustamente dice Lévi[14], è un *lapsus*, forse per *mimesis* con il primo stico. La seconda è influenzata
dalla *mimesis* con il primo stico per quanto riguarda il pronome
suffisso, ma rompe l'equilibrio del parallelismo formale. Questa è
la traduzione del testo H: "In tutte le tue opere fai luminoso il
volto[15] e con gioia consacra la decima". Se il testo H che conosciamo è stata la Vorlage di Sir[Gr] 35,11a, il Gr ha interpretato e non
tradotto il testo H, anche se c'è da dire che il testo Gr non è contenutisticamente molto diverso dal testo H. L'originale ebraico,
בכל מ[ן.]שיך הא[ן...]ים, che è così ricostruito[16] בכל מעשיך האר פנים, "in
ogni tua azione (cultuale)[17] mostra luminoso il volto", adopera
l'imperativo hifil del verbo אור lì dove il Gr adopera l'imperativo
aoristo di ἱλαρόω. L'equivalenza אור con il radicale *ἱλάρ si ha nel
testo Gr in tutte e tre le ricorrenze del verbo ebraico (Sir[H] 7,24b;
13,26a; 32,11a). Per Sir[Gr] 35,11b il Gr è fondamentalmente
uguale al testo H: "In ogni dono rendi lieto il tuo volto e con
gioia consacra la decima". Il Lat segue quasi pedissequamente il
Gr. In Sir[Lat] 35,11a ha aggiunto il verbo *fac*, mentre in Sir[Lat] 35,11b
ha aggiunto l'aggettivo possessivo *tuas* e ha messo il plurale, *deci-
mas tuas*, lì dove i testi H e Gr hanno il singolare, מעשר / δεκάτην:
"In ogni donazione fai lieto il tuo volto e nella gioia santifica le
tue decime". Il Syr, invece, in Sir[Syr] 35,11a legge "tuoi doni"
ܡܘܗܒ̈ܬܟ lì dove il testo H legge "le tue opere" (מ[ן.]שיך) e il Gr
legge "dono" (δόσει). Il Syr, poi, adopera il radicale *ܢܗܪ che indica il concetto di luce in consonanza con il testo H (אור), mentre
il Gr e il Lat, allontanandosi dal testo H, adoperano il concetto di
gioia[18] (*ἱλαρ / *hilar). C'è, infine, da notare che nel testo H la ri-

---

[14] LÉVI, 163.

[15] PALMISANO, 91 preferisce esplicitare l'aggettivo possessivo, "*tuo* volto".

[16] Cfr PALMISANO, 91.

[17] Il contesto richiede che l'espressione בכל מעשיך non possa essere intesa in senso
profano, ma cultico. Per questo motivo ritengo corretto evidenziarne la caratteristica,
preferendo tradurre "in ogni tua azione (cultuale)" piuttosto che "in ogni tua opera"
(cfr ZORELL, *ad vocem*).

[18] Nell'apparato critico dello Ziegler alcuni manoscritti invece del verbo ἱλαρόω riportano il sinonimo ἱλαρύνω (ἱλαρύνον) e un manoscritto sostituisce il verbo con un
aggettivo, ἱλαρόν. Le altre varianti sono chiaramente errori.

costruzione dell'ultima parola dello stico dà פנים, mentre le altre tradizioni danno sempre il vocabolo con il pronome personale suffisso di seconda maschile singolare: πρόσωπόν σου / *vultum tuum* / ܐܦܝ̈ܟ. Per il Syr si potrebbe avere questa traduzione: "In tutti i tuoi doni sia luminoso il tuo volto e con gioia presta a chi non può ricompensarti"[19].

§3. Sir[Gr] 35,12

| | |
|---|---|
| Sir[H] 35,12 | חן לו {לאֵל} [.]מתנתו לך<br>בטוב עין ובהשגת יד : |
| Sir[Gr] 35,12 | δὸς ὑψίστῳ κατὰ τὴν δόσιν αὐτοῦ<br>καὶ ἐν ἀγαθῷ ὀφθαλμῷ καθ' εὕρεμα χειρός |
| Sir[Lat] 35,12 | *da Altissimo secundum datum eius*<br>*et in bono oculo ad inventionem fac manuum tuarum* |
| Sir[Syr] 35,12 | ܗܒ ܠܐܠܗܐ ܐܝܟ ܡܐ ܕܝܗܒ ܠܟ.<br>ܒܥܝܢܐ ܛܒܬܐ ܘܒܐܝܕܐ ܪܒܬܐ.<br>ܟܠ ܕܝܗܒ ܠܘ ܠܡܣܟܢܐ. ܠܐܠܗܐ ܗܘ ܡܘܙܦ.<br>ܡܢܘ ܠܘ ܦܪܘܥܐ ܐܠܐ ܐܢ ܗܘ. |

Tre sono i problemi di Sir[H] 35,12a. Il primo riguarda una annotazione interlineare {לאֵל} che si trova sopra לו. Si tratta di una semplice chiarificazione esegetica: לו ("a lui") deve essere compreso come לאֵל ("a Dio"). Il secondo problema riguarda la ricostruzione di [.]מתנתו. Anche in questo caso la soluzione è relativamente semplice perché l'annotazone marginale del ms (כמתתו) suggerisce la ricostruzione con כ (כמתנתו)[20]. Quale sia la

[19] CALDUCH-BENAGES - FERRER - LIESEN, 209 hanno preferito tradurre ܢܗܘܘܢ ܢܗܝܪܝܢ ܐܦܝ̈ܟ. con "let your face be cheerful / que se alegre tu rostro", lasciando in ombra il valore di "luce" presente nel radicale ܢܗܝܪ. Nel secondo stico ho scelto di sottolineare il concetto di impossibilità perché in Sir[Syr] 35,13 viene presentato Dio come colui che, invece, è il vero ricompensatore. Syr, inoltre, richiama Lc 6,34. Questa osservazione era già stata evidenziata da LÉVI, 163, che cita, a sua volta, Ryssel.

[20] Cfr SEGAL, 220.

lettura migliore tra כמתנתו del testo o כמתחו della glossa marginale è difficile dirlo perché sono sinonimi[21] (= מתח / מתנה / מתן: "dono"). In Sir[H] 35,12b le due annotazioni marginali (ובהגשת, ובהגיש, con la lettera כ posta sopra la ב di ambedue i lessemi), che Lévi[22] definisce *lapsus* e che Palmisano[23] spiega come errore per metatesi (נש / שג), vanno abbandonate. La voce ובהשגת va corretta secondo il suggerimento dell'annotazione marginale su ובהגשת, ובהגיש, in וכהשגת[24]: "Da' a Lui secondo il suo dono a te, con occhio contento e secondo la possibilità della (tua) mano"[25]. Il testo Gr in Sir[Gr] 35,12a esplicita לו con ὑψίστῳ (non con θεῷ, come annotato nella glossa interlineare del testo H) e non ha il destinatario come, invece, il testo H (לך). Nella recensione lucianea, meno il minuscolo 248, il testo Gr legge δόσις ὑψίστου ("il dono dell'Altissimo"), creando un testo impossibile. Per l'espressione καθ'εὕρεμα di Sir[Gr] 35,12b l'apparato critico dello Ziegler registra varianti che offrono solo letture impossibili. Il Gr, come il testo H, non ha il possessivo di χείρ (יד): "Da' all'Altissimo, secondo il suo dono (a te) e di buon occhio, secondo il guadagno della (tua) mano"[26]. Per Sir[Lat] 35,11a il Lat riprende esattamente il Gr. Per Sir[Lat] 35,12b, invece, il Lat ha l'espressione plurale[27] *manuum tuarum* e pone in aggiunta il verbo *fac*, che costituisce una difficoltà: Sir[Lat] 35,12a esprimeva il pensiero attraverso l'imperativo del verbo *do* e sicuramente l'imperativo del verbo *facio* non crea parallelismo, come, invece è in Gr (parallelismo sinonimico) e nel testo H (parallelismo sintetico): "Da' all'Altissimo, secondo il suo dono (a te) e di buon occhio fa' secondo il ricavato delle tue mani".

Il Syr sposta, rispetto al testo H e al Gr (e Lat), i vv. 12-13 con la sequenza Sir[Syr] 35,11.13.12.14. In Sir[Syr] 35,12a esplicita il desti-

---

[21] LÉVI, 163.

[22] LÉVI, II, 163.

[23] PALMISANO, 89.

[24] SMEND, 29. L'espressione si ritrova con *scriptio plena* in Sir[H] 14,13.

[25] PALMISANO, 91 ha preferito una traduzione più libera: "Generosamente e secondo le tue possibilità".

[26] PALMISANO, 91 ha preferito una traduzione più libera: "Con occhio benevolo secondo quanto disponi".

[27] Alcuni manoscritti latini hanno l'espressione singolare *manum tuam*.

natario del dono dell'uomo con ܠܐܠܗܐ, come fa la glossa inter-lineare del testo H, לאל, ed esplicita anche il destinatario del dono divino ܠܟ, come avviene nel testo H, לך, ma non come in Gr e Lat. Per Sir[Syr] 35,12b Lévi dice che il Syr "a dérivé le mot de la racine שגה[28] «être grand», au lieu de נגש «atteindre»"[29] e con ciò si può spiegare la variante siriaca ܒܥܝܢܐ ܘܪܒܬܐ, "con mano grande". Infine Sir[Syr] 35,12cd sono propri del Syr e della glossa marginale del ms B di Sir[H] 35,13 (מלוה ייי נותן לאביון ומי בעל גמולות כי אם הוא, "Presta al Signore chi dà al povero e chi è remuneratore se non Lui?"). Secondo Lévi la glossa sarebbe una retroversione dal Syr e rimanda a Pr[H] 19,17[30]. Sir[Syr] 35,12cd e la glossa marginale di Sir[H] 35,13 potrebbero, forse, essere stati influenzati da Pr[H] 19,17[31]. Pr[H] 19,17a, infatti, ha notevoli affinità con il primo emistichio della glossa del testo H di Ben Sira e del corrispondente Syr:

- Pr[H] 19,17a:                                מַלְוֵה יְהוָה חוֹנֵן דָּל.
- Sir[Syr] 35,12c:     ܗܘ ܗܘ ܦܪܥ ܠܐܠܗܐ. ܠܡܣܟܢܐ ܕܝܢ ܕܝܗܒ ܟܠ
- Sir[H] 35,13[g.m.]                        מלוה ייי נותן לאביון

Questa ipotesi troverebbe un qualche sostegno nel fatto che la glossa marginale (ישלם) di Sir[H] 35,13b, glossa che vorrebbe correggere ישיב, sarebbe benissimo spiegata ancora da Pr[H] 19,17b. Il testo dei Proverbi, esprimendosi nell'ambito dello stesso tema presente nel testo di Sir[H] 35,13, contiene proprio lo stesso verbo della glossa: וּגְמֻלוֹ יְשַׁלֶּם־לוֹ, "E gli ripagherà la buona azione". C'è, infine, da osservare che l'espressione del secondo emistichio della glossa

---

[28] PALMISANO, 89, cita la radice שנא che è fondamentalmente sinonimo di שגה.

[29] LÉVI, II, 163. Palmisano (89, n. 62) stranamente afferma che per Lévi "la lezione marginale di Sir 35H,12Bm deriva dal siriaco", ma l'autore citato non dice questo per Sir[H] 35,12b; lo dice, invece, per Sir[H] 35,12cd, indicando con questa sigla la glossa marginale del Sir[H] 35,12 nel ms B.

[30] LÉVI, II, 163; PALMISANO, 89, n. 62. Si veda anche DI LELLA, *Hebrew Text of Sirach*, 106-147 (in queste pagine l'autore affronta il problema della retroversione dell'H dal Syr, ma tra gli abbondanti esempi riportati non c'è Sir[H] 35,13).

[31] Pr[H] 19,17: מַלְוֵה יְהוָה חוֹנֵן דָּל וּגְמֻלוֹ יְשַׁלֶּם־לוֹ, "Chi è generoso con il povero presta a Dio (che) lo ripagherà della sua buona azione" (cfr Pr[H] 28,27).

del testo H, בעל גמולות, è quasi un calco pressoché uguale di Ger[H] 51,56d (אֵל גְּמֻלוֹת)[32]. La traduzione potrebbe essere: "Da' a Dio come egli ti ha dato, con occhio buono e mano grande, perché colui che dona al povero, presta a Dio; e chi è colui che davvero ricompensa se non lui?"[33].

## §4. Sir[Gr] 35,13

Sir[H] 35,13

כי אלוה תשלומות הוא
ושבעתים ישיב לך:

Sir[Gr] 35,13

ὅτι κύριος ἀνταποδιδούς ἐστιν
καὶ ἑπταπλάσια ἀνταποδώσει σοι

Sir[Lat] 35,13

*quoniam Dominus retribuens est*
*et septies tantum reddet tibi*

Sir[Syr] 35,13

Il testo di Sir[H] 35,13a non presenta alcun problema, mentre quello di Sir[H] 35,13b presenta una glossa marginale (ישלם) che vorrebbe modificare ישיב. La glossa viene spiegata da Palmisano, che si rifà a Peters[35], come un tentativo di ripetere un gioco di parole (תשלומות / ישלם), frequente in Ben Sira. A quanto detto da Palmisano, ritengo vada aggiunto anche il fatto che la nota marginale potrebbe essere condizionata da Pr[H] 19,17b (וּגְמֻלוֹ יְשַׁלֶּם־לוֹ), dove ricorre proprio lo stesso verbo (e con la stessa forma) della glossa. Non va trascurato il fatto che il concetto di Pr[H] 19,17b è

---

[32] Ger[H] 51,56 :

כִּי בָא עָלֶיהָ עַל־בָּבֶל שׁוֹדֵד וְנִלְכְּדוּ גִּבּוֹרֶיהָ חִתְּתָה קַשְּׁתוֹתָם כִּי אֵל גְּמֻלוֹת יְהוָה שַׁלֵּם יְשַׁלֵּם, "Perché giunge a Babilonia il Devastatore e sono catturati i suoi prodi. Si sono infranti i loro archi. Sì, Dio delle giuste ricompense è il Signore: egli ricompensa con esattezza".

[33] Non concordo pienamente con la scelta di traduzione di Calduch-Benages – Ferrer – Liesen, 209. La particella ܠܘܬ ha una sua importanza e non va trascurata perché ha un ruolo rafforzativo.

[34] Il manoscritto dell'ambrosiana riporta esattamente. Calduch-Benages – Ferrer – Liesen, 209 ritengono che ܦܘܪ̈ܥܢܐ ܦܘܪ̈ܥܢܐ sia una "repetición errónea". La dittografia va dunque cancellata.

[35] Palmisano, 89, n. 65; Peters, 289.

espresso per intero nella glossa marginale di Sir^H 35,13, ripetendo lo stesso fenomeno già visto poco sopra in Sir^Syr 35,12bc. Mentre i testi H e Syr hanno il nome "Dio" (אלוה / ܐܠܗܐ), il Gr e il Lat hanno "Signore" (κύριος / *Dominus*). Il testo H non ha verbo, ma un determinativo di אלוה per cui si avrà una traduzione di questo genere: "Perché egli (è) il Dio delle ricompense"[3]. Il testo Gr, invece, esprime il verbo "essere" (ἐστίν) seguito dal participio (ἀνταποδιδούς). Il Lat segue il Gr, mentre il Syr adopera direttamente il nome ܦܪܘܥܐ, "ricompensatore"[3]. La traduzione letterale del testo H potrebbe essere: "Perché egli (è) il Dio delle ricompense[38] e ti ricompenserà sette volte". Il testo Gr di Sir^Gr 35,13a ha una sola variante che merita attenzione ed è quella presente in alcuni manoscritti minuscoli: il futuro ἔσται al posto del presente ἐστίν per attrazione con l'emistichio successivo che ha un futuro (ἀνταποδώσει). Questa insistenza sul futuro forse potrebbe essere un indizio di ricompensa escatologica. Per Sir^Gr 35,13b è sufficiente rilevare che il Gr sembra più vicino alla glossa marginale (ישלם) che al testo H (ישיב). Sempre per Sir^Lat 35,13b il Lat segue il Gr, mentre per Sir^Syr 35,13b il Syr riprende la radice √ܦܪܥ (ܦܪܥ ܗܘ) di Sir^Syr 35,13a (ܦܪܘܥܐ), come fa il Gr (Sir^Gr 35,13a: ἀνταποδιδούς ἐστιν; Sir^Gr 35,13a: ἀνταποδώσει). Così non fa il testo H. Mentre il testo H (ושבעתים), il Gr (ἑπταπλάσια) e il Lat (*septies*) hanno il numero "sette", il Syr ha il numero ܪܒܘ ܪܒܘܢ, letto come "un milione di volte"[39] o come "diecimila"[40] o come

---

[36] La traduzione dall'ebraico è di TOUZARD – VIGOUROUX, 927.

[37] CALDUCH-BENAGES – FERRER – LIESEN, 209 traducono "Porque Dios es uno que recompensa / Because God is He who recompenses". In questa traduzione il nome siriaco diventa una relativa.

[38] La traduzione dall'ebraico è di TOUZARD – VOGOUROUX, 927. PALMISANO, 91 ha preferito una traduzione più libera: "Poiché egli è un Dio che ricompensa".

[39] PALMISANO, 90, sulla base di PETERS, 289. Peters, però, non dice "un milione di volte", ma dice esattamente *millionenfach* che significa "milioni di volte". Questa posizione è plausibile perché una breve moltiplicazione (10.000 x 10.000 = 100.000.000) fa comprendere che ܪܒܘ ܪܒܘܢ indica "milioni di volte". La stessa lettura viene fatta anche da HAMP, 93 n. 13b.

[40] CALDUCH-BENAGES – FERRER – LIESEN, 209. Forse gli autori non hanno preso in considerazione l'intera espressione, ܪܒܘ ܪܒܘܢ. Hanno soppresso un "diecimila", ritenendolo una dittografia?

"diecimila per diecimila"[41]. Mi domando se non sia possibile tradurre "miriadi di volte"[42] come la stessa espressione siriaca richiede nel testo Syr di Ap 5,11; 9,16. Per il testo Gr si avrà la seguente traduzione: "Perché il Signore è il ripagante e ti ripagherà sette volte (tanto)", per il Lat, invece: "Poiché il Signore è il retribuente e sette volte tanto ti restituirà", mentre per il Syr: "Poiché Dio (è) colui che ricompensa e miriadi di volte egli ti ricompensa".

§5. Sir<sup>Gr</sup> 35,14

| | |
|---|---|
| Sir<sup>H</sup> 35,14a | אל תשחד כי לא יקח |
| Sir<sup>Gr</sup> 35,14 | μὴ δωροκόπει οὐ γὰρ προσδέξεται |
| Sir<sup>Lat</sup> 35,14 | *noli offerre munera prava* <br> *non enim suscipiet illa* |
| Sir<sup>Syr</sup> 35,14 | ܠܐ ܬܬܘܚܪ܂ ܡܛܠ ܕܠܐ ܡܩܒܠ. |

Il testo H non ha nessuna annotazione marginale, mentre il Gr ha come varianti solo letture impossibili. I testi H e Gr coincidono. Il testo H dice: "Non corromper(lo) perché non accetterà", e quello Gr ripete: "Non corromper(lo) con doni perché non accetterà". Il Lat non evidenzia (tecnica di traduzione o mancata comprensione?) il senso di corruzione presente nel verbo del testo H (תשחד) e del testo Gr (δωροκόπει) e rende l'azione con l'espressione *offerre munera prava*, dove ciò che è sottolineato è la qualità dei doni e non dell'azione: "Non offrir(gli) doni corrotti. Certamente non li accoglierà". Il Syr non coglie il senso dell'emistichio e traduce "Non indugiare perché (Egli) non accetta".

---

[41] BOX - OESTERLEY, 438, nota testuale <sup>v-v</sup>. Ripete in modo letterale l'espressione del testo Syr.

[42] "A myriad" è la prima traduzione proposta da PAYNE SMITH, *ad vocem*. Per la voce ܪܒܘ, si tenga presente anche PAZZINI, alla voce ܪܒܘ, dove riporta l'espressione ܪܒܘܐ ܪܒܘ, presente in Ap 5,11; 9,16 e identica a Sir<sup>Syr</sup> 35,13b, traducendola "miriadi di miriadi".

## §6. Sir<sup>Gr</sup> 35,15

Sir<sup>H</sup> 35,14b      ‏ואל תבטח על זבח מעשק:‏

15a      ‏כי אלהי משפט אוה‏

15b      ‏ואין עמו משוא פנים:‏

Sir<sup>Gr</sup> 35,15      καὶ μὴ ἔπεχε θυσίᾳ ἀδίκῳ
ὅτι κύριος κριτής ἐστιν
καὶ οὐκ ἔστιν παρ' αὐτῷ δόξα προσώπου

Sir<sup>Lat</sup> 35,15      *et noli inspicere sacrificium iniustum*
*quoniam Dominus iudex est*
*et non est apud illum gloria personae*

Sir<sup>Syr</sup> 35,15      ‏ܘܠܐ ܬܛܠܠ ܥܠ ܩܘܪܒܢܐ ܕܛܠܘܡܝܐ.‏
‏ܡܛܠ ܕܐܠܗܐ ܒܕ ܕܝܢܐ ܗܘ‏
‏ܘܠܝܬ ܩܘܕܡܘܗܝ ܡܣܒ ܒܐܦ̈ܐ.‏

In Sir<sup>H</sup> 35,14b il testo H non ha varianti, mentre in Sir<sup>Gr</sup> 35,15a il Gr ha una variante rappresentata da un solo manoscritto minuscolo, il 613, e dalla tradizione armena: invece di θυσίᾳ ἀδίκῳ, "al sacrificio ingiusto", si trova θυσίᾳ ἀδίκων, "al sacrificio degli ingiusti". Questa espressione non appartiene allo stile del Siracide. Sarebbe, inoltre, incongruente con quanto affermato nello stico precedente (μὴ δωροκόπει οὐ γὰρ προσδέξεται) perché il dono risulterebbe di altri e non del destinatario di queste norme. Infine, non richiamerebbe più Sir<sup>Gr</sup> 34,21 (θυσιάζων ἐξ ἀδίκου) e introdurrebbe la figura di personaggi negativi in Sir<sup>Gr</sup> 35,8-20, dove invece l'attenzione è data solo ai personaggi verso i quali Dio ha particolare attenzione: il giusto (Sir<sup>Gr</sup> 35,8a.9a), il povero (Sir<sup>Gr</sup> 35,16a), l'oppresso (Sir<sup>Gr</sup> 35,16b), l'orfano (Sir<sup>Gr</sup> 35,17a) e la vedova (Sir<sup>Gr</sup> 35,18). Rispetto al testo H che parla di ‏זבח מעשק‏, "sacrificio dell'oppressione", il Gr ha θυσίᾳ ἀδίκῳ, "(a) il sacrificio ingiusto", seguito dal Lat, mentre il Syr legge ‏ܩܘܪܒܢܐ ܕܛܠܘܡܝܐ‏, "offerta di rapina". Per quanto riguarda Sir<sup>H</sup> 35,15a il testo H ha l'espressione ‏אלהי משפט‏, "Dio del giudizio", mentre Sir<sup>Gr</sup> 35,15b e Sir<sup>Lat</sup> 35,15 hanno preferito esprimere il concetto non con un determinativo, ma con una proposizione appositiva, "Dio è giudice" (κύριος κριτής ἐστιν / *Dominus iudex est*). Diversamente, in

Sir[Syr] 35,15b il Syr ha scelto di tradurre il concetto in una proposizione attiva: "Dio fa giudizio" (ܐܠܗܐ ܗܘ ܥܒܕ ܕܝܢܐ). Nell'ultimo stico (Sir[H] 35,15b; Sir[Gr] 35,15c; Sir[Lat] 35,15c; Sir[Syr] 35,15c) non ci sono problemi particolari di critica testuale. Tutt'e quattro le tradizioni hanno la costruzione impersonale negativa, ma divergono con sfumature diverse sullo stesso concetto. Mentre in Sir[H] 35,15b e in Sir[Syr] 35,15c il testo H e quello Syr fondamentalmente convergono in quanto le espressioni si equivalgono (משוא פנים, "preferenza di persona / ܡܣܒ ܒܐܦܐ / "parzialità di persona"), il testo Gr e quello Lat, che tra loro convergono, si discostano dai testi semitici per l'uso di una espressione equivalente ma non uguale (δόξα προσώπου / *gloria personae*). L'espressione Gr sembra voler rendere in modo il più possibile letterale il testo H, pur avendo la possibilità di esprimere lo stesso concetto con il vocabolo προσωπολημψία[43], vocabolo che però non è presente nei libri dei LXX né negli apocrifi greci dell'AT, ma è presente nel NT. Una traduzione letterale delle quattro tradizioni potrebbe essere: (per H) "E non confidare in un sacrificio (proveniente) dall'oppressione, perché egli è Dio del giudizio e non c'è presso di lui preferenza di persona"; (per Gr) "Non confidare in un sacrificio ingiusto perché il Signore è giudice e non c'è presso di lui gloria di persona"; (per Lat) "E non far assegnamento su un sacrificio ingiusto poiché Dio è giudice e non c'è presso di lui gloria di persona"; (per Syr) "E non confidare su una offerta (frutto) di rapina perché Dio (è) colui che fa il giudizio e non c'è davanti a lui riguardo di apparenza".

Dopo questa breve esplorazione sulle tradizioni del testo di Sir[Gr] 35,10-15, l'identità del testo Gr è la seguente:

Sir[Gr] 35,10    ἐν ἀγαθῷ ὀφθαλμῷ δόξασον τὸν κύριον
            καὶ μὴ σμικρύνῃς ἀπαρχὴν χειρῶν σου
      11    ἐν πάσῃ δόσει ἱλάρωσον τὸ πρόσωπόν σου
            καὶ ἐν εὐφροσύνῃ ἁγίασον δεκάτην

---

[43] Si veda Koehler - Baumgartner, 1974, vol. II, 604 (*ad vocem* מַשָׂא).

12 δὸς ὑψίστῳ κατὰ τὴν δόσιν αὐτοῦ
καὶ ἐν ἀγαθῷ ὀφθαλμῷ καθ' εὕρεμα χειρός
13 ὅτι κύριος ἀνταποδιδούς ἐστιν
καὶ ἑπταπλάσια ἀνταποδώσει σοι
14 μὴ δωροκόπει οὐ γὰρ προσδέξεται
15 καὶ μὴ ἔπεχε θυσίᾳ ἀδίκῳ
ὅτι κύριος κριτής ἐστιν
καὶ οὐκ ἔστιν παρ' αὐτῷ δόξα προσώπου

## c. La critica testuale di Sir^Gr 35,16-20

Il testo di Sir^Gr 35,16-20 è testimoniato dalla tradizione H[44], Gr, Lat e Syr. Il testo tuttavia non è giunto in testimonianza univoca, ma molteplice. Si può notare con chiarezza, versetto per versetto, come le due tradizioni più vicine siano quelle del testo Gr e del testo Lat. Un certo legame esiste tra la tradizione del testo H e del Gr. Molto autonoma è la tradizione del testo Syr.

## §1. Sir^Gr 35,16

Sir^H 35,16

לא ישא ].נים אל דל
ותחנוני מצוק ישמע:

Sir^Gr 35,16   οὐ λήμψεται πρόσωπον ἐπὶ πτωχοῦ
καὶ δέησιν ἠδικημένου εἰσακούσεται

Sir^Lat 35,16   *non accipiet Dominus personam in pauperem*
*et precationem laesi exaudiet*

Sir^Syr 35,16

Sir^H 35,16a ha il problema della ricostruzione del terzo vocabolo נים].. Gli autori[45] sono concordi nel ricostruirlo come פנים. All'espressione אל דל, "a favore del povero" viene dato il valore

---

[44] Per la critica testuale di Sir^H 35,16-20 mi sono ancora avvalso dell'ottima analisi di Palmisano, 96–117.

[45] Lévi, 164; Smend, 29; Peters, 74.

di על דל ("contro il povero") in consonanza con Sir[H] 4,22[46] e con l'interpretazione che ne offre il testo Gr con ἐπί. Il testo Gr non presenta varianti testuali particolari se non per due piccole varianti di minuscoli greci che sono, poi, ricaduti nella versione latina. La prima variante si trova nel ms minuscolo greco 248, che subito dopo λήμψεται propone il vocabolo κύριος, ripreso dal testo latino (*Dominus*). L'ipotesi che la lettura *Dominus* del Lat presupponga "un testo greco più vicino a H che interpreta la preposizione אל come nome divino"[47], mi sembra fragile perché si sarebbe avuto come risultato *Dominus pauperis* (אל דל) e perché la variante è già presente in una tradizione minore del testo greco. La seconda variante riguarda l'espressione ἐπὶ πτωχοῦ, che nei mss minuscoli 248 e 253 compare come ἐπὶ πτωχῷ, puntualmente ripreso dal testo Lat (*in paupere*). In Lat, tuttavia, c'è una variante, *in pauperem*, nel codice Z della biblioteca di Metz (sec. VIII; manoscritto perso). Il testo Syr non è in sintonia con il testo H ("La preghiera del povero entra alla sua presenza"). Lévi commenta semplicemente: "Fantasie en S."[48]. In Sir[H] 35,16b per ותחנוני viene riportata nel ms B una variante marginale, ותחנונים, che Touzard definisce "fautive"[49]. Il testo del ms B, dunque, va conservato. Il testo Gr interpreta l'espressione ותחנוני מצוק ("e i gemiti dell'oppressione") con l'espressione καὶ δέησιν ἠδικημένου ("e la preghiera di chi subisce ingiustizia"), preferendo un singolare (δέησις) a un plurale (תחנוני) e indicandone il determinativo con la persona denominata da un participio perfetto passivo dal significato ampio (ἠδικημένος) piuttosto che scegliere, come il testo H, un nome di cosa dal significato preciso (מצוק). Se il Gr ha personalizzato il participio, si potrebbe pensare che il Siracide abbia letto il testo H ותחנוני מצוק come se si trattasse di uno stato costrutto con due genitivi coordinati[50], di cui uno (איש) sottinteso. In altre parole il

---

[46] Palmisano, 96 (cfr anche n. 85).

[47] Palmisano, 96.

[48] Lévi, 164.

[49] Per l'opinione di Touzard - Vogouroux, 927. Dello stesso parere era già Lévi, 164. Non accetta la variante neppure Palmisano, 96, che a sostegno cita anche Penar, 57-58.

[50] Joüon, n. 129b.

Siracide dovrebbe aver letto מצוק (איש) ותחנוני, "i gemiti (dell'uomo) dell'oppressione = i gemiti dell'(uomo) oppresso"[51]. Rispetto al testo H (ישמע) il Gr ha modificato il verbo (εἰσακούσεται): mentre il testo H ha il verbo שמע ("ascoltare"), dove l'ascolto in qualche modo comprende l'esaudimento, il Gr ha sottolineato il significato dell'esaudimento scegliendo il verbo εἰσακούω ("esaudire"). Non ci sono varianti di rilievo per il testo Gr di Sir[Gr] 35,16b e il testo del Lat è calco di quello Gr. C'è da annotare, però, che al posto di *precationem*, l'edizione sisto-clementina ha *deprecationem*: cosa che non modifica il senso dell'emistichio[52]. Il Syr ("E ascolta la supplica degli afflitti di spirito") oscilla tra alcuni elementi vicini al Gr e altri vicini al testo H. Il Syr ܒܥܘܬܐ è più vicino al Gr δέησις che al testo H תחנוני, mentre il verbo ܢܫܡܥ è più vicino al testo H ישמע ("ascolterà") che a quello Gr εἰσακούσεται ("esaudirà"). L'espressione ܘܡܟܝ̈ܟܝ ܪܘܚܐ ("gli afflitti di spirito"[53]) sembra possa derivare da una lettura del testo H ותחנוני מצוק, interpretato come ותחנוני (אנשי) מצוק e al nome ܡܟ̈ܝܟ si sia voluto aggiungere il rafforzativo ܪܘܚܐ. Con buona probabilità sembra anche che il Gr e il Syr, pur con le varianti proprie, abbiano fatto la stessa lettura del testo H, a meno che il Syr non sia stato condizionato dal Gr. Una traduzione letterale delle quattro tradizioni potrebbe essere: (per H) "Non alza lo sguardo contro il povero e ascolta le suppliche[54] dell'oppresso"; (per Gr) "Non favorisce una persona contro il povero e ascolta la preghiera dell'oppresso"; (per Lat) "Non accon-

---

[51] Non condivido la posizione di PALMISANO, 96. La costruzione אִישׁ מָצוֹק, infatti, con il senso di "uomo dell'oppressione = uomo oppresso" è conosciuta da 1Sam[H] 2,22.

[52] Nel testo dell'Antico Testamento della *Vulgata* prevale l'uso del vocabolo *deprecatio* (43x, compreso il salterio *iuxta Hebr.*), mentre il vocabolo *precatio* compare solo 8x ed esclusivamente nell'Ecclesiastico (Sir[Lat] 4,6; 21,6; 34,20; 35,16.21; 36,17; 52,10.12), dove il nome *deprecatio* compare solo 2x (Sir[Lat] 35,2; 38,39). Ciò fa sospettare che nel testo di Sir[Lat] 35,16 della sisto-clementina ci sia piuttosto una *contaminatio* dello stile generale della *Vulgata* più che una tradizione del testo della *Vetus Latina*.

[53] Calduch-Benages – Ferrer – Liesen hanno preferito tradurre semplicemente "afligidos / distressed", tralasciando il determinativo ܪܘܚܐ.

[54] Preferisco, seguendo Zorell, tradurre תחנונים con "suppliche" e abbandonare la scelta di Palmisano ("gemiti").

discende a una persona contro il povero"; (per Syr) "La preghiera del povero entra alla sua presenza e ascolta la supplica degli afflitti di spirito".

§2. Sir[Gr] 35,17

Sir[H] 35,17      לא יטש צעקת יתום
ואלמנה כי תרבה שיח :

Sir[Gr] 35,17      οὐ μὴ ὑπερίδῃ ἱκετείαν ὀρφανοῦ
καὶ χήραν ἐὰν ἐκχέῃ λαλιάν

Sir[Lat] 35,17      *non despiciet preces pupilli*
*nec viduam si effundat loquellam gemitus*

Sir[Syr] 35,17

Nel margine del ms B di Sir[H] 35,17a c'è una variante, אנקת – "gemito", per il nome צעקת – "grido", presente nel testo. La variante corrisponde perfettamente alla lettura del Syr, ܐܢܩܬܐ: c'è da chiedersi se non ci sia nella variante marginale di B la contaminazione dipendente dal testo Syr. Gli autori hanno mantenuto la lettura di B, escludendo la variante marginale. Il Gr, rispetto al testo H, apporta la variante ἱκετείαν – "supplica" al posto di צעקת – "grido" e colloca la doppia negazione, οὐ μη ὑπερίδῃ, dando al testo la sfumatura del futuro ("non lascia trascurata[55] la supplica dell'orfano")[56] e rimanendo fedele all'azione aperta indicata dall'*yiqtol* יטש del testo H[57]. Per il resto, il Gr è calco del testo H, come il Lat è

---

[55] La traduzione esplicita "non trascurerà" non si addatta bene al contesto nella lingua di arrivo perché è modulato al presente. Per questo motivo la scelta del modale "lasciare", che comporta in sé già l'idea del prosieguo, è preferibile al semplice futuro.

[56] BLASS - DEBRUNNER, § 365, 440-441. Chi ha lavorato sul testo del Siracide prima della scoperta del testo H, non sempre ha colto la sfumatura futura. Non l'hanno colta, per esempio, Mancini-Martini (" non disprezza"), Reuss ("il ne néglige pas"), Lesètre ("ne méprise pas"), Zöckler ("nicht verhactet er"), Ledrain ("il ne néglige pas"). Hanno, invece, colto la sfumatura del testo Gr e l'hanno esplicitata, per esempio, Blunt ("he will not despise"), Churton ("he will not despise"), Edersheim ("he will not despise"), Fillion ("il ne méprisera pas"), ecc.

[57] Per il testo H Palmisano sceglie la soluzione del presente ("Non trascura il grido dell'orfano").

calco di quello Gr. Sul vocabolo ἱκετεία si è sbizzarrita la fantasia degli amanuensi: nel ms 672 si trova il plurale ἱκετείας come nel testo Lat, *preces*; nei mss. V, 253, 547, 744 c'è ἱκεσία che è un sinonimo della forma attica ἱκετεία; il ms 543 modifica la parola, facendola diventare ἱκετηρία (ramo supplice d'olivo). Il Syr è più vicino al Gr che al testo H, anche se preferisce il plurale (ܕܝܬܡ̈ܐ - "degli orfani") al singolare (ὀρφανοῦ - "dell'orfano").

Il ms B di Sir[H] 35,17b porta in margine la variante, תחבט - "colpisce, batte", per il verbo תרבה - "abbonda, effonde", presente nel testo. Per Lévi[58] la variante è "une faute", mentre Smend[59] la accetta, preferendola a תרבה. Smend, però, nella traduzione dice "sie ihre Klage ausschüttet?"[60], presupponendo più תרבה che non תחבט. A Smend si associa Chávez Jiménez[61]. Palmisano, invece, accetta la lettura תרבה, lasciando cadere la nota marginale. Ricordiamo che la particella כי, fra le varie funzioni, possiede il valore temporale ("quando")[62] e, con meno frequenza, il valore condizionale per un fatto reale ("se, qualora, nel caso che")[63]. La traduzione Gr ha forse letto il כי del testo H con questa seconda valenza. Il testo Lat è il calco del testo Gr, tranne che per l'ultima parola: lì dove il Gr ha λαλιά, il Lat ha *loquella gemitus*, traducibile - come fa ottimamente Palmisano - "un'espressione di gemito". Il Syr ("E ascolta la preghiera della vedova") ha completamente abbandonato la tradizione dei testi H, Gr e Lat, continuando a porre Dio come soggetto anche di Sir[Syr] 35,17b e trasformando il שיח - "gemito" e la λαλιάν - "lamento" in ܘܨܠܘܬܐ - preghiera. Una traduzione letterale delle quattro tradizioni potrebbe essere: (per H) "Non trascura il grido dell'orfano né la vedova che effonde il lamento"; (per Gr) "Non lascia trascurata la supplica dell'orfano e la vedova, quando si sfoga nel lamento"; (per Lat)

---

[58] Lévi, 164;

[59] Smend, 29 (scelta non registrata da Palmisano).

[60] Smend, 60.

[61] Chávez Jiménez, 56. Egli dice di voler spiegare la sua scelta (56: "comentaremos en la exégesis"), ma non riprende il tema.

[62] Joüon, n. 166o.

[63] Joüon, n. 167f.

"Non disprezza le preghiere dell'orfano né la vedova, se effonde un'espressione di gemito"; (per Syr) "Non disattende il lamento degli orfani e ascolta la preghiera della vedova".

## §3. Sir$^{Gr}$ 35,18

| | |
|---|---|
| Sir$^{H}$ 35,18a | הלא דמעה על לחי תרד |
| Sir$^{Gr}$ 35,18 | οὐχὶ δάκρυα χήρας ἐπὶ σιαγόνα καταβαίνει |
| Sir$^{Lat}$ 35,18a | *nonne lacrima ad maxillam descendit* |

Lo stico è testimoniato dai testi H, Gr e Lat. Manca il Syr. Il testo H non presenta problemi di critica testuale. Il Gr ha aggiunto il genitivo χήρας, probabilmente condizionato[64] da Sir$^{Gr}$ 35,17b oppure perché, iniziando una nuova preposizione di tipo interrogativo, dedicata tutta alla vedova e non all'orfano, sentiva il bisogno di chiarire di chi fossero le lacrime. Per il resto, il Gr ha delle varianti di nessun interesse testuale. Nella tradizione Lat dei mss. G (Sangermanensis), T (Salisburgensis) e nell'edizione critica dei Benedettini di S. Gerolamo in Urbe si registra il singolare *lacrima,* mentre nel ms C (Cavensis) si trova il plurale accusativo errato *lacrimas,* mentre negli altri mss si legge il plurale *lacrimae* come nel Gr. Il genitivo *viduae,* corrispondente al Gr χήρας, si trova in tutti i manoscritti della tradizione Lat, eccetto che in G, C, T, già conosciuti, e in X e G. Circa il verbo *descendit,* presente nei mss G e T e nell'edizione critica di S. Girolamo in Urbe, ci sono diverse varianti dipendenti dal plurale *lacrimae* e dalla concezione della grammatica (congiuntivo, indicativo). Una traduzione letterale delle tre tradizioni potrebbe essere: (per H) "Non scorrono forse le lacrime sulla guancia…?"; (per Gr) "Non scendono (forse) sulla guancia le lacrime della vedova…?"; (per Lat) "(Forse) non scende la lacrima sulla guancia…?".

---

[64] Questo è il parere di PALMISANO, 97, sulla scorta di PETERS, *Der Jüngst*, 135. SMEND, 314, pensa a un malinteso.

## §4. Sir[Gr] 35,19

| | |
|---|---|
| Sir[H] 35,18b | ‏ואנחה על מרודית :‏ |
| Sir[Gr] 35,19 | καὶ ἡ καταβόησις ἐπὶ τῷ καταγαγόντι αὐτά; |
| Sir[Lat] 35,18b.19a | *et exclamatio a maxilla ascendit* |
| | *et Dominus exauditor delectans in illis* |

Lo stico è testimoniato dai testi H, Gr e Lat. Manca il Syr. Non ci sono problemi per il testo H. Il Gr diverge radicalmente dal testo H[65]. A differenza del testo H, il Gr pone sulla scena colui che fa versare le lacrime alla vedova (ἐπὶ τῷ καταγαγόντι αὐτά). Il versetto Gr non presenta problemi rilevanti di critica testuale. I mss A (con l'articolo ἡ) e V (senza l'articolo ἡ), al posto del singolare (καταβόησις), hanno il plurale (καταβόησεις), che non è presente nella tradizione Lat (*exclamatio*). La variante del ms S, κατάπτωσις, alla quale il ms. 248 aggiunge il determinativo αὐτῆς, non si inserisce nel contesto. La variante καταγόντι per καταγαγόντι, presente in molti manoscritti, va considerato un fenomeno di aplografia. La tradizione Lat è più vicina al testo H che a quello Gr. Quanto detto nella tradizione Lat per *descendit* di Sir[Lat] 35,18a, va in qualche modo ripetuto per il verbo *ascendit* di Sir[Lat] 35,18b. Il Lat, rispetto ai testi H e Gr, ha un emistichio in più: *et Dominus exauditor delectans in illis*, testo così testimoniato da un buon numero di mss. (G, C, X Σ, Π[H], Y[2], T, S). Altri manoscritti, molto più numerosi, premettono al verbo la negazione *non*: Dio non si compiace nelle lacrime e nel lamento della vedova. Una traduzione letterale delle tre tradizioni potrebbe essere: (per H) "Ed ella geme sulla sua sfortuna[66]?"; (per Gr) "E il grido contro chi (glie)le fa versare?"; (per Lat) "E (forse) l'invocazione dalla guancia non sale (al cielo)? Dio che esaudisce, (forse) si compiace in quelle (lacrime e in quell'invocazione)?".

---

[65] Per le varianti di lettura del testo H da parte degli autori (‏מרידה / מרודית‏), si veda PALMISANO, 97-98.

[66] L'interpretazione del versetto H è incerta, come ha dimostrato PALMISANO, 97-98. Mi discosto dalla traduzione scelta da PALMISANO, 97 e preferisco le scelte di LÉVI, 164; SPICQ, 743 nota *ad locum*; ecc.

## §5. Sir[Gr] 35,20

| | |
|---|---|
| Sir[H] 35,20 | תמרורי רצון הנחה<br>וצעקה ענן חשתה : |

Sir[Gr] 35,20  θεραπεύων ἐν εὐδοκίᾳ δεχθήσεται
καὶ ἡ δέησις αὐτοῦ ἕως νεφελῶν συνάψει

Sir[Lat] 35,20  *qui adorat Deum in oblectatione suscipietur*
*et precatio illius usque ad nubes propinquabit*

Sir[Syr] 35,20

Il versetto in H è unanimemente considerato dai commentatori come imcomprensibile e corrotto e nessuna soluzione proposta è totalmente soddisfacente[67]. Palmisano per il primo stico opta a favore della scelta di Peters[68], mentre per il secondo stico offre una sua proposta[69]. In queste pagine viene accolta la seconda soluzione presentata dalla studiosa che vede il verbo חשתה come derivato da חוש / חיש [70] in quanto può formare un parallelismo sinonimico con Sir[H] 35,21a. Le note marginali del ms B offromo solo possibili varianti di un vocabolo sicuro (וצעקה). Il testo Gr in Sir[Gr] 35,20a non è traduzione del testo H, ma è una rilettura (già il nipote non capiva bene il testo del nonno o il nipote, cogliendo la difficoltà del testo del nonno, ha voluto impostare il testo a modo suo?) che provoca uno slittamento di significato. Il testo Gr è, d'altronde, molto ben conservato. Le varianti sono di secondaria importanza e non accoglibili. In Sir[Gr] 35,20b il vocabolo δέησις viene sostituito da καταβόησις in due mss minuscoli e il pronome personale αὐτοῦ (del θεραπεύων) è diventato αὐτῶν (forse dell'orfano e della vedova ?) nei mss 339, 578 e nella correzione di 613.

---

[67] PALMISANO, 98–100.

[68] PETERS, 285.

[69] La proposta di leggere חשתה da חשה era già stata fatta da BARTHÉLEMY – RICKENBACHER, 140 (alla voce חָשָׁה).

[70] PALMISANO, 100.

Un ms minuscolo invece di νεφελῶν ha νεφῶν, semplice variante dello stesso nome. Anche il testo Lat è fondamentalmente ben conservato e le varianti o sono trascurabili o sono assurde. Certamente il Lat sembra derivare dal Gr, ma legge in modo teologico θεραπεύων (*qui adorat Deum*), lasciandosi forse condizionare da Gdt[Lat] 11,17. Il Lat, poi, non ha saputo cogliere il valore di εὐδοκία: in Sir[Lat] 34,23 non traduce il vocabolo e per Sir[Gr] 35,3 il testo Lat non c'è. In Sir[Lat] 35,20a traduce con *oblectatio*, vocabolo che indica fondamentalmente non il beneplacito o il compiacimento, ma il "godimento" e lo "spasso". In Sir[Lat] 35,20b, invece, il Lat segue letteralmente il Gr. Il Syr offre una interpretazione del testo H molto diversa dal testo Gr. Una traduzione letterale delle quattro tradizioni potrebbe essere: (per H) "Le amarezze ben accette procurano quiete e il grido corre veloce verso la nube"; (per Gr) "Chi si prende cura (dei bisognosi), con beneplacito/gradimento sarà accolto, la sua preghiera giungerà fino alle nubi."; (per Lat) "Colui che adora Dio verrà accolto con piacere e la sua preghiera si avvicinerà alle nubi"; (per Syr) "Egli ascolta l'amarezza d'animo del povero e la sua preghiera inclina le nubi".

A conclusione dell'esame fatto, il testo greco di Sir[Gr] 35,16-20 che verrà esaminato è il seguente:

Sir[Gr] 35,16 οὐ λήμψεται πρόσωπον ἐπὶ πτωχοῦ
καὶ δέησιν ἠδικημένου εἰσακούσεται

17 οὐ μὴ ὑπερίδῃ ἱκετείαν ὀρφανοῦ
καὶ χήραν ἐὰν ἐκχέῃ λαλιάν

18 οὐχὶ δάκρυα χήρας ἐπὶ σιαγόνα καταβαίνει

19 καὶ ἡ καταβόησις ἐπὶ τῷ καταγαγόντι αὐτά

20 θεραπεύων ἐν εὐδοκίᾳ δεχθήσεται
καὶ ἡ δέησις αὐτοῦ ἕως νεφελῶν συνάψει

## d. Le derive della traduzione Gr rispetto al testo H

Le differenze più importanti della traduzione Gr rispetto al testo H sono piuttosto significative:

| Sir$^{\text{H}}$ 35,11-20 | | Sir$^{\text{Gr}}$ 35,11-20 |
|---|---|---|
| בכל מעשיך האר פנים | 11a – 11a | ἐν πάσῃ **δόσει** ἱλάρωσον τὸ πρόσωπόν σου |
| ובששון הקדש מעשר : | 11b – 11b | καὶ ἐν εὐφροσύνῃ ἁγίασον δεκάτην |
| תן לו כמתנתו לך | 12a – 12a | δὸς **ὑψίστῳ** κατὰ τὴν δόσιν αὐτοῦ |
| בטוב עין וכהשגת יד : | 12b – 12b | καὶ ἐν ἀγαθῷ ὀφθαλμῷ **καθ' εὕρεμα χειρός** |
| כי אלוה תשלומות הוא | 13a – 13a | ὅτι **κύριος ἀνταποδιδούς** ἐστιν |
| ושבעתים ישיב לך : | 13b – 13b | καὶ ἑπταπλάσια ἀνταποδώσει σοι |
| אל תשחד כי לא יקח | 14a – 14 | μὴ δωροκόπει οὐ γὰρ προσδέξεται |
| ואל תבטח על זבח מעשק: | 14b – 15a | καὶ μὴ ἔπεχε θυσίᾳ ἀδίκῳ |
| כי אלהי משפט אוה | 15a – 15b | ὅτι **κύριος κριτής** ἐστιν |
| ואין עמו משוא פנים : | 15b – 15c | καὶ οὐκ ἔστιν παρ' αὐτῷ δόξα προσώπου |
| לא ישא פנים אל דל | 16a – 16a | οὐ λήμψεται πρόσωπον ἐπὶ πτωχοῦ |
| ותחנוני מצוק ישמע: | 16b – 16b | καὶ **δέησιν** ἠδικημένου εἰσακούσεται |
| לא יטש צעקת יתום | 17a – 17a | οὐ μὴ ὑπερίδῃ ἱκετείαν ὀρφανοῦ |
| ואלמנה כי תרבה שיח : | 17b – 17b | καὶ χήραν ἐὰν ἐκχέῃ λαλιάν |
| הלא דמעה על לחי תרד | 18a – 18 | οὐχὶ **δάκρυα** χήρας **ἐπὶ σιαγόνα** καταβαίνει |
| ואנחה על מרודית: | 18b – 19 | καὶ ἡ καταβόησις ἐπὶ τῷ καταγαγόντι αὐτά |
| תמרורי רצון חנחה | 20a – 20a | θεραπεύων ἐν εὐδοκίᾳ δεχθήσεται |
| וצעקה ענן חשתה : | 21b – 20b | καὶ ἡ **δέησις** αὐτοῦ ἕως νεφελῶν συνάψει |

Come si può vedere dallo schema le differenze di traduzione sono piuttosto numerose. Le più importanti si possono classificare in tre tipi[71]: cambi di significato, riletture e preferenze di numero.

### §1. *I cambi di significato*

Ci sono *cambi di significato* nella resa dei vocaboli. In Sir[Gr] 35,11a viene reso con δόσις[72] il testo H che dice מעשה (Sir[H] 35,11a), che ha il significato di *azione* e anche di *offerta liturgica*. Sempre nello stesso stico il testo Gr ha ἱλαρόω, *rendere gioioso, rallegrare*, come traduzione di אור, il cui *hifil* indica *rendere luminoso*. Mentre in H si trova il vocabolo השגה (Sir[H] 35,12a) che per metonimia indica la *possibilità, potenzialità*, il vocabolo greco εὕρεμα (Sir[Gr] 35,12a) indica il vero e proprio *guadagno*[73]. L'espressione אלוה תשלומות, "Dio delle ricompense" (Sir[H] 35,13a) viene resa in Gr con il cambiamento del nome divino[74] e con una qualifica che può suonare come titolo teologico[75]: κύριος ἀνταποδιδούς ἐστιν, "Il Signore è restitutore" (Sir[Gr] 35,13a). Una cosa simile si ripete in Sir[H] 35,15a, dove troviamo l'espressione אלהי משפט, "Dio del giudizio", tradotto da Sir[Gr] 35,15a con una attribuzione che potrebbe lasciar intendere un secondo titolo teologico: κύριος κριτής ἐστιν, "Il Signore è giudice". Per due volte (Sir[Gr] 35,15b.20b), poi, il vocabolo Gr δέησις, *preghiera*, traduce due vocaboli H che indicano piuttosto le *suppliche* (תחנוני: Sir[H] 35,16b) o il *grido* (צעקה: Sir[H] 35,20b)[76]. A sua volta il vocabolo צעקה di Sir[H] 35,17a viene tradotto da ἱκετείαν, *supplica*, in Sir[Gr] 35,17a.

---

[71] Per il divario tra testo H e testo Gr e la classificazione dei vari tipi di divario si veda MINISSALE, *La versione*.

[72] In Gen[LXX] 47,22 la δόσις compare come assegnazione ai sacerdoti da parte del faraone, mentre in Pr[LXX] 21,14; 25,14 ha il senso profano di "regalo".

[73] Il vocabolo si trova solo nel testo Gr di Geremia e del Siracide.

[74] Si veda quanto già detto per il cambio del nome divino in Sir[Gr] 35,21c.22b.

[75] Il participio predicato di Dio si ritrova in Is[LXX] 66,6: φωνὴ κραυγῆς ἐκ πόλεως φωνὴ ἐκ ναοῦ φωνὴ κυρίου ἀνταποδιδόντος ἀνταπόδοσιν τοῖς ἀντικειμένοις "Una voce di grido (viene) dalla città, una voce (viene) dal tempio: (è) la voce del Signore che ripaga il contraccambio ai nemici".

[76] È già stato visto come il traduttore preferisca l'area semantica della preghiera per rendere *gemiti, suppliche* e *gridi di aiuto* del testo H: cfr Sir[Gr] 35,21 il *grido d'aiuto* (שועה) si trasforma in *preghiera* (προσευχή).

### §2. *Le riletture*

Ci sono anche *riletture* del testo H da parte del Gr che potrebbero esprimere delle scelte precise. Mentre l'esplicitazione del pronome לו o dell'eventuale אל (della nota marginale) di Sir[H] 35,12a diventa in Sir[Gr] 35,12a ὕψιστος, riconfermando quanto è stato detto per le preferenze teologiche del nipote[77], è molto più interessante la rilettura che il Siracide fa di על מרודית (Sir[H] 35,20b). Tenuto conto che il testo può interpretarsi come מְרוּדֶיהָ (il suo vagare[78]), bisogna dire che il Siracide, forse, ha emendato il testo, con due piccole metatesi, come מוֹרִידָה ("colui che la/le fa scendere", dalla radice ירד) potendo così tradurre con καταγαγών (Sir[Gr] 35,19). C'è, infine da rilevare la forzatura del testo H da parte del Siracide. Per quanto sia difficile il testo di Sir[H] 35,20a, sicuramente la resa in θεραπεύων ἐν εὐδοκίᾳ δεχθήσεται (Sir[Gr] 35,20a) appare chiaramente come un testo riscritto di sana pianta. Probabilmente l'oscurità del testo di Ben Sira ha favorito il Siracide nell'inserire una conclusione sua al "Trattato sulle offerte" che gli permettesse di compiere almeno tre operazioni contenutistico-letterarie. Questa scelta, infatti, offre la possibilità al Siracide di mettere in antitesi colui che si prende cura (dei bisognosi) con colui che sottrae i beni ai bisognosi per trasformare gli stessi beni in offerte per l'atto di culto (cfr Sir[Gr] 34,21). Gli permette, inoltre, con un rispetto solo formale del vocabolo H רצון di giocare con il vocabolo εὐδοκία che sottolinei ancora di più il contrasto tra il θεραπεύων e gli uomini empi e senza-Legge presentati in Sir[Gr] 34,21-23. Infine, gli permette di introdurre un'idea teologica nuova, rispetto allo scritto del nonno: occuparsi del prossimo bisognoso, che esprime una forma di interpretazione e di osservanza della Legge, è un vero atto di culto a Dio e a Lui gradito[79].

### §3. *Preferenze di numero*

Lo scambio tra singolare e *plurale* è un fenomeno già visto per Sir[Gr] 35,21-26. In Sir[Gr] 35,11-20 non si può, però, dire che il Gr pre-

---

[77] Si veda il commento a Sir[Gr] 35,21c.22b.

[78] PALMISANO, 97 propone per מרוד la radice מרד, radice che però indicherebbe il campo semantico della ribellione. Va seguito ZORELL, 472 che propone come radice רוד.

[79] Il tema verrà ripreso nel prosieguo dell'analisi esegetica.

ferisca il plurale al singolare H, come invece capita in Sir$^{Gr}$ 35,21-26, perché si trova il fenomeno inverso. In Sir$^{Gr}$ 35,16b si trova il vocabolo singolare δέησις, "preghiera", che traduce il plurale H תחנונים, "gemiti", (Sir$^{H}$ 35,16b).

### §4. Una considerazione finale

Queste brevi annotazioni portano a una riflessione: il Siracide ha fatto tutto questo per un motivo. Certamente non è facile stabilire con esattezza ogni singolo elemento, ma è possibile tuttavia coglierne l'animo. La *Lettera di Aristea* può aiutare molto in questo caso. Nel discorso di Eleazar sulla Legge (*Litt. Arist.*, 130-171) emerge con chiarezza che il legislatore del popolo ebraico, Mosé, ebbe fondamentalmente due interessi: la εὐσέβεια e la δικαιοσύνη (*Litt. Arist.*, 131), cioè la religiosità e la giustizia, temi presenti in forma consistente in Sir$^{Gr}$ 35,11-20. Viene inoltre detto da Eleazzaro, senza mezze misure (anche se il discorso è ambientato in un convivio!), che le credenze religiose altrui sono "false credenze" (*Lett. Arist.*, 139.142)[80]. Ciò significava principalmente che il vero ebreo non poteva accettare il culto delle creature (cfr Sap 13,1-9), perché tali erano considerate le divinità pagane, greche ed egiziane[81]. Il Dio del popolo ebraico, dunque, era l'unico e il supremo. Da lui tutto dipendeva. Questi concetti possono benissimo spiegare il bisogno del Siracide di trasformare le due espressioni H (אלהי משפט / אלוה תשלומות) in due forme letterarie che sembrano voler esprimere due titoli (teologici): il Signore è colui che ripaga (κύριος ἀνταποδιδούς ἐστιν) e contemporaneamente è il giudice degli uomini (κύριος κριτής ἐστιν), che non si fa corrompere con il culto adempiuto fuori dalle prescrizioni

---

[80] Si tenga presente che Es$^{LXX}$ 22,27 afferma: "Non disprezzerai gli dèi (degli altri)". Filone cita questo versetto per combattere le accuse di coloro che vedevano la Legge ebraica come demolitiva delle credenze e usanze altrui (*Quaestiones in Exodum* 2,5). Flavio Giuseppe in *Antiquitates Judaicae* 19,290, tuttavia, riporta un editto di Claudio che garantisce i diritti degli ebrei, ma, poiché hanno fama di "disprezzare la divinità che altri sostengono di onorare", li esorta a non svalutare le superstizioni altrui.

[81] Filone sottolinea l'incongruenza del culto della natura in *De decalogo* 52-65.73 e in *De specialibus legibus Liber I* 12-20.

della Legge (cfr Sir[Gr] 35,14-15)[82]. Se questo è lo scenario che spiega alcune scelte del Siracide, ci sono altri elementi che portano a comprendere perché il Siracide abbia una concezione nuova del culto, rispetto a Ben Sira. A conclusione del "Trattato sulle offerte" (Sir[Gr] 35,20a) il Siracide concepisce qualche cosa di interessante, ma non di assolutamente nuovo. Se nuovo – come si è visto nel capitolo precedente – è il concetto espresso in Sir[Gr] 35,1-5, l'idea espressa in Sir[Gr] 35,20a è in consonanza con quanto afferma la preghiera di Azaria in Dn[LXX] 3,39-40 e la riflessione del sapiente in Sap 3,5-6: il culto non è solo quello sacrificale, ma pari ad esso è l'offerta della persona stessa con il cuore pentito ed umiliato (cfr Sal[LXX] 50,19) e il martire. A queste categorie il Siracide aggiunge colui che si prende cura degli (ebrei) ultimi della società.

## 2. L'argomento sapienziale di Sir[Gr] 35,8-9: l'offerta del giusto

È indubbio il forte richiamo tra Sir[Gr] 34,21-23, inizio della prima strofa irregolare, dove viene sviluppato il tema degli abbondanti, ma ingiusti, sacrifici degli empi e dei senza-Legge, sgraditi a Dio, e Sir[Gr] 35,8-9, inizio della terza strofa, dove viene, per antitesi, sviluppato il tema dell'offerta del giusto, gradita all'Altissimo. Il robusto legame di Sir[Gr] 35,8-9 con Sir[Gr] 34,21-23 si fonda sulla

---

[82] Non va dimenticato che in questi due titoli (teologici) attribuiti al Dio d'Israele si potrebbe nascondere una sottile polemica nei confronti del faraone egiziano e di Ma'at, dea della verità, della giustizia e dell'ordine. Ma'at non ha un luogo particolare di culto, non ha santuari, ma a lei viene offerto "un culto giornaliero amministrato dallo stesso Faraone" (DE RACHEWILTZ, 42-43; cfr ASSMANN, 201-236). C'è di più. Il faraone, che è il dio Horus redivivo (cfr ALLIOT, 566-568), come tutti gli altri dèi, non può vivere senza Ma'at. Il faraone, definito "signore di Ma'at", ha il compito di mantenere sia l'ordine cosmico stabilito dal creatore sia l'ordine morale (verità e giustizia), imposto dagli dèi, che è anche alla base dell'ordine politico e sociale (cfr BUONGARZONE, 65-66). Nell'inno a Ma'at si dice che la divinità è sulla testa del faraone come ureo e nelle sua labbra come giustizia: "È sulla sua (= del faraone) testa e sulla sua (= del faraone) bocca che tu fai il tuo posto" (cfr ZECCHI, 156-158 e n. 10). Il Siracide mette in evidenza che il vero giudice che sa dare la giusta retribuzione (ἀνταποδιδούς e κριτής) non è il faraone, assistito da Ma'at, ma è solo il Signore.

ripresa di due vocaboli (προσφορά: Sir$^{Gr}$ 34,21.23a; 35,8a; ὕψιστος: Sir$^{Gr}$ 34,23a; 35,8b) e di tre radicali (*θυσια : Sir$^{Gr}$ 34,21a.23b; 35,8a.9a; *δοκ/δεκ: Sir$^{Gr}$ 34,22.23a; 35,9a; *δικ: Sir$^{Gr}$ 34,21; 35,8a.9a). Questa osservazione permette di introdurre l'analisi di Sir$^{Gr}$ 35,8-9, che si manifesta come dimensione cultuale positiva, rispetto alla dimensione negativa presente in Sir$^{Gr}$ 34,21-23.

## a. L'espressione προσφορὰ δικαίου

L'espressione προσφορὰ δικαίου è senz'altro unica nel Siracide ed è unica anche negli altri libri dei LXX. Il vocabolo προσφορά è già stato esaminato nel capitolo terzo[83], dove l'analisi fatta ha permesso di identificare l'equivalente italiano in *offerta* o *dono sacrificale*. Nei pochi libri dei LXX dove compare (1Re$^{LXX}$ 7,48; Sal$^{LXX}$ 39,6; Sir$^{Gr}$ 14,11; 34,21.22; 35,1.8; 38,11; 46,16; 50,13.14), il vocabolo προσφορά non si associa mai a θυσιαστήριον ed equivale in Sal$^{H}$ 40,6 a מִנְחָה[84]. Anche in questa circostanza, il vocabolario del Siracide si discosta dall'uso presente nei libri dei LXX[85]. Nel caso di Sir$^{Gr}$ 35,8 si tratta di un'offerta che è profumo davanti al Signore (ἡ εὐωδία...ἔναντι ὑψίστου). L'espressione "εὐωδία ...ἔναντι + il nome divino" si trova nei libri dei LXX solo in Es$^{LXX}$ 29,25, dove si descrive il sacrificio per l'investitura dei sacerdoti e dove si dice che λήμψῃ αὐτὰ ἐκ τῶν χειρῶν αὐτῶν καὶ ἀνοίσεις ἐπὶ τὸ θυσιαστήριον τῆς ὁλοκαυτώσεως εἰς ὀσμὴν εὐωδίας ἔναντι κυρίου κάρπωμά ἐστιν κυρίῳ[86]. Il Siracide, forse, vuole velatamente insinuare che si tratta di una offerta sacrificale ricca e

---

[83] Cfr analisi di Sir$^{Gr}$ 34,21-22.

[84] L'espressione H לֶחֶם הַפָּנִים di 1Re$^{H}$ 7,48 (1Re$^{LXX}$ 7,34) viene tradotta con οἱ ἄρτοι τῆς προσφορᾶς.

[85] È, tuttavia, corretto completare quanto detto con la annotazione di Daniel: "Remarquons toutefois que, lorsqu'il se réfère de façon très générale à une offrande sacrificielle, le livre grec de Ben-Sira préfère visibiblement recourir non à δῶρον, mais à προσφορά, tandis que d'autres Apocryphes utiliseraient plus volontiers dans ce cas θυσία" (DANIEL, 129).

[86] "Prenderai queste cose (= il grasso dell'ariete, il grasso che copre l'intestino, il lobo del fegato, i due reni, il grasso che è sopra di essi, la coscia destra, un pane rotondo all'olio, una schiacciata) dalle loro mani e (le) brucerai sull'altare dell'olocausto in odore di fragranza davanti al Signore: è una offerta consumata dal fuoco per il Signore".

completa, verisimilmente paragonabile all'offerta del sacrificio per l'investitura dei sacerdoti.

Diverso è, invece, la riflessione sul vocabolo δίκαιος[87]. Il giusto nei libri dei LXX viene definito da Spicq in questo modo: "Quanto al giusto veterotestamentario, egli è, innanzitutto, l'innocente, contrapposto al trasgressore che è un empio (*Ex.* 23,6-8; *Ezech.* 23,45): è «colui che fa la volontà del Signore» (*Sir.* 16,3)[88]; insomma, un essere essenzialmente religioso e perfetto (*Gen.* 6,9), in particolare, disinteressato (*Deut.* 16,19) e generoso (*2 Reg.*10,9; *1 Sam.* 24,18). E non solo si precisa che egli è «giusto davanti a Dio» (*Gen.* 7,1), ma che è «figlio di Dio» (*Sap.* 2,18) e che «le anime dei giusti sono nella mano di Dio» (*Sap.* 3,1; 5,1.15). Benché perseguitati (*Sap.* 2,10-18), Dio li soccorre (*Ps.* 146,7), poiché loro è la salvezza (*Is.* 26,2) e per loro si inneggia: «Gloria al giusto»"[89]. Più semplice è la definizione di δίκαιος nei LXX data da Schrenk: "È chi adempie i suoi doveri nei confronti di Dio e nella comunità teocratica, e in tale rapporto si dimostra giusto rispetto a quanto Dio esige. Uniformandosi alla volontà divina, egli ha la giustizia dalla sua parte e persegue una causa giusta agli occhi di Dio"[90]. Tra le due definizioni, quest'ultima è più vicina al concetto di δίκαιος presente nel Siracide.

Nel Siracide δίκαιος compare 7x (Sir^Gr 9,16; 10,23; 27,8; 35,8.9.22; 44,17). Nel testo H superstite il vocabolo δίκαιος equivale a צֶדֶק (Sir^H 9,16; 35,21b [= Sir^Gr 35,22]) e a צַדִּיק (Sir^H 44,17)[91]. Il vocabolo viene adoperato come aggettivo e come aggettivo sostantivato.

---

[87] HILL, *Greek Words,* 104-110; LARCHER, *Le livre de la Sapesse,* 239-240; SPICQ, *Note,* vol. I, 367-403; SCHRENK, δίκη, coll. 1191-1328 (in modo part. coll. 1220-1221).

[88] Sembra che Spicq abbia preferito leggere come testo critico la nota marginale del correttore del codice S, passata poi in altri manoscritti greci minori e accettata dal Crisostomo (cfr l'apparato critico dello Ziegler, *ad locum*).

[89] SPICQ, *Note,* vol. I, 372.

[90] SCHRENK, δίκαιος, coll. 1120-1221.

[91] Si può notare come nel testo di Ben Sira ci siano le espressioni *uomini di giustizia* (Sir^H 9,16), *giudice di giustizia* (Sir^H 35,21b) e *giusto,* predicato come aggettivo di Noé (Sir^H 44,17). L'aggettivo δίκαιος in due casi rende il genitivo epesegetico צֶדֶק.

§1. *L'uso di δίκαιος come aggettivo*

Quando il Siracide usa il vocabolo come aggettivo, δίκαιος è predicato solo di esseri umani (ἄνδρες, gli *uomini* in Sir^Gr 9,16; ἀνήρ, l'*uomo* in Sir^Gr 35,8; Νωε, *Noè* in Sir^Gr 44,17). In Sir^Gr 9,14-16, contesto immediato di Sir^Gr 9,16, il giusto viene presentato come σοφός, *saggio*, come συνετός, *assennato*, e come *colui che colloquia sulla Legge del Signore*. In Sir^Gr 35,8 sembra che il δίκαιος sia colui che si comporta secondo quanto dettato dal Siracide in Sir^Gr 35,1-7: buon osservante della Legge che, mentre osserva la Legge morale, compie bene i suoi doveri cultuali. Nel contesto di Sir^Gr 44,17, invece, δίκαιος si associa a τέλειος, *perfetto*, ovviamente a prescindere dall'osservanza della Legge.

§2. *L'uso di δίκαιος come aggettivo sostantivato*

Quando il Siracide usa il vocabolo come aggettivo sostantivato, δίκαιος viene impiegato per indicare gli essere umani (δίκαιος, il *giusto* in Sir^Gr 35,8; δίκαιοι, i *giusti* in Sir^Gr 35,22), la cosa giusta o il giusto comportamento oppure la rettitudine (δίκαιον in Sir^Gr 10,23; τὸ δίκαιον in Sir^Gr 27,8).

i) Il giusto nel "Trattato sulle offerte"

Nel contesto del "Trattato sulle offerte" (Sir^Gr 34,21-35,20), giusto è colui che fa delle offerte (Sir^Gr 35,8) che non sono ridicole né provenienti da beni sottratti con l'ingiustizia (cfr l'antitesi con Sir^Gr 34,21). Nel contesto di Sir^Gr 35,21-26, invece, i giusti sono i membri del popolo di Dio (cfr Sir^Gr 35,22.25).

ii) I concetti di "cosa giusta" o di "giustizia" nel Siracide

I concetti di "cosa giusta" o di "giustizia" nel Siracide sono meno precisi perché compaiono una sola volta ciascuno. La cosa giusta (il giusto comportamento, la rettitudine) in Sir^Gr 10,23 (οὐ δίκαιον ἀτιμάσαι πτωχὸν συνετόν καὶ οὐ καθήκει δοξάσαι ἄνδρα ἁμαρτωλόν, "non è cosa giusta disprezzare un povero assennato e non conviene onorare un uomo peccatore") è legata alla capacità del discepolo di valutare il prossimo: il prossimo non va valutato secondo lo schema "povero/ricco", attribuendo al primo un valore minore rispetto al secondo, ma va valutato secondo lo schema "assennato/peccatore" (συνετός / ἁμαρτωλός).

Il συνετός per il Siracide è colui che conosce la sapienza (Sir^Gr 18,28: πᾶς συνετὸς ἔγνω σοφίαν, "ogni assennato conosce la sapienza") e per questo motivo ha fiducia nella Legge (Sir^Gr 33,3: ἄνθρωπος συνετὸς ἐμπιστεύσει νόμῳ, "l'uomo assennato ha fiducia nella Legge"): la sapienza, infatti, implica il timore del Signore e in ogni sapienza si trova la pratica della Legge (Sir^Gr 19,20: πᾶσα σοφία φόβος κυρίου καὶ ἐν πάσῃ σοφίᾳ ποίησις νόμου). L'uomo, purtroppo, se è peccatore, insegue le contese (ὁ διώκων διάφορα: Sir^Gr 31,5) e, se è stolto, si appoggia ai sogni, inseguendo il vento (διώκων ἄνεμον οὕτως ὁ ἐπέχων ἐνυπνίοις: Sir^Gr 34,2). Il discepolo del sapiente (Sir^Gr 27,8), invece, se insegue la rettitudine o il giusto comportamento (ἐὰν διώκῃς τὸ δίκαιον), se ne rivestirà come di una tunica di gloria (ποδήρη δόξης), simile ai vestimenti con cui Mosé ha rivestito suo fratello Aronne (Sir^Gr 45,7-8).

Alla luce di quanto detto, si può comprendere come per il Siracide il δίκαιος è il membro del popolo di Dio, saggio e assennato, timorato di Dio, che persegue la rettitudine attraverso l'osservanza della Legge con un comportamento corretto nei confronti del prossimo.

## b. L'espressione λιπαίνει θυσιαστήριον

Come l'espressione precedente, anche questa è peculiare del Siracide. Il verbo λιπαίνω[92] compare nei libri dei LXX solo 7x, di cui 2x nel Siracide (Sir^Gr 35,8; 38,11[93]), 2x nei Salmi (Sal^LXX 22,5[94]; 140,5), 1x in Dt^LXX 32,15[95], in Ne^LXX 9,25[96], in Pr^LXX 5,3[97] e in Ab^LXX 1,16[98].

---

[92] CHANTRAINE, vol. II, 642, *ad vocem* λίπα; ROCCI, 1150, *ad vocem* λιπάζω; LIDDELL - SCOTT, 1052, *ad vocem* λιπάινω.

[93] In H c'è il *piel* di דָּשֵׁן.

[94] In H c'è il *piel* di דָּשֵׁן.

[95] In H c'è il *qal* di שָׁמֵן.

[96] In H c'è l'*hifil* di שָׁמֵן.

[97] In H c'è חָלָק.

[98] L'equivalente ebraico è l'aggettivo שָׁמֵן.

Nei libri dei LXX il verbo è associato all'olio con cui ci si cosparge il capo (Sal[LXX] 22,5; 140,5)[99] e diventa in qualche modo equivalente a *ungere*[100], in consonanza con l'originale ebraico di Sal[H] 23,5 che può, tra l'altro, indicare *pinguedine unxit*[101]. Indica anche i doni che Dio fa al suo popolo ed equivale a *ingrassare* (Dt[LXX] 32,15)[102]. Può anche significare *rendere abbondante, arricchire* in Ab[LXX] 1,16[103]: si tratta di un brano non facile dove viene presentata l'immagine del pescatore che offre sacrifici e incenso ai propri arnesi del mestiere (rete e giacchio), come fossero degli dei, perché con essi egli ottiene una abbondante o una ricca pesca. Infine, in Pr[LXX] 5,3[104] il verbo è adoperato per indicare l'effetto delle labbra di una prostituta (parole o baci "alla francese"[105]?). L'effetto è paragonabile alla sensazione lasciata dal miele, quando passa per la gola: probabilmente

---

[99] Sal[LXX] 22,5, ἡτοίμασας ἐνώπιόν μου τράπεζαν ἐξ ἐναντίας τῶν θλιβόντων με ἐλίπανας ἐν ἐλαίῳ τὴν κεφαλήν μου καὶ τὸ ποτήριόν σου μεθύσκον ὡς κράτιστον, "Tu prepari per me una mensa davanti a coloro che mi odiano, ungi di olio il mio capo e (prepari) il tuo calice capace di ubriacare al meglio"; Sal[LXX] 140,5, παιδεύσει με δίκαιος ἐν ἐλέει καὶ ἐλέγξει με ἔλαιον δὲ ἁμαρτωλοῦ μὴ λιπανάτω τὴν κεφαλήν μου ὅτι ἔτι καὶ ἡ προσευχή μου ἐν ταῖς εὐδοκίαις αὐτῶν, "Mi istruisca il giusto con misericordia e mi rimproveri, l'olio dell'empio non profumi il mio capo: la mia preghiera ancora (persista) tra i loro divertimenti".

[100] Non sembra si tratti di una semplice unzione, ma di qualche cosa di più abbondante se leggiamo Sal[LXX] 132,2 dove si afferma che il μύρον, olio profumato, scende sulla barba e sulla veste di Aronne.

[101] ZORELL, *ad vocem* רָשֵׁן.

[102] Dt[LXX] 32,15, καὶ ἔφαγεν Ιακωβ καὶ ἐνεπλήσθη καὶ ἀπελάκτισεν ὁ ἠγαπημένος ἐλιπάνθη ἐπαχύνθη ἐπλατύνθη καὶ ἐγκατέλιπεν θεὸν τὸν ποιήσαντα αὐτὸν καὶ ἀπέστη ἀπὸ θεοῦ σωτῆρος αὐτοῦ "Giacobbe mangiò e si saziò e recalcitrò l'amato. Venne ingrassato, impinguato, rimpinzato, abbandonò Dio, che lo aveva fatto e si allontanò da Dio, suo salvatore".

[103] Ab[LXX] 1,16, ἕνεκεν τούτου θύσει τῇ σαγήνῃ αὐτοῦ καὶ θυμιάσει τῷ ἀμφιβλήστρῳ αὐτοῦ ὅτι ἐν αὐτοῖς ἐλίπανεν μερίδα αὐτοῦ καὶ τὰ βρώματα αὐτοῦ ἐκλεκτά "Perciò offre sacrifici alla sua rete e brucia incenso al suo giacchio, perchè con essi fa grassa la sua parte e scelte le sue vivande".

[104] Pr[LXX] 5,3, μὴ πρόσεχε φαύλῃ γυναικί μέλι γὰρ ἀποστάζει ἀπὸ χειλέων γυναικὸς πόρνης ἢ πρὸς καιρὸν λιπαίνει σὸν φάρυγγα, "Non accompagnarti a una donna malvagia. Miele, infatti, fa stillare dalle labbra di donna prostituta che per un momento (o secondo il momento) impingua la tua gola".

[105] GELS, *ad locum* (λιπαίνω).

qualche cosa di oleoso e dolce. Si potrebbe rendere con *lisciare dolcemente*, *oliare dolcemente* o, meglio, ricorrendo ad un traslato, si potrebbe dire *blandire dolcemente*. I significati con cui λιπαίνω compare nei libri dei LXX sono diversi: dal più semplice *ungere* e *ingrassare*, ai traslati *rendere abbondante*, *arricchire*, *blandire dolcemente*.

Nel Siracide il verbo λιπαίνω compare solo 2x e in ambedue si colloca all'interno dell'area del culto. In Sir[Gr] 35,8 si associa a θυσιαστήριον e in Sir[Gr] 38,11 a προσφορά. In questo secondo caso, Sir[Gr] 38,11, è possibile pensare al significato traslato di *rendere abbondante*, *arricchire* (δὸς εὐωδίαν καὶ μνημόσυνον σεμιδάλεως καὶ λίπανον προσφορὰν ὡς μὴ ὑπάρχων, "Offri incenso e un memoriale di fior di farina e rendi abbondante l'offerta come uno che non c'è più[106] [= come se non fosse fatto da te])[107]". Alla luce di questo testo sembrerebbe che il significato più plausibile per Sir[Gr] 35,8 possa essere *arricchisce l'altare*. Il fatto, però, che solo nel Siracide il verbo si associ a θυσιαστήριον pone la domanda se il Siracide non abbia voluto dare una sfumatura particolare al verbo. Per controllare se possa essere così, bisogna esaminare l'uso del vocabolo associato, cioè il nome θυσιαστήριον.

Il nome θυσιαστήριον[108] compare nel Siracide solo 4x (Sir[Gr] 35,8; 47,9; 50,11.15[109]). In un caso, Sir[Gr] 47,9, il nome dipende da una

---

[106] Il verbo ὑπάρχω viene usato dal Siracide solo 3x (Sir[Gr] 20,16; 38,11; 44,9). In Sir[Gr] 20,16 e Sir[Gr] 44,9 il significato sta per *essere* (Sir[Gr] 20,16: μωρὸς ἐρεῖ οὐχ ὑπάρχει μοι φίλος, "Lo stolto dice non c'è per me un amico" = non ho un amico) o *esistere* (Sir[Gr] 44,9: καὶ ἀπώλοντο ὡς οὐχ ὑπάρξαντες, "E svanirono come non fossero esistiti").

[107] La traduzione di quest'ultima parte dello stico è difficoltosa. In genere gli autori traducono dal testo H, tralasciando il problema posto dal testo Gr. (Si veda, a puro titolo di esempio Box - Oesterley o Skehan - Di Lella). La soluzione proposta è tratta da Duesberg - Fransen, 264.
Una costruzione simile a Sir[Gr] 38,11 si trova in Sir[Gr] 44,9 (καὶ ἀπώλοντο ὡς οὐχ ὑπάρξαντες, "e sono scomparsi come se non fossero esistiti").

[108] Daniel, 27-31.241-242.252-255; Klauck, 274-277; Muraoka, *Septuagintal Lexicography*, 46.

[109] In questo caso θυσιαστήριον traduce מִזְבֵּחַ. Il vocabolo ebraico מִזְבֵּחַ nel Siracide viene reso anche dal nome greco βωμός (Sir[Gr] 50,14) che si trova pure in Sir[Gr] 50,12 (senza equivalente ebraico).

preposizione (καὶ ἔστησεν ψαλτῳδοὺς κατέναντι τοῦ θυσιαστηρίου, "E [Davide] collocò musicanti davanti all'altare"), mentre in un secondo, Sir[Gr] 50,11, il nome è associato ad ἀνάβασις (ἐν ἀναβάσει θυσιαστηρίου ἁγίου, "Nell'ascesa al santo altare"). Infine, Sir[Gr] 50,15[110] dice: ἐξέτεινεν ἐπὶ σπονδείου χεῖρα αὐτοῦ καὶ ἔσπεισεν ἐξ αἵματος σταφυλῆς ἐξέχεεν εἰς θεμέλια θυσιαστηρίου ὀσμὴν εὐωδίας ὑψίστῳ παμβασιλεῖ, "E [Simone] stendeva la mano sulla coppa e versava dal sangue del grappolo; [lo] spargeva alle basi dell'altare come profumo soave all'Altissimo, re universale". Il gesto del sacerdote Simone – simile a quello che Mosè (Es[LXX] 24,6) compie al Sinai non con il vino, ma con il sangue come per la consacrazione di Aronne e i suoi figli (Lv[LXX] 8,19) – consiste nello spargere il vino alle basi dell'altare. Si tratta di un gesto cultico con cui l'altare viene irrorato con una certa quantità (un terzo o mezzo *hin*) di vino (cfr Nm[LXX] 15,7.10) per ogni vittima offerta (cfr Nm[LXX] 10,5.11; 28,14).

Si può dire, in breve, che il Siracide adopera il termine θυσιαστήριον esclusivamente in ambito cultico per indicare ciò che avviene davanti all'altare (Sir[Gr] 47,9), su di esso (Sir[Gr] 50,11) e attorno (Sir[Gr] 50,15). Questo dato aiuta a chiarire leggermente meglio il significato di λιπαίνω. Si tratta di un verbo che esprime non tanto l'azione diretta e materiale di rendere grasso o ingrassare l'altare, quanto piuttosto l'azione, in senso traslato, di rendere ricco o impreziosire l'altare. Se, però, si recupera il concetto di προσφορὰ δικαίου, "la (ricca) offerta di un / del giusto", il concetto di λιπαίνει θυσιαστήριον appare più chiaro. Come, infatti, è emerso dall'analisi della struttura, la costruzione degli stichi in Sir[Gr] 35,8 è uguale a Sir[Gr] 35,9. Essendoci, perciò, un parallelismo tra Sir[Gr] 35,8a e Sir[Gr] 35,9a, si può notare come l'espressione λιπαίνει θυσιαστήριον sia legata con l'espressione (θυσία...) δεκτή. Certamente un legame possibile tra λιπαίνω e δεκτός ci può essere nell'area semantica di ciò che è "prezioso agli occhi di Dio": è gradito, infatti, ciò che – a vario titolo – è prezioso. L'offerta fatta dal giusto è per sua natura qualche cosa di prezioso e gradito davanti a Dio (Sir[Gr] 35,9). Que-

---

[110] Su questo testo si veda MULDER, *Simon,* 262-316 (spec. 283-284).

sta ricchezza viene posta sull'altare che a sua volta viene impreziosito. Il verbo λιπαίνω, dunque, usato in Sir^Gr 35,8 assume con una ragionevole sicurezza il significato di *arricchire* o *impreziosire* l'altare.

A conclusione di questo breve esame di Sir^Gr 35,8a è possibile dare una traduzione dello stico secondo questo proposta: *La (ricca) offerta del giusto impreziosisce l'altare.*

E' ora necessario completare il versetto con l'esame del secondo stico, Sir^Gr 35,8b, che presenta meno problemi di sfumatura di quanto sia capitato con Sir^Gr 35,8a.

c. L'espressione καὶ ἡ εὐωδία αὐτῆς ἔναντι ὑψίστου

Si tratta di una espressione un po' strana per due motivi: nei libri dei LXX di norma il termine εὐωδία è associato al termine ὀσμή e, inoltre, non si associa mai a ἔναντι. Solo in Sir^Gr 35,8b, invece, troviamo ambedue le caratteristiche.

§1. *Il vocabolo εὐωδία associato a ὀσμή nel Siracide*
Il Siracide usa il vocabolo εὐωδία 5x (Sir^Gr 24,15; 35,8; 38,11; 45,16; 50,15) e il vocabolo ὀσμή addirittura solo 2x[111] (Sir^Gr 39,14;

---

[111] Le concordanze di Hatch - Redpath danno il termine ὀσμή presente nel Siracide 4x: Sir^Gr 24,15; 39,14^bis; 50,15. L'edizione critica del testo del Siracide edita da Ziegler mostra come l'espressione δέδωκα ὀσμὴν in Sir^Gr 24,15a sia dovuta a un parallelismo presente nel codice A, nella prima mano del codice S e in alcuni minuscoli con Sir^Gr 24,25b (δέδωκα εὐωδίαν). Poiché δέδωκα εὐωδίαν appare come una *lectio facilior* e meno testimoniata rispetto a διέδωκα εὐωδίαν, presente nella maggior parte dei manoscritti maiuscoli e in molti minuscoli, il parallelismo cade. Inoltre la lettura di δέδωκα ὀσμὴν, così come la propone Rahlfs sovverte totalmente la struttura del versetto che è impostata sulla seguente sequenza (cfr Ziegler): Sir^Gr 24,15a: ὡς; 15b: καὶ ὡς; 15c: ὡς; 15d: καὶ ὡς. In Sir^Gr 39,14c lo Ziegler cancella il vocabolo ὀσμὴν e lo sostituisce con il vocabolo φωνὴν, seguendo in questa scelta Smend e il testo siriaco e abbandonando le testimonianze di vari codici greci e di varie versioni. Questa scelta verrebbe spiegata dal fatto che l'amanuense sarebbe stato condizionato da Sir^Gr 39,14a (εὐωδιάσατε ὀσμήν) e avrebbe in qualche modo forzato il contesto successivo di Sir^Gr 39,14c (καὶ αἰνέσατε ᾆσμα). Alla luce, dunque, dell'edizione critica dello Ziegler viene accolta la presenza di ὀσμή nel Siracide solo per 2x (Sir^Gr 39,14a; 50,15).

50,15). Come si può notare ὀσμή si associa ad εὐωδία solo in Sir[Gr] 50,15[112], formando l'espressione ὀσμὴ εὐωδίας, che è frequentissima negli altri libri dei LXX[113]. Oltre a questo caso, nel Siracide si trova il nome ὀσμή associato al radicale *εὐωδ, almeno altre due volte: Sir[Gr] 24,15; 39,14. In Sir[Gr] 24,15 i due vocaboli si ritrovano in perfetto parallelismo sinonimico: ὡς κιννάμωμον καὶ ἀσπάλαθος ἀρωμάτων δέδωκα ὀσμὴν καὶ ὡς σμύρνα ἐκλεκτὴ διέδωκα εὐωδίαν, "Come cinnamomo e aspalato dei campi[114] ho dato profumo (ὀσμήν) e come mirra scelta ho sparso fragranza (εὐωδίαν)". Uno strano incontro tra il vocabolo ὀσμή e il verbo εὐωδιάζω[115] si ha in Sir[Gr] 39,14, (καὶ)[116] ὡς λίβανος εὐωδιάσατε ὀσμὴν καὶ ἀνθήσατε ἄνθος

---

[112] Cfr MULDER, *Simon*, 291–292.

[113] L'espressione ὀσμὴ εὐωδίας si trova in Gen[LXX] 8,21; Es[LXX] 29,18.25.41; Lv[LXX] 1,9.13.17; 2,2.9.12; 3,5.11.16; 4,31; 6,8.14; 8,21.28; 17,4.6; 23,13.18; Nm[LXX] 15,3.5.7.10.13.14.24; 18,17; 28,2.6.8.13.24.27; 29,6.8.11.13.36; Ez[LXX] 16,9; 20,28.41; Dn[LXX] 4,37. Al di fuori di questa espressione, nei libri dei LXX ὀσμή ricorre da solo unicamente in Gen[LXX] 27,27[3x]; Es[LXX] 5,21; Lv[LXX] 26,31; Nm[LXX] 29,2; Gb[LXX] 6,7; 14,9; Ct[LXX] 1,3.4.12; 2,13; 4,10.11[2x]; 7,9.14; Is[LXX] 3,24; 34,3; Ger[LXX] 25,10; 31,11; Ez[LXX] 6,13; Dn[LXX-Th] 3,94; Gdt 16,16; Tb[S] 6,17; 2Mac 9,9.1.12. Il vocabolo εὐωδία, invece, al di fuori dell'associazione con ὀσμή, da solo si trova unicamente in Esd[LXX] 6,10; Dn[Th] 2,46; Bar 5,8.

[114] Il vocabolo ἀσπάλαθος è un *hapax* dei libri dei LXX e si trova solo in Sir[Gr] 24,15. Secondo il LIDDELL – SCOTT dovrebbe trattarsi dell'arbusto spinoso, l'*alhagi maurorum*, in inglese "camel's thorn" (stesso significato in GELS). È meno probabile che si tratti della *genista acanthoclada* (significato proposto dal ROCCI) che è un arbusto spinoso usato anche come strumento di tortura (LIDDELL – SCOTT). Ciò che può interessare alla presente ricerca è che il vocabolo viene adoperato da Ferecrate (autore già incontrato per l'uso di χάριν in Sir[Gr] 35,3.7) e da Teofrasto. Si veda anche CALDUCH-BENAGES, *Aromas,* 15–30; per ἀσπάλαθος 18; per εὐωδία 19; per ὀσμή 26.

[115] Il verbo compare in Sir[Gr] 39,14 e in Zc[LXX] 9,17.

[116] Il problema di critica testuale riguardante la presenza o meno del καί iniziale è stato posto da Liesen (LIESEN, *Full of Praise,* 108–109) che evidenzia la non accuratezza dell'apparato critico di Ziegler su questo punto. Liesen giustamente lo accetta a causa sia dell'abbondante tradizione manoscritta e della testimonianza del Syr sia del principio della *lectio difficilior* ("In spite of the fact that verse rarely begins with a paratactic conjunctions…."). Personalmente avrei dei dubbi perché ci sono due dati antitetici. È vero che la stragrande maggioranza dei mss greci riporta il καί iniziale e ciò porterebbe ad accettarlo, ma è altrettanto vero che la testimonianza del Lat è più antica del Syr e potrebbe costituire una prova della mancanza del καί nel testo Gr adoperato dal Lat. Questo è il motivo per cui ho messo il καί fra parentesi. Circa l'ambivalenza del termine greco λίβανος (incenso, Libano), ritengo che non debba premere troppo per distinzioni

ὡς κρίνον διάδοτε ὀσμὴν…,"(E) come incenso fragrate di profumo e fiorite[117] come giglio. Date profumo…". Sembra che il traduttore voglia giocare con il fenomeno letterario dell'accusativo interno sia a livello semantico (εὐωδιάζω + ὀσμή) sia a livello fonetico (ἀνθήσατε + ἄνθος).

L'associazione tra il nome ὀσμή con il verbo εὐωδιάζω non si trova negli altri libri dei LXX, ma solo in Sir^Gr 39,14, manifestando ancora una volta come il traduttore greco si allontani dal linguaggio presente negli altri libri dei LXX. Una breve tavola riassuntiva può aiutare a comprendere sia l'uso di εὐωδία sia l'uso di ὀσμή nel Siracide:

| | soggetto | verbo | sogg. / compl. | determinativi | luogo / destinat. |
|---|---|---|---|---|---|
| Sir^Gr 24,15 | la Sapienza | διέδωκα | εὐωδίαν | | ἐν σκηνῇ (κυρίῳ) |
| Sir^Gr 35,8 | | | ἡ εὐωδία | αὐτῆς (= offerta) | ἔναντι ὑψίστου |
| Sir^Gr 38,11 | figlio (il discepolo) | δὸς | εὐωδίαν | | (κυρίῳ) |
| Sir^Gr 39,14 | figli santi (i discepoli) | εὐωδιάσατε | ὀσμὴν | | (κυρίῳ) |
| Sir^Gr 45,16 | Aronne | προσαγαγεῖν | εὐωδίαν | εἰς μνημόσυνον | κυρίῳ |
| Sir^Gr 50,15 | Simone | ἐξέχεεν | ὀσμὴν εὐωδίας | | ὑψίστῳ παμβασιλεῖ |

Nel Siracide il termine εὐωδία funge da soggetto solamente 1x, in Sir^Gr 35,8, e indica il profumo dell'offerta che sale davanti

---

eccessivamente nette. Resta sempre l'obbligo dell'opzione di un significato, senza tuttavia escludere l'allusione all'altro significato.

[117] L'espressione ἀνθέω + ἄνθος è piuttosto rara nei libri dei LXX. Si trova solo in Nm^LXX 17,23; Is^LXX 18,5; Sir^Gr 39,14. Indica la fioritura miracolosa della verga di Aronne (Nm^LXX 17,23) o la maturazione dell'uva acerba (Is^LXX 18,5). In Sir^Gr 39,14 è preferibile optare per il concetto di fioritura perché la comparazione non è con un frutto, ma con un fiore, il giglio (κρίνον).

all'Altissimo. Come complemento oggetto si trova 3x (Sir$^{Gr}$ 24,15; 38,11; 45,16), associato a verbi che indicano *emanare* (διαδίδωμι: Sir$^{Gr}$ 24,15), *dare* (δίδωμι: Sir$^{Gr}$ 38,11) e *presentare* (προσάγω: Sir$^{Gr}$ 45,16). Come complemento di specificazione è determinativo di ὀσμή e si associa al verbo *spargere* (ἐκχέω: Sir$^{Gr}$ 50,15). Sia come soggetto sia come complemento, εὐωδία indica nel Siracide il profumo come atto di culto[118]. Si tratta di un atto di culto della Sapienza nella tenda (del convegno), del discepolo in caso di malattia, di Aronne che offre il profumo come memoriale e di Simone che sparge il vino alle basi dell'altare come profumo. L'uso di εὐωδία nel Siracide pone il problema della traduzione. È vero che ci sono espressioni consolidate dall'uso come potrebbero essere le traduzioni proposte da Skehan – Di Lella ("a sweet odor") o da Box – Oesterley ("sweet savour"). Mi sembra, tuttavia, opportuno suggerire che il vino può avere un aroma "fruttato" o "speziato" o altro. Solo con un traslato si può dire che abbia un profumo dolce. La dolcezza è più pertinente al gusto che all'olfatto. Senz'altro, per traslato, si può dire che qualche cosa di bruciato sull'altare possa avere un profumo dolce. Sarebbe forse meglio, però senza rigidità, optare per *fragranza* come traduzione di εὐωδία e per *profumo* come traduzione di ὀσμή.

§2. *Il destinatario, espresso o sottinteso, dell'εὐωδία è Dio*

Il destinatario, espresso o sottinteso, è sempre Dio. In Sir$^{Gr}$ 35,8 e in Sir$^{Gr}$ 50,15 Dio viene chiamato con il nome di ὕψιστος (+ παμβασιλεύς), mentre in Sir$^{Gr}$ 45,16 con il nome di κύριος. I due nomi sono molto frequenti nel Siracide: ὕψιστος (45x)[119] e κύριος (201x)[120]. Mentre il nome divino κύριος traduce ben sette nomi ebraici (הקדוש, עליון, אדון, אל, אלוה, אלהים, יהוה) ed è presente in

---

[118] CALDUCH-BENAGES, *Aromas*, 19.

[119] In due casi, Sir$^{Gr}$ 26,16; 43,9; l'aggettivo sostantivato ὕψιστος non è riferito a Dio, ma alle "altezze" (montagne, cielo?).

[120] Il vocabolo ὕψιστος "nel Siracide risulta il nome di Dio più frequente dopo κύριος" (BERTRAM, ὕψιστος, col. 823). Si veda per completezza quanto già detto nel terzo capitolo per Sir$^{Gr}$ 35,21c.22b. Per il nome di Dio si veda anche (ordine cronologico): FANG CHE YONG; HAYWARD, *Divine Name*; RÖSEL; BURNETT; HAYWARD, *El Elyon*.

ogni ambito tematico toccato dal Siracide, il nome divino ὕψιστος ha un uso più ristretto e si colloca di preferenza solo in alcuni ambiti tematici.

Il nome divino ὕψιστος nel Siracide traduce 11x il nome divino עליון (Sir[H] 41,4[121].8; 42,2; 44,20; 46,5; 47,5.8; 49,4; 50,14.16.17), che a sua volta solo raramente viene tradotto con κύριος (Sir[Gr] 6,37a; 43,5a; 44,2a; 50,17c). Traduce 8x anche il nome divino אל (Sir[H] 4,10; 7,15; 12,26; 35,12[122].18; 37,15; 38,2; 43,12[123]), che a sua volta, di solito, viene tradotto con κύριος (Sir[Gr] 3,16b.18b; 5,4b;6,16b; 7,4a.29a.31a; 11,22a16,3d.26a; 14,11c; 15,9b.11a; 16,17a; 30,25b; 32,22b; 35,14a; 3622d; 38,1b.4a.9b.14a; 39,16a.33a; 41,4a; 42,15a.17a; 43,9b; 46,5c.11c; 47,5a.22a; 48,20a; 49,3). Infine, traduce 3x il nome divino יהוה (Sir[H] 12,12; 43,2; 48,5), che a sua volta, di solito, viene tradotto con κύριος (circa 44x su un totale di 53x ricorrenze con l'equivalente greco). Una visione riassuntiva si può avere attraverso la seguente tabella:

| | | |
|---|---|---|
| κύριος | יהוה | 4,3; 5,3; 5,4[124]; 11,4.12.14.21; 15,1.13.18; 16,2.15; 32,16.24; 33,1; 40,26; 42,16; 43,5.29; 44,16; 45,19.21; 46,6.10.13.17.19; 47,11; 50,13.20.29; 51,8.10.12.22 |
| κύριος | אלהים | 3,20; 9,16; 10,4.5; 10,13(?).14.16.20.22.24; 35,15; 36,5.22(?); 40,26.27; 42,15.17; 46,14; 51,1 |
| κύριος | אלוה | 35,13; 46,3 |
| κύριος | אל | 3,18; 5,4[125]; 6,16; 7,4[126]; 7,29.31; 11,22; 14,11; 15,9.11; 16,7.26; 32,14; 35,21[127]; 35,22 (marg.); 38,1.4.9.14; 39,16.33; 41,4; 42,15; 42,17; 43,9; 46,3[128].5.11.16 (?); 47,5.22 (?); 48,3.20; 49,3 |

---

[121] Nei due ms ebraici che riportano Sir[H] 41,4, il testo purtroppo è lacunoso ([...]עלי), ma la ricostruzione del nome divino è molto probabile.

[122] Nel testo ebraico del ms. B il nome אל si trova in un glossa interlineare del versetto.

[123] Nel testo ebraico del ms. B il nome אל si trova in un glossa marginale del versetto.

[124] Solo nei mss A e C.

[125] Solo nel ms B.

[126] Forse anche nel ms C.

[127] Solo per il codice Alessandrino.

[128] Solo per il codice Sinaitico.

416

| κύριος | אָדוֹן | 10,7 |
|---|---|---|
| κύριος | עֶלְיוֹן | 6,37; 44,2; 50,17 |
| κύριος | הַקָדוֹשׁ | 39,35 (?); 43,5 (marg.); |
| κύριος<br>ὁ θεός | יהוה | 4,28; 43,2; 48,5 |
| ὕψιστος | עֶלְיוֹן | 41,4(?).8(?); 42,2; 44,20; 46,5; 47,5.8; 49,4; 50,14.16.17 |
| ὕψιστος | אֵל | 4,10; 7,5; 12,6; 35,12[129].21[130]; 37,15; 38,2; 43,12 (marg.) |
| ὕψιστος | יהוה | 12,2 |
| ὕψιστος | מָרוֹם | 16,17[131]; 43,9 |

Sembra che per il Siracide ὕψιστος, che significa *Altissimo*, si collochi in aree tematiche preferenziali. Il nome viene usato in modo particolare, ma non esclusivamente, entro due aree tematiche precise: il culto e l'alleanza. In rapporto al culto e alla preghiera ὕψιστος si trova in Sir[Gr] 7,9; 17,27; 24,2.3; 35,5; 37,15; 39,5; 46,5; 47,5.8; 50,7.14.15.16.17.19.20. In rapporto all'alleanza (alleanza / Legge / comandamenti / decreto), si trova in Sir[Gr] 2,6(?)[132]; 9,15; 12,12(?); 17,26(?); 19,17; 23,18(?).23; 24,23; 28,7; 29,11; 39,1; 41,4.8; 42,2; 44,20; 49,4. Con una presenza molto più modesta, il nome ὕψιστος si può trovare associato al tema della creazione (Sir[Gr] 7,15; 33,15; 34,23; 43,2.12), del giudizio (Sir[Gr] 35,12.18), della profezia (Sir[Gr] 42,18) e della guarigione-rivivificazione (Sir[Gr] 38,2; 48,5). Molto interessante è il nome ὕψιστος associato al tema dell'amore divino-materno in Sir[Gr] 4,10[133].

---

[129] Interlineare nel testo H.

[130] Nel codice Alessandrino c'è κύριος.

[131] Solo per la prima mano del codice Sinaitico.

[132] Il punto di domanda indica la possibilità che il nome possa essere legato anche ad altro tema.

[133] Per una presentazione di Sir[Gr] 4,10 si veda il commento a Sir[Gr] 35,17a.

Da quanto appena rilevato diventa, dunque, comprensibile perché il Siracide di preferenza adoperi nel trattato sulle offerte i nomi divini ὕψιστος (Sir^Gr 34,23; 35,8.12) e κύριος (Sir^Gr 35,5.6.10.13.15). Una sola volta adopera il nome δεσπότης (Sir^Gr 34,29), che purtroppo, in tutto il testo H di Ben Sira rimasto, non ha corrispondente.

§3. *Una traduzione possibile di* καὶ ἡ εὐωδία αὐτῆς ἔναντι ὑψίστου

Una traduzione possibile di καὶ ἡ εὐωδία αὐτῆς ἔναντι ὑψίστου potrebbe essere la seguente: *e la sua fragranza davanti all'Altissimo*. Sicuramente la frase nominale lascia un senso d'incompletezza. Gli autori, di norma i più antichi, completano la frase nominale con il verbo "essere"[134]. Gli autori più recenti preferiscono completare la frase con un verbo che indica movimento (verso l'alto)[135].

Esaminando l'espressione ὀσμὴ εὐωδίας, in modo particolare, nei libri del Levitico e dei Numeri, si nota che, di norma, è adoperata come una apposizione al sacrificio offerto (cfr: καὶ ἐπιθήσουσιν οἱ ἱερεῖς τὰ πάντα ἐπὶ τὸ θυσιαστήριον κάρπωμά ἐστιν θυσία ὀσμὴ εὐωδίας τῷ κυρίῳ, "E i sacerdoti deporranno tutto sull'altare: è un'offerta, un sacrificio, profumo di fragranza per il Signore": Lv^LXX 1,9). Ciò potrebbe indurre a lasciare la frase di Sir^Gr 35,8b con il suo valore nominale o al massimo scegliere di esplicitare il verbo "essere". Bisogna, tuttavia, osservare che in Sir^Gr 35,8b non c'è l'espressione ὀσμὴ εὐωδίας (manca il termine ὀσμή) e, perciò, quanto rilevato per Levitico e Numeri non può fungere da modello. D'altra parte in Sir^Gr 35,8b il vocabolo εὐωδία non possiede la funzione di determinazione, come l'espressione ὀσμὴ εὐωδίας nei due libri del Pentateuco.

---

[134] "Ist": Zöckler, Keel, Schilling; "is": Arnald, Blunt, Curton, Edersheim; "est": Reuss, Lesètre, Fillion; "c'est" Glaire - Vigouroux; "è": Mancini - Martini, Girotti.

[135] Queste sono le varie traduzioni: "kommt" (Smend, Peters, Eberharter, Hamp), "gelangt" (Sauer); "rises (Snaith, Skehan - Di Lella, Mac Kenzie); "se répand" (Ledrain), "s'élève" (Crampon, Duesberg - Auvray), "monte" (Spicq); "llega" (Pérez Rodríguez, Alonso Schökel), "se eleva" (Morla Asensio); "sale" (Luzzi), "si alza" (Duesberg - Fransen), "giunge" (Minissale). In portoghese si trova "se lleva" (Pereira) e in catalano "puja" (Bruguera - Díaz).

Una possibilità di soluzione potrebbe essere data da Sir$^{Gr}$ 24,15 dove la Sapienza dice:"Ho sparso fragranza" (διέδωκα εὐωδίαν). Alla luce di questo testo si potrebbe ipotizzare per Sir$^{Gr}$ 35,8b un verbo sottinteso come, per esempio, διαδίδοται, "si espande". La traduzione di Sir$^{Gr}$ 35,8b potrebbe, dunque, avere questa fisionomia: *e la sua fragranza (si espande) davanti all'Altissimo.*

Passiamo ora all'analisi del primo stico del versetto gemello, Sir$^{Gr}$ 35,9, dove l'elemento portante s'identifica nell'aggettivo verbale δεκτός.

#### d. L'espressione θυσία ἀνδρὸς δικαίου δεκτή (Sir$^{Gr}$ 35,9a)

I termini dell'espressione sono già parzialmente conosciuti. L'analisi dell'aggettivo δίκαιος è già stata fatta per Sir$^{Gr}$ 35,8a, mentre per il nome θυσία l'analisi si trova nel commento a Sir$^{Gr}$ 34,23.24. Non resta che esaminare il vocabolo ἀνήρ, che compare associato a δίκαιος, mentre in Sir$^{Gr}$ 35,8a l'aggettivo era sostantivato e non compariva il vocabolo ἀνήρ, e analizzare l'aggettivo verbale δεκτός.

#### §1. *Il nome ἀνήρ nel Siracide*

Il nome ἀνήρ[136] compare nel Siracide 79x di cui 47x ha l'equivalente ebraico. La traduzione dimostra che il nome ἀνήρ copre diverse aree semantiche dell'essere maschile: traduce 27x il nome אִישׁ (Sir$^{H}$ 9,16.18; 10,23; 11,28; 12,9; 14,2.3; 15,7.8.12; 16,12; 31,20; 32,18; 36,28; 37,12[137]; 37,25; 40,29$^{2x}$; 41,1; 42,10.14; 44,1; 44,3.6.10.23; 44,18), 6x il nome בַּעַל (Sir$^{H}$ 4,10; 25,18.22.23; 26,1.2), 5x sia גֶּבֶר (Sir$^{H}$ 7,25; 10,5; 16,23; 34,8; 49,15) sia נֶפֶשׁ (Sir$^{H}$ 4,2) sia אֱנוֹשׁ (Sir$^{H}$ 8,6; 14,1.20; 37,14; 37,25[138]), solamente 3x il nome אָדָם (Sir$^{H}$ 11,2; 13,16; 30,22). L'uso che ne fa il Siracide è estremamente vario. Si può, però, dire che alle volte ἀνήρ viene adoperato in associazione con γυνή (cfr Sir$^{Gr}$ 42,14). In altri casi

---

[136] OEPKE, ἀνήρ, coll. 969-978 (spec. 969-973).
[137] Nella glossa marginale del ms B e nel ms D.
[138] Nel ms D.

non sempre c'è una netta distinzione tra ἀνήρ e ἄνθρωπος. Alle volte i due nomi vengono adoperati in modo equivalente (cfr Sir$^{\text{Gr}}$ 15,7), altre volte il primo indica l'individuo e il secondo, il genere umano (cfr Sir$^{\text{Gr}}$ 25,1; 27,7). Il nome ἀνήρ significa fondamentalmente *uomo*, ma spesso equivale anche a *marito* (cfr Sir$^{\text{Gr}}$ 4,10; 23,22.23; 25,18.22.23; 26,1.2; 36,23; 40,23; 42,10). Molto spesso viene aggettivato, ma altrettanto spesso viene sottinteso dall'aggettivo. Ciò accade con una certa frequenza come fenomeno stilistico. In parallelismo, alle volte sinonimico, altre volte antitetico, il nome ἀνήρ viene espresso (= E) in uno stico e nel secondo viene sottinteso (= S), attraverso un aggettivo sostantivato o un participio. Tale fenomeno si trova con la forma E-S in diversi testi (cfr Sir$^{\text{Gr}}$ 9,18; 12,9.14; 17,22; 20,9; 22,5; 26,8; 29,14; 32,18; 33,2; 34,9). Succede anche l'inverso: si può trovare la sequenza S-E e i testi non sono pochi (cfr Sir$^{\text{Gr}}$ 4,2; 7,25; 10,23; 11,28; 13,16; 16,23; 21,20.23; 31,20; 45,18). In Sir$^{\text{Gr}}$ 35,8-9 ciò che accade nel primo versetto, accade nel secondo, dato il loro legame di parallelismo. In Sir$^{\text{Gr}}$ 35,8 si trova l'espressione προσφορά δικαίου (S), mentre in Sir$^{\text{Gr}}$ 35,9 c'è l'espressione θυσία ἀνδρὸς δικαίου (E). Da quanto è stato detto, ἀνήρ sembra aver un valore stilistico e, al massimo, un richiamo per antitesi con Sir$^{\text{Gr}}$ 34,25 (ἄνθρωπος αἱμάτων). Di certo si può dire, dato il valore dell'aggettivo δίκαιος, che il Siracide intenda dire con ἀνήρ δίκαιος un individuo del popolo di Dio[139]. L'offerta e il sacrificio del giusto (Sir$^{\text{Gr}}$ 35,8-9: προσφορὰ δικαίου / θυσία ἀνδρὸς δικαίου) sono in antitesi con l'offerta e il sacrificio (Sir$^{\text{Gr}}$ 34,21-23.24) di chi, rubando ai poveri, viene definito come "senza-Legge" e "empio" e viene qualificato come "uomo sanguinario". Mentre l'offerta e il sacrificio di questi ultimi non sono graditi a Dio (Sir$^{\text{Gr}}$ 34,22.23: οὐκ εἰς εὐδοκίαν / οὐκ εὐδοκεῖ), l'atto di culto del giusto è δεκτός.

---

[139] Non intendo entrare in merito al problema dell'uso di ἀνήρ come nome che nel Siracide identifica più o meno esclusivamente l'israelita maschio e non intendo neppure affermare che il Siracide, con l'espressione ἀνήρ δίκαιος intenda escludere le donne dagli atti di culto o dai sacrifici.

### §2. L'aggettivo verbale δεκτός

L'aggettivo verbale δεκτός[140], tratto dal verbo δέχομαι, viene usato dal Siracide appena 3x (Sir^Gr 2,5; 3,17; 35,9). Non si conosce l'equivalente ebraico. Negli altri libri dei LXX compare circa 31x, soprattutto nel Pentateuco (13x: Es^LXX 28,38; Lv^LXX 1,3.4; 17,4; 19,5; 22,19.20.21.29; 23,11; Dt^LXX 33,16.23.24). Compare anche nei libri Sapienziali (11x: Gb^LXX 33,26; Pr^LXX 10,24; 11,1; 12,22; 14,9.35; 15,8.28; 16,7.13; 22,11) e nei libri Profetici (7x: Is^LXX 49,8; 56,7; 58,5; 60,7; 61,2; Ger^LXX 6,20; Ml^LXX 2,13). In questi ultimi traduce sempre רָצוֹן. Nel Pentateuco di solito traduce רָצוֹן, tranne in due casi, Lv^H 1,4 e Dt^H 33,24, dove traduce רָצָה. Anche nei Sapienziali di solito traduce רָצוֹן, tranne che in Gb^H 33,26 (רָצָה), Pr^H 10,24 (נָתַן)[141]; 15,28 (רָצָה). Come si può notare, il vocabolo più tradotto da δεκτός è il nome ebraico רָצוֹן, che, a sua volta, viene tradotto anche con εὐδοκία (Sir^Gr 11,17; 15,15; 35,20; 39,18; negli altri libri dei LXX[142]: Sal^LXX 18,14; 50,18; 68,13; 88,17; 105,4; 140,5; 144,16). L'aggettivo δεκτός, predicato di una realtà X, indica che l'εὐδοκία è presente in quella realtà X. Il Siracide poteva benissimo adoperare in questo caso l'espressione presente in Sir^Gr 35,22 (εἰς εὐδοκίαν) o, meglio, in Sir^Gr 35,20 (ἐν εὐδοκίᾳ). Se però avesse fatto tale scelta, avrebbe irrimediabilmente rotto l'equilibrio della struttura dove il termine εὐδοκία ne regge l'ossatura con la sua presenza all'inizio (Sir^Gr 34,22), a metà (Sir^Gr 35,5) e alla fine (Sir^Gr 35,20) del "Trattato".

L'uso di δεκτός, fatto dal Siracide, pur limitato a soli tre brani, è indicativo: l'aggettivo verbale δεκτός viene predicato sia di un

---

[140] GRUNDMANN, δεκτός, coll. 888-892 (spec. 889-890).

[141] La traduzione Gr cambia il testo H, in modo particolare nel primo stico. Mentre il testo H di Pr^H 10,24 ha: מְגוֹרַת רָשָׁע הִיא תְבוֹאֶנּוּ וְתַאֲוַת צַדִּיקִים יִתֵּן, "Al malvagio sopraggiunge il male che teme, il desiderio dei giusti, invece, *è soddisfatto*", il testo Gr di Pr^LXX 10,24 ha, invece, ἐν ἀπωλείᾳ ἀσεβὴς περιφέρεται ἐπιθυμία δὲ δικαίου δεκτή, "L'empio è afflitto nella rovina, ma il desiderio del giusto *(è) gradito*".

[142] Il nome εὐδοκία compare nei libri dei LXX solo 28x. Come traduzione di רָצוֹן, si trova solo nei Salmi e nel Siracide per un totale di 11x.

"uomo", provato nel crogiuolo del dolore[143] e modesto (Sir<sup>Gr</sup> 2,5; 3,27), sia di un sacrificio compiuto da un giusto (Sir<sup>Gr</sup> 35,9). Il significato è *gradito (a Dio)*. L'aggettivo sottolinea ancora una volta l'antitesi tra le offerte e i sacrifici dei "senza-Legge" e degli "empi" (Sir<sup>Gr</sup> 34,21-23) con il sacrificio del "giusto" che è saggio, perfetto e osservante della Legge tanto da fare del suo impegno morale un vero e proprio atto di culto (cfr Sir<sup>Gr</sup> 35,1-7). L'aggettivo, inoltre, prepara l'affermazione finale del trattato (Sir<sup>Gr</sup> 35,20), dove il termine εὐδοκία si associa al verbo δέχομαι, per sintetizzare il pensiero nuovo del Siracide: è l'uomo che si occupa degli ultimi, ad essere accolto con benevolenza da Dio come un sacrificio.

La traduzione *ad litteram* di Sir<sup>Gr</sup> 35,9a sarebbe: *il sacrificio dell'uomo giusto gradito*. La frase nominale può benissimo avere un sostegno sintattico dall'esplicitazione del verbo "essere", mentre l'aggettivo δεκτός necessita di una esplicitazione che potrebbe essere rintracciata, per esempio, in Lv<sup>LXX</sup> 1,3 (δεκτὸν ἐναντίον κυρίου, "cosa accetta davanti al Signore"). Un secondo testo è Pr<sup>LXX</sup> 16,7, dove compare lo stesso fenomeno dell'aggettivo sostantivato (ἀρχὴ ὁδοῦ ἀγαθῆς τὸ ποιεῖν τὰ δίκαια δεκτὰ δὲ παρὰ θεῷ μᾶλλον ἢ θύειν θυσίας, "L'inizio della buona strada [è] fare le cose giuste, gradite a Dio, piuttosto che sacrificare dei sacrifici"). Tra l'espressione ἐναντίον κυρίου e παρὰ θεῷ è preferibile la seconda perché più vicina a Sir<sup>Gr</sup> 35,9a. Come risultato finale si avrà la seguente possibilità di traduzione: *Il sacrificio dell'uomo giusto (è) gradito (a Dio)*.

Questo risultato viene corroborato dal secondo stico, Sir<sup>Gr</sup> 35,9b, che è strettamente legato al precedente da un parallelismo sintetico: la memoria del sacrificio dell'uomo giusto non sarà dimenticata da Dio.

---

[143] Calduch-Benages, *En el crisol*, 66-83. L'esegeta tratta il testo di Sir<sup>Gr</sup> 2,5, ma sceglie di non approfondire il concetto di δεκτός. La stessa caratteristica si trova in Calduch-Benages, *Un gioiello*.

e. L'espressione καὶ τὸ μνημόσυνον αὐτῆς οὐκ ἐπιλησθήσεται

Lo stico di Sir[Gr] 35,9b, nella sua apparente semplicità, presenta un problema particolare che riguarda la comprensione del vocabolo μνημόσυνον[144]. Alcuni autori lo ritengono espressione della memoria divina (dimensione antropomorfica di Dio) nei confronti dell'offerta dell'uomo giusto[145], mentre altri lo ritengono come il nome di una parte dell'offerta sacrificale che viene bruciata sull'altare come offerta a Dio[146]. Il Siracide adopera il nome μνημόσυνον 17x (Sir[Gr] 10,17; 23,26; 24,20; 35,9; 38,11.23; 39,9; 41,1; 44,9; 45,1.9.11.16; 46,11; 49,1.13; 50,16). Il termine si colloca in due aree semantiche precise: l'area semantica del ricordo extracultuale (con varie sfumature) e l'area semantica della realtà cultuale[147].

Nell'area semantica del ricordo extracultuale, il vocabolo μνημόσυνον può significare la memoria o la non-memoria degli avvenimenti pregressi e delle persone che non ci sono o non ci saranno più[148]. Può anche significare l'idea o il pensiero di qualche

---

[144] SPICQ, *Note*, vol II, 169-171; MICHEL, μνημονεύω, coll. 318-319; DANIEL, 226-236; HARLÉ - PRALON, 40; LE BOULUEC - SANDEVOIR, 92-93.

[145] Si vedano Mancini - Martini, Reuss, Lesètre, Ledrain, Fillion, Luzzi, Girotti, Snaith, Minissale, Bruguera - Díaz, Morla Asensio, ecc.

[146] Si vedano Knabenbauer, Smend, Peters, Box - Oesterley, Eberharter, Spicq, Hamp, Schilling, Pérez Rodríguez, Alonso Schökel, Skehan - Di Lella, Sauer, ecc.

[147] La trattazione che Daniel fa del termine μνημόσυνον nel Siracide è legata all'opera di traduzione dall'ebraico, ma non tiene conto del nuovo valore semantico assunto dal vocabolo nell'uso che ne fa il testo Gr (DANIEL, 230-231).

[148] Si tratta delle nazioni annientate: Sir[Gr] 10,17 / זֵכֶר; della donna abbandonata dal marito: Sir[Gr] 23,26; del morto: Sir[Gr] 38,23 / זֵכֶר; di chi si applica e medita la Legge dell'Altissimo: Sir[Gr] 39,9; di coloro che svanirono come se non fossero mai esistiti: Sir[Gr] 44,9 / זֵכֶר; di Mosè: Sir[Gr] 45,1 / זֵכֶר; dei Giudici: Sir[Gr] 46,11 / זֵכֶר; di Giosia: Sir[Gr] 49,1; di Neemia: Sir[Gr] 49,13 / זֵכֶר. Che tale memoria sia legata in modo preponderante al piano teologico è evidente perché si tratta di una memoria che non è pura registrazione del passato, ma è anche valutazione secondo la fede in Dio. Il piano teologico, tuttavia, non è esclusivo (cfr EISING, coll. 610.622). Daniel ritiene che in Sir[Gr] 38,23; 41,1 μνημόσυνον significhi non "souvenir", bensì "mention" perché si tratta di un discorso orale (DANIEL, 231).

cosa (la Sapienza: Sir^Gr 24,20; la morte[149]: Sir^Gr 41,1 / זֵכֶר) e il richiamo di attenzione (degli Ebrei per Aronne attraverso i campanelli tintinnanti della veste[150]: Sir^Gr 45,9 / זִכָּרוֹן; dell'Altissimo attraverso il suono delle trombe dei figli di Aronne[151]: Sir^Gr 50,16).

Nell'area semantica della realtà cultuale, il vocabolo μνημόσυνον viene usato dal Siracide per tradurre il vocabolo ebraico אַזְכָּרָה (Sir^Gr 38,11[152]; 45,16) o זִכָּרוֹן (Sir^Gr 45,11). Sicuramente in Sir^Gr 38,11; 45,16 μνημόσυνον indica una manciata di fior di farina insieme all'olio e all'incenso. La manciata di fior di farina viene presa dalla θυσία che consiste in una offerta (δῶρον) di σεμίδαλις (fior di farina). Manciata di fior di farina, olio e incenso vengono bruciati sull'altare dai figli di Aronne come μνημόσυνον (Lv^LXX 2,1-2)[153]: ciò costituisce un sacrificio (θυσία) gradito al Signore, ovvero un sacrificio che equivale a ὀσμὴ εὐωδίας τῷ κυρίῳ, "un profumo di fragranza per il Signore". Purtroppo in italiano non c'è un nome tecnico per μνημόσυνον come porzione dell'offerta[154]. Tradurre μνημόσυνον con *memoriale* non sembra la soluzione più adatta, anche se è la più usata. Già Driver[155] aveva tentato di tradurre il termine con "token-offering", cioè "offerta simbolica". Va precisato che il rapporto tra θυσία e μνημόσυνον non può essere letto con il criterio "reale (θυσία) - simbolo (μνημόσυνον)", ma piuttosto con il criterio "tutto (θυσία) - parte rappresentativa (μνημόσυνον)". Questa constatazione porta ragionevolmente a concordare con Daniel[156] sul concetto di "rimpiazzo", concetto al quale la Daniel giunge per una strada diversa da quella qui percorsa. Si potrebbe osare un

---

[149] Anche per questo testo vale la stessa osservazione fatta nella nota precedente.

[150] I campanellini hanno un significato apotropaico perché dovrebbero cacciare i demoni e le forze oscure apportatrici di morte che minacciano soprattutto la soglia e la porta (NOTH *Esodo*, 279).

[151] Dio si ricorderebbe dei figli d'Israele (cfr EISING, coll. 626).

[152] Il concetto di μνημόσυνον come parte dell'offerta da bruciarsi sull'altare forse non sempre era ben compresa dai copisti se in diversi manoscritti minuscoli si trova il verbo μνημόνευσον.

[153] In Lv^LXX 2,1-16 si trova il μνημόσυνον per diversi tipi di θυσία.

[154] Nel *Pentateuco e Haftaroth con traduzione italiana e note*, Torino 5736 - 1976³, si trova semplicemente "parte destinata ad essere arsa".

[155] DRIVER, 97-105 (spec. 100-102).

[156] DANIEL, 234.

tentativo, almeno per la presente ricerca, traducendo μνημόσυνον con *porzione del rimpiazzo* oppure, volendo mantenere fede alla radice sia ebraica (זכר) sia greca (*μνα), con *porzione per la memoria*[157]. La soluzione non è tra le più felici, ma è senz'altro tra le più chiare sia per Sir[Gr] 38,11 ("Offri incenso e una 'porzione per la memoria' di fior di farina") sia per Sir[Gr] 45,16 ("Il Signore lo scelse tra tutti i viventi perché gli offrisse offerte da bruciare, incenso e profumo come 'porzione per la memoria', e perché …).

Diverso è il caso di Sir[Gr] 45,11. In Es[LXX] 28,15-28 c'è la descrizione del pettorale del sacerdote: le dodici pietre preziose che lo compongono portano inciso in ciascuna il nome di una tribù. Aronne, quando entra nel Santo, porterà sul petto il pettorale come μνημόσυνον (לְזִכָּרֹן) ἔναντι τοῦ θεοῦ, "memoriale davanti a Dio" (Es[LXX] 28,29) o più precisamente come "*richiamo per la memoria davanti a Dio*". I nomi incisi sulle pietre preziose del pettorale, infatti, servono per il ricordo benevolo da parte di Dio stesso[158]. Senz'altro esiste un'area comune tra la *porzione per la memoria* e il *richiamo per la memoria*. Ambedue sono "segni parziali" che richiamano la realtà intera. In Sir[Gr] 38,11; 45,16 μνημόσυνον richiama Dio a ricordarsi dell'intera θυσία, mentre in Sir[Gr] 45,11 μνημόσυνον richiama Dio a ricordarsi dell'intero suo popolo.

Da quanto detto, in Sir[Gr] 35,9 μνημόσυνον non ha il significato presente in Sir[Gr] 45,11, ma piuttosto il significato presente in Sir[Gr] 38,11; 45,16. Va, dunque, abbandonata la posizione degli autori che concepiscono μνημόσυνον come atto psicologico del ricordo e va accolta la posizione di coloro che ritengono μνημόσυνον di Sir[Gr] 38,9 come realtà cultuale, come cioè *porzione per la memoria*.

Meno impegnativo è il caso del verbo ἐπιλανθάνομαι. Compare nel Siracide 8x (Sir[Gr] 3,14 / מָחָה; 7,27; 13,10; 23,14; 29,15; 35,9;

---

[157] Questa *porzione per la memoria* è presente, sia con il termine tecnico sia con la sua descrizione, in modo particolare nel libro del Levitico (Lv[LXX] 2,2.9.16; 5,12; 6,8).
[158] Cfr Eising, coll. 625.

37,6 / שָׁכַח [marg]; 38,21). In tutte le ricorrenze è adoperato in forma negativa (οὐκ, μή, μήποτε), per indicare che qualcuno non deve *dimenticare*, ma ricordare. In Sir^Gr 23,14 si trova, forse, l'esempio più chiaro del significato del verbo perché il ricordare e il non-dimenticare sono in perfetto parallelismo sinonimico: μνήσθητι / μήποτε ἐπιλάθῃ, "ricordati / non dimenticare". In genere il Siracide adopera il verbo per esortare il discepolo a non dimenticare il padre (Sir^Gr 3,14) o i dolori della madre (Sir^Gr 7,27) oppure l'amico (Sir^Gr 37,6). Non deve dimenticare il padre e la madre, quando siede tra i grandi (Sir^Gr 23,14). Non deve, inoltre, dimenticare il favore ricevuto, soprattutto se l'uomo è personaggio importante (Sir^Gr 29,15) e non deve dimenticare un concetto fondamentale: dalla morte non c'è ritorno (Sir^Gr 38,21). In Sir^Gr 35,9 la forma passiva e il contesto portano a ritenere che il complemento d'agente sottinteso sia l'Altissimo, ὑψίστος, menzionato poco prima, in Sir^Gr 35,8b. Dio non dimenticherà la porzione per la memoria del sacrificio dell'uomo giusto.

La traduzione di καὶ τὸ μνημόσυνον αὐτῆς οὐκ ἐπιλησθήσεται, può essere resa in questo modo: *e la sua porzione per la memoria non sarà dimenticata (dall'Altissimo)*

f. La visione d'insieme

A conclusione del percorso fatto, cercando il significato preciso di espressioni e termini, la traduzione di Sir^Gr 35,8-9 può essere la seguente:

Sir 35,8    La (ricca) offerta di un giusto impreziosisce l'altare
        e la sua fragranza (si espande) davanti all'Altissimo.
    9    Il sacrificio dell'uomo giusto (è) gradito (a Dio)
        e la sua porzione per la memoria non sarà dimenticata (dall'Altissimo)

Non resta che affrontare ora il retroterra del pensiero di Sir^Gr 35,8-9 per poter congliere in modo completo il messaggio del Siracide.

g. Il retroterra del pensiero di Sir$^{Gr}$ 35,8-9

Esaminando i passi citati dagli autori consultati, si nota una certa dispersione. Da una parte, c'è una buona convergenza degli studiosi su alcuni passi che spiegano il valore dei vocaboli e delle espressioni menzionati dal Siracide. È il caso di Lv$^{LXX}$ 1,9; 3,5; 6,8[159] e dei testi connessi con la εὐωδία, di Lv$^{LXX}$ 2,1-16[160] e dei testi connessi con il μνημόσυνον, di Sal$^{LXX}$ 19,4[161] connesso con il fatto che Dio si ricordi degli olocausti e dei sacrifici[162]. Dall'altra, abbondano testi che sostengono riflessioni di tipo teologico-morale, ma non aderenti al brano del Siracide[163]. Di tutte le proposte degli autori, due sembrano i riferimenti che possono essere utili a comprendere meglio il testo di Sir$^{Gr}$ 35,8-9. Si tratta della figura di Noè, richiamata dal legame con Gen$^{LXX}$ 8,21[164], e della figura di Abele, richiamata dal legame con Gen$^{LXX}$ 4,4[165].

§1. *La riflessione sapienziale e la figura di Noè*
La riflessione sapienziale è profondamente legata alla figura di Noè. Gli autori non colgono questo parallelo, sebbene alcuni (Churton, Fillion, Girotti) siano stati condizionati dal testo latino e abbiano evidenziato il legame tra l'espressione latina *odor suavitatis*

---

[159] Le citazioni sono presentate con varianti da Knabenbauer, Spicq, Skehan-Di Lella.

[160] Le citazioni sono presentate con varianti da Edersheim, Knabenbauer, Box – Oesterley, Spicq, Duesberg – Auvray, Pérez Rodríguez, Skehan – Di Lella, Sauer.

[161] La citazione è presentata da Nau – Vigouroux, Duesberg – Auvray, Duesberg – Fransen, Skehan – Di Lella.

[162] Quest'ultimo testo, Sal$^{LXX}$ 19,4, non è una citazione esatta perché è stato visto che il termine μνημόσυνον è un termine tecnico per indicare la parte dell'offerta da bruciarsi sull'altare come porzione per la memoria di tutta l'offerta davanti a Dio.

[163] Solo a titolo di esempio, si possono vedere le citazioni proposte da Knabenbauer, legate al rifiuto divino degli olocausti e alla preferenza per l'impegno morale (Is$^{LXX}$ 1,11; Ger$^{LXX}$ 7,8-12; 14,12; Mi$^{LXX}$ 3,11; 6,6-8). Quelle proposte da Nau – Vigouroux sono, invece, legate al concetto di "giusto" presente in Ezechiele e Malachia (Ez$^{LXX}$ 33,15; 34,20; Ml$^{LXX}$ 1,7-14).

[164] La citazione è presentata da Churton, Fillion, Nau – Vigouroux, Girotti e Sauer.

[165] La citazione è presentata solo da Churton, Fillion e Nau – Vigouroux.

di Gen$^{Lat}$ 8,21 e l'equivalente latino di Sir$^{Lat}$ 35,8 (*odor suavitatis*), che è sovrabbondante rispetto a Sir$^{Gr}$ 35,8b (ἡ εὐωδία αὐτῆς).

Il legame tra la figura di Noé e Sir$^{Gr}$ 35,8 può, a prima vista, apparire strana. Tuttavia tale legame si deduce dal fatto che nel Siracide l'aggettivo δίκαιος, quando viene predicato di qualcuno in modo specifico, è adoperato solo nell'elogio degli antenati e specificatamente solo per Noè in Sir$^{Gr}$ 44,17[166]. Gli altri personaggi passati in rassegna vengono chiamati con diversi titoli come, per esempio, Abramo μέγας πατὴρ, "padre grande" (Sir$^{Gr}$ 44,19) o Mosé ἐλέους εὑρίσκων, "colui che trova misericordia" (Sir$^{Gr}$ 45,1). Fatta questa osservazione, è decisamente interessante mettere in parallelo alcuni elementi del ciclo di Noè presenti nel libro della Genesi con Sir$^{Gr}$ 35,8-9a.

| Gen$^{LXX}$ 6,9 | Νωε **ἄνθρωπος δίκαιος** | Sir$^{Gr}$ 35,9a | **ἀνήρ δίκαιος** |
| Gen$^{LXX}$ 7,1 | σὲ εἶδον **δίκαιον** | Sir$^{Gr}$ 35,8a | **δίκαιος** |
| Gen$^{LXX}$ 8,20 | ᾠκοδόμησεν... **θυσιαστήριον** | Sir$^{Gr}$ 35,8a | (προσφορὰ )... λιπαίνει **θυσιαστήριον** |
| Gen$^{LXX}$ 8,21 | ὠσφράνθη **κύριος** ...ὀσμὴν **εὐωδίας** | Sir$^{Gr}$ 35,8b | **ἡ εὐωδία** αὐτῆς ἔναντι **ὑψίστου** |

Noè viene tratteggiato dal testo della Genesi come ἄνθρωπος δίκαιος (Gen$^{LXX}$ 6,9), o semplicemente δίκαιος (Gen$^{LXX}$ 7,1). Il Siracide, riferendosi al fedele ebreo, come già visto, lo chiama ἀνήρ δίκαιος (Sir$^{Gr}$ 35,9a) e non ἄνθρωπος δίκαιος, come Genesi chiama Noé. Il Siracide, riferendosi al fedele ebreo, usa anche il semplice aggettivo sostantivato δίκαιος come fa Dio nei confronti di Noé, al quale dice: "Σὲ εἶδον δίκαιον, "ti ho visto giusto". Mentre Noè costruisce un altare, il pio ebreo lo arricchisce con due

---

[166] Gli altri due casi in cui δίκαιος viene adoperato come aggettivo, si nomina genericamente l'uomo (Sir$^{Gr}$ 35,9) o gli uomini (Sir$^{Gr}$ 9,16).

elementi profondamente uniti: la sua fedeltà alla Legge nella vita quotidiana e la sua offerta cultuale. Infine, da una parte, il profumo della fragranza (εὐωδία) che emana dai sacrifici[167] di Noè viene aspirato da Dio, dall'altra, la fragranza (εὐωδία) del sacrifico del giusto si espande davanti all'Altissimo.

Questo parallelo tra Noè il giusto e il giusto del Siracide non è facile da spiegare. Se è vero che è tipico della riflessione sapienziale biblica aprirsi all'universale, è altrettanto vero che il Siracide viveva una situazione di dialogo, per certi aspetti, e di riserva, per altri, con il mondo culturale greco-egiziano e pagano circostante. Certamente l'universalità di Noé poteva favorire il dialogo. Sarebbe necessario confrontare il Gr con il testo H che, purtroppo, non c'è. Tuttavia è possibile, all'attuale stato del testo, pensare al fatto che il nipote di Ben Sira abbia tradotto l'opera del nonno in Egitto, dove la comunità ebraica era minoranza e doveva farsi accettare dal tessuto sociale pagano. In questo contesto culturale il parallelo tra il giusto Noé e il giusto ebreo generava almeno due ricadute. La prima consisteva nel fatto che Noé, padre di tutta l'umanità post-diluviana, poteva rappresentare l'elemento giustificativo perché venissero curati i buoni rapporti tra il mondo ebraico della diaspora alessandrina e il mondo pagano greco-egiziano circostante. La seconda ricaduta consisteva nel fatto che Noé, personaggio indiscutibilmente biblico, poteva rappresentare un elemento fondante per mantenere, da parte del mondo ebraico della diaspora alessandrina, l'identità ebraica, evitando la contaminazione della cultura pagana, mentre veniva praticata l'apertura al dialogo[168], di solito non facile, con il mondo pagano di Alessandria.

---

[167] "Sacrificio" è il significato dato a ὁλοκάρπωσις (Gen[LXX] 8,20) da GELS, *ad locum*.

[168] Si tenga presente che pochi decenni prima della traduzione greca del Siracide, nella lettera di Aristea - datata agli inizi del II sec. a.C. (GOODMAN in SCHÜRER, vol III/1, 870) o forse più precisamente verso il 110 a.C. (MOMIGLIANO, 71-73) e denominata da Canfora "inno… alla buona intesa tra greci ed ebrei" (CANFORA, VII) - "non c'è alcun conflitto religioso, anzi il Dio degli ebrei è lo stesso Zeus onorato con nomi diversi (§16), e le massime autorità, il sovrano tolemaico da una parte e il sommo sacerdote dall'altra, collaborarono…." (PASSONI DELL'ACQUA, 64; cfr GOODMAN in SCHÜRER, 869-870). La lettera di Aristea presenta la fede ebraica come una filosofia, mentre

### §2. *La riflessione sapienziale e la figura di Abele*

La riflessione sapienziale è legata anche alla figura di Abele. In questo caso però i legami verbali non sono molti, ma i legami concettuali sono significativi. Sappiamo che nei libri dei LXX Abele non viene mai chiamato δίκαιος, giusto, ma sappiamo che Caino viene chiamato ἄδικος, "ingiusto", in Sap 10,3: ἀποστὰς δὲ ἀπ' αὐτῆς ἄδικος ἐν ὀργῇ αὐτοῦ ἀδελφοκτόνοις συναπώλετο θυμοῖς, "Un ingiusto, che si era staccato da lei (= Sapienza) a causa della sua ira[169] perì con (i suoi) furori fratricidi". Abele viene, però, chiamato δίκαιος, "giusto", in almeno due testi intertestamentari. Il primo testimone è il Testamento di Beniamino[170], in un brano (*Testamento di Beniamino* 7,4) che probabilmente non è contaminato da glosse cristiane[171]: δια ῞Αβελ τὸν δίκαιον ἀδελφὸν αὐτοῦ, "a motivo di Abele, il giusto, suo fratello". Il secondo testo è citato da Kuhn che lo ha tratto dal Midrash Tanhuma (בלק 16,140)[172]: "Sette giusti che hanno costruito sette altari da Adamo a Mosé e furono ben accetti: 1 Adamo, 2

---

il secondo libro dei Maccabei presenta il giudaismo come un'osservanza totale della Legge. Ambedue sono aperti al dialogo con il mondo pagano circostante (COLLINS, 152). Si tenga, poi, presente che gli ebrei erano integrati nel tessuto egiziano, occupando posti di un certo rilievo in ambito amministrativo e militare (KASHER, 48-85; MODRZEJEWSKI, 83-87). Qualche tempo dopo la traduzione del nipote, più precisamente all'epoca di Filone, gli abitanti di Alessandria vengono stimati dagli studiosi sulle 180.000 unità di cui, probabilmente, un terzo erano Ebrei (MODRZEJEWSKI, 73). Era giocoforza per gli ebrei salvaguardare la propria identità e dialogare con il mondo circostante.

[169] Sap 10,3 dipende dal testo H di Gen^H 4,5 e da una interpretazione corrente ad Alessandria. Simmaco e Aquila traducono Gen^H 4,5 secondo il testo ebraico (וַיִּחַר, "fu irato") e anche Flavio Giuseppe (*Antiquitates Judaicae*, 1,55) parla di un Caino irato, secondo la citazione di SCARPAT, *Sapienza*, vol. II, 284. Il testo Gr di Gen^LXX 4,5 dice invece che Caino "fu molto rattristato" (ἐλύπησεν τὸν Καιν λίαν). Nel testo Gr, dunque, Caino è preso dallo sconforto e non dall'ira.

[170] DE JONGE, *Twelve Patriarchs*, I,2, 167-180. Va ricordato che de Jonge è favorevole alla maggior fiducia nella famiglia dei manoscritti β (a, b, d, e, f, g, k, l, m) piuttosto che nella famiglia α (c, h, i), seguendo la posizione di Hunkin che è diversa dalla posizione di Charles.

[171] VERMES in SCHÜRER, vol. III/2, Brescia 1997, 1013, n. 16 riporta i testi delle glosse cristiane e la bibliografia relativa.

[172] Citato da KUHN, col. 19.

Abele…". L'azione di Abele descritta in Gen[LXX] 4,4 è molto vicina a Sir[Gr] 35,8-9:

| Gen[LXX] 4,4 | καὶ Αβελ ἤνεγκεν | Sir[Gr] 35,8 | προσφορὰ δικαίου |
| | καὶ ἀπὸ τῶν στεάτων αὐτῶν | Sir[Gr] 35,8 | λιπαίνει θυσιαστήριον |
| | καὶ ἐπεῖδεν ὁ θεὸς ἐπὶ Αβελ | Sir[Gr] 35,8 | ἔναντι ὑψίστου |
| | | Sir[Gr] 35,9 | καὶ τὸ μνημόσυνον αὐτῆς οὐκ ἐπιλησθήσεται |
| | ἐπὶ Αβελ | Sir[Gr] 35,9 | θυσία ἀνδρὸς δικαίου δεκτή |
| | καὶ ἐπὶ τοῖς δώροις αὐτοῦ | Sir[Gr] 35,9 | θυσία ἀνδρὸς δικαίου δεκτή |

Le due forme, ἤνεγκεν / προσφορά, che riportano al verbo φέρω, indicano i due atti di culto compiuti: l'azione offertoriale di Abele e l'offerta del giusto. Abele prende la sua offerta dai primogeniti del gregge e dal loro grasso. L'offerta del giusto "ingrassa"[173] l'altare. Dio "scelse" o "guardò favorevolmente" l'offerta di Abele. Il sacrificio dell'uomo giusto è bene accolto da Dio (ἐπεῖδεν[174] / δεκτή). C'è, infine, da notare come Dio guardi favorevolmente sia all'offerta sia all'offerente (Gen[LXX] 4,5)[175], concetto che emerge anche nel legame tra Sir[Gr] 34,21-23 e Sir[Gr] 35,20. Strettamente legato a questi due brani, per antitesi con il primo e per sinonimia con il secondo, è Sir[Gr] 35,9 dove il beneplacito di Dio è in favore dell'offerta dell'uomo giusto.

---

[173] Per ragioni di rispetto della lingua di arrivo in Sir[Gr] 35,8a il verbo λιπαίνω è stato tradotto con *impreziosire*.

[174] Il Siracide adopera solo 1x il verbo ἐφοράω, precisamente in Sir[Gr] 7,9, dove in parallelismo sinonimico si trovano ἐφοράω e προσδέχομαι (μὴ εἴπῃς τῷ πλήθει τῶν δώρων μου ἐπόψεται καὶ ἐν τῷ προσενέγκαι με θεῷ ὑψίστῳ προσδέξεται, "Non dire: guarderà con favore all'abbondanza dei miei doni e nel fare la mia offerta al Dio altissimo, egli (l')accetterà".

[175] Il concetto è già stato visto nel commento a Sir[Gr] 34,21-23.

Sicuramente questo accostamento (Gen$^{LXX}$ 4,5 / Sir$^{Gr}$ 35,8-9) facilita anche un secondo accostamento. La stessa antitesi che intercorre fra il sacrificio dell'uomo giusto (Sir$^{Gr}$ 35,8-9), che viene accolto da Dio, e i sacrifici dei "senza-Legge" e degli "empi" (Sir$^{Gr}$ 34,21-23), che non sono per il gradimento divino, si trova anche in Gen$^{LXX}$ 4,5-6. In questo caso le offerte di Abele sono viste con favore mentre quelle di Caino non sono viste con favore. L'opposizione "senza-Legge" / "giusto" è uguale all'opposizione "Caino" / "Abele".

Anche in questo caso, rimanendo legati al testo Gr, si può arguire come il Siracide abbia in qualche modo alluso a personaggi non appartenti al popolo di Dio. Il motivo, come per la figura di Noé, è da ricercarsi nella situazione vissuta dal traduttore greco in un clima culturale di dialogo e non di chiusura rispetto al mondo non ebraico che lo circondava. Sicuramente collocare, come piattaforma di dialogo con la cultura greco-egiziana circostante, la situazione dell'umanità delle origini, in uno stadio pre-abramitico, facilitava la possibilità di incontro.

### 3. La riflessione giuridico-morale di Sir$^{Gr}$ 35,10-15: come il giusto compie l'atto di culto

Si tratta di una serie di precetti formulati letterariamente, almeno in parte, secondo il criterio delle leggi apodittiche (Sir$^{Gr}$ 35,10a.10b.11a.11b). Gli altri precetti, Sir$^{Gr}$ 35,12-15, sono sempre di tipo apodittico, ma riportano anche la motivazione (Sir$^{Gr}$ 35,13a.15b: ὅτι). Questi elementi sono chiaramente indici che il brano è di tipo prettamente giuridico-morale. Il testo di Sir$^{Gr}$ 35,10-15 non è rappresentato solo dalle tradizioni greca, latina e siriaca, ma è parzialmente testimoniato anche dalla tradizione testuale ebraica (Sir$^{H}$ 35,11-15). Del testo di Sir$^{Gr}$ 35,10-15 è già stata vista la struttura che articola il brano in due parti.

La prima parte, Sir$^{Gr}$ 35,10-12a, è di struttura concentrica – come già visto nel primo capitolo – e comprende una serie di precetti in forma apodittica esplicita (Sir$^{Gr}$ 35,10a.10b.11b.12a) o implicita (Sir^Gr 35,11a). La generosità, proporzionata ai beni guadagnati e accompagnata alla gioia del dare, viene ripagata dalla ampia generosità divina. La seconda parte, Sir^Gr 35,12b-15, invece, pur avendo una struttura concentrica – come già visto nel primo capitolo – è molto più elaborato nella sua fisionomia perché nella sequenza A - B - A' inserisce una micro struttura concentrica sia in A (a - b - a') sia in A' (d - e - d'). In queste, il centro geografico è dato dal nome divino accompagnato nel primo caso dal titolo (teologico) ἀνταποδιδούς (Sir^Gr 35,13a) e nel secondo, dal titolo (teologico) κριτής (Sir^Gr 35,15b). Il centro geografico della struttura maggiore, invece, contiene l'affermazione più importante che è un comando: μὴ δωροκόπει οὐ γὰρ προσδέξεται (Sir^Gr 35,14). I due precetti di Sir^Gr 35,14-15, in forma apodittica esplicita e implicita (Sir^Gr 35,14a.15a), sono seguiti ambedue da una motivazione (Sir^Gr 35,14b.15bc). Il tentativo di corruzione, operato con offerte, nei confronti di Dio non sarà accettato, come il fidarsi di un sacrificio ingiusto non ha nessun effetto in Dio perché egli è giudice e non si lascia corrompere.

Vediamo ora, *per partes*, la comprensione del testo di Sir^Gr 35,10-15.

a. Sir^Gr 35,10a : ἐν ἀγαθῷ ὀφθαλμῷ δόξασον τὸν κύριον

L'espressione con cui inizia lo stico, ἐν ἀγαθῷ ὀφθαλμῷ, tra i libri dei LXX si trova solo nel Siracide (Sir^Gr 35,10a.12b). L'espressione ebraica corrispondente dovrebbe essere la stessa che si trova in Sir^H 35,12b (בטוב עין). Una espressione ebraica simile si trova in Pr^H 22,9 (כִּי־נָתַן מִלַּחְמוֹ לַדָּל טוֹב־עַיִן הוּא יְבֹרָךְ), "L'occhio buono sarà benedetto perché ha dato del suo pane al povero")[176] ed esprimerebbe la generosità disinteressata. Sempre nel libro dei Proverbi (Pr^H 23,6; 28,22[177]) esiste l'espressione antitetica, רַע עָיִן,

---

[176] In Ab^LXX 1,13 si trova l'espressione καθαρὸς ὀφθαλμός, ma indicano gli occhi di Dio e non dell'uomo.

[177] I testi sono suggeriti da ALONSO SCHÖKEL – VÍLCHEZ LÍNDEZ, 494, dove però per un *lapsus calami* si trova scritto "Pr 22,22" invece che "Pr 28,22".

ma nella traduzione Gr ci sono delle difficoltà. In Pr$^{LXX}$ 28,22 l'espressione del testo H viene tralasciata e in Pr$^{LXX}$ 23,6 il Gr non traduce, ma interpreta (ἀνδρὶ βασκάνῳ, "con l'uomo invidioso"). Più significativi possono essere due testi del Siracide, Sir$^{Gr}$ 14,10 (ὀφθαλμὸς πονηρὸς φθονερὸς ἐπ' ἄρτῳ καὶ ἐλλιπὴς ἐπὶ τῆς τραπέζης αὐτοῦ, "Un occhio malvagio [è] geloso del pane ed è tirchio sulla sua tavola")[178] e Sir$^{Gr}$ 31,13 (μνήσθητι ὅτι κακὸν ὀφθαλμὸς πονηρός πονηρότερον ὀφθαλμοῦ τί ἔκτισται διὰ τοῦτο ἀπὸ παντὸς προσώπου δακρύει, "Ricordati che è un male l'occhio cattivo; peggiore dell'occhio cosa è stato creato? Per questo versa lacrime da parte di ogni persona")[179]. Nel primo testo si nota come la sineddoche (ὀφθαλμὸς πονηρός) indica l'avaro, mentre nel secondo, la sineddoche indica l'avidità (ὀφθαλμὸς πονηρός = occhio avido)[180]. Per antitesi, ἐν ἀγαθῷ ὀφθαλμῷ dovrebbe essere inserito nell'area semantica della *generosità*. Sembra meno esatto inserire l'espressione nell'ambito della gioia[181] o nell'ambito dell'onestà[182], come fanno alcuni studiosi. Tuttavia mentre ὀφθαλμὸς πονηρός si può tradurre con "occhio avido", l'espressione ἐν ἀγαθῷ ὀφθαλμῷ non si può tradurre "con occhio generoso"[183].

Consultando gli autori che hanno tradotto il testo, non si ricava un orientamento preciso. Prima della metà degli anni cinquanta del secolo scorso, molti autori hanno preferito la fedeltà al testo originale (ebraico [בטוב עין] o greco [ἐν ἀγαθῷ ὀφθαλμῷ]?)[184], riproponendo la parola "occhio" e aggettivandolo in modo assai vario: *lieto* (Mancini – Martini, Girotti), *cheerful* (Blunt, Churton), *bon* (Le-

---

[178] Indicato prima da Spicq e poi da Skehan – Di Lella.

[179] Indicato da Skehan – Di Lella.

[180] Bible de Jerusalem 1998, 1307.

[181] Mancini – Martini (animo lieto), Reuss e Ledrain (d'un coeur joyeux), Luzzi e Girotti (con animo lieto), Minissale (occhio contento). Probabilmente tale traduzione nasce dal confronto di Sir$^{Gr}$ 35,10 con Pr$^{H}$ 22,9 dove, però, l'espressione ebraica טוב־עַיִן viene resa in Gr con ἀνὴρ ἱλαρός.

[182] Cfr Sauer (mit rechtschaffenem Auge).

[183] Così traduce Schilling (mit gebefreudigem Auge).

[184] Arnald, Blunt, Churton, Edersheim, Box – Oesterley (with a good eye); Eberharter (mit guten Auge).

drain, Nau – Vigouroux, Spicq), *gut* (Eberharter), *contento* (Minissale). Altri hanno preferito leggere varianti[185]. Altri hanno pensato di servirsi di un traslato, "animo"[186] o "cuore"[187], aggettivandolo con *bon* (Reuss, Lesètre, Fillion) o *libéral* (Crampon). Il mondo tedesco ha optato per il concetto di "generosità", espresso con l'astratto *Freigebigkeit* (Smend) o con l'aggettivo *freigebig* (Peters, Hamp). Dopo la metà degli anni cinquanta del secolo scorso è invalso l'uso di ricorrere, salvo rarissime eccezioni[188], al concetto di "generosità", scandito come nome, come aggettivo o come avverbio[189]. Sauer ha preferito l'espressione in *guter Gesinnung*. Sicuramente dove ci sono troppe soluzioni non c'è sicurezza. Che gli occhi possano esprimere una vasta gamma di realtà interiori è risaputo. Possono esprimere gioia (cfr Ez$^{LXX}$ 24,16), compassione (Dt$^{LXX}$ 7,16: 19,13.21; 25,12; Ez$^{LXX}$ 16,5) e umiltà (Sal$^{LXX}$ 123,2). Esprimono, però, anche arroganza (Sal$^{LXX}$ 17,28; Pr$^{LXX}$ 6,17; 21,4; 30,13; Is$^{LXX}$ 5,15; 37,23) e avarizia (Pr$^{LXX}$ 23,5), inganno (Sal$^{LXX}$ 34,19; Pr$^{LXX}$ 30,17) e desideri smodati (Sal$^{LXX}$ 72,7; Ez$^{LXX}$ 6,9). Non è, dunque, fuori luogo tradurre in questo caso ὀφθαλμός con *animo*. Nell'apocrifo *Testamento di Beniamino* (4,2)[190], parlando di Giuseppe, figlio di Giacobbe, si dice che ὁ ἀγαθὸς ἄνθρωπος οὐκ ἔχει σκοτεινὸν ὀφθαλμόν, "L'uomo buono non ha l'occhio torbido…". Poi il testo continua (4,3-4): "Ama i giusti come la sua anima…esalta il saggio, ha misericordia del povero. Soffre con chi è malato. Teme Dio". Questo ritratto di Giuseppe i cui tratti emergono in parte nel "giusto" descritto nella terza parte del trattato sulle offerte (Sir$^{Gr}$ 35,8-21) farebbe ipotizzare che nell'espressione

---

[185] Zöckler (mit freundlichen Auge).

[186] Mancini – Martini, Knabenbauer, Skehan – Di Lella.

[187] Reuss, Lesètre, Fillion, Keel, Glaire – Vigouroux, Crampon, Pérez Rodríguez.

[188] Schilling (mit gebefreudigem Auge), Sauer (mit rechtschaftenem Auge).

[189] Schilling, Duesberg – Auvray, Duesberg – Fransen, Pérez Rodríguez, Alonso Schökel, Snaith, Bruguera – Díaz, Skehan – Di Lella, Pereira, MacKenzie, Morla Asensio, Mopsik, Palmisano.

[190] DE JONGE, *Twelve Patriarchs*, I,2, 170; DE JONGE, *Pseudepigrapha*, 156. Stranamente Michaelis fa riferimento a un imprecisato "test. G. 5,7" (MICHAELIS, ὀφθαλμός, col. 1059). Né il Testamento di Giuda e neppure quello di Gad hanno il testo in questione.

ἐν ἀγαθῷ ὀφθαλμῷ il traduttore non abbia voluto solo riferirsi alla generosità dell'uomo, traducendo magari *ad litteram* il testo H, ma vi abbia anche visto la bontà dell'uomo che teme Dio, osservando la Legge e dedicandosi al culto e alla carità sociale (cfr Sir$^{Gr}$ 35,1-7). Sicuramente è difficile rendere con un solo vocabolo la generosità accompagnata anche dal timore di Dio e dalla pratica della carità sociale, ma penso che l'aggettivo *nobile* possa essere adatto al caso in questione. Meno adatti ritengo gli aggettivi *buono* o *retto*. Proporrei, dunque, come traduzione di ἐν ἀγαθῷ ὀφθαλμῷ l'espresione *con animo nobile*.

Il verbo δοξάζω compare nel Siracide 34x. L'uso che ne fa il Siracide è catalogabile in sei ambiti, di cui cinque hanno per soggetto l'uomo e uno ha per soggetto Dio.

* Il verbo esprime l'onore che un uomo dà ad un altro uomo: ai genitori (Sir$^{Gr}$ 3,2.4.6.10; 7,27), al sacerdote (Sir$^{Gr}$ 7,31), al nobile, al giudice, al potente (Sir$^{Gr}$ 10,24), al povero sapiente (Sir$^{Gr}$ 10,30a), al ricco (Sir$^{Gr}$ 10,30b), agli antenati (Sir$^{Gr}$ 44,7), a Davide (Sir$^{Gr}$ 47,6), ai Giudici (Sir$^{Gr}$ 46,12).

* Il verbo, nella forma negativa, indica la mancanza di stima per chi è solito disprezzare (Sir$^{Gr}$ 10,29) e per il peccatore (Sir$^{Gr}$ 10,23).

* Il verbo significa la stima di sé con modestia (Sir$^{Gr}$ 10,29), la stima di sé per la scienza donata da Dio (Sir$^{Gr}$ 38,6) e l'invito a non gloriarsi nel momento del bisogno (Sir$^{Gr}$ 10,26) e quando manca di cibo (Sir$^{Gr}$ 10,27).

* Il verbo esprime la qualità di alcune persone (popolo glorioso: Sir$^{Gr}$ 24,12; persone eminenti: Sir$^{Gr}$ 25,5; Giosuè era "glorioso" quando brandiva la spada contro le città: Sir$^{Gr}$ 46,2; il sommo sacerdote Simone era "stupendo": Sir$^{Gr}$ 50,5)

* Il verbo indica l'onore che l'uomo dà a Dio (Sir$^{Gr}$ 3,20; 35,10; 43,28.30)

* Il verbo esprime l'onore che Dio concede alle persone (Mosé: Sir[Gr] 45,3; Elia: Sir[Gr] 48,4; Sem e Set: Sir[Gr] 49,16), la grandezza che manifesta con i suoi interventi (Sir[Gr] 10,13; 36,5) e la grandezza degli uomini che Dio, poi, umilia (Sir[Gr] 48,6).

Delle quattro ricorrenze in cui il verbo esprime l'onore dato dall'uomo a Dio, due meritano attenzione: Sir[Gr] 43,28.30[191]. A conclusione di una composizione innica (Sir[Gr] 42,15-43,33)[192] sulle meraviglie della creazione, il Siracide afferma (Sir[Gr] 43,28)[193]:

> δοξάζοντες ποῦ ἰσχύσομεν
> αὐτὸς γὰρ ὁ μέγας παρὰ πάντα τὰ ἔργα αὐτοῦ

Giustamente il sapiente si chiede come si potrà glorificare colui che è il Grande, a motivo delle sue opere. In questo caso la (inadeguata) glorificazione di Dio per le opere della creazione colloca il verbo δοξάζω nell'area della preghiera e, quindi, del culto. La controprova si può avere in Sal[LXX] 88,8, unico caso in cui il verbo ἐνδοξάζω è associato al titolo divino μέγας. Mentre i cieli cantano le meraviglie di Dio, la sua fedeltà viene cantata nell'assemblea dei santi dove Dio è glorificato come grande e tremendo da tutto ciò che lo circonda. Anche il testo di Sir[Gr] 43,30 colloca il verbo nella stessa area semantica del culto come Sir[Gr] 43,28:

> δοξάζοντες κύριον ὑψώσατε
> καθ' ὅσον ἂν δύνησθε ὑπερέξει γὰρ καὶ ἔτι

---

[191] Cfr DUESBERG, 43-48.

[192] SKEHAN - DI LELLA, 491.492.495 dividono il poema in tre grandi strofe: Sir 42,15-25; 43,1-12; 43,27-33. Lo stesso fa PRATO, 116-208 (specificatamente 141) che, al seguito di W. Baumgartner. definisce il testo "una composizione innica".

[193] E' strano che Prato, giudicando il Gr una traduzione mal riuscita del testo H, traduca il primo stico in questo modo: "Glorificandolo dov'è la nostra forza?" (PRATO, 139). Il teso Gr sicuramente non è una traduzione esatta del testo H, ma la traduzione del Gr è semplice. La particella ποῦ, infatti, non significa solo *dove*, ma anche *come*, per cui la traduzione è: " Noi, che (lo) glorifichiamo, come ne saremo capaci?". Se si vuole rispettare la lingua di arrivo, si può anche tradurre con: "Come saremo capaci di glorificar(Lo)?".

καὶ ὑψοῦντες αὐτὸν πληθύνατε ἐν ἰσχύι
μὴ κοπιᾶτε οὐ γὰρ μὴ ἀφίκησθε

Il sapiente invita i suoi interlocutori a esaltare il Signore, glorificandoLo, al massimo delle loro possibilità perché Egli è molto di più di quanto possano esprimere le lodi degli uomini. Invita anche a moltiplicare la loro forza quando Lo innalzano. Non devono stancarsi perché non finiranno mai di esaltare la sua grandezza. Se si cerca nei libri dei LXX l'associazione δοξάζω con ὑψόω, dove il destinatario sia Dio, si trovano due testi importanti: Es[LXX] 15,2 e Dn[LXX/Th] 3,51. Nel primo, Mosé e gli Israeliti, dopo aver attraversato il Mar Rosso, intonano il grande canto, affermando: οὗτός μου θεός καὶ δοξάσω αὐτόν θεὸς τοῦ πατρός μου καὶ ὑψώσω αὐτόν, "Questi è il mio Dio e lo glorificherò. (Questi è) il Dio di mio padre e lo esalterò". Nel secondo, i tre giovani, ad una sola voce, ὕμνουν καὶ ἐδόξαζον καὶ εὐλόγουν καὶ ἐξύψουν τὸν θεόν…, "inneggiavano e glorificavano e benedicevano ed esaltavano Dio…". Alla fine di quanto esaminato, si può dire che δοξάζω significhi senz'altro *glorificare cultualmente*. I testi riportati, tuttavia, indicano che la glorificazione viene fatta attraverso la preghiera. In Sir[Gr] 35,10, invece, dato il parallelismo tra i due stichi che compongono il versetto, il verbo non indicherebbe l'atto di culto pregato, ma l'atto di culto agito. Non è una confessione delle labbra, ma un gesto concreto di offerta. In questo caso c'è da chiedersi se δόξαζω non equivalga a *compiere un atto di culto*.

Che il verbo δοξάζω indichi un gesto di offerta si può comprendere da Sir[Gr] 7,31, dove il discepolo è chiamato ad onorare il sacerdote (δόξασον ἱερέα), consegnandogli la sua parte, secondo quanto Dio ha comandato (δὸς τὴν μερίδα αὐτῷ καθὼς ἐντέταλταί σοι). Si "glorifica" il sacerdote, agendo. In modo più chiaro e nell'area semantica del culto agito, 2Sam[LXX] 2,29 riporta un rimprovero di un uomo di Dio a Eli: καὶ ἵνα τί ἐπέβλεψας ἐπὶ τὸ θυμίαμά μου καὶ εἰς τὴν θυσίαν μου ἀναιδεῖ ὀφθαλμῷ καὶ ἐδόξασας τοὺς υἱούς σου ὑπὲρ ἐμὲ ἐνευλογεῖσθαι ἀπαρχῆς πάσης θυσίας Ισραηλ ἔμπροσθέν μου, "E perché hai guardato sui miei sacrifici e sulla mia offerta con occhio sfacciato e hai glorificato i tuoi figli più di me tanto che davanti a me essi si sono autobenedetti con la primizia di ogni sacrificio di Israele". Anche in questo caso la "glorificazione" è un gesto e non una parola: Eli avrebbe dovuto glorificare Dio con la carne dei sacrifici che, purtroppo al contrario, passava ai suoi figli (cfr 1Sam$^{LXX}$ 2,12-17). Nella requisitoria profetica contro i sacerdoti, si trova un testo, Ml$^{LXX}$ 1,11, che prova ulteriormente come la "glorificazione" sia una azione sacrificale e non solo una confessione orale orante. Dopo che Dio ha manifestato il suo non-compiacimento con i sacerdoti, prosegue dicendo: διότι ἀπ' ἀνατολῶν ἡλίου ἕως δυσμῶν τὸ ὄνομά μου δεδόξασται ἐν τοῖς ἔθνεσιν καὶ ἐν παντὶ τόπῳ θυμίαμα προσάγεται τῷ ὀνόματί μου καὶ θυσία καθαρά διότι μέγα τὸ ὄνομά μου ἐν τοῖς ἔθνεσιν λέγει κύριος παντοκράτωρ, "Poiché dall'oriente del sole all'occidente il mio nome è continuamente glorificato fra le genti e in ogni luogo è offerto incenso al mio nome e una oblazione pura, perché grande è il mio nome fra le genti, dice il Signore onnipotente". Dopo questi esempi, penso sia possibile tradurre con più precisione δόξασον τὸν κύριον con "offri a Dio l'atto di culto glorificante", per cui lo stico intero avrebbe la seguente fisionomia: *con animo nobile offri a Dio l'atto di culto glorificante.* Lo stico successivo giustifica e completa questo stico.

b. Sir$^{Gr}$ 35,10b : καὶ μὴ σμικρύνῃς ἀπαρχὴν χειρῶν σου

Il verbo (σ)μικρύνω viene usato dal Siracide solo 2x (Sir$^{Gr}$ 17,25; 35,10). Nei libri dei LXX compare 8x (1Cr$^{LXX}$ 16,19 / מְעַט; 1Cr$^{LXX}$ 17,17 / קָטֹן; Sal$^{LXX}$ 88,46 / קָצַר; 106,38 / מְעַט; Ger$^{LXX}$ 36,6 / מְעַט [= Ger$^{H}$ 29,6]; Bar 2,34; Dn$^{LXX-Th}$ 3,37; Os$^{LXX}$ 4,3 / אָמַל). Dall'uso che ne fanno i dieci testi[194], si può notare come il verbo venga adoperato in forma passiva (Os$^{LXX}$ 4,3: *essere diminuito*; 1Cr$^{LXX}$ 16,19, Ger$^{LXX}$ 36,6, Bar 2,34; Dn$^{LXX/Th}$ 3,37: *essere diminuito di numero*; 1Cr$^{LXX}$ 17,17: *essere trattato come insignificante*) e in forma attiva (Sal$^{LXX}$ 88,46;

---

[194] GELS, *ad vocem* (σμικρύνω) cataloga 12 ricorrenze, mentre HATCH – REDPATH ne registrano 10. Forse GELS calcola anche 2Sam$^{LXX}$ 7,19, dove però compare κατασμικρύνω, e, forse, *Odi di Salomone* 7,37 (ἐσμικρύνθημεν).

106,38; Sir^Gr 17,25; 35,10). Nella forma attiva il verbo ha un uso molto vario, come si può vedere dallo schema seguente:

| citazione | soggetto | verbo | significato del verbo | complemento oggetto |
|---|---|---|---|---|
| Sal^LXX 88,46 | tu (il Signore) | ἐσμίκρυνας | *abbreviare* | τὰς ἡμέρας |
| Sal^LXX 106,38 | il Signore | οὐκ ἐσμίκρυνεν | *non diminuire* | τὰ κτήνη αὐτῶν |
| Sir^Gr 17,25 | tu (il discepolo) | σμίκρυνον | *ridurre* | πρόσκομμα |
| Sir^Gr 35, 10 | tu (il discepolo) | μὴ σμικρύνῃς | *non rimpicciolire* | ἀπαρχὴν |

Nei due testi salmici, il concetto espresso dal verbo è applicato ai giorni del re[195] e al numero dei capi di bestiame posseduti dal popolo di Dio[196]. Nel primo caso è giusto tradurre con *abbreviare*, nel secondo con *diminuire*. In Sir^Gr 17,25, inserito in un contesto

---

[195] In seguito alla scoperta di un frammento del Sal^H 89 a Qumran (MILIK, 94–106.), dove sono riportati i vv. 20-23.26-28.31, si è affermata la tesi di una forma arcaica del Salmo, Sal^H 89,1–5.20–38 (cfr LIPIŃSKI) con aggiunte successive. A questa tesi si era già opposto in passato Mowinckel (MOWINCKEL, 36.). Nella seconda parte del salmo (Sal^H 89,39–51; il testo, con immagini vicine alle lamentazioni collettive, farebbe parte delle aggiunte) il versetto in questione (Sal^H 89,46) afferma che Dio ha abbreviato i giorni alla vita del re. Il testo di Sal^LXX 89,46a dice: ἐσμίκρυνας τὰς ἡμέρας τοῦ χρόνου αὐτοῦ, "Tu hai abbreviato i giorni del suo tempo…". Il testo di Sal^H 89,46 dice, invece: הִקְצַרְתָּ יְמֵי עֲלוּמָיו, "Tu hai abbreviato i giorni della sua giovinezza…").

[196] Il Sal^H 107 sarebbe composto da due generi letterari (WEISER, vol. II, 754): una liturgia di ringraziamento (Sal^H 107,1-32) e un poema complementare, forse un inno (Sal^H 107,33-43). Sotto il profilo letterario (ALONSO SCHÖKEL - CARNITI, vol. II, 471–472), invece, c'è un invitatorio (Sal^H 107,1-3), un corpo centrale suddiviso in quattro momenti (Sal^H 107,4-9.10-16.17-22.23.32), una riflessione (Sal^H 107,33-41 o 42) e una conclusione (Sal^H 107,42-43 o solo 43). Il versetto in esame (Sal^H 107,38) farebbe parte della riflessione. Il testo H vuole sottolineare come Dio agisca perché il suo popolo diventi sedentario e, quindi, tra le altre cose, come non abbia fatto diminuire il bestiame (וּבְהֶמְתָּם לֹא יַמְעִיט, "E non lasciò diminuire il loro bestiame"). La traduzione greca dello stico segue il testo H: καὶ τὰ κτήνη αὐτῶν οὐκ ἐσμίκρυνεν, "E i loro beni [armenti] non diminuirono").

di pressante invito alla conversione (Sir[Gr] 17,25-32), il maestro insegna al discepolo che deve convertirsi al Signore e rigettare i peccati, pregare davanti a Lui e ridurre l'offesa (σμίκρυνον πρόσκομμα, "riduci l'offesa[197]"). In Sir[Gr] 35,10 il verbo σμικρύνω è associato al nome ἀπαρχή (primizia). Le primizie[198] non avevano una misura fissata[199] e la letteratura rabbinica non deplorava che la gente evitasse di fare questi donativi[200]. Non bisogna tuttavia dimenticare che in Ml[LXX] 3,8 Dio chiedeva al suo popolo se un uomo potessse frodare Dio. Domanda, ovviamente retorica, che si riferiva alla frode compiuta dagli ebrei nell'offrire le decime e le primizie. Sembra, perciò, che il Siracide non condividesse certe forme lassiste presenti in alcuni ambiti e, perciò, invitasse il proprio lettore a non rendere la decima qualche cosa di inconsistente. Le primizie, però, non potevano essere offerte se provenienti da una terra che non fosse la terra d'Israele[201]. Bisognerebbe chiedersi se il Siracide abbia tradotto questo brano del testo H per fedeltà al testo, ma con la piena consapevolezza che non serviva ai suoi conterranei che vivevano in Egitto, oppure l'abbia tradotto perché c'era una specie di sostituzione per chi avesse voluto essere in qualche modo fedele alla legge sulle primizie[202]. Questa sostituzione poteva essere praticata da tutti. Una traduzione italiana dell'imperativo μὴ σμικρύνῃς di Sir[Gr] 35,10b potrebbe essere *non essere gretto*.

Nei libri dei LXX l'espressione ἀπαρχή χειρῶν σου compare solo qui. Nel Siracide il nome ἀπαρχή compare 4x (Sir[Gr] 7,31[2x] / תְּרוּמָה; 35,10b; 45,20), di cui 3x indica le primizie da dare al sacerdote o ad

---

[197] GELS, *ad vocem* (πρόσκομμα) danno come significato per Sir[Gr] 17,25 *offence*, mentre per Sir[Gr] 34,16 *stumble*. Il significato di *inciampo* è applicabile anche a Sir[Gr] 31,7.

[198] Si vedano i testi principali sia della legge sulle primizie (Es[LXX] 22,28-29; 23,19; 34,22.26; Nm[LXX] 15,20-21) sia del relativo rituale (cfr Lv[LXX] 2,14-16; Dt[LXX] 26,1-11) sia dei destinatari delle primizie (Aronne: Nm[LXX] 18,12-13; i leviti: Dt[LXX] 18,4-5).

[199] DEL VALLE, 51 (*Peá* 1,1).

[200] MACCOBY, 68-69.

[201] DEL VALLE, 1119 (*Kelim* 1,6).

[202] Sanders ritiene che "la maggior parte delle persone dessero somme simboliche in cambio dei loro vari 'primi prodotti' ai sacerdoti, in un modo o nell'altro" (SANDERS, *Il Giudaismo*, 212.).

Aronne (Sir^Gr 7,31²ˣ; 45,20) e una sola quella da offrire a Dio (Sir^Gr 35,10b). L'espressione ἀπαρχή χειρῶν σου sembra, nonostante la differenza di numero (χειρῶν σου / יָדֶךָ), quasi un calco di Dt^H 12,17 (וּתְרוּמַת יָדֶךָ) o, nonostante il possessivo plurale e la differenza di numero (ἀπαρχή χειρῶν σου / יָדְכֶם), di Dt^H 12,6.11 (תְּרוּמַת יֶדְכֶם). Questa comparazione suggerirebbe di vedere dietro l'espressione ἀπαρχή χειρῶν σου una espressione sintetica per indicare il rito con cui veniva presentata l'offerta delle primizie (rito di "innalzamento"). Ciò spiegherebbe le traduzioni di Duesberg - Auvray ("que tu offres") e di Morla Asensio ("que ofreces") oppure, meno precise, quelle di Reuss ("que tu apportes") e di Luzzi ("che tu gli arrechi"). Sicuramente la parola χείρ può essere vista come un traslato per "lavoro" e ciò spiega le traduzioni come quelle di Mancini - Martini ("tue fatiche"), di Snaith ("of your labour"), di Bruguera - Díaz ("del teu treball"). Skehan - Di Lella e Alonso Schökel non evidenziano il problema.

L'uso di determinare il nome χείρ con il pronome personale di seconda persona singolare è tipico del Siracide (Sir^Gr 4,31: ידך / ἡ χείρ σου ; 5,21: ידך / ἡ χείρ σου ; 7,32: יד / τὴν χεῖρά σου; 15,16: ידיך / τὴν χεῖρά σου; 25,26: - / κατὰ χεῖράς σου; 27,19: - / ἐκ χειρός σου; 29,26 - / ἐν τῇ χειρί σου; 31,18: יד / τὴν χεῖρά σου; 35,10b: - / χειρῶν σου; 36,2: יי²⁰³ / τὴν χεῖρά σου). Alle volte il Gr traduce *ad litteram* il testo H (Sir^Gr 4,31; 5,21), altre volte sceglie il singolare al posto del plurale del testo H (Sir^Gr 15,16), altre volte pone il pronome personale lì dove il testo H non ce l'ha (Sir^Gr 7,32; 31,18) e, infine, altre volte colloca l'espressione lì dove il testo H non ce l'ha (Sir^Gr 36,2). L'espressione χείρ σου si colloca nell'area della generosità (Sir^Gr 4,31), della prudenza e dell'imprudenza (Sir^Gr 5,12; 31,18), della scelta (Sir^Gr 7,32), del possesso che si ha o si perde (Sir^Gr 27,19; 29,26). Una sola volta si colloca nell'area dell'azione che Dio compie (Sir^Gr 36,2). Al plurale, si colloca nell'area del comando (Sir^Gr 25,26). In Sir^Gr 35,10b sembra consono collocare l'espressione χειρῶν σου nell'area del possesso (la

---

²⁰³ La parola יד si trova solo nella glossa marginale del ms. B.

generosità è già espressa nel precetto che proibisce al discepolo di essere gretto). Di solito gli autori traducono semplicemente "delle tue mani". Sicuramente questa traduzione ha il vantaggio di essere letterale, di richiamare Dt$^{LXX}$ 26,4 e di alludere a Ml$^{LXX}$ 1,10.13. In Dt$^{LXX}$ 26,1-11 l'autore sacro offre le disposizioni per le presentazioni delle primizie e dice che λήμψεται ὁ ἱερεὺς τὸν κάρταλλον ἐκ τῶν χειρῶν σου, "il sacerdote prenderà il canestro dalle tue mani...", mentre in Ml$^{LXX}$ 1,6-14 il profeta presenta le parole di contestazione con cui Dio rimprovera i sacerdoti e dice di non voler accettare l'offerta (θυσία) ἐκ τῶν χειρῶν ὑμῶν, "dalle vostre mani". Sembra che "prendere dalle mani" sia una espressione tecnica difficilmente traducibile in altro modo. Se il testo di Sir$^{Gr}$ 35,10b venisse tradotto, ricorrendo ad un traslato (ἀπαρχὴν χειρῶν σου = *primizie di ciò che possiedi, le primizie di ciò che è tuo*), senz'altro avrebbe una fisionomia molto più comprensibile nella lingua di arrivo. Si perderebbe, tuttavia, l'espressione tecnica e la chiara allusione a Dt$^{LXX}$ 26,4. Lo stico di Sir$^{Gr}$ 35,10b, pertanto, potrebbe essere tradotto come segue: *non essere gretto (nell'offrire) le primizie delle tue mani.*

Il Siracide, dopo aver sapientemente invitato il discepolo alla generosità, passa ora a suggerire un atteggiamento interiore di gioia nel donare a Dio.

c. Sir$^{Gr}$ 35,11a: ἐν πάσῃ δόσει ἱλάρωσον τὸ πρόσωπόν σου

Ciò che adesso il Siracide propone come riflessione riguarda l'atteggiamento interiore da coltivare ἐν πάσῃ δόσει, in ogni "dono" cultuale. L'espressione ἐν πάσῃ δόσει non si trova negli altri libri dei LXX, ma solo in Sir$^{Gr}$ 18,15; 35,11a. In Sir$^{Gr}$ 18,15-18 il sapiente propone al discepolo una serie di regole per illustrare il modo con cui si compie un dono. Tra l'altro dice che ἐν πάσῃ δόσει non bisogna aggiungere parole amare. Diversamente il discepolo non sarebbe ἀνὴρ κεχαριτωμένος, "un uomo ricco di grazia".

Questa qualità è in qualche modo espressa in Sir$^{Gr}$ 35,3 dove il Siracide afferma che chi "contraccambia un favore" o "graziosamente contraccambia" (ἀνταποδιδοὺς χάριν), è paragonabile a chi offre (un sacrificio di) fior di farina. È possibile che all'interno di questo atteggiamento, espresso dal radicale *χαρι (κεχαριτωμένος; ἀνταποδιδοὺς χάριν), sia necesssario probabilmente collocare l'imperativo ἱλάρωσον τὸ πρόσωπόν σου, come si vedrà più avanti.

Il vocabolo δόσις ricorre nel Siracide 17x (Sir<sup>Gr</sup> 1,10; 4,3; 7,31; 11,17; 18,15.16; 18,18; 20,10<sup>2x</sup>.14; 26,14; 35,11.12; 41,21.23; 42,3.7) e indica sia il dono che fa Dio (Sir<sup>Gr</sup> 1,10; 11,17; 26,14; 35,12) sia quello che fa l'uomo (Sir<sup>Gr</sup> 4,3; 7,31; 18,15.16; 18,18; 20,10<sup>2x</sup>.14; 35,11; 41,21.23; 42,3.7).

Dio dona la sapienza ad ogni mortale (Sir<sup>Gr</sup> 1,10) e a qualcuno, ma non a tutti, dona una γυνὴ σιγηρά, una donna che sa gestire il proprio silenzio (Sir<sup>Gr</sup> 26,14). Dio dona anche la benedizione ai pii (Sir<sup>Gr</sup> 11,17; cfr Sir<sup>Gr</sup> 11,22). All'interno di questa benedizione, probabilmente bisogna collocare il dono che Dio ha fatto all'offerente (Sir<sup>Gr</sup> 35,12) perché costui sappia essere generoso con Dio.

L'uomo dona ad altri uomini nella quotidianità (Sir<sup>Gr</sup> 4,3; 18,15.16; 18,18; 20,10<sup>2x</sup>.14; 41,21.23; 42,3.7) e, direttamento o indirettamente, a Dio nel culto (Sir<sup>Gr</sup> 7,31; 35,11.12). Nell'ambito antropologico si conosce il dono che porta o non porta vantaggi (Sir<sup>Gr</sup> 20,10), il dono dell'invidioso, che rattrista gli occhi (Sir<sup>Gr</sup> 18,18) e quello dello stolto, che non giova perché lo stolto vuole un contraccambio maggiore di quanto ha dato (Sir<sup>Gr</sup> 20,14). Nel fare un dono è necessario essere gentili anche con le parole che lo accompagnano (Sir<sup>Gr</sup> 18,15.16). Soprattutto non bisogna negare il dono al bisognoso (Sir<sup>Gr</sup> 4,3). Nel ricevere un dono, invece, bisogna vergognarsi se c'è stata una appropriazione non corretta (Sir<sup>Gr</sup> 41,23) o se si disprezza il dono stesso (Sir<sup>Gr</sup> 41,21). Non c'è niente da vergognarsi, viceversa, circa il dono di una eredità degli amici (Sir<sup>Gr</sup> 42,3). Mentre in tutti questi casi δόσις equivale fondamentalmente a "dono, regalo, donazione", in Sir<sup>Gr</sup> 42,7 δόσις, che ricorre insieme a λῆμψις, sembra indicare, nel linguaggio amministrativo, l'"uscita", mentre λῆμψις, l'"entrata". Come è stato visto, solo in tre brani δόσις indica ciò che l'uomo offre nel culto (Sir<sup>Gr</sup> 7,31; 35,11.12). In Sir<sup>Gr</sup> 7,31 si tratta del dono delle spalle (δόσις βραχιόνων) fatto dall'offerente ai sacerdoti, secondo la prescrizione di Dt<sup>LXX</sup> 18,3 che indicava nella spalla, nelle due mascelle e nello stomaco (καὶ δώσει τῷ ἱερεῖ τὸν βραχίονα καὶ τὰ σιαγόνια καὶ τὸ ἔνυστρον, "e darai al sacerdote la spalla, le mascelle e lo stomaco") ciò che doveva essere dato al clero.

Il testo di Sir$^{Gr}$ 35,11a esprime in forma riassuntiva (ἐν πάσῃ δόσει, "in ogni dono") quanto già detto in Sir$^{Gr}$ 35,10 e anticipa quanto sta per dire in Sir$^{Gr}$ 35,11b. Sir$^{Gr}$ 35,11a e Sir$^{Gr}$ 35,11b sono in parallelismo sinonimico. In Sir$^{Gr}$ 35,11b si parla esplicitamente di una prescrizione, la decima, che doveva essere devoluta al clero secondo Lv$^{LXX}$ 27,30-33; Nm$^{LXX}$ 18,21-32; Dt$^{LXX}$ 14,22-29; Ne$^{LXX}$ 13,10-13. Il dono di cui si parla in Sir$^{Gr}$ 35,11a, dunque, sembra alludere a ogni dono da farsi al sacerdote, secondo la Legge. Si tratta delle primizie (cfr Sir$^{Gr}$ 35,11a // Sir$^{Gr}$ 35,10b), delle parti prescritte (spalla, mascelle, stomaco) dell'offerta di un animale (cfr Sir$^{Gr}$ 35,11a // Sir$^{Gr}$ 7,31) e delle decime (cfr Sir$^{Gr}$ 35,11a // Sir$^{Gr}$ 35,11b).

Questi doni vanno fatti con gioia. La costruzione ἱλάρωσον τὸ πρόσωπόν σου, tra i libri dei LXX, si trova solo in Sir$^{Gr}$ 35,11a. Il verbo ἱλαρόω, inoltre, sempre tra i libri dei LXX, è usato solo dal Siracide 2x (Sir$^{Gr}$ 35,11a; 43,22). Tra gli apocrifi greci dell'AT il verbo compare solo nella *Lettera di Aristea a Filocrate*, 108[204] ma con un connotato non positivo. Vi si dice che le città sono molto popolate mentre la campagna è trascurata, dato che "è generale la propensione all'allegria dell'animo (ἱλαροῦσθαι) e tutti gli uomini sono costituzionalmente proni ai piaceri".

In Sir$^{Gr}$ 43,22, parlando delle meraviglie della natura (Sir$^{Gr}$ 43,13-22), il Siracide afferma che la rugiada, dopo la canicola, rallegra. Sicuramente si tratta di una gioia che si associa all'essere sereni e allo star bene per il sollievo dato dalla freschezza. Questo significato, che ruota attorno al tema della serenità, si ritrova in Sir$^{Gr}$ 26,4 (πλουσίου δὲ καὶ πτωχοῦ καρδία ἀγαθή ἐν παντὶ καιρῷ πρόσωπον ἱλαρόν, "il cuore buono del ricco e del povero [rende] in ogni tempo il volto gioioso"), dove il nome πρόσωπον è accompagnato dall'aggettivo ἱλαρός e dove si trova espressa anche la

---

[204] Cfr Hadas, *Aristeas to Philocrates*.

causa del volto gioioso: una καρδία ἀγαθή, un "cuore buono", e una γυνὴ ἀγαθή / γυνὴ ἀνδρεία, una "buona e forte moglie" (cfr Sir^Gr 26,1-3). Il cuore buono, caratteristica sia del povero sia del ricco, per il Siracide compare quando è sereno, quando è libero e indipendente (cfr Sir^Gr 29,22) e sa gioire di ciò che si mangia (Sir^Gr 30,25; cfr Sir^Gr 31,23; Qo^LXX 9,7). Il volto gioioso, oltre che frutto di un cuore buono, si ritrova anche nella prosperità (Sir^Gr 13,26: ἴχνος καρδίας ἐν ἀγαθοῖς πρόσωπον ἱλαρόν , "il segno del cuore nelle prosperità[205] [è] il volto gioioso"). Il Siracide sa che le primizie (Sir^Gr 35,10b) e le decime (Sir^Gr 35,11b) sono sempre frutto di un ricavato e non di qualche cosa che intacca il patrimonio dell'offerente. Per questo motivo egli fa rientrare la gioia anche nel dono cultuale. Ciò che il Siracide consiglia, dunque, non è un atteggiamento formale di gioia, ma è qualche cosa di più ricco e complesso. La gioia, che nasce da un cuore buono che ha ricavato qualche cosa dal lavoro delle mani e che sa gioire saggiamente dei beni della vita, è una realtà vissuta nella quotidianità. Tale gioia è presente anche nell'atto di culto e va manifestata quando si dona al sacerdote ciò che è prescritto dalla Legge. Una traduzione possibile sarebbe: *in ogni tuo dono (cultuale) mostra gioioso il tuo volto*. Tale gioia va manifestata anche nell'offerta della decima, come dice il testo di Sir^Gr 35,11b.

### d. Sir^Gr 35,11b: καὶ ἐν εὐφροσύνῃ ἁγίασον δεκάτην

Il testo di Sir^H 35,11b dice ובששון הקדש מעשר, "e con gioia consacra la decima". Nelle tre ricorrenze certe del vocabolo ששון, "gioia" (Sir^H 15,6; 31,28; 35,11), il Siracide traduce sempre con εὐφροσύνη. L'uso di εὐφροσύνη, tuttavia, è molto più ampio nel Siracide. Compare 17x (Sir^Gr 1,11.12.23; 2,9; 4,12; 6,28; 9,10; 15,6; 30,16.22; 31,27.28; 31,31; 35,11; 37,4; 50,23). Alle volte è oggetto di una riflessione teorica: il Siracide lega l'εὐφροσύνη sia al timore di Dio (Sir^Gr 1,11.12; 2,9) sia alla Sapienza (Sir^Gr 4,12; 6,28; 15,6).

---

[205] L'espressione ἐν ἀγαθοῖς si trova nel Sir^Gr 4x (Sir^Gr 12,8.9; 13,26; 18,15) e indica la prosperità (Sir^Gr 12,8.9; 13,26) e il beneficio (Sir^Gr 18,15).

Solo l'uomo che ha il timore di Dio e che cerca la Sapienza riceve in dono l'εὐφροσύνη. L'εὐφροσύνη non è legata solo all'esperienza di fede o all'esperienza sapienziale, ma è legata anche all'esperienza relazionale dell'uomo. Si tratta del momento in cui l'uomo può fruire del rispetto del compagno (ἑταῖρος) il quale, però, in situazioni difficili si dimostrerà ostile (Sir^Gr 37,4). L'εὐφροσύνη è il frutto della pazienza (Sir^Gr 1,23) e dell'amicizia maturata negli anni (Sir^Gr 9,10) come può essere frutto del vino, bevuto con misura (Sir^Gr 31,27.28). In modo particolare l'εὐφροσύνη del vino che i commensali di un banchetto esperimentano, non va rovinata con l'insulto (Sir^Gr 31,31). Questo uso del nome fatto dal Siracide viene completato da due testi che indicano nell'εὐφροσύνη qualche cosa che abita nel cuore dell'uomo (Sir^Gr 30,16.20). In questi due testi si può notare come nel Siracide non ci sia grande differenza tra εὐφροσύνη, χαρά e ἀγαλλίαμα[206]. C'è, infine, da evidenziare che esiste una εὐφροσύνη legata alla pace: questa è esclusivo dono di Dio (Sir^Gr 50,23). I dati fin qui esaminati permettono di dare a εὐφροσύνη il valore del sentimento ampio della *gioia profonda*, che può essere poi declinato come χαρά, "felicità", e come ἀγαλλίαμα, "allegria", senza tuttavia nessuna rigidità in quanto il campo semantico dei tre vocaboli nel Siracide è molto simile. Poiché l'εὐφροσύνη si coniuga con la Sapienza e il timore di Dio, si tratta di una gioia legata all'esperienza interiore che nasce dal legame con l'alleanza e da una visione delle cose che nasce dalla fede.

---

[206] Non sembra che il Siracide distingua eccessivamente l'εὐφροσύνη dalla χαρά e dalla ἀγαλλίαμα. Le uniche due volte in cui χαρά compare nel Siracide (Sir^Gr 1,12; 30,16) è sempre associata a εὐφροσύνη (Sir^Gr 1,12: φόβος κυρίου τέρψει καρδίαν καὶ δώσει εὐφροσύνην καὶ χαρὰν καὶ μακροημέρευσιν, "il timore del Signore diletterà il cuore e darà gioia e felicità e lunga vita"; Sir^Gr 30,16: οὐκ ἔστιν πλοῦτος βελτίων ὑγιείας σώματος καὶ οὐκ ἔστιν εὐφροσύνη ὑπὲρ χαρὰν καρδίας, "non c'è ricchezza migliore della salute del corpo e non c'è gioia superiore alla felicità del cuore"). In Sir^Gr 30,16 si può notare una equivalenza notevole tra εὐφροσύνη e χαρά. Il nome ἀγαλλίαμα viene usato dal Siracide 5x (Sir^Gr 1,11; 6,31; 15,6; 30,22; 31,28). C'è una preferenza per una espressione fissa (στέφανος ἀγαλλιάματος: Sir^Gr 1,11; 6,31; 15,6), ma quattro volte su cinque è associato al vocabolo εὐφροσύνη (Sir^Gr 1,11; 15,6; 30,22; 31,28). In due di questi casi sia εὐφροσύνη sia ἀγαλλίαμα sono determinati dal genitivo καρδίας (Sir^Gr 30,22: εὐφροσύνη καρδίας; Sir^Gr 31,28: ἀγαλλίαμα καρδίας), dimostrando la possibilità di una buona commutazione equivalente.

Il verbo ἁγιάζω, associato all'aggettivo sostantivato δέκατος, tra i libri dei LXX compare solo in Sir[Gr] 35,11. Come negli altri libri dei LXX con originale ebraico, anche nel Siracide ἁγιάζω traduce la radice קדשׁ (Sir[H] 35,11: *hifil*; Sir[H] 36,4: *nifal*). Il suo significato indica nella traduzione dell'*hifil* di קדשׁ l'azione di *consacrare*[207], un atto di culto che indica la sottrazione di una realtà dall'uso quotidiano per riservarlo a Dio. Nel caso di Sir[Gr] 35,11 l'oggetto sottratto alla quotidianità è la decima parte del profitto (prodotto agricolo o altro prodotto).

La decima[208] (δεκάτη) era una tassa che il laico ebreo doveva pagare al clero, sacerdoti e leviti[209], perché il clero non poteva possedere terreni[210] (Nm[LXX] 18,20-31; Dt[LXX] 18,1-2). Si trattava di una tassa regolata giuridicamente da Lv[LXX] 27,30-33; Nm[LXX] 18,21-32; Dt[LXX] 14,22-29. Per il Deuteronomio ci sono due decime. Una è annuale, eccetto il settimo anno perché sabbatico, e deve essere prelevata dai prodotti dei campi, portata a Gerusalemme e lì consumata. La seconda è triennale, forse nel terzo e nel sesto anno del ciclo settennale, e non va portata a Gerusalemme, ma resta *in loco* per essere data ai leviti, agli orfani e alle vedove. Nel Levitico la decima proveniente dai campi va data ai sacerdoti (Lv[LXX] 27,30: ἐστίν ἅγιον τῷ κυρίῳ, "è cosa consacrata al Signore"). La decima del bestiame, probabilmente non era data al tempio, ma semplicemente mangiata in stato di purità. Questa valenza dell'espressione יִהְיֶה־קֹּדֶשׁ לַיהוָה / τὸ δέκατον ἔσται ἅγιον τῷ κυρίῳ, è senz'altro sicura nel sec. I a.C.[211]. È, tuttavia, lecito chiedersi se nella diaspora non potesse esserci già questo significato qualche decennio prima.

---

[207] FESTUGIÈRE, 69-80; HARL, 99; PROCKSCH, col. 299 ("Quando corrisponde alla forma causativa significa per lo più 'consacrare'.....Per lo più l'oggetto del verbo sono i sacerdoti, il popolo, i luoghi e gli oggetti del culto, che attraverso la santificazione vengon sottratti alla sfera profana e trasferiti in quella del sacro").

[208] Le informazioni che seguono sono attinte da SANDERS, *Il Giudaismo*, 201-217. Per un approfondimento maggiore si veda DEL VERME, soprattutto 127-164.

[209] Neemia ripristinerà l'adempimento della legge della decima (Ne[H] 13,12-13) perché i leviti, mancando di che sostenersi, "erano fuggiti ognuno al suo paese" (Ne[H] 13,10).

[210] Questa è la norma biblica che doveva essere mitigata da altre norme se Flavio Giuseppe, della tribù sacerdotale, possedeva dei terreni (*Vita* 422).

Secondo il libro dei Numeri, poi, la decima va data ai leviti. Costoro versavano la decima ai sacerdoti e consumavano il resto nelle loro case con le proprie famiglie. Questa concezione si ritrova in Neemia (Ne[LXX] 10,37b-39; 13,5). Si vede con chiarezza che le tre norme non combaciano perfettamente. Tuttavia nel testo greco di Tobia, secondo la tradizione testuale tramandataci dai codici A e B[212], c'è il tentativo di fare una sintesi (Tb 1,6-8[213]). Le decime sono tre. La prima era suddivisa in due momenti: il bestiame e la prima lana della tosatura delle pecore erano per i sacerdoti, i figli di Aronne e l'altare; le decime del grano, del vino dell'olio, delle melagrane, dei fichi e degli altri frutti erano per i leviti residenti a Gerusalemme. La seconda decima, convertita in denaro, per sei anni veniva spesa a Gerusalemme. La terza decima era devoluta a coloro ai quali era dovere devolverla[214]. Flavio Giuseppe (*Antiquitates Judaicae* 4,69.205.240) ritiene che Mosè chiedesse due decime ogni anno e la terza decima negli anni terzo e sesto. Diverso è il parere dei rabbini che nei due trattati della *Mishnah*, *Ma'asroth* e *Ma'aser sheni*, organizzano la decima in questo modo[215]: la prima decima, pagata ogni anno eccetto il settimo,

---

[211] SANDERS, 203.

[212] Ci sono delle notevoli divergenze a livello di critica testuale fra i codici A e B, da un lato, e S, dall'altro. S potrebbe rispecchiare un testo con uno stadio di glossatura più tardivo rispetto al testo rappresentato da A e da B. Bisogna, tuttavia, evidenziare come i frammenti aramaici di Qumran sono più vicini a S (si veda nota seguente).

[213] La versione lunga del codice S è più completa e sembra la più antica perché convalidata dal ritrovamento sia dei frammenti aramaici (4Q196 / 4QTob ar[a]; 4Q197 / 4QTob ar[b]; 4Q198 / 4QTob ar[c]; 4Q199 / 4QTob ar[d]) sia del frammento ebraico di Qumran (4Q200 / 4QTob[e] hebr): FITZMYER, 655-675 (spec. 672). Per la ricostruzione critica dei testimoni aramaici ed ebraico si veda BEYER, 134-147. Per l'edizione si veda l'opera di Fitzmyer J. in BROSHI - ESHEL - FITZMYER - LARSON - NEWSOM - SCHIFFMAN - SMITH - STONE - STRUGNELL - YARDENI, 7-39 (4Q196); 41-56 (4Q197); 57-60 (4Q198); 61-62 (4Q199); 63-76 (4Q200). Si può consultare anche GARCÍA MARTÍNEZ - TIGCHELAAR, vol. I, 382-398.

[214] Per la terza decima il testo di Tb[Syr] 1,8 dice che deve essere devoluta agli orfani, alle vedove e ai forestieri. Veniva portata ogni tre anni e consumata insieme ad essi, secondo la legge di Mosè.

[215] Cfr DANBY, 66 n.9; 73 n.6; DEL VALLE, 155-157; 167-180.

era data ai leviti che a loro volta pagavano la decima ai sacerdoti (in accordo con Nm e Ne); la seconda, tradotta in denaro e messa da parte negli anni primo, secondo, quarto e quinto, veniva spesa a Gerusalemme (in accordo con Dt); la terza, la decima dei poveri, sostituiva la seconda decima negli anni terzo e sesto (in accordo con Dt). Come si può notare, anche le interpretazioni danno varianti di dodici decime (*Mishnah*) e di quattordici decime (Flavio Giuseppe) in sette anni. Dando per valida la notizia di *Antiquitates Judaicae* 20,181.205-206, si sa che in tempi vicini a Flavio Giuseppe alcuni sacerdoti erano morti di fame[216]. Ciò porta ad ipotizzare che non sempre le decime venivano pagate o non sempre venivano date con puntualità o con correttezza. Questo quadro potrebbe spiegare l'invito del Siracide a consacrare la decima con εὐφροσύνη, con una visione sapienziale e di fede oltre che per obbedienza alla Legge. La traduzione di Sir^Gr 35,11b, sarebbe, dunque, *e con gioia (profonda) consacra la decima.*

e. Sir^Gr 35,12a: δὸς ὑψίστῳ κατὰ τὴν δόσιν αὐτοῦ

Questo stico chiude la struttura minore di Sir^Gr 35,10a-12a[217]. Il vocabolario dello stico è già conosciuto in quanto già visto in stichi precedenti. Ciò che appare nuovo è il tema teologico secondo il quale l'uomo dona secondo il dono fatto da Dio a lui. Il testo del Siracide è semplicissimo ed è giocato sul radicale *δοσ. La forma dell'imperativo (δὸς) riprende la linea degli imperativi precedenti (in Sir^Gr 35,10b congiuntivo esortativo negativo) e, in qualche modo, completa anche la linea delle argomentazioni implicite, presenti dietro ogni stico di Sir^Gr 35,10-11. Poiché si tratta dello stico conclusivo della piccola struttura di Sir^Gr 35,10a-12a, diventa ovvio che l'argomento sottinteso debba avere una sua forza. Il richiamo[218], infatti, è

---

[216] Secondo MacCoby - citato da SANDERS, *Il Giudaismo*, 205-206 n. 4 - la morte di questi sacerdoti va spiegata semplicemente con la miseria in cui versavano tali sacerdoti che si trovarono costretti a vivere solo dei tributi del tempio.

[217] Come è gia stato visto nel primo capitolo (6 c §2), si tratta di una struttura concentrica.

[218] Il richiamo è più chiaro tra Sir^H 35,12a e Dt^H 16,17 di quanto lo sia tra Sir^Gr 35,12a e Dt^LXX 35,12a.

chiaro: Sir^Gr 35,12 si rifà al tema teologico di Dt^LXX 16,17. Il vocabolario di ambedue i libri, Sir e Dt, è vicino in ebraico, un po' meno in greco come si può notare dal seguente specchietto:

|  | Dt^H 16,17 | Sir^H 35,12a |  |
|---|---|---|---|
| ciascuno secondo il dono della sua mano | אִישׁ כְּמַתְּנַת יָדוֹ | תֵּן לוֹ | Dà a lui |
| secondo la benedizione di YHWH tuo Dio | כְּבִרְכַּת יְהוָה אֱלֹהֶיךָ | ⟨לָאֵל⟩ | {a Dio} |
| che ha dato a te | אֲשֶׁר נָתַן־לָךְ: ס | [כ]מתנתו לך | come il suo dono a te |

|  | Dt^LXX 16,17 | Sir^Gr 35,12a |  |
|---|---|---|---|
| ciascuno secondo la capacità delle vostre mani | ἕκαστος κατὰ δύναμιν τῶν χειρῶν ὑμῶν | δὸς | Dà |
| secondo la benedizione del Signore tuo Dio che ha dato a te | κατὰ τὴν εὐλογίαν κυρίου τοῦ θεοῦ σου ἣν ἔδωκέν σοι | ὑψίστῳ κατὰ τὴν δόσιν αὐτου | all'Altissimo secondo il suo dono |

Se tra Sir^H 35,12a e Dt^H 16,17 c'è un gioco elegante di scambio chiasmatico insieme ad altri due sobrii richiami (nome di Dio e לך), tra Sir^Gr 35,12a e Dt^LXX 16,17 c'è solo la condivisione del radicale *δοσ / δωσ (Dt^LXX 16,17: ἔδωκέν; Sir^Gr 35,12a: δός, δόσιν) e della costruzione "κατὰ + l'accusativo". È tuttavia innegabile lo stretto legame contenutistico tra il testo del Deuteronomio e il Siracide, come è innegabile il contesto in cui ambedue i testi si muovono. Alla fine dell'illustrazione delle tre feste di pellegrinaggio, il Deuteronomio ingiunge di non presentarsi davanti al Signore a mani vuote (Dt^LXX 16,16: οὐκ ὀφθήσῃ ἐνώπιον κυρίου τοῦ θεοῦ σου κενός; "non presentarti davanti al Signore tuo Dio a mani vuote"). Solo dopo, indica la misura del dono con cui l'uomo deve presentarsi davanti a Dio: secondo la benedizione ricevuta dal Signore. Lo stesso fa il Siracide. Alla fine della seconda strofa o strofa centrale, nella breve riflessione morale-giuridica (Sir[Gr] 35,6a), ingiunge: μὴ ὀφθῇς ἐν προσώπῳ κυρίου κενός; "non presentarti davanti al Signore a mani vuote". Nella riflessione morale-giuridica della terza strofa, come fosse una ripresa tematica rispetto a Sir[Gr] 35,6a, indica la misura del dono dell'uomo a Dio: secondo il dono che Dio ha fatto a lui. Non si tratta ovviamente di uno scambio tra l'uomo e Dio, ma di una riconoscenza dell'uomo verso Dio, come dice chiaramente il Sal[LXX] 115,3-4: τί ἀνταποδώσω τῷ κυρίῳ περὶ πάντων ὧν ἀνταπέδωκέν μοι ποτήριον σωτηρίου λήμψομαι καὶ τὸ ὄνομα κυρίου ἐπικαλέσομαι; "Che cosa renderò al Signore per tutto ciò che mi ha reso? Prenderò il calice della salvezza e invocherò il nome del Signore". Non si tratta, dunque, di ripagare Dio per il bene ricevuto, ma di riconoscere il bene ricevuto attraverso la generosità nell'atto di culto[219].

La traduzione di Sir[Gr] 34,12a non pone difficoltà: *dona all'Altissimo secondo il suo dono (a te)*.

f. Sir[Gr] 35,12b: καὶ ἐν ἀγαθῷ ὀφθαλμῷ καθ' εὕρεμα χειρός

Con questo stico si apre una nuova struttura[220] che coagula tutto il materiale restante della seconda parte della terza strofa, dedicata alla riflessione giuridico-morale. L'espressione con cui si apre lo stico è già stata esaminata in Sir[Gr] 35,10a ed è stata così tradotta *con animo nobile* (oppure, meno adatti, *buono, retto*). Lo stesso stico, però, dato il suo parallelismo sinonimico a livello di contenuto e di costruzione sintattica (κατὰ + l'accusativo) con Sir[Gr] 35,12a, lega in modo stretto Sir[Gr] 35,10-12a.12b-15c, dando distinzione, ma non separazione, alle due parti della riflessione morale-giuridica.

---

[219] Il tema viene brevemente, ma chiaramente affrontato da ALONSO SCHÖKEL - CARNITI, vol. II, 566-567: "Dio non dà perché l'uomo gli dia, né l'uomo deve dare a Dio perché Dio gli ridia….Visto che il testo la chiama «coppa di salvezza», sembra più plausibile che si riferisca ad un banchetto cultuale festoso, di rendimento di grazie, come quello alluso in Sal 22,27". Non ho trovato in altri commenti (Kraus, Westermann, Weiser, ecc.) questa chiarezza e precisione.

[220] Si veda primo capitolo (6 c §2).

Il vocabolo εὕρεμα è molto raro nei libri dei LXX. Si trova solo 7x, di cui 3x in Geremia (Ger$^{LXX}$ 45,2; 46,18; 51,35) e 4x nel Siracide (Sir$^{Gr}$ 20,9; 29,4.6; 35,12). Potrebbe indicare sia il *guadagno* o il *profitto* (Sir$^{Gr}$ 20,9: ἔστιν εὐοδία ἐν κακοῖς ἀνδρί καὶ ἔστιν εὕρεμα εἰς ἐλάττωσιν; "Può esserci la fortuna nelle avversità e può esserci il profitto nella perdita "), sia la *cosa trovata* o, per traslato, *la cosa scontata* (Sir$^{Gr}$ 29,4: πολλοὶ ὡς εὕρεμα ἐνόμισαν δάνος; "molti considerano un prestito come una cosa trovata/scontata", Sir$^{Gr}$ 29,6: ἐὰν ἰσχύσῃ μόλις κομίσεται τὸ ἥμισυ καὶ λογιεῖται αὐτὸ ὡς εὕρεμα; "Se con difficoltà è in grado di ripagare la metà, la consideri come cosa trovata/scontata"). Anche nelle tre ricorrenze di Geremia ha il significato di *cosa trovata*[221]. Dato l'originale ebraico, יד השגת, che si ritrova anche in Sir$^{H}$ 14,13b dove c'è la *scriptio plena* (ידך השיגת), sembra più opportuno scegliere il vocabolo *guadagno* o *profitto*. Alla luce di Sir$^{H}$ 14,13b si tratta di ciò che ha prodotto il lavoro di una vita, in Sir$^{Gr}$ 35,12b ciò che ha prodotto il lavoro probabilmente di un anno da cui prelevare la decima e le primizie. Dopo quanto appena detto, il vocabolo χείρ, già esaminato in Sir$^{Gr}$ 35,10b, può essere tradotto con *mano* o con il traslato *lavoro*. In ambedue i casi va sottinteso l'aggettivo possessivo *tua/o*, a parziale imitazione del traduttore latino (che ha il plurale), per la chiarezza del testo di arrivo.

Consultando gli autori che hanno tradotto il testo, non si ricava un orientamento preciso. Personalmente, per fedeltà al testo di origine e per coerenza con Sir$^{Gr}$ 35,10a, riproporrei l'espressione *con animo nobile* (*buono, retto*), tenendo presente che il parallelismo con Sir$^{Gr}$ 35,12a richiede di sottintendere ancora l'imperativo δός.

Per la seconda parte dello stico ogni autore consultato traduce a modo suo[222]. Poiché nel Siracide il vocabolo χείρ compie il

---

[221] In Filone il termine εὕρεμα compare solo 1x (*Quis rerum divinarum heres sit*, 214), mentre εὕρημα 8x.

[222] Solo a titolo esemplificativo si vedano alcune delle varie scelte, ordinate cronologicamente: Mancini – Martini ("offerisci secondo le tue facoltà"); Reuss ("selon que tu as pu acquérir"); Blunt ("as thou hast gotten"); Lesètre ("ce que tes mains ont gagné"); Churton ("as thou hast gotten"); Edersheim ("as thou hast gotten"); Ledrain

ruolo di determinativo solo in Sir$^{Gr}$ 35,12 e, poiché il vocabolo εὕρεμα è così raro in ambito biblico, diventa evidente che l'espressione καθ' εὕρεμα χειρός è qualche cosa di unico e, di conseguenza, va tenuto. La traduzione letterale *secondo il guadagno della (tua) mano* rende giustizia al testo di partenza, ma non molto al testo di arrivo. Questo può spiegare la serie notevole di varianti nelle traduzioni. Senza, tuttavia, modificare il valore grammaticale dei vocaboli greci, si potrebbe arrivare a una soluzione accettabile con la seguente proposta: *secondo (quanto è) il guadagno della (tua) mano*. Concedendo qualche cosa con un traslato, si potrebbe anche proporre *secondo (quanto è) il guadagno del (tuo) lavoro*. Il risultato sarebbe più scorrevole, ma ci si allontanerebbe dal testo di origine che – come è stato detto – va mantenuto.

In conclusione Sir$^{Gr}$ 35,12b avrebbe in traduzione la seguente fisionomia: *e (dona) con animo nobile secondo (quanto è) il guadagno della (tua) mano*.

g. Sir$^{Gr}$ 35,13a: ὅτι κύριος ἀνταποδιδούς ἐστιν

Sir$^{Gr}$ 35,13a è lo stico centrale di una breve struttura concentrica e fa da *pendant* a Sir$^{Gr}$ 35,15b, altro stico centrale di un'altra breve struttura concentrica[223]. In tutti e due gli stichi c'è una de-

---

("selon le fruit de ton labeur"); Fillion ("ce que tu as entre les mains"); Glaire -Vigouroux ("fais l'offrande de l'acquisition de tes mains"); Crampon ("selon ce que tes mains ont acquis"); Smend ("soviel du vermagst"); Peters ("soweit du es erschwingen kannst"); Box – Oesterley ("as thine hand hath attained"); Eberharter ("soweit du kannst"); Luzzi ("secondo le tue facoltà"); Girotti ("offri ciò che le tue mani hanno acquistato"); Spicq ("selon le travail de (ta) main"); Hamp ("so gut du imstande bist"); Schilling ("nach bestem können"); Duesberg - Auvray ("selon tes moyens"); Duesberg - Fransen ("secondo i tuoi mezzi"); Pérez Rodríguez ("lo que puedas"); Alonso Schökel ("segun tus posibilidades"); Snaith ("as you can afford"); Minissale ("quanto si trova nelle tue mani"); Bruguera - Díaz ("segons allò que tens a mà"); Skehan - Di Lella ("according to yours means"); Pereira ("segundo tuas posses"); MacKenzie ("as your hand has found"); Sauer ("was dir zu Gebote steht"); Morla Asensio ("según tus posibilidades"); Mopsik ("suivant tes moyens").

[223] Si veda il primo capitolo (6 c §2).

finizione di Dio: in Sir<sup>Gr</sup> 35,13a Dio è ἀνταποδιδούς[224], "colui che ripaga", mentre in Sir<sup>Gr</sup> 35,15b Dio è κριτής, "giudice".

Normalmente nel Siracide il verbo ἀνταποδίδωμι è predicato dell'uomo (Sir<sup>Gr</sup> 3,31; 7,28; 30,6; 35,3; 36,25[22]). Di Dio viene predicato in Sir<sup>Gr</sup> 17,23; 35,13.23.24. In Sir<sup>Gr</sup> 17,23 Dio è presentato come colui che, dopo le azioni cattive o buone (μετὰ ταῦτα) degli uomini, Israeliti compresi, li retribuirà, facendo ricadere sul loro capo la retribuzione loro spettante (τὸ ἀνταπόδομα αὐτῶν). In Sir<sup>Gr</sup> 35,24 viene richiamato il principio in forma ancora più sintetica e, nel secondo stico, con una chiara indicazione anche all'intenzione che si nasconde dietro all'azione: ἕως ἀνταποδῷ ἀνθρώπῳ κατὰ τὰς πράξεις αὐτοῦ καὶ τὰ ἔργα τῶν ἀνθρώπων κατὰ τὰ ἐνθυμήματα αὐτῶν, "fino a che non abbia retribuito all'uomo secondo le sue azioni e le azioni degli uomini secondo la loro intenzione". Alla luce di questo principio, prima annunciato sommariamente (Sir<sup>Gr</sup> 17,23) e poi con molta più precisione morale (Sir<sup>Gr</sup> 35,24), si può capire non solo la stroncatura senza appello delle genti spietate (cfr Sir<sup>Gr</sup> 35,22d) e violente (cfr Sir<sup>Gr</sup> 35,23b) che avranno da Dio la loro controparte come retribuzione (Sir<sup>Gr</sup> 35,23a: καὶ τοῖς ἔθνεσιν ἀνταποδώσει ἐκδίκησιν, "e alle genti abbia restituito la controparte [oppure: la punizione]"[225]), ma si capisce ancora meglio Sir<sup>Gr</sup> 35,1-12. Il Siracide, infatti, aveva insistito con il suo discepolo sull'osservanza della Legge come vero atto di culto (Sir<sup>Gr</sup> 35,1-7), ma aveva anche dato enorme peso all'atteggiamento interiore (Sir<sup>Gr</sup> 35,10-12) nell'adempiere quanto è prescritto dalla Legge per le primizie e la decima.

---

[224] Per il Siracide il participio sembra essere un titolo divino anche se lo stesso participio viene usato in Sir<sup>Gr</sup> 3,31 e Sir<sup>Gr</sup> 35,2 e predicato dell'uomo.

[225] Il testo si ispira a Dt<sup>LXX</sup> 32,35 (ἐν ἡμέρᾳ ἐκδικήσεως ἀνταποδώσω ἐν καιρῷ ὅταν σφαλῇ ὁ ποὺς αὐτῶν..., "nel giorno della vendetta [li] retribuirò, nel momento in cui il loro piede scivolerà...").

C'è ancora da dire che in Sir^Gr 35,13a il participio ἀνταποδιδούς, usato senza articolo, può suonare come un vero e proprio titolo teologico[226] del Siracide. Il testo H (כי אלוה תשלומות הוא; "Poiché egli [è] il Signore delle ricompense"[227]) non ha, infatti, il participio. La versione midrashica del Siracide è una traduzione del testo H secondo la tecnica della risoluzione del nesso genitivale con un vocabolo più significativo[228]. Questo titolo divino si ritrova nei libri dei LXX in Is^LXX 66,6 (φωνὴ κραυγῆς ἐκ πόλεως φωνὴ ἐκ ναοῦ φωνὴ κυρίου ἀνταποδιδόντος ἀνταπόδοσιν τοῖς ἀντικειμένοις; "voce del grido [che viene] dalla città, voce [che viene] dal tempio, voce del Signore, Colui che retribuisce la retribuzione agli avversari"). Ciò dimostra ancora una volta il legame tra il traduttore greco del libro di Isaia e la scuola di Ben Sira[229]. Dopo aver così correttamente istruito il discepolo, il Siracide può dirgli *poiché il Signore è colui che dà la retribuzione* e, nel bene, la dona abbondantemente.

h. Sir^Gr 35,13b: καὶ ἑπταπλάσια ἀνταποδώσει σοι

Ciò che colpisce in questo stico è la retribuzione[230], che qui si caratterizza come personale e abbondante.

Nel "Trattato sulle offerte" (Sir^Gr 34,21-35,20) il Siracide presenta solo la retribuzione positiva personale. Quella negativa collettiva viene presentata in Sir^Gr 35,21-26, testo di transizione tra il "Trattato sulle offerte" e la preghiera di Sir^Gr 36,1-22.

Restringendo l'analisi alla costruzione "ἀνταποδίδωμι + pronome personale di seconda sing." e che abbia Dio come soggetto, si scopre che è una costruzione molto rara nei libri dei LXX. Ri-

---

[226] Si veda la scelta fatta dal Syr: "ricompensatore".

[227] Diversamente PALMISANO, 91: "Poiché egli è un Dio che ricompensa".

[228] Cfr MINISSALE, *La versione*, 244.

[229] ZIEGLER, *Untersuchungen*, 134-136.

[230] Per un primo avvicinamento al tema della retribuzione nel Siracide si vedano DI LELLA, "The Problem", 109-127; BOCCACCINI, 1-37.

corre solo 3x[231]: Pr[LXX] 25,22; Sir[Gr] 35,13; Zc[LXX] 9,12. In Pr[LXX] 25,22[232] Dio ricompensa il discepolo del sapiente quando avrà dato pane da mangiare e acqua da bere. Si tratta di una ricompensa per il bene compiuto al nemico che ha fame e sete[233]. La ricompensa per le sofferenze subite si ha, invece, in Zc[LXX] 9,12, versetto che si inserisce nella visione della restaurazione di Israele (Zc[LXX] 9,11-17). In Zc[LXX] 9,12[234], compare la quantità della retribuzione: διπλᾶ, "il doppio / due volte"[235]. Si può ipotizzare che la tradu-

[231] Ci sono anche forme vicine come in 1Re[LXX] 2,44; Sal[LXX] 136,8; Abd[LXX] 1,15.

[232] τοῦτο γὰρ ποιῶν ἄνθρακας πυρὸς σωρεύσεις ἐπὶ τὴν κεφαλὴν αὐτοῦ ὁ δὲ κύριος ἀνταποδώσει σοι ἀγαθά; "facendo infatti questo, ammasserai carboni di fuoco sulla sua testa e il Signore ti retribuirà le buone [azioni]": cfr BRIDGES, 475-478; ALONSO SCHÖKEL - VÍLCHEZ LÍNDEZ, 536-537; MILLER, 249-250.

[233] Per il tema della ricompensa, Ben Sira e, di conseguenza, il Siracide dipendono dalla teologia dell'A.T. dove la ricompensa divina non è solo in negativo (castigo), ma anche in positivo (premio). Nella letteratura apocrifa greca dell'A.T, si trova solo il concetto di "retribuzione" negativa. Il verbo ἀνταποδίδωμι si trova nel *Testamentum Judae* (13,8), nella recensione lunga del *Testamentum Abrahae* (15,15), nel *Liber Josephi et Asenethae* (24,9; 28,3) e nel *Testamentum Jobi* (17,4) con valore di retribuzione divina punitiva. In Filone, invece, il verbo indica la restituzione umana di qualche cosa o a Dio (*Quod Deus est immutabilis*, 5: l'uomo restituisce ciò che ha ricevuto da Dio; *De sobrietate*, 10: il popolo restituisce a Dio un comportamento non fedele; *Quis rerum divinarum heres sit*, 184: l'anima è restituita a Dio) o all'uomo (*De decalogo*,117: le cure).

[234] Zc[LXX] 9,12: καθήσεσθε ἐν ὀχυρώματι δέσμιοι τῆς συναγωγῆς καὶ ἀντὶ μιᾶς ἡμέρας παροικεσίας σου διπλᾶ ἀνταποδώσω σοι; "Vi siederete nella fortezza, prigionieri dell'assemblea, e per un giorno del tuo esilio ti ripagherò due volte"). Il testo di Zc[H] 9,12 è leggermente diverso:
שׁוּבוּ לְבִצָּרוֹן אֲסִירֵי הַתִּקְוָה גַּם־הַיּוֹם מַגִּיד מִשְׁנֶה אָשִׁיב לָךְ:
"Tornate alla roccaforte, prigionieri della speranza. Anche oggi vi sto dicendo: ti farò tornare il doppio". Vale la pena notare come il discorso - sia nel testo H sia in quello Gr - incominci con un destinatario alla seconda persona plurale e, quando viene annunciato il tema della ricompensa, si passi alla seconda persona singolare.

[235] La doppia ricompensa è un tema poco abituale, ma è presente nei libri dei LXX. Dio restituisce il doppio di quanto Giobbe possedeva prima della prova (Gb[LXX] 42,10). Doppio è stato il dolore (διπλῆ γὰρ αὐτοὺς ἔλαβεν λύπη; "prese loro, infatti, un duplice dolore") degli egiziani quando seppero che dal loro castigo gli ebrei ne avevano tratto salvezza e che Mosè, da essi scacciato, ne era invece emerso vincitore (Sap 11,12), come doppio è stato il castigo di Israele, mandato in esilio (Is[LXX] 40,2: ἐδέξατο ἐκ χειρὸς κυρίου διπλᾶ τὰ ἁμαρτήματα αὐτῆς, "dalla mano del Signore ha ricevuto il doppio per i suoi peccati") secondo quanto era stato profetizzato da Geremia, nel cui testo Gr si ritrova il verbo ἀνταποδίδωμι (Ger[LXX] 16,18: ἀνταποδώσω διπλᾶς τὰς ἀδικίας αὐτῶν,

zione di Pr$^{LXX}$ 25,22 e Zc$^{LXX}$ 9,12 possa aver funzionato come modello per l'espressione di Sir$^{Gr}$ 35,13b, ma bisogna ammettere che l'elaborazione dell'espressione ἀνταποδίδωμι σοι è tipica del Siracide. Non troviamo, infatti, la specificazione διπλᾶ ma la specificazione ἑπταπλάσια. L'uso di questo numerale non è frequente nei libri dei LXX: si ritrova solo 5x (Pr$^{LXX}$ 6,31; Is$^{LXX}$ 30,26; Sir$^{Gr}$ 20,12; 35,13; 40,8). In Pr$^{LXX}$ 6,31 indica quanto il ladro, colto in fragrante, anche se ruba per necessità, deve restituire. In Is$^{LXX}$ 30,26, invece, indica la forza della luce del sole quando Yhwh interverrà per curare le piaghe del suo popolo. L'uso che ne fa il Siracide è di tipo sapienziale (Sir$^{Gr}$ 20,12) e teologico (Sir$^{Gr}$ 35,13; 40,8). In ambito sapienziale il Siracide constata che esiste chi è capace di fare affari (ἔστιν ἀγοράζων πολλὰ ὀλίγου; "c'è chi compera molto per poco [prezzo]") e chi, purtroppo, no (καὶ ἀποτιννύων αὐτὰ ἑπταπλάσιον; "e chi paga le cose sette volte tanto"). In ambito teologico afferma che il bene fatto nel culto viene ripagato sette volte tanto (Sir$^{Gr}$ 35,13) e che altrettante volte il terrore degli incubi notturni colpisce i peccatori (Sir$^{Gr}$ 40,8).

Da dove nasce nel Siracide il concetto di "sette volte"? Una risposta, forse, si ha esaminando l'uso dell'avverbio ἑπταπλασίως, che compare nei libri dei LXX solo 5x (Sal$^{LXX}$ 11,7; Dn$^{LXX-Th}$ 3,19.22.46; Sir$^{Gr}$ 7,3) per indicare qualche cosa di abbondante[236]. I detti del Signore sono puri come puro è l'oro e l'argento purificati al fuoco sette volte (Sal$^{LXX}$ 11,7) e altrettante volte vigo-

---

"retribuirò il doppio dei loro peccati "). Il Siracide conosce l'uso di διπλοῦς, ma lo adopera in ambito sapienziale (Sir$^{Gr}$ 20,10) e architettonico (Sir$^{Gr}$ 50,2). Non lo adopera in ambito teologico (retribuzione) come non adopera neppure la ricompensa positiva collettiva "per mille generazioni" (cfr Es$^{LXX}$ 20,6; Dt$^{LXX}$ 5,10).

[236] L'avverbio ἑπταπλασίως compare ancora 2x nella versione breve del *Testamento di Abramo* 8,7.16, precisamente in una frase ripetuta due volte: "Il pianto supera sette volte (ἑπταπλασίως) il riso" (SCHMIDT, *Le Testament*, 70-71; SACCHI, *Apocrifi*, 59). Si tratta del pianto di Adamo che vede le anime condotte alla gloria e alla dannazione e queste ultime sono molto più numerose delle altre. Adamo, invece, ride per ogni anima condotta alla gloria. L'aggettivo ἑπταπλασίων si trova nel frammento dell'*Apocalisse di Sofonia* per indicare quanto fosse splendente il trono degli angeli rispetto al sole (DENIS, 203-228).

roso era il fuoco della fornace, dove venivano messi Sadràch con i suoi amici Mesàch e Abdènego, (Dn$^{LXX}$ 3,19; cfr 3,22.46). Forse Ben Sira (Sir$^H$ 7,3: שבעתים = ἑπταπλασίως; Sir$^H$ 35,13: שבעתים = ἑπταπλάσια) era influenzato dalla numerologia dell'incipiente movimento letterario apocalittico? Suo nipote, il Siracide, ne poteva essere influenzato? Non si può escludere che ci possa essere un legame tra nonno, nipote e movimento letterario apocalittico, dal momento che nell'apocalittica giudaica il sette ha rivestito una importanza di primo piano, soprattutto per quanto riguarda il tema del castigo divino su Israele[237]. Ben Sira e il Siracide accolgono il linguaggio numerico, applicandovi però anche l'aspetto positivo. Se Dio da una parte castiga sette volte o mette alla prova sette volte, diventa altrettanto comprensibile che Dio possa essere colui che dona la retribuzione positiva altrettante volte. Una buona traduzione potrebbe avere questa fisionomia: *perciò*[238] *egli ti ripaga sette volte tanto.*

i. Sir$^{Gr}$ 35,14: μὴ δωροκόπει οὐ γὰρ προσδέξεται

Dopo aver invitato il discepolo alla generosità nell'offrire le primizie e la decima, non solo perché lo dice la Legge (cfr Sir$^{Gr}$ 35,7), e dopo averlo indirizzato all'atteggiamento interiore nobile nel compiere generosamente gli atti di culto, perché Dio è altrettanto nobile nel ripagare, ora il Siracide compie un ulteriore passo avanti, ricuperando quanto affermato nella prima strofa (Sir$^{Gr}$ 34,21–31). Là aveva affermato che i sacrifici provenienti dall'ingiustizia e l'offerente stesso non sono graditi davanti a Dio e non è con l'abbondanza dei sacrifici che si ottiene il perdono dei peccati. Qui il Siracide fa un passo avanti: Dio non gradisce di essere corrotto con doni.

---

[237] Si veda in modo particolare il paragrafo dedicato all'*aritmetica allegorica* in RUS-SELL, 245-253.

[238] Il καί iniziale dello stico di Sir$^{Gr}$ 35,13b va considerato come *consecutivum* (2.b) o, in second'ordine, come *explicativum* (6.a), secondo le indicazioni di BLASS - DE-BRUNNER, 533-534.

Il verbo δωροκοπέω è un *hapax* dei libri dei LXX. Non viene adoperato neppure negli apocrifi greci[239], tranne che in 3Mac 4,19. Gli scribi che dovevano registrare tutti gli ebrei, sudditi di Tolomeo (IV Filopatore), esprimono la loro impossibilità a portare a buon fine il compito affidato loro: gli ebrei sono troppo numerosi e mancano i fogli di papiro e i calami. Il re li accusa di essersi lasciati corrompere (δεδωροκοπημένοις εἰς μηχανὴν τῆς ἐκφυγῆς, "ai corrotti per la macchinazione di una fuga"). L'autore del 3 Mac, tuttavia, predica il verbo in rapporto agli uomini e a un affare di stato e non in rapporto a Dio e al culto. L'uso, dunque, di δωροκοπέω nel Siracide è unico, anche se si può cogliere una allusione piuttosto velenosa. Gli uomini ingiusti pensano di poter corrompere Dio come si può corrompere un qualunque scriba di corte. Secondo Herkenne[240] il verbo va trattato in analogia con συμβολοκοπέω (cfr Sir[Gr] 9,9: "*symbolas dare in comessationes*") e con φαντασιοκοπέω (cfr Sir[Gr] 4,30: "*indulgere imaginationibus*" sc. *vanis*)[241]. Di conseguenza δωροκοπέω significherebbe *munera dare* sc. *ad corrumpendum*, a somiglianza della traduzione greca di Aquila in Ez[LXX] 16,33 (אֹתָם וַתְּשַׁחֲדִי = ἐδωροδότεις αὐτούς)[242].

Il verbo προσδέχομαι è presente nel Siracide solo 3x (Sir[Gr] 7,9; 15,2; 35,14). Il testo che contenutisticamente è più vicino a Sir[Gr] 35,14 è senz'altro Sir[Gr] 7,9: μὴ εἴπῃς τῷ πλήθει τῶν δώρων μου ἐπόψεται καὶ ἐν τῷ προσενέγκαι με θεῷ ὑψίστῳ προσδέξεται, "Non dire: Egli guarderà all'abbondanza dei miei doni e nella mia offerta a Dio Altissimo, egli (li) accoglierà". Non va, però, sottovalutato Sir[Gr] 15,2 dove la Sapienza accoglierà come una vergine sposa (γυνὴ παρθενίας) colui che teme Dio ed è fedele alla Legge (ὁ φοβούμενος κύριον ... ὁ ἐγκρατὴς τοῦ νόμου). Il concetto di accoglienza e ac-

---

[239] Cfr DENIS - JANSSENS, *ad vocem*. Il LIDDELL - SCOTT *ad vocem* registra solo Sir 35,14 e 3Mac 4,19. WAGNER, 182 registra come hapax δώρημα ma non il verbo δωροκοπέω.

[240] HERKENNE, 239.

[241] Il verbo φαντασιοκοπέω è un *hapax* dell'A.T Gr (cfr WAGNER, 321–322; l'autore riporta alla n. 878 le traduzioni del termine operate da alcuni vocabolari e autori).

[242] Così riportato da HERKENNE, 239.

cettazione in ambito cultico è ben delineato. Non è il culto a rendere una persona accoglibile presso Dio, ma è l'osservanza della Legge. Non si tratta di un concetto nuovo. In diversi libri dei LXX[243] il verbo προσδέχομαι viene usato per esprimere il concetto di accoglienza o di rifuto divini nei confronti di offerenti e di offerte/preghiere (Sal[LXX] 6,10; Ez[LXX] 20,40.41; Dn[LXX+Th] 3,39; Os[LXX] 8,13; Am[LXX] 5,22; Mi[LXX] 6,7; Ml[LXX] 1,8.10.13; 2Mc 1,26; Sap 3,6). Uno specchietto può aiutare nell'esaminare in modo completo e sintetico l'uso del verbo προσδέχομαι nei libri dei LXX in ambito cultico[244]:

| I | II | III | IV | V |
|---|---|---|---|---|
| Sal[LXX] 6,10 | κύριος | προσεδέξατο | τὴν προσευχήν μου | |
| Ez[LXX] 20,40 | io (Dio) | προσδέξομαι | τὰς ἀπαρχὰς ὑμῶν | |
| Ez[LXX] 20,41 | io (Dio) | προσδέξομαι | ὑμᾶς | ἐν ὀσμῇ εὐωδίας |
| Dn[LXX/Th] 3,39 | noi | προσδεχθείημεν | (da Dio) | ὡς ἐν ὁλοκαυτώμασι |
| Os[LXX] 8,13 | κύριος | οὐ προσδέξεται | αὐτά | (i sacrifici) |
| Am[LXX] 5,22 | io (Dio) | οὐ προσδέξομαι | αὐτά | (olocausti e sacrifici) |
| Mi[LXX] 6,7 | κύριος | εἰ προσδέξεται | | ἐν χιλιάσιν κριῶν ἢ ἐν μυριάσιν χειμάρρων |

[243] Il verbo προσδέχομαι compare nei libri dei LXX 48x (Gen[LXX] 32,21; Es[LXX] 10,17; 22,10; 36,3; Lv[LXX] 26,43[2x]; Rt[LXX] 1,13; 1Cr[LXX] 12,19; 2Cr[LXX] 36,21; Est[LXX] 9,23.27; Gb[LXX] 2,9[2x]; 29,23; 33,20; Sal[LXX] 6,10; 54,9; 103,11; Pr[LXX] 15,15; Is 28,10; 42,1; 45,4; 55,12; Ez[LXX] 20,40.41; 32,10; 43,27; Dn[LXX/Th] 3,39; Dn[LXX] 7,25; Os[LXX] 8,13; Am[LXX] 5,22; Mi[LXX] 67; Mal[LXX] 1,8.10.13; 2Mac 1,26; 3,38; 8,11; Sir[Gr] 7,9; 15,2; 35,14; Sap 3,6; 14,29; 18,7; 19,15).

[244] Nella prima (I) colonna, partendo da sinistra, si trova la citazione, nella seconda (II) il soggetto del verbo, nella terza (III) la forma del verbo stesso, nella quarta (IV) il complemento oggetto o d'agente e, infine, nella quinta colonna (V) complementi suppletivi e chiarimenti di eventuali pronomi neutri che fungono da complemento oggetto.

| | | | | |
|---|---|---|---|---|
| Ml$^{LXX}$1,8 | il governatore | εἰ προσδέξεται | αὐτό | animale cieco, zoppo, malato |
| Ml$^{LXX}$ 1,10 | Dio | οὐ προσδέξομαι | θυσίαν | ἐκ τῶν χειρῶν ὑμῶν |
| Ml$^{LXX}$ 1,13 | io (Dio) | εἰ προσδέξομαι | αὐτα | animali, rubati, zoppi, malati |
| 2Mc 1,26 | tu (Dio) | πρόσδεξαι | τὴν θυσίαν | ὑπὲρ παντὸς τοῦ λαοῦ σου Ισραηλ |
| Sap 3,6 | Dio | προσεδέξατο | αὐτούς | ὡς ὁλοκάρπωμα θυσίας |

Emerge chiaro ciò che Dio accoglie e ciò che non accoglie. Il Signore accoglie la preghiera del Salmista (Sal$^{LXX}$ 6,10) che è stremato dai suoi oppressori. Accoglie a Gerusalemme, nel tempio ricostruito, anche le primizie dei rimpatriati (Ez$^{LXX}$ 20,40) e, come "profumo di fragranza" (cfr Sir$^{Gr}$ 35,8b), i rimpatriati stessi (Ez$^{LXX}$ 20,40). Accoglie l'ebreo, con il cuore contrito e lo spirito umiliato, come un olocausto (Dn$^{LXX/Th}$ 3,39) e come un olocausto accoglie anche coloro che ha saggiati nel crogiuolo (Sap 3,6). Accoglierà anche – su preghiera dei suoi fedeli – il sacrificio per tutto il suo popolo Israele (1Mc 1,26) come accoglierà migliaia di montoni e tori a miriadi solo dall'uomo che pratica la giustizia, ama la pietà e cammina umilmente con il suo Dio (Mi$^{LXX}$ 6,7; cfr 6,8). Non accoglierà, invece, i sacrifici di coloro che non osservano le leggi di Dio e peccano su altri altari (Os$^{LXX}$ 8,13). Non accoglie senz'altro i doni di coloro che non fanno scorrere il diritto come acqua e la giustizia come torrente perenne (Am$^{LXX}$ 5,22). Non accoglie neppure le vittime non idonee al sacrificio (Ml$^{LXX}$ 1,8.10.13), perché non rispondenti alle leggi del culto (cfr Lv$^{LXX}$ 22,18-25). A questo elenco di rifiuti il Siracide aggiunge le offerte che mirano a corrompere Dio (Sir$^{Gr}$ 35,14) come fosse un qualunque scriba di corte (cfr 3Mac 4,9). Una traduzione accettabile del testo di Sir$^{Gr}$ 35,14 potrebbe essere: *Non corromper(lo) con doni perché non (li) accoglierà.*

l. Sir<sup>Gr</sup> 35,15a: καὶ μὴ ἔπεχε θυσίᾳ ἀδίκῳ

Sempre alla luce di Sir<sup>Gr</sup> 34,21-23 si comprende con chiarezza che cosa il Siracide intende con l'espressione θυσία ἄδικος, unica in tutti i libri dei LXX: si tratta di una offerta che proviene da coloro che non osservano la Legge e sono empi, sacrificano offerte, prendendole da proventi di ingiustizie. L'aggettivo ἄδικος, presente 11x nel Siracide (Sir<sup>Gr</sup> 1,22; 5,8; 7,2; 17,14; 19,25; 27,10; 34,18; 35,15; 35,23; 40,13; 51,6), è adoperato sia come aggettivo sostantivato (Sir<sup>Gr</sup> 7,2; 17,14; 27,10; 34,18; 35,23; 40,13) sia come semplice aggettivo. In quest'ultimo caso viene predicato della collera (Sir<sup>Gr</sup> 1,22) perché essa porta alla rovina, delle ricchezze (Sir<sup>Gr</sup> 5,8) perché non giovano nel giorno della sventura, dell'abilità (Sir<sup>Gr</sup> 19,25), della lingua calunniosa (Sir<sup>Gr</sup> 51,6), perché soffoca la vita nel prossimo calunniato. Il sacrificio viene giudicato ingiusto non solo per la provenienza, ma anche per l'intenzionalità: intenderebbe, infatti, corrompere Dio (Sir<sup>Gr</sup> 35,14) che è giudice (Sir<sup>Gr</sup> 35,15b).

Il verbo ἐπέχω[245], che in forma intransitiva significa *prestare attenzione, soggiornare, trattenersi* e in forma transitiva *tenere saldamente, fare assegnamento, confidare*, è usato solo 9x dal Siracide (Sir<sup>Gr</sup> 5,1.8; 13,11; 15,4; 16,3; 34,2; 34,15; 35,15; 37,11) di cui 6x con la formula fissa dell'imperativo presente attivo negativo (Sir<sup>Gr</sup> 5,1.8; 13,11; 16,3; 35,15; 37,11): μὴ ἔπεχε, "non confidare".

| Sir<sup>Gr</sup> 5,1 | μὴ ἔπεχε | ἐπὶ τοῖς χρήμασίν σου |
|---|---|---|
| Sir<sup>Gr</sup> 5,8 | μὴ ἔπεχε | ἐπὶ χρήμασιν ἀδίκοις |
| Sir<sup>Gr</sup> 13,11 | μὴ ἔπεχε | ἰσηγορεῖσθαι μετ' αὐτοῦ |
| Sir<sup>Gr</sup> 16,3 | μὴ ἔπεχε | ἐπὶ τὸ πλῆθος αὐτῶν |
| Sir<sup>Gr</sup> 35,15 | μὴ ἔπεχε | θυσίᾳ ἀδίκῳ |
| Sir<sup>Gr</sup> 37,11 | μὴ ἔπεχε | ἐπὶ τούτοις περὶ πάσης συμβουλίας |

---

[245] HELBING, 279.

Il sapiente insegna al proprio discepolo a non confidare nelle ricchezze (Sir$^{Gr}$ 5,1), in modo particolare se sono ricchezze ingiuste (Sir$^{Gr}$ 5,8), a non confidare nella familiarità con chi è più ricco e potente (Sir$^{Gr}$ 13,11). Diversamente da quanto viene detto in Sal$^{LXX}$ 126,3-6, non è bene confidare nel numero dei figli perché il numero cessa di essere importante, se essi sono senza timore del Signore (Sir$^{Gr}$ 16,3). Un filo rosso congiunge questi quattro testi. Si tratta dell'abbondanza e della ricchezza (denaro, relazioni, figli). C'è anche un secondo ambito in cui il discepolo non deve esercitare la fiducia. Si tratta dei consigli che possono provenire da persone non idonee in materia (Sir$^{Gr}$ 37,11): una donna non può dare consigli corretti sulla sua rivale, né un pauroso sulla guerra, né un mercante sul commercio, né un compratore sulla vendita, né un invidioso sulla riconoscenza, né uno spietato sulla bontà di cuore, né un pigro su una iniziativa, né un mercenario annuale sul raccolto.

Operando una commutazione equivalente con quanto detto in Sir$^{Gr}$ 34,2 (non confidare sui sogni!), si può affermare che confidare nelle ricchezze (ingiuste), nelle relazioni altolocate, nel numero dei figli senza timore di Dio e negli incompetenti è come confidare sui sogni, cose totalmente vuote, se non vengono da Dio. L'abbondanza, la ricchezza e l'incompetenza non fanno del discepolo un uomo riuscito nella vita. La riuscita sta nel confidare nella Sapienza (Sir$^{Gr}$ 15,4) e nel Signore (Sir$^{Gr}$ 34,15). Dentro a questa visione del Siracide è comprensibile come sia profondamente stolto fare assegnamento su una offerta ingiusta. Questa, infatti, porta con sé il segno della ricchezza ingiusta, ma anche della incompetenza: come può un ingiusto compiere in maniera corretta, secondo la Legge, un atto di culto?

Una traduzione di Sir$^{Gr}$ 35,15a potrebbe essere così espressa *non fare assegnamento su un sacrificio ingiusto*.

m. Sir$^{Gr}$ 35,15b: ὅτι κύριος κριτής ἐστιν

Il motivo che giustifica il consiglio del sapiente ("non fare assegnamento su un sacrificio ingiusto") consiste nel fatto che il Signore è κριτής, *giudice*. Questo appellativo predicato di Dio non è frequente nei libri dei LXX. Il nome κριτής compare una ottantina di volte (nel Siracide, complessivamente viene usato 8x: Sir^Gr 7,6; 8,14; 10,1.2.24; 35,15; 41,18; 46,11) di cui solo 10x è predicato come titolo divino (1Sam^LXX 24,16; 2Mac 12,6; Sal^LXX 7,12; 49,6; 67,6; 74,8; Sir^Gr 35,15; Is^LXX 30,18; 33,22; 63,7). Di fronte a questa sobrietà bisogna porsi due domande: in quale contesto viene adoperato il termine κύριος associato al termine κριτής e quali sono i testi che, contenutisticamente, possono aver influito nella traduzione del Siracide? La risposta alla prima domanda interessa per la comprensione di Sir^Gr 34,15b, mentre la risposta alla seconda verrà data nel paragrafo successivo perché interessa Sir^Gr 35,15c.

I testi, dove κύριος e κριτής vengono associati, sono pochissimi: Is^LXX 30,18; 33,22; 63,7. Si tratta degli unici testi dove κριτής e predicato del Signore. Egli è giudice perché misericordioso (Is^LXX 30,18), perché non abbandona i suoi di cui è arconte e re (Is^LXX 33,22), perché li salva (Is^LXX 63,7; cfr Is^LXX 63,8-14). Questa sobrietà ritorna nel Siracide, il quale attribuisce al Signore il titolo di κριτής solo in Sir^Gr 35,15. Per quanto riguarda il contenuto, invece, il Siracide è molto vicino sia ai testi salmici di Sal^LXX 67,6 e Sal^LXX 74,8 sia ai testi giuridici di Dt^LXX 1,15-17; 16,18-19 (cfr 2Cr^LXX 19,6-7). Questi ultimi verranno esaminati in associazione a Sir^Gr 35,15c.

Vediamo i testi salmici. In Sal^LXX 67,6, in un contesto di lode innica, il Salmista afferma: ταραχθήσονται ἀπὸ προσώπου αὐτοῦ τοῦ πατρὸς τῶν ὀρφανῶν καὶ κριτοῦ τῶν χηρῶν, "Saranno sconvolti davanti al volto di Lui, padre degli orfani e giudice delle vedove". In Sir^Gr 35,17 i due personaggi-tipo, l'orfano e la vedova, emergeranno come destinatari dell'intervento protettivo di Dio. In Sal^LXX 74,8, in un contesto di una liturgia, il Salmista afferma ὅτι ὁ θεὸς κριτής ἐστιν τοῦτον ταπεινοῖ καὶ τοῦτον ὑψοῖ, "Poiché Dio è giudice; umilia l'uno ed esalta l'altro": è ciò che presenterà il Siracide nella sua riflessione di transizione (Sir^Gr 35,21-26) tra il "Trattato sulle offerte" (Sir^Gr 34,21-35,20) e la preghiera che inizia in Sir^Gr 36,1.

Per il Siracide affermare che Dio è giudice, significa affermare senza compromessi che davanti a Dio non ci possono essere né persone che abbiano commesso delle ingiustizie verso nessuno, tanto meno verso i più deboli (orfani e vedove), né persone che pensino che Dio non sappia retribuire a ciascuno secondo ciò che merita, umiliando gli uni ed esaltando gli altri, e neppure persone che intendano corromperlo. La traduzione del testo è semplice: *poiché il Signore è giudice.*

n. Sir<sup>Gr</sup> 35,15c: καὶ οὐκ ἔστιν παρ' αὐτῷ δόξα προσώπου

L'ultimo stico della riflessione morale-giuridica della terza strofa, in perfetto parallelismo sintetico con Sir<sup>Gr</sup> 35,15b, svela il motivo per cui il Signore è stato chiamato in Sir<sup>Gr</sup> 35,15b con il titolo di κριτής, giudice. Davanti a Lui non c'è δόξα προσώπου[246], alla lettera, *gloria di persona.* Non c'è una persona che valga di più rispetto ad un'altra. Si tratta di un concetto che nel N.T. verrà sintetizzato in un termine dal sapore tecnico, προσωπολημψία, preferenza di persona[247]. Lo stretto legame con il concetto del Signore giudice, induce ad analizzare quei testi dove troviamo associati il concetto di κριτής, *giudice,* e il concetto di preferenza di persona.

I testi che rispondono a questo criterio sono solo tre: Dt<sup>LXX</sup> 1,15-17; 16,18-19; 2Cr<sup>LXX</sup> 19,6-7. Essi parlano dei giudici e della loro obbligatoria imparzialità nei giudizi. I primi due testi fanno parte dei brani di costituzione dei giudici, il terzo è la testimonianza della riforma giudiziaria di Giosafat, re di Giuda.

---

[246] Il termine πρόσωπον significa fondamentalmente *viso,* secondo il suo corrispondente ebraico פָּנִים (Sollamo, 13-122; 325-327). Dhorme, e con lui Sollamo, ha evidenziato che già in ebraico il termine indica l'*individuo* o la *persona,* senza, ovviamente, caricare il vocabolo del significato filosofico successivo (Dhorme, 42-67).

[247] Rm 2,11; Ef 6,9; Col 3,25; Gc 2,1; si veda anche l'uso del verbo προσωπολημπτέω: At 10,34; Gc 2,9.

| Dt$^{LXX}$ 1,17[248] | Dt$^{LXX}$ 16,19 | 2Cr$^{LXX}$ 19,7 |
|---|---|---|
| | | καὶ νῦν γενέσθω φόβος κυρίου ἐφ' ὑμᾶς καὶ φυλάσσετε καὶ ποιήσετε ὅτι οὐκ ἔστιν μετὰ κυρίου θεοῦ ἡμῶν ἀδικία |
| οὐκ ἐπιγνώσῃ πρόσωπον ἐν κρίσει... | οὐκ ἐπιγνώσονται πρόσωπον | οὐδὲ θαυμάσαι πρόσωπον |
| ...μὴ ὑποστείλῃ πρόσωπον ἀνθρώπου | οὐδὲ λήμψονται δῶρον τὰ γὰρ δῶρα ἐκτυφλοῖ ὀφθαλμοὺς σοφῶν καὶ ἐξαίρει λόγους δικαίων | οὐδὲ λαβεῖν δῶρα |

Sia la Legge sia il dettame regio ingiungono ai giudici di essere imparziali e di non fare preferenze. Il concetto viene espresso in due modi[249]. Nel Deuteronomio si ha il verbo ἐπιγιγνώσκω accompagnato dal complemento oggetto πρόσωπον, *persona*, mentre nella storia del Cronista si ha il verbo θαυμάζω con l'identico complemento oggetto, πρόσωπον, *persona*. In queste formulazioni sia ἐπιγιγνώσκω (cfr Dt$^{LXX}$ 1,17; 16,19; Pr$^{LXX}$ 24,23[250]) sia θαυμάζω (cfr Gen$^{LXX}$ 19,21; Lv$^{LXX}$ 19,15; Dt$^{LXX}$ 28,50; 2Re$^{LXX}$ 5,1; 2Cr$^{LXX}$ 19,7; Gb$^{LXX}$ 22,8; 32,22; 34,19; Pr$^{LXX}$ 18,5; Dn$^{LXX}$ 6,13) assumono il significato di *tener conto*.

---

[248] La traduzione dei tre testi può essere la seguente: "Non tener conto della persona in giudizio... non temerete alcuna persona (Lett.: volto d'uomo)" (Dt$^{LXX}$ 1,17); "Non terranno conto della persona né accetteranno un dono; i doni, infatti, accecano gli occhi dei saggi e corrompono le parole dei giusti" (Dt$^{LXX}$ 16,19); "E ora sia con voi il timore del Signore, sorvegliate e agirete (così) poiché non c'è ingiustizia presso il Signore nostro Dio né tiene conto della persona né accetta doni" (2Cr$^{LXX}$ 19,7).

[249] Per i modi con cui viene espresso nei libri dei LXX la (non) preferenza di persona si veda HARLÉ - PRALON, 166-167 (Lv 19,15).

[250] L'espressione di Pr$^{LXX}$ 24,23 è curiosa perché, associando al verbo ἐπιγινώσκω anche il verbo αἰδέομαι, ne rafforza il concetto: ταῦτα δὲ λέγω ὑμῖν τοῖς σοφοῖς ἐπὶ γινώσκειν αἰδεῖσθαι πρόσωπον ἐν κρίσει οὐ καλόν, "Dico queste cose a voi saggi: Non è bene prendere in considerazione l'aver riguardo per la persona".

Per quanto riguarda Dt$^{LXX}$ 16,19 e 2Cr$^{LXX}$ 19,7 c'è il particolare rilevante da sottolineare: il giudice vero non accetta doni (λαμβάνω δῶρον / δῶρα). Poiché Dio è il giudice, è chiaro che egli non può accettare doni (cfr Sir$^{Gr}$ 35,14).

C'è ora da esaminare il vocabolo δόξα[251] che compare nel Siracide 53x ed è usata in tre grandi ambiti: la δόξα di Dio, la δόξα della Sapienza e la δόξα umana.

Esiste una δόξα di Dio (Sir$^{Gr}$ 17,13; 36,13; 42,16.17), vista da Ezechiele (Sir$^{Gr}$ 49,8) la quale in qualche modo si irradia nella δόξα della creazione (Sir$^{Gr}$ 42,25; 43,1.9.12), nel tempio (Sir$^{Gr}$ 49,12), nel magistrato (Sir$^{Gr}$ 10,5; cfr Sir$^{Gr}$ 8,14) e negli uomini illustri della storia ebraica (Sir$^{Gr}$ 44,2.13; 45,26; Abramo: Sir$^{Gr}$ 44,19; Mosè: Sir$^{Gr}$ 45,2.3; Aronne; Sir$^{Gr}$ 45,7.20; Pincas: Sir$^{Gr}$ 45,23; Davide: Sir$^{Gr}$ 47,6.8.11; Salomone: Sir$^{Gr}$ 47,20; Simone: Sir$^{Gr}$ 50,7.11; figli di Aronne: Sir$^{Gr}$ 50,13)[252]. In questi casi la δόξα ruota attorno al concetto di *presenza* di Dio.

Esiste anche una δόξα della Sapienza (Sir$^{Gr}$ 14,27; 24,16.17), che è vicina alla δόξα legata al mondo di Dio. La Sapienza procura δόξα a chi la possiede (Sir$^{Gr}$ 1,19; 4,13; 6,29.31) come la giustizia procura δόξα a chi la pratica (Sir$^{Gr}$ 27,8). In questi casi, invece, la δόξα ruota attorno al concetto di *venerabilità, dignità, stima* da parte degli altri nei confronti del soggetto interessato.

Esiste, infine, una δόξα umana, che ruota attorno al concetto di (buona) *fama sociale*. Sicuramente i posti d'onore (δόξα) non vanno chiesti al re (Sir$^{Gr}$ 7,4). Nella società ci sono, però, persone d'onore (Sir$^{Gr}$ 29,27). Tale onore può dipendere da tanti fattori, come ad esempio: dal timore di Dio (Sir$^{Gr}$ 1,11), dall'onorabilità

---

[251] Per lo studio di δόξα nei libri dei LXX si possono vedere: BROCKINGTON L.H., "The Greek", 23-32; BROCKINGTON, *The Septuagintal,* 1-8; KITTEL G., δόξα *nei LXX e nella letteratura giudeo-ellenistica,* vol. II, col. 1370-1378; LEDOGAR, 29-56; PAX, 92-102; RAURELL, "The Religious meaning", 370-383; RAURELL, *LXX - Is 26;* 57-88; RAURELL, *Significat,* 1-32.

[252] Cfr MULDER, 145-162 (spec. 159-161).

del rispettivo padre (Sir$^{Gr}$ 3,10.11), dal buon uso della lingua (Sir$^{Gr}$ 5,13), dal momento transeunte di un istante fortunato (Sir$^{Gr}$ 11,4), dall'essere nobile nelle azioni (Sir$^{Gr}$ 33,23). Esiste poi, una serie di δόξαι particolari. C'è una buona δόξα che nasce dal senso di vergogna (Sir$^{Gr}$ 4,21), ma esiste una δόξα del peccatore, che non va ammirata (Sir$^{Gr}$ 9,11). C'è una δόξα di chi concede prestiti e non viene riconosciuta (Sir$^{Gr}$ 29,6), ma, per l'uomo, invece, è importante riconoscere la Sapienza che viene da Dio, dando a Lui δόξα (Sir$^{Gr}$ 51,17). La traduzione[253] di Sir$^{Gr}$ 35,15c potrebbe essere: *e per lui non sussiste la fama (sociale) della persona.*

o. La fisionomia generale di Sir$^{Gr}$ 35,10-15

La fisionomia generale della traduzione di Sir$^{Gr}$ 35,10-15 è la seguente:

Sir 35,10     Con animo nobile offri a Dio l'atto di culto glorificante.
           Non essere gretto (nell'offrire) le primizie delle tue mani.

    11     In ogni tuo dono (cultuale) mostra gioioso il tuo volto
           e con gioia (profonda) consacra la decima.

    12     Dona all'Altissimo secondo il suo dono (a te).
           e con animo nobile (dona) secondo (quanto è) il
           guadagno della (tua) mano,

    13     poiché il Signore è colui che dà la retribuzione
           perciò egli ti ripaga sette volte tanto.

    14     Non corromper(lo) con doni perché non (li) accoglierà.

    15     Non fare assegnamento su un sacrificio ingiusto
           poiché il Signore è giudice
           e per lui non sussiste la fama (sociale) della persona.

Questo testo ha qualche cosa di singolare perché in pochi versetti convergono nel grande tema del culto motivi teologici di

---

[253] La traduzione proposta da Minissale, che non tiene conto degli studi di Dhorme e Sollamo, è troppo dura nella lingua di arrivo: (non c'è = non conta) la gloria dell'aspetto (MINISSALE, *La versione*, 192).

notevole portata. Con un sottile gioco stilistico, la ripetizione dell'espressione *con animo nobile*, il testo scandisce due grandi concetti. Il primo (Sir[Gr] 35,10-12a) riguarda la generosità proporzionale verso Dio nell'offerta delle primizie e delle decime. Il secondo (Sir[Gr] 35,12b-15) riguarda la generosità divina nel ripagare il bene, senza per questo cadere in nessun tipo di ingiustizia.

### p. Il retroterra e ricadute del pensiero di Sir[Gr] 35,10-15

In questo testo il Siracide dipende totalmente dal testo H di Ben Sira, anche se si permette qualche preziosità nella traduzione come l'uso del verbo δωροκοπέω[254]. Il pensiero di Sir[H/Gr] 35,10(11)-15, sia nel testo H superstite sia in quello Gr, è singolare perché non ci sono testi biblici in cui convergano contemporaneamente nel grande tema del culto il motivo della generosità proporzionale, della gioia nelle offerte delle decime e delle primizie, della generosità retribuente di Dio che non intacca minimamente la sua giustizia.

Gli autori consultati propongono moltissimi riferimenti veterotestamentari, ma molto spesso questi sono legati a singole questioni o a riflessioni periferiche, care al singolo studioso. Il loro maggior interesse ruota attorno alle primizie[255], alle decime[256], all'incorruttibilità di Dio, giusto giudice, che non fa preferenze di persone[257] e alla generosità di Dio nella ricompensa[258]. Non ci sono negli autori cenni a riferimenti biblici dove Dio venga presentato contemporaneamente come generoso e giusto, che invece si trova accennato in 2Mac 1,24. Altrettanto interessante è l'eco delle tematiche teologiche presenti in Sir[Gr] 35,10-15 che gli autori ritrovano nel Nuovo Testamento. In modo particolare vengono

---

[254] Il verbo non si trova in nessun altro apocrifo greco dell'AT e il Liddell – Scott cita solo i due testi già visti: Sir[Gr] 35,14 e 3Mac 4,19.

[255] Cfr Es 23,16.19; Nm 15,18-21; 18,12; Dt 12,11; Dt 18,4 (Arnald); 26,1-2; Tb 1,6-8; Pr 3,9-10; Sir 7,31; 45,20-21.

[256] Cfr Lv 27,30-32; Dt 12,6; 14,22-26; 26,12-15; Tb 1,6-8.

[257] Cfr Dt 10,17-18; 16,18-20; 2Cr 19,7; Gb 34,17-19; Pr 24,23; Sap 6,7-8; Is 30,18.

[258] Cfr Pr 19,17; Sir 12,2; Ger 51,56.

470

evidenziate le tematiche del donare gioioso[259] e dell'assenza in Dio di ogni preferenza di persona[260].

Data questa situazione e dato che lungo l'esegesi dei versetti si è già compiuto un buon esame dell'intertestualità, non resta che esaminare i legami tra Sir[Gr] 35,10-15 e testi biblici neotestamentari in cui si ritrovano gli echi dei concetti espressi dal Siracide. Questi echi sono presenti nella tematica teologica del dono fatto con gioia (Rm 12,8; 2Cor 9,6-7) e nella tematica che vede in Dio la mancanza di preferenze di persone (At 10,34; Rm 2,11; Gal 2,6; Ef 6,9; Col 3,25; 1Tm 1,17; 1Pt 1,17). Quest'ultima trova il suo compimento in Sir[Gr] 35,16-20 e, perciò, verrà trattata più avanti in associazione a quest'ultimo brano. Non resta che esaminare il tema del dono fatto con gioia

Il dono generoso ha nel Nuovo Testamento il suo principio in Lc 6,38 dove Gesù presenta al credente il programma della generosità: ogni dono sarà restituito. Il testo dice esattamente δίδοτε, καὶ δοθήσεται ὑμῖν· μέτρον καλὸν πεπιεσμένον σεσαλευμένον ὑπερεκχυννόμενον δώσουσιν εἰς τὸν κόλπον ὑμῶν· ᾧ γὰρ μέτρῳ μετρεῖτε ἀντιμετρηθήσεται ὑμῖν, "Date e vi sarà dato. Una buona misura, pigiata, scossa e traboccante vi doneranno nel grembo. Con la misura (con cui) misurate, sarà contromisurato a voi". Il principio ha il sapore della onnicomprensività: si tratta di qualunque atto di vera generosità. Il ripagante è sottinteso dal passivo teologico (δοθήσεται, ἀντιμετρηθήσεται): si tratta di Dio stesso.

I due testi biblici neotestamentari che presentano il dono del credente fatto con gioia si collocano in due ambiti ben precisi.

---

[259] cfr Lc 6,38 (Churton, Nau - Vigouroux); Rm 12,8 (Girotti); 2Cor 9,6-8 (Arnald, Churton, Edersheim, Fillion, Nau - Vigouroux, Girotti, Pérez Rodríguez, Alonso Schökel, Skehan - Di Lella, Pereira).

[260] Cfr At 10,34 (Edersheim, Crampon, Hamp, Duesberg - Auvray, Pérez Rodríguez, Minissale, Skehan - Di Lella); Rm 2,11 (Edersheim, Crampon, Hamp, Duesberg - Auvray, Pérez Rodríguez, Minissale, Skehan-Di Lella); Gal 2,6 (Edersheim, Crampon, Hamp, Duesberg - Auvray, Pérez Rodríguez, Minissale); Ef 6,9 (Edersheim); Col 3,25 (Crampon, Hamp, Duesberg - Auvray, Skehan - Di Lella); 1Tm 1,17 (Nau - Vigouroux); 1Pt 1,17 (Churton, Edersheim, Crampon, Hamp, Minissale).

Uno (Rm 12,8[261]) si colloca dentro a una pericope (Rm 12,3-13) dove l'apostolo offre delle direttive per la vita della comunità, illustrando come gestire tutta una serie di carismi[262]. Il secondo (2Cor 9,6-7) è molto più vicino alle tematiche presenti in Sir^Gr 35,10-15. Il testo di 2Cor 9,6-7 motiva teologicamente la colletta che i Corinti hanno promesso di fare in favore della comunità cristiana di Gerusalemme[263]. Questo gesto, la colletta, viene definita da Paolo in 2Cor 9,14 come un vero atto di culto: ὅτι ἡ διακονία τῆς λειτουργίας ταύτης οὐ μόνον ἐστὶν προσαναπληροῦσα τὰ ὑστερήματα τῶν ἁγίων, ἀλλὰ καὶ περισσεύουσα διὰ πολλῶν εὐχαριστιῶν τῷ θεῷ, "Poiché il servizio di questo atto di culto non solo va incontro alle necessità dei santi, ma anche si dimostra fecondo per molti canti di ringraziamento a Dio". È l'esatto contrario di ciò che avviene nell'orizzonte del Siracide. Nel testo del sapiente, le persone senza-Legge e gli empi angariando e derubando i poveri, provocano in essi la preghiera di maledizione, mentre qui, in Paolo, coloro che donano a coloro che hanno bisogno, provocano in questi ultimi il ringraziamento verso Dio (cfr 2Cor 9,13). C'è, inoltre, da evidenziare come il dono, legato al culto, va fatto con gioia (2Cor 9,7). Paolo cita, leggermente modificato, Pr^LXX 22,8[264], che in qualche modo ha ispirato Sir^Gr 35,10-13. Mentre Pr non pone il dono in ambito cultico, il Siracide colloca il dono generoso nell'atto di culto e Paolo addirittura lo fa diventare un atto di culto a sé stante.

---

[261] In genere, i commentatori, dopo aver evidenziato l'*hapax* neotestamentario ἱλαρότης, rimandano a 2Cor 9,7 (cfr SCHLIER, 599-600; FITZMYER, *Romani*, 770; LÉGASSE, 615; PENNA, vol. III, 54).

[262] SPICQ, "La vertu", 5-30; SISTI, "Carismi", 27-33; BAUMERT, 203-228; SCIPPA, 5-25.

[263] Poiché in 2Cor 8,2 si fa cenno alla "estrema povertà" delle chiese della Macedonia e poiché in 2Cor 9 non si specifica chi siano i destinatari della colletta, si potrebbe ipotizzare che tale colletta fosse destinata alle Chiese della Macedonia. Gli studiosi, tuttavia, sostengono che la colletta di 2Cor 9 è per la chiesa di Gerusalemme (WENDLAND, 411-414; HILL, 177-178; SCHELKLE, 120-121; GNILKA, 197-209).

[264] Il testo di Pr^LXX 22,9 dice: ἄνδρα ἱλαρὸν καὶ δότην εὐλογεῖ ὁ θεός· "Dio benedice l'uomo gioioso e generoso". Come si può notare Paolo sostituisce il verbo εὐλογέω con ἀγαπάω.

## ■ 4. Il principio teologico di Sir^Gr 35,16-20: la triste situazione dell'orfano e della vedova e l'intervento del giusto

Il brano di Sir^Gr 35,16-20 non possiede una struttura chiara come i brani precedenti. Si può tuttavia affermare che il testo è stato composto con una certa attenzione sul piano tematico-lessicale [265], meno su altri piani[266]. Sul piano tematico-lessicale, in ogni stico, escluso Sir^Gr 35,20a, ci sono due vocaboli: uno è legato a un vocabolo della stessa area semantica presente nello stico precedente, mentre l'altro è legato a un vocabolo della stessa area semantica presente nello stico successivo. Ciò permette a Sir^Gr 35,16a di legarsi con il vocabolo πρόσωπον all'ultimo stico della subunità precedente (Sir^Gr 35,15c) e a Sir^Gr 35,20b con il vocabolo νεφέλη al primo stico del contesto successivo (Sir^Gr 35,21a). La fisionomia finale, come è già stato visto nell'esame della struttura, è la seguente:

| | | | | | | | |
|---|---|---|---|---|---|---|---|
| Sir^Gr 35,11 | : | | a | : | | πρόσωπον | |
| Sir^Gr 35,15c | : | | a | : | | προσώπου | |
| Sir^Gr 35,16a | : | a | b | : | πρόσωπον | / | πτωχοῦ |
| Sir^Gr 35,16b | : | c | b | : | δέησιν | / | ἠδικημένου |
| Sir^Gr 35,17a | : | c | b | : | ἱκετείαν | / | ὀρφανοῦ |
| Sir^Gr 35,17b | : | b | c | : | χήραν | / | λαλιάν |
| Sir^Gr 35,18 | : | c | b | : | δάκρυα | / | χήρας |
| Sir^Gr 35,19 | : | c | d- | : | καταβόησις | / | καταγαγόντι |
| Sir^Gr 35,20a | : | d+ | | : | θεραπεύων | / | |
| Sir^Gr 35,20b | : | c | e | : | δέησις | / | νεφελῶν |
| Sir^Gr 35,21 | : | | e | : | νεφέλας | | |
| Sir^Gr 35,26 | : | | e | : | νεφέλαι | | |

---

[265] Sul piano tematico si trova una cura puntuale nella scelta dei vocaboli. Ci sono vocaboli che presentano le persone ultime e sofferenti della società ebraica (Sir^Gr 25,16a [πτωχός].16b [ἠδικημένος]. 17a [ὀρφανός].17b [χήρα].18 [χήρα]) e vocaboli che esprimono il dolore – la preghiera, la supplica, il lamento, le lacrime, l'urlo – del sofferente (Sir^Gr 25,16b [δέησις]. 17a [ἱκετεία]. 17b [λαλιά]. 18 [δάκρυον]. 19 [καταβόησις]).

[266] Rari sono i richiami che si articolano sui piani lessicale, morfologico e sintattico (cfr la sequenza nell'*incipit* degli emistichi di Sir^Gr 35,16-19: οὐ / καί || οὐ / καί || οὐχί / καί; il vocabolo δέησις in Sir^Gr 35,16a.20b che include la pericope).

Questa fisionomia della struttura invita ad una esegesi molto particolare con attenzione al valore dei singoli vocaboli che compongono ogni emistichio.

a. Sir^Gr 35,16a: οὐ λήμψεται πρόσωπον ἐπὶ πτωχοῦ

Questo emistichio del Siracide riprende il tema dell'emistichio precedente, Sir^Gr 35,15c (καὶ οὐκ ἔστιν παρ' αὐτῷ δόξα προσώπου, "*e per lui non sussiste la fama sociale della persona*"). Ciò è richiesto dal testo H che, però, evidenzia meglio il legame tra i due stichi, Sir^H 35,15c e Sir^H 35,16. In Sir^H 35,15b (= Sir^Gr 35,15c), Ben Sira, infatti, aveva scelto l'espressione, ואין עמו משוא פנים, "*non c'è presso di Lui sollevamento del volto (di nessuno)*", mentre in Sir^H 35,16a aveva optato per לא ישא פנים אל דל, "*non solleverà il volto (di nessuno) contro il povero*". L'espressione נשא פנים / משוא פנים ("sollevamento del volto" / "sollevare il volto")[267], che lega i due emistichi, "signale – dicono Harlé e Pralon – le geste d'un supérieur accueillant favorablement un subordonné et équivaut à «faire une faveur»"[268]. Si può, dunque tradurre "In Lui non c'è favoreggiamento (per nessuno)" e "Non favorirà (nessuno) contro il povero"[269].

Nel testo di Sir^Gr 35,15c.16a non si trova la ripetizione della radice come nel testo H (Sir^H 35,15c: משוא; Sir^H 35,16a: ישא). Il Siracide, allontanandosi con la traduzione dal testo H, ha voluto creare una variante perché probabilmente voleva sottolineare il piccolo confine di struttura tra Sir^Gr 35,15c (emistichio finale del segmento morale giuridico, Sir^Gr 35,10-15, dell'ultima strofa) e Sir^Gr 35,16a (emistichio iniziale dell'ultima riflessione, Sir^Gr

---

[267] Per l'espressione נשא פנים si veda FREEDMAN – WILLOUGHBY, col. 1081; KISTER, 160-187 (in modo particolare 168-172).

[268] HARLÉ – PRALON, 166.

[269] Palmisano (105; cfr 109) tralasciando il valore e il legame delle espressioni ebraiche, una nominale (משוא פנים) e l'altra verbale (לא ישא [.]נים), preferisce tradurre Sir^H 35,15b "E non c'è presso di lui preferenza di persona" e Sir^H 35,16a "Non è parziale (*lett.*: non alza lo sguardo) contro il povero", senza cogliere il richiamo tra i due stichi operato dalla ripetizione della √ישא (משוא / ישא).

35,16-20, sul principio teologico dell'ultima strofa, Sir[Gr] 35,1-20), senza tuttavia interrompere il filo del pensiero. Probabilmente per questo motivo egli attenua il legame, senza spezzarlo, ripetendo in ambedue gli emistichi il vocabolo πρόσωπον (Sir[Gr] 35,15c; Sir[Gr] 35,16a).

L'espressione λαμβάνω πρόσωπον non è molto frequente nei libri dei LXX. Compare solo una dozzina di volte (Lv[LXX] 19,15; 2 Re[LXX] 3,14; Sal[LXX] 81,2; Gb[LXX] 42,8; Lam[LXX] 4,16; Ml[LXX] 1,8.9; 2,9; Sir[Gr] 4,22.27; 35,16; 42,1). L'espressione completa, οὐ λήμψεται πρόσωπον ἐπὶ πτωχοῦ, potrebbe essere stata influenzata sia da Lv[LXX] 19,25 sia da Sal[LXX] 81,2-4.

Nel primo caso, Lv[LXX] 19,15, si legge un quadro sintetico e completo di come si deve comportare il giudice. I quattro brevi stichi greci sono composti con maestria maggiore di quanto lo siano i quattro stichi del testo H[270]. Al secondo stico di Lv[LXX] 19,15 si trova

---

[270] Lv[H] 19,15 è suddiviso in quattro stichi, che contengono altrettante espressioni legali in forma apodittica negativa (primi tre stichi) e positiva (quarto stico). Il primo e il quarto stico hanno la radice √שפט, che funge da inclusione. I primi tre stichi sono caratterizzati dalla negazione לֹא, posta all'inizio dello stico e il secondo e il terzo stico sono accomunati dallo stato costrutto פְּנֵי, che regge due vocaboli non perfettamente antitetici (גָּדוֹל ,דָּל):

| | |
|---|---|
| לֹא־תַעֲשׂוּ עָוֶל בַּמִּשְׁפָּט | Non commetterete iniquità in giudizio. |
| לֹא־תִשָּׂא פְנֵי־דָל | Non solleverai la faccia del povero. |
| וְלֹא תֶהְדַּר פְּנֵי גָדוֹל | e non favorirai la faccia del grande. |
| בְּצֶדֶק תִּשְׁפֹּט עֲמִיתֶךָ׃ | Con giustizia giudicherai il tuo prossimo. |

Anche il testo Gr è suddiviso in quattro stichi, ma la struttura del testo ne risulta molto più curata. Il primo stico si apre con un plurale – come in H – che può essere spiegato come un principio giuridico assoluto. Gli altri tre stichi, invece possono essere letti come altrettante leggi apodittiche, però, con carattere esemplificativo. Il primo e il quarto stico sono caratterizzati dalla presenza del radicale *δικ e dal verbo κρίνω. Il secondo e il terzo hanno la presenza del vocabolo πρόσωπον che regge, come nel testo H, due vocaboli non perfettamente antitetici (πτωχός / δυναστός).

| | |
|---|---|
| οὐ ποιήσετε ἄδικον ἐν κρίσει | Non commetterete ingiustizia in giudizio. |
| οὐ λήμψῃ πρόσωπον πτωχοῦ | Non prenderai in considerazione la persona del povero. |
| οὐδὲ θαυμάσεις πρόσωπον δυνάστου | e non favorirai la persona del potente. |
| ἐν δικαιοσύνῃ κρινεῖς τὸν πλησίον σου | Con giustizia giudicherai il tuo prossimo. |

l'espressione οὐ λήμψῃ πρόσωπον πτωχοῦ, "non prenderai in considerazione", che, arricchita dalla preposizione ἐπί, potrebbe aver fornito il modello di traduzione di Sir^Gr 35,16a (οὐ λήμψεται πρόσωπον ἐπὶ πτωχοῦ). Allo stesso modo l'espressione di Lv^H 19,15 (תִשָּׂא פְנֵי־דָל לֹא), arricchita dalla preposizione אל, potrebbe aver fornito il modello di espressione a Sir^H 35,16a (לא ישא פנים אל דל). Ciò che il Levitico applica al giudice, Ben Sira e il Siracide lo applicano a Dio. Il giudice non deve commettere nessuna ingiustizia nel giudizio: ne consegue che deve giudicare con giustizia senza preferenze né per il povero né per il ricco. Dio è giudice (Sir^Gr 35,15b) e, poiché è il giudice supremo, a maggior ragione, egli è giudice impeccabile, modello di ogni forma di amministrare la giustizia. Questo dato viene confermato dal testo di Sal^LXX 81,2-4.

Il testo di Sal^LXX 81,2-4 potrebbe aver fornito il sottofondo culturale a Sir^Gr 35,16a. Il Sal^LXX 81, infatti, presenta una bella inclusione (Sal^LXX 81,1: διακρίνει; Sal^LXX 81,8: κρῖνον). Dio compare come il giudice degli dei (ὁ θεὸς ἔστη ἐν συναγωγῇ θεῶν ἐν μέσῳ δὲ θεοὺς διακρίνει, "Dio sta nell'assemblea degli dei e in mezzo [ad essa] giudica gli dei"). Il corpo del salmo si indirizza agli θεόι, che non sarebbero altro che i giudici stessi[271]. Costoro sono chiamati a

---

[271] Un esame sereno del testo Gr permette di notare come il vocabolario del Salmo suggerisca di pensare agli "dei" come a un nome dietro al quale si colloca colui che amministra la giustizia. Da una parte il salmista chiede a coloro che amministrano la giustizia di fare giustizia agli ultimi della scala sociale ebraica (Sal^LXX 81,3: κρίνατε ὀρφανὸν καὶ πτωχόν ταπεινὸν καὶ πένητα δικαιώσατε, "fate giustizia all'orfano e al povero, l'umile e il misero dichiarate giusti") e dall'altra identifica costoro con esseri divini (Sal^LXX 81,6: ἐγὼ εἶπα θεοί ἐστε καὶ υἱοὶ ὑψίστου πάντες, "Io ho detto: – Voi siete dèi e tutti siete figli dell'Altissimo"). Il problema è molto complesso (cfr Prinsloo, 219-228). Gli autori si dividono in tre grandi categorie. C'è chi pensa si tratti di sole divinità, altri pensano si tratti di giudici umani, altri, infine, che si tratti di questi e di quelli. Lorenzin (Lorenzin, 324–325) ritiene che ci sia stato un cambio di significato, da dèi a uomini, e che ciò sia avvenuto nel postesilio, fondandosi su Alonso Schökel – Carniti, 149-153. Alonso Schökel e Carniti, a loro volta, fondano questa presa di posizione su due dati. Il periodo dell'esilio segna la fine dell'enoteismo in favore dell'assoluto monoteismo e ciò impedisce una lettura in cui il vocabolo "dei" equivalga a "divinità". C'è, poi, la testimonianza del *Targum* che "traduce 'lhym con 'dwny" (152), cioè "dei" con "giudici". Si tenga anche presente che nel *Targum Onqelos* Dt 10,17 Dio

non emettere sentenze ingiuste, privilegiando i peccatori (Sal[LXX] 81,2.4). Il salmista interpella questi giudici con una domanda: ἕως πότε κρίνετε ἀδικίαν καὶ πρόσωπα ἁμαρτωλῶν λαμβάνετε διάψαλμα, "Fino a quando giudicherete con ingiustizia, e avrete riguardo dei peccatori?"[272].Vittime di questa preferenza di persone sono l'orfano (ὀρφανός), il povero (πτωχός), l'umile (ταπεινός) e il misero (πένης). Sembra che il Siracide sia stato in qualche modo influenzato da questo testo salmico, letto ovviamente con l'equivalenza dei-giudici. In Sir[Gr] 4,9-10, infatti, nel quadro delle diverse istruzioni date al discepolo in relazione allo πτωχός, il Siracide si premura di dare al proprio discepolo - forse (futuro) giudice (?) - alcuni indirizzi esemplificativi e concreti. Il discepolo deve strappare l'oppresso (ἀδικούμενος; cfr Sir[Gr] 35,16b: δέησιν ἠδικημένου εἰσακούσεται, "Dio esaudirà la preghiera dell'oppresso") dal potere dell'oppressore (Sir[Gr] 4,9a) e non deve essere pusillanime quando giudica (Sir[Gr] 4,4b). In modo particolare deve essere come un padre per gli orfani (ὀρρφανοῖς ὡς πατήρ) e deve essere uno che sta al posto del marito per la loro madre (ἀντὶ ἀνδρὸς τῇ μητρὶ αὐτῶν), cioè per la vedova (Sir[Gr] 4,10ab)[273]. In questo modo il discepolo sarà come un figlio dell'Altissimo (Sir[Gr] 4,10c: ἔσῃ ὡς υἱὸς ὑψίστου, "Sarai come un figlio dell'Altissimo" // cfr Sal[LXX] 81,6b: ἐγὼ εἶπα θεοί ἐστε καὶ υἱοὶ ὑψίστου πάντες, "Ho detto: - Siete dei e [siete] tutti figli dell'Altissimo -").

Il Siracide, dunque, si avvale probabilmente di questi due testi per costruire ed esprimere la valutazione su Dio, giusto giudice. Egli non opera preferenze a scapito del povero come, purtroppo, facevano nel postesilio alcuni giudici ebrei che adoperavano un occhio di riguardo nei confronti degli empi (Sal[H] 82,2: רְשָׁעִים) o dei peccatori (Sal[LXX] 81,2: ἁμαρτωλῶν).

---

è chiamato אלה דינין, "Dio dei giudici". Questa lettura è ampliata dalla rilettura fattane da Gesù in Gv 10,34. In ambito cristiano, attraverso la citazione di Sal[LXX] 81,6, viene introdotto il tema della divinizzazione dell'uomo da parte di Dio in opposizione all'autodivinazione scelta da Adamo sulla parola del serpente (Gen[LXX] 3,4-5.6).

[272] Il Sal[H] 82,2 ha un testo leggermente diverso: עַד־מָתַי תִּשְׁפְּטוּ־עָוֶל וּפְנֵי רְשָׁעִים תִּשְׂאוּ, "Fino a quando giudicherete con disonestà e sosterrete la faccia degli empi?".

[273] Per un commento a Sir[Gr] 4,10 si veda l'esegesi di Sir[Gr] 35,17a.

Il termine πτωχός viene adoperato dal Siracide 21x (Sir[Gr] 4,1.4.8; 7,32; 10,22.23.30; 13,3.19.20.23;18,33; 21,5; 25,2; 26,4; 29,22; 30,14; 31,4; 34,21; 35,16; 38,19)[274]. Questi numerosi riferimenti si possono suddividere in due categorie: ci sono testi che illustrano le relazioni attive e passive dello πτωχός e ci sono testi che illustrano alcune caratteristiche dello πτωχός.

Le relazioni attive e passive dello πτωχός, che il Siracide illustra, sono diverse. C'è il povero in relazione al discepolo del sapiente, in relazioni antitetiche con il ricco, in relazioni a determinate situazioni e in relazione con Dio.

### §1. *Il discepolo del sapiente e lo πτωχός*

Il sapiente insegna al proprio discepolo alcuni atteggiamenti da tenere con lo πτωχός (Sir[Gr] 4,1-10). Prima di ogni altra cosa non gli deve rifiutare il sostentamento (Sir[Gr] 4,1: τὴν ζωὴν τοῦ πτωχοῦ μὴ ἀποστερήσῃς), perché non si può rattristare un affamato o negare un dono al bisognoso. Più oltre, in Sir[Gr] 7,32, il Siracide dirà esplicitamente: καὶ πτωχῷ ἔκτεινον τὴν χεῖρά σου, "E al povero stendi la tua mano" (cfr Pr[LXX] 31,20b[275]) perché la benedizione del discepolo sia perfetta. In secondo luogo non deve distogliere il volto dallo πτωχός (Sir[Gr] 4,4b: μὴ ἀποστρέψῃς τὸ πρόσωπόν σου ἀπὸ πτωχοῦ), intendendo che il discepolo deve prestare attenzione alla supplica del povero (si veda il parallelismo sinonimico con Sir[Gr] 4,4a), perché se la disattenzione del disce-

---

[274] Per l'analisi dell'immagine del povero e del relativo vocabolario in Ben Sira e nel Siracide si veda PALMISANO, 351-354. Si veda anche GILBERT, *Wisdom of the Poor*, 153-169; WRIGHT, "The Discourse", 559-579; cfr PLEINS.

[275] Mentre Pr[H] 31,20 gioca con Pr[H] 31,19 attraverso la ripetizione chiasmatica di mano-palmo (v. 19 = וְכַפֶּיהָ / יָדֶיהָ; v. 20 = וְיָדֶיהָ / כַּפָּהּ), Pr[LXX] 31,20 gioca con Pr[LXX] 31,19 solo con il verbo κτείνω (v. 19a = ἐκτείνει; v. 20b = ἐξέτεινεν). Pr[LXX] 31,20 è leggermente modificato rispetto al testo H : "Ha aperto le sue mani per il miserabile, ha teso il frutto (in H: "stende la mano") al povero" (D'HAMONVILLE - DUMOUCHET, 339). Il testo di Pr[H] 31,10-31, seguito dalla traduzione Gr, si divide in otto strofe di cui le prime sei sono composte da sei emistichi. Pr[H] 31,19-21a.22a tocca il tema delle mani operose della donna nei confronti dei suoi di casa e nei confronti del povero (cfr TOY, 542-550; cfr VAN DER WEIDEN, *ad locum*).

polo diventa oggetto di preghiera di maledizione da parte del povero, Dio ascolterà lo πτωχός (Sir<sup>Gr</sup> 4,6; cfr Sir<sup>Gr</sup> 34,29a). Infine, come terzo grado di rispetto e di attenzione, il discepolo deve trattare con correttezza umana lo πτωχός incominciando dal saluto (Sir<sup>Gr</sup> 4,8), che è l'unità minima di riconoscimento dell'altro, fino al grado più alto di rispetto che è l'esercizio corretto della giustizia (cfr Sir<sup>Gr</sup> 4,9), sottraendolo all'oppressore (questo discepolo – come già visto – esercita forse la carica di giudice?). In questo ultimo caso lo πτωχός è identificato attraverso il parallelismo sinonimico tra Sir<sup>Gr</sup> 4,8 (πτωχός) e Sir<sup>Gr</sup> 4,9 (ἀδικούμενος). Si tratta dello stesso parallelismo sinonimico di Sir<sup>Gr</sup> 35,16a (πτωχός) e Sir<sup>Gr</sup> 35,16b (ἠδικημένος).

### §2. *Lo πτωχός, il ricco e il peccatore*

Oltre che in relazione al discepolo, il Siracide pone lo πτωχός in relazione con il ricco (πλούσιος) e con il peccatore (ἀνήρ ἁμαρτωλός).

Nella stirpe dell'uomo sono onorati quelli che temono Dio, mentre vanno ritenuti ignobili coloro che trasgrediscono i comandamenti: dentro a questo quadro generale (Sir<sup>Gr</sup> 10,19-20) va collocata la valutazione del Siracide sullo πτωχός. La diversità sociale non deve creare disparità di valutazione: chiunque (πλούσιος – ricco, ἔνδοξος – onorato, πτωχός – povero) deve porre il suo vanto nel timore del Signore (Sir<sup>Gr</sup> 10,22). Se il timore del Signore è la discriminante vera con cui il discepolo deve giudicare il prossimo, diventa ovvio che un uomo sapiente, anche se πτωχός, – va ricordato che per il Siracide il timore del Signore è pienezza (πλησμονή) e corona (στέφανος) della sapienza (Sir<sup>Gr</sup> 1,16.18) – non va disprezzato (Sir<sup>Gr</sup> 10,23). Viceversa il peccatore (ἀνήρ ἁμαρτωλός) non va esaltato.

Il Siracide ha coscienza che questa valutazione teologico-sociologica non è ovviamente condivisa. Egli sa che nel tessuto sociale in cui vive e vive il suo discepolo, lo πτωχός è in abominio al ricco (Sir<sup>Gr</sup> 13,20) come la condizione umile è in abominio al superbo. Ne consegue che in un tessuto sociale che condivide questi pensieri, la parola del ricco viene reverenzialmente rispettata attraverso il silenzio e viene esaltata, mentre la parola dello πτωχός non viene valutata per sé, ma in rapporto alla sua persona che versa in una situazione economica penosa (Sir^Gr 13,23); situazione che tutti arrischiano di contribuire a peggiorare perché "se un povero inciampa lo aiutano a cadere" (Sir^Gr 13,23d). C'è, però, ancora di peggio. Il ricco può commettere ingiustizia e, dopo aver sbagliato, può permettersi anche la prepotenza di alzare la voce, mentre lo πτωχός, che ha subito l'ingiustizia del ricco, non solo non può far valere il suo diritto, ma deve perfino scusarsi (Sir^Gr 13,3). È risaputo, purtroppo, che i poveri sono il pascolo dei ricchi come nel deserto gli onagri sono preda dei leoni (Sir^Gr 13,19): per questo nella prima strofa del "Trattato sulle offerte" il Siracide ammonisce che sottrarre qualunque cosa allo πτωχός significa ucciderlo (Sir^Gr 34,24-27).

Può essere consolazione, ma non eccessiva, che lo πτωχός possa essere onorato per la sua ἐπιστήμη-scienza (Sir^Gr 10,30). Resta sempre il fatto che il ricco è onorato per la sua ricchezza (πλοῦτος). È consolazione anche la salute, sia per i poveri sia per i ricchi, per cui è meglio uno πτωχός dall'aspetto sano e forte che un ricco malato nel suo corpo (Sir^Gr 30,14).

### §3. Lo πτωχός e Dio

Sono solo due i testi che illustrano il rapporto tra lo πτωχός e Dio. Il primo, Sir^Gr 21,5 afferma che la preghiera (δέησις) dello πτωχός va dalla sua bocca agli orecchi di Dio, ed è il tema che viene leggermente amplificato in Sir^Gr 35,16-19. Il secondo, Sir^Gr 35,16a, afferma che Dio non può accettare la prevaricazione di nessuno nei confronti dello πτωχός. Ciò spiega il radicale rifiuto da parte di Dio di qualunque atto di culto che provenga dai beni sottratti ai poveri (prima strofa: Sir^Gr 34,21-31). Evidenzia anche il rifiuto divino di qualunque atto di culto proveniente da chi pensa che tale azione sacra possa in qualche modo corrompere Dio (Sir^Gr 35, 14-15) e così, magari, ottenere il perdono delle proprie colpe (Sir^Gr 31,23).

Dopo aver visto le relazioni che coinvolgono lo πτωχός nel Siracide, vediamo le caratteristiche dello πτωχός che comprendono sia la sua situazione poco piacevole sia i suoi difetti.

§4. *Lo πτωχός e la sua situazione*

Sono solo pochi i testi che parlano della situazione dello πτωχός, ma sono sufficienti a farci capire cosa pensava il Siracide quando scriveva questo vocabolo. In un testo dove l'argomento principale è l'affanno per le ricchezze (Sir^Gr 31,4-11), il Siracide presenta con una veloce pennellata la fatica ininterrotta dello πτωχός nel guadagnarsi da vivere: egli fatica nelle privazioni della vita, ma se non si affanna, se smette, cade in una situazione ancora più bassa perché diventa ἐπιδεής, *bisognoso, indigente* (Sir^Gr 31,4). Questa sua situazione non è certo piacevole: il dolore che resta a lungo nel cuore dopo una disgrazia permane sempre nel cuore e nella vita dello πτωχός (cfr Sir^Gr 38,19).

In un testo, di cui purtroppo non è stato ritrovato l'originale ebraico, il Siracide esprime tutta l'amarezza che c'è nell'essere oltre che πτωχός, anche in una situazione di emigrazione o di appigionamento (Sir^Gr 29,21-28). Il testo potrebbe riflettere l'esperienza di Ben Sira, il quale nei suoi viaggi sarebbe stato testimone di certe situazioni difficili, oppure potrebbe rappresentare una interpretazione del Siracide di alcune situazioni che poteva avere sott'occhio, in Egitto. Comunque sia, il pensiero è chiaro: pur essendo πτωχός, è meglio vivere una vita povera in una catapecchia propria piuttosto che vivere in mezzo anche a cibi ricercati, ma in casa altrui (Sir^Gr 29,22).

Come nei paragrafi precedenti, anche nella situazione dello πτωχός c'è qualche cosa di positivo. L'uomo πτωχός riceve serenità e gioia (Sir^Gr 26,4) dalla sua donna quando questa è ἀγαθή e ἀνδρεία, "virtuosa" e "forte" (Sir^Gr 26,1-3)

§5. *I difetti dello πτωχός*

Se da una parte il Siracide esprime una enorme comprensione per lo πτωχός, dall'altra non perde il contatto con il reale. Lo πτωχός ha anche i suoi difetti. Uno, infatti, può diventare πτωχός se ha il difetto di sperperare (per di più con il denaro preso a prestito: Sir^Gr 18,33). Lo πτωχός, inoltre, può essere ὑπερήφανος, borioso: ciò lo rende detestabile agli occhi del Siracide come detestabili sono il ricco bugiardo e il vecchio adultero privo di senno (Sir^Gr 25,3).

Alla fine di questo esame, si può dire che lo πτωχός non si caratterizza perché è l'ultimo della scala sociale. Più in basso dello πτωχός c'è l'ἐπιδεής, il bisognoso, l'indigente (Sir^Gr 31,4). Si caratterizza socialmente perché è oggetto di disprezzo, sfruttamento e ingiustizia da parte del ricco e perché è sempre calpestato dalla società.

Destinatario di attenzioni, di aiuti e di correttezza da parte del discepolo del sapiente, lo πτωχός non ha soddisfazioni nella vita se non dall'amore della sua donna (cfr Sir^Gr 26,1-3) e dal suo essere intelligente (cfr Sir^Gr 10,30) e timorato di Dio (cfr Sir^Gr 10,22).

La traduzione con *povero* è comunemente accettata, sebbene la sua area semantica non corrisponda esattamente allo πτωχός. Nel vocabolo *povero* non c'è, infatti, la valenza di fede presente nel vocabolo πτωχός, così come è usato nel Siracide.

Concludendo l'analisi di Sir^Gr 35,16a, bisogna fare una puntualizzazione importante. Nel vissuto quotidiano lo πτωχός non può nemmeno appellarsi al giudice umano, data la sua situazione sociale. Solo se trova come giudice un discepolo del sapiente, può sperare nella giustizia, diversamente deve perfino porgere le sue scuse dopo aver subito l'ingiustizia. Verso il giudice divino, poi, egli non rivolge istanze di denunce, ma nel libro del Siracide innalza preghiere di maledizioni (Sir^Gr 4,6; cfr Sir^Gr 34,29a). Tutto ciò porta a pensare che Sir^Gr 35,16a non si restringa solo alla visione puramente forense della posizione divina verso il povero – che comunque è compresa e che nel testo H assume un valore primario[276] – ma a qualche cosa di più ampio come l'atteggiamento di protezione e di attenzione verso lo πτωχός, che nel testo Gr non necessariamente passa attraverso uno schema di giudizio.

Alla luce di queste osservazioni – e, in modo particolare, di quelle fatte sullo πτωχός in rapporto al ricco e al peccatore – si può capire meglio l'espressione greca di Sir^Gr 35,16a: οὐ λήμψεται πρόσωπον ἐπὶ πτωχοῦ. Il valore dell'espressione "ἐπί + il genitivo" non è facilmente traducibile, anche se possibile, con "contro + X al genitivo" come

---

[276] Vedi PALMISANO, 108-125, che però esamina il testo H, ma non fa esegesi del Gr.

può essere fatto per il testo H (אל דל). Se il Siracide avesse voluto esprimere chiaramente qualche cosa come "contro il povero" aveva a disposizione la costruzione "ἐπί + il dativo"[277]. Penso vada escluso il valore di "davanti a"[278] perché non corrisponderebbe al contesto. Il caso di Sir[Gr] 35,16a non è di facile soluzione, anche se si potrebbe, forse, ritenere che l'espressione vicina al senso del testo sia qualche cosa come "(imporsi) sul povero". La proposta offerta è senz'altro discutibile, ma riterrei una perdita di senso tradurre semplicemente "a spese del / contro il povero". Il valore dello stico Gr, dunque, pur con tutti i dubbi del caso, potrebbe essere: *Non favoreggia alcuna persona (che si impone) sul povero.*

b. Sir[Gr] 35,16b: καὶ δέησιν ἠδικημένου εἰσακούσεται

L'espressione di Sir[Gr] 35,16b è vicina all'espressione che si trova nel diciottesimo testo dei *Salmi di Salomone*[279] (Sal[Salom] 18,2). Il Salmo illustra la realtà finalmente rappacificata dall'opera del Messia, che non è, però, diventata perfetta. In questa situazione il povero che presenta a Dio la sua supplica nella speranza di essere esaudito viene ascoltato e Dio sa intervenire con la correzione (ἡ παιδεία) nei confronti dei figli d'Israele (Sal[Salom] 18,3-4). Se i *Salmi di Salomone* (Sal[Salom] 18,2) conoscono e citano il Siracide (Sir[Gr] 35,16b), bisogna dire che la citazione viene fatta con il criterio della citazione inversa[280] come nella comparazione successiva (testo del Siracide: a – b; testo del Salmo di Salomone: b –a):

| Sal[Salom] 18,2: | Sir[Gr] 35,16b |
|---|---|
| τά ὦτά ἐπακούει | καὶ δέησιν ἠδικημένου |
| δέησιν πτωχοῦ ἐν ἐλπίδι | εἰσακούσεται |

---

[277] Tucidide *Le Storie*, 2,70,1 (TUCIDIDE, 380–381).

[278] BLASS – DEBRUNNER, § 234,2.

[279] La datazione dei *Salmi di Salomone* è discussa. Gli studiosi, tuttavia, collocano l'opera dopo la conquista di Gerusalemme da parte di Pompeo (63 a.C.). L'opera, dunque, è posteriore al Siracide. Per la problematica della datazione dei *Salmi di Salomone* si veda VERMES in SCHÜRER, vol. 3/1, 265-270 (spec. 266) e SACCHI, vol. II, 55-62.

[280] BEENTJES, "Inverted Quotations", 506-523.

Come gli occhi di Dio non smettono di guardare ogni opera delle sue mani perché non subisca danno, così i suoi "orecchi ascoltano la preghiera del povero [che la presenta] con speranza [di essere esaudito]" (Sal[Salom] 18,2). Nel Siracide non c'è la realtà ancora rappacificata dal Messia, ma viene illustrato il medesimo comportamento di Dio: egli ascolta o, meglio, dà retta alla supplica di chi ha subito ingiustizia (che equivale al povero, come è già stato visto in Sir[Gr] 35,16a). Questa convinzione per il Siracide è un fondamento indiscutibile. Lo aveva già affermato in Sir[Gr] 21,5, ripreso anche qui con citazione inversa:

**Sir[Gr] 21,5**

**δέησις πτωχοῦ** ἐκ στόματος ἕως ὠτίων αὐτοῦ

καὶ τὸ κρίμα αὐτοῦ κατὰ σπουδὴν ἔρχεται

**Sir[Gr] 35,16**

οὐ λήμψεται πρόσωπον ἐπὶ **πτωχοῦ**

καὶ **δέησιν ἠδικημένου** εἰσακούσεται

Senz'altro Sir[Gr] 21,5 può rientrare dentro al campo semantico del processo. In Sir[Gr] 21,5b si parla esplicitamente di κρίμα-giudizio ("la preghiera del povero [va] dalla [sua] bocca agli orecchi di Lui[= Dio] e il giudizio di Lui giunge celermente"). In Sir[Gr] 35,16, per quanto è stato visto, il campo semantico del processo è compreso ma non esaurisce il significato dello stico che è molto più ampio ("non favoreggia alcuna persona [che si è imposta] sul povero"). Tuttavia si può benissimo notare come l'equivalenza tra πτωχός e ἀδικούμενος/ἠδικημένος (cfr Sir[Gr] 4,8//9; Sir[Gr] 35,16a//16b) porti facilmente a vedere in Sir[Gr] 35,16b la citazione, almeno in parte formalmente uguale e contenutisticamente identica, di Sir[Gr] 21,5a, mentre in Sir[Gr] 35,16a si trova un contenuto molto vicino a Sir[Gr] 21,5b. L'accostamento Sir[Gr] 21,5b // Sir[Gr] 35,16a mette in evidenza solo l'aspetto giuridico (umano in Sir[Gr] 21,5b, divino in Sir[Gr] 35,16a), mentre l'altro aspetto, quello più ampio di protezione e attenzione, si può trovare in Sir[Gr] 4,4-6. In quest'ultimo brano con un gioco sottile di ripetizioni il Siracide afferma che il rifiuto della supplica del povero porta costui alla preghiera di maledizione (καταράομαι) verso colui che l'ha respinto, preghiera (δέησις) che viene esaudita (ἐπακούω) dal suo Creatore (ὁ ποιήσας αὐτόν).

Il termine δέησις compare nel Siracide solo 7x (Sir$^{Gr}$ 4,6; 21,5; 35,16b.20b; 36,22; 38,34; 51,11). Esaminando i testi, si può notare che i protagonisti della preghiera non sono mai coloro che offrono atti di culto provenienti dall'ingiustizia (cfr Sir$^{Gr}$ 34,21-23), ma sono in genere persone singole (lo πτωχός: Sir$^{Gr}$ 4,6; 21,5; 35,16b; il θεραπεύων: Sir$^{Gr}$ 35,20a; Ben Sira: Sir$^{Gr}$ 51,11) o gruppi ben delineati (gli ebrei, chiamati ἱκετοί σου, "i tuoi supplici": Sir$^{Gr}$ 36,22; coloro che praticano lavori manuali: Sir$^{Gr}$ 38,34). L'obiettivo della preghiera non è sempre espresso. Si trova, tuttavia esplicitato il fine della preghiera in Sir$^{Gr}$ 4,6 (il povero fa una preghiera di maledizione verso chi non bada al suo chiedere aiuto); Sir$^{Gr}$ 36,22 (gli ebrei pregano la preghiera di Sir$^{Gr}$ 36,1-22, dove chiedono la punizione dei nemici e la salvezza del popolo[281]) e in Sir$^{Gr}$ 38,34 (coloro che praticano i lavori manuali pregano per i loro lavori). Questa preghiera viene accolta da Dio che ne è il destinatario (Sir$^{Gr}$ 4,6; 35,16b) ed esaudita (Sir$^{Gr}$ 21,5; 51,11); alle volte viene accolta con beneplacito (Sir$^{Gr}$ 35,20). In ogni caso si tratta sempre di una preghiera di domanda da parte di una persona che sente il bisogno di un aiuto divino. In alcuni casi può rappresentare il grido di aiuto per la salvezza (Sir$^{Gr}$ 36,1-22). Altre volte questa classificazione non è possibile o perché la δέησις rientra nel genere delle preghiere di maledizione (Sir$^{Gr}$ 4,6) o perché rientra nella semplice categoria delle generiche preghiere di domanda (Sir$^{Gr}$ 38,34), forse da collocarsi tra le invocazioni e le suppliche[282].

---

[281] PALMISANO, 315-321.

[282] Ci sono testi in cui non è facile distinguere tra δέησις e il più generico προσευχή a causa del parallelismo sinonimico in cui vengono collocati i vocaboli (1Re$^{LXX}$ 8,52; 2Cr$^{LXX}$ 6,19.29.35.39; Sal$^{LXX}$ 6,10; 38,13; 54,2; 60,2; 85,6; 87,3; 101,2.18; 142,1; Bar 2,14). Va anche ricordato che Valentini ha dimostrato come nella poesia sacra del giudaismo del periodo del secondo tempio, di epoca ellenistica, (a partire dal sec. II a.C. in poi) i generi letterari non fossero più ben definiti secondo i generi letterari classici, ma ci fosse stata un'ampia contaminazione tra generi affini (VALENTINI, 41-51).

Dio ascolta queste invocazioni: il verbo εἰσακούω, già esaminato in Sir^Gr 34,31c, equivale ad *ascoltare* con sfumature di accondiscendenza (*dare retta*).

Esaminando lo stico di Sir^Gr 35,16a si è visto come lo πτωχός si identifichi con l'ἀδικούμενος (forma medio passiva del participio presente di ἀδικέω che evidenzia la situazione continuativa dell'oppressione: *l'oppresso o colui che subisce ingiustizia*) o con l'ἠδικημένος (forma medio passiva del participio perfetto di ἀδικέω che evidenzia la situazione di oppressione incominciata nel passato e perdurante nel presente: *l'oppresso o colui che subisce ingiustizia*). Il verbo ἀδικέω viene usato dal Siracide solo 5x (Sir^Gr 4,9^2x; 13,3^2x; 35,16). In Sir^Gr 4,9 compare l'oppresso (ἀδικούμενος) e l'oppressore (ἀδικοῦντος) e in Sir^Gr 13,3 si dice chiaramente chi sia l'oppressore (πλούσιος ἠδίκησεν, "il ricco ha oppresso/ ha commesso ingiustizia") e chi sia l'oppresso (πτωχὸς ἠδίκηται, "il povero venne oppresso/ricevette ingiustizia"). Diventa facile capire in Sir^Gr 35,16 come l'ἠδικημένος sia il povero *che subisce ingiustizia o è oppresso* dal ricco. Una traduzione che renda il valore di Sir^Gr 35,16b potrebbe essere: *e dà retta alla invocazione di chi subisce ingiustizia*. In alternativa si potrebbe avere: *e ascolta la preghiera dell'oppresso*.

c. Sir^Gr 35,17a: οὐ μὴ ὑπερίδῃ ἱκετείαν ὀρφανοῦ

Sir^Gr 35,17a riprende con altre parole il motivo di Sir^Gr 35,16, allargando il concetto di chi subisce ingiustizia: questa volta l'oppresso ha un nome e si chiama orfano (ὀρφανός). Si tratta di una figura particolare che, insieme alla vedova, χήρα[283], rappresenta l'ultimo gradino della scala sociale ebraica. Il libro dell'Esodo dedica un solo comandamento all'attenzione per la vedova e l'orfano, che non ha paralleli in nessuna legislazione mediorientale antica conservata (Codice di Hammurabi, Eshnunna, leggi medio-assire, leggi hittite, leggi sumeriche, Editto di Ammisaduqa)[284]: Es^H

---

[283] Cfr DUMOULIN, 169-180.
[284] Cfr CHILDS, *Esodo*, 470-472.

22,21-23. Il testo H/Gr di questa disposizione che appartiene al Codice dell'Alleanza (Es^H 20,22-23,33) recita così:

| | | |
|---|---|---|
| כָּל־אַלְמָנָה וְיָתוֹם לֹא תְעַנּוּן: | 21 | πᾶσαν χήραν καὶ ὀρφανὸν οὐ κακώσετε |
| אִם־עַנֵּה תְעַנֶּה אֹתוֹ | 22a | ἐὰν δὲ κακίᾳ κακώσητε αὐτοὺς |
| כִּי אִם־צָעֹק יִצְעַק אֵלַי | 22b | καὶ κεκράξαντες καταβοήσωσι πρός με |
| שָׁמֹעַ אֶשְׁמַע צַעֲקָתוֹ: | 22c | ἀκοῇ εἰσακούσομαι τῆς φωνῆς αὐτῶν |
| וְחָרָה אַפִּי | 23a | καὶ ὀργισθήσομαι θυμῷ |
| וְהָרַגְתִּי אֶתְכֶם בֶּחָרֶב | 23b | καὶ ἀποκτενῶ ὑμᾶς μαχαίρᾳ |
| וְהָיוּ נְשֵׁיכֶם אַלְמָנוֹת | 23c | καὶ ἔσονται αἱ γυναῖκες ὑμῶν χῆραι |
| וּבְנֵיכֶם יְתֹמִים: פ | 23d | καὶ τὰ παιδία ὑμῶν ὀρφανά |

Il testo Gr ha tradotto quasi alla lettera il testo H. Per questo motivo ambedue i testi hanno una significativa inclusione (Es^H 22,21: אַלְמָנָה וְיָתוֹם / πᾶσαν χήραν καὶ ὀρφανὸν; Es^H 22,23cd: יְתֹמִים ...אַלְמָנוֹת / χῆραι ... ὀρφανά) che li delimita. Fra le tante cose da notare ce n'è una di particolare importanza: il singolare maschile ebraico (Es^H 22,21: לֹא תְעַנּוּן; Es^H 22,22a אֹתוֹ; Es^H 22,22b: אִם־צָעֹק יִצְעַק; Es^H 22,22c: צַעֲקָתוֹ) è diventato nella traduzione Gr un plurale (Es^LXX 22,21: οὐ κακώσετε; Es^LXX 22,22a: αὐτοὺς; Es^LXX 22,22b: κεκράξαντες καταβοήσωσι; Es^LXX 22,22c: τῆς φωνῆς αὐτῶν) in modo tale che tutto ciò che viene detto in Es^LXX 22,22 è da attribuirsi con chiarezza ad ambedue, all'orfano e alla vedova: "Non maltratterete nessuna vedova e (nessun) orfano. Se li maltratterete con cattiveria ed essi alzando la voce urleranno verso di me, ascolterò con attenzione la loro voce. Con collera mi adirerò e vi farò morire con la spada. Le vostre donne saranno vedove e i vostri figli orfani". Più articolata è la posizione del Deuteronomio, dove Dio non solo ascolta e vendica l'orfano e la vedova, ma fa loro giustizia (Dt$^{LXX}$ 10,17-18). Nel Deuteronomio ci sono anche disposizioni per il sostentamento dell'orfano e della vedova attraverso la decima del terzo anno (Dt$^{LXX}$ 14,28-29; 26,12-13; cfr il testo Gr di Tob$^S$ 1,8), attraverso le feste e la generosità nel raccolto (Dt$^{LXX}$ 14,28-29; 16,9-12; 24,19-22). Si trovano anche severe norme per salvaguardare i loro diritti (Dt$^{LXX}$ 24,17-18; 27,19). Alle figure dell'orfano e della vedova sono spesso associate anche le figure dello straniero (cfr Dt$^{LXX}$ 10,18) e del levita (cfr Dt$^{LXX}$ 16,11.14). Dagli Ebrei era, dunque, considerato un gesto di estrema sensibilità e di fede, oltre che obbedienza alla Legge, soccorrere gli orfani e le vedove[285]. Secondo l'apocrifo *Testamento di Giobbe*[286] (53,1-3), alla morte del protagonista, il fratello Nereo insieme ai figli maschi, ai poveri, agli orfani e a tutti gli inermi, piangendo dice:

> "Sventurati noi oggi, due volte sventurati, poiché oggi
> è stata portata via la luce dei ciechi,
> è stato portato via il padre degli orfani
> è stato portato via l'ospite dei forestieri,
> è stato portato via il vestimento delle vedove".

Dentro a questa spiritualità va collocato il testo di Sir$^{Gr}$ 35,17-19. Sicuramente il testo del Siracide non dà molto spazio all'argomento. Il termine ὀρφανός[287] compare solo 2x, in

---

[285] Nei libri dei LXX l'orfano e la vedova sono associati in Es$^{LXX}$ 22,21.23; Dt$^{LXX}$ 10,18; 14,29; 16,11.14; 24,17.19.20.21; 26,12.13; 27,19; Tb$^S$ 1,8; 2Mac 3,10; 8,28.30; Gb$^{LXX}$ 22,9; 24,3; 29,12.13; 31,16.17; Sal$^{LXX}$ 67,6; 93,6;108,9; 145,9; Is$^{LXX}$ 1,17.23; 9,16; 10,2; Ger$^{LXX}$ 5,28; 7,6; 22,3; 30,5; Bar 6, 37 (=EpGer 1,37); Lam$^{LXX}$ 5,3; Ez$^{LXX}$ 22,7; Zc$^{LXX}$ 7,10; Ml$^{LXX}$ 3,5. Si può notare come l'interesse per gli orfani e le vedove sia molto accentuato nella teologia deuteronomica e profetica.

[286] Scritto in lingua greca in ambito giudaico, è di difficile datazione. Potrebbe collocarsi in mezzo a "i giudei d'Egitto", tra il sec. I a.C. e il sec. I d.C. (ARANDA PÉREZ G., *Apocrifi dell'Antico Testamento*, in ARANDA PÉREZ - GARCIA MARTÍNEZ - PÉREZ FERNÁNDEZ, 318-322, spec. 318) oppure tra il sec. I a.C. e il sec. II d.C. (GOODMAN in SCHÜRER, III/1, 709-714, spec. 711-712). Per l'edizione critica si veda KRAFT.

[287] SEESEMANN, coll. 1361-1366; HORSLEY, 162-164; SHIPP, 424.

Sir<sup>Gr</sup> 4,10; 35,17a, e il termine χήρα[288] viene usato solo in Sir<sup>Gr</sup> 35,17b.18, anche se il concetto di vedova si trova pure in Sir<sup>Gr</sup> 4,10

| | | |
|---|---|---|
| היה כאב ליתומים | 10a | γίνου ὀρφανοῖς ὡς πατὴρ |
| ותמור בעל לאלמנות | | καὶ ἀντὶ ἀνδρὸς τῇ μητρὶ αὐτῶν |
| ואל יקראך בן | 10b | καὶ ἔσῃ ὡς υἱὸς ὑψίστου |
| ויחנך ויצילך משחת | | καὶ ἀγαπήσει σε μᾶλλον ἢ μήτηρ σου |

| | | |
|---|---|---|
| sii come un padre per gli orfani | 10a | sii per gli orfani come un padre |
| e al posto del marito per le vedove | | e al posto del marito per le loro madri |
| e Dio chiamerà te figlio | 10b | e sarai figlio dell'Altissimo |
| e ti farà grazia e ti libererà dalla fossa | | e ti amerà più di tua madre |

In Sir 4,10a i due testi, H e Gr, sostanzialmente si equivalgono. Non è certo la soppressione del nome "vedove" (אלמנות) nel testo Gr, che rende il testo H con "la loro madre" (τῇ μητρὶ αὐτῶν), a cambiare il significato di fondo dello stico. In Sir<sup>Gr</sup> 4,10a il sapiente esorta il suo discepolo ad essere come un padre per gli orfani (ὀρφανοῖς ὡς πατὴρ) e uno che sta al posto del marito per la loro madre (καὶ ἀντὶ ἀνδρὸς τῇ μητρὶ αὐτῶν). In Sir 4,10b, invece,

---

[288] Per Sir<sup>H</sup> 35,14-15 TRENCHARD, 54-55 (l'autore dedica tutto il secondo capitolo, 39-56, alla donna come madre e come vedova). Per una visione generale della donna e della vedova mi sono avvalso di LEIPOLDT, 5-20; STÄHLIN, "χήρα", coll. 703-772 (spec. 715-726); CAMP, 171-187. Stählin mostra come l'uso del vocabolo χήρα non sempre equivale a vedova, ma semplicemente a "senza marito". Potrebbe trattarsi anche di donne abbandonate dal marito. Nel Siracide l'uso di χήρα come equivalente di vedova è chiaramente dimostrato da Sir<sup>Gr</sup> 4,10 dove si dice che il discepolo deve essere come un padre per gli orfani e deve collocarsi al posto del marito per le loro madri, senza marito perché vedove. Per la dimensione filologica, cfr WALTERS, 182.

la divergenza fra i due testi è notevole. Mentre il testo H sottolinea la figliolanza divina del discepolo del sapiente come proclamata da Dio stesso, il Gr fa diventare la figliolanza divina del discepolo come proclamata dal maestro. Inoltre, mentre nella seconda parte dello stico il testo H compie una promessa legata alla grazia e alla vita (o alla salute?), il testo Gr compie, nella promessa, una interpretazione teologica ardita: Dio amerà il discepolo più della stessa madre (cfr Is$^{LXX}$ 49,15). Questo particolare spiega e chiarisce meglio Sir$^{Gr}$ 35,20: colui che si prende cura dell'orfano e della vedova o di ogni oppresso viene accolto da Dio come fosse egli stesso un sacrificio gradito (θεραπεύων ἐν εὐδοκίᾳ δεχθήσεται).

La preghiera dell'orfano viene chiamata ἱκετεία[289], altro vocabolo adoperato dal Siracide con estrema parsimonia (2x: Sir$^{Gr}$ 35,17a; 51,9). Nei libri dei LXX si trova ancora solo in 2Mac 3,18; 8,29; 10,25; 12,42. Sir$^{Gr}$ 51,9 fa parte, secondo i mss greci e latini, della preghiera di Ben Sira, preghiera che sotto il profilo letterario è un salmo di ringraziamento (Sir$^{Gr}$ 51,1-12), scialbo secondo Smend[290], stilisticamente elaborato, secondo la dimostrazione di Skehan – Di Lella[291]. Ben Sira – secondo il Siracide – dice di aver innalzato la sua ἱκετείαν e di aver pregato (ἐδεήθην) per la liberazione dalla morte. Si può notare l'accostamento fra ἱκετεία e il verbo δέομαι, da cui δέησις: la δέησις si manifesta come iperonomo

---

[289] Il vocabolo ἱκετεία appartiene alla prosa attica ed è adoperato per ἱκεσία. Deverbale da ἱκετεύω, già usato da Omero (*Il* 16,575), ha la sua origine semantica dal vocabolo ἱκέτης che indica lo straniero che supplica, domandando protezione (CHANTRAINE, vol. I, 461–462). Vicinissimo a quanto detto è l'uso che fa Filone del vocabolo nella *Legatio ad Gaium*, 179.248. Si tratta, in breve, della supplica di chi non ha diritti. Filone, però, adopera il vocabolo anche per indicare la supplica verso Dio (cfr *Cherubin*, 47; *De Vita Mosis*, I, 72). I libri dei LXX assumeranno il vocabolo con lo stesso significato, come dimostra l'uso illustrato nei testi che vengono esaminati. Il destinatario è Dio. Per una breve presentazione dell'uso del vocabolo nel mondo greco, si veda MARIANO, 447–448.

[290] SMEND, 495.

[291] SKEHAN – DI LELLA, 564–565. Per una lettura più attenta alla struttura del testo in sé e in relazione alla struttura del libro, oltre che diversa da quella fatta da Skehan – Di Lella, si veda GILBERT M., *L'action de grâce*, 231–243.

di ἱκετεία. In Filone[292], sembra che l'iperonomo di ἱκετεία sia εὐχή. Sicuramente ἱκετεία è la *supplica*, come viene anche testimoniato dai passi del secondo libro dei Maccabei. In 2Mac 3,18 indica la preghiera disperata degli abitanti di Gerusalemme perché Dio intervenisse contro il progetto di Eliodoro che intendeva saccheggiare il tesoro del tempio. In 2Mac 8,29, dopo la vittoria su Nicanore, indica la preghiera elevata da Giuda Maccabeo e dai suoi per domandare la piena riconciliazione di Dio con i suoi servi. Nel testo di 2Mac 10,25 la ἱκετεία rivolta da Giuda Maccabeo e dai suoi, in atteggiamento penitenziale, prima di combattere contro Timoteo, viene chiamata, subito dopo, in 2Mac 10,27, con il nome più generico di preghiera di domanda, δέησις. Questo dato indica, se non una vera e propria sinonimia, almeno una buona equivalenza tra ἱκετεία e δέησις così come si trova in Sir[Gr] 35,16b (δέησις) e Sir[Gr] 35,17a (ἱκετεία). Il significato di ἱκετεία come preghiera di richiesta di perdono per i morti che portavano sotto le corazze degli amuleti[293] idolatrici, si trova in 2Mac 12,42. Negli apocrifi greci veterotestamentari non viene usato il vocabolo tranne che in 3Mac 5,25 dove gli ebrei condannati a morire innalzavano a Dio la loro ἱκετεία perché li liberasse. Ciò avviene attraverso l'amnesia di Tolomeo Filopatore, che li aveva condannati.

Come Dio dà retta all'invocazione di chi subisce ingiustizia, allo stesso modo si comporta con la supplica dell'orfano[294]. Il Siracide, probabilmente per una scelta di variazione stilistica, indica l'ascolto accogliente e accondiscendente con l'espressione negativa μὴ ὑπερίδῃ. Il verbo ὑπεροράω[295] viene usato dal Siracide solo 5 x (Sir[Gr] 2,10; 14,8; 23,11; 35,17a; 38,16). Il significato di *disprezzare, trascurare,*

---

[292] cfr *De Praemiis*, 166.

[293] Significato dato per ἱερώματα da GELS.

[294] Una bella illustrazione della preghiera dell'orfano si trova nell'apocrifo di *Giuseppe e Asenet*. L'orfana Asenet più volte si rivolge a Dio nella sua situazione di orfana e abbandonata (cfr *Jos.Asen.* 11,3.13.16; 12,5.13[bis].14; 13,2).

[295] HELBING, 190; SPICQ, *Note*, vol. II, 677-678; DORIVAL, *Les Nombres*, 106.236; HARLÉ - PRALON, 209.210.

*non tener conto* è presente in tutti i brani. In Sir[Gr] 2,10[296] il discepolo è invitato a guardare al passato: Dio non ha deluso nessuno che abbia confidato in Lui, non ha abbandonato nessuno che abbia perseverato nel suo timore e non ha disdegnato (ὑπερεῖδεν αὐτόν) nessuno che lo abbia invocato (τίς ἐπεκαλέσατο αὐτόν). In modo analogo in Sir[Gr] 38,16 si dice che il discepolo non deve trascurare la tomba (καὶ μὴ ὑπερίδῃς τὴν ταφὴν αὐτοῦ) di colui che ha seppellito secondo il suo rito. In Sir[Gr] 14,8 l'uomo invidioso, invece, "disprezza le anime", cioè le vite degli altri (ὑπερορῶν ψυχάς), mentre in Sir[Gr] 23,11 il saggio avverte che, se il peccatore non tiene conto del proprio peccato (κἂν ὑπερίδῃ ἥμαρτεν), pecca due volte.

Un uso simile si ha in tutti i testi dei libri dei LXX dove Dio è soggetto del verbo ὑπεροράω. in forma negativa (οὐχ / οὐδέ / μή). In Lv[LXX] 26,44, ripreso da 3Mac 6,15, Dio dice di non disprezzare gli ebrei (οὐχ ὑπερεῖδον αὐτούς) e non si stancherà di essi quando saranno entrati in Palestina. In Gs[LXX] 1,5, Dio promette a Giosuè di non abbandonarlo e di non trascurarlo (οὐδὲ ὑπερόψομαί σε). In Gdt 8,20, Giuditta, dopo aver fatto la confessione sull'unicità di Dio a nome suo e del popolo, spera che Dio non trascurerà né gli abitanti di Betulia né il popolo d'Israele (οὐχ ὑπερόψεται ἡμᾶς οὐδ' ἀπὸ τοῦ γένους ἡμῶν). Sulla stessa linea di pensiero è Sal[Salom] 8,30, dove gli oranti chiedono a Dio di non trascurarli (ἢ ὑπερίδῃς ἡμᾶς ὁ θεὸς ἡμῶν) affinché i pagani non li inghiottano come se non ci fosse un liberatore. Forse il testo migliore per capire Sir[Gr] 35,17a è Sal[LXX] 54,2:

> ἐνώτισαι ὁ θεός τὴν προσευχὴν μου
> καὶ μὴ ὑπερίδῃς τὴν δέησίν μου

La supplica si apre con un distico in parallelismo sinonimico. Da qui nasce una duplice equivalenza. Il verbo ἐνώτισαι corrisponde all'espressione μὴ ὑπερίδῃς come il complemento oggetto del primo stico (τὴν προσευχὴν μου) equivale allo stesso comple-

---

[296] CALDUCH-BENAGES, *En el crisol de la prueba*, 123-141.

mento del secondo stico (τὴν δέησίν μου). A livello filologico abbiamo, dunque, la conferma che il vocabolo δέησις, pur indicando una preghiera di domanda, è tuttavia un vocabolo abbastanza ampio semanticamente, se può stare in parallelo con προσευχή, la preghiera in genere. Più interessante, invece, è il legame tra l'invocazione ἐνώτισαι e la sua equivalente negativa μὴ ὑπερίδῃς. Il verbo ἐνωτίζομαι indica l'ascolto attento come quello che Ada e Zilla, mogli di Lamech, devono porgere al loro marito (Gen$^{LXX}$ 4,23) o come quello degli ebrei verso gli ordini di Dio (Es$^{LXX}$ 15,26), oppure come quello di Balak all'oracolo di Balaam (Nm$^{LXX}$ 23,18). L'espressione μὴ ὑπερίδῃς va, dunque, compresa come *non rendere sciatta la tua attenzione (nell'ascolto)*.

La resa finale di Sir$^{Gr}$ 35,17a: οὐ μὴ ὑπερίδῃ ἱκετείαν ὀρφανοῦ, potrebbe essere la seguente: *non rende sciatta la (sua) attenzione (nell'ascoltare) la supplica dell'orfano.*

d. Sir$^{Gr}$ 35,17b: καὶ χήραν ἐὰν ἐκχέῃ λαλιάν

Strettamente legato allo stico precedente, di cui segue il pensiero in quanto il verbo reggente (μὴ ὑπερίδῃ) si trova in Sir$^{Gr}$ 35,17a, lo stico Sir$^{Gr}$ 35,17b aggiunge un secondo elemento nei confronti del quale Dio non rende sciatta la sua attenzione nell'ascoltare. Si tratta della χήρα, della vedova, di cui è già stato detto nel paragrafo precedente. L'espressione ἐκχέῃ λαλιάν indica la situazione in cui offre l'attenzione del suo ascolto alla vedova.

Il verbo ἐκχέω è già stato esaminato in associazione con il vocabolo αἷμα in Sir$^{Gr}$ 34,26. Usato dal Siracide 14x (Sir$^{Gr}$ 1,9; 16,11; 18,11; 20,13; 24,33; 28,11; 30,18; 32,4; 34,22; 35,17; 36,6; 37,29; 39,28; 50,15), si trova in associazione con λαλιά solo in Sir$^{Gr}$ 35,17b e in Sir$^{Gr}$ 32,4. Si tratta di una costruzione peculiare del Siracide. Negli altri libri dei LXX e negli apocrifi greci dell'Antico Testamento non si ritrova più.

Si trovano i due vocaboli usati, ovviamente in modo separato. Il vocabolo λαλιά negli altri libri dei LXX è usato solo 14x di cui 8x nei Sapienziali (Gb$^{LXX}$ 7,6; 29,3; 33,1; Sal$^{LXX}$ 18,4; Qo$^{LXX}$

3,18; 7,14; Ct^LXX 4,3; 6,7), 3x nei libri profetici (Is^LXX 11,3; Dan^LXX 10,6.9) e 3x negli storici (2Mac 5,5; 8,7; 15,12). Non ci sono usi particolari in tutti questi testi se non per sfumature di significato. Si va dal semplice valore di parola (cfr Sal^LXX 18,4) a quello di discorso (cfr Dan^LXX 10,6) e di notizia (2Mac 8,7). In 2Mac 15,12 l'autore sente il bisogno di specificare che Onia era dignitoso nel porgere la conversazione (λαλιὰν προϊέμενον πρεπόντως). Ciò significa che ci può essere anche un modo non proprio dignitoso nel parlare. Nell'*Apocalisse greca di Baruc* (6,16) il vocabolo λαλιά indica il linguaggio del gallo, mentre nel *Testamento di Ruben* (2,6) si menzionano i sette spiriti su cui è fondata la vita dell'uomo: il quinto spirito è lo spirito della λαλιά che sarebbe lo spirito della parola con la quale nasce la conoscenza.

In Sir^Gr 32,4 il discepolo viene invitato a non effondersi in parole (μὴ ἐκχέῃς λαλιάν) quando ascolta e a non fare il sapiente fuori del tempo opportuno. In altre parole: il discepolo deve saper ascoltare in silenzio. Nel Siracide sembra che l'espressione ἐκχέω λαλιάν significhi fondamentalmente *parlare fuori luogo*. Ciò verrà confermato dall'esame di Sir^Gr 35,18-19, dove il testo offre il fondamento di questo straparlare della vedova. Poiché lo stico è strettamente legato sia sintatticamente sia stilisticamente con Sir^Gr 35,17a, l'espressione ἱκετεία ὀρφανοῦ (Sir^Gr 35,17a) e ἐκχέω λαλιάν (Sir^Gr 35,17b) vanno letti alla luce del parallelismo sinonimico di tipo contenutistico, anche se, a livello formale, non è esattamente formulato. Sicuramente la ἱκετεία è una preghiera, mentre questo valore non è presente in λαλιά. Tuttavia Dio non rende sciatta la sua attenzione nell'ascoltare questa λαλιά della vedova come non l'ha resa sciatta nell'ascoltare la supplica dell'orfano.

Il valore della congiunzione ἐάν, poi, non è equivalente a "quando". Questa equivalenza è possibile con la plurisemantica congiunzione ebraica כִּי, così come si trova in Sir^H 35,17b. In greco la particella ἐάν esprime sempre una riflessione su un caso eventuale o iterativo[297] e porta con sè il significato di *se, qualora,*

---

[297] BLASS - DEBRUNNER, § 373 (452-453).

*anche se, nel caso che, se mai,* ecc. Questa valenza di significato della congiunzione ipotetica porta a considerare che Dio non rende sciatta la sua attenzione verso qualche cosa che di per sé non meriterebbe attenzione, ma poiché questo qualche cosa proviene da una vedova diventa *ipso facto* importante per Dio.

Tutto l'esame fatto sullo stico καὶ χήραν ἐὰν ἐκχέῃ λαλιάν porta a una traduzione di questo tipo: *e la vedova anche se si effonde in un parlare fuori luogo*[298].

e. Sir[Gr] 35,18: οὐχὶ δάκρυα χήρας ἐπὶ σιαγόνα καταβαίνει

Dopo aver affermato che Dio presta la sua attenzione sia alla supplica dell'orfano sia al parlare fuori posto della vedova, il testo si pone due domande che hanno il compito di chiarire come il parlare fuori posto della vedova sia dettato da un dolore molto forte rappresentato sia dalle δάκρυα (lacrime), sia dalla καταβόησις ("invettiva" / "lamento") che la vedova esprime.

Il vocabolo δάκρυον[299], che significa *lacrima,* è uno dei tanti vocaboli poco usati nel Siracide. Compare solo 3x (Sir[Gr] 22,19; 35,18; 38,16). Nei libri dei LXX, dove il vocabolo compare oltre che nel Siracide per altre 25x[300], le lacrime sono spessissimo associate alla preghiera[301]

---

[298] Si potrebbe pensare che il testo di Sir[Gr] 35,17b possa richiamare la situazione di Anna, che prega solo con il movimento delle labbra ed è vista da Eli (1Sam[LXX] 1,13.15). Bisogna tuttavia tener presente che Anna non è una vedova, non sta pronunciando nessuna λαλιάν, anche se in 1Sam[LXX] 1,13 c'è il verbo λαλέω (ἐλάλει) e soprattutto non si fa sentire perché αὐτὴ ἐλάλει ἐν τῇ καρδίᾳ αὐτῆς…καὶ φωνὴ αὐτῆς οὐκ ἠκούετο, "Essa parlava nel suo cuore…e la sua voce non si sentiva". La vedova di Sir[H/Gr] 35,17b ha tutt'altro atteggiamento (cfr Janzen, 113-127).

[299] Shipp, 207.

[300] 2Re[LXX] 20,5; Tob 7,16; 2Mac 11,6 Sal[LXX] 6,7; 38,13; 41,4; 55,9; 79,6[2x]; 114,8; 125,5; Qo[LXX] 4,1; Is[LXX] 25,8; 38,5; Ger[LXX] 8,23; 9,17; 13,17; 14,17; 38,16; Lam[LXX] 1,2; 2,11.18; Mi[LXX] 2,13.

[301] 2Re[LXX] 20,5; Tb 7,16; 2Mac 11,6; Sal[LXX] 6,7; 38,13; 41,4; 55,9; 79,6[2x]; 114,8; 125,5; Is[LXX] 38,5; Ger[LXX] 9,17; Lam[LXX] 2,18.

come accade anche negli apocrifi[302]. Le lacrime sono associate anche alle disgrazie (Ger$^{LXX}$ 8,23; 13,17; 14,17; 38,16; Lam$^{LXX}$ 1,2; 2,11; Mi$^{LXX}$ 2,6.13; cfr 3Mac 4,2). Meritano particolare attenzione due tipi di lacrime descritte brevemente dal testo biblico. Il primo tipo è presentato in Tb 7,16: le lacrime, di Edna[303] o di Sara[304] che siano, manifestano una forte emozione (paura, rimorso?). Il secondo tipo di lacrime si trova in Qo$^{LXX}$ 4,1: il sapiente si è messo a considerare tutte le oppressioni che ci sono sotto il sole (πάσας τὰς συκοφαντίας τὰς γινομένας ὑπὸ τὸν ἥλιον) ed ecco δάκρυον τῶν συκοφαντουμένων, "il pianto degli oppressi". Costoro, umanamente non hanno nessuno che li consoli (καὶ οὐκ ἔστιν αὐτοῖς παρακαλῶν). Non resta che Dio. Egli è colui che può asciugare ogni lacrima (cfr Sal$^{LXX}$ 114,8; Is$^{LXX}$ 25,8).

Questo dato è importante per la ricerca in quanto i vari protagonisti che subiscono l'oppressione sono presenti in Sir$^{Gr}$ 34,24b (πένης). 25a (ἐπιδεόμενος, πτωχός); 35,16a (πτωχός). 16b (ἠδικημένος) e le figure simboliche che li rappresentano sono proprio l'orfano e la vedova. Dio, dunque, è colui che è capace di asciugare ogni lacrima, anche della vedova.

Nel testo del Siracide dove compare il vocabolo δάκρυον (Sir$^{Gr}$ 38,16-23), il maestro insegna al discepolo come comportarsi con un morto: è giusto versare lacrime (κατάγαγε δάκρυα, "fa scendere lacrime"), alzare il lamento, seppellire il morto e curarne la tomba. In un altro testo, molto più utile al caso di Sir$^{Gr}$ 35,17b, è Sir$^{Gr}$

---

[302] Si veda, ad esempio, in 3Mac 1,16; 5,7; 6,14; 4Mac 4,11; *Testamento di Abramo* (lungo) 14,12; *Giuseppe e Asenet* 13,7.9; 15,3.

[303] Secondo il cod. S le lacrime sono di Edna: καὶ βαδίσασα ἔστρωσεν εἰς τὸ ταμίειον ὡς εἶπεν αὐτῇ καὶ ἤγαγεν αὐτὴν ἐκεῖ καὶ ἔκλαυσεν περὶ αὐτῆς καὶ ἀπεμάξατο τὰ δάκρυα, "Essa andò in camera a preparare il letto, come aveva detto (Raguel). Ve la (= Sara) condusse e pianse per lei e si asciugò le lacrime".

[304] Secondo i codd. A e B le lacrime sono di Sara: καὶ ἐποίησεν ὡς εἶπεν καὶ εἰσήγαγεν αὐτὴν ἐκεῖ καὶ ἔκλαυσεν καὶ ἀπεδέξατο τὰ δάκρυα τῆς θυγατρὸς αὐτῆς, "E fece come aveva detto e vi condusse Sara e scoppiò a piangere e asciugò le lacrime di sua figlia".

22,19 dove, in un brano che riguarda l'amicizia (Sir^Gr 22,19-26)[305], il maestro insegna al discepolo che ὁ νύσσων ὀφθαλμὸν κατάξει δάκρυα καὶ νύσσων καρδίαν ἐκφαίνει αἴσθησιν, "Chi punge un occhio fa scendere lacrime e chi punge un cuore rivela[306] il sentimento". Dato il parallelismo tra i due stichi di Sir^Gr 22,19, le lacrime sono la manifestazione di un dolore non fisico, ma interiore. Le lacrime della vedova di Sir^Gr 35,18, dunque, si possono leggere come la manifestazione di un dolore profondo (cfr Sir^Gr 22,19) che è il dolore dell'oppresso (cfr Qo^LXX 4,1) e aspettano di essere asciugate da Dio (cfr Sal^LXX 114,8; Is^LXX 25,8).

Il termine σιαγών[307] è un *hapax* del Siracide. Nei libri dei LXX compare circa 20x e indica la mascella dell'animale (Gdc^LXX 15,14-19: la mascella d'asino adoperata da Sansone; Sal^LXX 31,9: quelle degli equini; Ez^LXX 29,4: quelle del coccodrillo, simbolo del faraone) ma anche la guancia della persona. La guancia è oggetto di percosse (1Re^LXX 22,24; 2Cr^LXX 18,23; Gb^LXX 16,20; Lam^LXX 3,30; Mi^LXX 4,14). Portare qualcuno alla guancia è segno di tenerezza paterna (Os^LXX 11,4: il padre [Dio] accosta alla sua guancia il piccolino [Efraim]). La guancia, inoltre, può essere anche oggetto di attenzione innamorata (Ct^LXX 1,10; 5,13). In quest'ultimo caso si può pensare al volto a causa del fatto che, non essendoci in ebraico la parola *volto*, per indicarlo si adopera la parola פָּנִים, nel senso di *guance*. Non è pensabile che le σιαγόνα di Sir^Gr 35,18 possano indicare il volto. Nel testo H non c'è il vocabolo פָּנִים, ma c'è il termine לחי, al singolare, che, fino ad oggi, è usato dal testo H di Ben Sira solo in questo caso. Inoltre per il termine volto il Siracide adopera il termine πρόσωπον che di norma corrisponde, giustamente, a פָּנִים del testo H di Ben Sira.

C'è, tuttavia, un testo che ci aiuta a comprendere Sir^Gr 35,19. Si tratta di Lam^LXX 1,2. Gerusalemme (Ιερουσαλημ), diventata come

---

[305] Cfr CORLEY, 191-211.
[306] Per il verbo ἐκφαίνω nel Siracide si veda LIESEN, 175-176.
[307] HARLÉ, 209.210.

una vedova (ὡς χήρα), κλαίουσα ἔκλαυσεν ἐν νυκτί καὶ τὰ δάκρυα αὐτῆς ἐπὶ τῶν σιαγόνων αὐτῆς καὶ οὐχ ὑπάρχει ὁ παρακαλῶν αὐτὴν ἀπὸ πάντων τῶν ἀγαπώντων αὐτήν, "Piange[308] a dirotto nella notte e le sue lacrime (scendono) sulle sue guance e non c'è chi la consoli tra tutti i suoi amanti". L'immagine presentata dal testo è quella di Gerusalemme devastata dai Babilonesi. La similitudine scelta è quella della vedova che di notte piange a dirotto e le cui lacrime si vedono sulle sue guance. L'espressione è vicinissima a quella di Sir$^{H-Gr}$ 35,18:

| Lam$^{LXX}$ 1,2 | Sir$^{H}$ 35,18 | Lam$^{LXX}$ 1,2 | Sir$^{Gr}$ 35,18 |
|---|---|---|---|
| וְדִמְעָתָהּ | הלא דמעה | καὶ τὰ δάκρυα αὐτῆς | οὐχὶ δάκρυα χήρας |
| עַל לֶחֱיָהּ | על לחי | ἐπὶ τῶν σιαγόνων αὐτῆς | ἐπὶ σιαγόνα |
| | תרד | | καταβαίνε |

Per l'autore delle Lamentazioni il dolore di una vedova che piange esprime benissimo il dolore di Gerusalemme, ma anche viceversa. Gerusalemme si vede annientata come città (cfr Lam$^{LXX}$ 1,3: strade in lutto, porte deserte) come la vedova si sente annientata come persona. Gli avversari di Gerusalemme sono i suoi padroni (cfr Lam$^{LXX}$ 1,5a) come gli oppressori della vedova sono coloro che possono prendere il volto dei senza pietà e dei senza-Legge (Sir$^{Gr}$ 34,22-23). I bambini di Gerusalemme sono condotti in schiavitù (cfr Lam$^{LXX}$ 1,5e), come i figli della vedova, essendo orfani, sono soggetti alle angherie di chi opprime la loro madre. Forse Ben Sira ha voluto di proposito porre in parallelo il dolore della vedova con quello di Gerusalemme, servendosi delle stesse parole delle Lamentazioni. Il Siracide, traducendo il testo H in questo modo, avrebbe forse colto l'intenzione di Sir$^{H}$ 35,18 (e forse anche il probabile legame con Sir$^{H}$ 36,18).

---

[308] Aoristo narrativo con valore di presente.

Il verbo καταβαίνω[309], usato poco meno di 350x nei libri dei LXX, è invece presente nel Siracide solamente 2x (Sir[Gr] 35,18; 50,20). In Sir[Gr] 50,20 si dice che il sommo sacerdote Simone, finito l'atto di culto, τότε καταβὰς ἐπῆρεν χεῖρας αὐτοῦ ἐπὶ πᾶσαν ἐκκλησίαν υἱῶν Ισραηλ δοῦναι εὐλογίαν κυρίου, "Allora, scendendo, alzava le sue mani su tutta l'assemblea dei figli d'Israele per dare la benedizione del Signore". Che cosa percorreva Simone? Probabilmente scendeva i dodici gradini che salivano dal cortile dei sacerdoti (dove c'era l'altare, il mattatoio - dove gli animali venivano sgozzati - e il bacino per la purificazione delle mani e dei piedi dei sacerdoti del santuario) al santuario[310]. Sicuramente non era una discesa veloce poiché l'atto liturgico delle mani alzate per la benedizione richiedeva una sua solennità e non permetteva un equilibrio che consentisse una discesa veloce. Questi piccoli particolari aiutano forse a capire perché il Siracide abbia adoperato il verbo καταβαίνω. Si tratta di una discesa lenta come quella di un pianto profondo e perdurante.

La traduzione viene data assieme allo stico successivo con cui Sir[Gr] 35,18 costituisce una unica proposizione.

f. Sir[Gr] 35,19: καὶ ἡ καταβόησις ἐπὶ τῷ καταγαγόντι αὐτά

Continua la domanda di Sir[Gr] 35,18. Il dolore della vedova che la fa straparlare si manifesta non solo con le lacrime che lentamente scorrono sulle sue guance, ma anche con ἡ καταβόησις ἐπὶ τῷ καταγαγόντι αὐτά. Questa proposizione nominale di Sir[Gr] 35,19, in perfetto parallelismo formale con Sir[Gr] 35,18, sottintende senz'altro il verbo καταβαίνω dello stico precedente. Questa volta, però, non sono le lacrime che *scendono lentamente* sulle guance, ma è la καταβόησις che progressivamente *ricade* sul καταγαγόντι le lacrime. Vediamo di chiarire questo nome e questo verbo.

Il nome καταβόησις è un *hapax* non solo del Siracide, ma anche dei libri dei LXX, del Nuovo Testamento e anche degli apocrifi

---

[309] BEWER, 158-168; WEVERS, *Exodus*, 298 (Es 19,10).388 (Es 24,16); WEVERS, *Genesis*, 728.

[310] SANDERS, *Il Giudaismo*, 85. Cfr Ó FEARGAIL, 301-316 (spec. 308-313).

greci veterotestamentari conosciuti. In Filone compare solo una volta, precisamente *In Flaccum*, 138 e il significato è fondamentalmente *grido* e il contenuto, *lagnanze* (che nel caso concreto di Filone sono inventate).

Il verbo βοάω[311] significa *gridare, chiamare ad alta voce*, mentre il composto καταβοάω significa *gridare contro qualcuno*, ed è costruito con la preposizione περί. Il nome βοή, invece, può indicare il *grido* come in Filone Meccanico (nel trattato sull'artiglieria chiamato *Belopoeica* 2,537)[312]. Il nome può anche indicare la *divulgazione* come in Filostrato sofista, che essendo vissuto tra i sec. II-III d. C. non testimonia certo l'uso del vocabolo adoperato dal Siracide. Sembra, perciò, più plausibile associare il significato del βοή, *grido*, con il significato del verbo, *gridare contro qualcuno*. Ciò porta a scegliere il termine italiano *invettiva* che esprime tutta la rabbia della persona che nel sopruso è capace di innalzare a Dio una preghiera di maledizione (cfr Sir^Gr 34,29). L'invettiva è rivolta al καταγαγόντι, ma non è costruita con ἐπί. Ciò è dovuto in questo caso alla fedeltà del testo Gr nei confronti del testo H. Lì dove il testo H ha על, sul cui valore ha già discusso Palmisano[313], il Siracide in ambedue i casi traduce "ἐπί + il dativo", sia per fedeltà sia per mantenere il parallelismo stilistico con Sir^Gr 35,18. In ogni caso, ἐπί porta con sé sempre il significato di *sopra* e anche *contro* come in Lc 12,53 (διαμερισθήσονται πατὴρ ἐπὶ υἱῷ καὶ υἱὸς ἐπὶ πατρί, κτλ., "Saranno divisi il padre contro il figlio e il figlio contro il padre, ecc.").

Il verbo κατάγω[314], viene usato dal Siracide solo 5x (Sir^Gr 22,19; 35,19; 38,16; 48,3.6). In due casi si tratta di testi già visti (Sir^Gr 22,19;

---

[311] Le informazioni provengono da CHANTRAINE, vol. I, *ad vocem*, e da LIDDELL – SCOTT, *ad vocem*.

[312] Filone Meccanico, chiamato anche Filone di Bisanzio (280 a.C. – 220 a.C.), fu uno scienziato ellenistico, successore e discepolo di Ctesibio.

[313] PALMISANO, 105, n. 121. Il suggerimento del prof. Gianto è interessante, ma mi domando se questo uso attestato nel 1.000 a.C. poteva essere fruito da uno come Ben Sira che adoperava la lingua ebraica come lingua accademica nel sec. II a.C.

[314] SPICQ, *Note*, vol. I, 369-373.

38,16) dove l'espressione κατάγω δάκρυα ha il valore di *far scendere lacrime*. Lo stesso valore si ritrova in Sir^Gr 48,3, dove si ricorda il miracolo di Elia: ἐν λόγῳ κυρίου ἀνέσχεν οὐρανόν κατήγαγεν οὕτως τρὶς πῦρ, "Sulla parola del Signore chiuse il cielo, fece scendere così per tre volte il fuoco". Con una sfumatura diversa, il verbo viene usato in Sir^Gr 48,6, dove il Signore ὁ καταγαγὼν βασιλεῖς εἰς ἀπώλειαν. Dio appare come "colui che precipita i re verso la rovina". Anche in questo caso, tuttavia, l'idea di far scendere è chiarissima. Nei libri dei LXX il verbo compare circa 67x. Forse, l'esempio più convincente del significato *far scendere* si trova in Sal^LXX 77, 16:

καὶ ἐξήγαγεν ὕδωρ ἐκ πέτρας
καὶ κατήγαγεν ὡς ποταμοὺς ὕδατα

Il gioco antitetico dei due stichi è dato dai verbi: ἐξήγαγεν / κατήγαγεν. Dio "fece uscire l'acqua dalla pietra e fece scendere le acque come fiumi". Da quanto dicono sia Es^LXX 17,1-7 sia Nm^LXX 20,2-13, non sembra che Mosè sia dovuto salire su un monte per far sgorgare l'acqua. Una lettura di Es^LXX 17,1-7, dove si parla dell'Oreb, non autorizza a pensare a una scalata di Mosè sul monte stesso. Ciò implica che il verbo κατάγω indichi non la discesa, ma lo scorrimento dell'acqua. La precedente traduzione letterale, nella lingua di arrivo, va rimodellata in questo modo: "Dio fece scaturire l'acqua dalla pietra e fece scorrere le acque come fiumi". Potrebbe essere una variante stilistica che si fonda sullo stesso valore del verbo: *far scendere / far scorrere*. Per le lacrime della vedova possono essere usate ambedue le forme: *colui che le fa scendere* o *colui che le fa scorrere*.

Il testo di Sir^Gr 35,18-19 appare nella sua chiarezza: si tratta di una domanda retorica che intende spiegare il significato di Sir^Gr 35,17b. Dio presta la massima attenzione allo sproloquiare della vedova. La ragione è duplice: quel parlare fuori luogo della vedova è paragonabile alla preghiera dell'orfano, ma è anche l'espressione di un dolore sconfinato. La prova si ha nel pianto lento di questa donna. Se il suo parlare fuori luogo è preghiera, anche le lacrime ne fanno parte come l'invettiva che prende il sapore della preghiera di maledizione.

Una traduzione possibile di Sir<sup>Gr</sup> 35,18-19 potrebbe essere così concepita: *Forse non scendono (lentamente) le lacrime sulle sue guance e la sua invettiva (non ricade) su chi gliele ha fatte scorrere?* Il testo H ha tutt'altra direzione: "Non scorre forse la lacrima sulla guancia e il gemito dal suo vagare?". Mentre in Sir<sup>Gr</sup> 35,16-17 la traduzione del Gr è stata fondamentalmente fedele al testo H, in Sir<sup>Gr</sup> 35,18-19 se ne allontana parecchio.

g. Sir<sup>Gr</sup> 35,20: θεραπεύων ἐν εὐδοκίᾳ δεχθήσεται καὶ ἡ δέησις αὐτοῦ ἕως νεφελῶν συνάψει

Sir<sup>Gr</sup> 35,20 è stato già fatto oggetto di analisi nel capitolo terzo in associazione a Sir<sup>Gr</sup> 34,21-23 con cui forma una inclusione formale che delimita il trattato sulle offerte. Le analisi compiute per εὐδοκία di Sir<sup>Gr</sup> 34,22 hanno permesso di stabilire con sicurezza che lo stico di Sir<sup>Gr</sup> 35,20a si divide in due parti. Da una parte c'è solo il participio θεραπεύων e dall'altra l'espressione ἐν εὐδοκίᾳ δεχθήσεται. Ciò permette una comprensione precisa del testo: il θεραπεύων è accolto (da Dio) con compiacimento. Sappiamo che il significato fondamentale di θεραπεύω[315] è duplice: *servire* e *curare*[316]. Il servizio può essere rivolto a Dio e all'uomo. Se è rivolto a Dio, indica l'atto di culto sia a Dio (Gdt 11,17; Is<sup>LXX</sup> 54,17) sia agli idoli (lettera di Ger<sup>LXX</sup> 25.28)[317]. Se il servizio è rivolto all'uomo, è rivolto al sovrano (Est<sup>LXX</sup> 1,1; 2,19; 6,10) e al prossimo (Pr<sup>LXX</sup> 19,6; 29,26). In quest'ultimo caso, purtroppo, prende le sembianze dell'adulazione. L'uso che il Siracide fa del verbo θεραπεύω è molto limitato: Sir<sup>Gr</sup> 18,19; 35,20; 38,7 (qui traduce רָפָא). Escludendo Sir<sup>Gr</sup> 35,20, che è il caso in esame, negli altri due testi il verbo θεραπεύω viene usato per indicare la cura della salute[318]. Il Siracide, dunque, non sembra attratto dal con-

---

[315] Cfr BEYER, coll. 487-498; DANIEL, 107-109.112.

[316] CHANTRAINE, vol. I, 430-431.

[317] Equivale a Bar 6,25.28, secondo la Vulgata.

[318] In Sir<sup>Gr</sup> 18,19 si dice che il discepolo deve informarsi prima di parlare, come deve "prendersi cura" di sé prima di ammalarsi. In Sir<sup>Gr</sup> 38,7 si afferma che il medico "cura" con le meraviglie offerte da Dio perché il vivere sano non venga meno.

cetto di θεραπεύω con il valore di *servire Dio* attraverso un atto di culto, ma preferisce adoperare il verbo con il valore di *prendersi cura di sé* o di altri. Il verbo θεραπεύω[319] in Sir[Gr] 35,20 è stato reso dalla maggior parte degli studiosi che traducono dal testo Gr[320] con il significato di *servire Dio*. Solo pochi hanno preferito rimanere nel significato generico di *servire*, senza specificare il destinatario di tale servizio[321]. Pochissimi hanno ipotizzato che θεραπεύων possa indicare colui che ha una attenzione particolare al prossimo bisognoso[322]. Se il significato più plausibile di θεραπεύων in Sir[Gr] 35,20a è "colui che si prende cura", è necessario chiedersi quale possa essere il destinatario di questa "cura". È difficile che possa essere qualche cosa che riguarda il divino o il religioso (come lo è l'ambito cultico). Il verbo indica preferibilmente un'attenzione a qualche cosa che appartiene al mondo dell'uomo. Poiché nel contesto immediato si parla con insistenza del povero, dell'oppresso, della vedova e dell'orfano (Sir[Gr] 35,16-19), non sembra essere lontano dal vero se, come destinatario di "colui che si prende cura", si esplicita il prossimo bisognoso.

Poiché il termine εὐδοκία in tutte le valenze con cui è presente nel Siracide è già stato esaminato in Sir[Gr] 34,22.23, passiamo al verbo δέχομαι.

---

[319] Il verbo θεραπεύω compare nei LXX circa 20 x (2Sam[LXX] 19,25; 2Re[LXX] 9,16; Est[LXX] 1,2.7; 2,19; 6,10; Pr[LXX] 14,19; 19,6; 29,26; Is[LXX] 54,17; Ep. Ger 25.38 [= Bar 6,25.28]; Dn[LXX] 7,10; Gdt 11,17; Tb 1,7; 2,10; 12,3; Sir[Gr] 18,19; 35,16; 38,7; Sap 10,9; 16,12). Il suo significato oscilla da "curare" (cfr 2 Sam[LXX] 19,25; 2 Re[LXX] 9,16; ecc.) a "prestare servizio / servire" (cfr Est[LXX] 1,2.7; 2,19; 6,10), da "servire Dio" (cfr Dan[LXX] 7,10; Gdt 11,17; ecc.) a "essere fedele" (Ep. Ger 25.38 = Bar 6,25.38).

[320] Diversi traducono dal testo H (Smend, Peters, Hamp, Duesberg - Fransen, Alonso Schökel, Skehan - Di Lella, Sauer, Schilling, Pereira, Mopsik, ecc.).

[321] Tra questi studiosi vanno ricordati Zöckler, Eberharter, Bruguera - Díaz, Skehan - Di Lella, Minissale, Morla Asensio, ecc.

[322] Cfr DUESBERG - AUVRAY, nota a Sir 35,20 (la nota era già presente nell'edizione in fascilo del 1955). Dopo aver dato la traduzione del brano ("Celui qui sert Dieu de tout son coeur est agréé"), pone in nota la proposta alternativa: "Ou: «qui rend service (au prochain)»". Si veda anche la *Bibbia TOB*; Minissale; *Neue jerusalemer Bibel*; la nuova traduzione della C.E.I. del 2009 ("Chi la [= la vedova] soccorre").

Il verbo δέχομαι[323] e i suoi composti (ἐκδέχομαι, προσδέχομαι, ἐπιδέχομαι), che hanno fondamentalmente tutti e tre lo stesso significato, compaiono nel Siracide una quindicina di volte (Sir[Gr] 2,4; 6,23.33; 7,9; 15,2; 18,14; 32,14; 35,11.16; 36,21; 41,1; 50,12.21; 51,16.26) e il corrispondente aggettivo verbale, δεκτός, compare nel Siracide 3x volte (Sir[Gr] 2,5; 3,17; 35,9)[324]. Tutti i vocaboli esprimono fondamentalmente il concetto di accoglienza. In un breve schema illustrativo si può vedere l'uso dei verbi nel Siracide[325]:

| citazione | soggetto o complemento d'agente | verbo | realtà accettata / accolta |
|---|---|---|---|
| Sir[Gr] 2,3 | essere umano = tu | δέξαι | ciò che avviene |
| Sir[Gr] 6,23 | essere umano = figlio | ἔκδέξαι | parere del maestro |

[323] Per l'analisi di δέχομαι e dei suoi composti si vedano: HELBING, 53; LEE, 59-60; GRUNDMANN, δέχομαι, coll. 865-892. "Nei LXX infine δέχομαι è in senso specifico traduzione di r s â, *compiacersi, accettare per compiacenza*, in rapporto con il linguaggio cultuale" (GRUNDMANN, δέχομαι, col. 873). Anche il verbo προσδέχομαι traduce r s â, e viene usato come il verbo semplice (cfr GRUNDMANN, δέχομαι, col. 885). Il verbo ἔκδέχομαι ha lo stesso significato di δέχομαι (cfr GRUNDMANN, δέχομαι, col. 881), cui aggiunge anche il significato di *aspettare*, che, però, non è usato dal Siracide. Infine, il verbo ἐπιδέχομαι (Gdt 13,13; Sir[Gr] 36,23; 41,1; 51,26; 1Mac 1,42.63; 6,60; 9,31.71; 10,1.46; 12,8.43; 14,23.47; 2Mac 2,26; 7,26.29; 12,4; 13,24; 15,32) è presente nei testi biblici poco più di una ventina di volte. La cosa interessante è che compare solamente in quei libri che sono stati conservati in greco, salvo il Siracide. Può significare fondamentalmente *accogliere*, ma anche *accettare*. Non c'è, dunque, differenza di rilievo tra δέχομαι e i tre composti, ἔκδέχομαι, προσδέχομαι, ἐπιδέχομαι.

[324] Nelle tre ricorrenze dell'aggettivo verbale non si trova mai espresso l'agente. È sempre sottinteso e si tratta di Dio.

| citazione | realtà gradita | aggettivo | soggetto che gradisce |
|---|---|---|---|
| Sir[Gr] 2,5 | uomini provati | δεκτοί | (Dio) |
| Sir[Gr] 3,17 | uomo | δεκτοῦ | (Dio) |
| Sir[Gr] 35,9 | sacrificio dell'uomo giusto | ἐκδεξῃ | (Dio) |

[325] Nello schema vengono esplicitati l'agente (soggetto o complemento d'agente che sia), le forme del verbo greco e la realtà che viene accolta o accettata.

| | | | |
|---|---|---|---|
| Sir$^{Gr}$ 6,33 | essere umano = figlio | ἐκδέξη | - - - - - - - |
| Sir$^{Gr}$ 7,9 | da Dio | προσδέξεται | prostrarmi |
| Sir$^{Gr}$ 15,2 | Sapienza | προσδέξεται | fedele alla Legge |
| Sir$^{Gr}$ 18,14 | essere umano = persone | ἐκδεχομένους | dottrina |
| Sir$^{Gr}$ 32,14 | essere umano = chi teme | ἐκδέξεται | dottrina |
| Sir$^{Gr}$ 35,14 | Dio | οὐ προσδέξεται | corrompere con doni |
| Sir$^{Gr}$ 35,20a | Dio | δεχθήσεται | θεραπεύων = chi serve, chi si prende cura |
| Sir$^{Gr}$ 36,21 | essere umano = donna | ἐπιδέξεται | qualsiasi marito |
| Sir$^{Gr}$ 41,1 | essere umano = uomo | ἐπιδέξασθαι | cibo |
| Sir$^{Gr}$ 50,12 | essere umano = Simone | δέχεσθαι | parti delle vittime |
| Sir$^{Gr}$ 50,21 | essere umano = tutti | ἐπιδέξασθαι | benedizione dell'Altissimo |
| Sir$^{Gr}$ 51,16 | essere umano = Siracide | ἐδεξάμην | Sapienza |
| Sir$^{Gr}$ 51,26 | essere umano = gli ignoranti | ἐπιδεξάσθω | istruzione |

A una lettura complessiva dell'uso del verbo e del suo aggettivo verbale si può dire che non esiste un uso strettamente teologico. I soggetti accoglienti possono essere l'uomo e Dio.

L'uomo accoglie ciò che avviene (Sir$^{Gr}$ 2,3) e il cibo (Sir$^{Gr}$ 41,1). Accoglie anche il parere del maestro (Sir$^{Gr}$ 6,33), la dottrina (Sir$^{Gr}$ 18,14; 34,14), l'istruzione (Sir$^{Gr}$ 51,26), la Sapienza (Sir$^{Gr}$ 51,16). In modo particolare accoglie la benedizione dell'Altissimo (Sir$^{Gr}$ 50,21). La donna accoglie qualsiasi marito (Sir$^{Gr}$ 36,21) e il sommo sacerdote Simeone accoglie le parti delle vittime (Sir$^{Gr}$ 50,12).

Dio, a sua volta, accoglie l'uomo (Sir$^{Gr}$ 3,17), in modo particolare l'uomo provato (Sir$^{Gr}$ 2,5)[326] e l'uomo che si pone in atteggiamento di servizio (Sir$^{Gr}$ 35,20a)[327]. Accoglie anche l'atto di

---

[326] Cfr CALDUCH-BENAGES, *Un gioiello di sapienza*, 53-54.

[327] Se si comprende la Sapienza come realtà che media il dialogo tra Dio e l'uomo, essa accoglie l'uomo fedele alla legge (Sir$^{Gr}$ 15,2).

adorazione dell'uomo (Sir[Gr] 7,9) e il sacrificio dell'uomo giusto (Sir[Gr] 35,9). Dio, invece, non accoglie ciò che gli viene offerto per corromperlo (Sir[Gr] 35,14). Quest'ultimo è l'unico caso in cui il testo adopera il verbo accompagnato da negazione, equivalente al rifiuto. Quando, dunque, il concetto di accoglienza è applicato a Dio come soggetto agente, le realtà che egli accoglie sono l'uomo e il suo atto di culto[328]. Questo concetto appartiene alla riflessione sapienziale in genere[329] e a certi concetti diffusi nell'ebraismo egiziano in specie[330].

Il secondo stico del testo Gr non presenta particolari problemi e la maggior parte dei vocaboli è già stata esaminata: per δέησις cfr Sir[Gr] 34,31c; 35,21b; per νεφέλη cfr Sir[Gr] 35,21a.26b[331]. Per quanto riguarda il verbo συνάπτω[332] bisogna dire che è un *hapax* del Siracide e che nei libri dei LXX compare circa 56x e solo nei libri storici, eccetto il nostro caso. Il suo significato oscilla tra *giungere da un luogo ad un altro* (cfr Es[LXX] 26,6; 29,5) e *attaccare battaglia* (cfr Gdc[LXX.cod B] 20,20.30). Per Sir[Gr] 35,20b, Lust - Eynikel - Hauspie

---

[328] Il tema è già stato affrontato nel commento a Sir[Gr] 34,21-23.

[329] Negli scritti sapienziali emerge il concetto secondo il quale "ciò che a Dio piace e gli è gradito non sono gli olocausti, ma azioni e preghiere dei giusti": cfr GRUNDMANN, δεκτός, col. 890. Nel Siracide non troviamo il valore dei sacrifici come se fossero realtà indipendenti dalla persona che li offre. Si trova, piuttosto, il concetto del valore del sacrificio totalmente dipendente dalla persona che lo compie.

[330] Filone d'Alessandria, rifacendosi alle leggi sui sacrifici presenti nei libri del Levitico e dei Numeri, afferma che "l'estrema minuzia nell'esame dell'animale rappresenta simbolicamente l'emendamento della condotta… La preoccupazione della Legge non consiste nel fatto che le vittime non presentino alcuna imperfezione, ma che coloro che sacrificano siano affetti da alcuna passione" (*De specialibus. legibus*, I, 163-165).

[331] A quanto già detto si potrebbe aggiungere una breve annotazione. Il termine νεφέλη compare nel Siracide 10x. Viene adoperato per indicare il concetto di "alto" (Sir[Gr] 13,23: il discorso del ricco viene esaltato) o semplicemente per indicare il dato atmosferico (Sir[Gr] 35,26; 43,14.15; 50,6.10). Sobrio è l'uso per indicare il mondo divino: Sir[Gr] 24,4 (il trono della Sapienza è su una colonna di nubi); Sir[Gr] 35,20b.21a (la preghiera sale fino a Dio). Il termine viene anche usato in modo traslato per indicare, probabilmente, le nuvole d'incenso (Sir[Gr] 50,7).

[332] HELBING, 305-306; LE BOULLUEC - SANDEVOIR, 268; WEVERS, 417.

suggeriscono *giungere fino a*. La traduzione che rende il testo Gr potrebbe essere: *Chi si prende cura (dei bisognosi) è accolto (da Dio) con compiacimento e la sua preghiera giungerà fino alle nubi.*

h. Visione generale di Sir[Gr] 35,16-20

La fisionomia generale della traduzione di Sir[Gr] 35,16-19 è la seguente:

Sir 35,16    Non favoreggia alcuna persona (che si è imposta) sul povero
        e dà retta alla invocazione di chi subisce ingiustizia.
    17    Non rendere sciatta la tua attenzione (nell'ascoltare)
                [la supplica dell'orfano
        e la vedova anche se si effonde in un parlare fuori luogo.
    18    Forse non scendono (lentamente) le lacrime sulle sue guance
    19    e la sua invettiva (non ricade) su chi gliele ha fatte scorrere?
    20    Chi si prende cura (dei bisognosi) è accolto (da Dio)
                [con compiacimento
        e la sua preghiera raggiungerà le nubi.

Come si può notare, quest'ultimo brano della terza strofa del trattato sulle offerte, pur presentando situazioni di un disagio estremo (poveri, oppressi, orfano e vedova) non è teologicamente impegnativo. In una struttura che va progressivamente liquefacendosi, il Siracide prepara la conclusione del brano per dedicarsi al testo di passaggio (Sir[Gr] 35,21-26), dove i poveri, gli oppressi e la vedova (rivisitata come simbolo: cfr Lam[LXX] 1,1-2; Bar 4,12.16) prendono una fisionomia precisa: sono i membri del popolo di Dio. I senza-Legge e gli empi (cfr Sir[Gr] 34,22-23a) prenderanno la fisionomia degli spietati (Sir[Gr] 35,22c), delle genti (Sir[Gr] 35,23a), della moltitudine dei violenti (Sir[Gr] 35,23b) e degli ingiusti (Sir[Gr] 35,23c). Come in uno scatto improvviso, dopo aver guidato il suo lettore verso un momento descrittivo (Sir[Gr] 35,16-19), il testo prende nuovamente quota e in Sir[Gr] 35,20 viene annunciato l'ultimo dei tre principi teologici presenti nel trattato. Il primo principio teologico riguarda la mancanza totale di compiacimento divino nei confronti di un sacrificio che proviene da beni rubati ai poveri (Sir^Gr 34,21-23). Il secondo presenta il compiacimento divino nei confronti della vita vissuta come atto di culto, osservando la Legge. Per concludere, il terzo principio annuncia che chi si preoccupa dei bisognosi è accolto con lo stesso beneplacito con cui è accettata la vita diventata culto. Non resta pertanto che vedere il retroterra e le ricadute del pensiero di Sir^Gr 35,16-20.

i. Il retroterra e le ricadute del pensiero di Sir^Gr 35,16-20

L'analisi di Sir^Gr 35,16-18 ha permesso di stabilire che il brano evidenzia come coloro che sono oppressi e poveri, in modo particolare l'orfano e la vedova, sono fatti oggetto delle attenzioni di Dio. Qualunque sia il loro modo di esprimersi, Dio presta a loro la massima attenzione. Sembra che questa tematica contraddica l'affermazione di Sir^Gr 35,15c, dove si affermava che Dio non tiene conto della gloria-fama umana di nessuno (καὶ οὐκ ἔστιν παρ' αὐτῷ δόξα προσώπου), e di Sir^Gr 35,16a (οὐ λήμψεται πρόσωπον ἐπὶ πτωχοῦ). Se si leggono con attenzione questi due stichi si può notare come il Siracide specifichi che Dio non ha preferenze verso chi se la prende con un povero, anche se questo persecutore dei poveri è uno che può permettersi, magari con l'imbroglio (cfr Sir^Gr 34,21; 35,15a), una abbondanza di doni sacrificali (cfr Sir^Gr 34,23b). L'affermazione, perciò, che Dio non ha preferenze di persone non è una affermazione assoluta, ma va sfumata. Dio, infatti, ha una preferenza verso coloro che sono in una situazione di povertà e di oppressione. Non certamente per fare di queste persone dei privilegiati a scapito di qualcuno, ma per difenderli dai soprusi di cui sono oggetto, quando nessuno si interessa di loro.

Studiosi e autori che hanno commentato questo brano non hanno trovato molti riferimenti tematici in altri testi biblici, a differenza di quanto si è visto nei testi del Siracide precedentemente esaminati. Essi si sono fondamentalmente fermati a tre grandi tematiche[333]: la tematica della preferenza di persone[334]; la tematica dell'ascolto divino nei confronti di chi è in qualche modo oppresso[335] e la tematica dell'orfano e della vedova[336].

Poiché già lungo l'esegesi di Sir[Gr] 35,16-19 sono stati visti i brani più importanti dell'intertestualità greca veterotestamentaria e intertestamentaria a livello di intertestualità di origine (fonti) e di contemporaneità (retroterra teologico), vale la pena sottolineare solo due temi. Il primo tema riguarda la persona come offerta gradita a Dio. Il secondo riguarda il rapporto tra giustizia e misericordia di Dio alla luce di 2Mac 1,24-29, testo dove in un periodo posteriore al Siracide si trovano appaiati i due concetti. Inoltre, prestando attenzione all'intertestualità di ricaduta (recezione posteriore dei concetti teologici), vale la pena evidenziare la tematica neotestamentaria della mancanza, in Dio, della preferenza di persone.

### §1. *La persona come offerta cultica*

La persona come offerta cultica non è certo una tematica teologica che appartiene – come nascita – al Siracide. Due sono i testi più importanti con cui è necessario comparare Sir[Gr] 35,20. Si tratta di un testo di poco precedente la traduzione del Siracide, Dn[LXX] 3,39-40, e di un testo successivo, Sap 3,6.

---

[333] Nei commenti ci sono anche citazioni che riguardano riflessioni particolari degli studiosi (2Cr 19,17: Morla Asensio; Sal 104,3: Duesberg - Fransen, Skehan - Di Lella; Sir 4,6.15: Spicq; Sir 21,5: Morla Asensio; Lam 1,7: Spicq; Mt 4,7: Spicq; Lc 1,13: Spicq; Gc 4: Arnald).

[334] Nelle citazioni vengono riportate quelle più ampie all'interno delle quali si ritrovano, poi, tutti gli autori qui citati: Dt 10,17-18 (Churton, Knabenbauer, Eberharter, Luzzi); Gb 34,19 (Morla Asensio); Pr 24,23 (Morla Asensio); Sap 6,7 (Skehan - Di Lella, Morla Asensio). A queste citazioni vanno aggiunte anche quelle riportate per Sir 35,10-15, più precisamente per Sir 35,15c.

[335] Cfr Gen 4,23; 18,20-21; Es 2,23; 3,7-9; 2Mac 8,3; Sal 68[69],5-6; Lc 1,13.

[336] Cfr Es 22,21-24; Dt 14,29; 24,17-18; 26,12; 27,19; Sal 68[69],5-6; 145[146],9; Pr 33,10-11; Ger 51,5; Lam 1,1-2; Bar 4,12.16; Zc 7,10; Lc 18,1-8.

Il testo di Dn$^{LXX}$ 3,39-40, fa parte della preghiera di Azaria[337] (Dn$^{LXX}$ 3,26-45), più precisamente della petizione positiva. La preghiera è databile tra il dicembre del 167 e la primavera del 165 a.C.[338]. Il testo di Dn$^{LXX}$ 3,39-40 esprime un concetto nuovo rispetto alla teologia cultica precedente:

39 ἀλλ' ἐν ψυχῇ συντετριμμένῃ καὶ πνεύματι τεταπεινωμένῳ
               [προσδεχθείημεν
  ὡς ἐν ὁλοκαυτώμασι κριῶν καὶ ταύρων
  καὶ ὡς ἐν μυριάσιν ἀρνῶν πιόνων
40 οὕτω γενέσθω ἡμῶν ἡ θυσία ἐνώπιόν σου σήμερον
  καὶ ἐξιλάσαι ὄπισθέν σου
  ὅτι οὐκ ἔστιν αἰσχύνη τοῖς πεποιθόσιν ἐπὶ σοί


39 Ma, con l'animo contrito e lo spirito umiliato, potessimo
               [essere accolti
  come olocausti di montoni e di tori
  e come migliaia di grassi agnelli.
40 Tale sia oggi il nostro sacrificio davanti a te
  e ti sia pienamente gradito
  perché non c'è delusione per coloro che confidano in te.

La concezione è chiara: non c'è il sacrificio degli animali, ma ci sono le persone pentite che chiedono di essere accolte (Dn$^{LXX}$ 3,39: προσδεχθείημεν // Sir$^{Gr}$ 35,20a: δεχθήσεται) come sacrificio. Si tratta, però, di persone che hanno ben chiari alcuni punti fermi: temere il Signore, cercare il suo volto e seguire il Signore con tutto il cuore, cioè la fedeltà alla Legge di Dio (Dn$^{LXX}$ 3,41).

Il secondo testo, Sap 3,6[339], successivo al Siracide, afferma che i giusti perseguitati sono trovati da Dio degni di sé:

---

[337] GILBERT, "La prière", 561-582.

[338] Ibidem, 578.

[339] SCARPAT, *Sapienza*, vol. I, 231-239. Scarpat pone in parallelo Sap 3,6 con "*Ps 50,18-19*…..dove appare, come nel nostro testo la superiorità della sofferenza, sopportata virtuosamente, sui sacrifici rituali, cfr. *Rm 12,1*…" (234). Non fa cenno a Sir$^{Gr}$ 35,20.

ὡς χρυσὸν ἐν χωνευτηρίῳ ἐδοκίμασεν αὐτοὺς
καὶ ὡς ὁλοκάρπωμα θυσίας προσεδέξατο αὐτούς

(Dio) come oro nel crogiuolo li ha saggiati
e come l'olocausto di una offerta sacrificale li ha graditi

Il testo della Sapienza prosegue sulla linea tracciata da Dn[LXX] 3,39-40 e da Sir[Gr] 35,20. È interessante notare come il verbo del gradimento sia uguale a quello di Daniele e simile a quello del Siracide: προσεδέξατο αὐτούς.

Questi tre testi preludono, senza ambiguità, all'affermazione paolina di Rm 12,1: Παρακαλῶ οὖν ὑμᾶς, ἀδελφοί, διὰ τῶν οἰκτιρμῶν τοῦ θεοῦ παραστῆσαι τὰ σώματα ὑμῶν θυσίαν ζῶσαν ἁγίαν εὐάρεστον τῷ θεῷ, τὴν λογικὴν λατρείαν ὑμῶν· "Vi esorto, dunque, fratelli, per le misericordie di Dio, a offrire i vostri corpi come sacrificio vivente, santo, gradito a Dio: (tale è) il culto conveniente a voi"[340].

### §2. *La preghiera di 2Mac 1,24-29.*

La preghiera di 2Mac 1,24-29[341] sarebbe stata pronunciata subito dopo l'esilio[342], in occasione del sacrificio asperso con l'acqua grassa trovata nel luogo dove i sacerdoti, prima di andare in esilio, avevano nascosto il fuoco sacro (2Mac 1,19-22). La preghiera è vicina alla preghiera di Mardocheo (Est[LXX] 13,9-17), a quella di Sir[Gr] 36,1-

---

[340] La traduzione è stata fatta sugli studi di PENNA, 20-27.

[341] ABEL, 294-297. Per Estradé – Girbau la preghiera ricorda "la pregària de Mardoqueu a Est. 4,17a-i, i la pregària d'Eleazar, en el libre apòcrif tercer dels Macabeus (cf 3Mac. 6,2-15). Tot l'episodi sembla un ressò del que s'ens diu a 2Par. 7,1-3" (ESTRADÉ – GIRBAU, 203-204).

[342] Secondo SPILLY, 124, la lettera di 2Mac 1,10b-2,18, dove è presente la preghiera, è databile "un anno circa dopo la redazione del libro di Daniele". Recentemente anche SCHWARTZ, 617.

[343] PALMISANO, 153 n.; 244; 299; 302, evidenzia per quattro volte il legame tra Sir 36,1-17 e 2Mac 1,24-29.

17[343], allo scritto apocrifo "La preghiera di Manasse"[344] (che non va confusa con "La preghiera di Manasse" di 4Q381, 33,8-11[345]), alla preghiera di Eleazaro di 3Mac 6,2-15. Nel testo di 2Mac 1,24-29 si possono notare cinque elementi di struttura letteraria liturgica[346]:

| | | | |
|---|---|---|---|
| * Invocazione | | | κύριε |
| * Amplificazione: | – nominale | 1 | κύριε ὁ θεός |
| | – nominale | 2 | ὁ πάντων κτίστης |
| | – nominale | 3 | ὁ φοβερὸς καὶ ἰσχυρὸς καὶ δίκαιος καὶ ἐλεήμων |
| | – nominale | 4 | ὁ μόνος βασιλεὺς καὶ χρηστός |
| | – nominale | 5 | ὁ μόνος χορηγός |
| | – nominale | 6 | ὁ μόνος δίκαιος καὶ παντοκράτωρ καὶ αἰώνιος |
| | – partecipiale | 1 | ὁ διασῴζων τὸν Ισραηλ ἐκ παντὸς κακοῦ |
| | – partecipiale | 2 | ὁ ποιήσας τοὺς πατέρας ἐκλεκτοὺς |
| | – partecipiale | 3 | καὶ ἁγιάσας αὐτούς |
| * Petizione | | 1 | πρόσδεξαι τὴν θυσίαν ὑπὲρ παντὸς τοῦ λαοῦ σου Ισραηλ |
| | | 2 | καὶ διαφύλαξον τὴν μερίδα σου |
| | | 3 | καὶ καθαγίασον |
| | | 4 | ἐπισυνάγαγε τὴν διασπορὰν ἡμῶν |
| | | 5 | ἐλευθέρωσον τοὺς δουλεύοντας ἐν τοῖς ἔθνεσιν |
| | | 6 | τοὺς ἐξουθενημένους καὶ βδελυκτοὺς ἔπιδε |

---

[344] Il testo greco si trova nelle *Nouem Odae ecclesiae graecae* edite dal Rahlfs, immediatamente dopo i Salmi, in RAHLFS, 180-181. Per la testimonianza del testo ebraico (retroversione dal greco?) si veda LEICHT, 359-373.

[345] SCHNIEDEWIND, 105-107.

[346] I parametri sono mutuati dalla struttura dell'eucologia liturgica cristiana (cfr AUGÉ, 159-179; DE ZAN, 331-365).

| | | |
|---|---|---|
| * Scopo | 1 | καὶ γνώτωσαν τὰ ἔθνη ὅτι<br>σὺ εἶ ὁ θεὸς ἡμῶν |
| * Petizione | 7 | βασάνισον τοὺς<br>καταδυναστεύοντας καὶ<br>ἐξυβρίζοντας ἐν ὑπερηφανίᾳ |
| | 8 | καταφύτευσον τὸν λαόν σου<br>εἰς τὸν τόπον τὸν ἅγιόν σου |
| * Causa | 1 | καθὼς εἶπεν Μωυσῆς[347] |

Il testo si presenta stilisticamente pesante. Fondato sulla teologia del Pentateuco (καθὼς εἶπεν Μωυσῆς), più precisamente del Deuteronomio, è in qualche modo aperto al mondo pagano (ἐλευθέρωσον τοὺς δουλεύοντας ἐν τοῖς ἔθνεσιν), anche se ne chiede il castigo perché i pagani sono oppressori e ingiurianti (βασάνισον τοὺς καταδυναστεύοντας καὶ ἐξυβρίζοντας ἐν ὑπερηφανίᾳ). Di questo testo interessano i concetti espressi nell'amplificazione nominale terza (δίκαιος καὶ ἐλεήμων, "Giusto e misericordioso") e quinta (ὁ μόνος χορηγός, "Tu solo provvido"), oltre che nella petizione sesta (τοὺς ἐξουθενημένους καὶ βδελυκτοὺς ἔπιδε, "Posa lo sguardo sui disprezzati e gli oltraggiati").

L'apparente contraddizione "giusto-misericordioso" è, invece, chiara e comprensibile all'interno della teologia biblica veterotestamentaria. Dio, infatti, è giusto nella misura in cui compie una azione che lo dimostri. La giustizia di Dio, infatti, è sempre un suo intervento salvifico con cui Dio pone fine alla malvagità degli empi e aiuta gli onesti a far valere i loro diritti (cfr Ger$^{LXX}$ 20,12; Sal$^{LXX}$ 7,10.12; 11,7; 129,4)[348]. La misericordia, dunque, rientra in

---

[347] Traduzione: "Signore, Signore Dio, creatore di tutte le cose, terribile e forte e giusto e misericordioso, il solo re e buono, il solo provvido, il solo giusto e onnipotente e eterno, che salvi Israele da ogni male, che hai fatto dei nostri padri degli eletti, che li hai santificati, accetta il sacrificio per tutto il tuo popolo Israele e custodisci la tua porzione e santificala. Raduna la dispersione dei nostri, libera coloro che sono schiavi tra le genti. Per quelli che sono disprezzati e oltraggiati abbi uno sguardo (di protezione) e le genti riconoscano che tu sei il nostro Dio. Castiga quelli che opprimono e ingiuriano con superbia. Pianta il tuo popolo nel tuo santo luogo, come ha detto Mosè".

[348] Cfr FAHLGREN, VELLA, BOVATI, WEINFELD in NISSEN - RANGER, 491–519; JOHNSON, coll. 511–540 (spec. 531–534).

un aspetto della giustizia[349]. Certamente non ci sono i vocaboli che in qualche maniera leghino Sir[Gr] 35,16-20 a 2Mac 1,24-29, ma il concetto teologico del testo maccabaico è molto vicino a quanto il Siracide dice in Sir[Gr] 35,16-19. Dio, dunque, è giusto giudice anche quando usa misericordia verso i poveri, gli oppressi, l'orfano e la vedova e, proteggendo questi deboli da chi li vuole calpestare, mostra di non fare preferenza di persone come, forse alcuni giudici, colpiti dalla ricchezza e dalla fama dei prepotenti, potrebbero fare.

Il termine χορηγός è un *hapax biblico* in quanto compare solo in 2Mac 1,24, mentre il verbo χορηγέω ricorre più volte e il Siracide stesso lo usa 5x (Sir[Gr] 1,10.25; 18,31; 39,33; 44,6). Il verbo assume il significato fondamentale di *donare - provvedere* (Sir[Gr] 1,10: Dio dona la Sapienza a quanti lo amano; Sir[Gr] 1,25: Dio dona la Sapienza a chi osserva i comandamenti; Sir[Gr] 18,31: quando uno si concede la soddisfazione della passione diventa ludibrio dei nemici; Sir[Gr] 39,33: Dio provvede a suo tempo ad ogni necessità; Sir[Gr] 44,6: gli uomini ricchi, forniti di forza...). Questo uso del verbo porta a dare al nome χορηγός il significato di *provvido* e *generoso*. Nel mondo greco χορηγός era colui che dirigeva o organizzava un coro e/o si assumeva le spese per la rappresentazione teatrale. Per analogia veniva detto χορηγός anche il *provveditore* delle spese o *mecenate*. Dio, dunque, è l'unico (ὁ μόνος χορηγός) che generosamente non solo sa ricompensare fino a sette volte tanto (cfr Sir[Gr] 35,13b) colui che gli dona con generosità e con gioia (Sir[Gr] 35,10-12a), ma proprio perché μόνος χορηγός, l'unico che sa provvedere, può essere giudice incorruttibile. Non solo, ma può essere anche colui che sa volgere lo sguardo su τοὺς ἐξουθενημένους καὶ βδελυκτούς, i disprezzati e gli oltraggiati, senza fare preferenza di persona.

Mentre il verbo ἐξουθενέω è adoperato poco meno di una decina di volte nei libri dei LXX, l'aggettivo βδελυκτός, invece, compare solo 3x (Pr[LXX] 17,15; Sir[Gr] 41,5; 2Mac 1,27). In Pr[LXX] 17,15

---

[349] FAHLGREN, 146; JOHNSON, col. 522.

si afferma che ὃς δίκαιον κρίνει τὸν ἄδικον ἄδικον δὲ τὸν δίκαιον ἀκάθαρτος καὶ βδελυκτὸς παρὰ θεῷ, "Chi giudica il giusto (come) ingiusto e l'ingiusto (come) giusto, davanti a Dio è impuro e abominevole". In Sir[Gr] 41,5, secondo il cod. B, si legge τέκνα βδελυκτά invece che τέκνα βδελυρά[350], come fanno gli altri codici, per cui il versetto suona in questo modo: τέκνα βδελυκτά γίνεται τέκνα ἁμαρτωλῶν καὶ συναναστρεφόμενα παροικίαις ἀσεβῶν, "Figli abominevoli sono i figli dei peccatori e (sono) coloro che hanno relazione con le residenze straniere degli empi". Gli ἐξουθενημένοι gli βδελυκτοί sono persone socialmente infime che possono essere disprezzate e trattate come abominevoli. Nei confronti di costoro Dio è invocato perché se ne prenda cura (ἐφοράω). Nel Siracide si trova lo stesso concetto espresso, tuttavia, sia con il verbo εἰσακούω, "dare retta" (Sir[Gr] 35,16b) sia con il verbo ὑπεροράω rafforzato addirittura da due negazioni, "*non rendere sciatta la tua attenzione*" (Sir[Gr] 35,17a).

### §2. *Dio non fa preferenze di persone*

Questa affermazione viene fatta nel Nuovo Testamento[351] in riferimento alla predicazione del vangelo e alla salvezza: per Dio non c'è differenza tra Ebrei e non Ebrei, sinteticamente espressi con il nome Greci (At 10,34; Rm 2,11). Non c'è neppure differenza fra credenti "padroni" e credenti "servi" perché sono ambedue discepoli di un solo Signore (Ef 6,9)[352]. Non c'è differenza nemmeno tra il credente che commette ingiustizia e il pagano che si comporta allo stesso modo (Col 3,25). Dio, infatti, giudica ciascuno secondo le proprie opere (1Pt 1,17).

Più delicato è il caso di Gal 2,6. L'Apostolo con una frase grammaticalmente sconnessa a causa, probabilmente, della parentetica, scrive: ἀπὸ δὲ τῶν δοκούντων εἶναί τι, ὁποῖοί ποτε ἦσαν

---

[350] Ziegler sceglie questa lettura.

[351] I testi fondamentali sono: At 10,34; Rm 2,11; Gal 2,6; Ef 6,9; Col 3,25; 1Tm 1,17; 1Pt 1,17.

[352] Il tema, con espressioni diverse, è affrontato da Paolo nel biglietto a Filemone.

οὐδέν μοι διαφέρει· πρόσωπον ὁ θεὸς ἀνθρώπου οὐ λαμβάνει ἐμοὶ γὰρ οἱ δοκοῦντες οὐδὲν προσανέθεντο, "Da parte di coloro che erano stimati essere qualcosa – quali fossero allora non mi interessa: Dio non fa preferenze di persona d'uomo – a me invece coloro che erano stimati non imposero niente". Qualche studioso pensa che Paolo stia adoperando l'*adiaphora* stoica che porta ad essere indifferenti verso le persone in funzione di un valore superiore, il vangelo[353]. Da qui, probabilmente, Paolo sente il bisogno di giustificare la sua posizione non tanto con l'*adiaphora* stoica quanto piuttosto con un fondamento biblico ben conosciuto: Dio non bada a persona alcuna[354], si tratti pure di coloro che formano il gruppo dei responsabili della Chiesa-madre di Gerusalemme. Dio, dunque, non ha un atteggiamento particolare con coloro che hanno il carisma del governo (cfr Rm 12,3-12; 1Cor 12,4-11.28-31) della comunità più di quanto non ce l'abbia con tutti gli altri cristiani.

Come si può notare l'affermazione neotestamentaria non ha lo stesso sapore che è presente in Sir[Gr] 35,15-20. Nel Siracide si nota chiaramente che c'è una antitesi tra i poveri, gli oppressi, l'orfano, la vedova da una parte (Sir[Gr] 35,16-19), e coloro che li opprimono (Sir[Gr] 34,21-23.24-27; 35,19), dall'altra. In questa antitesi non si può prescindere dalla dimensione sociologica "ricco-povero", che è anche l'antitesi "prepotente-debole". Questa antitesi si ritrova in Gc 2,4.

In una sezione piuttosto ampia, Gc 2,1-13[355], l'autore sacro dimostra come la preferenza di persone (Gc 2,4) non si accordi con il comandamento dell'amore cristiano e ciò significa andare contro il comandamento della Scrittura (Gc 2,8). All'inizio del

---

[353] MUSSNER, 193; cfr BASSLER, 18-21 (su Ben Sira). 85 (concetto di imparzialità); OSTEN-SACKEN, 117; PITTA, 118 e anche n. 174.

[354] In Gal 2,6, cfr. BASSLER, 171-178.

[355] WARDEN, 247-257; EDGAR, 158-185 (166, n. 28: citazione di alcuni esempi di associazione orfano-vedova: "Dt 10,18; 14,28"). Si vedano, tra gli altri, anche i commenti di MUSSNER, CANTINAT, TASKER, VOUGA, VANNI, ecc.

brano (Gc 2,1) l'autore, rivolgendosi ai componenti della comunità cui è indirizzato lo scritto, pone immediatamente un ordine con forma di comandamento apodittico negativo: Ἀδελφοί μου, μὴ ἐν προσωπολημψίαις ἔχετε τὴν πίστιν τοῦ κυρίου ἡμῶν Ἰησοῦ Χριστοῦ τῆς δόξης, "Fratelli miei, non dovete avere la fede del Signore nostro Gesù, Messia della gloria, (mescolata) a favoritismi personali". Dopo l'esemplificazione (ἐὰν γὰρ) di Gc 2,2-3, dove probabilmente il responsabile dell'assemblea offre al ricco la possibilità di sedersi comodamente, mentre al povero non offre la stessa comodità, l'autore conclude: οὐ διεκρίθητε ἐν ἑαυτοῖς καὶ ἐγένεσθε κριταὶ διαλογισμῶν πονηρῶν;, "Non avete in voi operato un giudizio (di parte) e siete diventati giudici di ragionamenti malvagi?".

Nel Siracide, Dio è giudice, giusto, incorruttibile e assolutamente esente da qualunque giudizio di preferenza, soprattutto quando davanti ai suoi occhi si costituisce una situazione in cui una parte è occupata dal povero. L'autore della lettera di Giacomo sembra sottintendere che il cristiano deve imitare Dio - Gesù non aveva forse detto: Ἔσεσθε οὖν ὑμεῖς τέλειοι ὡς ὁ πατὴρ ὑμῶν ὁ οὐράνιος τέλειός ἐστιν, "Sarete dunque voi perfetti come è perfetto il Padre vostro, il celeste"? - anche in questa dimensione: non deve prestare attenzione alla gloria-fama sociale della persona (cfr Sir[Gr] 35,15c) e, quindi non deve avere preferenza di persone (cfr Sir[Gr] 35,16). In qualche modo anche nel Siracide si trova già in embrione questo concetto, sebbene ci sia una preferenza protettiva verso i bisognosi (poveri, oppressi, orfano e vedova) dei quali si prende cura chi è gradito a Dio e che fa della propria vita una atto di culto, osservando la Legge (cfr Sir[Gr] 35,20).

# PER NON CONCLUDERE

Βασιλίσσης καὶ βασι
λέως προστατάντων
ἀντὶ τῆς προανακει
μένης περὶ τῆς ἀναθέσε
ως τῆς προσευχῆς πλα
κὸς η υπογεγραμμένη
ἐπιγραφήτω.......
βασιλεὺς Πτολεμαῖος Εὐ
ργέτης τὴν προσευχὴν...
ἄσυλον.......
Regina et rex iusser(*unt*)

Questa iscrizione, trovata in una località imprecisata del Basso Egitto, ha un suo fascino evocativo[1]. Quel Tolomeo Evergete potrebbe, forse, essere Tolomeo VIII Evergete II Fiscone (145-116 a.C.), durante il cui regno avvenne la traduzione del Siracide[2], della quale,

---

[1] Si tratta di una iscrizione che ne sostituisce una precedente (deteriorata, rovinata, rimossa?). L'iscrizione sostitutiva potrebbe, forse, essere stata posta – ma gli studiosi non sono del tutto sicuri – con un provvedimento di Cleopatra VII e Cesarione (o Tolomeo XIV?), Costoro sarebbero la regina e il re della parte latina dell'iscrizione. Per l'edizione scientifica e il commento dell'iscrizione si veda BOFFO, 111-120. Gli studiosi si dividono circa l'identificazione di Tolomeo. La Boffo precisa che per Hengel e Tcherikover si tratta di Tolomeo III Evergete (246-221 a.C.). Schürer propenderebbe per Tolomeo II, ma non escluderebbe "un Tolomeo posteriore". Decisamente a favore di Tolomeo VIII sono Fraser, Dion Kasher, Horbury – Noy e Mélèze Modrzejewski (BOFFO, 115-16, n.11).

[2] cfr Sir$^{\text{Prolog}}$ 27.

in questa presente ricerca, ci si è occupati per quella parte che viene chiamata "Trattato sulle offerte". La presente ricerca su Sir$^{Gr}$ 34,21–35,20 si conclude qui, ma qui non si conclude l'indagine. Da questa considerazione nasce il titolo di queste righe: "Per non concludere". Il Siracide, infatti, non è un libro facile. Uno studioso che ha dedicato tutta la vita ai libri sapienziali ha definito il Siracide un'opera "difficile", anche se decisamente "accattivante"[3]. Chi scrive non può che essere pienamente d'accordo. Per questo motivo, come è stato detto nell'Introduzione, il presente lavoro non ha nemmeno lontanamente la pretesa della completezza, ma si pone come una ricerca che prepara il terreno ad altre. Se da una parte c'è questa consapevolezza, dall'altra c'è anche la consapevolezza di aver raggiunto diversi obiettivi, in qualche modo presupposti dalla metodologia adoperata.

a) Un primo obiettivo è stato raggiunto attraverso l'analisi della struttura. I diversi piani d'indagine hanno fatto emergere un testo che ha una ampiezza circoscritta in Sir$^{Gr}$ 34,21–35,20. All'interno di questo testo sono emerse tre strofe irregolari (Sir$^{Gr}$ 34,21-31; 35,1-5; 35,8-20) con una tematica precisa. La prima riguarda le offerte e gli offerenti non graditi a Dio. La terza, per antitesi, viene presentato il fedele che è gradito a Dio come un sacrificio: egli è l'uomo giusto che presenta offerte e si occupa del prossimo bisognoso, diventando egli stesso una offerta gradita a Dio. La seconda strofa, invece, si colloca non solo come demarcazione tra questi due modi di concepire vita e culto, ma come l'enunciazione di un principio unico in tutto il testo biblico veterotestamentario. Dall'osservanza della Legge scaturisce sia l'impegno morale sia il culto. Non c'è competizione tra i due, ma in qualche modo c'è integrazione, perché anche l'impegno morale è atto di culto.

L'articolazione delle strofe, poi, ha manifestato una finissima stilistica: ogni strofa è suddivisa in tre parti: una esprime il principio teologico dell'εὐδοκία, una seconda manifesta una argomentazione persuasiva di tipo sapienziale e una terza, infine, è dedicata

---

[3] Gilbert, *La Sapienza del cielo*, 147.

alla riflessione morale–giuridica. Nelle tre strofe irregolari, le tre parti non sono collocate con un ritmo meccanico e stucchevole, ma con una certa variabilità.

b) L'esame del contesto è stato altrettanto interessante perché ha evidenziato una netta cesura in Sir^{Gr} 34,21. Tutto ciò che precede (Sir^{Gr} 34,1-20) è difficilmente considerabile come contesto precedente al "Trattato". Vocabolario, stile e tematiche sono parecchio lontani da ciò che viene argomentato in Sir^{Gr} 34,21–35,20. Diverso, invece, è il discorso per il contesto successivo (Sir^{Gr} 35,21-26). In questo caso alcuni richiami verbali e il prosieguo di alcune tematiche secondarie presenti nel "Trattato" rendono il testo di Sir^{Gr} 35,21-26 un testo da considerarsi più che un contesto, un testo di transizione che porta verso la preghiera di Sir^{Gr} 36. Non è il contesto successivo che chiarisce qualche cosa del "Trattato", ma è il "Trattato" che dona significato al brano di transizione, dove con saggi ritocchi il Siracide prepara il lettore a comprendere meglio chi siano i giusti (Sir^{Gr} 35,22a) e chi siano gli spietati (Sir^{Gr} 35,22d), le genti (Sir^{Gr} 35,23a), i violenti (Sir^{Gr} 35,23b) e gli ingiusti (Sir^{Gr} 35,23c). I primi sono i membri del popolo di Dio. Gli altri si identificano con i nemici d'Israele.

c) L'attenzione particolare e attenta all'analisi filologica, oltre che aver fornito la fisionomia di alcuni vocaboli nell'uso che ne fa il Siracide (cfr, per esempio, εὐδοκία o πτωχός), ha offerto anche la possibilità di registrare alcuni dati decisamente interessanti circa il vocabolario, le espressioni e la traduzione.

§1. Il vocabolario cultico del Siracide (lessemi ed espressioni) non dipende dal vocabolario cultico presente nel Pentateuco. C'è, infatti, una certa libertà e indipendenza del Siracide. Ciò potrebbe essere dovuto al carattere sapienziale dello scritto e dei suoi stilemi[4], ma

---

[4] Cfr Roth, 59-79; Skehan - Di Lella, 63-74. Per un ampio sguardo sulle varie forme letterarie usate dagli scritti sapienziali si veda Murphy, *Wisdom Literature*. Diversi elementi della letteratura sapienziale in lingua ebraica è passata alla traduzione Gr.

potrebbe essere dovuto al fatto che il Siracide avesse, forse, la consapevolezza che il lavoro tradotto fosse più finalizzato ai φιλομαθεῖς perché possano progredire sempre più nel vivere in maniera conforme alla Legge (Sir[prolog] 13-14). Se per Ben Sira si potevano fare delle ipotesi circa la sua appartenenza o meno al ceto sacerdotale, per il Siracide, a causa del vocabolario usato, non è possibile minimamente pensare a una ipotesi del genere.

§2. Lungo l'indagine è capitato di notare in diversi momenti come alcune espressioni del Siracide siano vicine ad alcune espressioni del testo Gr di Isaia. Il dato non è certo una novità, ma ne è una buona conferma[5]. Questo è un dato che può portare all'ipotesi che il traduttore Gr di Isaia fosse un "maestro della legge" (uno dei φιλομαθεῖς?) "non estraneo alla cerchia del Siracide", ci sono altri dati che mostrano come nel "Trattato sulle offerte" non ci sia un grande legame con il mondo culturale ellenistico circostante e ciò che è stato detto per Ben Sira si può dire per il "Trattato" del Siracide: i paralleli greci rivelano più analogie che dipendenze[6]. Anche i legami con la letteratura veterotestamentaria apocrifa Gr non è rilevante. Sembra che ci sia più qualche cosa di condiviso che di dipendente.

§3. Il testo di Sir[Gr] 34,21–35,20 ha presentato diverse difficoltà di comprensione, sebbene vocaboli ed espressioni non fossero di difficile decifrazione. Dietro a durezze linguistiche (come, ad esempio, in Sir[Gr] 34,21) o a passaggi troppo veloci (come, ad esempio, in Sir[Gr] 34,28-29) o a espressioni eccessivamente sintetiche (come, ad esempio, in Sir[Gr] 35,20) oppure dietro a un uso acuto della metafora e dell'anafora, si nasconde un pensiero che è necessario portare alla luce con una attenzione e delicatezza particolari, evitando contemporaneamente di fare una parafrasi italiana e non una traduzione. La ricerca della fedeltà sia alla lingua di partenza sia alla lingua di arrivo è stato un lavoro impe-

---

[5] Ziegler, *Untersuchungen*, 134-137.
[6] Posizione fondamentale di Kieweler.

gnativo, ma ha dato i suoi frutti. Sicuramente non sempre nella lingua di arrivo si è potuto riprodurre l'andamento gnomico dello stile proverbiale presente nel testo del Siracide, tuttavia il risultato ottenuto nella traduzione ha privilegiato la chiarezza e la comprensione del testo Gr originale.

d) Nella traduzione del Siracide sul testo di Ben Sira si può notare, da una parte, una grande fedeltà all'originale H e, dall'altra, una grande libertà nel far virare la traduzione in modo da dare spazio a qualche cosa di nuovo. Tale libertà obbedisce senz'altro a quanto detto da Minissale, rifacendosi a Barthélemy: "Questa 'libertà' deve essere considerata non negativamente come sottrazione, ma positivamente come aggiunta di valore, incorporando l'atto della traduzione nell'insieme del processo letterario che dà origine alla Scrittura"[7]. La libertà del Siracide nella traduzione dell'opera del nonno, almeno per quanto riguarda quella parte del Trattato in cui è possibile comparare il testo H (Sir$^{\mathrm{H}}$ 35,11-20) con l'equivalente Gr, non è solo una ricchezza linguistica, ma un'incorporazione di nuove visioni teologiche, mancanti nella riflessione di Ben Sira.

e) Il testo del "Trattato" contiene diverse tematiche teologiche più o meno evidenziate o sottintese. Certo è che il testo di Sir$^{\mathrm{Gr}}$ 34,21–35,20 ruota attorno ad un perno centrale che sono la Legge del Signore e la sua osservanza. Attorno a questo perno prendono senso tre concetti teologici basilari che sono in qualche modo il fondamento sul quale si reggono le tre strofe irregolari del "Trattato" stesso. Il testo tradotto ha la seguente fisionomia:

Sir 34,21 "Chi sacrifica (una vittima proveniente) da una ingiustizia,
    (egli stesso è come) un'offerta che irride (Dio)"
  22 e quindi i doni dei senza-legge non (possono essere
    idonei) al compiacimento (divino).

---

[7] Minissale, *La versione*, 261.

23 L'Altissimo non si compiace nelle offerte degli empi
   né perdona i peccati per l'abbondanza dei sacrifici
                              [(espiatori).
24 Chi porta all'altare una vittima (rapinata) dagli averi
                              [dei poveri
   (è come) uno che immola un figlio davanti al proprio padre.
25 Il pane dei bisognosi (è) la vita dei poveri
   chi (glie)la toglie (è) un uomo sanguinario.
26 Chi sottrae (al povero) il necessario per vivere (è) uno
                              [che uccide il prossimo
27 e chi toglie il salario al salariato (è) uno che versa sangue.
28 (C'è) uno che edifica e un altro che abbatte:
   cosa guadagnano oltre lo stress?
29 (C'è) uno che prega e un altro che (nella preghiera)
                              [maledice:
   la voce (orante) di chi ascolterà il Sovrano (supremo)?
30 (C'è) uno che fa un bagno di purificazione dal
   (contatto di un) morto e di nuovo lo tocca:
   cosa guadagna nel suo lavacro?
31 Lo stesso vale per chi digiuna per i propri peccati
   e di nuovo torna a fare le (stesse) cose:
   chi ascolterà la sua preghiera?
   E cosa guadagna nell'umiliarsi (digiunando)?

35,1 Colui che osserva (scrupolosamente) la legge moltiplica
                              [le offerte.
   2 Uno che offre un sacrificio di comunione (è) colui che
                              [adempie (i) comandamenti.
   3 Chi contraccambia un favore (è) uno che offre (un
                              [sacrificio di) fior di farina
   4 e chi fa l'elemosina (è) uno che offre un sacrificio di lode.
   5 Il gradimento del Signore (è presente nello) stare
                              [lontano dalla perfidia
   e stare lontano dall'ingiustizia (equivale al) sacrificio
                              [per il peccato.
   6 Non presentarti davanti al Signore a mani vuote

7    poiché tutte queste cose (vanno osservate
scrupolosamente) grazie al comandamento.


8    La (ricca) offerta di un giusto impreziosisce l'altare
e la sua fragranza (si espande) davanti all'Altissimo.

9    Il sacrificio dell'uomo giusto (è) gradito (a Dio)
e la sua porzione per la memoria non sarà dimenticata
[(dall'Altissimo).

10    Con animo nobile offri a Dio l'atto di culto glorificante.
Non essere gretto (nell'offrire) le primizie delle tue mani.

11    In ogni tuo dono (cultuale) mostra gioioso il tuo volto
e con gioia (profonda) consacra la decima.

12    Dona all'Altissimo secondo il suo dono (a te)
e con animo nobile (dona) secondo (quanto è) il
[guadagno della (tua) mano,

13    poiché il Signore è colui che dà la retribuzione
perciò egli ti ripaga sette volte tanto.

14    Non corromper(lo) con doni perché non (li) accoglierà.

15    Non fare assegnamento su un sacrificio ingiusto,
poiché il Signore è giudice.
e per lui non sussiste la fama (sociale) della persona.

16    Non favoreggia alcuna persona (che si è imposta)
[sul povero
e dà retta all'invocazione di chi subisce ingiustizia.

17    Non rende sciatta la (sua) attenzione (nell'ascoltare)
[la supplica dell'orfano
e la vedova, anche se si effonde in un parlare fuori luogo.

18    Forse non scendono (lentamente) le lacrime della
[vedova sulle sue guance

19    e la sua invettiva (non ricade) su chi gliele ha fatte
[scorrere?

20    Chi si prende cura (dei bisognosi) è accolto (da Dio)
[con compiacimento
e la sua preghiera raggiungerà le nubi.


§1. La prima strofa ruota attorno al tema teologico che vede nell'atto di culto sacrificale l'unità inscindibile fra offerente e offerta. Non è possibile staccare l'uno dall'altra e ciò implica, per conseguenza, la correttezza di vita dell'offerente perché la sua offerta non sia un qualche cosa che irride Dio. Diversamente, l'offerta e l'offerente non sono accolti dall'εὐδοκία divina.

§2. La seconda strofa, invece, contiene qualche cosa che è la novità teologica del Siracide, rispetto alla riflessione teologica che lo precede. Mentre la riflessione teologica che lo precede potrebbe in qualche modo essere condizionata da un certo anticultualismo, nato dal radicalismo pedagogico della predicazione profetica, il Siracide, ponendo al sommo della piramide delle sue riflessione la Legge, non può che dedurre un pensiero lineare e coerente. Dalla Legge derivano sia le norme morali sia le norme cultiche. Vanno, dunque, adempiute ambedue con la stessa obbedienza. Il Siracide, però, ripescando un tema teologico caro al Deuteronomio e alla storia deuteronomistica, afferma che l'obbedienza alla Legge, che si traduce in adempimento morale, fa sì che ogni azione secondo la Legge o secondo lo spirito della Legge vada considerata come un atto di culto.

§3. L'ultima strofa si dilunga a illustrare il modo con cui l'uomo giusto compie la sua offerta, gradita a Dio, e come l'uomo giusto, su una certa "imitazione" di Dio stesso, si prenda cura di coloro che sono più bisognosi all'interno del tessuto sociale in cui egli vive. Nella prima e nella seconda parte della strofa si ritrova un motivo teologico raro. È, infatti, singolare che in un testo così breve convergano contemporaneamente nel grande tema del culto il motivo della generosità proporzionale, della gioia nelle offerte delle decime e delle primizie, della generosità retribuente di Dio che non intacca minimamente la sua giustizia. Nella terza parte della strofa, sembra che il binomio orfano-vedova dica molto di più delle due tipologie rappresentate dal vocabolario[8]. Ricuperando una tematica teologica cronologicamente vicina all'epoca della traduzione Gr (e non al testo H di Ben Sira), come quella presente nella

---

[8] Cfr Fensham, 161-174. Gowan, 341-353; Sneed, 498-507.

preghiera di Azaria (Dn$^{LXX}$ 3,39) e successivamente ripresa e adattata da Sap 3,5-6, il Siracide afferma che il giusto che si occupa dei bisognosi (Sir$^{Gr}$ 35,20) è gradito a Dio come è gradita a Dio l'offerta cultuale del giusto (Sir$^{Gr}$ 35,9).

Questo messaggio troverà il suo prosieguo nella teologia paolina lì dove l'Apostolo chiede ai cristiani di Roma di offrire i propri corpi come sacrificio vivente, santo e gradito a Dio (Rm 12,1). Una buona parte degli autori[9] concorda nell'affermare che dietro al pensiero di Paolo c'è anche la riflessione teologica del Siracide[10].

---

[9] Alcuni non fanno cenno (cfr PENNA, 23).

[10] Per Rm 12,1-2 diversi autori citano il Siracide (SCHLIER, 565-578; FITZMYER, 755-760; LÉGASSE , 97-599).

# ABBREVIAZIONI E SIGLE

Nella quasi totalità dei casi le sigle adottate sono quelle presenti in
SCHWERTNER S.M., *Internationales Abkürzungsverzeichnis für Teologie und
Grenzgebiete*, Berlin – New York 1992²; *Theologische Realenzyklopädie.
Abkürzungsverzeichnis (TRE), Berlin -New York 1994² (orig. 1976)*.Alcune
serie non hanno abbreviazione perché sono state trascritte per esteso
nella singola voce bibliografica. Le abbreviazioni dei libri biblici sono
fatte secondo la *Bibbia di Gerusalemme*, Bologna 2009.

| | |
|---|---|
| X<sup>A</sup> | (in esponente alla sigla di un libro biblico) codice Alessandrino |
| A | codice Alessandrino |
| A (ms.) | manoscritto A del testo H di Ben Sira |
| AASF.DHL | Annales Academiae Scientiarum Fennicae. Dissertationes Humanarum Litterarum |
| *Aeg* | *Aegyptus* (Milano) |
| AGAJU | Arbeiten zur Geschichte des antiken Judentums und des Urchristentums |
| AJEC | Ancient Judaism and Early Christianity |
| *ALLG* | *Archiv für lateinische Lexicographie und Grammatik (Leipzig)* |
| AnBib | Analecta Biblica |
| AncB | Anchor Bible |
| ANZK | Archiv für neutestamentliche Zeitgeschichte und Kulturkunde |
| *ASEs* | *Annali di storia dell'esegesi* (Bologna) |
| *Aspren* | *Asprenas* (Napoli) |
| AT | Antico Testamento (meglio Primo Testamento) |
| ATA | Alttestamentliche Abhandlungen |

| | |
|---|---|
| ATD.A | Das Alte Testament Deutsch. Apokryphen |
| AThANT | Abhandlungen zur Theologie des Alten und Neuen Testaments |
| ATD.GAT | Das Alte Testament Deutsch. Ergänzungsreihe |
| ATM | Altes Testament und Moderne |
| *AUSS* | *Andrews University Seminary Studies* (Berrien Springs, Michigan) |
| | |
| X<sup>B</sup> | (in esponente alla sigla di un libro biblico) Codice Vaticano |
| B | Codice Vaticano |
| B (ms B) | manoscritto B del testo H di Ben Sira |
| BAC | Biblioteca de autores cristianos |
| BCR | Biblioteca di cultura religiosa |
| BE | Biblioteca Ebraica |
| BEAT | Beiträge zur Erforschung des Alten Testament und des antiken Judentums |
| BEBib | Biblioteca de Estudios Biblicos |
| BEBib.m | Biblioteca de Estudios Biblicos minor |
| BEHE.R | Bibliothèque de l'école des Hautes études. 5. Section de sciences religieuses |
| *BeO* | *Bibbia e Oriente* (Bornato in Franciacorta, Brescia) |
| BEThL | *Bibliotheca Ephemeridum Theologicarum Lovaniensium* (Louvain) |
| BFChTh | Beiträge zur Förderung christlicher Theologie |
| BFJ | Biblisches Forum Jahrbuch |
| *Bib* | *Biblica* (Roma) |
| *BibR* | *Bible Review* (Washington D.C.) |
| *BiTr* | *Bible Translator* (London) |
| *Bijdr* | *Bijdragen Tijdschrift voor Philosophie en Theologie* (Nijmegen – Louvain) |
| BJSt | Brown Judaic Studies |
| BK | Birkhäuser-Klassiker |
| *BN* | *Biblische Notizen* (Bamberg) |
| *BS* | *Bibliotheca Sacra* (Dallas) |
| BSSTB | Biblioteca di storia e storiografia dei tempi biblici |
| BT | Biblioteca Teologica |
| *BTB* | *Biblical Theology Bulletin* (Albany, New York) |
| BTS | Biblica. Testi e Studi |

| | |
|---|---|
| *BVC* | *Bible et vie chrétienne* (Maredsous) |
| *BZ* | *Biblische Zeitschrift* (Paderbon) |
| BZAW | Beihefte zur Zeitschrift für die alttestamentliche Wissenschaft |
| BZRPh | Beihefte zur Zeitschrift für romanische Philologie |
| | |
| C | manoscritto C di Ben Sira |
| ca | circa |
| CB.NT | Coniectanea Biblica / New Testament Series |
| *CBQ* | *The Catholic Biblical Quarterly* |
| CCWJCW | Cambridge Commentaries on Writings of the Jewish and Christian World 200 BC to AD 200 |
| C.E.I. | Conferenza episcopale italiana |
| CEJL | Commentaries on Early Jewish Literature |
| cfr | confronta |
| CNEB | Cambridge Bible Commentary on the New English Bible |
| cod. | codice |
| codd. | codici |
| col. | colonna |
| coll. | colonne |
| *Conc* | *Concilium* (varie città) |
| *ConsServ* | *Consacrazione e Servizio* (Roma) |
| CRB | Cahiers de la Revue biblique |
| CS.B | Cammini nello Spirito. Biblica |
| CTNT | Commentario teologico del Nuovo Testamento |
| | |
| D | manoscritto D del testo H di Ben Sira |
| DECLY | Deuterocanonical and Cognate Literature Yearbook |
| DENT | BALZ H. – SCHNEIDER G., *Dizionario esegetico del Nuovo Testamento* (ISB.S 15), Brescia 2004 |
| DTAT | JENNI E. – WESTERMANN C., *Dizionario teologico dell'Antico Testamento*, voll. I–II, Torino 1978-1982. |
| | |
| E | manoscritto E di Ben Sira |
| ed. | editore |
| edd. | editori |
| EHAT | Exegetisches Handbuch zum Alten Testament |
| *EL* | *Ephemerides Liturgicae* (Roma) |

| | |
|---|---|
| EPRO | Études préliminaires aux religions orientales dans l'empire romain |
| *Er.* | *Eranos. Acta Philologica Suecana* (Uppsala / Hauniae) |
| *EstBíb* | *Estudios Bíblicos* (Madrid) |
| EtB | Études bibliques |
| EtB.NS | Études bibliques. Nouvelle série |
| EtJ | *Etudes juives* |
| | |
| F | manoscritto F di Ben Sira |
| fasc. | fascicolo |
| FP | Fuentes Patrísticas |
| FSBP | Fontes et Subsidia ad Bibliam pertinentes |
| FTS | Frankfurter Theologische Studien |
| | |
| GELS | Lust J. – Eynikel E. – Hauspie K., *Greek-English Lexicon of the Septuagint*, Stuttgart 2003. |
| GLAT | Botterweck G.J. – Ringgren H. – Fabry H.J., *Grande Lessico, dell'Antico Testamento*, Brescia 1988– (giunto fino al vol. IX, 2009; orig. ted. 1973-1986) |
| GLNT | Kittel G – Friedrich G., *Grande Lessico del Nuovo Testamento*, voll. I-XV + Indici, Brescia 1965-1988 (orig. ted. 1933-1973). |
| $X^{gm}$ | Nelle citazioni del $Sir^H$ indica la glossa marginale o variante marginale |
| GNS | Good News Studies |
| Gr | greco, greci, greca, greche |
| $X^{Gr}$ | (in esponente alla sigla di un libro biblico) testo greco |
| *Gr.* | *Gregorianum. Commentarii et re theologica et philosophica* (Roma) |
| | |
| H | ebraico, ebraici, ebraica, ebraiche |
| HBK | Herders Bibelkommentar |
| $X^{H}$ | (in esponente alla sigla di un libro biblico) testo ebraico |
| *Hen* | *Henoch* (Brescia) |
| HS | Die Heilige Schrift |
| HSAT | Die Heilige Scrift des Alten Testamentes |
| | |
| *IJL - RLin* | *Italian Journal of Linguistic - Rivista di Linguistica* (Pisa) |
| *Interp.* | *Interpretation. Journal of Bible and Theology* (Richmond) |

| | |
|---|---|
| ISB | Introduzione allo studio della Bibbia |
| ISB.S | Introduzione allo studio della Bibbia. Supplementi |
| | |
| *JAC* | *Jahrbuch für Antike und Christentum* (Münster) |
| JAL | Jewish Apocriphal Literature |
| *JBL* | *Journal of Biblical Literature* (Missoula – Montana) |
| JDS | Judean Desert Studies |
| *JETS* | *Journal of the Evangelical Theological Society* (Wheaton – Illinois) |
| *JPh* | *Journal of Philosophy* (New York) |
| *JPTh* | *Jahrbücher für protestantische Theologie* (Braunschweig u.a.) |
| *JQR* | *The Jewish Quarterly Review* (Philadelphia, ecc.) |
| *JSJ* | *Journal for the Study of Judaism in the Persian, Hellenistic and Roman Periods* (Leiden) |
| *JSOT* | *Journal for the Study of the Old Testament* |
| JSOT.S | Journal for the Study of the Old Testament. Supplement Series |
| JSNT.S | Journal for the Study of the New Testament. Supplement Series (Edinburgh) |
| JSPE.S | Journal for the study of the Pseudepigrapha. Supplement series |
| *JSQ* | *Jewish Studies Quarterly* (Jerusalem) |
| *JSSt* | *Journal of Semitic Studies* (Manchester) |
| *JThS* | *The Journal of Theological Studies* (N.S. Oxford – London) |
| | |
| Lat | latino, latini, latina, latine. |
| X$^{Lat}$ | (in esponente alla sigla di un libro biblico) testo latino |
| LBS | Library of Biblical Studies |
| L.CSB | Logos. Corso di Studi Biblici |
| LeDiv | Lectio Divina |
| LHB/OTS | Library of Hebrew Bible / Old Testament Studies) |
| LoB | Leggere oggi la Bibbia |
| LUÅ | Lunds Universitets Årsskrift |
| LXX | traduzione dei LXX |
| X$^{LXX}$ | (in esponente alla sigla di un libro biblico) testo greco dei LXX |
| | |
| M | manoscritto M di Ben Sira proveniente da Masada |
| MAT | El mensaje del Antiguo Testamento |
| *MG* | *Materia Giudaica* (Bologna – Ravenna) |
| X$^{mg}$/X$^{marg}$ | nota marginale nei mss H di Ben Sira |
| ms | manoscritto |

| | |
|---|---|
| mss | manoscritti |
| MSSNTS | Monograph Series – Society for New Testament Studies |
| | |
| *NRTh* | *Nouvelle Revue Théologique* (Louvain) |
| NT | Nuovo Testamento |
| NT.S | Nuovo Testamento. Supplementi |
| *NTS* | *New Testament Studies* (Cambridge U.P. – London – New York) |
| NVB | Nuovissima versione della Bibbia |
| | |
| OBO | Orbis biblicus et orientalis |
| *Od. Salom.* | *Odi di Salomone* |
| OLA | Orientalia Lovaniensia Analecta (Louvain) |
| *OLoP* | *Orientalia Lovaniensia Periodica* (Louvain) |
| OPA | *Les Œuvres de Philon d'Alexandrie* |
| orig. | originale |
| OTMes | Old Testament Message |
| OTS | Oudtestamentische Studiën, Old Testament Studies |
| | |
| PbE | Piccola biblioteca Einaudi |
| *PIBA* | *Proceedings of the Irish Biblical Association* (Dublin) |
| *PSV* | *Parola, Spirito e Vita*, Bologna. |
| PVTG | Pseudepigrapha Veteris Testamenti graece |
| *PzB* | *Protokolle zur Bibel* (Salzburg) |
| | |
| *RCatalT* | *Revista Catalana de Teologia, Exegesi, Patrística, Teologia, Litúrgia, Ciències religioses* (Barcelona) |
| *RechBib* | *Recherches Bibliques* (Louvain – Leiden) |
| RevThLit | *Review of Theological Literature* (Leiderdop) |
| *REJ* | *Revue des études juives* (Paris) |
| *RdQ* | *Revue de Qumrân* (Paris) |
| *RivBib* | *Rivista Biblica* dell'Associazione Biblica Italiana, Bologna. |
| *RivSR* | *Rivista di scienze religiose* (Roma) |
| *RStB* | *Ricerche storico bibliche* (Bologna) |
| *RSLR* | *Rivista di Storia e Letteratura Religiosa* (Firenze) |
| *RTLi* | *Revista Teológica Limense*, Lima (Perú). |
| *RTL* | *Revue Théologique de Louvain* (Louvain) |
| $X^S$ | (in esponente alla sigla di un libro biblico) Codice Sinaitico |

| | |
|---|---|
| S | Codice Sinaitico |
| *Sal.* | *Salesianum* (Roma) |
| Sal[Salom] | *Salmi di Salomone* |
| SAOC | Studies in Ancient Oriental Civilization |
| SB | Studi Biblici |
| *SBFLA* | *Studii Biblici Franciscani Liber Annuus* (Jerusalem) |
| SBL.AB | Society of Biblical Literature. Academia Biblica |
| SBLit | Studies in Biblical Literature |
| SBL.DS | Society of Biblical Literature. Dissertation Series |
| SBL.MS | Society of Biblical Literature. Monograph Series |
| SBL.SCSS | Society of Biblical Literature. Septuagint and cognate Studies Series |
| SBL.TT | Society of Biblical Literature. Texts and Translations |
| SB–PC | Pirot L. – Clamer A. (ed.), *Sainte Bible. Texte latin et traduction française d'après les textes originaux avec un commentaire exégétique et théologique*, Paris 1935-1964 |
| SC | Sources Chrétiennes |
| *ScEs* | *Science et Esprit* (Montréal – Tournai) |
| *SCI* | *Scripta Classica Israelica* (Jerusalem) |
| *ScrVict* | *Scriptorium Victoriense* (Vitoria – España) |
| *Sēmeia* | *Sēmeia*, Missoula (Montana) |
| S.GLNT | Supplementi al Grande Lessico del Nuovo Testamento |
| Sir[Prolog] | Prologo del Siracide greco |
| SJLA | Studies in Judaism in Late Antiquity |
| SJSJ | Supplements to the Journal for the Study of Judaism |
| *SJTh* | *Scottish Journal of Theology* (Edinburgh) |
| spec. | specialmente |
| SRivBib | Supplementi alla Rivista Biblica |
| SSN | Studia Semitica Neerlandica |
| SS.NS | Studi semitici. Nuova serie |
| StCL | Studies in Classical Literature |
| StEv | Studia Evangelica (Berlin) |
| StTDJ | Studies on the Text of the Desert of Judah |
| *StPhiloA* | *The Studia Philonica Annual* (Providence) |
| StUNT | Studien zur Umwelt des Neuen Testaments |
| SVTP | *Studia in Veteris Testamenti Pseudepigrapha* |
| Syr | siriaco, siriaci, siriaca, siriache. |

| | |
|---|---|
| X<sup>Syr</sup> | (in esponente alla sigla di un libro biblico) testo siriaco |

| | |
|---|---|
| X<sup>Th</sup> | (in esponente alla sigla di un libro biblico) Teodozione |
| TICP | Travaux de l'Institut Catholique de Paris |
| TL.SM | Trends in Linguistics. Studies and Monographs |
| TM | Testo Masoretico |
| *Transeu* | *Transeuphratène* (Paris) |
| TSAJ | Texte und Studien zum Antiken Judentum |
| TT | Topics in Translation |
| TT.PS | Texts and Translations. Pseudepigrapha Series |
| TThSt | Trierer Theologische Studien |
| TU | Texte und Untersuchungen zur Geschichte der altchristlichen Literatur |
| TVOA.LEC | Testi del vicino Oriente antico. Letteratura egiziana classica |
| TVOA.LG | Testi del vicino Oriente antico. Letteratura giudaica |

| | |
|---|---|
| *VD* | *Verbum Domini* (Roma) |
| VL | Vetus Latina |
| vol. | volume |
| voll. | volumi |
| *VT* | *Vetus Testamentum* (Leiden) |
| VT.S | Vetus Testamentum. Supplementum |

| | |
|---|---|
| x | volte |

| | |
|---|---|
| WBC | Word Biblical Commentary |
| WBTh | Wiener Beiträge zur Theologie |
| WMANT | Wissenschaftliche Monographien zum Alten und Neuen Testament |
| WUNT | Wissenschaftliche Untersuchungen zum Neuen Testament |

| | |
|---|---|
| *ZAW* | *Zeitschrift für die Alttestamentliche Wissenschaft* (Berlin) |
| *ZNW* | *Zeitschrift für die Neutestamentliche Wissenschaft und die Kunde des Alten Christentums* (Berlin) |
| *ZThK* | *Zeitschrift für Theologie und Kirche* (Tübingen) |

# BIBLIOGRAFIA

Lungo la ricerca, gli autori verranno citati solo con il cognome e, se necessario per l'identificazione esatta, con un elemento significativo del titolo dell'opera.


## 1. Fonti


AESCHYLUS, *Choephori. Introduction and Commentary*, A.F. Garvie (ed.), Oxford 1986.

BEENTJES P.C., *The Book of Ben Sira in Hebrew* (VT.S 48), Leiden – New York – Köln 1997.

*Bibbia TOB*, Torino – Leumann 1992.

*Bible (la) de Jérusalem*, Paris 1998³.

*Biblia Hebraica Stuttgartensia* (edd. Elliger K. – Rudolph W.; editio quarta emendata opera Rüger H.P.), Stuttgart 1990⁴.

*Biblia Sacra iuxta latinam vulgatam versionem ad codicum fidem iussu Pauli pp. VI cura et studio monachorum Abbatiae Pontificiae Sancti Hieronymi in Urbe ordinis sancti Benedicti edita. Sapientia Salomonis Liber Hiesu Filii Sirach cum praefationibus et variis capitulorum seriebus*, Typis Polyglottis Vaticanis, Romae 1964.

*Biblia sacra iuxta versionem semplicem quae dicitur Peschitta*, Beirut 1951².

*Biblia Sacra Vulgatae Editionis Sixti V Pont. Max. iussu recognita et Clementis VII auctoritate edita. Editio emendatissima apparatu critico instructa cura et studio Monachorum Abbatiae Pontificiae Sancti Hieronymi in Urbe Ordinis Sancti Benedicti*, Torino 1965.

BOCCACCIO P. – BERARDI G., *Ecclesiasticus. Textus hebraeus secundum fragmenta reperta*, Gilbert M. (ed.), Roma 1986.

Calduch-Benages N. – Ferrer J. – Liesen J., *La sabiduría del escriba – Wisdom of the Scribe. Edición diplomática de la versión siriaca del libro de Ben Sira según el Códice Ambrosiano con traducción española e inglesa. Diplomatic Edition of the Syriac Version of the Book of Ben Sira according to Codex Ambrosianus, with Translations in Spanish and English*, Estella (Navarra) 2003.

Capelli P., "Testamento di Giobbe", in Sacchi P. (ed.), *Apocrifi dell'Antico Testamento* (BTS 7/IV), vol. IV, Brescia 2000, 103-180.

Ceriani A.M., *Translatio Syra Pescitto Veteris Testamenti*, Milano 1878.

Clément d'Alexandrie, *Stromata* (SC 30.38.278-279.428.446.463), Camelot P.T. - Le Boulluec A. - van den Hoeck A. - Caster M. - Descourtieux P. - Mondésert C. - Voulet P. (edd.), vol. I-VII, Paris 1951-2001.

Clemente de Alejandria, *Stromata. Introducción, traducción y notas* (FP 7,10,15,17), Merino Rodriguez M. (ed.), voll. I-IV, Madrid 1996-2005.

Clementz H., *Des Flavius Josephus jüdische Altertümer*, Wiesbaden 1993[11].

Danby H., *The Mishnah*, Oxford 1933.

De Jonge M., *The Testaments of the Twelve Patriarchs. A Critical Edition of the Greek Text...* (PVTG 01/2), Leiden 1978.

Del Valle C. (ed.), *La Misná* (BSB 28), Salamanca 2003[2].

Epstein I., *Hebrew-English Edition of the Babylonian Talmud*, voll. I-XXX, London 1986-1990.

Flavio Giuseppe, *Guerra giudaica*, Vitucci G. (ed.), Fondazione Lorenzo Valla (Scrittori greci e latini), voll. I-II, Milano 1974.

Flavio Giuseppe, *Contro Apione*, a cura di Calabi F. (BE 8), Genova - Milano 2007.

Giuseppe Flavio, *Antichità giudaiche*, voll. I-II, Moraldi L. (ed.) (Classici delle religioni. Sez. 2. La religione ebraica), Torino 2006 (1998[1]).

Homers, *Ilias*, übersetzt von J. H. Voss (BK 23), Basel 1953.

Kraft R.A. - Attridge H. - Spittler R. - Timbie J., *The Testament of Job according to the SV Text* (SBL.TTV), Missoula - Montana 1974.

Lagarde (de) P.A., *Libri Veteris Testamenti apocryphi syriace*, Lipsiae - Londinii 1861.

Lanfranchi P., *L'Exagoge d'Ezéchiel le Tragique. Introduction, texte, traduction et commentaire* (SVTP 21), Leiden 2006.

Mortari L., *La Bibbia dei LXX. 1. Il Pentateuco*, Roma 1999.

*Neue jerusalemer Bibel. Einheitsübersetzung mit der Kommentar der jerusalemer Bibel. Neu bearbeitete und erweiterte Ausgabe deutsch herausgegeben von Alfons Deissler und Anton Vogale in Verbindung mit Johannes M. Nützel*, Freiburg – Basel – Wien 1995.

NIKIPROWETZKY V., *La troisième Sibylle* (EtJ 9), Paris 1970.

PICARD J.-C., *Apocalypsis Baruchi graece* (PVTG 2), Leiden 1967, 61-96.

PHILON D'ALEXANDRIE, *De Praemiis et poenis – De Esecrationibus. Introduction, traduction et notes* (OPA 27), Beckaert A. (ed.), Paris 1961.

PHILON D'ALEXANDRIE, *De ebrietate – De sobrietate. Introduction, traduction et notes* (OPA 11-12), Gorez J. (ed.), Paris 1962.

PHILON D'ALEXANDRIE, *De cherubim. Introduction, traduction et notes* (OPA 3), Gorez J. (ed.), Paris 1963.

PHILON D'ALEXANDRIE, *De gigantibus – Quod Deus sit immutabilis. Introduction, traduction et notes* (OPA 7-8), Mosès A. (ed.), Paris 1963.

PHILON D'ALEXANDRIE, *De decalogo. Introduction, traduction et notes* (OPA 23), Nikiprowetzky V. (ed.), Paris 1965.

PHILON D'ALEXANDRIE, *Quis rerum divinarum heres sit. Introduction, traduction et notes* (OPA 15), Harl M. (ed.), Paris 1966.

PHILON D'ALEXANDRIE, *De vita Mosis I-II. Introduction, traduction et notes* (OPA 22), Arnaldez R. – Mondésert C. – Pouilloux J. – Savinel P. (ed.), Paris 1967.

PHILON D'ALEXANDRIE, *De specialibus legibus – Libri III-IV. Introduction, traduction et notes* (OPA 25), Mosès A. (ed.), Paris 1970.

PHILON D'ALEXANDRIE, *De specialibus legibus – Libri I-II. Introduction, traduction et notes* (OPA 24), Daniel S. (ed.), Paris 1975.

PHILON D'ALEXANDRIE, *Quaestiones in Genesim et in Exodum. Fragmenta graeca. Introduction, texte critique et notes* (OPA 33), Petit F. (ed.), Paris 1978.

RAHLFS A., *Septuaginta*, voll. I-II, Stuttgart 1984⁹ (orig. 1935).

SCHMIDT F., *Le Testament d'Abraham. Introduction, édition critique des deux recensions grecques, traduction* (TSAJ 11), Tübingen 1986.

THIELE W. (ed.), *Sirach (Ecclesiasticus)* (VL 11/2), Freiburg 1987-2005 (fascioli 1-9: introduzione, Prologo, Sir 1,1-24,47).

THIELMANN P., *Die lateinische Übersetzung des Buches Sirach, ALLG* 8 (1893) 501-561.

TUCIDIDE, *Le Storie*, Donini G. (ed.), voll. I-II (Classici greci), Torino 1995.

VATTIONI F., *Ecclesiastico. Testo ebraico con apparato critico e versioni greca, latina e siriaca* (Pubblicazioni del seminario di semitistica. Testi 1), Napoli 1968.

WEBER R. (et alii ed.), *Biblia sacra iuxta vulgatam versionem*, Stuttgart 1983[3].

ZIEGLER J., *Sapientia Iesu Filii Sirach* (Septuaginta Vetus Testamentum Graecum Auctoritate Societatis Litterarum Gottingensis editum, XII/2), Göttingen 1980[2].

## 2. Strumenti

ALETTI J.-N. - GILBERT M. - SKA J.-L. - DE VULPILLIÈRES S., *Lessico ragionato dell'esegesi biblica: le parole, gli approcci, gli autori*, Brescia 2006.

BALZ H. - SCHNEIDER G., *Dizionario esegetico del Nuovo Testamento* (ISB. Supplementi 15), Brescia 2004.

BARTHÉLEMY D. - RICKENBACHER O., *Konkordanz zum hebräischen Sirach mit syrisch-hebräischem Index*, Göttingen 1973.

BAUER H. - LEANDER P., *Historische Grammatik der hebräischen Sprache sws Alten Testament*, Hildesheim 1965.

BECCARIA G.L. (ed.), *Dizionario di linguistica e di filologia, metrica, retorica* (Biblioteca studio 21), Torino 1996.

BLASS F. - DEBRUNNER A., *Grammatica del greco del Nuovo Testamento* (S.GLNT), Brescia 1982.

CHANTRAINE P., *Dictionnaire étymologique de la langue grecque. Histoire des mots*, voll. 1-2, Paris 1984-90 (orig. 1968-1980).

CONYBEARE F.C. - STOCK ST. G., *Grammar of Septuagint Greek*, Boston 1995 (orig. 1905).

DENIS A.M. - JANSSENS Y., *Concordance grecque des Pseudépigraphes d'Ancien Testament*, Louvain-la Neuve 1987.

DUBOIS J. - GIACOMO M. - GUESPIN L. - MARCELLESI CH. - MARCELLESI J.B. - MÉVEL J.P., *Dizionario di linguistica*, Bologna 1979.

DUCROT O. - TODOROV T., *Dizionario enciclopedico delle scienze del linguaggio*, (Dizionari e Manuali ISEDI), Milano 1972.

HATCH E. - REDPATH H.A. (ed.), *A Concordance to the Septuagint and the Other Greek Versions of the Old Testament (including the Apocryphal Books)*, Grand Rapids - Michigan 2005[2] (originale Oxford 1897, seconda edizione 1998, pubblicata da Kraft R.A. - Tov E. - Muraoka T.).

JENNI E. – WESTERMANN C., *Dizionario teologico dell'Antico Testamento*, voll. I–II, Torino 1978-1982 (orig. ted. 1971-1976)

JOÜON P., *Grammaire de l'hébreu biblique* (Scripta Pontificii Istituti Biblici), Rome 1965 (orig. 1923).

KITTEL G – FRIEDRICH G., *Grande Lessico del Nuovo Testamento*, voll. I-XV + Indici, Brescia 1965-1988.

KOEHLER L. – BAUMGARTNER W., *Hebräisches und aramäisches Lexikon zum Alten Testament*, voll. I-V, Leiden – New York – København – Köln 1983-1995.

LIDDELL H.G. – SCOTT R., *A Greek-English Lexicon. With a Supplement 1968*, Oxford 1973.

LUST J. – EYNIKEL E. – HAUSPIE K., *Greek-English Lexicon of the Septuagint*, Stuttgart 2003.

MAYER G., *Index Philoneus*, Berlin – New York 1974.

MÜLLER P-G., *Lessico della scienza biblica* (LoB), Brescia 1990 (orig. ted. 1985)

PAYNE SMITH R., *A Compendious Syriac Dictionary*, Winona Lake (Indiana) 1998 (orig. 1903).

PAZZINI M., *Lessico concordanziale del Nuovo Testamento siriaco* (Studium Biblicum Franciscanum Analecta), Jerusalem 2004.

REHKOPF F., *Septuagintavokabular*, Göttingen 1989.

REITERER F.V. (ed.), *Bibliographie zu Ben Sira* (BZAW 266), Berlin – New York 1998.

REITERER F.V., *Zählsynopse zum Buch Ben Sira* (FSBP 1), Berlin – New York 2003.

ROCCI L., *Vocabolario greco-italiano*, Milano – Roma – Napoli – Città di Castello 1962.

WALTKE B. K. – O'CONNOR M., *An Introduction to Biblical Hebrew Syntax*, Winona Lake (Ind.) 1990.

ZORELL F., *Lexicon Hebraicum et Aramaicum Veteris Testamenti*, Romae 1963.


## 3. Studi

a) Commenti al Siracide

ALONSO SCHÖKEL L., *Proverbios y Eclesiástico* (Los libros sagrados), Madrid 1968.

BLUNT J.H., *The Annotated Bible being a Household Commentary upon the Holy Scriptures Comprehending the Results of Modern Discovery and Criticism. Job to Malachi and Apocrypha*, London - Oxford - Cambridge 1879.

BOX G.H - OESTERLEY O.E., *The Book of Sirach*, in CHARLES R.H. (ed.), *The Apocrypha and Pseudepigrapha of the Old Testament in English, with Introductions and Critical and Explanatory Notes to the Several Books*, vol. I: *The Apocrypha*, Oxford 1965 (orig. 1913).

BRUGUERA J.M. – DÍAZ R.M., *Eclesiàstic*, in *La Biblia. Versió dels textos originals i comentari pels monjos de Montserrat*, Montserrat 1982.

CHURTON W.R., *The Uncanonical and Apocryphal Scriptures*, London 1884.

CRAMPON A., *La Sainte Bible traduite en français sur les textes originaux, avec introductions et notes, et la Vulgate latine en regard. Tome quatrième. Les Psaumes. - Les Proverbes. - L'Ecclésiaste. - Le Cantique des Cantiques. - La Sagesse. - L'Ecclésiastique*, Paris - Rome - Tournai 1904.

DUESBERG H. – AUVRAY P., *Le livre de L'Ecclésiastique*, in *La sainte Bible traduite en français sous la direction de l'École Biblique de Jérusalem*, Paris 1958.

DUESBERG H. – FRANSEN I., *Ecclesiastico* (La Sacra Bibbia. Antico Testamento), Torino 1966.

EBERHARTER A., *Das Buch Jesus Sirach oder Ecclesiasticus* (HSAT VI/5), Bonn 1925.

EDERSHEIM A., *Ecclesiasticus*, in WACE H. (ed.), *Apocrypha. The Holy Bible*, London 1888.

FILLION C.-CL., *La Sainte Bible : texte latin et traduction française : commentée d'après la Vulgate et les textes originaux à l'usage des Seminaires et du clergé*, Tome V, Paris 1894.

FRAGNELLI P., *Siracide*, in *La Bibbia Piemme*, Casale Monferrato 1995, 1572-1666.

FRITZSCHE O.F., *Die Weisheit Jesus Sirach's*, Leipzig 1859.

GIROTTI G., *Il Vecchio Testamento. Volume VI. I Sapienziali* (La Sacra Bibbia commentata), Torino 1938.

HAMP V., "Das Buch Sirach oder Ecclesiasticus", in NÖTSCHER F. (ed.), *Die Heilige Schrift in Deutscher Übersetzung. Echter-Bibel. Das Alte Testament*, Würzburg 1951.

HART J. H. A., *Ecclesiasticus: The Greek text of Codex 248*, Cambridge 1909.

HERKENNE H., *De veteris latinae Ecclesiastici capitibus I-XLIII una cum notis ex eiusdem libri translationibus aethiopica, armeniaca, copticis, latina altera, syro-hexaplari depromptis*, Leipzig 1899.

KEEL L., *Sirach : Das Buch von der Weisheit, verfasst von Jesus, dem Sohne Sirach's, erklärt für das christliche Volk*, Kempten 1896.

KNABENBAUER J. *Commentarius in Ecclesiasticum cum appendice: textus "Ecclesiastici" hebraeus descriptus secundum fragmenta nuper reperta cum notis et versione litterali latina* (Cursus Scripturae Sacrae VI), Parisiis 1902.

LAMPARTER H., *Die Apokryphen I: Das Buch Jesus Sirach*, vol. I-II (Die Botschaft des Alten Testaments. Erläuterungen alttestamentlicher Schriften 25), Stuttgart 1972.

LEDRAIN L., *La Bible. Traduction nouvelle d'après les textes hébreu et grec. Tome VII. Oeuvres morales et lyriques I*, Paris 1891.

LESÈTRE H., *L'Ecclésiatique*, in *La Sainte Bible. Texte de la Vulgate, traduction française en regard avec commentaires…*, Paris 1880.

LÉVI I., *L'Ecclésiastique ou la Sagesse de Jésus fils de Sira. Texte original hébreu édité, traduit et commenté*, vol. I-II (Bibliothèque de l'École des Hautes Études. Sciences religieuses, 010.1-2), Paris 1898-1901.

LUZZI G., *La Bibbia. Apocrifi dell'Antico Testamento*, Firenze 1930.

MACKENZIE R.A.F., *Sirach* (OTMes 19), Wilmintong 1983.

MANCINI G., *Ecclesiastico di Gesù figliuolo di Sirach volto in terza rima da Sua Eccellenza Reverendissima Monsig. Giuseppe Mancini arcivescovo di Siena con più la traduzione e note di Monsig. Antonio Martini*, Siena 1845.

MINISSALE A., *Siracide (Ecclesiastico)* (NVB 23), Roma 1980.

MOPSIK C., *La Sagesse de Ben Sira* (Les Dix Paroles), Lagrasse 2004.

MORLA ASENSIO V., *Eclesiastico* (MAT 20), Salamanca – Madrid – Estella (Navarra) 1992.

MOULTON R.G., *The Modern Reader's Bible. The Books of the Bible with Three Books of the Apocrypha*, London 1919.

PATRYCK – LOWTH – ARNALD – WHITBY – LOWMAN, *A Critical Commentary and Paraphrase on the Old and New Testament and the Apocrypha*, vol. III, London 1844, 968-1080.

PEREIRA N.B., *Sirácida ou Eclesiastico: A Sabedoria de Jesus, Filho de Sirac. Cosmovisao de um sábio judeu no final do AT e sua relevância hoje* (Commentário Bíblico AT), Petropolis 1992.

PÉREZ RODRÍGUEZ G., *"Eclesiastico". Libros Sapienciales*, in GARCIA CORDERO M. (ed.), *Biblia Comentada. IV* (BAC 218), Madrid 1967².

PETERS N., *Liber Jesu Filii Sirach sive Ecclesiasticus hebraice*, Friburgi Brisgoviae 1905.

PETERS N., *Das Buch Jesus Sirach: oder Ecclesiasticus* (EHAT 25), Münster in West. 1913 (nella ricerca viene citata questa edizione)

Reuss E., *Job, Les Proverbes, L'Ecclésiaste, L'Ecclésistique, La sapience, Contes Moraux, Baruch, Manassé,* vol. III (La Bible. Traduction nouvelle avec introductions et commentaires. Philosophie Religeuse et Morale des Hébreux), Paris 1878.

Sauer G., *Jesus Sirach - Ben Sira* (ATD.A 1), Göttingen 2000.

Schechter S. – Taylor C., *The Wisdom of Ben Sira*, Cambridge 1899.

Schilling O., *Das Buch Jesus Sirach* (HSVII/2), Freiburg 1956.

Segal M. H., ספר בן־סירא השלם, Jerusalem 1997[4] (orig. 1953[1], 1958[2], 1972[3]).

Sisti A., *L'Ecclesiastico,* in *La sacra Bibbia tradotta dai testi originali a cura dei professori di sacra scrittura o.f.m.,* a cura di Mariani B., Milano 1964.

Skehan P.W. – Di Lella A.A., *The Wisdom of Ben Sira* (AncB 39), New York 1987.

Smend R., *Die Weisheit des Jesus Sirach erklärt,* Berlin 1906.

Snaith J.G., *Ecclesiasticus or the Wisdom of Jesus Son of Sirach* (CNEB), Cambridge 1974.

Spicq C., *L'Ecclésiastique,* in *La Sainte Bible,* Pirot L. – Clamer A. (ed.), Tome VI, Paris 1946.

Vaccari A., "L'Ecclesiastico", in Vaccari P.A., *I libri poetici della Bibbia tradotti dai testi originali e annotati,* Roma 1925, 327–408.413–414.

Vigouroux F., *La Sainte Bible polyglotte contenant le texte hébreu original, le texte grec des Septante, le texte latin de la Vulgate, et la traduction française de M. l'abbé Glaire avec les différences de l'hébreu, des Septante et de la Vulgate: des introductions, des notes, des cartes et des illustrations. Tome V. L'Ecclésiastique. - Isaïe. - Jérémie. - Les Lamentations. - Baruch,* Paris 1904 (testo greco e commento a cura di F. Nau; testo ebraico e commento a cura di P.N. Touzard).

Weber T.H., *Siracide,* in *Grande commentario biblico,* Brescia 1973, 692–710.

Zöckler O., *Die Apokryphen des Alten Testament nebst einem Anhang über die Pseudepigraphenliteratur,* München 1891.

## b) Altri studi

Abel F.-M., *Les livres des Maccabées* (Études bibliques), Paris 1949.

Airoldi N., "Il Salmo 40b", *RivBib* 16 (1968) 247–258.

ALLIOT M., *Le culte d'Horus à Edfou au temps des Ptolémées* (Bibliothèque d'étude 20), voll. I-II, Le Caire 1949-1954.

ALONSO SCHÖKEL L., *Estudios de poética hebrea*, Barcelona 1963.

ALONSO SCHÖKEL L., "מְחָה - mâhâ", in GLAT, vol. IV, coll. 1091-1096.

ALONSO SCHÖKEL L., *Manuale di poetica ebraica*, Brescia 1989.

ALONSO SCHÖKEL L., *Proverbios y Eclesiástico* (Los libros sagrados 8.1), Madrid 1968.

ALONSO SCHÖKEL L., "The Vision of Man in Sirach 16,24-17,14", in GAMMIE J.G. (ed.), *Israelite Wisdom. Theological and Literary Essays in Honor of Samuel Terrien*, New York 1979, 235-245.

ALONSO SCHÖKEL L. - CARNITI C., *I Salmi* (Commenti biblici), voll. I-II, Roma 1992-1993.

ALONSO SCHÖKEL L. - SICRE DÍAZ J.L., *I profeti* (Commenti biblici), Roma 1989.

ALONSO SCHÖKEL L. - VÍLCHEZ LÍNDEZ J., *I Proverbi* (Commenti biblici), Roma 1988.

ALONSO SCHÖKEL L. - ZURRO E., *La traducción biblica: lingüística y estilística* (Biblia y lenguaje 3), Madrid 1977.

ANDERSON G.A. - OLYAN S.M. (ed.), *Priesthood and Cult in Ancient Israel* (JSOT.S 125), Sheffield 1991.

ARANDA PÉREZ G. - GARCÍA MARTÍNEZ F. - PÉREZ FERNÁNDEZ M., *Letteratura giudaica intertestamentaria* (ISB), Brescia 1998.

ARCAINI E., *Analisi linguistica e traduzione*, (Le scienze del linguaggio 1), Bologna 1991².

ARISTOTELE, *Retorica*, introduzione di Montanari F. - testo critico, traduzione e note a cura di Dorati M., Milano 1996.

ARISTOTELE, *Dell'arte poetica*, ed. Gallavotti C., Fondazione Lorenzo Valla, Milano 2003⁹.

ARNTZ R. (ed.), *La traduzione. Nuovi approcci tra teoria e pratica*, Napoli 1995.

ASSMANN J., *Ma'at: Gerechtigkeit und Unsterblichkeit im Alten Ägypten*, München 2001³.

ASURMENDI J., "Ben Sira et les prophètes", *Transeu* 14 (1998) 91-102.

AUGÉ M., "Principi di interpretazione dei testi liturgici", in *Anamnesis 1. La Liturgia momento nella storia della salvezza*, Torino 1974, 159-179.

AUVRAY P., "Notes sur le Prologue de l'Ecclésiastique", in *Mélanges bibliques rédigés en l'honneur de A. Robert* (TCP 4), Paris 1957, 281-287.

BAETHGEN F., "Der textkritische Wert der alten Übersetzungen zu den Psalmen", *JPTh* 8 (1882) 405-459.593-667.

BALENTINE S.E., *The Torah's Vision of Worship* (Ouverture to Biblical Theology), Minneapolis 1999.

BALZ H., "πάλιν", in DENT, vol. II, col. 739.

BALZ H. - SCHNEIDER G., "ἀφίστημι", in DENT, vol. I, coll. 487-488.

BAMMEL E., "πτωχός", in GLNT, vol. XI, coll.709-788.

BARBIERO G., "Lo straniero nel Codice dell'Alleanza e nel Codice di Santità: tra separazione e accoglienza", *RStB* 8/1-2 (1996) 41-69.

BARBOUR J., "Like an Error which proceeds from the Ruler": the Shadow of Saul in Qoheleth 4:17-5:6", in AUGUSTIN M. - NIEMANN H. M., *Thinking Towards New Horizons. Collected Communications to the XIXth Congress of the International Organization for the Study of the Old Testament - Ljubljana 2007* (Beiträge zur Erforschung des Alten Testaments und des antiken Judentums 55), Frankfurt am Main 2008, 121-128.

BARCLAY J.M.G., *Diaspora. I giudei nella diaspora mediterranea da Alessandro a Traiano (323a.C.-117 d.C.)* (ISB.Supplementi), Brescia 2004.

BARR J., *Biblical Words for Time*, London 1969².

BARR J., *Semantica del linguaggio biblico* (Studi religiosi), Bologna 1968 (orig. 1961).

BARTHÉLEMY D. (ed.), *Critique textuelle de l'Ancien Testament, 1. Josué, Juges, Ruth, Samuel, Rois, Chroniques, Esdras, Néhémie, Esther* (OBO 50.1), Fribourg 1982.

BARTHÉLEMY D. (ed.), *Critique textuelle de l'Ancient Testament, 2. Isaïe, Jérémie, Lamentations* (OBO 50.2), Fribourg 1986.

BARTON J. & C. (ed.), *Prophets, Worship and Theodicy: Studies in Prophetism, Biblical Theology and Structural and Rhetorical Analysis and the Place of Music in Worship (Papers read at the Joint British-Dutch Old Testament Conference held at Woudschoten, 1982)* (OTS 23), Leiden 1984.

BASSLER J.M., *Divine Impartiality. Paul and a Theological Axiom* (Society of Biblical Literature: Dissertation series 59), Chico 1982.

BASSNETT S., *Translation Studies*, London 1980.

BASSNETT S. - LEFEVERE A. (edd.), *Translation, History and Culture*, Cambridge 1990.

BASTA P., *Gezerah Shawah. Storia, forme e metodi dell'analogia biblica* (Subsidia biblica 26), Roma 2006.

BATTAGLIA E., *"Αρτος : il lessico della panificazione nei papiri greci* (Biblioteca di *Aevum antiquum*), Milano 1989.

BAUMANN A., "Urrolle und Fastag", *ZAW* 80 (1969) 350-373.

BAUMANN G., *Love and Violence: Marriage as Metaphor for the Relationship between YHWH and Israel in the Prophetic Books*, Collegeville 2003.

BAUMERT N., "Carisma und Amt bei Paulus", in VANHOYE A., *L'Apôtre Paul: Personnalité, style et conception du ministère* (BEThL 73), Louvain 1986, 203-228.

BAUMGARTNER W., "Die literarischen Gattungen in der Weisheit des Jesus Sirach", *ZAW* 34 (1914) 161-198.

BEENTJES P. C., "Sirach 22:27-23:6 in zijn context", *Bijdr* 39 (1978) 144-151.

BEENTJES P. C., "Inverted Quotations in the Bible. A Neglected Stylistic Pattern", *Bib* 63 (1982) 506-523.

BEENTJES P.C., "Jesus Sirach 7:1-17. Kanttekeningen bij de structuur en de tekst van een verwaar loosde passage", *Bijdr* 41 (1980) 251-259.

BEENTJES P.C., "Relations between Ben Sira and the Book of Isaiah. Some Methodical Observations", in VERMEYLEN J. (ed.), *The Book of Isaiah. Le livre d'Isaïe. Les oracles et leurs relectures, unité et complexité de l'ouvrage* (BEThL 81), Leuven 1989, 155-159.

BEENTJES P.C., "Errata", in EGGER-WENZEL R. (ed.), *Ben Sira's God. Proceedings of the International Ben Sira Conference, Durham — Ushaw College 2001* (BZAW 321), Berlin - New York 2002, 375-377.

BEHM J., "θυσία", in GLNT, vol. IV, coll. 628-632.642-653.

BEHM J., "θυσιαστήριον", in GLNT, vol. IV, coll. 632-633.

BEHM J., "ἄρτος", in GLNT, vol. I, coll. 1267-1272.

BEHM J., "νῆστις κτλ.", in GLNT, vol. VII, coll. 965-996.

BEHM J., "θύω", in GLNT, vol. IV, coll. 625-628.642-653.

BELLER M., *Von der Stoffgeschichte zur Thematologie. Ein Beitrag zur komparatistischen Methodenlehre*, in "Arcadia. Zeitschrift fur vergleichende Literaturwissenschaft", V (1970) 1-38.

BEN HORIN M. VITERBI, *Il sogno di Giacobbe*, Roma 1988.

BERGSON L., "Zum periphrastischen χρῆμα", *Er.* 65 (1967) 79-117.

BERNINI A., "La preghiera nell'Antico Testamento", in BOCCASSINO R., *La preghiera*, vol. I, Milano 1967, 321-446.

BERTINETTO P.M., "On the Inadequateness of a Purely Linguistic Approach to the Study of Metaphor", in *IJL - RLin* 4 (1977) 7-85.

BERTINETTO P.M., ""Come vi pare". Le ambiguità di "come" e i rapporti di paragone e metafora", in ALBANO LEONI L. - PIGLIASCO M.R. (ed.), *Retorica e scienze del linguaggio. Atti del X congresso internazionale di studi della Società Linguistica Italiana - Pisa 1976* (Pubblicazioni della società di linguistica italiana, 14), Roma 1979, 131-170.

BERTRAM G., "ὕψος κτλ.", in GLNT, vol. XIV, coll. 783-830.

BERTRAM G., "ὕψιστος", in GLNT, vol. XIV, coll. 815-830.

BULTMANN R., ἐλεημοσύνη, in GLNT, vol. III, coll. 420-423.

BULTMANN R. - VON RAD G. - BERTRAM G., "ζάω κτλ.", in GLNT, vol. III, coll. 1365-1480.

BERTRAM G., "ζωή e βιος nei LXX", in GLNT, vol. III, coll. 1417-1427.

BETZ O., "φωνή κτλ.", in GLNT, vol. XV, coll. 279-362.

BEWER J.A., "Textual and Exegetical Notes on the Book of Ezekiel", *JBL* 72 (1953) 158-168.

BEYER H. W., "θεραπεία κτλ.", in GLNT, vol. IV, coll. 487-498.

BEYER K., *Die aramäischen Texte vom Toten Meer. Ergänzungsband*, Göttingen 1994.

BICKERMANN E. J., "The Colophon of the Greek Book of Esther", *JBL* 63 (1944) 339- 362.

BICKERMANN E. J., *Studies in Jewish and Christian History. Part Two* (AGAJU 9), Leiden 1980.

BLACK M., *Apocalypsis Henochi Graece. Fragmenta pseudepigraphorum quae supersunt graece* (Pseudoepigrapha Veteris Testamenti graece 3), Leiden 1970.

BLOOMFIELD L., *Language*, New York 1933.

BLUNT J.H., *The Annotated Bible being a Household Commentary upon the Holy Scriptures Comprehending the Results of Modern Discovery and Criticism. Job to Malachi and Apocrypha*, London-Oxford-Cambridge 1879.

BOCCACCINI G., "Origine del male, libertà dell'uomo e retribuzione nella Sapienza di di Ben Sira", *Hen* 8 (1986) 1-37.

BOFFO L., *Iscrizioni greche e latine per lo studio della Bibbia* (BSSTB 9), Brescia 1994.

BOHLEN R., *Die Ehrung der Eltern bei Ben Sira. Studien zur Motivation und Interpretation eines familienethischen Grundwertes in frühhellenistischer Zeit* (Trierer Theologische Studien 51), Trier 1991.

BÖHMISCH F., "Die Textformen des Sirachbuches und ihre Zielgruppen", *PzB* 6(1997) 87-122.

BÖHMISCH F., "Ein Liebesgedicht eines jüdischen Weisheitslehrers an seine Jugendliebe (Sir 51,13-30) ", in A. LEINHÄUPL-WILKE - S. LÜCKING - I. M. WIEGARD (edd.), *Visionen des Anfangs* (BFJ 2), München 2004, 49-70.

BOOTH O., "The Semantic Development of the Term מִשְׁפָּט in the Old Testament", *JBL* 61 (1946) 105-110.

BOSCHI B.G., *Genesi. Commento esegetico e teologico* (Teologia), Bologna 2007.

BOVATI P., *Ristabilire la giustizia. Procedure, vocabolario, orientamenti* (AnBib 110), Roma 2005 (orig. 1986).

BRIDGES C., *The Book of Proverbs*, London 1859.

BRINDLE W.A., "Righteousness and Wickedness in Ecclesiastes 7:15-18", *AUSS* 23/3 (1985) 243-257.

BROCKINGTON L.H., "The Greek Translator of Isaiah and his Interest in doxa", *VT* 1 (1951) 23-32.

BROCKINGTON L.H., "The Septuagintal Background to the New Testament Use of "doxa"", in NINEHAM D.E. (ed.), *Studies in the Gospels. Essays in Memory of R.H. Lightfoot*, Oxford 1955, 1-8.

BROSHI M. - ESHEL E. - FTZMYER J. - LARSON E. - NEWSOM C. - SCHIFFMAN L. - SMITH M. - STONE M. - STRUGNELL J. - YARDENI A. (edd.), *Discoveries in the Judaean Desert XIX. Qumran Cave 4. XIV. Parabiblical Texts, Part 2*, Oxford 1996.

BROWN S.S., *Late Carthaginian Child Sacrifice and Sacrificial Monuments in their Mediterranean Context* (JSOT-ASOR. Monograph Series 3), Sheffield 1991.

BRUEGGEMANN W., "The Travail of pardon: reflections on slh ", in STRAWN B.A. - BOWEN N.R., *A God so Near. Essays on Old Testament Theology in Honor of Patrick D. Miller*, Winona Lake 2003, 283-297.

BÜCHLER A., *Types of Jewish-Palestinian Piety from 70 B.C.E. to 70 C.E.*, London 1922.

BÜCHSEL F., "δίδωμι κτλ.", in GLNT, vol. II, coll. 1171-1190.

BÜCHSEL F., "ἀνταποδίδωμι κτλ.", in GLNT, vol. II, coll. 1179-1180.

BÜCHSEL F., "ἀρά κτλ.", in GLNT, vol. I, coll. 1197-1206.

BUCHSEL F., "δῶρον κτλ.", in GLNT, vol. II, coll. 1173-1175.

BULTMANN R., "ἔλεος κτλ.", in GLNT, vol. III, coll. 399-423.

BULTMANN R., "ἐλεημοσύνη", in GLNT, vol. III, coll. 420-423.

BULTMANN R., "νεκρός κτλ.", in GLNT, vol. VII, coll. 879-890.

Buongarzone R., *Gli dei egizi* ( Quality paperbacks 215), Roma 2007.

Burkes S., "Wisdom and Law. Choosing life in Ben Sira and Baruch", *JSJ* 30/3 (1999) 253-276.

Burnett J., *A Reassessment of Biblical Elohim* (Society of Biblical Literature. Dissertation Series 183), Atlanta 2001.

Burnier-Genton J., *Le rêve subversif d'un sage: Daniel 7* (Le monde de la Bible), Genève 1993.

Buzzetti C., *La parola tradotta. Aspetti linguistici, ermeneutici e teologici della traduzione della Sacra Scrittura* (Pubblicazioni del Pontificio Seminario Lombardo in Roma. Ricerche di scienze teologiche 12), Brescia 1973.

Caird G.B., *Ben Sira and the Dating of the Septuangint*, in Livingstone E. A. (ed.), *Studia evangelica VII. Papers presented to the Fifth International Congress on Biblical Studies held at Oxford* (StEvVII [TU 126]), Berlin 1982, 95-100.

Calduch-Benages N., "La sabiduría y la prueba en Sir 4,11-19", *EstBib* 49 (1991) 25-48.

Calduch-Benages N., "Elementos de inculturación helenista en el libro de Ben Sira: Los viajes", *EstBib* 54 (1996) 289-298.

Calduch-Benages N., "Ben Sira y el Canon de las Escrituras", *Gr.* 78 (1997) 359- 370.

Calduch-Benages N., *En el crisol de la prueba. Estudio exegético de Sir 2,1-18* (Asociación bíblica española 32), Estella 1997.

Calduch-Benages N., "Il libro di Ben Sira: saggio di bibliografia recente (1984-1994)", *EL* 111 (1997) 419-433.

Calduch-Benages N., *Trial Motif in the Book of Ben Sira, with Special Reference to 2,1-6*, in P.C. Beentjes (ed.), *The Book of Ben Sira in Modern Research. Proceedings of the First International Ben Sira Conference 28-31 July 1996 Soesterberg, Netherlands* (BZAW 255), Berlin - New York 1997, 135-151.

Calduch-Benages N., "Aromas, Fragancias y perfumes en el Sirácida", in Calduch Benages N. -Vermeylen J. (edd.), *Treasures of Wisdom. Studies in Ben Sira and the Book of Wisdom. Festschrift M. Gilbert* (BEThL 143), Leuven 1999, 15-30.

Calduch-Benages N., "El servicio cultual en el Sirácida: estudio del vocabolario", *EstBib* 57 (1999), 147-162.

CALDUCH-BENAGES N., "La pedagogia della Sapienza: Lectio Divina su Sir 4,11-19", *ConsServ* 47/2 (1999) 40-50.

CALDUCH-BENAGES N., "Gli ornamenti sacerdotali nel Siracide: studio del vocabolario", in GRAZIANI S. - CASABURI M.C. - LACERENZA G. (edd.), *Studi sul vicino Oriente antico dedicati alla memoria di Luigi Cagni* (Istituto universitario orientale. Dipartimento di studi asiatici. Series minor 61), vol. III, Napoli 2000, 1319-1330.

CALDUCH-BENAGES N., *Un gioiello di sapienza. Leggendo Siracide 2* (Cammini nello spirito - Sezione biblica 45), Milano 2001.

CALDUCH-BENAGES N., "La recompensa del just: estudi de la versió siríaca de Siràcida 1", in AA.VV., *El Text: Lectures i història* (Scripta biblica 3), Barcelona 2001, 39-60.

CALDUCH-BENAGES N., "God Creator of All (Sir 43,27-33)", in EGGER-WENZEL R. (ed.), *Ben Sira's God. Proceedings of the International Ben Sira Conference, Durham — Ushaw College 2001* (BZAW 321), Berlin - New York 2002, 79-117.

CALDUCH-BENAGES N., "Abans perdonar que guardar rancúnia: estudi de Siràcida 27,30–28,7", in PUIG I TÀRRECH A. (ed.), *Perdó i reconciliació en la tradició jueva*, Barcelona 2002, 175-195.

CALDUCH-BENAGES N. - PAHK J.Y.-S., *La preghiera dei saggi. La preghiera nel Pentateuco sapienziale* (Bibbia e Preghiera), Roma 2004.

CAMP V.C., "Honor and Shame in Ben Sira: Anthropological and Theological Reflections", in BEENTJES P.C. (ed.), *The Book of Ben Sira in Modern Research. Proceedings of the First International Ben Sira Conference 28-31 July 1996, Soesterberg, Netherlands* (BZAW 255), Berlin - New York 1997, 171-187.

CAMPBELL A.F., *Of Prophets and Kings: a Late Ninth-Century document (1 Samuel 1- 2 Kings 10)* (The Catholic Biblical Quarterly. Monograph Series 17), Washington 1986.

CANFORA L., *Il viaggio di Aristea* (Quadrante), Bari 1996.

CANTINAT J., *Les épitres de saint Jacques et de saint Jude*, (Sources Bibliques), Paris 1973.

CARBONE S.P. - RIZZI G., *Il libro di Osea secondo il testo ebraico masoretico, secondo la traduzione greca detta dei settanta, secondo la parafrasi aramaica del targum* (Lettura ebraica, greca e aramaica, 1), Bologna 1993.

CARDELLINI I., *I sacrifici dell'antica alleanza. Tipologie, rituali, celebrazioni* (Studi sulla Bibbia e il suo ambiente, 5), Cinisello Balsamo 2001.

CAVALLETTI S., *Il sogno profetico di Giacobbe e i nomi divini* (fascicolo monografico *Antonianum*), Roma 1958.

CHÁVEZ JIMÉNEZ H.A., *La misericordia en el libro del Sirácida*, México, D.F. 2005.

CHILDS B., *Il libro dell'Esodo* (Theologica), Casale Monferrato 1995 (orig. 1974).

CHILDS B.S., *Isaia* (Commentari biblici), Brescia 2005 (orig. 2001).

CIMOSA M., *La Preghiera nella Bibbia greca. Studi sul vocabolario dei LXX*, (Collana biblica), Roma 1992.

CIMOSA M., *Proverbi* (I libri biblici. Primo Testamento 22), Milano 2007.

CLEMENTS R.E., "Wisdom and Old Testament Theology", in DAY J. - GORDON R.P. - WILLIAMSON H.G.M., *Wisdom in Ancient Israel: Essays in honour of J.A. Emerton*, Cambridge 1995, 269-286.

COLLINS J.J., *Between Athens and Jerusalem: Jewish Identity in the Hellenistic Diaspora* (The Biblical Resources Series), Grand Rapids - Michigan 1999.

CONZELMANN H. - ZIMMERLI W. - WILCKENS U. - KELBER G, "χάρις κτλ.", in GLNT, vol. XV, coll. 528-662.

CORLEY J., *Ben Sira's Teaching on Friendship* (Brown Judaic Studies 316), Providence 2002.

COWLEY A. - NEUBAUER A., *The Original Hebrew of a Portion of Ecclesiasticus (XXXIX.15 XLIX.11) Together with the Early Versions and an English Translation Followed by the Quotations from Ben Sira in Rabbinical Literature*, Oxford 1897.

COX C.E., "Εἰσακούω and ἐπακούω in the Greek Psalter", *Bib* 62 (1981) 251-258.

COUROYER B., "Tobie VII,9. Problème de critique textuelle", RB 91 (1984) 351-361.

CRAWFORD S., *The Temple Scroll and Related Texts* (Companion to the Qumran Scrolls 2), Sheffield 2000.


DANIEL S. *Recherches sur le vocabulaire du culte dans la Septante* (Études et commentaires 61), Paris 1966.

DA SILVA A., *La symbolique des rêves ed des vêtements dans l'histoire de Joseph et de ses frères* (Héritage et projet 52), Ville St-Laurent 1994.

DAVIES E.W., *Walking in God's Ways: the Concept of "imitatio Dei" in The Old Testament*, in BALL E. (ed.), *In Search of True Wisdom. Essays in the Old Testament Interpretation in Honour of Roland E. Clements*, (JSOT. Supplement series 300), Sheffield 1999, 99-115.

DAWES S. B., "Walking humbly: Micah 6,8 revisited", *SJT* 41/3 (1988) 331-339.

DAWES S. B., ""Anawâ" in Translation and Tradition", *VT* 41 (1991) 38-48.

DAY J., *Molech: a God of Human Sacrifice in the Old Testament* (University of Cambridge Oriental Publications 41), Cambridge 1989.

DE BRUYNE D., *Sommaires, divisions et rubriques de la Bible latine*, Namur 1914.

DE BRUYNE D., "Le prologue, le titre et la finale de l'Ecclésiastique", *ZAW* 47 (1929) 257-263.

DEIANA G., *Il giorno dell'espiazione: il kippur nella tradizione biblica* (SRiv-Bib 30), Bologna 1994.

DE JONGE M., *Pseudepigrapha of the Old Testament as Part of Christian Literatur: the Case of the Testaments of the Twelve Patriarchs and the Greek life of Adam and Eve* (SVTP 18), Leiden 2003.

DE JONGE M., *The Testaments of the Twelve Patriarchs: Text and Interpretation* (SVTP 3), Leiden 1978.

DE LAS CASAS B., *Historia de las Indias*, a cura di Pérez de Tutela J. y Lopez Oto E., voll.I-II, Madrid 1957.

DEL VERME M., *Giudaismo e Nuovo Testamento: il caso delle decime* (Studi sul giudaismo e sul cristianesimo antico 1), Napoli 1989.

DE MAURO T., *Capire le parole* (economica Laterza 165), Roma – Bari 1999².

DE RACHEWILTZ B., *Egitto magico religioso* (Saggistica), Milano 2008³.

DE VAUX R., *Le Istituzioni dell'Antico Testamento*, Torino 1964.

DE ZAN R., "Criticism and Interpretation of Liturgical Texts", in CHUPUNGCO A.J. (ed.), *Handbook for Liturgical Studies. Introduction to the Liturgy*, Collegeville (Mimnesota) 1997, 331-365.

DELCOR M., "Le Testament de Job, la Prière de Nabonide et les traditions targoumiques", in WAGNER S. (ed.), *Bibel und Qumran. H. Bardtke Festschrift* (Beiträge zur Erforschung der Beziehungen zwischen Bibel- und Qumranforschung), Berlin 1968, 54-74.

DELLING G., *Studien zum Neuen Testament und zum hellenistischen Judentum. Gesammelte Aufsätze 1950-1968*, Göttingen 1970.

DELLING G., "πλεονάζω, ὑπερπλεονάζω", in GLNT, vol. X, coll. 575-586.

DELLING G., "πλῆθος, πληθύνω", in GLNT, vol. X, coll. 607-632.

Denis A.-M., *Fragmenta pseudoepigraphorum quae supersunt greca* (PVTG 7), Leiden 1970.

De Waard J. - Nida E.A., *From One Language to Another. Functional Equivalence in Bible Translating*, Nashville - Camden - NewYork 1986.

d'Hamonville D.M. - Dumouchet É., *La Bible d'Alexandrie. XVII. Les Proverbes*, Paris 2000.

Dhorme P., *L'emploi métaphorique des noms de parties du corps en hébreu et en akkadien*, Paris 1923.

Di Lella A.A., "Authenticity of the Geniza Fragments of Sirach", *Bib* 44 (1963) 171-200.

Di Lella A.A., *The Hebrew Text of Sirach: A Text-critical and Historical Study* (Studies in Classical Literature 1), London 1966.

Di Lella A.A., "The Problem of Retribution in the Wisdom Literature", in *Rediscovery of Scripture: Biblical Theology Today. Report of the 46th Annual Meeting of the Franciscan Educational Conference*, Burlington (Wisconsin) 1967, 109-127.

Di Lella, A. A., "Fear of the Lord and Belief and Hope in the Lord amid Trial: Sirach 2,1-18", in Barré M.L. [ed.], *Wisdom, You Are My Sister. Studies in Honor of Roland E. Murphy, O.Carm., on the Occasion of his Eigtieth Birthday*, Washington 1997, 1888-2004.

Dirksen P.B., *La Peshitta dell'Antico Testamento* (SB 103), Brescia 1993.

Dodd C.H., "Ἱλάσκεσθαι. Its Cognates, derivates, and Synonyms in the Septuagint", *JThS* 32 (1930-31) 352-360.

Dogniez C - Harl M (ed.) *La Bible d'Alexandrie. 5. Le Deutéronome*, Paris 1992.

Domeris W., *Touching the Heart of God: the Social Conctruction of Poverty among Biblical Peasants* (LHB / OTS), NewYork 2007.

Dommershausen W., "לֶחֶם-leh em", in Botterweck G.J. - Ringgren H. - Fabry H.J., GLAT, vol. IV, Brescia 2004, coll. 783-794.

Dorival G., *La Bible d'Alexandrie. 4. Les Nombres*, Paris 1994.

Dorival G., "Le sacrifice dans la traduction grecque de la Septante", *ASEs* 18/1 (2001) 61-79.

Driver G.R., "Three Technical Terms in the Pentateuch", *JSSt* 1/2 (1956) 97-105.

Ducrot O., "Strutture superficiali e strutture profonde", in Ducrot O. - Todorov T., *Dizionario enciclopedico delle scienze del linguaggio* (Dizionari e manuali ISEDI 5), Milano 1972 (ed. originale francese del 1972), 261-272.

DUESBERG H. - FRANSEN I., *Les scribes inspirés*, Maredsous -Tournai 1966 (orig. 1939).

DUESBERG H., "Il est le Tout: Siracide 43,27-33", *BVCr* 38 (1961) 43-48.

DUMOULIN P., "La parabole de la veuve, de Ben Sira 35,11-24 à Lc 18,1-8", in CALDUCH-BENAGES N. -VERMEYLEN J. (edd.), *Treasures of Wisdom. Studies in Ben Sira and the Book of Wisdom. Festschrift M. Gilbert* (BEThL 143), Leuven 1999, 170-179.

DZIADOSZ D., *Gli oracoli divini in 1Sam 8-2Re 25: Redazione e teologia nella storia deuteronomistica dei re*, Romae 2002.


EBERHARTER A., *Der Kanon des Alten Testaments zur Zeit des Ben Sira. Auf Grund der Beziehungen des Sirachbuches zu den Schriften des A.T. dargestellt* (AA III,3), Münster in Westf. 1911.

ECO U., *Semiotica e filosofia del linguaggio* (Einaudi paperbacks 151), Torino 1984.

EDGAR D.H., *Has God not Chosen the Poor? The Social Setting of the Epistle of James* (JSNT.S 206), Sheffield 2001.

EGGER-WENZEL R. - KRAMMER I. (edd.), *Der Einzelne und seine Gemeinschaft bei Ben Sira* (BZAW 270), Berlin 1998.

EGGER-WENZEL R., "The Change of the Sacrifice Terminology from Hebrew into Greek in the Book of Ben Sira. Did the Grandson Understand his Grandfather's Text Correctly?", *BN* 140 (2009) 69-93.

EISING H., "זָכַר - zākar, זֵכֶר - zēker, זִכְרוֹן - zikkārôn, אַזְכָּרָה - 'azkārâ ", in GLAT, vol. II, coll. 607-630.

EISSFELDT O., *Introduzione all'Antico Testamento, vol. 1. Aspetti letterari dell'Antico Testamento* (BT 1), Brescia 1970 (originale tedesco 1964³).

ECK W., "Flavius Iosephus, nicht Iosephus Flavius", *SCI* 19 [2000] 281-283.

ELITZUR S., "קטע חדש מהנוסח העברי של ספר בן סירא", *Tarbiz* 76/1-2 (2006-2007) 17-28.

ELLERO M.P., *Introduzione alla retorica* (Saggi Sansoni), Milano 1997.

ENERMALM-OGAWA A., *Un langage de prière juif en grec. Le témoignage des deux premiers livres des Maccabées* (CB.NT 17), Stockolm 1987.

EPSTEIN I. (ed.), *Hebrew-English Edition of the Babylonian Talmud*, London 1988

ESTRADÉ M. - GIRBAU B., *La Biblia, vol. XVII, I i II dels Macabeus*, Montserrat 1974.

EVANS T.V., *Verbal Syntax in the Greek Pentateuch: Natural Greek Usage and Hebrew Interference*, Oxford 2001.

FAHLGREN K.H., *ṣedāḳā, nahestehende und entgegengesetzte Begriffe im Alten Testament*, Upsala 1932.

FANG CHE YONG M., "Usus nominis divini in Sirach", *VD* 42 (1964) 163-168.

FÉDÉRIC M., *La répétition. étude linguistique et rhétorique* (BZRPh), Tübingen 1985.

FELDMAN L.H., "The Ortodoxy of the Jews in Hellenistic Egypt", *JSSt* 22 (1960) 215-237.

FENSHAM F.C., "Widow, Orphan and the Poor in Ancient Near Eastern Legal and Wisdom Literature", in CRENSHAW J.L. (ed.), *Studies in Ancient Israelite Wisdom* (LBS), New York - Ktav 1976, 161-174.

FENZ A.K., *Auf Jahwes Stimme hören: eine biblische Begriffsuntersuchung* (WBTh 6), Wien 1964.

FERNÁNDEZ MARCOS N., *Septuaginta. La biblia griega de judíos y cristianos* (BEBib.m 12), Salamanca 2008.

FESTUGIÈRE A.-J., *La sainteté* (Mythes et religions), Paris 1942.

FIEDLER P., "ἀσεβής, ἀσέβεια, ἀσεβέω", in DENT, vol. I, coll. 447-450.

FISCHER B., "Bibelausgaben des frühen Mittelalters", in *Settimane di studio del CISAM*, Spoleto 1963, 519-600.

FITZMYER J.A., "The Aramaic and Hebrew Fragments of Tobit from Qumran Cave 4", *CBQ* 57 (1995) 655-675.

FITZMYER J.A., *Lettera ai Romani*, Casale Monferrato 1999 (orig. 1993).

FLANNERY-DAILEY F., *Dreamers, Scribes, and Priests. Jewish Dreams in the Hellenistic and Roman Eras* (SJSJ 90), Leiden 2004.

FOERSTER W., "σέβομαι κτλ. ", in GLNT, vol. XI, coll. 1486-1518.

FOERSTER W., "ἀσεβής, ἀσέβεια, ἀσεβέω", in GLNT, vol. XI, coll. 1486-1502.

FOHRER G., *Introduction to the Old Testament*, London 1968.

FREEDMAN D.N. - WILLOUGHBY B.E. - H.J. FABRY - (RINGGREN H.), "נָשָׂא", in GLAT, vol. V, coll. 1065-1084.

FREY J.-B., *Corpus Inscriptionum Iudaicarum: recueil des inscriptions juives qui vont du IIIe siècle avant Jesus-Christ au VIIe siècle de notre ère* (Sussidi allo studio delle antichità cristiane 1,3), voll. I-II, Città del Vaticano 1936-1952.

FREY J.-B., *Corpus Inscriptionum Iudaicarum*, vol. 1 (aggiornato da Lifshitz B.), New York 1975.

FRYE N., *Anatomia della Critica* (PbE), Torino 1969.

FUCHS H:F., "הָרַג", in GLAT, vol. II, coll. 514-526.

FÜGLISTER N., *Baldauf, Borghild, Arme und Armut im Buch Ben Sira. Eine philologisch-exegetische Untersuchung*, Salzburg 1983 (dattiloscritto, non pubblicato, per il Diploma).

GAN J., *The Metaphor of Shepherd in the Hebrew Bible: a Historical-Literary Reading*, Lanham 2007.

GARBINI G., "Il sacrificio dei bambini nel mondo punico", in VATTIONI F., *Atti della Settimana: Sangue e antropologia biblica [Roma 10-15 marzo 1980]*, vol. I, Roma 1981, 127-134.

GARCÍA LOPÉZ F., "נגד", in GLAT, vol. V, coll. 559-573.

GARCÍA MARTÍNEZ F. - TIGCHELAAR E.J., *The Dead Sea Scrolls. Study Edition*, vol. I, Leiden - Boston - Köln 1997.

GARCÍA MARTÍNEZ F., *Testi di Qumran* (BTS 4), Brescia, 1996.

GARCÍA MARTÍNEZ F. - TREBOLLE BARRERA J., *Gli uomini di Qumran* (SB 113), Brescia 1996.

GÄRTNER B., *The Temple and the Community in Qumran and the New Testament. A Comparative Study in the Temple Symbolism of the Qumran Texts and the New Testament* (MSSNTS 1), Cambridge 1965.

GARY A. - ANDERSON G.A. - OLYAN S.M. (ed.), *Priesthood and Cult in Ancient Israel* (JSOT.S 125), Sheffield 1991.

GASSER K., *Die Bedeutung der Sprüche Jesu Ben Sira für die Datierung des althebräischen Spruchbuches* (BFChTh 8.2-3), Gütersloh 1904.

GEHMAN H.S., "Ἐπισκέπτομαι, ἐπίσκοπος and ἐπισκοπής in the Septuagint in Relation to פקד and other Hebrew Roots. A Case of Semantic Development Similar to that of Hebrew", *VT* 22 (1972) 199-200.

GELSTON A., *The Peshitta of the Twelve Prophets*, Oxford 1987.

GENETTE G., *Figure III. Discorso del racconto* (PbE 468), Torino 1986 (orig. 1972).

GENETTE G., *Palinsesti. La letteratura al secondo grado* (Biblioteca Einaudi), Torino 1997.

GENTZLER E., *Contemporary Translation Theories* (TT 2), London 2001².

GERLEMAN G., *Studies in the Septuagint, I. Book of Job* (LUÅ. N.F. 1/43.2), Lund 1946.

GILBERT M., *La critique de dieux dans le Livre de la sagesse [Sg 13-15]* (AnBib 53), Rome 1973.

GILBERT M., "La prière d'Azarias", *NRTh* 96 (1974) 561-582.

GILBERT M., "Ben Sira et la femme", *RTL* 7 (1976) 426-442.

GILBERT M., "Spirito, sapienza e legge secondo Ben Sira e il libro della Sapienza", *PSV* 4 (1981) 65-73.

GILBERT M., "La loi du talion", *Christus* 31 (1984) 73-82.

GILBERT M., "The Book of Ben Sira: Implications for Jewish and Christian Traditions", in TALMON S. (ed.), *Jewish Civilization in the Hellenistic-Roman Period* (JSPE.S 10), Philadelphia 1991, 81-91.

GILBERT M., "L'action de grâce de Ben Sira (Si 51,1-12)", in KUNTZ-MANN R. (ed.), *Ce Dieu qui vient. Études sur l'Ancien et Nouveau Testament offertes au Professeur Bernard Renaud à l'occasion de son soixante-cinquième anniversaire* (LeDiv 159), Paris 1995, 231-243.

GILBERT M., "Siracide", in *Supplément au Dictionnaire de la Bible*, vol. XII, Paris VI 1996, coll. 1389-1437.

GILBERT M., "The Hebrew Texts of Ben Sira a Hundred Years after their Discovery", *PIBA* 20 (1997) 9-23.

GILBERT M., "Wisdom of the Poor: Ben Sira 10,19-11,6", in BEENTJES P.C. (ed.), *The Book of Ben Sira in Modern Research* (BZAW 255), Berlin 1997, 153-169.

GILBERT M., "Il concetto di tempo ("et") in Qohelet e Ben Sira", in BELLIA G. - PASSARO A., *Il libro del Qohelet; tradizione, redazione, teologia* (CS.B 44), Milano 2001, 69-89.

GILBERT M., "God, Sin and Mercy: Sirach 15:11-18:14", in EGGER-WENZEL R. (ed.), *Ben Sira's God. Proceedings of the International Ben Sira Conference, Durham - Ushaw College 2001* (BZAW 321), Berlin - New York 2002, 118-135.

GILBERT M., "Venez à mon école (Si 51,13-30) ", in FISCHER I. - RAPP U. - SCHILLER J. (edd.), *Auf den Spuren der schriftgelehrten Weisen. Festschrift für Johannes Schiller* (BZAW 331), Berlin 2003, 283-290.

GILBERT M., "Prayer in the Book of Ben Sira. Function and Relevance", in EGGER - WENZEL R. - CORLEY J. (edd.), *Prayer from Tobit to Qumran: Inaugural Conference of the ISDCL at Salzburg, Austria, 5-9 July 2003* (DECLY), Berlin 2004, 117-135.

GILBERT M., *La Sapienza del cielo*, Cinisello Balsamo 2005.

GILBERT M., "La Sapienza e il culto secondo Ben Sira", *RScR* 20/1 (2006) 23-40.

GNILKA J., *Paolo di Tarso. Apostolo e testimone* (CTNT 6), Brescia 1998 (orig. 1996).

GNUSE R.K., *The Dream Theophany of Samuel: its Structure in Relation to Ancient Near Eastern Dreams and its Theological Significance*, Lanham - New York 1984.

GOWAN D.E., "Wealth and Poverty in the Old Testament: the Case of the Widow, the Orphan and the Sojourner", *Interp.* 41/4 (1987) 341-353

GRADWOHL R., "Péché et rémission des péchés dans le judaïsme", *Conc* 98 (1974) 63-100.

GRANADOS G.C., "La humildad, camino del amor: análisis estructural y semántico de Eclo 7", *EstBíb* 62,2 (2004) 155-169.

GREEVEN H., "δέομαι, δέησις, προσδέομαι", in GLNT, vol. II, coll. 841-848.

GREEVEN H. - FICHTNER J., "πλησίον", in GLNT, vol. X, coll. 711-728.

GREEVEN H. - HERRMANN J., "εὔχομαι κτλ. ", in GLNT, vol. III, coll. 1209-1300.

GROSS H., "Le prétendu 'ministère prophétique' in Israël", *RechBibl* VIII (1967) 93-106.

GRUNDMANN W., "δέχομαι κτλ. ", in GLNT, vol. III, coll. 865-892.

GRUNDMANN W., "δεκτός κτλ ", in GLNT, vol. III, coll. 888-892.

GRUPPO μ, *Retorica generale. Le figure della comunicazione* (Studi Bompiani), Milano 1976 (orig. 1970).

HADAS M., *Aristeas to Philocrates (Lettre of Aristea)* (JAL), New York 1951.

HADOT J., *Penchant mauvais et volonté libre dans la Sagesse de Ben Sira (l'Ecclésiastique)*, Bruxelles 1970.

HANSON P.D., *The Dawn of Apocalyptic. The Historical and Sociological Roots of Jewish Apocalyptic eschatology*, Philadelphia 1975.

HANSON P.D., "War, Peace and Justice in Early Israel", *BibR* 3(1987) 32-45.

HARAN M., *Temples and Temple-Service in Ancient Israel: an Inquiry into the Character of Cult Phenomena and the Historical Setting of the Priestly School*, Oxford 1978.

HARDER G., "πονηρός, πονηρία", in GLNT, vol. X, coll. 1357-1410.

HARL M., *La Bible d'Alexandrie. 1. La Genèse*, Paris 1994².

Harl M. - Dorival G. - Munnich O., *La Bible grecque des Septante. Du judaïsme hellénistique au christianisme ancien* (Initiations au Christianisme ancien), Paris 1994.

Harlé P. - Pralon D., *La Bible d'Alexandrie. 4. Le Lévitique*, Paris 1988.

Harlé P., *La Bible d'Alexandrie. 7. Les Juges*, Paris 1988.

Hart J.H.A., "The Prologue to Ecclesiasticus", *JQR* 20 (1907) 284-285.

Hartley J.E., *Leviticus* (WBC 4), Dallas (Texas) 1992.

Hartom A.S., "בֶּן סִירָא מְתֻרְגָּם בְּחֶלְקוֹ וּמְפֹרָשׁ", Tel Aviv 1969[3].

Harvey J.D., "Toward a Degree of Order in Ben Sira's Book", *ZAW* 105 (1993) 52-62.

Haspecker J., *Gottesfurcht bei Jesus Sirach* (AnBib 30), Roma 1967.

Hatch E., *Essays in Biblical Greek*, Oxford 1889.

Hauck F., "πένης, πενιχρός", in GLNT, vol. IX, coll. 1453-1464.

Hauck F., "κόπος, κοπίαω", in GLNT, vol. V, coll. 771-778.

Hauck F. - Bammel E., "πτωχός κτλ.", in GLNT, vol. XI, coll. 709-788.

Hauck F. - Schulz S., "πορεύομαι κτλ.", in GLNT, vol. X, coll. 1411-1446.

Hayes K. M., *"The earth mourns" : Prophetic Metaphor and Oral Aesthetic* (SBL.AB 8), Atlanta 2002.

Hays R.C. - Alkier S. - Huizenga L. (edd.), *Reading the Bible Intertextuality*, Waco 2009 (orig. ted. 2005).

Hayward C.T.R., "El Elyon and the Divine Names in Ben Sira", in Egger-Wenzel R. (ed.), *Ben Sira's God. Proceedings of the International Ben Sira Conference, Durham - Ushaw College 2001* (BZAW 321), Berlin-New York 2002, 180-198.

Hayward R., *Divine Name and Presence: the Memra* (Oxford Centre for Postgraduate Hebrew Studies), Totowa (N. J.) 1981.

Helbing R., *Die Kasussyntax der Verba bei den Septuaginta. Ein Beitrag zur Hebraismenfrage und zur Syntax der Κοινή*, Göttingen 1928.

Hengel M., *Judentum und Hellenismus. Studien zu ihrer Begegnung unter besonderer Berücksichtigung Palästinas bis zur Mitte des 2.Jh.s v. Chr.* (WUNT 10), Tübingen 1988[3].

Herrmann J. - Büchsel F., "ἵλεως κτλ.", in GLNT, vol. IV, coll. 951-1012.

Herrmann J., "ἱλάσκομαι κτλ.", in GLNT, vol. IV, coll. 954-998.

Hermisson H.J., *Sprache und Ritus im altchristlichen Kult zur "Spiritualisierung" der Kultbegriffe im Alten Testament* (WMANT 19), Neukirchen -Vluyn 1965.

HERMISSON H.J., "Prophetie und Weisheit", in CLINES D.J.A. - LICHTENBERGER H. - MÜLLER H.P., *Weisheit in Israel. Beiträge des Symposium "Das Alte Testament und die Kultur der Moderne" anlässlich des 100. Geburtstags G. von Rads (1901-1971), Heidelberg, 18-21 Oktober 2001* (ATM 12), Münster - Hamburg - London 2003, 111-128.

HILDESHEIM R., *Bis dass ein Prophet aufstand wie Feuer. Untersuchungen zum Prophetenverständnis des Ben Sira in Sir 48,1-49,16* (TThSt 58), Trier 1996.

HILL C.C., *Hellenists and Hebrews. Reappraising Division within the Earliest Church*, Minneapolis (Mn)1992.

HILL D., *Greek Words and Hebrew Meanings: Studies in the Semantics of Soteriological Terms* (MSSNTS 5), Cambridge 1967.

HJELMSLEV L., *I fondamenti della teoria del linguaggio* (PbE 479), Torino 1987[2].

HONG S.-H., *The Metaphor of Illness and Healing in Hosea and its Significance in the Socio-Economic Context of Eighth-Century Israel and Judah* (SBLit 95), New York 2006.

HOLLANDER H.W. - DE JONGE M., *The Testament of the Twelve Patriarchs: a commentary* (SVTP 8), Leiden 1985.

HOPPE L.J., *Being Poor. A Biblical Study* (GNS 20), Wilmington 1987.

HORBURY W., "Jewish Inscriptions and Jewish Literatur in Egypt, with Special Reference to Ecclesiasticus", in VAN HENTEN J.W. - HORST (VAN DER) P.W. (edd.), *Studies in Early Jewish Epigraphy* (AGAJU 21), Leiden 1994, 9-43.

HORSLEY G.H.R., *New Documents Illustrating Early Christianity, vol 4. A Review of the Greek Inscriptions and Papyri Published in 1979*, Macquarie N.S.W. (Australia) 1987.

HORST J., "μακροθυμία κτλ.", in GLNT, vol.VI, coll.1009-1046.

HYATT J.PH., "The Prophetic Criticism of Israelite Worship", in ORLINSKY H.M, *Interpreting the Prophetic Tradition. The Goldenson Lecture 1955-1966* (The Library of Biblical Studies), New York 1969, 201-224

JAKOBSON R., *Essais de linguistique générale* (Arguments 14), Paris 1963 (1983[3])

JANZEN J.G., "Prayer and/as Self-Address: The Case of Hanna", in STRAWN B.A. - BOWEN N.R., *A God so Near. Essays on Old Testament Theology in Honor of Patrick D. Miller*, Winona Lake 2003, 113-127.

JOHNSON B. - RINGGREN H., "צֶדֶק", in GLAT, vol.VII, coll. 511-540.

JONQUIÈRE T.M., *Prayer in Josephus* (AJEC 70), Leiden – Boston 2007.

JONES D., "Background and Character of Lukan Psalms", *JThS* 19 (1968) 19-50.

JOOSTEN J., "1Sam XVI 6,7 in the Peshitta Version", *VT* 41 (1991) 226-233.

JÜNGLING H.W., "Der Bauplan des Buches Jesus Sirach", in HAINZ J. – JÜNGLING H.W. – SEBOTT R., (ed.), *"Den Armen eine frohe Botschaft". Festschrift für Bischof Franz Kamphaus zum 65. Geburtstag*, Frankfurt am Main 1997, 89-105.

KAISER O., *Isaia. Capitoli 1-12* (AT 17), Brescia 1998 (orig. 1981).

KASHER A., *The Jews in Hellenistic and Roman Egypt. The Struggle for Equal Rights* (TSAJ 7), Tübingen 1985.

KIEWELER H.V., *Ben Sira zwischen Judentum und Hellenismus. Eine Auseinandersetzung mit Th. Middendorp* (BEAT 30), Frankfurt am Main 1992.

KILPATRICK G.D., "The Meaning of Θύειν in the New Testament", *BiTr* 12 (1961) 130-132.

KISTER M., "Some Notes on Biblical Expressions and Allusions ad the Lexicography of Ben Sira", in MURAOKA T. – ELWOLDE J.F., *Sirach, Scroll, & Sages. Proceedings of a second International Symposium on the Hebrew of the Dead Sea Scrolls, Ben Sira, and the Mishnah, held at Leiden University, 15-17 December 1977* (StTDJ 33), Leiden 1999, 160-187.

KITTEL G., "ἀκούω κτλ.", in GLNT, vol. I, col 581-606.

KITTEL G., "δοκέω κτλ.", in GLNT, vol. II, coll. 1343-1404.

KLAUCK H.J., "θυσιαστήριον - eine Berichtigung", *ZNW* 71 (1980) 274-277.

KLEINKNECHT H. – GUDBROD W., "νόμος κτλ.", in GLNT, vol. VII, coll. 1233-1418.

KLINZING G., *Die Umdeutung des Kultus in der Qumrangemeinde und im Neuen Testament* (StUNT 7), Göttingen 1971.

KOCH K., "Gibt es ein Vergeltungsdogma in AT?", *ZThK* 52 (1955) 1-42.

KOIVISTO-ALANKO P. – TISSARI H., ""Sense and Sensibility": Rational Thought versus Emotion in Metaphorical Language", in STEFANOWITSCH A. – GRIES S.TH., *Corpus-Based Approaches to Metaphor and Metonymy* (Trend in Linguistics. Studies and Monographs 171), Berlin - New York 2006, 191–213.

KONDRACKI A., *La* צדקה *che espia i peccati. Studio esegetico di Sir 3,1-4,10.* Excerpta ex dissertatione ad Doctoratum in Facultate Biblica Pontificii Instituti Biblici, Roma 1996.

KÖVECSES Z., *Metaphor in Culture: Universality and Variation*, Cambridge 2005.

KRAFT R.A., *The Testament of Job according to the SV Text* (TT.PS 4), Missoula 1974.

KRAFT T., "Justicia y Liturgia: La Maravillosa Síntesis de Sirácida", *RTLi* 30 (1996) 307-318.

KRAUS H.J., *La teologia dei Salmi* (BT 22), Brescia 1989 (orig. 1979).

KRAUS H.J., *Los Salmos*, voll. I-II (BEBib 53-54) , Salamanca 1993 (ultima ed. tedesca 2003⁷, orig. 1961).

KRAUS H-J., *Worship in Israel. A Cultic History of the Old Testament*, Oxford 1966.

KRONHOLM T., "עֵת - ' t", in GLAT, vol.VII, coll. 1-23.

KUHN K.G., "προσήλυτος", in GLNT, vol. XI, coll. 297-344.

KÜMMEL W.G., *La Teologia del Nuovo Testamento. Gesù - Paolo - Giovanni* (NT.S 3), Brescia 1976 (orig. 1972).

LAGARDE (de) P.A., *Libri Veteris Testamenti apocryphi syriace*, Leipzig 1861 (ed. fototipica Osnabrück 1972).

LANCKAU J., *Der Herr der Träume: eine Studie zur Funktion des Traumes in der Josefsgeschichte der Hebräischen Bible* (AThANT 85), Zürich 2006.

LAPIDE P., *Ist die Bibel richtig übersetzt?* (Gütersloher Taschenbücher / Siebenstern 1415), Gütersloh 1996 (tr. it. Bologna 2000).

LAPORTE J., "Sacrifice and Forgiveness in Philo of Alexandria", *StPhiloA* 1 (1989) 34-42.

LARCHER C., *Études sur le livre de la Sagesse* (EtB), Paris1969.

LARCHER C., *Le livre de la Sagesse ou la Sagesse de Salomon* (EtB.NS 1), voll. I-III, Paris 1983-1985.

LATTKE M., "κενός", in DENT, vol. II, coll. 2-6.

LAUSBERG H., *Elementi di retorica* (Strumenti. Linguistica e critica letteraria), Bologna 1969 (orig. 1967).

LAVOIE J.J., "Ben Sira le voyageur ou la difficile rencontre avec l'héllenisme", *ScEs* 52/1 (2000) 37-60.

LE BOULLUEC A. - SANDEVOIR P., *La Bible d'Alexandrie. 2. L'Exode*, Paris 2004.

LE DÉAUT R. (-ROBERT J.), "Targum", in BRIEND J. - QUESNEL M. - CAZELLES H., *Supplément au Dictionnaire de la Bible*, vol. XIII, Paris 2002, call. 1*-344* (fascicolo a sè).

LEDOGAR R.J., "Verbs of Praise in the LXX Translation of the Hebrew Canon", *Bib* 48 (1967) 29-56.

LEE J., *A Lexical Study of the Septuagint Version of the Pentateuch* (SBL.SCSS 14), Chico 1983.

LÉGASSE S., *L'epistola di Paolo ai Romani* (Commentari biblici), Brescia 2004 (orig. 2002).

LEICHT R., "A Newly Discovered Hebrew Version of the Apocryphal 'Prayer of Manasseh'", *JSQ* 3(1996) 359-373.

LEIPOLDT J., *Die Frau in der antiken Welt und im Urchristentum*, Gütersloh 1962.

LEMARDELÉ C., "Le sacrifice de purification: un sacrifice ambigu? ", *VT* 52/2 (2002) 284-289.

LEMKE W.E., "The Way of Obedience: 1 Kings 13 and the Structure of the Deuteronomistic History", in CROSS F. M. - LEMKE W. - MILLER P. (edd.), *Magnalia Dei. The Might Acts of God. Essays on the Bible and Archaeology in Memory of G. Ernest Wright*, New York 1976, 301-326.

LENZI G., *Isaia. Traduzione a confronto con il testo masoretico* (Il Targum Yonathan I), Genova - Milano 2004.

LEONHARDT J., *Jewish Worship in Philo of Alexandria* (TSAJ 84), Tübingen 2001.

LÉVI I, "Fragments de deux nouveaux manuscrits hébreux de l'Ecclésiastique", *REJ* 40 (1900) 1-30.

LEVINE B. A., *In the Presence of the Lord: a Study of Cult and Some Cultic Terms in Ancient Israel* (SJLA 5), Leiden 1974.

LEVINE L.I., *La sinagoga antica* (ISBS 20-21), voll. I-II *(vol 1. Lo sviluppo storico, vol 2. L'istituzione)*, Brescia 2005 (orig. 2000).

LIAÑO J.M., "Los pobres en el Antiguo Testamento", *EstBíb* 25(1966) 117-167.

LIESEN J., "First-Person Passages in the Book of Ben Sira", *PIBA* 20 (19897) 24-47.

LIESEN J., *Full of Praise. An Exegetical Study of Sir 39, 12-35* (SJSJ 65), Leiden - Boston - Köln 2000.

LIESEN J., "Strategical Self-References in Ben Sira", in CALDUCH-BENAGES N.-VERMEYLEN J. (edd.), *Treasures of Wisdom. Studies in Ben Sira and the Book of Wisdom. Festschrift M. Gilbert* (BEThL 143), Leuven 1999, 63-74.

LINSKY L. (ed), *Semantica e filosofia del linguaggio* (Biblioteca di filosofia e meotodo scientifico 29), Milano 1969.

LIPIŃSKI E., *La liturgie pénitentielle dans la Bible* (LeDiv 52), Paris 1969.

LIPIŃSKI E., *Le poème royal du Ps 89,1-5.20-38* (CRB 6), Paris 1967.

LIPTON D., *Revisions of the Night: Politics and Promises in the Patriarchal Dreams of Genesis* (JSOT.S 288), Sheffield 1999.

LOHFINK N., "יָרַשׁ - jāraš", in GLAT, vol. IV, coll. 1-40.

LOMBARDO G. *Estetica della traduzione. Studi e prove* (Quaderni dei Nuovi annali 19), Roma 1989.

LORENZIN T., *I Salmi. Nuova versione, introduzione e commento* (I libri biblici. PrimoTestamento 14), Cinisello Balsamo 2000.

LÜDERITZ G., "Wath is the Politeuma?", in HENTEN (VAN) J.W.- HORST (VAN DER) P.W. (edd.), *Studies in Early Jewish Epigraphy* (AGAJU 21), Leiden 1994, 183-225.

LUZÁRRAGA FRADUA J., *Las tradiciones de la nube en la Biblia y en el Judaismo primitivo* (AnBib 54), Roma 1973.

LUZZI G., *La Bibbia. Apocrifi dell'Antico Testamento. Maccabei - Tobit - Giuditta - Aggiunte a Esther e a Daniele - Baruch Lettera a Geremia - Ecclesiastico - Sapienza, con undici introduzioni e ventisei tavole fuori testo*, Firenze 1930.

MAAS F., "אֱנוֹשׁ", in GLAT, vol. I, coll. 747-752.

MACCOBY H., *Early Rabbinic Writings* (CCWJCW 3), Cambridge - New York, 1988.

MACK B., *Wisdom and the Hebrew Epic. Ben Sira's Hymn in Praise of the Fathers*, Chicago 1985.

MAHM-LOT M., *Bartolomeo de las Casas e i diritti degli indiani*, Milano 1985 (ristampa 1998).

MAIER G., *Mensch und freier Wille. Nach den jüdischen Religionsparteien zwischen Ben Sira und Paulus* (WUNT 12), Tübingen 1971.

MAIER J., *Il giudaismo del secondo tempio. Storia e religione* (BCR 59), Brescia 1991.

MAIER J., "Zu Kult und Liturgie der Qumrangemeinde", *RdQ* 14 (1990) 543-586.

MALCHOW B.V., "Social Justice in Wisdom Literature", *BTB* 12 (1982) 120-124.

MANNUCCI V., "Peccato, perdono e riconciliazione nell'Antico Testamento", *BeO* 25 (1983) 87-96.

MARBÖCK J., "Gesetz und Weisheit. Zum Verständnis des Gesetzes bei Jesus ben Sira", *BZ* 20 (1976) 1-21.

MARBÖCK J., "Structure and Redaction History of the Book of Ben Sira. Review and Prospects", in BEENTJES P.C. (ed.), *The Book of Ben Sira in Modern Research. Proceedings of the First International Ben Sira Conference 28-31 July 1996. Soesterberg - Netherlands* (BZAW 255), Berlin - New York 1997, 61-79.

MARBÖCK, J., *Weisheit im Wandel. Untersuchungen zur Weisheitstheologie bei Ben Sira* (BZAW 272), Berlin 1999².

MARCONI D., *La competenza lessicale* (Biblioteca di cultura moderna 1144), Roma - Bari 1999.

MARCUS J., "A Fifth Ms of Ben Sira", *JQR* 21 (1931) 223-240.

MARCUS J., *The Newly Discovered Original Hebrew of Ben Sira [Ecclesiasticus xxxii, 16-xxxiv, 1]. The Fifth Manuscript and a Prosodic Version of Ben Sira [Ecclesiasticus XXII, 22-XXIII, 9]*, Philadelphia 1931.

MARGOLIS M.L., "A Passage in Ecclesiasticus", *ZAW* 21 (1901) 271-72.

MARIANO A., "L'episodio di Eliodoro al tempio (2 Mac 3,1-40) nel contesto dello scontro tra ellenismo e giudaismo", *Sal.* 67 (2005) 447-448.

MARTELLI F., "Il sacrificio dei fanciulli nella letteratura greca e latina", in VATTIONI F., *Atti della Settimana: Sangue e antropologia biblica (Roma 10-15 marzo 1980)*, vol. I, Roma 1981, 247-323.

MARTINET A., *Elementi di linguistica generale* (Universale Laterza 170), Bari 1972 (orig. 1971).

MARTINET A., *La considerazione funzionale del linguaggio* (Collezione di testi e studi. Linguistica e critica letteraria), Bologna 1965 (orig. 1961).

MARX A., *Les systèmes sacrificiels de l'Ancien Testament. Formes et fonctions du culte sacrificiel à Yhwh* (VT.S 105), Leiden - Boston 2005.

MARX A., *Offrandes végétales dans l'Ancien Testament. Du tribut d'hommage au repas eschatologique* (VT.S 57), Leiden - New York - Köln 1994.

MATES B., "Sinonimia", in BECCARIA G.-L. (ed.), *Dizionario di linguistica e di filologia, metrica, retorica*, Torino 1996, 600-601.

MATTEI P., "Baptême hérétique, ecclésiologie et Siracide 34,25", *RevThLit* 30 (1999) 180-194.

McKechine P., "The Career of Jesus Ben Sira", *JThS* 51/1 (2000) 3-26.

Mélèze-Modrzejewski J., *Les Juifs d'Égypte, de Ramses II à Hadrien* (Collection des Néréides), Paris 1991.

Meneghelli D. (ed.), *Teorie del punto di vista* (Biblioteca di cultura. Teoria e analisi dei testi letterari 7), Firenze 1998.

Meynet R., *L'analisi retorica* (Biblioteca biblica 8 ), Brescia 1992 (edizione originale francese 1989).

Meynet R., *Leggere la Bibbia. Un'introduzione all'esegesi* (Collana biblica), Bologna 2004.

Meynet R., *Trattato di retorica biblica* (Retorica biblica 10), Bologna 2008.

Michaelis W., "ὁράω κτλ.", in GLNT, vol. VIII, coll. 885-1074.

Michaelis W., "ὀφθαλμός", GLNT, vol. VIII, coll. 1055-164.

Michaud R., *Ben Sira et le judaïsme. La littérature de sagesse: histoire et théologie*, III (Lire la Bible 82), Paris 1988.

Michel O., "μιμέομαι κτλ.", in GLNT, vol. VII, coll. 253-322.

Michel O., "μνημονεύω", in GLNT, vol. VII, coll. 318-322.

Michel O., "οἶκος κτλ. ", in GLNT, vol. VIII, coll. 337-450.

Michel O., "οἰκοδομέω fuori del N.T.", in GLNT, vol. VIII, coll. 385-389.

Milik J.T., "Fragment d'une source du Psautier [4QPs 89] et fragments de Jubilés du Document de Damas, d'un phylactère dans la grotte 4 de Qumran", *RB 173* (1966) 94-106.

Miller J.W., *Proverbs* (Believers Church Bible Commentary), Scottale (Pens.) - Waterloo (Ont.) 2004.

Miller P.D., *Israelite Religion and Biblical Theology* (JSOT.S 267), Sheffield 2000.

Minissale A., *La versione greca del Siracide. Confronto con il testo ebraico alla luce dell'attività midrascica e del metodo targumico* (AnBib 133), Roma 1995.

Minissale A., *Siracide (Ecclesiastico)* (Nuovissima versione della Bibbia dai testi originali 29), Roma 1980.

Momigliano A., "Per la data e la caratteristica della lettera di Aristea", *Aeg 12* (1936) 71-73.

Moore C.A., *Daniel, Esther and Jeremiah. The Additions* (AncB 44), New York 1977.

Moravcsik R., "How Do Words Get Their Meanings?", *JPh* 78 (1981) 5-24.

Morawe G., "Vergleich des Aufbaus der Danklieder und Hymnischen Bekenntnislieder [1QH] von Qumran mit den Aufbau der Psalmen im Alten Testament und im Spatjudentum", *RdQ* 4 (1963-1964) 323-356.

MORLA ASENSIO V., "Sabiduría, culto y piedad en Ben Sira", *ScrVict* 40 (1993) 125-142.

MORLA ASENSIO V., *Libri sapienziali e altri scritti* (ISB 5), Brescia 1997 (originale spagnolo del 1994).

MORLA ASENSIO V., "Poverty and Wealth: Ben Sira's View of Possessions", in EGGER-WENZEL R. – KRAMMER I. (edd.), *Der Einzelne un seine Gemeinschaft bei Ben Sira* (BZAW 270), Berlin - New York 1998, 151-178.

MORO C., *"Ascolta la mia parola". Analisi testuale di Proverbi 22, 17-24, 22*, (SS.NS 17), Roma 2002.

MORTARA GARAVELLI B., *Manuale di retorica* (Studi Bompiani), Milano 1997[10].

MOSCATI S., "Il sacrificio dei bambini. Un problema storico e archeologico tra Oriente e Occidente", *Acta Pontificii Instituti Biblici*, Roma 1993-1994, 972-982.

MOWINCKEL S., *Psalmenstudien III. Kultusprophetie und prophetische Psalmen*, Kristiania 1923.

MULDER O., *Simon the High Priest in Sirach 50. An Exegetical Study of the Significance of Simon the High Priest as Climax to the Praise of the Fathers in Ben Sira's Concept of the History of Israel* (SJSJ 78), Leiden - Boston - Berlin - New York 2003.

MULDER O., "Three Psalms or two Prayers in Sirach 51? The End of Ben Sira's Book of Wisdom", in EGGER-WENZEL R. - CORLEY J. (edd.), *Prayer from Tobit to Qumran: inaugural conference of the ISDCL at Salzburg, Austria, 5-9 July 2003* (DECLY), Berlin 2004, 171-201.

MÜLLER A.R., "Eine neue Textausgabe von Jesus Sirach", *BN* 89 (1997) 19-21.

MUNCH P.A., "Die jüdischen 'Weisheitspsalmen' und ihr Platz im Leben", *ActOr* 15 (1937) 112-140.

MUNNICH O., "La LXX de Psaumes et le groupe kaige", *VT* 33 (1983) 75-89.

MURAOKA T., "Septuagintal Lexicography: Some General Issues", in MURAOKA T., *Melbourne Symposium on Septuagint Lexicography* (SBL.SCSS 28), Atlanta 1990, 17-47.

MURAOKA T., "Sir 51, 13-30: An Erotic Hymn to Wisdom?", *JSJ* 10 (1979) 166-178.

MURPHY R.E., *Wisdom Literature. Job, Proverbs, Ruth, Canticles, Ecclesiastes and Esther* (The Forms of the Old Testament Literature 13), Grands Rapids (MI) 1981.

MURPHY R.E., *L'albero della vita. Una esplorazione della letteratura sapienziale biblica* (Biblioteca biblica 13), Brescia 1993 (orig.1990).

MUSSNER F., *L'epistola di Giacomo* (CTNT 13.1), Brescia 1970 (orig.1964).

MUSSNER F., *La lettera ai Galati* (CTNT 9), Brescia 1987 (orig.1974).

NELSON M. D., *The Syriac Version of the Wisdom of Ben Sira compared to the Greek and Hebrew Materials* (SBL.DS 107), Atlanta 1988.

NESTLE E., "Zum Prolog des Ecclesiasticus", *ZAW* 17 (1897) 123-134.

NEUBAUER K.W., *Der Stamm Chnn im Sprachgebrauch des Alten Testaments*, Berlin 1964.

NEUSNER J., *Early Rabbinic Judaism. Historical Studies in Religion, Literature and Art* (SJLA 13), Leiden 1975.

NICCACCI A., *Siracide o Ecclesiastico. Scuola di vita per il popolo di Dio* (La Bibbia nelle nostre mani 27), Cinisello Balsamo 2000.

NIDA E.A. - TABER C.R., *The Theory and Practice of Translation* (Helps for Translators 8), Leiden 1969.

NOORDA S.J., "Illness and Sin, Forgiving and Healing: The Connection of Medieval Treatment and Religious Beliefs in Ben Sira 38,1-15", in VERMASEREN M.J. (ed.), *Studies in Hellenistic Religions* (EPRO 78), Leiden 1979, 215-224.

NOTH M. *Esodo* (AT 5), Brescia 1977 (orig. 1964[4]).

NÚÑEZ H.M," νῖ, πτωχός, pobre (Métodos para el entronque del vocabulario griego-hebreo)", *EstBíb* 25 (1966) 193-205.

O'BRIEN J. M. ed., *Challenging Prophetic Metaphor. Theology and Ideology in the Prophets*, Louisville [Ky.] – London 2008.

O'CALLAGHAN J., "Il termine θυσία nei papiri", in VATTIONI F. (ed.), *Sangue e antropologia biblica*, vol. I, Roma 1980, 325-330.

OEPKE A, "βάπτω κτλ.", in GLNT, vol. II, coll. 41-88.

OEPKE A., "ἀνήρ, ἀνδρίζομαι", in GLNT, vol. I, coll. 969-978.

OEPKE A., "κενός κτλ.", in GLNT, vol. V, coll. 325-334.

OEPKE A., "λούω, ἀπολούω, λουτρόν", in GLNT, vol. VI, coll. 793-830.

Ó FEARGAIL F., "Sir 50,5-21: Yom Kippur or the Daily Whole-Offering", *Bib* 59 (1979) 301-316.

ORLINSKY H.M., "Some Terms in the Prologue to Ben Sira and the Hebrew Canon", *JBL* 110 (1991) 483-490.

OSTEN-SACKEN P. VON DER, *Die Heiligkeit der Tora. Studien zum Gesetz bei Paulus*, München 1989.

PALMISANO M.C., *"Salvaci, Dio dell'universo". Studio dell'eucologia di Sir 36H, 1-17* (AnBib 163), Roma 2006.

PASQUALI G., *Storia della tradizione e critica del testo*, Firenze 1952[2] (riedito negli Oscar Mondadori 1974).

PASSONI DELL'ACQUA A., "Gli editti di liberazione nella letteratura giudaico-ellenistica: intento storico e apologetico", *MGVII/1* (2002) 55-66.

PAX E., "Ex Parmenide ad Septuaginta. De notione vocabuli δόξα", *VT* 38 (1960) 92-102.

PAX, E., "Dialog und Selbstgespräch bei Sirach 27,3-10", *SBFLA* 20 (1970) 247-263.

PAYNE PH.B., "A critical note on Ecclesiasticus 44,21's Commentary on the Abrahamic Covenant", *JETS* 15 (1972) 186-187.

PELLETIER A., "Une particularité du Rituel des 'pains d'oblation' conservée par la Septante", *VT* 17 (1967) 364-367.

PENAR T., *Northwest Semitic Philology and Hebrew Fragments of Ben Sira* (Biblica et orientalia 28), Roma 1975.

PENNA R., *Lettera ai Romani. III. Rm 12-16* (Scritti delle origini cristiane 6), Bologna 2008.

PERDUE L.G., *Wisdom and Cult. A Critical Analysis of the Views of Cult in the Wisdom Literatures of Israel and the Ancient Near East* (SBL.DS 30), Missoula 1977.

PERELMAN C. - OLBRECHT-TYTECA L., *Trattato dell'argomentazione. La nuova retorica* (Piccola biblioteca Einaudi. N.S. 112), Torino 1982[2] (orig. 1976).

PERKINS L.J., ""The Lord is a Warrior" - "the Lord who shatters Wars": Exd 15:3 and Jdt 9:7; 16:2", *Bulletin (International Organization for Septuagint and Cognate Studies)* 40 (2007) 121-138.

PIÑERO A., "El Job apócrifo y la reinterpretación de la figura del Jesús histórico", in *Unidad y pluralidad en el mundo antiguo. Actas del VI Congreso Español de Estudios Clásicos II* (Sociedad Española de Estudios Clásicos), Madrid 1983, 109-113.

PITTA A., *Lettera ai Galati* (Scritti delle origini cristiane 9), Bologna 1996.

PLEINS J.D., *Biblical Ethics and the Poor: the Language and Structures of Poverty in the Writings of the Hebrew Prophets (Oppression, Exploitation, Justice, Injustice)*, dissertation (Ph.d.), University of Michigan 1986.

PRATO G.L., *Il problema della teodicea in Ben Sira. Composizione dei contrari e richiamo alle origini* (AnBib 65), Rome 1975.

PRATO G.L., "Sapienza e Torah in Ben Sira. Meccanismi comparativi culturali e conseguenze ideologico-religiose", *RStB* 10 /1-2 (1998) 129-151.

PREISKER H. - WÜRTHWEIN E., "μισθός κτλ.", in GLNT, vol.VII, coll. 353-444.

PRIDIK K.-H., "γάρ", in DENT, vol. I, coll. 628-630.

PRIJS L., *Jüdische Tradition in der Septuaginta*, Leiden 1948.

PRINSLOO W.S., "Psalm 82: Once Again, Gods or Men?", *Bib* 76 (1995) 219-228.

PROCKSH O.-KUHN K.G., "ἅγιος κτλ.", in GLNT, vol. I, coll. 233-310.

PROCKSH O., "ἁγιάζω", in GLNT, vol. I, coll. 298-304.


QIMRON E., *The Temple Scroll. A Critical Edition with Extensive Reconstruction* (JDS), Beer-Sheva - Jerusalem 1996.

QUELL G. - BERTRAM G. - STÄHLIN G. - GRUNDMANN W., "ἁμαρτάνω κτλ.", in GLNT, vol. I, coll. 715-862.


RAHNENFÜHRER D., "Das Testament des Hiob und das Neue Testament", *ZNW* 62 (1971) 68-93.

RAIMONDI E., *Tecniche della critica letteraria* (Piccola biblioteca Einaudi), Torino 1983.

RAURELL F., "The Religious Meaning of "Doxa" in the Book of Wisdom", in GILBERT M. (ed.), *La Sagesse de l'Ancien Testament* (BEThL 51), Gembloux - Louvain 1979, 370-383.

RAURELL F., "LXX - Is 26; la "doxa" com participaciò en la vida escatològica", *RCatalT* 7 (1982) 57-88.

RAURELL F., "Significat antropològic de 'doxa' en Job - LXX", *RCatalT* 9 (1984) 1-32.

RAVASI G., *Il libro dei salmi*. Commento e attualizzazione (Lettura pastorale della Bibbia 12.14.17), voll. I-III, Bologna 1981-1984.

REGA L., *La traduzione letteraria. Aspetti e problemi*, Torino 2001.

REHRL S., *Das Problem der Demut in der profan-griechischen Literatur im Vergleich zu Septuaginta und Neuem Testament* (Aevum christianum 4), Münster i.W. 1961.

REICKE B., "χρῆμα κτλ.", in GLNT, vol. XV, coll. 809-818.

REIF S.C., "Prayer in Early Judaism", in EGGER-WENZEL R. - CORLEY J. (edd.), *Prayer from Tobit to Qumran. Inaugural Conference of the ISDCL at Salzburg, Austria, 5-9 July 2003* (DECLY 2004), Berlin 2004, 439-464.

REITERER F.V. (ed.), *Freundschaft bei Ben Sira. Beiträge des Symposions zu Ben Sira, Salzburg 1995* (BZAW 244), Berlin 1996.

REITERER F.V., "Gott und Opfer", in EGGER-WENZEL R., *Ben Sira's God. Proceedings of the International Ben Sira Conference Durham - Ushaw College 2001* (BZAW 321), Berlin - New York 2002, 136-179.

REITERER F.V., "Opferterminologie in Ben Sira", in EGGER-WENZEL R., *Ben Sira's God. Proceedings of the International Ben Sira Conference Durham - Ushaw College 2001* (BZAW 321), Berlin - New York 2002, 371-374.

RENDTORFF R., *Die Gesetze in der Priesterschrift. Eine gattungsgeschichtliche Untersuchung* (Forschungen zur Religion und Literatur des Alten und Neuen Testaments. Neue Folge 44), Göttingen 1950.

RENGSTORF H., "δεσπότης", in GLNT, vol. II, coll. 849-864.

REYMOND E.D., "Sirach 51,13-30 and 11Q5 (=11QPs$^a$) 22.11-22.1", *RdQ* 23,2/ 90 (2007) 207-231.

RICKENBACHER O., *Weisheits Perikopen bei Ben Sira* (OBO 1), Göttingen 1973.

RICOEUR P., *La metafora viva* (Di fronte e attraverso 69), Milano 2001 (orig. 1975).

RIESENFELD H., "τηρέω κτλ.", in GLNT, vol. XIII, coll. 1191-1224.

RIESENFELD H., "συντηρέω", in GLNT, vol. XIII, coll. 1223-1224.

RIESENFELD H., "Zu μακροθυμεῖν (Lk 18,7) ", in BLINZLER J. - KUSS O. - MUSSNER F. [edd.], *Neutestamentliche Aufsätze. Festschrift für Prof. Josef Schmid zum 70. Geburtstag*, Regensburg 1963, 214-217.

RIZZI G., "La versione greca del Siracide", *RivBib* 45 (1997) 347-351.

RODLER L., *I termini fondamentali della critica letteraria* (Testi e pretesti), Milano 2004.

ROGERS J., "It Overflows like the Euphrates with Undertanding": Another Look at Relationship between Law and Wisdom in Sirach", in CRAIG A. E. (ed.), *Of Scribes and Sages. Early Jewish Interpretation and Transmission of Scripture*, vol I. *Ancient Versions and Traditions* (Library of Second Temple Studies 50), London 2004, 114-121.

RÖSEL M., *Adonaj, warum Gott "Herr" genannt wird* (Forschungen zum Alten Testament 29), Tübingen 2000.

ROST L., *Die Vorstufen von Kirche und Synagoge im Alten Testament. Eine wortgeschichtliche Untersuchung* (Beiträge zur Wissenschaft vom Alten und Neuen Testament 76), Stuttgart 1938.

ROTH W., "On the Gnomic-Discursive Wisdom of Jesus Ben Sirach", *Sēmeia* 17 (1980) 59-79.

ROUBOS K., *Profetie en Cultus in Israël. Achtergrond en betekenis van enige profetische Uitspraken inzake de Cultus; een exegetische Studie,* Wageningen 1956.

ROWLEY H.H., *From Moses to Qumran. Studies in the Old Testament,* London 1963.

ROWLEY H.H., *Worship in Ancient Israel. Its Forms and Meaning,* London 1967.

RÜGER H.-P., *Text und Textform im hebraischen Sirach. Untersuchungen zur Textgeschichte und Textkritik der hebräischen Sirachfragmente aus der Kairoer Geniza* (BZAW 112), Berlin 1970.

RUSSEL D.S., *L'apocalittica giudaica* (Biblioteca teologica 23), Brescia 1991.

RUTENFRANZ M., "ὠφελέω", in DENT, vol. II, coll. 2012-2014.

RUWET N., *Linguistica e poetica* (Studi linguistici e semiologici 25), Bologna 1983.


SABOURIN L., "The Biblical Cloud: Terminology, Traditions", *BTB* 4 (1974) 290-311.

SACCHI P. (ed.), *Apocrifi dell'Antico Testamento,* vol. III-V ( Biblica. Testi e studi 5.7.8), Brescia 1997-2000.

SACCHI P., "Il perdono dei peccati nell'ebraismo da Amos al I sec. d.C.", *RSLR* 40 (2004) 1-26.

SAND A., "ἄνθρωπος", in DENT, vol. I, coll. 265-275.

SANDERS E.P., *Il Giudaismo. Fede e prassi (63a.C. - 66 d.C.)* (Scienze delle religioni), Brescia 1999.

SANDERS J.A., *Qumran 11Q4-9. The Dead Sea Psalms Scroll,* Ithaca (NY) 1967.

SANDERS J.A., *The Psalms Scroll of Qumrân Cave 11* (Discoveries in the Judean Desert 4), Oxford 1965.

SANDERS J.T., *Ben Sira and Demotic Wisdom* (SBL.MS 28), Chico (CA) 1983.

SCARPAT G., *Il libro della Sapienza* (Biblica. Testi e Studi 1.3.6), voll. I-III, Brescia 1989-1999.

SCARPAT G., *Quarto libro dei Maccabei* (Biblica. Testi e Studi 9), Brescia 2006.

SCHALLER B., "Das Testament Hiob und die Septuaginta-Übersetzung des Buches Hiob", *Bib* 61 (1980) 377-406.

SCHELKLE K.H., *Paolo. Vita, lettere, teologia* (Biblioteca di cultura religiosa 56), Brescia 1990 (orig. 1988²).

SCHENKER A., ""Et comme le sacrifice de l'holocauste il les agréa" (Sg 3,6). Les premières comparaisons du martyre avec un sacrifice dans l'Ancien Testament", in CALDUCH-BENAGES N. - VERMEYLEN J. (edd.), *Treasures of Wisdom. Studies in Ben Sira and the Book of Wisdom. Festschrift M. Gilbert* (BEThL 143), Leuven 1999, pp. 351-356.

SCHICK C., *Il linguaggio. Natura, struttura, storicità del fatto linguistico* (Piccola biblioteca Einaudi 2), Torino 1960.

SCHLIER H., "ἀφίστημι κτλ.", in GLNT, vol. I, coll. 1361-1368.

SCHLIER H., *La lettera ai Romani* (Commentario teologico del Nuovo Testamento VI), Brescia 1982 (orig. 1979²).

SCHMIDT F., *Le Testament grec d'Abraham. Introduction, édition critique des deux recensions grecques, traduction* (TSAJ 11), Tübingen 1986.

SCHMIDT K.L., "ἀγωγή, παράγω, κτλ.", in GLNT, vol. I, coll. 343-362.

SCHMIDT K.L., "προσάγω", in GLNT, vol. I, coll. 351-357.

SCHMIDT W.H., *Alttestamentlicher Glaube und seine Umwelt. Zur Geschichte des alttestamentlichen Gottesverständnisses* (Neukirchener Studienbücher 6), Neukirchen-Vluyn 1982².

SCHMIDT W.H., *I dieci comandamenti e l'etica veterotestamentaria* (SB 114), Brescia 1996 (orig. 1993).

SCHMITZ O., *Die Opferanschauung des späteren Judentums und die Opferaussagen des Neuen Testamentes. Eine Untersuchung ihres geschichtlichen Verhältnisses*, Tübingen, 1910.

SCHNABEL E. J., *Law and Wisdom from Ben Sira to Paul. A Tradition Historical Enquiry into the Relation of Law, Wisdom, and Ethics* (WUNT. 2.Reihe 16), Tübingen 1985.

SCHNEIDER C., "καθαιρέω, καθαίρεσις", in GLNT, vol. IV, coll. 1249-1254.

SCHNEIDER G., "δώρημα, δώρεομαι", in DENT, vol. I, coll. 976-977.

SCHNIEDEWIND W.M., "A Qumran Fragment of the Ancient "Prayer of Manasseh"", *ZAW* 108 (1996) 105-107.

SCHOLES R., *Semiotica e interpretazione* (Universale paperbacks Il Mulino 185), Bologna 1985.

SCHRENK G., "ἀδικία", in GLNT, vol. I, coll. 409-423.

SCHRENK G., "δίκαιος", in GLNT, vol. II, coll. 1120-1221.

SCHRENK G., "δίκη, δίκαιος, κτλ.", in GLNT, vol. II, coll. 1191-1328.

SCHRENK G., "εὐδοκία, εὐδοκία", in GLNT, vol. III, coll. 1107-1142.

SCHRENK G., "ἐνέλλομαι, ἐντολή", in GLNT, vol. III, coll. 579-614.

SCHULZ H., *Das Todesrecht im Alten Testament. Studien zur Rechtsform der Mot-Jumat-Sätze* (BZAW 114), Berlin 1969.

SCHÜNGEL-STRAUMANN H., *Decalogo e comandamenti di Dio* (SB 42), Brescia 1977 (orig. 1977).

SCHÜRER E., *Storia del popolo giudaico al tempo di Gesù Cristo*, ed. riveduta da Vermes G. - Millar F. - Goodman M., voll. I-III/2 (BStST 1.6.12.13), Brescia 1997-1998.

SCHUBART W. - KÜHN E., *Papyri und Ostraka der Ptolomäerzeit* (Ägyptische Urkunden aus den Staatlichen Museen zu Berlin. Griechische Urkunden 6), Berlin 1922.

SCHWARTZ D.R., *2 Maccabees* (CEJL), Berlin 2008.

SCIPPA V., "I carismi per la vitalità della Chiesa. Studio esegetico su 1 Cor 12-14; Rm 12,6-8; Ef 4,11-13; 1 Pt 4,10-11", *Aspren* 38 (1991) 5-25.

SCOTT R.B.Y., "Meteorological Phenomena and Terminology in the Old Testament", *ZAW* 64 (1952) 11-25.

SEESEMANN H., "ορφανός", in GLNT, vol. VIII, coll. 1361-1366.

SEGRE C., *Avviamento all'analisi del testo letterario* (Biblioteca Einaudi 68), Torino 1999.

SEIDL T., *Formen und Formeln in Jeremia 27-29* (Münchener Universitätsschriften Fachbereich Kath. Theologie. Arbeiten zu Text und Sprache im Alten Testament 5), St. Ottilien 1978.

SEIDL T., *Texte und Einheiten in Jeremia 27-29* (Münchener Universitätsschriften Fachbereich Kath. Theologie. Arbeiten zu Text und Sprache im Alten Testament 2), St. Ottilien 1977.

SEMINO E., *A Corpus-Based Study of Metaphors for Speech Activity in British English*, in GRIES S.T. - STEFANOWITSCH A. (edd.), *Corpora in Cognitive Linguistics: Conceptual Metaphors*, Amsterdam 2006, 35-60.

SHARON L.M., "Ben Sira and the Stoics: A Reexamination of the Evidence", *JBL* 119 (2000) 473-501.

SHIPP G.P., *Modern Greek Evidence for Ancient Greek Vocabulary*, Sydney 1979.

SIEVERS J., "Lo status socio-religioso dei proseliti e dei timorati di Dio", *RStB* 8/1-2 (1996) 183-196.

SIMONE R., *Fondamenti di linguistica* (Manuali Laterza 9), Roma - Bari 1996.

Sisti A., "Carismi e carità (Rm 12,6-16)", *BeO* 12 (1970) 27-33.

Snaith J.G., "Ben Sira's Supposed Love of Liturgy", *VT* 25 (1975) 167-174.

Sneed M., "Israelite concern for the Alien, Orphan and Widow: Altruism or Ideology?", *ZAW* 111 (1999) 498-507.

Sollamo R., *Renderings of Hebrew Semiprepositions in the Septuagint* (AASF.DHL 19), Helsinki 1979.

Spicq C., "εὐχή, εὔχομαι", in S.GLNT. *Note di lessicografia neotestamentaria*, vol. I, Brescia 1982, 717-726.

Spicq C., "εὐδοκία, εὐδοκέω", in S.GLNT. *Note di lessicografia neotestamentaria*, vol. I, Brescia 1982, 668-678.

Spicq C., "La vertu de simplicité dans l'Ancien et le Nouveau Testament", *RSPT* 22 (1933) 5-30.

Spicq C., "εἰσακούω κτλ.", in S.GLNT. *Note di lessicografia neotestamentaria*, vol. I, Brescia 1982, 506-523.

Spilly A., *I libri dei Maccabei* (La Bibbia per tutti 12), Brescia 1995 (orig. 1985).

Spitta F., *Zur Geschichte und Literatur des Urchristentums*, voll. I-III, Göttingen 1893-1907.

Stadelmann H., *Ben Sira als Schriftgelehrter. Eine Untersuchung zum Berufsbild des vormakkabäischen Sōfēr unter Berücksichtigung seines Verhältnisses zu Priester-Propheten- und Weisheitslehrertum* (Wissenschaftliche Untersuchungen zum Neuen Testament. 2. Reihe 6 Ba.), Tübingen 1980.

Stählin G., "χήρα", in GLNT, vol. XV, coll. 703-772.

Stählin G., "Das Bild der Witwe", *JAC* 17 (1974) 5-20.

Stähli H.P., "פלל - hitp. pregare", in DTAT, vol. II, coll. 388-389.

Stamm J.J., *Erlösen und Vergeben im Alten Testament. Eine begriffsgeschichtliche Untersuchung*, Bern 1974.

Stavrakopoulou F., *King Manasseh and Child Sacrifice: Biblical Distortions of Historical Realities* (BZAW 338), Berlin 2004.

Stefanowitsch A. - Gries S.Th. (edd.), *Corpus-based Approaches to Metaphor and Metonymy* (TL.SM 171), Berlin 2006.

Steiner G., *After Babel. Aspects of Language and Traslation*, New York - Oxford 1998³.

Steinhart E. C., *The logic of Metaphor. Analogous Parts of Possible Worlds* (Synthese Library. Studies in Epistemology, Logic, Methodology and Philosophy of Science 299), Dordrecht 2001.

STRAWN B.A., *What is Stronger than a Lion? Leonine Image and Metaphor in the Hebrew Bible and the Ancient Near East* (OBO 212), Göttingen 2005.

STROTMANN A., *"Mein Vater bist du!" (Sir 51,10). Zur Bedeutung der Vaterschaft Gottes in kanonischen und nichtkanonischen frühjüdischen Schriften* (FTS 39), Frankfurt a. M. 1991.

SUTCLIFFE E.F., "The Cloud as Water-Carriers in Hebrew Thought", *VT* 3 (1953) 99-103.


TASKER R.V.G., *L'epistola di Giacomo* (Commentari al Nuovo Testamento), Roma 1980 (orig. 1969).

TESTA E., *Genesi. Introduzione, storia primitiva* (La Sacra Bibbia. Antico Testamento), vol. I, Torino - Roma 1969.

TCHERIKOVER V., *The Jews in Egypt in the Hellenistic-Roman Age in the Light of the Papyri*, Jerusalem 1963.

TCHERIKOVER V., *Hellenistic Civilization and the Jews*, Philadelphia - Jerusalem 1966.

TCHERIKOVER V. - FUKS A., *Corpus Papyrorum Judaicarum*, voll. I-IV, Jerusalem - Cambrigde (Mass.) 1957-1964.

THACKERAY H.S.J., *The Septuagint and Jewish Worship. A Study in Origins* (The Schweich Lectures of the British Academy 1920), London 1923[2].

THOMPSON R.J., *Penitence and Sacrifice in Early Israel outside the Levitical Law. An Examination of the Fellowship Theory of Early Israelite Sacrifice*, Leiden 1963.

THORNER M., *Poor and Rich in the Old Testament with a Study of* צדקה *in the Bible and Rabbinical Literature*, New York 1905.

TOY C.H., *A Critical and Exegetical Commentary on the Book of Proverbs* (The International Critical Commentary), Edimburgh 1904.

TRENCHARD W. C., *Ben Sira's View of Women. A Literary Analysis* (BJSt 38), Chico (CA) 1982

TROMP N.J., "Jesus Ben Sira en het offer. Proeve van een portret", *Bijdr* 34 (1973) 251-267.


VALENTINI A., *Il Magnificat. Genere letterario, struttura, esegesi* (SRivBib 16), Bologna 1987.

VANDERKAM J.C., *An Introduction to Early Judaism*, Grand Rapids (MI) - Cambridge (UK) 2001.

VAN DER KOOJ A., "On the Place of Origin of the Old Greek of Psalms", *VT* 33 [1983] 67-74.

VAN DER WEIDEN W.A., *Le Livre des Proverbes. Notes philologiques* (Biblica et Orientalia 23), Rome 1970.

VAN HECKE P.J.P., "Are People walking after or before God? On the Metaphorical Use of 'halakh akharey' and 'halakh lifney'", *OLoP* 30 (1999) 37-71.

VAN HECKE P.J.P (ed.), *Metaphor in the Hebrew Bible* (BEThL 187), Leuven 2005.

VAN HENTEN J.W. - VAN DER HORST P.W. (edd.), *Studies in Early Jewish Epigraphy* (AGAJU 21), Leiden 1994.

VAN LEEUWEN C., *Le développement du sens social en Israël avant l'Ère Chrétienne* (SSN 1), Assen 1954.

VAN PEURSEN W.Th., "Sirach 51,13-30 in Hebrew and Syriac", in BAASTEN M.F.J. - VAN PEURSEN W.Th. (edd.), *Hamlet on a Hill. Semitic and Greek Studies Presented to Professor T. Muraoka on the Occasion of his Sixty-Fifth Birthday* (OLA 118), Leuven 2003, pp. 357-374.

VANNI U., *Lettere di Pietro, Giacomo-Giuda* (Leggere oggi la Bibbia 2,13), Milano 1984.

VATTIONI F., "Il sacrificio dei fanciulli in Sir 34[31],24?", in VATTIONI F., *Atti della Settimana. Sangue e antropologia biblica nella patristica [Roma 23-28 novembre 1981]*, vol. I, Roma 1982, 157-160.

VEIJOLA T., "Law and Wisdom. The Deuteronomistic Heritage in Ben Sira's Teaching of the Law", in NEUSNER J. (ed.), *Ancient Israel, Judaism, and Christianity in Contemporary Perspective. Essays in Memory of Karl-Johan Illman* (Studies in Judaism), Lanham 2006, 429-448.

VELLA J., *La giustizia forense di Dio* (SRivBib 1), Brescia 1964.

VENETZ H.J., *Die Quinta des Psalteriums. Ein Beitrag zur Spetuaginta- und Hexaplaforschung* (Publications de l'Institut de Recherche et d'Histoire des Textes. Section biblique et massorétique. Collection Massorah. Série I. Etudes Classiques et Textes 2), Hildesheim 1974.

VIRGULIN S., "Ecclesiastico o Siracide", in *Ultimi storici, Salmi, Sapienziali,* (Introduzione alla Bibbia III), Bologna 1978, 443-472.

VIVIAN A., *Il rotolo del tempio* (TVOA.LG 1), Brescia 1990.

VOGEL A., "Studien zum Pešitta-Psalter besonders im Hinblick auf sein Verhältnis zu Septuaginta", *Bib* 32 (1951) 32-56.198-231.336-363.481-502.

VON RAD G. *Deuteronomio* (AT 8), Brescia 1979 (orig. 1968²).

VON RAD G., *Teologia dell'Antico Testamento* (BT 6-7), voll. I-II, Brescia 1972-1974 (orig. 1957-1962).

VON RAD G., *Genesi* (AT 2-4), Brescia 1978² (orig. 1972⁹).

VON RAD G., *La sapienza in Israele* (Collana Biblica), Torino 1975 (orig. 1970).

VOUGA F., *L'épître de saint Jacques* (Commentaire du Nouveau Testament deuxième série 13a), Genève 1984.


WACHOLDER B.Z. - ABEGG M.G., *A Preliminary Editio of the Unpublished Dead Sea Scrolls. The Hebrew and Aramaic Texts from Cave four*, fasc. III, Washington 1995.

WAGNER C., *Die Septuaginta-Hapaxlegomena im Buch Jesus Sirach. Untersuchungen zu Wortwahl und Wortbildung unter besonderer Berücksichtigung des textkritischen und übersetzungstechnischen Aspekt* (BZAW 282), Berlin - New York 1999.

WALTERS P. (ed.), *The Text of the Septuagint. Its Corruptions and Their Emendation*, Cambridge 1973.

WALTKE B.K., *The Book of Proverbs, Chapters 15-31* (ICOT), vol. II, Grand Rapids 2005.

WARDEN D., "The Rich and Poor in James. Implications for Institutionalized Partiality", *JETS* 43/2 (2000) 247-257.

WEINFELD M., ""Justice and Righteousness" in Ancient Israel against the Background of "Social Reforms" in the Ancient Near East", in NISSEN H.J. - RANGER J. (edd.), *Mesopotamien und seine Nachbarn. Politische und kulturelle Wechselbeziehungen im Alten Vorderasien von 4. bis 1. Jahrtausend v. Chr. XXV Rencontre assyriologique Internationale Berlin 3 bis 7 Juli 1978* (Berliner Beiträge zum Vorderen Orient 1), Berlin 1982, 491-519.

WEISER A., *Giobbe* (AT 13), Brescia 1975 (orig. 1974⁶).

WEISER A. *I Salmi 61-150* (AT 14-15), vol. II, Brescia 1984 (orig. 1966).

WEISS A. L., *Figurative Language in Biblical Prose Narrative. Metaphor in the Book of Samuel* (VT.S 107), Leiden 2006.

WEISS K., "φέρω κτλ.", in GLNT, vol. XIV, coll. 974-1056.

WEISS K., "προσφέρω", in GLNT, vol. XIV, coll. 997-1006.

WEISS K., "προσφορά", in GLNT, vol. XIV, coll. 1006-1007.

WENDLAND H.-D., *Lettere ai Corinti* (NT), Brescia 1976 (orig. 1968).

Wénin A., "De la création à l'alliance sinaïtique. La logique de Sir 16,26-17,15", in Calduch Benages N. - Vermeylen J. (edd.), *Treasures of Wisdom. Studies in Ben Sira and the Book of Wisdom. Festschrift M. Gilbert* (BEThL 143), Leuven 1999.

Wenschkewitz H., *Die Spiritualisierung der Kultusbegriffe. Tempel, Priester und Opfer im Neuen Testament* (ANZK 4), Leipzig 1932.

Westermann C., *Isaia. Capitoli 40-66* (AT 19), Brescia 1978 (orig.1970).

Westermann C., *Theologie des Alten Testaments in Grundzügen* (ATD.GAT 6), Göttingen 1978.

Westermann C., *Genesi. Commentario*, Casale Monferrato 1989.

Wevers J.W., *Notes on the Greek Text of Exodus* (SBL.SCSS 30), Atalanta 1990.

Wevers J.W., *Notes on the Greek Text of Genesis* (SBL.SCSS 35), Atalanta 1993.

White J.S., "Lexical and World Knowledge. Theoretical and Applied Viewpoints", in Pustejovsky A. - Bergler S., *Lexical Semantics and Knowledge Representation* (Lecture Notes in Computer Science 627), Berkeley 1992, 139-151.

Wifstrand A., "Lukas 18,7", *NTS* 11 (1964-65) 72-74.

Wilch J., *Time and Event. An Exegetical Study of the Use of 'eth in the Old Testament in Comparison to other Temporal Expressions in Clarification of the Concept of Time*, Leiden 1969.

Wise M.O., *A Critical Study of the Temple Scroll from Qumran Cave 11* (SAOC 49), Chicago 1990.

Wittgenstein L., *Ricerche filosofiche* (Biblioteca di cultura filosofica 29), Torino 1967.

Wolff H.W., *Hosea. A Commentary of the Book of the Prophet Hosea* (Hermeneia. A Critical and Historical Commentary on the Bible), Philadelphia 1982.

Wolfson H.A., *Philo. Foundations of Religious Philosophy in Judaism, Christianity, and Islam* (Structure and Growth of Philosphic Systems from Plato to Spinoza 2), voll. I-II, Cambridge (Mass.) 1948.

Wright III B.G., "Why a Prologue? Ben Sira's Grandson and his Greek Translation", in Paul M. - Kraft R.A. (edd.), *Emanuel. Studies in Hebrew Bible, Septuagint and Dead Sea Scrolls in Honor of Emanuel Tov*, (VT.S 94,1), voll. I, Leiden 2003, 633-664.

WRIGHT B. G., "The Discours of Riches and Poor in the Book of Ben Sira", in *Seminar Papers. Annual Meeting 1998*, vol. II, Atalanta 1998, 559-579.

YULE G., *Introduzione alla linguistica* (Strumenti. Linguistica e critica letteraria), Bologna 1987.

ZAPELLA M., ""E ti amerà più di tua madre". Povertà e sapienza nella versione greca di Sir 4,1-10", in BONORA A. - PRIOTTO M., *Libri sapienziali e altri scritti* (L.CSB), Leumann (Torino) 1997, 223-238.

ZECCHI M., *Inni religiosi dell'Egitto antico* (TVOA.LEC 5), Brescia 2004.

ZIEGLER J., *Untersuchungen zur Septuaginta des Buches Isaias* (ATA 12,3), Münster 1934.

ZIMERLI W., "χάρις", in GLNT, vol. XV, coll. 538-565.

ZUCKERMAN C., "Hellenistic "politeumata" and the Jews. A Reconsideration", *SCI* 8-9 (1988) 171-185.

# APPENDICE I

Sinossi dei testi H, Gr (Rahlfs), Gr (Ziegler), Lat, Syr e della presente ricerca di Sir^Gr 34,21–35,20

| H | Gr.Rahlfs | Gr.Ziegler | Lat | Syr | Ricerca |
|---|---|---|---|---|---|
| – – | 34,18a | 31(34),21 | 34,21a | 34,21 | Sir 34,21 |
| – – | 34,18b | 31(34),22 | 34,21b | 34,22 | Sir 34,22 |
| – – | – – | – – | 34,22 | – – | Sir^Lat 34,22 |
| – – | 34,19a | 31(34),23a | 34,23aα | 34,23a | Sir 34,23a |
| – – | – – | – – | 34,23aβ | – – | Sir^Lat 34,23aβ |
| – – | 34,19b | 31(34),23b | 34,23b | 34,23b | Sir 34,23b |
| – – | 34,20a | 31(34),24a | 34,24b | 34,24a | Sir 34,24a |
| – – | 34,20b | 31(34),24b | 34,24a | 34,24b | Sir 34,24b |
| – – | 34,21a | 31(34),25a | 34,25a | 34,25a | Sir 34,25a |
| – – | 34,21b | 31(34),25b | 34,25b | 34,25b | Sir 34,25b |
| – – | 34,22aα | 31(34),26α | 34,26β | 34,26α | Sir 34,26α |
| – – | 34,22aβ | 31(34),26β | 34,26α | – – | Sir 34,26β |
| – – | – – | – – | – – | 34,26β | Sir^Syr 34,26β |
| – – | 34,22bα | 31(34),27α | 34,27a | 34,27aα | Sir 34,27α |
| – – | – – | – – | – – | 34,27aβ | Sir^Syr 34,27aβ |
| – – | 34,22bβ | 31(34),27β | 34,27b | 34,27bα | Sir 34,27β |
| – – | – – | – – | – – | 34,27bβ | Sir^Syr 34,27bβ |
| – – | – – | – – | – – | 34,27c | Sir^Syr 34,27c |
| – – | 34,23a | 31(34),28a | 34,28a | 34,28a | Sir 34,28a |
| – – | 34,23b | 31(34),28b | 34,28b | 34,28b | Sir 34,28b |
| – – | 34,24a | 31(34),29a | 34,29a | 34,29a | Sir 34,29a |
| – – | 34,24b | 31(34),29b | 34,29b | 34,29b | Sir 34,29b |
| – – | 34,25a | 31(34),30a | 34,30a | 34,30a | Sir 34,30a |
| – – | 34,25b | 31(34),30b | 34,30b | 34,30b | Sir 34,30b |
| – – | 34,26a | 31(34),31a | 34,31aα | 34,31aα | Sir 34,31a |
| – – | 34,26b | 31(34),31b | 34,31aβ | 34,31aβ | Sir 34,31b |

| | | | | | |
|---|---|---|---|---|---|
| – – | 34,26c | 31(34),31c | 34,31bβ | 34,31b | Sir 34,31c |
| – – | 34,26d | 31(34),31d | 34,31bα | 34,31c | Sir 34,31d |
| – – | 35,1a | 32(35),1 | 35,1 | 35,1 | Sir 35,1 |
| – – | 35,1bα | 32(35),2α | 35,2aα | – – | Sir 35,2α |
| – – | 35,1bβ | 32(35),2β | 35,2aβ | 35,2α | Sir 35,2β |
| – – | – – | – – | – – | 35,2β | Sir$^{Syr}$ 35,2β |
| – – | – – | – – | 35,2b | – – | Sir$^{Lat}$34,2b |
| – – | 35,2a | 32(35),3 | – – | – – | Sir 35,3 |
| – – | – – | – – | – – | 3 | Sir$^{Syr}$ 35,3 |
| – – | – – | – – | 35,3 | – – | Sir$^{Lat}$35,3 |
| – – | 35,2bα | 32(35),4α | – – | 35,4α | Sir 35,4α |
| – – | 35,2bβ | 32(35),4β | – – | – – | Sir 35,4β |
| – – | – – | – – | – – | 35,4β | Sir$^{Syr}$ 35,4β |
| – – | 35,3a | 32(35),5a | – – | 35,5a | Sir 35,5a |
| – – | 35,3b | 32(35),5b | – – | – – | Sir 35,5b |
| – – | – – | – – | – – | 35,5b | Sir$^{Syr}$ 35,5b |
| – – | 35,4a | 32(35),6 | 35,6 | 35,6 | Sir 35,6 |
| – – | 35,4b | 32(35),7 | 35,7 | 35,7 | Sir 35,7 |
| – – | 35,5aα | 32(35),8aα | 35,8aα | 35,8aα | Sir 35,8aα |
| – – | 35,5aβ | 32(35),8aβ | 35,8aβ | – – | Sir 35,8aβ |
| – – | – – | – – | – – | 35,8aβ | Sir$^{Syr}$ 35,8aβ |
| – – | 35,5b | 32(35),8b | 35,8b | – – | Sir 35,8b |
| – – | – – | – – | – – | 35,8b | Sir$^{Syr}$ 35,8b |
| – – | 35,6a | 32(35),9a | 35,9a | 35,9a | Sir 35,9a |
| – – | 35,6b | 32(35),9b | 35,9b | 35,9b | Sir 35,9b |
| – – | 35,7aα | 32(35),10aα | 35,10aα | 35,10aα | Sir 35,10aα |
| – – | 35,7aβ | 32(35),10aβ | 35,10aβ | – – | Sir 35,10aβ |
| – – | – – | – – | – – | 35,10aβ | Sir$^{Syr}$ 35,10aβ |
| – – | 35,7b | 32(35),10b | 35,10b | 35,10b | Sir 35,10b |
| 35,11a | 35,8a | 32(35),11a | 35,11a | 35,11a | Sir 35,11a |
| 35,11bα | 35,8bα | 32(35),11bα | 35,11bα | 35,11bα | Sir 35,11bα |
| 35,11bβ | 35,8bβ | 32(35),11bβ | 35,11bβ | – – | Sir 35,11bβ |
| – – | – – | – – | – – | 35,11bβ | Sir 35,11bβ |
| – – | 35,7b | 32(35),10b | 35,10b | 35,10b | Sir 35,10b |
| 35,11a | 35,8a | 32(35),11a | 35,11a | 35,11a | Sir 35,11a |
| 35,11bα | 35,8bα | 32(35),11bα | 35,11bα | 35,11bα | Sir 35,11bα |

| | | | | | |
|---|---|---|---|---|---|
| 35,11bβ | 35,8bβ | 32(35),11bβ | 35,11bβ | – – | Sir 35,11bβ |
| – – | – – | – – | – – | 35,11bβ | Sir 35,11bβ |
| 35,12a | 35,9a | 32(35),12a | 35,12a | (3) 35,12a | Sir 35,12a |
| 35,12bα | 35,9bα | 32(35),12bα | 35,12bα | (4a) 35,12bα | Sir 35,12bα |
| 35,12bβ | 35,9bβ | 32(35),12bβ | 35,12bβ | – – | Sir 35,12bβ |
| – – | – – | – – | – – | (4b) 35,12bβ | Sir$^{Syr}$ 35,12bβ |
| 35,12$^{gm.a}$ | – – | – – | – – | (5) 35,12c | Sir$^{H}$ 35,12$^{gm1}$ // Sir$^{Syr}$ 35,12c |
| 35,12$^{gm.b}$ | – – | – – | – – | (6) 35,12d | Sir$^{H}$ 35,12$^{gm2}$ // Sir$^{Syr}$ 35,12d |
| 35,13a | 35,10a | 32(35),13a | 35,13a | (1) 35,13a | Sir 35,13a |
| 35,13bα | 35,10bα | 32(35),13bα | 35,13bα | – – | Sir 35,13bα |
| – – | – – | – – | – – | (2b) 35,13bβ | Sir$^{Syr}$ 35,13bβ |
| 35,13bβ | 35,10bβ | 32(35),13bβ | 35,13bβ | (2a) 35,13bα | Sir 35,13bβ |
| 35,14α | 35,11aα | 32(35),14α | 35,14α | – – | Sir 35,14 |
| | | | | 35,14α | Sir$^{Syr}$ 35,14α |
| 35,14β | 35,11aβ | 32(35),14β | 35,14β | 35,14β | Sir 35,14β |
| 35,15a | 35,11b | 32(35),15a | 35,15a | 35,15a | Sir 35,15a |
| 35,15b | 35,12a | 32(35),15b | 35,15b | 35,15b | Sir 35,15b |
| 35,15c | 35,12b | 32(35),15c | 35,15c | 35,15c | Sir 35,15c |
| 35,16a | 35,13a | 32(35),16a | 35,16a | – – | Sir 35,16a |
| – – | – – | – – | – – | 35,16a | Sir$^{Syr}$ 35,16a |
| 35,16b | 35,13b | 32(35),16b | 35,16b | 35,16b | Sir 35,16b |
| 35,17a | 35,14a | 32(35),17a | 35,17a | 35,17a | Sir 35,17a |
| 35,17b | 35,14b | 32(35),17b | 35,17b | – – | Sir 35,17b |
| – – | – – | – – | – – | 35,17b | Sir$^{Syr}$ 35,17b |
| 35,18 | 35,15a | 32(35),18 | 35,18a | – – | Sir 35,18 |
| 35,19 | – – | – – | – – | – – | Sir$^{H}$ 35,19 |
| – – | 35,15bα | 32(35),19α | 35,18bα.19aα | – – | Sir 35,19α |
| – – | 35,15bβ | 32(35),19β | – – | – – | Sir 35,19β |
| – – | – – | – – | 35,19b | – – | Sir$^{Lat}$35,19b |
| 35,20a | – – | – – | – – | – – | Sir$^{H}$ 35,20a |
| – – | 35,16aα | 32(35),20aα | – – | – – | Sir 35,20aα |
| – – | – – | – – | – – | 35,20a | Sir$^{Syr}$ 35,20a |
| – – | – – | – – | 35,20aα | – – | Sir$^{Lat}$35,20aα |
| – – | 35,16aβ | 32(35),20aβ | 35,20aβ | – – | Sir 35,20aβ |
| 35,20b | 35,16b | 32(35),20b | 35,20b | 35,20b | Sir 35,20b |

# INDICE DEGLI AUTORI

Es$^{LXX}$ 22,28-29:    441
Es$^{LXX}$ 23,15:       82, 130, 317, 355,
                       356, 359, 362
Es$^{LXX}$ 23,19:       441
Es$^{LXX}$ 23,22:       169, 170
Es$^{LXX}$ 24,6:        411
Es$^{LXX}$ 25,29:       281
Es$^{LXX}$ 26,2.4.8.16.19.21.25.26: 281
Es$^{LXX}$ 26,6:        506
Es$^{LXX}$ 26,17.28:    281, 425
Es$^{LXX}$ 28,29:       425
Es$^{LXX}$ 28,38:       421
Es$^{LXX}$ 29,5:        506
Es$^{LXX}$ 29,18.25.41: 313
Es$^{LXX}$ 29,23:       281
Es$^{LXX}$ 30,10:       350
Es$^{LXX}$ 32,30:       222
Es$^{LXX}$ 33,19d:      223
Es$^{LXX}$ 34,5:        164
Es$^{LXX}$ 34,6-7:      166
Es$^{LXX}$ 34,7.9:      259
Es$^{LXX}$ 34,20:       82, 317, 355, 356,
                       359, 362
Es$^{LXX}$ 34,22.26:    441
Es$^{LXX}$ 35,24:       259
Es$^{LXX}$ 36,3:        461
Es$^{LXX}$ 37,2:        281
Es$^{LXX}$ 38,7:        281

Lv$^{LXX}$ 1,1-10,20: 185
Lv$^{LXX}$ 1,2.14:      211
Lv$^{LXX}$ 1,3: 206,    422
Lv$^{LXX}$ 1,3.4:       421
Lv$^{LXX}$ 1,5:         260
Lv$^{LXX}$ 1,9:         418, 427
Lv$^{LXX}$ 1,9.13.17:   313
Lv$^{LXX}$ 2,1-2:       342, 424
Lv$^{LXX}$ 2,1.4:       211
Lv$^{LXX}$ 2,1-16:      424, 427

Lv$^{LXX}$ 2,2.9.12:    313
Lv$^{LXX}$ 2,2.9.16:    425
Lv$^{LXX}$ 2,14-16:     441
Lv$^{LXX}$ 3,1:         338
Lv$^{LXX}$ 3,5:         427
Lv$^{LXX}$ 3,5.11.16:   313
Lv$^{LXX}$ 3,13-15:     339
Lv$^{LXX}$ 4,23:        211
Lv$^{LXX}$ 4,27:        281
Lv$^{LXX}$ 4,31:        313
Lv$^{LXX}$ 5,4:         210
Lv$^{LXX}$ 5,7:         281
Lv$^{LXX}$ 5,10:        222
Lv$^{LXX}$ 5,12:        425
Lv$^{LXX}$ 6,8:         425
Lv$^{LXX}$ 6,8e:        427
Lv$^{LXX}$ 6,8.14:      313
Lv$^{LXX}$ 7,12:        339
Lv$^{LXX}$ 7,12.13.15:  339
Lv$^{LXX}$ 7,14:        260
Lv$^{LXX}$ 7,15:        209
Lv$^{LXX}$ 7,16:        199, 210
Lv$^{LXX}$ 8,9.24:      260
Lv$^{LXX}$ 8,19:        411
Lv$^{LXX}$ 8,21.28:     313
Lv$^{LXX}$ 8,26:        281
Lv$^{LXX}$ 10,17:       259
Lv$^{LXX}$ 11,1-16,34: 185
Lv$^{LXX}$ 12,8:        281
Lv$^{LXX}$ 14,21:       281
Lv$^{LXX}$ 14,22.31:    281
Lv$^{LXX}$ 15,15.30:    281
Lv$^{LXX}$ 16,1-34:     303
Lv$^{LXX}$ 16,8:        281
Lv$^{LXX}$ 17,4:        421
Lv$^{LXX}$ 17,4.6:      313
Lv$^{LXX}$ 17,6:        260
Lv$^{LXX}$ 17,13:       260, 261
Lv$^{LXX}$ 18,21:       275

Lv$^{LXX}$ 18,30:  210
Lv$^{LXX}$ 19,3.4.10.12.14.16.18.25.28.
30.31.34.34.37:  269
Lv$^{LXX}$ 19,5:  338, 421
Lv$^{LXX}$ 19,10:  265
Lv$^{LXX}$ 19,13:  225, 266, 267, 269, 270
Lv$^{LXX}$ 19,14:  270
Lv$^{LXX}$ 19,15:  467, 475
Lv$^{LXX}$ 19,25:  475
Lv$^{LXX}$ 20,2-5:  246
Lv$^{LXX}$ 22,17-25:  225
Lv$^{LXX}$ 22,18-25:  462
Lv$^{LXX}$ 22,19.20.21.29:  421
Lv$^{LXX}$ 22,21:  338
Lv$^{LXX}$ 23,11:  421
Lv$^{LXX}$ 23,13.18:  313
Lv$^{LXX}$ 23,17.18:  350
Lv$^{LXX}$ 23,22:  265
Lv$^{LXX}$ 23,27.28:  351
Lv$^{LXX}$ 24,9:  199
Lv$^{LXX}$ 25,40:  269
Lv$^{LXX}$ 25,43:  267
Lv$^{LXX}$ 26,31:  313
Lv$^{LXX}$ 26,43:  461
Lv$^{LXX}$ 26,44:  492
Lv$^{LXX}$ 27,30:  448
Lv$^{LXX}$ 27,30-33:  448, 445

Nm$^{LXX}$ 1,44:  281
Nm$^{LXX}$ 6,11:  281
Nm$^{LXX}$ 6,11.14.19:  281
Nm$^{LXX}$ 6,17:  338
Nm$^{LXX}$ 7,3:  247
Nm$^{LXX}$ 7,13.15.21.25.27.31.33.37.
39.43.45.49.51.55.57.61.63.67.69.73.
75.79.81.85:  281
Nm$^{LXX}$ 8,12:  281
Nm$^{LXX}$ 10,5.11:  411

Nm$^{LXX}$ 11,2:  286
Nm$^{LXX}$ 12,3.7:  345
Nm$^{LXX}$ 14,18:  259
Nm$^{LXX}$ 15,3.5.7.10.13.14.24:  313
Nm$^{LXX}$ 15,7.10:  411
Nm$^{LXX}$ 15,11.16.27:  281
Nm$^{LXX}$ 15,20-21:  441
Nm$^{LXX}$ 17,23:  414
Nm$^{LXX}$ 18,12-13:  441
Nm$^{LXX}$ 18,17:  313
Nm$^{LXX}$ 18,20-31:  448
Nm$^{LXX}$ 18,21-32:  448, 445
Nm$^{LXX}$ 19,9-13:  303
Nm$^{LXX}$ 19,11:  288
Nm$^{LXX}$ 19,11-12.17-19:  285
Nm$^{LXX}$ 19,11.13:  291
Nm$^{LXX}$ 19,17:  288
Nm$^{LXX}$ 19,17-19:  288
Nm$^{LXX}$ 19,18-19:  288, 289, 290, 302
Nm$^{LXX}$ 20,2-13:  501
Nm$^{LXX}$ 21,9:  286
Nm$^{LXX}$ 23,7-10:  303
Nm$^{LXX}$ 23,18:  493
Nm$^{LXX}$ 28,2.6.8.13.24.27:  313
Nm$^{LXX}$ 28,3:  247
Nm$^{LXX}$ 28,12.14$^2$.20.28:  281
Nm$^{LXX}$ 28,14:  411
Nm$^{LXX}$ 29,2:  313
Nm$^{LXX}$ 29,2.3.8.9.14.36:  281
Nm$^{LXX}$ 29,6.8.11.13.36:  313
Nm$^{LXX}$ 35,6.12.19.21.25.26.27.28.
30.31:  257
Nm$^{LXX}$ 35,33:  260

Dt$^{LXX}$ 1,15-17:  465, 466
Dt$^{LXX}$ 1,16:  135
Dt$^{LXX}$ 1,17:  467
Dt$^{LXX}$ 4,42:  257
Dt$^{LXX}$ 5,10:  458

Dt$^{LXX}$ 5,16:    363
Dt$^{LXX}$ 5,18:    257
Dt$^{LXX}$ 6,1.25:    325
Dt$^{LXX}$ 6,25:    177, 335
Dt$^{LXX}$ 7,9-10:    165
Dt$^{LXX}$ 7,10:    165
Dt$^{LXX}$ 7,11:    325
Dt$^{LXX}$ 7,16:    435
Dt$^{LXX}$ 8,1:    325
Dt$^{LXX}$ 9,20.26:    286
Dt$^{LXX}$ 10,17-18:    488
Dt$^{LXX}$ 10,18:    488
Dt$^{LXX}$ 11,8.22:    325
Dt$^{LXX}$ 12,31:    246
Dt$^{LXX}$ 14,22-29:    445, 448
Dt$^{LXX}$ 14,28-29:    488
Dt$^{LXX}$ 14,29:    488
Dt$^{LXX}$ 15,1-2:    359
Dt$^{LXX}$ 15,7.9.11:    253
Dt$^{LXX}$ 15,7-11:    359
Dt$^{LXX}$ 15,11:    266, 253, 265
Dt$^{LXX}$ 16,9-12:    488
Dt$^{LXX}$ 16,11.14:    488
Dt$^{LXX}$ 16,16:    82, 317, 355, 356, 359, 362, 451
Dt$^{LXX}$ 16,18:    175
Dt$^{LXX}$ 16,18-19:    465, 466
Dt$^{LXX}$ 16,19:    467, 468
Dt$^{LXX}$ 17,19:    325
Dt$^{LXX}$ 18,1-2:    448
Dt$^{LXX}$ 18,3:    444
Dt$^{LXX}$ 18,4-5:    441
Dt$^{LXX}$ 18,10-12:    246
Dt$^{LXX}$ 19,6:    257
Dt$^{LXX}$ 19,10:    260
Dt$^{LXX}$ 19,13.21:    435
Dt$^{LXX}$ 21,7:    260
Dt$^{LXX}$ 21,15:    281
Dt$^{LXX}$ 24,13:    177, 335

Dt$^{LXX}$ 24,14:    254
Dt$^{LXX}$ 24,14.15:    262, 263, 266, 267, 269, 270
Dt$^{LXX}$ 24,17-18:    488
Dt$^{LXX}$ 24,17.19.20.21:    488
Dt$^{LXX}$ 24,19-22:    488
Dt$^{LXX}$ 24,24-25:    225
Dt$^{LXX}$ 25,4:    225
Dt$^{LXX}$ 25,12:    435
Dt$^{LXX}$ 26,1-11:    441, 443
Dt$^{LXX}$ 26,4:    443
Dt$^{LXX}$ 26,12-13:    488
Dt$^{LXX}$ 27,19:    488
Dt$^{LXX}$ 28,50:    467
Dt$^{LXX}$ 30,15:    216
Dt$^{LXX}$ 31,15:    164
Dt$^{LXX}$ 32,6:    330
Dt$^{LXX}$ 32,15:    408, 409
Dt$^{LXX}$ 32,35:    168, 455
Dt$^{LXX}$ 32,35a:    168
Dt$^{LXX}$ 32,43:    261
Dt$^{LXX}$ 33,9:    323
Dt$^{LXX}$ 33,11:    136
Dt$^{LXX}$ 33,16.23.24:    421
Dt$^{LXX}$ 35,12a:    450
Gs$^{LXX}$ 1,5:    492
Gs$^{LXX}$ 17,14:    281

Gdc$^{LXX}$ 15,14-19:    497
Gdc$^{LXX}$ 15,18:    217
Gdc$^{LXX}$ 16,29:    281
Gdc$^{LXX}$ 20,20.30:    506
Gdc$^{LXX}$ 20,26:    303
Gdc$^{LXX}$ 20,31:    281
Gdc$^{LXX}$ 20,40:    297

Rt$^{LXX}$ 1,13:    461

1Sam$^{LXX}$ 1,13:    495

| | | |
|---|---|---|
| Sal$^{LXX}$ 50,18: | 421 | |
| Sal$^{LXX}$ 50,18-19: | 225 | |
| Sal$^{LXX}$ 50,19: | 203, 404 | |
| Sal$^{LXX}$ 50,20: | 219, 220 | |
| Sal$^{LXX}$ 51,18-19: | 208 | |
| Sal$^{LXX}$ 54,2: | 485, 492 | |
| Sal$^{LXX}$ 54,9: | 461, 495 | |
| Sal$^{LXX}$ 54,24: | 255, 256 | |
| Sal$^{LXX}$ 58,3: | 255, 256 | |
| Sal$^{LXX}$ 60,2: | 485 | |
| Sal$^{LXX}$ 61,3: | 297 | |
| Sal$^{LXX}$ 61,5: | 286 | |
| Sal$^{LXX}$ 67,6: | 488 | |
| Sal$^{LXX}$ 68,13: | 421 | |
| Sal$^{LXX}$ 68,34: | 309 | |
| Sal$^{LXX}$ 69,11: | 303 | |
| Sal$^{LXX}$ 72,7: | 435 | |
| Sal$^{LXX}$ 73,26: | 202 | |
| Sal$^{LXX}$ 74,8: | 465 | |
| Sal$^{LXX}$ 77,7: | 323 | |
| Sal$^{LXX}$ 77,16: | 501 | |
| Sal$^{LXX}$ 78,3: | 260 | |
| Sal$^{LXX}$ 79,6: | 495 | |
| Sal$^{LXX}$ 81: | 476 | |
| Sal$^{LXX}$ 81,1: | 476 | |
| Sal$^{LXX}$ 81,2: | 475, 477 | |
| Sal$^{LXX}$ 81,2-4: | 475, 476, 477 | |
| Sal$^{LXX}$ 81,3: | 476 | |
| Sal$^{LXX}$ 81,6: | 476, 477 | |
| Sal$^{LXX}$ 81,6b: | 477 | |
| Sal$^{LXX}$ 81,8: | 476 | |
| Sal$^{LXX}$ 82,3-4: | 170 | |
| Sal$^{LXX}$ 85,3: | 164 | |
| Sal$^{LXX}$ 85,6: | 485 | |
| Sal$^{LXX}$ 87,3: | 485 | |
| Sal$^{LXX}$ 88,8: | 437 | |
| Sal$^{LXX}$ 88,17: | 421 | |
| Sal$^{LXX}$ 88,18: | 219, 220 | |
| Sal$^{LXX}$ 88,46: | 439, 440 | |
| Sal$^{LXX}$ 89,46a: | 440 | |
| Sal$^{LXX}$ 93,6: | 488 | |
| Sal$^{LXX}$ 101,2.18: | 485 | |
| Sal$^{LXX}$ 101,18: | 164 | |
| Sal$^{LXX}$ 103,6: | 335 | |
| Sal$^{LXX}$ 103,11: | 461 | |
| Sal$^{LXX}$ 105,37: | 246 | |
| Sal$^{LXX}$ 105,4: | 219, 220, 421 | |
| Sal$^{LXX}$ 105,8: | 260 | |
| Sal$^{LXX}$ 106,22: | 339, 340 | |
| Sal$^{LXX}$ 106,38: | 439, 440 | |
| Sal$^{LXX}$ 108,9: | 488 | |
| Sal$^{LXX}$ 108,28: | 286 | |
| Sal$^{LXX}$ 109,24: | 303 | |
| Sal$^{LXX}$ 114,8: | 495, 496, 497 | |
| Sal$^{LXX}$ 115,3: | 330 | |
| Sal$^{LXX}$ 115,3-4: | 452 | |
| Sal$^{LXX}$ 115,8: | 339, 340 | |
| Sal$^{LXX}$ 118,2.22.129: | 323 | |
| Sal$^{LXX}$ 118,154: | 174, 175 | |
| Sal$^{LXX}$ 122,4: | 297 | |
| Sal$^{LXX}$ 123,2: | 435 | |
| Sal$^{LXX}$ 125,5: | 495 | |
| Sal$^{LXX}$ 126,3-6: | 464 | |
| Sal$^{LXX}$ 129,4: | 513 | |
| Sal$^{LXX}$ 130,4: | 351 | |
| Sal$^{LXX}$ 132,2: | 409 | |
| Sal$^{LXX}$ 136,8: | 457 | |
| Sal$^{LXX}$ 136,8-9: | 173 | |
| Sal$^{LXX}$ 138,19: | 256 | |
| Sal$^{LXX}$ 140,5: | 219, 408, 409, 421 | |
| Sal$^{LXX}$ 141,2: | 203 | |
| Sal$^{LXX}$ 142,1: | 485 | |
| Sal$^{LXX}$ 144,16: | 421 | |
| Sal$^{LXX}$ 145,9: | 488 | |
| Sal$^{LXX}$ 146,8: | 179 | |
| Sal$^{LXX}$ 146,11: | 217 | |
| Sal$^{LXX}$ 149,4: | 217 | |

<table>
<tr><td>Sir<sup>Gr</sup> 19,8:</td><td>294</td></tr>
</table>

Sir<sup>Gr</sup> 19,8:            294
Sir<sup>Gr</sup> 19,14.17:       257
Sir<sup>Gr</sup> 19,15:          324
Sir<sup>Gr</sup> 19,17:          417
Sir<sup>Gr</sup> 19,18:          290
Sir<sup>Gr</sup> 19,20:          326, 408
Sir<sup>Gr</sup> 19,22:          347
Sir<sup>Gr</sup> 19,23.25:       125
Sir<sup>Gr</sup> 19,25:          199, 331, 359, 463

Sir<sup>Gr</sup> 20,8:           337
Sir<sup>Gr</sup> 20,9:           377, 420, 453
Sir<sup>Gr</sup> 20,10:          458
Sir<sup>Gr</sup> 20,10.14:       444
Sir<sup>Gr</sup> 20,12:          458
Sir<sup>Gr</sup> 20,13:          493
Sir<sup>Gr</sup> 20,13.16:       331
Sir<sup>Gr</sup> 20,16:          410
Sir<sup>Gr</sup> 20,17,34,24:    247
Sir<sup>Gr</sup> 20,23:          331, 359
Sir<sup>Gr</sup> 20,24:          349
Sir<sup>Gr</sup> 20,28:          222, 295, 348

Sir<sup>Gr</sup> 21,1:           265
Sir<sup>Gr</sup> 21,2:           294
Sir<sup>Gr</sup> 21,3:           294, 295
Sir<sup>Gr</sup> 21,5:           166, 478, 480, 484, 485
Sir<sup>Gr</sup> 21,5a:          484
Sir<sup>Gr</sup> 21,5b:          484
Sir<sup>Gr</sup> 21,6:           157
Sir<sup>Gr</sup> 21,8:           282, 283
Sir<sup>Gr</sup> 21,9:           210, 211
Sir<sup>Gr</sup> 21,12:          125
Sir<sup>Gr</sup> 21,14:          168
Sir<sup>Gr</sup> 21,19:          241
Sir<sup>Gr</sup> 21,19a:         241
Sir<sup>Gr</sup> 21,19b:         241
Sir<sup>Gr</sup> 21,20:          300

Sir<sup>Gr</sup> 21,20.23:       420
Sir<sup>Gr</sup> 21,27:          211, 287

Sir<sup>Gr</sup> 22,5:           420
Sir<sup>Gr</sup> 22,11:          349
Sir<sup>Gr</sup> 22,11.12:       288
Sir<sup>Gr</sup> 22,12:          133, 211
Sir<sup>Gr</sup> 22,13:          297
Sir<sup>Gr</sup> 22,14:          273
Sir<sup>Gr</sup> 22,16:          108
Sir<sup>Gr</sup> 22,19:          495, 497, 500
Sir<sup>Gr</sup> 22,19-26:       497
Sir<sup>Gr</sup> 22,23:          178, 257
Sir<sup>Gr</sup> 22.23a:         67

Sir<sup>Gr</sup> 23,1:           157, 299
Sir<sup>Gr</sup> 23,1a.4a:       246
Sir<sup>Gr</sup> 23,3:           295, 337
Sir<sup>Gr</sup> 23,3.10.11.12.13.16.18: 294
Sir<sup>Gr</sup> 23,4:           157
Sir<sup>Gr</sup> 23,11:          294, 295, 346, 348, 491, 492
Sir<sup>Gr</sup> 23,11.12:       345
Sir<sup>Gr</sup> 23,12:          346, 348
Sir<sup>Gr</sup> 23,14:          286, 425, 426
Sir<sup>Gr</sup> 23,17:          185, 253
Sir<sup>Gr</sup> 23,18(?).23:    417
Sir<sup>Gr</sup> 23,22.23:       420
Sir<sup>Gr</sup> 23,22-28:       328
Sir<sup>Gr</sup> 23,26:          423
Sir<sup>Gr</sup> 23,27:          327, 328

Sir<sup>Gr</sup> 24,4:           203, 506
Sir<sup>Gr</sup> 24,2.3:         417
Sir<sup>Gr</sup> 24,12:          436
Sir<sup>Gr</sup> 24,15:          313, 412, 414, 415, 419
Sir<sup>Gr</sup> 24,15a:         412
Sir<sup>Gr</sup> 24,15a.15b.15c.15d: 412

83, 84, 98, 311, 318, 319, 320, 321, 325, 326, 327, 332, 342, 343, 353, 361
$Sir^{Gr}$ 35,1-4.5: 87
$Sir^{Gr}$ 35,1-4.5.6-7: 78, 317
$Sir^{Gr}$ 35,1-5: 21, 25, 227, 311, 359, 361, 404, 520
$Sir^{Gr}$ 35,1-5a: 358
$Sir^{Gr}$ 35,1-6: 82, 333
$Sir^{Gr}$ 35,1-7: 15, 18, 58, 59, 60, 76, 77, 78, 83, 84, 87, 98, 100, 276, 311, 312, 321, 331, 343, 350, 354, 360, 361, 363, 367, 369, 375, 407, 422, 436, 455, 465
$Sir^{Gr}$ 35,1-7.8-20: 60
$Sir^{Gr}$ 35,1.8: 405
$Sir^{Gr}$ 35,1-12: 455
$Sir^{Gr}$ 35,1-13: 100
$Sir^{Gr}$ 35,1-20: 475

$Sir^{Gr}$ 35,2: 56, 57, 79, 80, 313, 314, 315, 319, 327, 328, 330, 334, 342, 361, 455, 473
$Sir^{Gr}$ 35,2a: 80
$Sir^{Gr}$ 35,2b: 79, 80
$Sir^{Gr}$ 35,2.3.4: 129, 244
$Sir^{Gr}$ 35,2a.3.4b.5b.8ab.10ab.11bβ.12bβ.13bα.14a.16a.17b.18.19.20a: 25, 26
$Sir^{Gr}$ 35,2a.4b: 79
$Sir^{Gr}$ 35,2.4: 79, 129, 198, 199, 201, 336, 337
$Sir^{Gr}$ 35,2.7: 77

$Sir^{Gr}$ 35,3: 78, 80, 83, 313, 319, 328, 329, 330, 331, 332, 333, 334, 340, 341, 342, 348, 350, 359, 399, 443, 455
$Sir^{Gr}$ 35,3b: 79, 80
$Sir^{Gr}$ 35,3-4: 79, 332
$Sir^{Gr}$ 35,3.4.5.19b.20aa: 25
$Sir^{Gr}$ 35,3.7: 313
$Sir^{Gr}$ 35,3.13: 329
$Sir^{Gr}$ 35,3.13.23.24: 329
$Sir^{Gr}$ 35,3-7: 57

$Sir^{Gr}$ 35,4: 79, 80, 82, 315, 319, 332, 336, 339
$Sir^{Gr}$ 35,4a: 80, 356
$Sir^{Gr}$ 35,4b: 80
$Sir^{Gr}$ 35,4-5.19b.20aa: 26

$Sir^{Gr}$ 35,5: 15, 49, 58, 59, 78, 81, 82, 83, 84, 97, 99, 101, 212, 213, 214, 215, 226, 284, 295, 311, 316, 321, 333, 343, 344, 345, 347, 348, 351, 352, 353, 361, 362, 417, 421
$Sir^{Gr}$ 35,5a: 48, 58, 81, 215, 316, 346, 348, 352, 353, 359
$Sir^{Gr}$ 35,5b: 58, 81, 215, 316, 345, 346, 348, 350, 351, 353, 354, 362, 363
$Sir^{Gr}$ 35,5a.b: 81
$Sir^{Gr}$ 35,5a.5b: 215
$Sir^{Gr}$ 35,5.6.8.10.12.13.15: 160
$Sir^{Gr}$ 35,5a.6.10a.13a.15b.22a: 127
$Sir^{Gr}$ 35,5a.6a.10a.15b: 152
$Sir^{Gr}$ 35,5.6.10.13.15

|  |  |
|---|---|
|  | 228, 232, 250, 398, 402, 404, 473, 485, 502, 503, ,505, 510 |
| Sir^Gr 35,20aα: | 25 |
| Sir^Gr 35,20aβ: | 202 |
| Sir^Gr 35,20b: | 61, 62, 63, 85, 95, 96,97,145,153,202, 226, 227, 398, 473, 506 |
| Sir^Gr 35,20b.21a: | 62, 63, 203, 506 |
| Sir^Gr 35,21: | 50, 61, 62, 63, 64, 96, 97, 100, 131, 133, 153, 157, 163, 172, 178, 202, 286, 300, 301, 334, 401 |
| Sir^Gr 35,21a: | 54, 61, 62, 63, 64, 145, 146, 149, 152, 161, 163, 168, 174, 473 |
| Sir^Gr 35,21a.b.cα: | 50 |
| Sir^Gr 35,21a.b.c: | 163 |
| Sir^Gr 35,21abc: | 132 |
| Sir^Gr 35,21b: | 506 |
| Sir^Gr 35,21bc: | 50, 144, 145, 146, 164 |
| Sir^Gr 35,21c: | 134, 152 |
| Sir^Gr 35,21cβ: | 51 |
| Sir^Gr 35,21d: | 167 |
| Sir^Gr 35,21a.21b–22c: | 163 |
| Sir^Gr 35,21b.c.22d.23b.24a.25a.26b: | 143 |
| Sir^Gr 35,21–22: | 152 |
| Sir^Gr 35,21–22a: | 52, 143 |
| Sir^Gr 35,21–22c: | 143, 144, 145 |
| Sir^Gr 35,21–22d: | 61 |
| Sir^Gr 35,21a–22c: | 145 |
| Sir^Gr 35,21b–22a: | 145 |
| Sir^Gr 35,21b–22c: | 150, 149, 163, 145 |
| Sir^Gr 35,21bc.22bc: | 150 |

|  |  |
|---|---|
| Sir^Gr 35,21c.22b: | 401, 402, 415 |
| Sir^Gr 35,21c.22b.25a.25b: | 150 |
| Sir^Gr 35,21cb.22a: | 50, 51 |
| Sir^Gr 35,21–25: | 52, 61, 62 |
| Sir^Gr 35,21a.26b: | 506 |
| Sir^Gr 35,21–26: | 7, 15, 61, 63, 64, 100, 105, 107, 127, 128, 130, 131, 132, 142,143, 145, 149, 150, 151, 152, 153, 156, 160, 163, 169, 180, 182, 334, 402, 403, 407, 456, 465, 507, 521 |
| Sir^Gr 35,21–31: | 334 |
| Sir^Gr 32(35),21–33(36),13a(13) : | 24 |
| Sir^Gr 35,21–35,20: | 27, 97, 130 |
| Sir^Gr 35,22: | 41, 42, 43, 49, 51, 52, 63, 100, 136, 158, 165, 166, 167, 334, 406, 407, 421 |
| Sir^Gr 35,22a: | 41, 42, 43, 49, 50, 51, 52, 61, 64, 135, 136, 145, 146, 153, 155, 159, 160, 162, 163, 164, 164, 170, 521 |
| Sir^Gr 35,22a.23c: | 150, 152 |
| Sir^Gr 35,22a.25a: | 150 |
| Sir^Gr 35,22abcd: | 134 |
| Sir^Gr 35,22b: | 51, 135, 145, 151, 152, 157, 160, 167 |
| Sir^Gr 35,22bc: | 51, 144, 145, 163, 165 |
| Sir^Gr 35,22b.c: | 136 |
| Sir^Gr 35,22c: | 51, 135, 136, 158, 159, 171, 507 |
| Sir^Gr 35,22d: | 61,64,146,147,158, 159, 160, 162, 455, |

| | | | | |
|---|---|---|---|---|
| Dn$^{Th}$ 3,39: | 461, 462 | | 2Cor 9,14: | 472 |
| Dn$^{Th}$ 3,51: | 438 | | 2Cor 9,6-7: | 471, 472 |
| Dn$^{Th}$ 3,94: | 313 | | 2Cor 9,6-8: | 471 |
| Dn$^{Th}$ 5,6: | 136 | | 2Cor 9,7: | 472 |
| Dn$^{Th}$ 11,20: | 357 | | | |
| | | | Gal 2,6: | 471, 515, 516 |
| Mt 5,23-24: | 18 | | | |
| Mt 12,45: | 303 | | Ef 6,9: | 515, 466, 471 |
| | | | | |
| Mc 12,28-34: | 18 | | Col 3,25: | 515, 466, 471 |
| Mc 12,33: | 18, 318 | | | |
| | | | 1Tm 1,17: | 471, 515 |
| Lc 2,39: | 303, 304 | | | |
| Lc 6,28: | 286 | | 2Tm 4,14: | 172 |
| Lc 6,34: | 383 | | | |
| Lc 6,38: | 471 | | Eb 2,17: | 222 |
| Lc 12,53: | 500 | | Eb 10,5: | 370 |
| Lc 20,10.11: | 356 | | Eb 10,26: | 303, 304 |
| | | | | |
| Gv 10,34: | 477 | | Gc 1,17: | 209 |
| | | | Gc 2,1: | 466, 517 |
| At 10,34: | 466, 471, 515 | | Gc 2,1-13: | 516 |
| At 9,37: | 303, 304 | | Gc 2,2-3: | 517 |
| | | | Gc 2,4: | 516 |
| Rm 2,6: | 172 | | Gc 2,8: | 516 |
| Rm 2,11: | 466, 471, 515 | | Gc 2,9: | 466 |
| Rm 5,16: | 209 | | Gc 3,9: | 286 |
| Rm 12,1: | 18, 511, 527 | | Gc 4,5: | 264 |
| Rm 12,3-12: | 516 | | Gc 5,4: | 274, 275 |
| Rm 12,3-13: | 472 | | | |
| Rm 12,8: | 471, 472 | | 1Pt 1,17: | 471, 515 |
| Rm 12,14: | 286 | | | |
| | | | 2Pt 2,20: | 303, 304 |
| 1Cor 12,4-11.28-31: 516 | | | | |
| 1Cor 15,29: | 303, 304 | | Ap 5,11: | 388 |
| | | | Ap 9,16: | 388 |
| 2Cor 8,2: | 472 | | Ap 18,6: | 172 |
| 2Cor 9: | 472 | | | |
| 2Cor 9,13: | 472 | | | |

# INDICE DELLE CITAZIONI EBRAICHE

| | | | | |
|---|---|---|---|---|
| Pr[H] 11,17: | 135 | | Sir[H] 3,14a: | 335 |
| Pr[H] 15: | 226 | | Sir[H] 3,14.15.30: | 224 |
| Pr[H] 15,28: | 421 | | Sir[H] 3,14a.30b: | 335 |
| Pr[H] 19,1: | 385 | | Sir[H] 3,15.27: | 294 |
| Pr[H] 19,17: | 385 | | Sir[H] 3,16: | 286 |
| Pr[H] 19,17a: | 385 | | Sir[H] 3,18: | 416 |
| Pr[H] 19,17b: | 385, 386 | | Sir[H] 3,20: | 416 |
| Pr[H] 22,9: | 433, 434 | | Sir[H] 3,28: | 347 |
| Pr[H] 23,6: | 433 | | Sir[H] 3,30: | 222, 294 |
| Pr[H] 23,11: | 140 | | Sir[H] 3,31: | 329 |
| Pr[H] 26,25: | 347 | | Sir[H] 4,1: | 255 |
| Pr[H] 28,22: | 433 | | Sir[H] 4,1.12: | 254 |
| Pr[H] 28,27: | 385 | | Sir[H] 4,2: | 419 |
| Pr[H] 31,10–31: | 478 | | Sir[H] 4,3: | 416 |
| Pr[H] 31,19: 158, | 478 | | Sir[H] 4,4: | 255 |
| Pr[H] 31,19–21a.22a: 478 | | | Sir[H] 4,5.6: | 286 |
| Pr[H] 31,20: | 478 | | Sir[H] 4,8: | 255 |
| | | | Sir[H] 4,10: | 416, 417, 419 |
| Rt[H] 1,21: | 356 | | Sir[H] 4,15: | 327 |
| Rt[H] 3,17: | 356 | | Sir[H] 4,21.26: | 294 |
| | | | Sir[H] 4,22e: | 392 |
| Qo[H] 4,17: | 372 | | Sir[H] 4,28: | 417 |
| Qo[H] 4,17–5,6: | 372 | | Sir[H] 5,1: | 248 |
| Qo[H] 5,6b: | 372 | | Sir[H] 5,3: | 416 |
| | | | Sir[H] 5,4: | 416 |
| Lam[H] 3,24: | 202 | | Sir[H] 5,5: | 350 |
| Lam[H] 3,44: | 164 | | Sir[H] 5,5.6: | 294 |
| | | | Sir[H] 5,8: | 199, 248, 297 |
| Esd[H] 6,9–10: | 269 | | Sir[H] 5,10: | 280 |
| | | | Sir[H] 5,12: | 258 |
| Ne[H] 13,10: | 448 | | Sir[H] 6,6: | 280 |
| Ne[H] 13,12–13: | 448 | | Sir[H] 6,13: | 327 |
| | | | Sir[H] 6,16: | 254, 416 |
| 1Cr[H] 28,11: | 350 | | Sir[H] 6,17: | 258 |
| | | | Sir[H] 6,37: | 322, 323, 417 |
| 2Cr[H] 14,10: | 138 | | Sir[H] 7,2: | 199, 345 |
| | | | Sir[H] 7,3: | 459 |
| Sir[H] 3,12: | 254 | | Sir[H] 7,3–35: | 29 |
| Sir[H] 3,14: | 294 | | Sir[H] 7,4: | 416 |

# INDICE DELLE CITAZIONI SIRIACHE

# INDICE DELLE CITAZIONI LATINE

# INDICE DELLE CITAZIONI GENERICHE

Qo 4,7: 363

Sap 3,6: 509
Sap 6,7: 509
Sap 6,7-8: 470

Sir 1-24: 22
Sir 4,6.15: 509
Sir 7: 29
Sir 7,31: 470
Sir 7,4-31: 29
Sir 7,4-7.8-10.11-17.18-20.21-28.29
-31.32-35: 29
Sir 12,2: 470
Sir 21,5: 509
Sir 24,15a.15b.15c.15d: 412
Sir 24,23: 90
Sir 30-36: 23
Sir 31(34),21-32(35),20: 20
Sir 31,21-32,20: 27, 28, 37
Sir  31/34,21,18a-32/35,22/20a:
29, 39
Sir 31/34,21/18a-31/26; 32/35,1-
13/10; 35,14/11-21/18a: 30
Sir  34(31),21(18)-35(32),26(26):
19
Sir 34(31),21-35(32),22a: 19
Sir 34,(21)18-35,(13)10: 35
Sir 34,12-35,13: 35
Sir 34,13-17: 108, 118
Sir 34,13-17.18-26; 35,1-11.12-20:
36
Sir 34,13-36,17: 38
Sir 34,14-20: 36
Sir 34,14-26: 38
Sir 34,14-36,22: 38
Sir 34,18: 119
Sir 34,18(21)-35,24(26): 35

Sir 34,18-26: 38
Sir 34,18-26: 38
Sir 34,18-35,10: 37
Sir 34,18-35,10: 20, 36
Sir 34,18-35,18: 19
Sir 34,18-35,24: 36
Sir 34,18-36,17: 36
Sir 34,19-35,24: 33
Sir 34,20: 40
Sir 34,20-35,26: 33
Sir 34,21: 40
Sir 34,21-23: 28
Sir 34,21-27: 37
Sir 34,21-31: 28, 30,34, 36, 37,
38, 39, 100
Sir 34,21-31: 34
Sir 34,21-31: 30
Sir 34,21-35,13: 36
Sir 34,21-35,17: 20
Sir 34,21-35,20: 20, 28, 37, 105
Sir 34,21-35,20a: 29
Sir 34,21-35,22: 19,39
Sir 34,21-35,22a: 19, 20, 38
Sir 34,21-35,26: 19, 30, 35, 36, 38,
39
Sir 34,21-36,22: 20, 38, 40
Sir 34,21ff: 39
Sir 34,24: 243
Sir 34,24-27: 28, 39
Sir 34,24-30: 39
Sir 34,24b: 240
Sir 34,25b: 65, 240
Sir 34,26: 243
Sir 34,26b: 240
Sir 34,27: 243
Sir 34,27b: 240
Sir 34,28-30: 39
Sir 34,28-31: 37
Sir 34,8-31: 28

Am 5,11-27:     363
Am 5,21-25:     229

Zc 7,10:        509
Zc 7,4-11:      363

# LETTERATURA EXTRABIBLICA

**Qumran**

| | |
|---|---|
| 4Q196: | 449 |
| 4Q197: | 449 |
| 4Q198: | 449 |
| 4Q199: | 449 |
| 4Q200: | 449 |
| 4Q379: | 275 |
| 4Q381, 33,8-11: | 512 |
| 4QTob ar[a]: | 449 |
| 4QTob ar[b]: | 449 |
| 4QTob ar[c]: | 449 |
| 4QTob ar[d]: | 449 |
| 4QTob[e] hebr: | 449 |
| 11Q19: | 290 |

**Letteratura giudaica**

*Lettera di Aristea:* 269
*Lettera di Aristea,* 157,2.5: 325
*Lettera di Aristea,* 215,4: 325
*Lettera di Aristea,* 108
*Lettera di Aristea,* 130-171: 403
*Lettera di Aristea,* 131: 403
*Lettera di Aristea,* 139.142: 403

*Mishna, Ma'aser sheni:* 449

*Mishna, Ma'asroth:* 449

*Mishna, Kelim* 1,6: 441
*Mishna, Peá* 1,1: 441
*Mishna, Zebahim* 116a.b.c: 206

*Oracoli sibillini* 3,496: 210

Pseudo-Menandro 5,120: 231

*Targum Is 8,13:* 249
*Targum Os 1,13:* 249
*Targum Dt* 10,17: 476

Flavio Giuseppe
*Antiquitates Judaicae,* 1,55: 430
*Antiquitates Judaicae* 4, 69.205.240: 449
*Antiquitates Judaicae* 14,7,2: 167, 169
*Antiquitates Judaicae* 19,290: 403
*Antiquitates Judaicae* 20,181.205-206: 450
*Bellum Judaicum,* 2,488: 181
*Contra Apionem:* 16
*Contra Apionem* II, 49-56: 161, 182
*Vita* 422: 448

## Apocrifi



## Testamenti dei XII Patriarchi

*Testamento di Giuda*: 435
*Testamento di Giuda,* 13,8: 457
*Testamento di Giuseppe,* 2,7: 166
*Testamento di Ruben,* 2,6: 494

## Scrittori greci

Clemente Alessandrino
*Stromata* 121,1: 254
*Stromata* 5,14: 254
*Stromata* 5,14,19,2: 231

Eschilo
*Coefore* 180,117: 330

Filone Meccanico
*Belopoeica* 2,537: 500

Omero
*Iliade* 16,575: 490

Tucidide
*Le storie* 2,70: 483

# INDICE

## CAPITOLO IV
## OSSERVARE LA LEGGE È COMPIERE UN ATTO DI CULTO: Sir^Gr 35,1-7